Inhalt

W0244715

Peter Wuss

Kunstwert des Films und Massencharakter des Mediums

Konspekte zur Geschichte der Theorie des Spielfilms

Henschel Verlag
Berlin 1990

Akademie der Künste der DDR

Nationale Forschungs- und Gedenkstätten der DDR
für deutsche Kunst und Literatur des 20. Jahrhunderts

Veröffentlichung des Instituts für Darstellende Kunst

ISBN 3-362-00446-6

© Henschel Verlag GmbH DDR – Berlin 1990
1. Auflage · 29/90
LSV-Nr. 8412
Gestaltung: Monika Böhmert
Printed in the German Democratic Republic
Gesamtherstellung: INTERDRUCK

Vorbemerkungen

Dieses Buch beschäftigt sich mit filmtheoretischen Überlegungen der Vergangenheit. Welchen Sinn kann das haben? Wozu ist Filmtheorie überhaupt nötig? Und was nützt es, sich mit Gedanken zu befassen, die uralt sind und darum kaum imstande sein dürften, gültige Aussagen über die Kinematographie oder gar die audiovisuellen Medien der Gegenwart zu bieten? Hat die Filmpraxis etwas davon?

Filme machen kann man sehr wohl ohne Theorie. Jedenfalls versichern die meisten Filmschöpfer – und keinesfalls die schlechtesten – glaubhaft, daß sie von ihr bisher kaum Kenntnis genommen hätten und dies in Zukunft auch nicht beabsichtigten! Und die anderen? Was brauchen sie Theorie für eine Sache, die ohnehin für jedermann verständlich scheint? Abwertende Urteile dieser Art lassen sich in Menge finden, und ein gedankenträger Alltag käut sie wieder und bringt auch neue Varianten dazu hervor. Entscheidende Lebensfakten freilich werden durch sie ignoriert. Zu den Grundtatsachen gehört, daß Film und die ihm in vielem verwandten neueren audiovisuellen Medien, wie etwa Fernsehen und Video, heute aus der menschlichen Zivilisation nicht mehr wegzudenken sind und darum eine angemessene geistige Reflexion erfahren sollten. Ihrer Bedeutung für das kulturelle Leben entsprechend und dem Aufwand gemäß, den man sich dabei leistet. In den entwickelten Industrieländern beider Gesellschaftssysteme wird ja für den Unterhalt dieser Medien ein riesiges Kontingent von Mitteln bereitgestellt. Ein gewaltiger Apparat steht zur Verfügung, der eine ständige Erweiterung und Differenzierung erfährt und weltweit die Prozesse der Massenkommunikation und Kultur mitbestimmt. Und die Staaten der »dritten Welt« sind ebenfalls nicht ausgeklammert. Der gesellschaftliche Aufwand, der hier in einer Sache betrieben wird, welche man vor hundert Jahren schon darum für undenkbar gehalten hätte, weil sie nichts – oder in unmittelbarem Sinne nichts – mit den Elementarbedürfnissen des Menschen mehr gemein hat, läßt sich noch verhältnismäßig leicht erfassen. Näherungsweise schon anhand des in Anspruch genommenen finanziellen Budgets. Die Auswirkungen verschiedenster Art, die sich indes für den Menschen daraus ergeben, daß er mit einer mächtigen und sehr komplexen Maschinerie zusammenlebt, die sich in seine Bewußtseinsprozesse einzumischen vermag, und dies oft ganz unbemerkt, liegen aber keineswegs so offen auf der Hand. Sie scheinen sogar in vieler Hinsicht nahezu unerkannt vonstatten zu gehen. Dies zeigt sich jedenfalls, wenn man angesichts konkreter Erscheinungen präzisere Fragen stellt. Was vermag das einzelne Filmwerk beim Zuschauer auszurichten? Was eine ganze Richtung, was die Gattung überhaupt? Was leisten die audiovisuellen Medien im geistigen Leben des Menschen, und warum geschieht dies so und nicht anders? Wie sieht im großen und ganzen, wie im einzelnen und im Detail die Dialektik von Gestaltung und Wirkung im Film aus? Man muß sich bemühen, die Zusammenhänge so gründlich wie möglich zu erkennen, denn es handelt sich um einen mächtigen kulturellen Faktor, der weitreichende Folgen zeitigt. Stellt man die Fragen so, gewinnen wissenschaftliche Bemühungen an Wert und mit ihnen die Theorie. Denn man braucht Theorie, um sich einen genauen Begriff von den Gegenständen machen zu können, Gesetzesaussagen zu formulieren und im Erkenntniserwerb schneller voranzukommen. Forschung kann nicht auf sie verzichten, und Theorie erfüllt damit praktische Zwecke. Es gilt hier nur, den Praxisbegriff so weit zu fassen, daß er den gesamten Raum gesellschaftlichen Umgangs mit Film und Medienkultur einschließt und nicht allein den Schaffensakt des einzelnen Künstlers. Die Filmschöpfer sind wahrhaftig nicht die eigentlichen Verbraucher von Theorie, denn für die künstlerische Produktion reichen Theoriekenntnisse ohnehin nicht aus. Allerdings stören sie auch nicht, vorausgesetzt, sie sind auf der Höhe der Zeit formuliert. Bei näherem Hinsehen erweist sich oft, daß wissenschaftliche Überlegungen zur Kunst im Prozeß des Lernens und des Methodenerwerbs von Filmschaffenden ihre nicht zu unterschätzende Rolle gespielt haben, weil Filmproduktion Kommunikation innerhalb großer Kollektive voraussetzt, und der Begriff von den Dingen, die Einschätzung von Gestaltungsweisen und Wirkungen der Realität möglichst angemessen sein müssen, also irgendwo eine rationale Grundlage benötigen. Außerdem gibt es auch für den einzelnen im künstlerischen Arbeitsprozeß Phasen, in denen ein analytisch-nüchternes Herangehen an die eigene Kreation seine Vorzüge hat. Die wissenschaftlichen Argumente gelangen dabei freilich nur in Ausnahmefällen auf direktem Wege und unverändert in die Sphäre des Kunstschaffens. Wo eine entwickelte Filmkultur besteht, übernimmt es meist die Kritik, sie dort hineinzutragen. Von ihr werden entsprechende Erkenntnisse bereits in Wertungen umgesetzt, erscheinen also in vermittelter Form, damit für den Praktiker genießbarer und oft unbemerkt. Dessen Maßstäbe sind darum aber nicht ohne Theorie entstanden, wie er meist glaubt. Übrigens ist es auch aufschlußreich zu sehen, welchen Zusammenhang es zwischen Blütezeiten der Filmkunst und theoretischen Anstrengungen gibt. Künstlerisches Niveau ist niemals in einem geistigen Vakuum entstanden, und so wird man vielfach entdecken können, daß im Vorfeld einer glücklichen künstlerischen Ernte eine Zeit nachdrücklicher kritischer Auseinandersetzung mit Bestehendem, eine Periode sorgsamer Wertbildung und prognostischer Bemühung lag. Die Wissenschaft hat nie die Filme gemacht, wohl aber für verinnerlichte Maßstäbe der Filmemacher Sorge getragen. Manche Kausalitäten sind ganz offensichtlich: Undenkbar ist die reiche Filmkunst im Frankreich der zwanziger Jahre – und nicht nur die der Avantgarde – ohne die theoretischen Anstrengungen von Canudo, Delluc, Dulac, Moussinac, Epstein u. a. Ebenso die Klassik des sowjetischen Stummfilms, die auf analytischen Überlegungen eines Kuleschow, Eisenstein oder Pudowkin fußen konnte. Der Neorealismus in Italien vermochte auf vorangegangene wissenschaftliche Bemühungen am »Centro Sperimentale de Cinematografia« in Rom zurückzugreifen, wo Barbaro und Chiarini wirkten. Und die Regisseure der »Neuen Welle« in Frankreich sind bekanntlich vorher meist Mitarbeiter der theoretischen Zeitschrift »Cahiers du Cinéma« gewesen, welche ihr Profil durch Bazin gewonnen hatte. Obwohl man diese Aufzählung fortsetzen könnte, darf man wiederum nicht in den

Fehler verfallen, einen zwangsläufigen linearkausalen Zusammenhang zwischen Theorie- und Kunstentwicklung zu konstruieren. Es ist aber sicher ebenso falsch, ursächliche Beziehungen der genannten Art völlig zu leugnen oder der Theorie einzig und allein eine Funktion bei der Auswertung schon bestehender künstlerischer Errungenschaften zuzuweisen, die sie selbstverständlich auch wahrzunehmen hat. »Eine Theorie, welche die Zielrichtung der immanenten Gesetze der Entwicklung aufzeigt, wird nicht nur eine Eule der Minerva sein, die – laut Schlegel – ihren Flug erst abends beginnt; sie wird nicht nur eine *Nachtheorie* zur Zusammenfassung bereits gewonnener Lehren sein, in den Abend einer Kunstentwicklung hineingesprochen, sondern eine zukunftsweisende, richtunggebende Theorie, welche neuen Kolumbussen die Pläne unbekannter Meere skizziert. Das wird eine zündende, die Phantasie erregende Theorie für jene sein, die nach neuen Kontinenten des Kunstschaffens aus sind«[1], schrieb Béla Balázs zu diesem Thema. Die Theorie sei, »wenn auch nicht das Steuerruder, doch zumindest der Kompaß einer Kunstentwicklung«[2]. So gibt es also keine Veranlassung, die Theorie des Films a priori mit Geringschätzung zu sehen oder sie gar als ein nutzloses Unterfangen zu betrachten. Sie hat ihren spezifischen Wert für verschiedene Bereiche gesellschaftlicher Praxis, und darum ist es sinnvoll und notwendig, sie zu entwickeln und sich mit ihren Ergebnissen zu befassen. Unzufrieden mag man lediglich mit dem Erkenntnisstand sein, über den sie verfügt.

Daß die Wissenschaft vom Film mit ihrer Theorie weit weniger leistet, als man angesichts der großen Bedeutung, den ihr Gegenstand für die Menschen hat, von ihr erwarten dürfte, hat vielfältige Ursachen. Sucht man diese auf einen Nenner zu bringen, läßt sich vielleicht sagen: Das Objekt der Filmwissenschaft erschwert eine geistige Durchdringung darum so sehr, weil es besonders komplex ist und sich außerordentlich dynamisch entwickelt.

In der Tat hat das Phänomen Film der Wissenschaft nicht nur sehr wenig Zeit gelassen, es in Augenschein zu nehmen, es hat sich auch in stets wechselnder Gestalt und unter immer wieder neuen Voraussetzungen präsentiert. Alles war hier dauernd in Bewegung. Der Film ist Kind eines technischen Zeitalters, und

Technik hat für ihn konstituierende Bedeutung. Technische Fortschritte, die ziemlich dicht aufeinander folgten, etwa die Umstellung von Stumm- auf Tonfilm, von Schwarz-weiß auf Farbe, von Kinodistribution auf Television und Video, haben die Voraussetzungen wichtiger Gestaltungs- und Wirkungsweisen unablässig verändert und damit den Untersuchungsgegenstand Film selbst. Für die Theoriebildung schuf dies neue Probleme.

Der Gegenstandsbereich der Wissenschaftsdisziplin, die sich zunächst formierte, um einer neuen Kunst gerecht zu werden, erweiterte sich ebenfalls unterderhand. Was uralten Traditionen folgend einmal als Kunstwissenschaft begonnen hatte, läßt sich heute kaum mehr sinnvoll allein von derartigen Gesichtspunkten her leiten. Vielmehr muß Filmwissenschaft sich gegenüber Erscheinungen einer breiten Medienkultur öffnen, weil sich die Kunstprozesse eben in einem Umfeld audiovisueller Massenkommunikation abspielen, das auch noch andere kulturelle Intentionen einschließt, andere Bedürfnisse befriedigt. Die Kunstprozesse stehen in Wechselbeziehung zu diesem vielgestaltigen Feld von Medienprodukten, sie beeinflussen es und werden selbst dadurch modifiziert. So scheint es geraten, sich bei der wissenschaftlichen Erkenntnis dem Ganzen zuzuwenden, was nicht heißen muß, die Kunstspezifik zu verleugnen. Für die Theoriebildung hat dies aber Konsequenzen fundamentaler Art.

Neben der dauernden Veränderung des Gegenstandes und einer Erweiterung des Gegenstandsbereiches, die die wissenschaftliche Erkenntnis vor Schwierigkeiten stellt, wirft auch seine komplexe Beschaffenheit Probleme auf, die die Formierung der Theorie und den Umgang mit ihr erschweren. Film als kulturelle Erscheinung, die den Charakter von Kunst gewinnen kann, eignete sich die Wirkungsfelder früher entstandener Kunstgattungen an und zog sie zusammen, zu einer Synthese, die qualitativ Neues brachte, jedoch auch manche früher erprobten Wirkungsweisen nicht außer Kraft setzte, sondern sich ihrer bediente. Dies brachte ein besonderes Verhältnis des Films zur Malerei, Theaterkunst, Musik u. a. ins Spiel, das es aufzudecken galt. Ähnliches betrifft Phänomene der Massenkultur, auf die der Film sich bezieht. Die Theorie hat nach Wegen zu suchen, die Erkenntnisse der entsprechenden Wissenschaftsdisziplinen für den Film aufzuschließen und gemeinsame Forschung anzubahnen. Das erfordert eine spezifische Methodik und Wissenschaftsorganisation. Interdisziplinäre Zusammenarbeit mit den anderen Kunstwissenschaften, der Literatur- und Kulturwissenschaft berührt dabei nur eine Seite des notwendigen Erkenntnisgewinns. Von noch größerer Bedeutung ist es wohl, die tatsächliche Funktion von Film in der Gesellschaft unter psychologischem und soziologischem Aspekt zu erschließen, was bedeutet, daß die Filmtheorie den Weg zur Psychologie und Soziologie suchen muß. Dies bringt für sie beträchtliche Anstrengungen mit sich, wird doch von den genannten Disziplinen in anderen Kategorien als denen der Kunstwissenschaften gedacht, und Methoden haben sich dort herausgebildet, die denen der Naturwissenschaften nahekommen. Die gewaltigen Produktions- und Distributionsapparate der audiovisuellen Medien verklammern die filmkulturellen Prozesse auf eine besondere Weise mit denen der Ökonomie und Politik, wobei es in diesen Bereichen gleichfalls nie an Dynamik gefehlt hat. Die soziale Revolution sorgte für Unterschiede fundamentaler Art in Wirtschaft und Ideologie, und die Herausbildung zweier Weltsysteme wies dem Film eine differenzierte gesellschaftliche Rolle zu. Für die Länder der »dritten Welt« deutet sich ein erneuter Funktionswandel der Medien an. Filmtheorie hat sich zu all dem in Beziehung zu setzen, muß es verarbeiten. Und damit wird ihr sehr viel abverlangt.

Betrachtet man die Reflexionen zum Film, die in der Vergangenheit unternommen wurden, so wird man sich überzeugen können, daß sie sich der Problematik durchaus zu stellen suchten. Die meisten der eben benannten Bezüge wurden sogar erstaunlich früh ins Auge gefaßt, nämlich bereits im zweiten Dezennium dieses Jahrhunderts. Eine wissenschaftliche Abbildung der Erscheinungen ergab sich freilich erst nach und nach. Theoriebildung kam nur schrittweise zustande und dies auf verschiedenen Wegen. Um mit einem ernsthaften Nachdenken über den Film beginnen zu können, mußte er zunächst als eine Erscheinung verstanden werden, die dieser Aufmerksamkeit würdig war. Schließlich begann er seine Existenz als eine Art Schaubudenspektakel. Daß mit ihm eine spezifische Kultur geboren wurde, erkannten die wenigsten.

So wurde er eigentlich erst als seriös angesehen, als einige seiner Werke Kunstcharakter gewannen. Jetzt war es möglich, in den Kategorien von Kunstkritik über ihn nachzudenken, und Stück für Stück bildete sich eine eigene Wissenschaft heraus, die sich zunächst nach dem Muster der traditionellen Kunstwissenschaften zu etablieren suchte.

Theoriebildung vollzog sich also im Rahmen von Filmkritik und Filmgeschichte, ebenso bei der Formulierung von Poetiken filmkünstlerischen Schaffens. »Poetik« wird dabei nicht als System zwingender Regeln verstanden, sondern mit Eco als »Operativprogramm, das der Künstler von Fall zu Fall entwirft, als den Plan des zu erzeugenden Werkes«.[3] Eine Wissenschaftsdisziplin, die Theorie systematisch und zielgerichtet zu entwickeln sucht, gibt es eigentlich, sieht man von einzelnen Vorläufern ab, erst seit Mitte der zwanziger Jahre, und bis heute haben filmkritische Arbeiten und Poetiken der Filmemacher nicht an Bedeutung für den Theoriebildungsprozeß verloren. Liest man die entsprechenden Texte, so muß man sich stets vergegenwärtigen, daß sie jeweils unter sehr verschiedener Zielsetzung publiziert wurden. In den seltensten Fällen lag ihre hauptsächliche Zweckbestimmung in der Förderung des theoretischen Denkens. Die Einbindung in einen pragmatischen Zusammenhang hat dabei zwar manche Überlegungen heute schwerer lesbar gemacht, in anderer Hinsicht erwies sie sich aber oft als sehr nützlich. Beobachtungen und Problemstellungen aus der Filmpraxis konnten hier gelegentlich ausgesprochen werden, ohne daß ein Zwang ihrer systematischen Begründung und Klärung bestand, und davon kann die Filmwissenschaft manchmal heute noch profitieren.

Schon während der Stummfilmperiode ist marxistisches Denken in die Filmwissenschaft eingezogen. Eine materialistische Sicht auf den Film bildete sich heraus, ein historisches Verständnis der Kinobesucher, und auch innerhalb der bürgerlichen Filmwissenschaft dachte man relativ früh über die soziale Funktion der Kinematographie nach, kam zu entsprechenden Interpretationen, die sich in theoretischen Aussagen niederschlugen. Das reiche Beziehungsgeflecht, das den Film mit anderen Bereichen des Lebens verbindet, sowie die Komplexität seines Wesens erforderten indes neuartige Anstrengungen. Eine ausgearbeitete Methodologie und Methodik waren dafür nötig, eine spezielle Wissenschaftsorganisation auch, die es in Aussicht stellte, systematisch und in interdisziplinärer Zusammenarbeit eine komplexe Erforschung des Films zu beginnen. Eine solche steckt auch gegenwärtig noch in ihren Anfängen. Welchen Wert kann in einer derartigen Situation, in der es Arbeit für die Filmwissenschaft genug gibt, die Beschäftigung mit der Theoriegeschichte haben? Hier gilt, was für jede wissenschaftliche Disziplin zutrifft: Ohne Rückbesinnung auf die Probleme ihres Werdegangs wird es schwerfallen, die Fragen der Gegenwart richtig zu stellen. Selbst wenn eine moderne Theorie ganz anders als die früheren aufgebaut werden sollte, kann sie es sich doch nicht leisten, das Fahrrad ein zweites Mal zu erfinden. Bestehende Erkenntnisse müssen aufgenommen, im dialektischen Sinne aufgehoben werden. Und dabei darf nichts verloren gehen. Das komplizierte und dynamische Objekt Filmkultur hat es in der Vergangenheit nie so recht ermöglicht, systematisch als Ganzes in Augenschein genommen zu werden, und zwar in all seinen Differenzierungen. Stets blieben wichtige Bezüge ausgeklammert, andere erschienen hypertrophiert. Rückbesinnung auf die Geschichte das Nachdenkens über den Film mag daher helfen, in den Überlegungen von heute Wichtiges, das längst erkannt wurde, nicht zu vernachlässigen und die Proportionen zu wahren.

Wie muß an die Theoriegeschichte des Films herangegangen werden? Sicher gelten auch hier die bewährten Prinzipien des wissenschaftlichen Historismus. Ebenso wie die Kinematographie stets in einem Entwicklungsvorgang zu sehen ist, der im Zusammenhang mit umfassenderen ökonomischen, politischen und kulturellen Prozessen steht, ist auch die Theorie stets in einem analogen Kontext zu betrachten. Ähnlich, wie die Kinematographie trotz aller Eingebundenheit in andere Bereiche eine gewisse Autonomie besitzt, verfügt auch ihre theoretische Widerspiegelung über eine relative Selbständigkeit in ihrer Entwicklung. Für die Einschätzung historischer Veränderungen hat Marx den plausiblen Grundsatz formuliert, daß das höhere Entwicklungsniveau als Ausgangspunkt für die Analyse des niederen genommen werden sollte. »Anatomie des Menschen ist der Schlüssel zur Anatomie des Affen. Die Andeutung auf Höheres in den untergeordneten

Tierarten können dagegen nur verstanden werden, wenn das Höhere selbst schon bekannt ist. Die bürgerliche Ökonomie liefert so den Schlüssel zur antiken etc.«[4] Leider sind wir gegenwärtig aber noch unzureichend in der Lage, die umfassenden und vielgestaltigen Medienprozesse von heute hinreichend zu durchschauen, um im Besitz des geeigneten Schlüssels zu sein, der den souveränen Einblick in die frühen Etappen gestattet. Dies hat auch Folgen für die Beurteilung von Progreß innerhalb der Theorieentwicklung. Um sich dem historischen Material leichter gegenüberstellen zu können, soll darum wenigstens von der Hypothese ausgegangen werden, daß mit dem Aufkommen der Kinematographie die Herausbildung einer spezifischen Medienkultur begann, in welche die Kunstprozesse eingingen – und zwar als eine Komponente unter vielen anderen. Eine Filmforschung mit ihrer Theorie muß sich dieser Tatsache stellen, und sie sollte heute den Forderungen einer Wissenschaft von den audiovisuellen Medien bzw. der Massenkommunikation genügen, sich also entsprechenden Gesichtspunkten jenseits der Kunst systematisch öffnen. Für die Beurteilung der früheren theorie-historischen Etappen hat das insofern Folgen, als auch sie mit größerer Aufmerksamkeit daraufhin befragt werden müßten, ob sich bereits Überlegungen zum medialen oder massenkommunikativen Gesichtspunkt anfinden, Gedanken, die seinerzeit noch wenig zum Tragen kommen konnten und meist in einem Meer von Reflexionen, die dem Kunstwert des Films galten, untergingen. In ähnlichem Sinne soll mit jenen Ideen umgegangen werden, die, wie wir heute sagen würden, einer komplexen und interdisziplinären Erforschung des Films Vorschub leisteten. Denn die Filmwissenschaft der Zukunft dürfte eine dialektisch-materialistische Untersuchung ansteuern, welche Systemanalyse mit den Prinzipien einer historischen Darstellung zu verbinden versteht. Sowohl die Sphäre des Schaffens als auch die der Rezeption medialer Produkte wären in die Analyse einzubeziehen, und die vielfältigen Bezüge dürften jeweils in ihren Systemzusammenhängen studiert werden, und zwar interdisziplinär. Berührt werden dabei mindestens folgende Bereiche:

Die Kultur und speziell die audiovisuellen Medien,
die Künste, besonders die darstellenden,

die Gestaltungsmittel,
die gattungsspezifischen Gestaltungsweisen,
die dramaturgischen Gestaltungsmomente,
die morphologischen Beziehungen, Subgattungen, Genres und
Stile betreffend,
die Kunstprogrammatiken und Schaffensprinzipien.

Schon ein erster chrestomativer Überblick müßte Überlegungen
zu sämtlichen genannten Bezugsfeldern enthalten. Freilich sollte
dabei das Schwergewicht dort liegen, wo Anregungen für die Gegenwart und Zukunft der Theoriebildung zu erwarten sind. Einige Aspekte – etwa der der technischen Gestaltungsmittel und
der dramaturgischen Kategorien und Gesetze – lassen sich nur
andeutungsweise behandeln, weil eine Darstellung ihrer differenzierten Probleme zu weit von den zentralen Überlegungen, die
die Entwicklung theoretischer Grundauffassungen betreffen, weg-
führen dürfte.

International gesehen gibt es theoriegeschichtliche Überlegungen
zum Film schon lange. Seit den fünfziger Jahren kamen auch zahlreiche Übersichtsdarstellungen namentlich zur Geschichte der europäischen Filmtheorie heraus. So die Arbeiten von Guido Aristarco[5], Henri Agel[6], Andrew Tudor[7], Zbigniew Czeczot-Gawrak[8]
und Alicja Helman[9], um einige der wesentlichsten zu nennen. Zu
den bedeutsamsten Untersuchungen der letzten Zeit dürften dabei die Bücher von J. Dudley Andrew aus den USA gehören. In
einer Darstellung, die sich am persönlichen Beitrag wichtiger Autoren orientiert, werden deren Gedankengänge als »The Major
Film Theories«[10] vorgestellt, und in einer Studie[11], die besonders
den neueren Konzepten gilt, referiert Andrew die filmtheoretischen Überlegungen systematisch unter Aspekten wie Perzeption,
Repräsentation, Signifikation, Narration, Adaption usw. und führt
sie zu einem eigenständigen Ansatz zusammen. Zu einzelnen Autoren liegen inzwischen auch sorgsam kommentierte Werkausga-
ben vor, und eine Reihe von Anthologien und Chrestomatien
bringt filmtheoretische Aussagen anhand von Artikeln oder Text-
auszügen in komprimierter Form zur Publikation.

Die Filmwissenschaft der DDR hat bisher leider keinen derartigen Überblick vermitteln können. Bedeutsame Primärquellen wurden bei uns nicht ediert, einige von ihnen bisher nicht einmal ins Deutsche übersetzt, so daß sie nur dem sprachkundigen Benutzer von Spezialbibliotheken zugänglich sind.

Dabei sollte ein sachkundiges Nachdenken über Film und die audiovisuellen Medien, das Informiertheit über die damit verbundenen geistesgeschichtlichen Entwicklungen einschließt, nicht nur eine Angelegenheit weniger Spezialisten aus dem unmittelbaren Film- oder Fernsehsektor sein, sondern es müßte die dem Problemfeld angemessene Breite erhalten. Zumal sich die Berührungspunkte zahlreicher Lebens- und Wissenschaftsbereiche mit der Medienkultur und deren Theorie mehren. Dazu gehören Politik, Ökonomie, Technik, Pädagogik, Presse, Wissenschaftsdisziplinen, wie Philosophie, Kulturwissenschaft, Psychologie, Soziologie, Philologie, Geschichtswissenschaft, Kunstwissenschaften, Literaturwissenschaft und Semiotik.

Die vorliegende Publikation versucht dieser Situation insofern gerecht zu werden, als sie sich um eine erste Einführung in die Entwicklung des theoretischen Denkens zum Film bemüht. Sie will den Leser mit wichtigen Überlegungen namhafter Autoren bekanntmachen, indem sie ihm die Möglichkeit gibt, diese punktuell an Textausschnitten bzw. Zitaten aus bedeutsamen Arbeiten nachzuvollziehen. Dergestalt soll ein skizzenhafter Überblick über die Geschichte der Spielfilmtheorie von ihren Anfängen bis heute vermittelt werden. Grundgedanken früherer Theorien, oft als Kernsätze zitiert, wären zu überprüfen, inwiefern sie für die heutige Wissenschaftsentwicklung zu nutzen sind. Produktive Problemsichten aus der Vergangenheit mögen dafür sorgen, daß trotz eines Auswahlprinzips, das weder die Subjektivität des Autors noch eine gewisse umstandsbedingte Begrenztheit des zugrundeliegenden Textcorpus verleugnen kann, ein zutreffendes Bild entsteht, wie von verschiedensten Ansatzpunkten her unablässig um Erkenntnisgewinn gerungen worden ist. Wenn hier also Momente einer Chrestomatie mit solchen einer theoriehistorischen Abhandlung verbunden werden sollen, dann liegt auf der Hand, daß diese eher noch konspektive Aneignung von Teilbereichen des geistigen Erbes nur eine Art Materialsammlung und Vorarbeit für eine noch zu schreibende Geschichte der Theorien des Spielfilms erbringen kann. Vielleicht schafft das dennoch Anregungen für den Leser, über die Entwicklung der audiovisuellen Medien in Gegenwart und Zukunft nachzudenken.

Die Darstellung orientiert sich dabei auf den Beitrag einzelner wichtiger Autoren und stellt meist deren Hauptwerk in den Mittelpunkt. Auf diese Weise sollen wesentliche Arbeitsresultate gleichsam in mosaikhafter Form sichtbar gemacht werden. Zahlreiche Autoren konnten leider aufgrund des begrenzten Raumes keine Berücksichtigung erfahren, geistesgeschichtliche Prozesse werden auch stets nur bruchstückhaft vermittelt. Und fragmentarisch-ausschnitthaft mußte die Darstellung schon darum bleiben, weil nur die Spielfilmtheorie zur Sprache kam; Dokumentarfilm und andere Untergattungen des Films sowie die Television und die neuen Medien mit ihren spezifischen Belangen werden generell ausgeklammert. Die Sprachbarrieren sorgten zudem für eine weitgehende Einschränkung bei der Auswahl der Autoren und Textbeispiele.

Die im Buch vorgenommene Gliederung in vier bzw. fünf Perioden ist noch ziemlich provisorisch und in mancher Hinsicht strittig. Es war auch schwierig, die einzelnen Autoren den jeweiligen historischen Abschnitten richtig zuzuordnen, zumal ihr Schaffen sich meist über mehrere davon erstreckte. In der Regel wurde hier so verfahren, daß das Publikationsdatum eines exemplarischen Werkes den Platz einer Persönlichkeit in der chronologisch orientierten Reihe bestimmte. Die Namen einiger weniger Autoren, deren Beitrag für mehrere Phasen der Theorieentwicklung bemerkenswert war, erscheinen dabei wiederholt. Schon diese Anmerkungen lassen deutlich werden, wie weit das vorliegende Buch noch von einer wirklichen Theoriegeschichte des Films entfernt ist. Es kann dazu bestenfalls eine Vorstufe bilden und für den Leser eine erste Einführung sein, mehr nicht.

Die Frühgeschichte filmtheoretischen Denkens 1895–1920

»Ganz Paris (...) pilgert nach dem Boulevard de la Madeleine, um das neue Wunder, die Überraschung der Cinematographie, zu sehen. (...) Aber in diesem engen Raum, in dieser Spanne Zeit sieht man eine ganze Welt an sich vorüberziehen. Nicht etwa in starren Bildern ohne Leben und Bewegung, sondern eine Welt, die leibt und lebt, webt und schafft, ganz wie die Wirklichkeit. (...) Es grenzt ans Wunderbare.«[1] So hieß es in einer zeitgenössischen Zeitungsnotiz gelegentlich der »Vorführungen des Cinematographen für jedermann«, die die Gebrüder Lumière 1895 in Paris initiiert hatten.

Von der Geburtsstunde des Films an bis zum Beginn des ersten Weltkriegs, also in einem Zeitraum von weniger als zwanzig Jahren, hatte sich der »Cinematograph« oder das »Lichtspiel«, wie es damals im deutschen Sprachraum hieß, weltweit zu einem unübersehbaren Faktor innerhalb der Kultur etabliert. Laut statistischen Angaben existierten 1907 in Berlin bereits 126 Kinos.[2] Am Vorabend des ersten Weltkrieges wurden auf der Erde 60000 ständige Lichtspielstätten registriert, davon ein Viertel in den Vereinigten Staaten[3], und in einigen industriellen Ballungszentren wurden damals bereits Rekordziffern für die Platzkapazitäten der Kinos festgestellt. So in Manchester, wo auf acht Einwohner ein Kinositz fiel.[4] Entsprechende Ausmaße hatten Filmproduktion und Verleih. Besonders rapide wuchs dieser Sektor in den Jahren zwischen 1910 und 1914 an. Daher ist es nur zu verständlich, daß der Film relativ früh zum Gegenstand intensiver gesellschaftlicher Reflexionen wurde.

Letztere waren sehr unterschiedlich und wurden häufig von konträren Positionen aus geführt. Das Filmwesen war eine Geldquelle und rief entsprechend vitale Interessen des Kapitals auf den Plan. Dabei verschärfte das schnelle Wachstum der neuen Erscheinung die Gegensätze zwischen jenen, die sich mit ihrer Hilfe zu bereichern hofften, und anderen, die eine Konkurrenz für traditionelle Kulturunternehmen, mit denen sie liiert waren, fürchten mußten. Zu den merkantilen Streitpunkten kamen ideologische. Es gab innerhalb der Bourgeoisie Gruppen, die sogleich erkannten, daß man den Film für seine Absichten nutzen konnte, andere erblickten in ihm eher einen Feind oder zumindest eine große Gefahr. So wurde z. B. sehr früh bemerkt, daß sich mit Filmen politische Agitation und Kriegspropaganda machen ließ. In England nutzte man schon 1909 den Wanderkinematographen, um für die Einführung von Schutzzöllen zu werben, und in Deutschland übernahm man das Verfahren gleichsam, um den Flottenverein zu stärken. Gesellschaftliche Institutionen, wie Schule und Kirche, entdeckten in den neuen technischen Möglichkeiten des Films sowohl ein Mittel, das ihre Position stärken wie schwächen könnte. Seitens der Volksbildung suchte man etwa eine Lanze für den Lehr- und Kulturfilm zu brechen, und von kirchlichen Veranstaltungen wird vermeldet, daß sie öffentliche Aufführungen von biblischen Filmen vornahmen, bei denen Kirchenchöre mit dem Phonographen abwechselten.[5] Innerhalb der gleichen Instanzen gab es Gruppierungen, die den Film, bzw. »das Kinounwesen«, wie sie es oft nannten, wegen seiner Tendenz zur Schundverbreitung oder möglicher Parteinahme für die Interessen der Ausgebeuteten bekämpften. Daß der Film für die Beeinflussung der Massen unerhört wichtig werden könnte, das wurde in den seltensten Fällen bestritten. »Das bißchen Wirkung, das heute alle Theater, Konzerte und Museen zusammengenommen (alle Volksbühnen und Arbeitervorstellungen eingerechnet) auf die Menschen hervorbringen können, verhält sich zu dem Gesamteffekt des Kinos ungefähr wie der Inhalt einer meinetwegen besonders stattlichen Gießkanne zum Bodensee«,[6] schrieb 1918 Julius Bab in der »Neckarzeitung«, und er tat damit einen Eindruck kund, den viele Kenner der Kultursphäre teilten. Daß man das Kino aus eben diesem Grunde »in jeder Hinsicht für einen Kulturschaden halten konnte«[7] oder für einen Ort, an dem »der verbissenste Klassenhaß«[8] geschürt bzw. zu Sittenlosigkeit schlimmsten Grades aufgefordert würde, war gleichfalls nicht selten.

Charakteristisch für die öffentliche Haltung gegenüber dem Film in Deutschland war die »Kinoreformbewegung«, die sich vielfach auf katholische und protestantische Kirchenorganisationen stützte und in den öffentlichen Filmvorführungen eine Gefahr für die moralische Entwicklung der Bevölkerung, insbesondere der Schuljugend, sah. Nach dem Konzept dieser Bewegung sollten die kommerziellen Vorführungen, ja, der Spielfilm überhaupt, abgeschafft werden, um statt dessen Filme für Lehrzwecke in den Schulen kontrolliert einzusetzen.

Angesichts der zunehmenden Schundproduktionen für die Leinwand, mit denen die Filmunternehmer Gewinne zu machen suchten, erscheint dieses Anliegen als ethisch durchaus berechtigt, es erwies sich jedoch weder als praktisch durchsetzbar noch von seinem konzeptionellen Ausgangspunkt her als zukunftsträchtig, denn die Profitinteressen ließen sich schwerlich reformieren, und die Forderung nach staatlicher Kontrolle des Films arbeitete lediglich der Errichtung einer speziellen Zensurinstanz entgegen, die die Interessen des Großkapitals dann auf andere Weise zuungunsten der arbeitenden Menschen wahrnahm.

Etwa mit Beginn des zweiten Jahrzehnts gingen Filmproduktion und -verleih in die Hände größerer Firmen und Aktiengesellschaften über, und an die Stelle der kleinen Unternehmer traten bald riesige Konzerne. In Deutschland wurde 1917 auf Anregung von General Ludendorff unter dem Patronat der Deutschen Bank die »Ufa« gegründet, die eine Monopolisierung der deutschen Filmindustrie nach amerikanischem Vorbild herzustellen suchte und das Filmwesen planmäßig den ideologischen Intentionen des Kapitals unterordnete.

So war der Film also schon in den ersten 25 Jahren seiner Existenz international zu einem Mittel der Massenbeeinflussung von höchster Wirkungspotenz geworden, dessen sich die herrschende Klasse zu bedienen verstand.

Wladimir Iljitsch Lenin hat, wie seine Mitstreiter berichten, sehr früh die Bedeutung des Kinematographen erkannt. Über ein Gespräch, das bereits 1907 in Finnland stattfand, ist etwa überliefert:

»Wladimir Iljitsch (...) legte dar, daß der Film – solange er sich noch in den Händen gewissenloser Spekulanten befindet – mehr Unheil anrichtet

als Nutzen bringt und die Massen nicht selten durch den abstoßenden In-
halt des Dargestellten demoralisiert. Wenn allerdings die Massen den
Film in Besitz nehmen und wirkliche Schöpfer einer sozialistischen Kul-
tur über ihn verfügen, dann wird er zu einem der mächtigsten Mittel der
Massenaufklärung.«[9]

Lenin, der bereits in der Anfangsperiode des Films zur Kenntnis
genommen hatte, wie das Kapital selbst den Lehrfilm sogleich für
seine Zwecke mißbrauchte, indem es etwa Dokumentaraufnah-
men von Arbeitsprozessen für die Etablierung des Taylorsystems
nutzte, das einer verschärften Ausbeutung der Proletarier dienen
sollte,[10] sorgte unmittelbar nach dem Sieg der Oktoberrevolution
dafür, daß der Film der Volksaufklärung und der Propagierung
fortschrittlicher Ideen zugute kam. Bekannt geworden ist seine
Feststellung, 1922 gegenüber Lunatscharski getroffen, er solle ständig dessen eingedenk sein,

> *»daß für uns von allen Künsten die Filmkunst die wichtigste ist.«*[11]

Zu diesem Zeitpunkt besaß auch die kommunistische deutsche
Arbeiterbewegung bereits ein klares Konzept, den Film und seine
vielfältigen Möglichkeiten für ihre Kampfziele zu nutzen. Um
dorthin zu finden, hatte es einer Meinungsbildung unter den
Kommunisten bedurft, die keineswegs widerspruchslos und geradlinig verlief. Der Schundfilm richtete seinen moralischen Schaden
ja auch unter den Arbeitern an, und die seichte Unterhaltung trug
dazu bei, sie zu entpolitisieren. Das Kino, wie es war, konnte daher von den fortschrittlichen Kräften auch nicht gutgeheißen werden. 1919 schrieb Clara Zetkin einen Artikel unter der Überschrift
»Gegen das Kinounwesen«, der mit den Worten begann:

> *»Unter den vielgestaltigen Feinden, die die Arbeiterklasse zu Nutz und*
> *Frommen des kapitalistischen Profits ausplündern und ihrem Befreiungs-*
> *kampf Hindernisse schaffen, gibt es einen besonders gefährlichen, weil er*
> *tückisch unter schmeichlerischer, freundschaftlicher Maske kommt. Es ist*
> *das Kinounwesen. Ich möchte den Nachdruck stark auf den letzten Teil*
> *des Wortes gelegt haben. Denn Kino kann in weitem Umfange der*
> *Volksbildung nutzbar gemacht werden, es kann innerhalb der Grenzen*
> *seines Wesens der Volksunterhaltung dienen. (...) Jedoch heute lernen*
> *wir das Kino verhältnismäßig wenig in der kurz umrissenen nützlichen*

Doppelrolle kennen. Es ist geworden, was es in einer Gesellschaft werden mußte, deren Grundlage die kapitalistische Profitwirtschaft ist, und in der die Macht des toten Besitzes das Recht der lebendigen Menschen auf frei entwickelte, edle Menschlichkeit zertritt. Das Kino ist weitaus überwiegend, ja in der Hauptsache ein Mittel skrupelloser kapitalistischer Profitmacherei. Unter dem bohrenden Stachel kapitalistischer Profitsucht, des Eigennutzens gewinnheischender Kapitalisten ist es zum Kinounwesen entartet.« [12]

Clara Zetkin benannte die Mängel der damaligen Filmproduktion sehr genau, stellte sich aber – im Unterschied zu den Kinoreformern – gegen eine Filmzensur, da diese im Interesse des kapitalistischen Klassenstaates mißbraucht werden könnte. Sie unterstützte indes die Forderung nach Sozialisierung der Filmindustrie und Kommunalisierung der Lichtspieltheater und rief die organisierte Arbeiterschaft zu einem Selbstschutz gegen den Kinoschund auf.

Der Tübinger Professor für Kunstgeschichte und Kunstlehre Konrad Lange, der 1920 eine umfangreiche Abhandlung mit dem Titel »Das Kino in Gegenwart und Zukunft« veröffentlichte, betrachtete übrigens auch von den Positionen der Filmreformbewegung her die Spezialisierung der Filmindustrie und die Kommunalisierung des Kinowesens als notwendig. Auf das Paradox der Interessenkonformität wies er selbst mit den Worten hin: »Daß ich z. B. Arm in Arm mit Clara Zetkin, die politisch so himmelweit von mir entfernt ist, für die Neuorganisation des Kinos eintrete, ist nur dem merkwürdigen Umstand zu verdanken, daß hier einmal zufällig das Kulturinteresse mit dem Kampfinteresse der Arbeiterklasse einhergeht.« [13] Im Anschluß an diese Bemerkung folgte dann freilich ein Passus, der das von der USPD angestrebte Kinowesen unter bolschewistischen Regierungsverhältnissen als Ort beschreibt, »in dem die wilden ungezügelten Massen Nahrung für ihren Zerstörungstrieb finden werden. Dieses Kino der Zukunft wird im Dienste des Terrors stehen.« [14]

Hier seien derartige Einzelheiten nur deshalb angeführt, um zu veranschaulichen, wie widersprüchlich und vielgestaltig der Prozeß des Nachdenkens über den Film verlief.

Abgesehen von der unterschiedlichen Interessenlage der Diskutierenden gab es im Kino auch unterschiedliche Streifen zu sehen, die nicht über einen Leisten zu schlagen waren, wenn es um ein verallgemeinerndes Urteil zum Film ging. Ernst Schultze hat 1911 das Kinorepertoire sicher treffend charakterisiert, wenn er schrieb: »Der Spielplan des Kinematographen ist ein buntes Gemisch von Süßem und Saurem, Rohem und Zartem, Plattem und Lehrreichem, Schlechtem und Gutem. (...) Überhaupt gibt es nach unten hin kaum eine Grenze, die der Kinematograph nicht erreicht oder überschritten hätte: an Geschmacklosigkeit, Roheit, Albernheit läßt er in einigen Fällen nichts zu wünschen übrig.«[15] Filmhistorische Darstellungen können diesen Eindruck belegen. Sie geben über inhaltliche und gestalterische Tendenzen der ersten Filmwerke eine ähnliche Auskunft, in der Regel allerdings mit einem nachdrücklicheren Interesse für die dort sichtbar werdenden Anfänge von Kunstleistungen und einer nur geringen Berücksichtigung des Durchschnittlichen und Massenhaften oder gar Schlechten, das damals in den Kinos vornehmlich gezeigt wurde.

Weit weniger als die ersten Filme mit Kunstanspruch sind jene Überlegungen bekannt, die die Entwicklung des Filmwesens begleiteten, sie förderten oder hemmten. Ein Großteil der gedruckten Äußerungen bewegte sich im Fahrwasser von Unternehmerinteressen der neuen Branche und war entsprechend pragmatisch angelegt. Die Werbetrommel für einzelne Stars, einzelne Produktionen oder den Film schlechthin wurde gerührt. Länder wie Deutschland und Österreich-Ungarn verfügten schon vor dem ersten Weltkrieg über eine Vielfalt spezieller Filmzeitschriften,[16] die sich auch mit einschlägigen technischen, ökonomischen und rechtlichen Problemen befaßten. In dem Maße, in dem sich Literatur- und Theaterkritiker mit einzelnen Filmwerken auseinanderzusetzen begannen, entstanden die Voraussetzungen für eine professionelle Filmkritik, und so wurde es nach Kriegsende allmählich Usus, daß wichtige Zeitungen und Zeitschriften auch feste Spalten für Filmbesprechungen zur Verfügung stellten. In Frankreich gründete man 1920 den ersten Filmclub. Und anerkannte Schriftsteller – besonders solche der jüngeren Generation – begannen in den meisten Ländern für den Film zu schreiben.

In Publikationen der unterschiedlichsten Art, die oft auf den generellen Streit um Wert oder Unwert des Films Bezug nahmen, formierten sich relativ früh auch theoretische Gedanken, das neue Phänomen betreffend. Der Film wurde dort als neuer kultureller Faktor gewertet und dabei mehr und mehr in seinen künstlerischen Potenzen erkannt.

Das »Manifest der sieben Künste«[17], das der Italiener Ricciotto Canudo 1911 in Frankreich veröffentlichte, um die Entstehung der siebenten Kunst Film zu fördern, wird oft als Beginn der Filmtheorie überhaupt angesehen. Neuere historische Untersuchungen zeigen jedoch, daß es etwa gleichzeitig auch in anderen Ländern Artikel zu lesen gab, die scharfsinnige Überlegungen zum Film enthalten, so daß man dem ungarischen Filmwissenschaftler Nemeskürty beipflichten muß, der darauf hinweist, daß wohl jedes Land in der Mitte Europas seinen Canudo gehabt haben dürfte.[18]

Schon 1894, also noch während der Entstehungszeit der Kinematographie, haben W. Paul und H. Wells in einer Patentschrift, die einem Vorläufer des Apparates von Lumière galt, die Idee der neuen Erfindung mit den Worten formuliert: »Geschichten zu erzählen vermittels der Demonstration beweglicher Bilder«.[19]

Die erzählerische Komponente, die zum Spielfilm und damit in die Nähe traditioneller narrativer Ansätze, wie sie die Künste beherrschten, führte, sah man der Kinematographie also schon in ihrem Embryonalstadium an. Doch auch eine andersgeartete Qualität wurde bemerkt. Der Kameramann Bolesław Matuszewski, der bereits 1898 eine Zeitschrift unter dem Titel »La Chronophotographie« herausgab, vermerkte dort in dem umfangreichen Text »La Photographie animée« (»Die belebte Photographie«), daß die Kinematographie ihrem Wesen nach mehr sei als eine Sache des Vergnügens und ein Zeitvertreib für große Kinder. Sie müsse nach einer Phase der Ablenkung, die ihr universellere Kenntnisse verschafft hätte, wieder zu einer Angelegenheit der Wissenschaft und des Fortschritts werden. Der polnische Operateur hielt an der Kinematographie für wesentlich, daß sie die Dinge des Lebens vor dem Vergessen bewahren und für die Zukunft aufheben könne, indem sie sie fixiere, und zwar in ihrer Bewegtheit. »Die chronophotographische Projektion machte für den

Forscher Erscheinungen wahrnehmbar, die er ohne sie nicht erkannt hätte; sie hat den geduldigen Willen, dem Interessierten und Lehrling das Studium eines komplexen Vorganges zu erleichtern, indem er sie reproduzierte.«[20] Neben einem Ansatz, das Wesen des Films von seinen erzählerischen Qualitäten her zu erklären, deutete sich hier auch ein zweiter, später vielfach variierter an, der von den Qualitäten der fotografischen Abbildung ausging.

Ab 1907 kamen auch in Deutschland Fachzeitschriften zum Film heraus. Bereits vor Beginn des ersten Weltkriegs waren es, wie eine Aufstellung von Heller zeigt,[21] ein volles Dutzend, die im deutschsprachigen Raum die unterschiedlichsten Belange des Kinematographen vertraten. In einer verdienstvollen Untersuchung von Helmut H. Diederichs[22], die den Anfängen der deutschen Filmkritik von 1909 bis 1915 gilt und sich besonders mit den Veröffentlichungen in der Fachzeitschrift »Bild und Film« befaßt, ist skizziert, wie sich etwa in der sogenannten Kinodramatik-Debatte, die 1913/14 von Autoren wie Elster, Häfker, Tannenbaum, Schumacher, Hamburger und Lux über Wesen und Möglichkeiten des Kinodramas geführt wurde, eine erste Gattungsbestimmung der Filmkunst in Abgrenzung von der der Bühne herausbildete. Herbert Tannenbaum, Autor einer außerordentlich bemerkenswerten Broschüre, die 1912 unter dem Titel »Kino und Theater«[23] erschienen war, benannte in der Debatte drei gleichberechtigte Elemente als wesensbestimmend für das Kinodrama, nämlich Handlung, Mimik und szenische Anordnung,[24] und er merkte zahlreiche Unterschiede gegenüber dem Theater an. Nach Auffassung von Joseph Lux könne der Film Kunstwert erreichen, wenn er sich um »die Zusammenfassung von scharf und klar beobachteten Lebensausschnitten, besser gesagt: *Lebensvorgängen*«[25] bemühe.

Willi Warstatt, der vordem bereits mit Buchpublikationen zur Photographie hervorgetreten war, unternahm eine Fundierung der Gattungsspezifik der Filmkunst vom fotografischen Abbild-Aspekt her. Er schrieb: »Das Kinematographische Kunstwerk ist gegründet oder muß gegründet werden auf die Gesetze von der Ausdruckskraft der Bewegung«.[26] Der in sehr jungen Jahren verstorbene Ungar Jönö Török, der zwischen 1916 und 1918 in der Zeitschrift »Moziket« scharfsinnige Bemerkungen zum Film publizierte, verstand hingegen unter Filmkunst »... einen rhythmischen Wechsel von Gedanken und Gefühlen, der durch die Wirkung bewegter Elemente hervorgerufen wird.«[27] Wie Nemeskürty schreibt[28], wurden damit schon Überlegungen von Balázs aus den zwanziger Jahren vorweggenommen, auch in Sätzen Töröks wie: »Der Regisseur steuert die Bewegung deiner Gefühle.«[29] Im Buch von Victor E. Pordes unter dem Titel »Das Lichtspiel. Wesen. Dramaturgie. Regie«, das 1919 in Wien erschien und sich als erste deutschsprachige Monographie der neuen Kunstgattung verstand, wird die Definition versucht: »Das Lichtspiel ist eine durch das technische Prinzip der Kinematographie geschaffene neue Kunstgattung, die im Vorführen einer anschaulichen Handlung besteht, somit ihrem Wesen nach dramatisch ist. Auf der Photographie fußend, leiht es seinen Gebilden den unermeßlichen Schauplatz der Wirklichkeit, entbehrt aber zugleich alles nicht rein Optischen, somit auch des Wortes, wodurch sich das Gebiet seiner Dramatik von selbst umschreibt.«[30]

Pordes war nicht nur der Meinung, daß das Lichtspiel sich als Drama ansehen lasse, genauer als »eine durch ein neues technisches Prinzip geschaffene, in ihren weiteren Möglichkeiten noch nicht abgeschlossene neue Form des Dramas«[31], er suchte auch nach einer Dramaturgie des Lichtspiels, verstanden als »Gesamtheit jener Regeln, welche aus dem dramatischen Wesen des Lichtspiels für dessen Aufbau in all seinen Einzelheiten sich ergeben.«[32] Diese Gesetze entlehnte er dann in der Regel der Theaterdramaturgie. Von »dramatischer Wirkung«, »Mitgefühl«[33] mit den Helden und dem »Postulat einer einheitlichen, geschlossenen Handlung«[34] ist die Rede, in einem Teilkapitel der umfangreichen Ausführungen zur Regie werden aber auch unterschiedliche Genres dargestellt, die dem Kino zugehören, wie Gesellschaftsfilm, Geschichts- und Milieufilm, Kriminal- und Detektivfilm sowie phantastischer und Märchenfilm. Erstaunlich an dem Buch von Pordes ist, daß es technische Entwicklungen des Films wie Farbe und Stereoscopie voraussagte und befürwortete, auch ein ganzes System von kulturellen Erscheinungen, die mit dem Film aufkamen – etwa die Lichtspielkritik – für notwendig hielt und richtig prognostizierte.

1920 kam mit »Der Spielfilm. Ansätze zu einer Dramaturgie des

Films«[35] von Hans Richter ein Buch heraus, das sich in ähnlicher Weise auf die klassische Theaterdramaturgie berief, jedoch die nichtklassischen bzw. trivialen Genres einer Kinodramatik ausführlich berücksichtigte. Sein Autor, der aufgrund von Namensgleichheit oft mit dem Experimentalfilmspezialisten, Maler und Kunsttheoretiker Hans Richter verwechselt wird, dessen Filmtheorien aus den folgenden Jahrzehnten hier später noch ausführlich abgehandelt werden sollen, entwickelte übrigens in seiner Dramaturgie Überlegungen, die auch offene Kompositionsformen wie den Episodenfilm einbeziehen.

Obschon Philosophie und Ästhetik in der Regel den Film noch lange ignorierten, schenkten ihm einzelne ihrer Vertreter indes schon recht früh besondere Aufmerksamkeit. Henri Bergson etwa, der Begründer der Lebensphilosophie in Frankreich, nahm in seinem Werk »L'Evolution Créatrice« (»Schöpferische Entwicklung«) bereits 1907 Bezug auf ihn, indem dort die Kinematographie als Paradigma für die Erkenntnis der Materie aufgefaßt wird. Der Kunstgriff der Kinematographie, eine Zusammensetzung starrer Einzelbilder vorzunehmen und mittels eines Apparates Bewegung zu rekonstruieren, entspreche dem Mechanismus unserer Erkenntnis. »Statt uns dem inneren Wesen der Dinge hinzugeben, stellen wir uns außerhalb ihrer, um dies Werden künstlich zu rekonstruieren.«[36] Bergson hebt hervor: »Der Mechanismus unseres gewöhnlichen Denkens ist kinematographischen Wesens. (...) Der kinematographische Charakter unserer Erkenntnis der Dinge entstammt dem kaleidoskopartigen Charakter unserer Anpassung an sie.«[37] Zum Wesen der spätbürgerlichen, idealistischen Strömung, die Bergson vertrat, gehörte die Auffassung, daß die Erkenntnis der Materie dem Verstand obliege und von der Wissenschaft wahrgenommen werden könne, für die Erkenntnis des Lebens seien deren Verfahren jedoch untauglich und müßten durch eine – irrational aufgefaßte – Intuition ersetzt werden.

Die Überlegungen des seinerzeit sehr einflußreichen Bergson nahmen nicht nur auf das philosophische Denken in unserer Epoche großen Einfluß, sondern sie modifizierten nicht unbeträchtlich auch die Sicht zahlreicher Intellektueller auf das neue Phänomen Film, indem da eine Konstruktion aufgebaut wurde, deren Funktionieren sich von der beseelten Bewegung des Lebens einerseits grundsätzlich unterschied, andererseits aber auch Mechanismen des Denkens verdeutlichen konnte. Aus diesem Widerspruch ergaben sich vielfältige Möglichkeiten einer Problematisierung des Films, die dem Nachdenken über sein dialektisches und durchaus kompliziertes Wesen förderlich gewesen sein dürften. Auch auf dieser Ebene geriet die Kinematographie in eine Weltanschauungsdiskussion. Sie bildete zudem einen Ansatzpunkt für diverse Dispute um eine Erneuerung der Kunst.

Bereits 1916 kam in Italien ein Pamphlet unter dem Titel »Manifesto della cinematografia futurista« (»Manifest der futuristischen Kinematographie«) [38] heraus, welches sich dafür aussprach, daß der Kinematograph zu einer selbständigen Kunst finden müsse und niemals das Theater nachahmen dürfe. »Als eine ihrem Wesen nach visuelle Kunst muß der Kinematograph der Evolution der Malerei folgen, das heißt, er hat sich von der Wirklichkeit, vom Photographischen, von allem, was anmutig und schön ist, zu entfernen, er muß eine Kunst der Deformation, der Impression, der Synthese, des Dynamischen und der freien Rede werden.« [39] Mit der Evolution der Malerei war dabei selbstredend jene Richtung gemeint, die die Futuristen eingeschlagen hatten. Das Manifest, von F. T. Marinetti initiiert und von einflußreichen Malern und Dichtern unterzeichnet, dürfte zwar nur sehr geringe praktische Konsequenzen gezeitigt haben, kulturgeschichtlich ist es aber insofern sehr aufschlußreich, als es erkennbar macht, in welches Feld von Widersprüchen der Film gestellt war. Einerseits richtete sich das Manifest gegen den kommerziellen, theatralischen Film, der in seiner Funktion nichts Progressives erwarten ließ, artikulierte Beobachtungen und Argumente, die für neue künstlerische Möglichkeiten der Kinematographie sprachen; und dies war, wenn man so will, eine erste diplomatische Anerkennung des Films durch eine Avantgarde-Gruppe. Andererseits verband sich das Kunstkonzept mit einer elitären und dekadenten Kulturauffassung, die später in einen menschenverachtenden Ästhetizismus umschlagen sollte.

Innerhalb des in unterschiedlicher Form geführten öffentlichen Meinungsstreits hatten sich die ersten Hypothesen, den Film und die ihn beherrschenden Gesetzmäßigkeiten betreffend, zu bewähren. Es ist aus gegenwärtiger Sicht, da man sich für eine komplexe und interdisziplinäre Erforschung des Films einsetzt, bemerkenswert, daß man in der frühesten Periode filmtheoretischen Denkens eigentlich schon ähnliches anstrebte wie heute. Die im folgenden aufgeführten filmtheoretischen Versuche zeigen jedenfalls, daß man der Vielschichtigkeit der Kinematographie schon in ihrer Geburtsstunde Rechnung zu tragen suchte und sich von unterschiedlichen wissenschaftlichen Disziplinen und Positionen aus um ihre Analyse bemühte. Dies zwar nicht in einem geschlossenen systematischen Ansatz, aber immerhin im Rahmen der Aktivitäten, die die Gesellschaft insgesamt auf die Untersuchung des Gegenstandes verwendete.

Der in Frankreich lebende Italiener Ricciotto Canudo etwa suchte 1911 den Platz des Films in der Familie der Künste zu bestimmen, der in Deutschland tätige Ungar Georg Lukács betonte 1913 hingegen mehr die Spezifik des Films gegenüber den darstellenden Künsten, besonders dem Theater, und Kurt Pinthus stellte im gleichen Jahr vor allem den Zusammenhang zwischen Film und Massenkultur dar. Emilie Altenloh begründete schon 1914 eine Soziologie des Kinos in Deutschland. Vachel Lindsay aus den USA plädierte in einem umfangreichen Buch dafür, die Spezifik des Films nicht nur im Verhältnis zu anderen Künsten zu studieren, sondern sie zugleich im Rahmen der Massenkultur zu begreifen, und der deutschstämmige Philosoph und Psychologe Hugo Münsterberg schließlich schuf 1916 in Amerika bereits einen Grundriß für eine Ästhetik und Psychologie des Films. Praktiker der Regie wie der Däne Urban Gad und der Sowjetrusse Lew Kuleschow verallgemeinerten ihre Berufserfahrungen, Gad in einer Art Handbuch für den Filmpraktiker, der sehr junge Kuleschow in Artikeln zu Einzelaspekten, darunter so wichtigen wie der Montage, welcher auch seine ersten filmpsychologischen Experimente galten. Mit anderen Worten: Es gab Ansätze im Sinne klassischer Ästhetik und Kunsttheorie, solche, die wir heute eher als medientheoretisch bzw. auf Massenkommunikation oder -kultur bezogen ansehen würden, dazu spezifische filmpsychologischer und filmsoziologischer Art sowie Versuche einer Gestaltungslehre vom Blickpunkt der Regie. Ein Spektrum also von enormer Breite, in dem die theoretische Aneignung der neuen Erscheinung auch durch Überschreitung disziplinärer Grenzen einzelner

Wissenschaften erfolgte. Es scheint so, daß dieser umfassende Ansatz sich dann für Jahrzehnte verengt und reduziert hat, um erst
in neuerer Zeit wieder an Bedeutung zu gewinnen.

Ricciotto Canudo
Manifestation einer siebenten Kunst

Ricciotto Canudo wurde 1879 in Gioia del Colle der italienischen Provinz Barri geboren. In frühem Alter zog er nach Paris, wo er dann in französischer Sprache Artikel über Kunst und Literatur veröffentlichte und später auch als Romancier hervortrat. Die von ihm ins Leben gerufene künstlerische Revue »Montjoie!« war ein Sammelpunkt bedeutender Avantgarde-Vertreter wie D'Annunzio, Apollinaire, Picasso, Léger, Ravel und Strawinski. Canudo redigierte die Filmzeitschrift »La Gazette des Sept Arts« und gründete den ersten Filmklub in Frankreich, den »Club des Amis du Septième Art«. Ein Vortrag, den er am 29. März 1911 hielt und der später unter dem Titel »Le Manifeste des Sept Arts« (»Das Manifest der sieben Künste«) gedruckt wurde, wird vielfach als Ausgangspunkt filmtheoretischen Denkens in Frankreich und Europa überhaupt betrachtet. Nach dem Tod von Canudo 1923 in Paris wurden seine filmästhetischen Aufsätze 1927 von F. Divoire unter dem Titel »L'usine aux images« (»Die Bilderfabrik«) herausgegeben.

In den ersten Abhandlungen zur Geschichte der internationalen Filmtheorie wird Ricciotto Canudo als ihr Begründer genannt.[1] In der Tat wurde in dem bereits 1911 veröffentlichten »Manifest der sieben Künste« und der später folgenden »Ästhetik der siebenten Kunst« der Film als eine originäre Kunstgattung gefeiert, und Jean Epstein, der die Pionierarbeit Canudos als einer der ersten würdigte, hat sicher recht, wenn er betont, daß dieser zu einem Zeitpunkt, als der Film kaum mehr als ein Mittel der Zerstreuung für Gymnasiasten darstellte, schon verstanden hatte, welche Entfaltungsmöglichkeiten sich hier andeuteten und daß mit dem Film »das wunderbare Instrument eines neuen Lyrismus«[2] im Entstehen sei.

Canudo erkannte die spezifischen künstlerischen Potenzen des

Films, stellte sie in vielen Essays heraus und half so, die intellektuellen Vorbehalte seiner Zeitgenossen zu zerstreuen, welche im Kinematographen nicht mehr als ein primitives Jahrmarktspektakel sahen. Und er wandte sich im Interesse der neuen Kunst auch gegen jene Kräfte, die in der Herstellung und Verbreitung von Filmen lediglich eine Geldquelle erblickten. Nach seiner Auffassung müsse man im Film eine neue, siebente Kunst erkennen. Wie er zu dieser Bezeichnung, die in Frankreich über Jahre hin gebräuchlich wurde, kam, läßt sich heute schwer nachvollziehen. Da es indes aufschlußreich für das Selbstverständnis dieser kulturellen Erscheinung ist, in welches geistige Umfeld sie gestellt wurde und wie man ihre Spezifik zu bestimmen suchte, sei der Begriff der »Siebenten Kunst« kurz erläutert:

In seinem »Manifest der sieben Künste« nimmt Canudo einen Gedanken auf, den er schon in seinem Buch »L'homme. Psychologie musicale des Civilisations«[3] vertreten hatte, daß es nämlich zwei Künste gäbe, die den Ausgangspunkt für den ästhetischen Ausdruck der Menschheit bildeten, die Architektur und die Musik. Beide stünden am Anfang der menschlichen Entwicklung. Dann seien Malerei und Plastik gleichsam als Ergänzungen der Architektur hinzugekommen, Poesie und Tanz hingegen hätten das Bestreben des musikalischen Ausdrucks erweitert. Der Film vermittele nun zwischen dem, was Schopenhauer »Künste des Raumes« und »Künste der Zeit« nenne, fasse Eigenschaften der »plastischen Künste« und der »rhythmischen Künste« zusammen. Entstanden sei eine »plastische Kunst in Bewegung«,[4] »Bildende Kunst, die sich nach Gesetzen der rhythmischen Kunst entwickelt«.[5] Zu Architektur, Malerei, Plastik einerseits und Musik, Poesie, Tanz andererseits habe sich eine siebente Kunst gesellt, die beide Grundbestrebungen vereinige. »Heute schließt sich die ›Kreisbewegung‹ der Ästhetik endlich siegreich in jener totalen Fusion der Künste, die sich ›Kinematographie‹ nennt.«[6]

Im »Manifest der sieben Künste« wird zugleich die Synthese von Wissenschaft und Kunst gefeiert:

»Unsere Zeit hat mit göttlichem Elan aus den vielfältigen Erfahrungen des Menschen eine Synthese gemacht. Und wir haben alle Summen des praktischen Lebens und des geistigen Lebens zusammengezogen. Wir haben die Wissenschaft mit der Kunst verbunden, ich will sagen, die Ent-

deckungen und die Unbekannten der Wissenschaft mit dem Ideal der Kunst, indem wir die eine auf die andere anwenden, um die Rhythmen des Lichtes aufzufangen und festzuhalten. Das ist das Kino.«[7]

Mag die historische Herleitung der unterschiedlichen Kunstäußerungen fehlerhaft oder ungenau sein und die morphologische Einteilung der Künste strittig, was Canudo gelang, war eine Deutung des Synthesecharakters des Films, die zugleich auf den Zusammenhang mit der Tradition wie auf eine neue Qualität verwies. Gedanken Richard Wagners folgend, betrachtete es Canudo als Ziel der Kunst, einen totalen Ausdruck zu erreichen. »Wir brauchen das Kino, um die totale Kunst zu schaffen, zu der alle Künste schon immer gestrebt haben«[8], so heißt es im »Manifest«. Bei der Bestimmung der besonderen Ausdrucksmittel des Films war es wichtig, das Verhältnis gegenüber dem Theater zu klären. Canudo grenzt den Film deutlich vom Theater ab und schießt freilich beträchtlich über das Ziel hinaus, wenn er notiert: »Suchen wir keine Analogien zwischen dem Kino und dem Theater. *Es gibt keine.* Vorausgesetzt, daß man nicht alle szenischen Darstellungen, alle Äußerungen auf der Bühne, alle Demonstrationen an der Rampe mit dem einen einzigen Wort ›Schauspiel‹ bezeichnen will. Es gibt keine grundlegende Analogie weder des Inhaltes noch der Formen, weder der Art der Suggestion noch der Mittel der Inszenierung zwischen dem ›fixierten Irrealen‹ der Leinwand und dem ›wechselnden Realen‹ der Bühne.«[9]

Canudo polemisierte auch gegen die verbreitete Auffassung, wonach Film eine Erscheinung sei, die von der Technik und ihren Mitteln mehr als andere Künste abhänge, sich den Apparaten also zu unterwerfen habe.

Film ist nach seiner Ansicht nicht einer platten Lebenswahrheit verpflichtet, sondern der höheren Zielsetzung, »das Vergängliche des Lebens festzuhalten und in Harmonien zusammenzufassen.«[10] Entsprechend deutet er die Rolle der Photographie im Film aus:

»Was man die Wahrheit des Lebens nennt, ist, wenn es einmal in ein Kunstwerk, das diese Bezeichnung verdient, transponiert wurde, nicht mehr jene, die ein Apparat aus der Realität festhalten kann. Sie lebt von Grund auf im Geist des Künstlers, sie ist seine Stellungnahme. (...) Das

Kino ist absolut keine Entwicklungsetappe der Photographie, sondern eine neue Kunst. Der Filmkünstler muß die Realität nach den Bildern seines inneren Traumes transformieren. (...) Die Kunst ist nicht die Darstellung einiger realer Tatsachen, sie besteht im Hervorrufen von Gefühlen, welche die Tatsachen entwickeln.«[11]

Der Anspruch auf Wahrheit oder Wahrhaftigkeit leitete sich für Canudo folglich nicht aus den Eigenschaften der Photographie ab, sondern von analogen Kriterien, wie sie für Literatur, Malerei oder Musik bestünden.

»Wie in den geistigen Sphären besteht im Kino die Kunst darin, Emotionen zu suggerieren und nicht darin, Tatsachen zu erzählen. Die Versuchung ist groß, alles über ›wahre‹ Bilder zu zeigen, und deshalb glaubt man, mit so wenig Nachempfinden der grundlegenden und wahrhaft ästhetischen Emotion, soviel ›Wahrheit‹ auf der Leinwand sichtbar machen zu können. Das Wort ›Wahrheit‹, das in diesem Sinne durch den Ausdruck: ›grobe und oberflächliche Realität‹ ersetzt werden muß, kommt keiner Kunstform zu. (...) Nur wenige Filmkünstler haben begriffen, daß die filmische Wahrheit der literarischen Wahrheit, der malerischen Wahrheit, selbst der musikalischen Wahrheit, die die am schwersten Bestimmbare ist, entsprechen muß. Und keine von ihnen ist die ›Realität‹.«[12]

»Denn die siebente Kunst ist vor allem ›eine eigentliche Vision des Lebens‹ (...) Sie ist aus dem Willen, der Wissenschaft und der Kunst der modernen Menschen entstanden, um das Leben intensiver auszudrücken, um über Zeit und Raum den ständig neuen Sinn des Lebens zu benennen. Sie ist entstanden, um die ›vollständige Darstellung der Seele und des Körpers‹ zu werden, ein ›mit Bildern sichtbar gemachtes, mit dem Lichtkegel gemaltes Märchen‹.«[13]

Daß es dabei stets um eine Verbindung von räumlichen und zeitlichen Beziehungen geht, verliert der Autor nie aus den Augen: Er sagt über das Kino:

»Es liefert uns eine plastische Analyse von solch minutiöser Klarheit, daß sich die Vorstellungskraft des Dichters und des Malers dadurch nur über alle Grenzen hinaus bereichern kann. Und durch die horizontale Entwicklung der Ereignisse, ich will sagen, durch die Simultaneität ihrer

*Vorführung, kann es nur die Summe unserer Empfindungen vergrö-
ßern.«* [14]

Epstein hat Canudo einen »Missionar der filmischen Poesie« [15] genannt und es als dessen wesentlichsten Gedanken angesehen, daß
»der Kinematograph den Ausdruck eines modernen Pantheismus
erlaubt« [16]. Zweifellos hat diese Charakterisierung etwas Treffen-
des. Es war für Canudo jedenfalls niemals die Kopie des Lebens,
die den Wert des Films ausmachte, sondern die zugleich geistige
und sinnliche Durchdringung und Interpretation der Realität.

*»Einer der ausschließlichen Bereiche des Kinos wird der des Immateriel-
len, oder genauer, des <u>Unbewußten</u> sein. (...) Das Kino kann sich (...)
diese außerordentliche und mächtige Fähigkeit, das Immaterielle zu repräsentieren, erlauben und muß sie entwickeln.«* [17]

Ausgangspunkt für die Darstellung sei die Bewegung in ihrer lebendigen Plastizität. Die Kunst müsse zu den Ursprüngen aller
Emotionen zurückgeführt werden, indem das Leben in sich selbst
gesucht werde, nämlich über die Bewegung. [18] Die Betonung der
geistigen Kräfte des Films und eine entsprechende Orientierung
auf die Momente des Spirituellen, Immateriellen, Unbewußten,
auf die Bewegung und den ihr innewohnenden Lyrismus, sorgten
seinerzeit dafür, daß man im Film ein Medium potentieller Poesie, einen Ort möglicher künstlerischer Ausdrucksweise zu entdecken begann. Dies beförderte einerseits eine gesellschaftliche
Aufwertung der Kinematographie, näherte jedoch andererseits
das Nachdenken über die siebente Kunst an das Kultur- und
Kunstverständnis der Avantgarde an, welches in sich widersprüchlich war. Die siebente Kunst geriet dabei in die Gefahr,
einer esoterischen Programmatik zu folgen. Selbst bürgerliche Interpreten wie Jeanne und Ford haben Canudo darum als »Schöpfer eines neuen – kinematographischen – Snobismus« [19] abgewertet.

Wenn auch das Vokabular Canudos dahin tendierte, sublime
geistige Momente des Films überzubetonen und die Kriterien für
die siebente Kunst aus den exklusivsten Erscheinungen der Moderne abgeleitet wurden, schwebte dieser frühe Versuch einer
Wesensbestimmung der neuen Kunst keineswegs über den Wol-

ken. Es war nötig, daß die Literaten und Intellektuellen Frankreichs den Film als Gegenstand ernsthaften Nachdenkens akzeptierten, und Canudos Empfehlungen schienen ihnen durchaus plausibel. Der Kritiker und Essayist meldete sich selbst immer wieder zu Wort und förderte andere, die sich für den Film engagierten. Die Filmclub-Bewegung in Frankreich, die später eine so bedeutsame Rolle für die Entwicklung dieser Nation zu einem Filmland spielte, wurde von Canudo ins Leben gerufen. Und immer wieder trat er mit Gedanken in die Öffentlichkeit, die eine echte Filmkultur entwickeln halfen. So äußerte er die Überlegung, daß man eine Anthologie des Kinos schaffen sollte, welche es gestattet, anhand von bedeutenden Filmwerken und -ausschnitten mit chrestomativem Charakter allgemeine Maßstäbe für Filmkunst zu artikulieren. Auch forderte unter dem Einfluß Canudos ein Komitee gesellschaftlicher Wohlfahrt von der französischen Regierung, das Problem »Film und Schule« tiefgreifend zu studieren und die Gefahren und Vorzüge der Filmkultur zu analysieren. Was Canudo auch immer selbst formulierte, es diente seinerzeit als Ansatzpunkt weiterführender Überlegungen. Ein Phänomen der Kultur war als kostbar beschrieben worden, und an seiner Wesensbestimmung und Erforschung konnte weitergearbeitet werden. In der Tat nahm zu Beginn der zwanziger Jahre dann eine ganze Gruppe von Cinephilen die Stafette auf.

Kurt Pinthus
Ausdrucksmittel des Kinostücks

Kurt Pinthus wurde 1886 in Erfurt geboren. Er studierte Literatur-geschichte, Philosophie und Geschichte und promovierte 1910 mit einer Dissertation über Romantechniken Lewin Schückings. Früh trat er mit Veröffentlichungen hervor, mit Aphorismen, Gedichten, Erzählungen, doch auch Artikeln zu Theater, Literatur und Film. Unter den zahlreichen Publikationen, die er als Herausgeber betreute, ist dabei die »Menschheits-dämmerung«[1] betitelte Sammlung expressionistischer Gedichte von 1920 besonders bekannt geworden.

1913 stellte er das sogenannte »Kinobuch« zusammen, das Film-Entwürfe junger, dem Expressionismus nahestehender Schriftsteller vereinte und von ihm mit einem sehr aufschlußreichen Vorwort versehen wurde.

Pinthus, der ab 1912 als Lektor beim Kurt Wolff Verlag gearbeitet hatte, ging in den zwanziger Jahren zum Deutschen Theater, wo er Dramaturg unter Max Reinhardt wurde. Die Faschisten setzten ihn auf die erste Liste verbotener Autoren, so daß er 1938 nach New York emigrieren mußte. Er lehrte an der New School of Social Research und später an der Columbia University. 1967 siedelte er in die BRD um und verstarb dort 1975.

Im Vorwort zu einer Neuausgabe des »Kinobuches«[2] von 1913, die 1963 – ein halbes Jahrhundert seit dem Erstdruck – erschien, schreibt Kurt Pinthus über die Entstehung der frühen Publika-tion: Im Winter 1913 habe eine Gruppe jüngerer Schriftsteller, die sich im Hauptquartier des jungen Expressionismus, in Wilhelms Weinstuben von Leipzig, zu treffen pflegten, einmal unter Füh-rung Theodor Däublers eine Fahrt nach Dessau unternommen, wo sie ein kleines Kino besuchten. Nach Ansicht der Vorstellung von »Lady Glane« sei es zu langen und weitgreifenden Diskussio-nen über den falschen Ehrgeiz des damaligen jungen Stummfilms gekommen, »das ans Wort und die statische Bühne gebundene Theaterdrama oder den mit Worten schildernden Roman nachahmen zu wollen, statt die neuen, unendlichen Möglichkeiten der nur dem Film eigenen Technik sich bewegender Bilder zu nützen, und ich warf die Frage auf, was wohl jeder von uns, aufgefordert, ein Kinostück zu verfassen, produzieren würde.«[3] Pinthus schrieb dann ein Vorwort für die Sammlung von Texten, die sich aus dieser Anregung ergaben, betitelt »Das Kinostück«. Darin formulierte er einige Ansichten, die darum so bemerkenswert sind, weil sie Film als kulturelle Erscheinung gewertet haben wollten, deren Eigenheiten vielfach im Gegensatz zu den Spezifika der tradierten Künste stünden. Film wird damit schon fast als Phänomen der Massenkommunikation und -kultur behandelt, wenngleich diese Begriffe natürlich nicht auftauchen.

Es heißt in diesem wenige Seiten umfassenden Vorwort-Text: »Man scheide zwischen Kinodrama und Kinostück. Das Kinodrama, welches Theaterdramen verfilmt oder Romane dramatisiert, muß absterben. Denn dies ist der Hauptfehler des Kinos: daß es sein eigentliches Wesen zu mißachten beginnt.«[4]
Pinthus sucht dieses Wesen dann genauer zu bestimmen:

»Wenn der Mensch wirklich Theaterstücke sehen will, so geht er eben ins Theater, nicht ins Kino. Was also will er im Kino? Ins Kino treibt den Menschen die Gier: den Kreis seines Wissens und Erlebens auf einfachste und schnellste Weise zu erweitern. Der Schüler will die Prärien seiner Indianerbücher, seltsame Menschen bei seltsamen Verrichtungen, die üppigen, menschenfremden Ufer asiatischer Flüsse sehen. Der bescheidene Bureaubeamte, die im Haushalt eingespannte Frau sehnen sich nach schimmernden Festen der eleganten Gesellschaft, nach fernen, leuchtenden Küsten und Gebirgen, zu denen sie niemals reisen werden. Und die Wissenden oder Reichen freuen sich, die Entwicklung der Seidenraupe kennenzulernen oder einer wirklichen Schlacht beizuwohnen. Aller Herzen dröhnen, wenn die Armeen jener Soldaten mit verzweifelt gehärteten Gesichtern aufziehen, wenn die Granaten qualmschleudernd zerplatzen und der Kinoapparat unbarmherzig das Schlachtfeld durchschreitet, starre und verstümmelte Leichen sinnlos getöteter Krieger in sich fressend. Aber auch der unbedeutendste, unkomplizierteste Mensch fühlt irgendwo in sich unbewußt das, was der große Sophokles vor zweieinhalb Jahrtausenden unsterblich aussprach (...) Vieles Gewaltige gibt es, doch nichts ist

gewaltiger als der Mensch (und Menschengeschick). Darum will der Mensch seinesgleichen sehen. Er will im Kino den Menschen und sein Schicksal sehen. Und nicht nur seinesgleichen, nicht nur die Menschen seiner Umgebung, sondern auch die ferneren, geahnten, unerreichbaren (…)

Und so müssen sich die ernsten Kunstfreunde mit der vielleicht schmerzlichen Erkenntnis abfinden, daß der Kinobesucher das Ungewöhnliche, das Übertriebene im Kino sucht, neben dem Exakt-tatsächlichen und Grotesken vor allem das, was man Kitsch genannt hat. Man muß sich an den Gedanken gewöhnen, daß der Kitsch niemals aus der Menschheit auszurotten ist.«[5]

Pinthus sucht einerseits eine Lanze für diese Art von Erlebnisqualität zu brechen, indem er auf Merkmale verweist, die Analogien zur Kunstrezeption zeigen: »Also was höchste Kunst will (o Aristoteles, Lessing, Schiller, Nietzsche), erreicht das Kinostück mit rohen primitiven Mitteln: Menschlichstes, Metaphysisches aufrütteln … edler, glücklicher werden (ohne deshalb Kunst zu sein). Und es ist wohl nicht die Schuld des Menschen, daß von jeher der größte Teil der Menschheit auf solche primitive, rohe Reize – auch in fortgeschrittenen Kulturen – schneller reagiert als auf höchste Kunst.«[6]

Im gleichen Atemzuge führt der Autor indes auch spezifische Gesichtspunkte an, die für die Charakteristik von Kunst kaum Anwendung fanden. Das Kinostück entzücke durch Bewegung der Massen. Es errege durch Niegesehenes und erweitere so Horizonte. Er gibt dann eine Definition der drei wesentlichen Ausdrucksmittel des Kinostücks:

»Das erste Ausdrucksmittel des Kinostücks ist das unbegrenzte Milieu. Das Geschehnis kann sich abspielen im Paradies, auf den Schneefeldern des Himalaya, in einer Spelunke, auf dem orkanzerwühlten Ozean. Das Milieu macht das Geschehnis ›interessant‹, entrückt uns aus der grauhaften Gewöhnlichkeit des Alltags in die Buntheit der Welt. Einfachstes Geschehen in die fremden Gassen, die üppige Natur, die Stierkampfarenen Sevillas oder ins uralte Ninive verpflanzt, reißt unsere Herzen auf. Das zweite Ausdrucksmittel des Kinostücks ist Bewegung. Bewegung in doppelter Bedeutung: Bewegung als Geste und als Tempo. Die diabolische Mimik des Verbrechens, das zarte Hinschmelzen des verliebten

Mädchens, die katzenschlanken, langfingrigen Bewegungen der erlebnis-
gierigen Frau mit dem Knabenkörper ergreifen uns ebenso, wie uns im
Tiefsten entzücken jene Horden heransprengender Pferde, der Spazier-
gang an den stürzenden Wassern des Niagara, der Alpenflug im Aero-
plan. Und wir lachen, wenn auf einer Verfolgungsjagd die Menschen
plötzlich so schnell zu rennen anfangen, wie wir noch niemals Menschen
haben rennen sehen, so schnell, als würden sie auf einer Rollbahn in ra-
sendem Tempo vorübergezogen.
Des Kinostücks dritte Ausdrucksmöglichkeit ist die Situation, der Trick.
Wir fallen in Erregung, wenn wir eine Verknüpfung der Geschehnisse se-
hen, die wir bisher noch niemals erlebt haben. Und diese Erregung, das
Wunderbare, Ungewöhnliche, Unerhörte, sucht der Mensch im Kino (weil
es ihm im Leben zu selten geschieht). (...) Und das Bindende dieser drei
Ausdrucksmittel ist der Mensch und sein Geschick. Der handelnde
Mensch, das Menschenschicksal, knüpft aus Milieu, Bewegung und Si-
tuation das Kinostück.«[7]

Die genannten drei Bestimmungsstücke, also Milieu, Bewegung
und unerhörte Situation, dürften für die darstellende Kunst generell von Bedeutung sein. Pinthus betont jedoch jeweils solche Momente daran, die vordringlich mit Unterhaltung zusammenhängen, also etwa kurzzeitige psychische Regulation ansteuern und
dabei auf den Welthunger des Zuschauers bauen, Stereotype innerhalb der Gestaltung nutzen, eine Emotionalität vordergrün-
diger Art nicht scheuen, Spielverhalten im Zuschauer freisetzen
u. a. m.[8] Die Problematik der populären Künste und speziell des
unterhaltungsorientierten Films ist auch heute noch wenig geklärt, und so mag man die zitierten Bemerkungen als die eines
Vorläufers für eine Medientheorie sehen, die einen bestimmten,
schwer definierbaren, aber höchst publikumswirksamen Typ von
Film in seine Rechte einsetzen will, ohne bereits über Kriterien
für die spezifischen Qualitäten desselben zu verfügen. Aufschlußreich an dem Buch »Das Kinostück« ist, daß es neben den Versuchen der jungen Poeten, zu Kinostücken im Sinne des Vorworts
zu kommen, auch einen Brief von Franz Blei einschließt, in dem
es heißt: »Ich weiß, das Kino ist ein Volksvergnügen, und das
Volk will von sich selber nicht unterhalten sein, sondern von
einer anderen Welt als der seinen. Aber das Volk ist auch ziehbar;

es könnte vielleicht doch dazu gebracht werden, sich für sich selber zu interessieren. Daß der Mensch auf sich aufmerksam werde, scheint mir in dieser Zeit der scheinbelebten Materie und ihrer Anbetung so nötig zu sein. Man filme also nicht nur wilde Völkerstämme, nicht nur Tiefseetiere, was ja gewiß sehr interessant ist, sondern man filme das Nächste, das uns so fremd ist, die Köchin, den Strizzi, den Leutnant, was vielleicht gar nicht interessant, aber voller Bedeutung ist für unser Leben.«[9] Pinthus ließ damit auch eine Tendenz als kinogemäß gelten, die durch den Dokumentarfilm und eine ihm verbundene Gestaltungsweise des Spielfilms aufgenommen wurde.

Georg Lukács (I)
Frühe Gedanken zu einer Ästhetik des Kinos

György Szegredi Lukács wurde 1885 in Budapest geboren. Er studierte Jura, Nationalökonomie, Philosophie, Literatur und Kunstgeschichte, promovierte 1906 zum Doktor der Staatswissenschaften in Kolozsvar und 1909 zum Doktor der Philosophie in Budapest, wo er eine Dissertation über »Die Form des Dramas« verteidigte. Mit einem außerordentlich umfangreichen Werk, das insbesondere Arbeiten zur Philosophie, Ästhetik, Literaturtheorie und -geschichte umfaßte, beteiligte er sich später an der Grundlegung entsprechender marxistisch-leninistischer Forschungen. Lukács war 1919 Volkskommissar für Unterrichtswesen der Ungarischen Räterepublik, emigrierte nach Wien, Moskau und nach einem Berlin-Aufenthalt erneut in die Sowjetunion. 1945 kehrte er nach Ungarn zurück. 1956 war er für kurze Zeit Minister für Volksbildung in der Regierung Nagy. Er starb 1971 in Budapest.
In seinem Werk, das ungefähr tausend Titel aufführt, finden sich auch Überlegungen zum Film, darunter ein Artikel »Gedanken zu einer Ästhetik des Kinos« von 1913 und ein Abschnitt seines 1963 erschienenen Buches »Die Eigenart des Ästhetischen«.

Unter dem Titel »Gedanken zu einer Ästhetik des Kinos«[1] veröffentlichte 1913 der Ungar Georg von Lukács, der später zu einem der bedeutendsten marxistischen Philosophen und Literaturwissenschaftler wurde, in der »Frankfurter Zeitung« einen kleinen Aufsatz, welcher inzwischen wegen der in ihm enthaltenen bemerkenswerten Überlegungen zur ästhetischen Spezifik des Films in die Chrestomathien zur Filmtheorie Eingang gefunden hat. Der 28jährige Autor, der die Bildungsmöglichkeiten eines großbürgerlichen Elternhauses nutzen konnte, war zu diesem Zeitpunkt Doktor zweier Fakultäten, hatte eine »Entwicklungsgeschichte des modernen Dramas«[2] geschrieben, das den Werdegang des europäischen Bühnenstücks vom 18. Jahrhundert bis zum Beginn des 20. auf mehr als 1 000 Seiten darlegte, und nahm gerade die Arbeit an einer systematischen »Philosophie der Kunst«[3] auf. Zu einem Urteil über die neue kulturelle Erscheinung, die er vorsichtig als »Kino« apostrophierte, war er indes nicht nur aufgrund seiner profunden Kenntnisse der dramatischen Kunst und Ästhetik prädestiniert. Vielmehr dürften die soziologischen Ansichten seines akademischen Lehrers Georg Simmel, die er damals in vieler Hinsicht teilte, dazu beigetragen haben, daß er das Phänomen der Kinematographie kultursoziologisch zu interpretieren suchte, ebenso die angeregten Diskussionen in einem intellektuellen Freundeskreis[4], zu dem neben dem späteren Filmtheoretiker Béla Balázs auch der Philosoph Ernst Bloch gehörte, welcher übrigens seinerzeit gleichfalls Gedanken über den Film publizierte.[5]

In seinem Aufsatz wendet sich Lukács zunächst gegen diejenigen, die alte und unpassende Denkkategorien an das Neue und Schöne, was mit dem »Kino« entstanden sei, herantrügen und es entweder als Instrument eines anschaulichen Unterrichts oder als billige Konkurrenz des Theaters betrachteten. Es käme dem Kino zu, weder einer pädagogischen noch ökonomischen, sondern vielmehr einer ästhetischen Bestimmung und Bewertung unterzogen zu werden. Darum bemüht sich der Autor dann, indem er zunächst die gängige Vorstellung, derzufolge Film und Theater nahezu identisch seien, einer Kritik unterwirft. Grundbedingung aller Bühnenwirkung bilde der tatsächlich daseiende Mensch, denn »in der Macht, mit der ein Mensch, der lebendige Wille eines lebendigen Menschen unvermittelt und ohne hemmende Leitung auf eine geradeso lebendige Menge ausströmt«[6], liege die Wurzel der Theatereffekte. Die Bühne sei dabei »absolute Gegenwart«[7], ganz im Gegenteil zum »Kino«.

> *»Das Fehlen dieser Gegenwart ist das wesentliche Kennzeichen des ›Kino‹. Nicht weil die Filme unvollkommen sind, nicht weil die Gestalten sich heute noch stumm bewegen müssen, sondern weil sie eben nur Bewegungen und Taten von Menschen sind, aber <u>keine Menschen</u>. Dies ist kein Mangel des ›Kino‹, es ist seine Grenze, sein principium stilisationis. Dadurch werden die unheimlich lebensechten, nicht nur in ihrer Technik, sondern auch in ihrer Wirkung der Natur wesensgleichen Bilder des ›Kino‹ keinesfalls weniger organisch und lebendig, wie die der Bühne, sie*

erhalten nur ein Leben von völlig anderer Art; sie werden – mit einem Wort – phantastisch. Das Phantastische ist aber kein Gegensatz des le- bendigen Lebens, es ist nur ein neuer Aspekt von ihm: ein Leben ohne Gegenwärtigkeit, ein Leben ohne Schicksal, ohne Gründe, ohne Motive; ein Leben, mit dem das Innerste unserer Seele nie identisch werden will noch kann; und wenn es sich auch – oft – nach diesem Leben sehnt, so ist diese Sehnsucht nur die nach einem fremden Abgrund, nach etwas Fernem, innerlich Distanziertem. Die Welt des ›Kino‹ ist ein Leben ohne Hintergrund und Perspektive, ohne Unterschiede der Gewichte und der Qualitäten. Denn nur die Gegenwärtigkeit gibt den Dingen Schicksal und Schwere, Licht und Leichtigkeit: Es ist ein Leben ohne Maß und Ordnung, ohne Wesen und Wert; ein Leben ohne Seele, aus reiner Ober- fläche.«[8]

In diesem Urteil durchdringen sich Aussagen philosophisch- ästhetischer Art mit solchen auf einer niedrigeren Abstraktions- höhe, die konkrete Gestaltungs- und Wirkungsweisen des kine- matographischen Abbildes betreffen. In mancher Beziehung hat Lukács sich später selbst korrigiert, indem er etwa 1963 in »Die Ei- genart des Ästhetischen« eingestand, es treffe lediglich in techni- scher Hinsicht zu, daß der Film Vergangenheit statt Gegenwart biete, weil man als Zuschauer nicht die Begebenheit selbst, son- dern nur ihr fertiges Abbild erfahre; die Mimesis verliere dann im Filmerlebnis durchaus ihren Vergangenheitscharakter, gewinne ihre zweite Unmittelbarkeit und erweise sich wieder als gegenwär- tig.[9]

1913 leitete Lukács freilich aus dem konstruierten Gegensatz von Gegenwärtigkeit und Vergangenheit Hypothesen ab, die Beob- achtungen zu jeweils unterschiedlichen Zeitauffassungen, aber auch zu abweichenden Grundprinzipien der Komposition – ein- schließlich der Sicht auf Kausalbeziehungen – von Theater und Film in einen systematischen Zusammenhang zu bringen suchten. Die Charakteristika, auf die der Autor dabei kommt, sind mitunter sehr treffend.

So heißt es zur Zeitauffassung:

»Die Zeitlichkeit der Bühne, der Fluß der Ereignisse auf ihr ist immer et- was Paradoxes: es ist die Zeitlichkeit und der Fluß der großen Momente, etwas innerlich tief Ruhiges, beinahe Erstarrtes, ewig Gewordenes, gerade

infolge der quälend starken ›Gegenwart‹. Zeitlichkeit und Fluß des ›Kino‹ sind aber ganz rein und ungetrübt: das Wesen des ›Kino‹ ist die Bewegung an sich, die ewige Veränderlichkeit, der nie ruhende Wechsel der Dinge.«[10]

Die Prinzipien der Komposition unterscheidet Lukács mit den Worten:

»Das Grundgesetz der Verknüpfung für Bühne und Schauspiel ist die unerbitterliche Notwendigkeit, für das ›Kino‹ die von nichts beschränkte Möglichkeit. Die einzelnen Momente, deren Ineinanderfließen die zeitliche Folge der ›Kino‹-Szenen zustande bringt, sind nur dadurch miteinander verbunden, daß sie unmittelbar und übergangslos aufeinanderfolgen. Es gibt keine Kausalität, die sie miteinander verbinden würde; oder genauer: ihre Kausalität ist von keiner Inhaltlichkeit gehemmt oder gebunden. ›Alles ist möglich‹: das ist die Weltanschauung des ›Kino‹, und weil seine Technik in jedem einzelnen Moment die absolute (wenn auch nur empirische) Wirklichkeit dieses Moments ausdrückt, wird das Gelten der ›Möglichkeit‹ als einer der ›Wirklichkeit‹ entgegengesetzten Kategorie aufgehoben; die beiden Kategorien werden einander gleichgesetzt, sie werden zu einer Identität. ›Alles ist wahr und wirklich, alles ist gleich wahr und gleich wirklich‹: das lehren die Bilderfolgen des ›Kino‹.

So entsteht im ›Kino‹ eine neue, homogene und harmonische, einheitliche und abwechslungsreiche Welt, der in den Welten der Dichtkunst und des Lebens ungefähr das Märchen und der Traum entsprechen: größte Lebendigkeit ohne eine innere dritte Dimension; suggestive Verknüpfung durch bloße Folge; strenge, naturgebundene Wirklichkeit und äußerste Phantastik; das Dekorativwerden des unpathetischen, des gewöhnlichen Lebens. Im ›Kino‹ kann sich alles realisieren, was die Romantik vom Theater – vergebens – erhoffte.«[11]

In der Tat ermöglicht der Film sowohl die genauere Darstellung realer physischer Beziehungen wie den Aufbau einer phantastischen Welt, die an Märchen und Träume gemahnt, vor den Augen des Zuschauers. Und es ist auch richtig, daß Film suggestive Verknüpfung durch bloße Folge herstellen kann, grundsätzlich nimmt er aber zum Kausalprinzip keine andere Stellung als das Theater ein, sondern trägt lediglich linearen Kausalitäten anders Rechnung, weil er Wechselwirkungen einerseits durch seinen

Bildausdruck permanent ins Spiel bringt und sie andererseits aufgrund von Montage zu modifizieren vermag. Freilich entstehen damit neue Möglichkeiten der Akzentuierung, kann doch der Film mit seinen spezifischen Darstellungsmitteln zu einer Bewußtmachung und Konzeptualisierung des Geschehens auch dort beitragen, wo gänzlich auf das Wort verzichtet werden muß.

> *»Was an den dargestellten Ereignissen von Belang ist, wird und muß ausschließlich durch Geschehnisse und Gebärden ausgedrückt werden; jedes Appellieren an das Wort ist ein Herausfallen aus dieser Welt, ein Zertrümmern ihres wesentlichen Werts. Dadurch aber erblüht alles, was die abstrakt-monumentale Wucht des Schicksals immer ausdrückte, zu einem reichen und üppigen Leben: auf der Bühne ist nicht einmal das, was geschieht, wichtig, so überwältigend ist die Wirkung seines Schicksalswertes; im ›Kino‹ hat das ›Wie‹ der Geschehnisse eine alles andere beherrschende Kraft. Das Lebendige der Natur erhält hier zum ersten Male eine künstlerische Form: das Rauschen des Wassers, der Wind in den Bäumen, die Stille des Sonnenunterganges und das Toben des Gewitters werden hier als Naturvorgänge zur Kunst (nicht, wie in der Malerei, durch ihre aus anderen Welten geholten, malerischen Werte).«* [12]

In der Art, wie der Film das »Wie« der Geschehnisse darzustellen vermag, sieht Lukács mit vollem Recht einen neuen spezifischen ästhetischen Ausdruck. Er schlußfolgert jedoch:

> *»Der Mensch hat seine <u>Seele</u> verloren, er gewinnt aber dafür seinen <u>Körper</u> ...«* [13] *Und: »Das ›Kino‹ stellt bloß Handlungen dar, nicht aber deren Grund und Sinn, seine Gestalten haben bloß Bewegungen, aber keine Seelen, und was ihnen geschieht, ist bloß Ereignis, aber kein Schicksal (...) Die <u>Entziehung des Wortes</u> und mit ihm des Gedächtnisses, der Pflicht und der Treue gegen sich selbst und gegen die Idee der eigenen Selbstheit macht, wenn das Wortlose sich zur Totalität rundet, alles leicht, beschwingt und beflügelt, frivol und tänzerisch.«* [14]

Wenn der Autor am Schluß seines Aufsatzes eine Bilanz zu ziehen sucht, was das Kino an Gewinn und Verlust eingebracht habe, so argumentiert er – obschon mit wichtigen Werken von Marx bekannt geworden – noch längst nicht von einer marxistischen Position aus. Anwendung und Interpretation von Begriffen wie »Seele«, »Schicksal«, »Erhebung«, »Gegenwart« lassen eher an idealistische Auffassungen neokantianischer Prägung denken, die sein Kunstkonzept beeinflußten. Andererseits folgte Lukács aber seinem Lehrer Georg Simmel auch bereitwillig darin, sich so unvoreingenommen dem Zivilisationsphänomen Kino zu stellen, wie dieser sich den Themen Mode, Großstadt u. a. näherte. In gewissem Sinne gilt für den Kino-Aufsatz auch, was Lukács über sein Frühwerk schreibt: Er habe nach Simmels Vorbild die »Soziologie« einerseits von der abstrakt aufgefaßten ökonomischen Grundlage möglichst losgelöst, andererseits in der soziologischen Analyse nur ein Vorstadium der eigentlichen wissenschaftlichen Untersuchung der Ästhetik erblickt. »Meine zwischen 1907 und 1911 erschienenen Essays schillerten zwischen dieser Methode und einem mystischen Subjektivismus.«[15] Dennoch wird dem Film trotz des Verlustes an »Seele«, seiner verringerten Leistung, »Schicksal« zu fassen, eine echte Kulturfunktion zugewiesen und ein möglicher Kunstwert nicht abgesprochen. In seinem Spätwerk sah Lukács im Film eine Chance für Volkskunst.[16] 1913 stellte er allein die Unterhaltungsfunktion in den Vordergrund.

Das Kino bezeichnete er als

»... eine Bühne der Erholung von sich selbst, eine Stätte des Amüsements, des subtilsten und raffiniertesten, des gröbsten und primitivsten zugleich, und nie die der Erbauung und der Erhebung irgendwelcher Art. (...) Und das Amüsement, das auf der Bühne zur Roheit verdammt war, weil seine Inhalte den Formen der Drama-Bühne widersprechen, kann im ›Kino‹ eine adäquate Form finden, die innerlich angemessen und so wirklich künstlerisch sein kann, wenn sie auch im heutigen ›Kino‹ recht selten ist.«[17]

Von einem niederen Rang der neuen Kunst ist zwar nicht expressis verbis die Rede, doch wenn der Autor den sehnlichen Wunsch ausspricht, daß der Film helfen möge, die Unterhaltungsliteratur der Bühnen durch seine Konkurrenz totzuschlagen, damit das Theater wieder die große Tragödie und Komödie kultivieren könne, dann klingt etwas davon an. An das Verständnis von »Seele« und »Schicksal«, die er zur Domäne der Bühne erklärt hatte, band sich ja für ihn ein ganzes ästhetisch-philosophisches Programm,[18] das von »Gestaltung der Seele« und »Selbstverwirklichung der Seele« sprach und für welches, wie Mittenzwei es

nennt, »drei paradigmatische Gestalten«[19] standen; Novalis, Kier-
kegaard und Dostojewski. Fällt es heute schon schwer, den Film
in die Nähe dieser Geisteswelt zu rücken, war dies damals erst
recht kaum vorstellbar. Lukács öffnete ihm erstaunlicherweise
dennoch die Tür – zumindest einen Spalt breit.

Emilie Altenloh
Erste Soziologie des Kinos

Emilie Altenloh wurde 1888 in Vörde i. W. geboren. Sie studierte Jura und Nationalökonomie und promovierte 1914 in Heidelberg mit einer Dissertation »Zur Soziologie des Kinos«. Später sozialpolitisch tätig, gehörte sie u. a. dem Deutschen Bundestag an. Sie starb 1985.

Bereits 1914 erschien in Deutschland ein 100seitiges Buch »Zur Soziologie des Kino« mit dem Untertitel »Die Kino-Unternehmung und die sozialen Schichten ihrer Besucher«. Die Autorin Emilie Altenloh, eine Schülerin des Kultursoziologen Alfred Weber, sah zu Recht im Film einen »Machtfaktor im Leben der Gegenwart«[1], der einer Untersuchung wert sei, ungeachtet dessen, daß Charakter und Bedeutung des Kinematographen sich noch schwerlich beurteilen ließen, weil sich die gesamte Erscheinung erst in ihrer Aufbauphase befände.

Das Buch sollte daher eher Beschreibungen als Bewertungen liefern. Es faßte seinen Gegenstand dabei erstaunlich komplex. Zu vielen Teilaspekten stellte es statistisches Material zusammen, und für das Gebiet der Zuschauerforschung wurden auch eigene empirische Untersuchungen der Autorin vorgelegt. Sie wolle, schrieb Emilie Altenloh, an den Stoff gewissermaßen von außen herangehen und ihn von zwei Seiten behandeln: »1. Von der Produktion aus: wobei die Produzenten, das Produkt und die durch die besondere Eigenart desselben bedingte Herstellung betrachtet werden. 2. Vom Konsumenten aus: indem der Boden untersucht wird, auf den die Saat fällt, indem nach einem kurzen Überblick über die Stellung der Kinematographen neben den sonstigen Vergnügungs- und Unterhaltungsmöglichkeiten das Publikum analysiert wird, das ihn trägt.«[2] Dieses methodische Herangehen erwies sich als dem Objekt durchaus angemessen. Die Studie beleuchtete zunächst das gesamte Feld von Erscheinungen, die in der Produktions- und Konsumtionsphase des Films von Belang sind, im Zusammenhang – allerdings ohne die Beziehungen zwischen Ökonomie und Ideologie dabei entsprechend zu berücksichtigen. Die komplizierten Verflechtungen von ökonomischen Interessen, die Entwicklungen von Technik, Wirtschaftsorganisation, Massenkommunikation (der Begriff fällt natürlich nicht!) und Kunst wurden erstmalig derart umfassend benannt und in Relation zu den Erwartungen und Einstellungen von Zuschauern verschiedener sozialer Gruppen gesetzt. Kulturelle und künstlerische Prozesse, auch Phänomene der Rezeption, erschienen in einem umfassenderen gesellschaftlichen Beziehungsgefüge, das durchaus dialektisch gesehen wurde, wenngleich natürlich nicht aus dem Blickpunkt des historischen Materialismus.

Im I. Teil des Buches, der mit »Die Produktion« überschrieben ist, wurde die Entwicklung der kinematographischen Technik skizziert, die Herausbildung der Stoffgebiete für filmische Darstellung gekennzeichnet und die Produktion wichtiger Filmländer miteinander verglichen, wobei die Autorin die den deutschen Filmmarkt beherrschenden ausländischen Kinematographien durch Angaben über die jeweiligen Anteile von Dramen, Humoresken und Naturaufnahmen charakterisierte. Emilie Altenloh beobachtete übrigens seinerzeit noch ein ausgeprägtes nationales Profil der vor dem ersten Weltkrieg laufenden Filmstreifen. – In einem nächsten Abschnitt, der der wirtschaftlichen Organisation gilt, war über Filmfabriken, Verleih und Lichtspieltheater die Rede, auch über Zensur und Besteuerung des Filmsektors. Für die Filmtheorie von Belang sind dann besonders die Aussagen über das Produkt dieser Prozesse, die Filmwerke. Emilie Altenloh gibt für sie folgende Typologie: »Zwei Arten von Darbietungen sind zu trennen, da sie auf ganz verschiedene Weise entstehen: die *Stücke*, die Handlungen enthalten und zum Zweck kinematographischer Aufnahme gestellt werden, also Dramen, Humoresken, Tonbilder usw. und die *Naturaufnahmen* von Landschaften, von Tagesereignissen und aus der Industrie sowie die *wissenschaftlichen Aufnahmen*, die Experimente zeigen.«[3]

Die Autorin konstatiert dann: »Die erste Gruppe steht im Vordergrund; denn sie macht $^6/_7$ des Normalprogramms eines Lichtspieltheaters aus, das durchschnittlich drei Dramen, drei Possen und eine Naturaufnahme bietet.«[4] Was hier über die Proportionen von unterschiedlichen Genres oder Typen innerhalb der üblichen Veranstaltungen gesagt ist, wird auch unter Gesichtspunkten der Metrage erhärtet. Das Fazit:

> *Kino ist also in erster Linie ein Gebiet der ›Dramen‹ und der ›Possen‹.*[5]

Die Schaffensprozesse nähmen unter den Bedingungen des Films einen anderen Charakter an, als man dies vom Theater her kenne. Die Rolle des Schriftstellers verlöre im Film an Bedeutung. Den Hauptanteil an der Produktion hätten Regisseur und Schauspieler.

Emilie Altenloh sieht diese Verschiebungen unvoreingenommen. Sie betrachtet den Kinematographen nicht vom Gesichtspunkt eines Kunstzentrismus aus, sondern eher als ein kulturelles Phänomen, das vielleicht künstlerische Qualitäten erlangen könne. Ob »das Ausdrucksmittel des Kinos, die Gebärde, nuanciert genug«[6] sei, um des Wortes entbehren zu können, stellt sie unter Frage.

Den Film mit der Bühnenaufführung vergleichend, schreibt sie über die Darstellung einer Handlung:

> *»... damit es zur Lösung und Schürzung des Konflikts kommt, müssen auch sie erst durch einen Menschen hindurchgegangen sein, der dann danach handelt. Dieses Umwerten können wir aber nur durch Vermittlung der Sprache miterleben. Der Film kann davon höchstens die groben Umrisse geben, er kann blitzartig für den Gang der Handlung typische Szenen aufdecken. Die Verknüpfung von Ursache und Wirkung, die den Bau zusammenhält, muß jeder Beschauer je nach seiner Veranlagung dazu tun.*
>
> *Und zudem: Gerade in der primitiven Form der Handlung liegt zum Teil schon rein äußerlich die Existenzmöglichkeit des Films begründet, muß er doch von Menschen aller Kulturstufen und Rassen verstanden werden. Sie alle zusammen haben über die elementarsten Gefühle hinaus keine Berührungspunkte miteinander.«*[7]

Emilie Altenloh orientiert darauf, sich um die Entdeckung des Wesentlichen einer künftigen Kinokunst zu bemühen und nach spezifischen Ausdrucksweisen zu suchen,

*»Gerade dadurch, daß es dem Lichtbild möglich ist, alle begleitenden Ne-
benumstände bis ins einzelne wiederzugeben, den Rahmen der Handlung, die Bewegung naturgetreu zu schildern, übertrifft die Darstellung
an Lebendigkeit jede gesprochene oder gelesene Erzählung. Innerhalb dieses Rahmens liegen unendlich viele Möglichkeiten künstlerischer Entfaltung, etwas ganz Neues, das zwischen Bühnendrama und Roman
liegt.«*[8]

Die Autorin verweist dabei in einer Fußnote auf die Überlegungen von Lukács zur Ästhetik des Kinos. Sie plädiert für eine Ausarbeitung der Bildwirkung, auch im Rahmen der dem Kinodrama
so leicht zugänglichen Stoffe. »Gerade in letzter Zeit wird immer
bewußter ein Teil des Effektes in der rein bildmäßigen Wirkung
gesucht. Schon von den modernen Bühnenaufführungen her ist
das Auge für Raum- und Linienwirkung geschult worden. Im
Kino, wo es allerdings neben jener Formenwirkung auch noch
den stofflichen Inhalt zu übermitteln hat, sieht man das gleiche.

Zuerst waren es amerikanische Firmen, die durch die Zusammenwirkung von malerischen Landschaften und Bewegung eine
ganz neue Ära in die Filmkunst brachten. Rein bildmäßig betrachtet, sind so auch die bekannten Trapper- und Indianergeschichten
mit ihren sich immer wiederholenden Inhalten häufig von direkt
künstlerischer Wirkung. Um diese zu erreichen, bedurfte es erst
einer längeren Schulung, da keine Vorbilder vorhanden waren, an
die man sich hätte anlehnen können. Doch heute sind Künstler
zielbewußt mit der Ausbildung dieser Seite kinematographischer
Darstellung beschäftigt.«[9]

Es wird von der Autorin vermerkt, daß durch anerkannte
Schriftsteller und Schauspieler sicher Erfahrungswerte aus den
traditionellen Kunstsparten eingebracht worden seien. Sie weist
jedoch immer wieder auf ein notwendiges Umdenken hin, das der
Kinematograph verlange, nicht zuletzt um spezifischen Publi-
kumserwartungen zu genügen.

*»Das Kinodrama hat da eingesetzt, wo die Theaterliteratur eine Lücke
gelassen hat: Heute stehen Handlungsdramen sehr niedrig im Kurs, und
doch entsprechen sie dem, was ein großer Teil des Publikums sucht und in
den Kinotheatern gefunden zu haben meint. Eine Fülle von Ereignissen,
ein bunter Wechsel des Geschehens, das sind die Hauptmerkmale des Ki-*

*nodramas, und diejenigen, die solches suchen, kommen hier auf ihre Ko-
sten. Die besondere Eignung der kinematographischen Technik hat das
Kinodrama auf diesen Weg gebracht und ihm seine Beliebtheit verschafft.«* [10]

Das Wesen des Filmerlebnisses wird mit den Worten charakterisiert:

> *»Empfinden ist hier aber alles, denn die Filmdarstellung wirkt ganz un-
> mittelbar, indem sie den Zuschauer mit sich fortreißt und die Schicksale
> der Helden mit erleben läßt.«* [11]

Diese Aussage ist noch mit dem Hinweis verknüpft, daß »soziale
Fragen«[12] in der Gunst des Publikums stünden, wobei freilich das
Handlungsklischee »Abstieg einer Frau ins Dirnentum« als Beleg
dient.

Bei der Untersuchung des Publikums, der Teil II des Buches
gilt, hatte die Autorin eine Reihe neuartiger Aufgaben zu bewältigen. Ihr gelang u. a. eine gründliche Beschreibung der Zuschauer-
situation in den zeitgenössischen Mannheimer Filmtheatern. Empirische Erhebungen erhärten die Aussagen. Differenziert wird
dort nach Alter, Geschlecht und Zugehörigkeit zu sozialen Gruppen und Schichten. Die Untersuchung enthält darum auch kost-
bare Belege für die Herausbildung des proletarischen Klassenbe-
wußtseins, wie es sich in den Urteilen bestimmter Zuschauergruppen des Kinos widerspiegelte, etwa in den Äußerungen eines
Arbeiters zum damaligen Filmrepertoire: »Meistens ekeln mich
die Vorstellungen an, weil sie so wenig den Tatsachen entsprechen, und weil sie meistens eine Tendenz enthalten, die nicht
nach meinem Geschmack ist, nämlich, daß das Gute im Sinne der
herrschenden Klasse immer durchdringt.«[13]

Ein Aussagenkomplex zentraler Art hatte auch Bedeutung für
das filmtheoretische Denken. Er betraf den Film als »modernste
Massenunterhaltung«[14]. Die Autorin ging dabei der Frage nach,
warum sich die Kinematographie derart stark entfalten konnte, betrachtete also nicht nur Formen und Wirkungsweisen von Filmwerken, sondern die Ausprägung eines kulturellen Gesamtprozesses in seinen möglichen Wurzeln.

»Das Kino ist eben in erster Linie für die modernen Menschen da, die sich

treiben lassen und unbewußt nach den Gesetzen leben, die die Gegenwart
vorschreibt.

Aus dieser Gegenwart und ihrer Gewordenheit, aus der Gesamtkonstel-
lation der Kulturerscheinungen ist er auch einzig zu begreifen. Mit den
neuen Anforderungen, die ein Jahrhundert der Arbeit und der Mechani-
sierung an die Menschen stellte, mit der intensiveren Anspannung und
Ausnutzung der Kräfte, die für den einzelnen der Kampf ums Dasein
mit sich brachte, mußte auch die Kehrseite des Alltags, das Ausruhen in
etwas Zwecklosem, in einer auf kein Ziel gerichteten Beschäftigung ein
größeres Gegengewicht bieten. Und dennoch hätten die Tausende von
Lichtspieltheatern nicht entstehen können, wenn nicht zugleich eben
durch jene Intensivierung der Arbeit und der dadurch herbeigeführten
Konzentration der Arbeitszeit auf weniger Stunden auch der breiten
Masse der Besuch derartiger Vergnügungen ermöglicht worden wäre.
Auch kam mit fortschreitender Industrialisierung mehr bares Geld unter
die Leute.

Die lange Freizeit und bessere Löhne der arbeitenden Klassen, das sind
zwei Umstände, die zum Verständnis derartig moderner Gebilde sehr
wichtig sind.«[15]

Emilie Altenloh wies darauf hin, daß die Erwartungshaltung der
meisten Zuschauer gegenüber dem Kino mit dem Wunsch nach
anstrengungslosem Zeitvertreib verbunden sei. Neben dem
Zwang zur Reproduktion der Arbeitskraft stünde bei bestimmten
Zuschauergruppen auch völliges Desinteresse an anderen Werten
und Müßiggang dahinter, welche jene Langeweile erzeugten, von
der das Kino profitiere. Ihre Auskünfte über das Publikum wie:
»Die Mehrzahl gibt auf die Frage, was sie im Kino suchen, einfach
›Zerstreuung und Unterhaltung‹ an, nicht etwa Belehrung und Erhebung«[16], sind zugleich als Hinweis auf eine spezifische Qualität
des Films zu nehmen, die sich im Zuge einer aufkommenden kapitalistischen Massenkultur ergeben hatte.

Vachel Lindsay
Action-Film, intimes und glanzvolles
Lichtspiel als Kunst

Vachel (Nicholas) Lindsay wurde 1879 in Springfield, Illinois/USA geboren. Nachdem er bereits als Zeichner gearbeitet und durch literarische Werke sehr populär geworden war, schrieb er aus Begeisterung für den Film 1915 das Buch »The Art of the Moving Picture« (»Die Kunst des bewegten Bildes«), das als erste größere filmästhetische Überlegung in den USA gilt. 1931 starb Lindsay in seiner Heimatstadt.

Daß Vachel Lindsay 1915 ein Buch mit dem Titel »The Art of the Moving Picture« (»Die Kunst des bewegten Bildes«)[1] veröffentlichte, war schon insofern von Bedeutung, als sich damit ein berühmter Volksschriftsteller der USA grundsätzlich zum Kunstwert des Films bekannte und vor einer breiten Öffentlichkeit darlegte, warum man Filmwerke lieben könne und als ästhetische Phänomene begreifen müsse, obwohl sie doch in ihrer Mehrzahl die Züge eines Schaubudenspektakels keineswegs verloren hatten.

Das Buch des begeisterten Kinobesuchers, der immer wieder ausführlich auf Beispiele einging, war populär geschrieben und wendete sich gleichermaßen an Kenner der Kunst und Literatur wie an Interessierte und Bildungsbeflissene aus dem Kreis der Normalverbraucher des Films. Und das Hauptargument der sehr rhetorisch aufgebauten Darstellung war der neue, eigentümliche ästhetische Reiz, die ungewohnte Attraktion für die Sinne, die der Film ins Spiel gebracht hatte. Auf eine eher naive und völlig unakademische Weise offerierte Lindsay dem Leser damit zugleich den Wert einer originären Massenkultur, der gegenüber auch spezifische Kriterien anzuwenden seien.

»Filme der Handlung (action), der Intimität (intimacy) und des Glanzes (splendor) sind die Grundfarben der Gattung Lichtspiel, genauso wie

Rot, Blau und Gelb die Grundfarben des Regenbogens darstellen. Die
Filme der Handlung könnte man als den roten Bereich bezeichnen, die
intimen Lichtspiele, welche kühler und ruhiger sind, als den blauen und
die glanzvollen Lichtspiele als den Gelbbereich, denn gelb ist die Farbe
der Festzüge und des Sonnenscheins.« [2]

Die Art des Vergleiches und die blumige Redeweise scheinen auf
den ersten Blick kaum wissenschaftlich brauchbare Aussagen zu
ermöglichen. James Monaco weist aber darauf hin, daß die drei
Grundtypen von Lichtspielen, nämlich das »Lichtspiel der Handlung« (also der Action-Film), das »intime Lichtspiel« und das
»glanzvolle Lichtspiel« drei Kategorien abgeben, die dazu dienen
konnten, das Hollywood-Kino der nächsten fünfzig Jahre zu un-
terteilen.[3] Eine Beobachtung, die schwer aus dem Feld zu schlagen ist. Und so empfiehlt es sich, hinter Lindsays Typologie eine
Klassifizierung zu sehen, die das Formengut der Genres im unterhaltungsorientierten Film zu erfassen sucht, genauer, auf eine
Charakterisierung von Genre-Gruppen des sogenannten Trivial-
bereichs aus ist. Die spezifischen ästhetischen Reizmittel des populären Films werden dabei berücksichtigt und auf den Begriff gebracht. Bis heute ist die Problematik der nichtklassischen Genres,
also jener, die weniger auf den allgemein-ästhetischen Vorstellungen vom Tragischen, Komischen usw. als auf abgeleiteten Reiz-
momenten der Unterhaltungskultur aufbauen, nur höchst ungenü-
gend erforscht. Und so mag man mit Verblüffung zur Kenntnis
nehmen, daß Lindsay bei seiner Bestimmung jeweils einen Zusammenhang zwischen einem Grundtyp von Filmwirkung und
dem gestischen Ausdruck, den der Film bevorzugt, sucht.

»Der Action-Film hat mit verallgemeinerter Pantomime zu tun; die Ge-
stik der herkömmlichen Polizisten im Gegensatz zum Manierismus des
Pfarrer-Stereotyps. Das intime Lichtspiel bietet uns eine schwerer faß-
liche persönliche Gestik; etwa den Unterschied zwischen den Tischsitten
zweier Pfarrer im selben Restaurant oder zwischen denen zweier Polizi-
sten. (...)
Die glanzvollen Lichtspiele zeigen die Totalgebärden der Massen; die
Pantomime eines Fackelzugs, den Drill eines marschierenden Heeres
oder das Neigen der Köpfe einer Schar Gläubiger, die den Segen er-
hält.« [4]

Gestischer Ausdruck als Grundlage einer Typologie – das ist ein Herangehen, welches dem Zeichenprozeß eine fundamentale Bedeutung zuweist, die Kultur des Lichtspiels also fast semiotisch zu begreifen sucht. Daß eine solche Denkrichtung Lindsay grundsätzlich nicht so fremd war, zeigt er im letzten Abschnitt seines Buches, der, wie später noch zur Sprache kommen soll, durchaus präsemiotisches Gedankengut birgt. Die Bedingungen für entsprechende weiterführende Überlegungen fehlten damals natürlich, und Lindsay zog es darum vor, Anschluß an tradierte ästhetische Vorstellungen zu finden. So deutet er etwa an, daß man seine Typologie des Films im Zusammenhang mit den Kategorien des Dramatischen, Lyrischen und Epischen sehen könne.

> »Wieder anders läßt sich die These demonstrieren, indem man die alte Klassifizierung der Poesie anwendet: dramatisches, lyrisches und episches Gedicht. Der Action-Film ähnelt der dramatischen Form. Das intime Lichtspiel ist der lyrischen Form verwandt (...) Und die glanzvollen Lichtspiele sind offenkundig das Äquivalent der epischen Form.«[5]

Inwieweit hier Momente von Ähnlichkeit wirklich auszumachen sind, belegt Lindsay indes nicht weiter. Er sucht vielmehr noch nach einer dritten Ebene des Vergleiches, zu der sich seine Typologie in Konnex bringen läßt. Diesmal bezieht er sich auf vergleichbare Gattungen innerhalb der bildenden Kunst, die er als sein ureigenstes Metier betrachtete.

> »Doch am angemessensten läßt sich die Bedeutung dieses Abrisses aufzeigen, wenn man den Action-Film als bewegte Bildhauerei, das intime Lichtspiel als bewegte Malerei und den märchenhaften Historienfilm sowie alle anderen glanzvollen Lichtspiele als bewegte Architektur umschreibt.«[6]

Auf diesem Vergleich baut Lindsay dann praktisch sein Buch auf.

Er beginnt damit, in jeweils gesonderten Kapiteln das Lichtspiel der Handlung, das intime Lichtspiel und mehrere Arten des glanzvollen Lichtspiels in ihren besonderen Merkmalen und künstlerischen Möglichkeiten anhand von Beispielen zu charakterisieren, bevor er dann in einem zweiten Abschnitt des Buches – ebenfalls in separaten Kapiteln – erklärt, inwiefern man Film als

Plastik, Malerei bzw. Architektur in Bewegung betrachten könne. Zur Charakteristik des »Lichtspiels der Handlung« heißt es etwa: es sei der einfachste und häufigste Typ. Für den regelmäßigen Besucher billigerer Filmtheater existiere nur der Action-Film. Er beherrsche die Slums und büße in teureren Theatern die ihm eigenen Elemente nicht ein; sie würden dort nur geschickter eingesetzt. Die Story entwickele sich in ihm mit der noch gerade glaubwürdigen Höchstgeschwindigkeit. »In einem schlechten Filmdrama wirkt selbst das Bild eines Schnellzugs mehr als übertrieben. Doch sobald man mit dem Film etwas zurückhaltender ist, läßt sich ein Rennen weitaus lustiger darstellen als auf der Bühne. Auf dieser Tatsache beruht die Chance dieser Form. Viele Action-Filme spielen zwar in geschlossenen Räumen, aber die abstrakte Theorie des Action-Films basiert auf einer Verfolgungsjagd im Freien.«[7]

Über einen konkreten Film schreibt Lindsay, den ganzen Typ charakterisierend: »Diese Shows funktionieren wie die Schnellaufzüge im Metropolitan Tower. Das Ideal ist die maximale Geschwindigkeit beim Auf- und Abfahren, ohne daß einem beim Anrucken die Sinne schwinden. (…) Action-Film-Romantik entsteht, wenn jede Hürde ein Bild ist, wenn vor jedem dieser flüchtigen Blicke tatsächlich eine Schönheit wie in einer Kunstgalerie erscheint, wenn ein rasantes Rennen vonstatten geht, aber mit einer eigenen Goldverzierung, die die Handlungen miteinander verbindet, und das Ziel ist dann der wundervollste Moment auf der ganzen Filmrolle.«[8] Zur Sprache kommen neben den besonderen Möglichkeiten des Filmtyps auch jeweils die Grenzen im Hinblick auf andere Ausdrucksweisen:

»Der Action-Film besitzt kein geeignetes Mittel, um eine umfassende persönliche Leidenschaft entstehen zu lassen. Die stilvolle Charakterstudie, die in einem regelrechten Drama den persönlichen Empfindungen Echtheit verleiht, hat keine Chance, Menschen sind lediglich Typen, flink bewegte Schachfiguren. (…) Warum geht das Publikum immer wieder in solche Filme, wenn weder Sinneslust, noch Liebe, Haß oder Hunger richtig ankommen? Einfach, weil solche Spektakel die beginnende oder wuchernde Geschwindigkeitsmanie in jedem Amerikaner befriedigen.«[9]

Lindsay über die Qualität des Action-Films:

>*Der höchste Typ des Action-Films beschert uns weder die Qualität von* >*Macbeth< oder >Heinrich V.< noch die der >Komödie der Irrungen< oder* >*Der Widerspenstigen Zähmung<. Er beschert uns vielmehr jene gute, besondere Qualität, wie sie der Feder Robert Louis Stevensons entstammte und die solchen Geschichten wie >Entführt<, >Die Schatzinsel< und >Neue Erzählungen aus 1001 Nacht< sowohl Grenzen setzte als auch Erhabenheit verlieh.*« [10]

Er stellt den genannten Typ dem »intimen Lichtspiel« gegenüber:

>*Wie der Action-Film seine photographische Basis oder seine Grundmetapher in der langen Jagd auf der Landstraße hat, so liegt die photographische Basis des intimen Lichtspiels darin, daß jegliches Filminterieur eine sehr kleine Grundfläche besitzt und von Wänden umgeben ist. Manch bemerkenswerte Szene spielt auf einem Raum, auf dem gerade noch Hut und Hocker eines Laufburschen Platz hätten. Befindet sich in diesem Raum ein Tisch, so ist er oft so nahe, daß er nur halb vom Bild erfaßt wird, oder er steht gegen die vordere Kante der dreieckigen Grundfläche.*« [11]

Auch dieser Typ wird anhand konkreter Beispiele ausführlich dargestellt, ebenso wie auch »das glanzvolle Lichtspiel«. Die diesen Überlegungen dann jeweils zugeordneten Kapitel, welche von »Plastik in Bewegung« usw. sprechen, sind in ihrer Art heute schwerer nachvollziehbar. Ihr grundsätzlicher Vorzug liegt darin, daß hier jeweils die räumliche Komponente der filmischen Erzählung reflektiert wird, und zwar in ihrem wechselhaften Gestus. So wird unterderhand vom Autor darauf aufmerksam gemacht, daß die Filmszene in ihrem Arrangement grundsätzlich von den Erfahrungen der bildenden Künste profitieren kann und ihrerseits eine Weiterentwicklung bestimmter Ausdrucksmöglichkeiten bedeutet, die dort erprobt wurden.

Beiläufig zitiert Lindsay einen Bildhauer aus seinem Bekanntenkreis, der ihm von einer Entdeckung erzählte, nämlich, daß man selbst den gewöhnlichsten Filmbildern mit Vergnügen als einer endlosen Kombination von Massen und dahinströmenden Oberflächen folgen könne. So gesehen, scheint es recht plausibel, wenn Lindsay in Filmbildern die Inspiration für Bildwerke sieht. Die Situation ist dabei umkehrbar. Von der Plastik führt der Weg zum Film auch wieder zurück. Wenn Lindsay dann indes zu Plastiken aus Holz, Bronze und Marmor jeweils eine Entsprechung im Film sucht, wirken die Vergleiche doch ziemlich überanstrengt. Weit überzeugender hingegen ist die ausführliche Darstellung von Unterschieden zwischen Theater und Lichtspiel, die er gibt. Wenn hier auf sie nicht eingegangen wird, dann darum, weil sie sich von den Einschätzungen anderer Autoren jener Jahre wenig abheben.

Hingewiesen sei auf einen verblüffenden Gedankengang, der jenem Kapitel am Schluß des Buches zugrunde liegt, welches sich mit allgemeinen ästhetischen Gesichtspunkten befaßt und »Hieroglyphen« heißt. Film wird hier als Sprache gefeiert, die einen ebenso großen Schritt für die Menschheitsentwicklung bedeute wie dies die Anfänge der Bilderschrift in der Steinzeit darstellten. Lindsay erfaßt dort den kommunikativen Aspekt, der sein Nachdenken über das Lichtspiel insgesamt bestimmt, ganz frontal. Und es ist daher nicht von ungefähr, wenn er später zu einem Vorschlag findet, den Monaco zu Recht einer genauen Betrachtung wert hält, nämlich, daß das Publikum während eines Stummfilms über die ablaufenden Szenen reden sollte, statt Musik zu hören. »Niemand nahm seinen Vorschlag ernst; hätte man es getan, hätten wir vielleicht früher ein gemeinschaftliches und aktives Kino gehabt. Viele Filme aus der Dritten Welt (sowie Godard-Filme) sind trotz ihres Soundtracks als erste Aussagen in einem Gespräch zwischen Filmemacher und Zuschauer geplant.«[13] Hier wird diese Bemerkung vor allem darum zitiert, um zu unterstreichen, daß sich in Lindsays Annäherung an eine Theorie des Films immer wieder Momente auffinden lassen, die nicht nur auf ein grundsätzliches Verständnis massenkultureller Phänomene hindeuten, sondern auch auf eine solcher kommunikativer Prozesse.

Hugo Münsterberg
Erste Psychologie und Ästhetik des Films

Hugo Münsterberg wurde 1863 in Danzig geboren. Er studierte Philosophie und Psychologie, letzteres vornehmlich bei Wilhelm Wundt in Leipzig. Von William James, dem Begründer des Pragmatismus in der Psychologie, nach den USA eingeladen, wirkte er ab Ende der neunziger Jahre als Professor in Harvard. Er leitete ein Labor für Experimentalpsychologie und genoß als Wortführer der sich herausbildenden angewandten Psychologie hohes gesellschaftliches Ansehen.

Neben umfangreichen Arbeiten zur Wertphilosophie und mehreren bedeutsamen Monographien zu psychologischen Grundproblemen legte er auch ein Buch mit dem Titel »The Photoplay. A psychological study« (»Das Lichtspiel. Eine psychologische Studie«) vor, das 1916, dem Jahr seines Todes, publiziert wurde.

Im Gegensatz zu Lindsay, dessen Filmbuch nach einer langen und liebevollen Beschäftigung mit dem neuen Medium entstanden war, formulierte der deutschstämmige Amerikaner Hugo Münsterberg seine Überlegungen aus einer sehr kurzen und intensiven Beziehung heraus. Der bekannte Philosoph und Psychologe, der bis 1915 den Film völlig ignoriert hatte, war nach Ansicht einiger amerikanischer Produktionen, die u. a. hervorragende darstellerische Leistungen offerierten, von den Möglichkeiten der neuen Kunst derart fasziniert, daß er zahllose Vorstellungen besuchte und auch Kontakte zu Filmschöpfern aufnahm, die ihn in die Studios einluden und mit ihren professionellen Belangen vertraut machten. So ist das Buch des Akademikers in doppelter Hinsicht keine Darstellung des Films von außen her. Münsterberg hatte sich gründlich in die spezifische Lebenssphäre Hollywoods eingearbeitet, und die psychologische Studie, die er schrieb, gab sich nicht mit peripheren Problemen ab, sondern traf den Kern der Sache, das neue Phänomen der »Movies« in seiner eigentümlichen Struktur und Funktionsweise. Was da scheinbar beiläufig entstand, war die erste systematisch aufgebaute Theorie des Spielfilms, deren Ansatz schon wegen seiner strengen Ausrichtung auf die Rezeptionsmomente noch heute als höchst modern und fruchtbar anzusehen ist.

Einige Gesichtspunkte der Theorie fallen besonders ins Auge:

Erstens betrachtet Münsterberg Film generell unter dem Aspekt der Rezeption, der besondere Chancen bietet, künstlerische Gestaltungsmomente von ihrer psychischen Wirkung her faßbar zu machen.

Zweitens wird diese funktionale Betrachtung auf eine Weise betrieben, daß das Filmerleben auf den unterschiedlichsten Ebenen psychischen Geschehens als eine aktive Bewußtseinstätigkeit erscheint.

Drittens werden die unterschiedlichen Eindrücke, die von einem Film ausgehen können, stets in ihrem Gesamtzusammenhang gesehen, also bezogen auf eine ästhetische Einheit des Werkes, womit zugleich der Sinnbezug des Kunsterlebens leichter herzustellen ist.

Viertens wird versucht, dramaturgische Kategorien wie Handlung, Konflikt und Charakter systematisch unter jener ästhetischen Einheit des Werkganzen zu analysieren.

Und fünftens schließlich werden aus der spezifischen Gestaltungs- und Rezeptionsweise des Films die Möglichkeiten für eine kulturelle Entwicklung gefolgert, welche Zuschauern unterschiedlichen Bildungsgrades gerecht zu werden vermag und dies im Einvernehmen mit dem technischen Fortschritt, von dem das Medium zehrt.

Ein solches Herangehen an den Analysegegenstand entspricht in vieler Hinsicht dialektisch-materialistischen Überlegungen von heute. Es hat sich bei Münsterberg indes in einem durchaus anderen philosophisch-ästhetischen Kontext herausgebildet, nämlich im Rahmen eines idealistischen Grundkonzepts neukantianistischer Prägung, das der Wertphilosophie verbunden war.

Der Autor hat als Philosoph und Ästhetiker umfangreiche Arbeiten verfaßt,[1] die ausdrücklich von einem Verständnis »ewiger

Werte« ausgehen, wie eines seiner wichtigsten Bücher, »The Eternal Values«, schon im Titel zu erkennen gibt. Das Schöne etwa, das nach Münsterbergs Auffassung in sich das Wahre und das Gute vereinige, existiere jenseits objektiver gesellschaftlicher Gegebenheiten und formiere sich auch ohne entsprechende Determinanten.

Die Filmtheorie des Autors geht selbstredend auf derartige allgemeine philosophisch-ästhetische Positionen zurück, sie bringt indes auch Erkenntnisse einzelwissenschaftlicher Art ins Spiel. Dadurch kommen materialistische Gesichtspunkte der naturwissenschaftlichen Forschung zum Tragen, zumal der Einstieg in das Buch, das in die Teile »Die Psychologie des Films« und »Die Ästhetik des Films« gegliedert ist, über die psychologische Problematik erfolgt. Der Zweiteilung der Studie lag die Auffassung Immanuel Kants zugrunde, daß zwischen »phaenomena« und »noumena« zu differenzieren sei, also zwischen Erscheinungen und »Dingen an sich«, die verschiedenen, durch eine unüberbrückbare Kluft getrennten Welten angehörten. Die Erscheinungen seien dabei der menschlichen Erkenntnis zugänglich, die »Dinge an sich« aber, welche einer transzendenten Welt angehörten, blieben absolut unerkennbar. Insofern der Film nun gleich zu Anfang als eine Erscheinung dargestellt wird, die psychologisch relevant und der Erkenntnis zugänglich sei, kommen gleichsam von vornherein materialistische Gesichtspunkte mit ins Spiel, die zur Konsequenz haben, daß die nachfolgende idealistische philosophisch-ästhetische Interpretation des Theorieansatzes relativ leicht »vom Kopf auf die Füße« zu stellen geht. Bemerkenswert für das Profil dieser Theorie ist auch, daß Münsterberg den Film durchaus als eine Erscheinung betrachtet, die in ihrer Einbindung in technisch-ökonomische und soziale Beziehungen gesehen werden muß. Er trennt dann jedoch strikt die erstgenannten, die äußere Entwicklung bestimmenden, und die zweiten, die innere Entwicklung der Filmkunst beinhaltenden, voneinander und wendet sich dieser inneren Entwicklung zu, wobei er vor allem die allgemeinsten Zusammenhänge der Rezeption analysiert.

Was nun diese Analyse betrifft, so schlägt die naturwissenschaftlich orientierte Methodik Münsterbergs durch. Schon Wilhelm Wundt, bei dem er sein Studium begonnen hatte, maß der

Verifikation psychologischer Aussagen durch das Experiment größte Bedeutung zu und ebnete damit einem materialistischen Herangehen an den Forschungsgegenstand den Weg. Und der Wortführer der pragmatischen Richtung in der Psychologie, William James, der den begabten Studenten Münsterberg auf dem Psychologenkongreß von 1889 in Paris kennengelernt hatte und ihn nach Amerika einlud, ermunterte ihn gleichfalls, in der experimentellen Methodik, die er so glänzend beherrsche, fortzufahren.[2] In Harvard, wo Münsterberg mit Unterstützung von James ein eigenes Labor für experimentelle Psychologie aufbauen konnte, bemühte er sich sowohl hinsichtlich der allgemeinen wie der von ihm begründeten angewandten Psychologie um eine entsprechende Methodik. Davon legen zahlreiche Veröffentlichungen Zeugnis ab.[3]

Auf dem Gebiet der Kunst- bzw. Filmpsychologie war der Weg zu experimentell verifizierbaren Aussagen indes noch weit. Aber die methodische Ausrichtung und das detaillierte Wissen auf unterschiedlichen Teilgebieten der Psychologie, über das Münsterberg verfügte, kamen dem Filmbuch natürlich zugute.

In dessen Einleitung wird die Zielrichtung der Arbeit bestimmt: Zu untersuchen sei, ob man den bislang von der Ästhetik ignorierten Film zu Recht als eine eigenständige Kunstform unter rein geistigen Existenzbedingungen einstufen könne. Dafür benötige man zunächst Einblick in die Mittel, mit denen die lebenden Bilder die Zuschauer in ihren Bann schlügen. »Dabei geht es nicht um die physikalischen und technischen, sondern um die geistigen Mittel. Welche psychologischen Faktoren wirken, wenn wir das Geschehen auf der Leinwand verfolgen? Aber an zweiter Stelle müssen wir die Frage stellen, was die Eigenständigkeit einer Kunstform charakterisiert, welches die Bedingungen sind, unter denen die Werke einer bestimmten Kunstform entstehen. Die erste Frage ist psychologischer, die zweite ästhetischer Natur; beide gehören eng zusammen.«[4]

Der erste Teil des Buches, betitelt »Die Psychologie des Films«, befaßt sich dann in vier Kapiteln mit Aspekten wie »Tiefe und Bewegung«, »Aufmerksamkeit«, »Gedächtnis und Phantasie« sowie »Emotionen«. Die Psychologie des Films wird vom Autor also nicht als Psychologie des filmschöpferischen Prozesses dargelegt, sondern vom Rezeptionsakt her entwickelt. Namentlich anhand von Vergleichen zwischen Film- und Theaterkunst und ihren Wirkungen auf den Zuschauer arbeitet Münsterberg heraus, welche besondere geistige Aktivität der Film seinem Rezipienten abverlangt, und zwar auf den unterschiedlichsten Ebenen der psychischen Tätigkeit, die beim Filmerleben angesprochen werden. Er beginnt dabei mit elementarsten Wahrnehmungsvorgängen der Bewegung und endet bei den Emotionen, welche er begründet an die Spitze der Hierarchie stellt und denen er eine integrative Rolle gegenüber den früher genannten Phänomen zuweist.

Eine geistige Aktivität des Zuschauers spiele bereits bei der Wahrnehmung stroboskopischer Bewegungen eine Rolle, die aus einer diskreten Folge von photographierten Zuständen das filmische Lauf-Bild werden läßt. Münsterberg widmet dieser Gesetzmäßigkeit, die später als Phi-Phänomen in die psychologische Literatur Eingang fand, dann entsprechende Aufmerksamkeit. Seine Theorie geht aber von einer ganzen Hierarchie, einer komplexen Vielfalt interaktiver Beziehungen zwischen Film und Betrachter aus. Im Zusammenhang von »Tiefe und Bewegung« erklärt er, daß der Filmzuschauer den Eindruck beider Erscheinungen vermöge seiner geistigen Aktivität herstelle:

> *Wir sehen tatsächliche Tiefe im Film und sind uns doch jederzeit dessen bewußt, daß es keine wirkliche Tiefe ist, sondern eine von unserer eigenen Aktivität geschaffene. (...) Jetzt stellen wir fest, daß auch die Bewegung wahrgenommen wird, daß aber das Auge nicht die Eindrücke der Bewegung empfängt. Die Bewegung wird lediglich suggeriert, und ihre Vorstellung ist zu einem hohen Grade das Produkt unserer eigenen Reaktion. Tiefe und Bewegung treten in der Welt der lebenden Bilder gleichermaßen nicht als harte Tatsachen an uns heran, sondern als eine Mischung von Tatsache und Symbol. Sie sind gegenwärtig und doch nicht in den Dingen. Wir verleihen ihnen den entsprechenden Eindruck.*[5]

Wie der Film mit seinen technischen und künstlerischen Möglichkeiten die Aufmerksamkeit des Zuschauers zu lenken versteht, wird in dem Kapitel deutlich gemacht, das diesem psychologischen Aspekt gewidmet ist. In einer zusammenfassenden Notiz dazu heißt es:

> *Die Aufmerksamkeit wendet sich detaillierten Punkten in der äußeren*

Welt zu und ignoriert alles andere; genau das tut der Film, wenn in der Nahaufnahme ein Detail vergrößert wird und alles andere schwindet.[6]

Über die Nahaufnahme wird an anderer Stelle gesagt:

»Die Nahaufnahme hat in unserer Welt der Wahrnehmung unseren geistigen Akt der Aufmerksamkeit objektiviert und damit der Kunst ein Mittel beigegeben, das weit über die Möglichkeiten der Bühnenaufführung hinausreicht.«[7]

Im Zusammenhang mit Gedächtnis und Phantasie hebt Münsterberg hervor:

»Die objektive Welt wird durch das Interesse des Geistes geformt. Ereignisse, die voneinander weit entfernt sind, so daß wir physisch nicht imstande wären, ihnen allen gleichzeitig beizuwohnen, verschmelzen in unserem Blickfeld genauso wie sie in unserem eigenen Bewußtsein zusammengefügt werden.«[8]

Später konkretisiert der Autor diese Aussage:

»Die Erinnerung bricht in die Ereignisse der Gegenwart ein und bringt Bilder der Vergangenheit hervor; der Film tut das mit seinen häufigen Rückblenden. (...) Die Vorstellung antizipiert die Zukunft oder überwindet die Realität durch Phantasien und Träume; der Film tut das alles ausgiebiger als jede zufällige Vorstellung es vermögen würde. (...) Der Film kann in miteinander verwobenen Szenen alles zeigen, was unser Geist umfaßt. Ereignisse in drei, vier oder fünf Regionen der Welt lassen sich zu einer komplexen Handlung verflechten.«[9]

Die emotionale Ebene der psychischen Tätigkeit wird von Münsterberg dann als die für das Filmerleben wesentlichste unterstrichen:

»Die Darstellung von Emotionen muß das zentrale Ziel des Films sein. (...) Mehr als im Schauspiel sind die Personen im Film für uns Subjekte emotionaler Erfahrungen. Ihre Freude und ihr Schmerz, ihre Hoffnung und Furcht, ihre Liebe und ihr Haß, ihre Dankbarkeit und ihr Neid, ihr Mitgefühl und ihre Bösartigkeit geben dem Stück Bedeutung und Wert.«[10]

Münsterberg weist in diesem Zusammenhang darauf hin, welche

Bedeutung Gesten und Mienenspiel haben, um Emotionen wiederzugeben und auch zu übertragen, und er hebt u. a. hervor, daß die mimische Nuance durch die Nahaufnahme eine erhebliche Verstärkung erfahren könne.

Die Bilder des Films selbst hätten Möglichkeiten, Emotionen ähnlich zu übertragen, wie Musik das tut. Der Begriff der Montage fällt nicht, aber in einem Artikel, betitelt »Why We Go to the Movies« (»Warum wir ins Kino gehen«), der einen Extrakt des Buches gibt, ist von rhythmischen Qualitäten des Films die Rede, die nicht mehr in der einzelnen Einstellung selbst erzeugt werden können, sondern durch längere Abläufe.[11]

Der zweite Teil der großen Studie, der sich mit der Ästhetik des Films befaßt, sucht dessen spezifischen ästhetischen Wert herauszuarbeiten. Nach Münsterbergs neukantianistischem Verständnis geht es hierbei nicht mehr um »phaenomena«, sondern um »noumena«, die der transzendentalen Welt angehören, der gegenüber philosophische Kategorien wie »Zwecksetzung«, »Mittel« und »Funktion« Anwendung finden sollten. In entsprechender Weise werden die Künste und insbesondere die des Films interpretiert. Das Ziel der Kunst bestehe darin, einen wesentlichen Teil unserer Erfahrung so auszusondern, daß er von unserem praktischen Leben getrennt wird und sich mit sich selbst in völligem Einklang befindet. Unsere ästhetische Zufriedenheit rühre – so Münsterberg – von dieser inneren Übereinstimmung und Harmonie her. Doch um solche Übereinstimmung der Teile empfinden zu können, müsse man mit den eigenen Impulsen in den Willen eines jeden Elements, in die Bedeutung einer jeden Linie, Farbe und Form, eines jeden Wortes, Tonfalls und Untertons eindringen.[12] Der Film habe besondere Mittel und Methoden zur Verfügung, um diese Trennung der Erfahrung vom praktischen Leben und die Empfindung der Harmonie zu ermöglichen.

>*Der Film erzählt uns die Story des Menschen, indem er die Formen der äußeren Welt, nämlich Raum, Zeit und Kausalität, überwindet und die Ereignisse den Formen der inneren Welt, nämlich Aufmerksamkeit, Gedächtnis, Imagination und Emotion, anpaßt.*<[13]

Die idealistische Philosophie hindert Münsterberg daran, die objektive Realität als Grundlage von Erfahrung und künstlerischem

Abbild zu begreifen, andere Zusammenhänge bleiben indes sehr wohl gewahrt und lassen sich auch in ihrer Kompliziertheit annähernd erfassen. So ist für Münsterberg ein Filmkunstwerk keineswegs ein Konglomerat von Eindrücken. Er legt Wert auf die »menschliche Geschichte«, die einerseits eine strukturelle Einheit zu formieren habe und andererseits auch einen ideellen Gehalt einschließe und erschließbar mache. Einige Interpreten[14] seines Buches haben in der Orientierung auf strukturelle Ganzheitlichkeit bei Münsterberg eine Annäherung an die sich herausbildende Schule der Gestaltpsychologie erkennen wollen, in der Tat bietet »The Photoplay« aber noch weit mehr an Vorgriffen auf spätere wissenschaftliche Leistungen an. Es wird hier der Ansatz für eine Filmästhetik gegeben, der einerseits vorskizziert, wie zwischen Werk und Rezipienten ein Systemzusammenhang herzustellen ist, indem er gleichsam die Rezeptionsprozesse zu modellieren beginnt, und der andererseits dramaturgische Gesetzmäßigkeiten, wie sie über die Kategorien Handlung, Charakter und Konflikt faßbar werden, in einen ganzheitlichen Zusammenhang zu bringen sucht, wobei filmisches Erzählen in einer unauflöslichen Einheit mit Bildwirkung betrachtet wird. Der Autor warnt am Ende des höchst bedeutsamen Kapitels »Die Mittel des Films« vor der Mißachtung der ästhetischen Einheit des Filmkunstwerks:

>*»Diese Einheit besteht vor allen Dingen in der Einheit der Handlung. Die Forderung nach dieser Einheit ist die gleiche, die wir vom Schauspiel her kennen. Die Versuchung, sie zu vernachlässigen, ist nirgends größer als im Film, wo sich Äußeres so leicht einfügen läßt oder eigenständige Interessen sich so leicht herausbilden. Wie für jedes Kunstwerk, so gilt gewiß auch für den Film, daß in ihm nichts existenzberechtigt ist, was nicht intern zur Entfaltung der einheitlichen Handlung erforderlich ist.«*[15]

Ein guter Film müsse eigenständig und in sich abgeschlossen sein wie eine wunderbare Melodie, heißt es. Und: Er sei keine Reklame für die neueste Mode.

Wesentlich ist der Hinweis, daß die postulierte Einheit der Handlung auch die Einheit der Charaktere einschließen müsse:

>*»Die Hauptforderung ist die, daß die Charaktere konsistent bleiben, daß die Handlung nach inneren Gesetzmäßigkeiten entwickelt wird und daß*

sich die Charaktere selbst im Einklang mit der zentralen Idee des Plots befinden.«[16]

Für die ästhetische Einheit sei nicht nur die Handlung, die dem Stück Inhalt verleiht, maßgeblich, sondern ebenso der bildliche Ausdruck. Beides müsse zu einer harmonischen Verbindung geführt werden. Es ist erstaunlich, wie hier schon in jenen ersten Jahren filmtheoretischer Überlegungen Beziehungen aufgefunden und miteinander verknüpft wurden, um deren Darstellung auch heute noch gerungen wird.

Münsterberg faßt zusammen:

»Der Film zeigt uns einen bedeutungsvollen Konflikt menschlicher Handlungen in lebenden Bildern, die, befreit von den physischen Formen Raum, Zeit und Kausalität, an das freie Spiel unserer geistigen Erfahrungen angepaßt werden und die durch die perfekte Einheit von Plot und bildlicher Darstellung eine völlige Isolation von der praktischen Welt erreichen.«[17]

Die hier benannten Merkmale für eine filmkünstlerische Darstellung sind später selten präziser formuliert worden. Freilich verbirgt sich hinter dem Begriff der Isolation, der dabei zur Anwendung kommt und der, wie Frederickson gezeigt hat,[18] die filmästhetischen Anschauungen Münsterbergs durchdringt, eine komplizierte philosophisch-erkenntnistheoretische und ästhetische Problematik, die noch einer marxistischen Analyse harrt.

In einem Kapitel, das die Funktion des Films diskutiert, werden Wirkungsmomente benannt, die sich aus den besonderen Möglichkeiten für emotionsgeladenes dramatisches Erzählen ergeben. Münsterberg kommt hierbei auf eine Reihe von Momenten zu sprechen, die später im Zusammenhang mit Begriffen wie Gefühl für Lebensnähe und psychische Auftriebswirkung untersucht wurden.

»Eine noch größere Kraft des Films liegt wahrscheinlich in seinen eigenen dramatischen Qualitäten. Der Rhythmus des Stücks ist von unnatürlicher Geschwindigkeit gekennzeichnet. Da die Worte fehlen, die im Schauspiel wie im Leben die Zwischenräume zwischen den Handlungen füllen, können die Gesten und die Taten selbst viel schneller aufeinander folgen (...) Das verstärkt beim Zuschauer das Gefühl der Lebensnähe. Er

vermeint, akzentuierter durchs Leben zu gehen, was seine persönlichen Energien weckt.«[19]

Als ganz entscheidende ästhetische Besonderheit wird vom Autor dann eine Erlebnisqualität des Films hervorgehoben, die ihn dem freien Spiel der Phantasie annähere, wie man es vom Traum her kenne.

»Die massive äußere Welt hat ihr Gewicht eingebüßt, sie hat sich von Raum, Zeit und Kausalität befreit und wurde in die Formen unseres eigenen Bewußtseins gekleidet. Der Geist hat über die Materie triumphiert, und die Bilder rollen mit der Leichtigkeit musikalischer Klänge dahin. Es ist ein Hochgenuß, den uns keine andere Kunst zu bereiten vermag.«[20]

Besagte Leichtigkeit war für Münsterberg ein wesentliches Argument dafür, daß sowohl Intellektuelle wie Menschen einer ganz geringen Bildungsstufe am Film gleichermaßen Spaß finden könnten. Und der Autor unterstrich dabei auch die Bedeutung einer derartigen Vermittlung zwischen kulturellen Ansprüchen durch das neue Medium. Der technische Progreß hätte hier eine neue kulturelle Entwicklung in Gang gesetzt.

»Zum erstenmal kann der Psychologe den Beginn einer völlig neuen ästhetischen Entwicklung, einer neuen Form wahrer Schönheit inmitten der Hektik eines technischen Zeitalters beobachten, und diese neue Form wird eben von ihrer Technik hervorgebracht und ist doch mehr als jede andere Kunst berufen, die äußere Natur durch das freie und freudige Spiel des Geistes zu überwinden.«[21] Hier ist nochmals ein Moment hervorgehoben, das den wissenschaftlichen Beitrag Münsterbergs heute so kostbar erscheinen läßt, das der geistigen Aktivität, die das Filmerlebnis evoziert. Wirkungsästhetische marxistische Ansätze einer Filmtheorie – etwa der Eisensteins – haben später dieses Prinzip auf ihre Weise zu entwickeln versucht. Die angesprochenen Probleme sind indes bis heute nicht wirklich geklärt. Hingewiesen sei nur auf das von Münsterberg als so wesentlich erkannte der emotionalen Wirkung des Filmganzen, das noch einer Ausarbeitung harrt. Zweifellos wird dies nur unter Einbeziehung von Psychologen geschehen können, wofür sich Münsterberg seinerzeit bereits aussprach.[22]

Merkwürdig ist, daß das Büchlein »The Photoplay« im Gegensatz zu anderen Arbeiten des Autors bald in Vergessenheit geriet. Und dies in einem solchen Grade, daß es noch Ende der sechziger Jahre Kennern der Filmtheorie völlig unbekannt war, bis das Werk 1969 wiederentdeckt und unter dem neuen Titel »The Film. A psychological study« in sonst unveränderter Form neu ediert wurde. Daß Münsterbergs Arbeit so völlig aus der Sicht geraten konnte, dürfte vielfältige Gründe haben. Einer davon könnte dem Umstand zuzuschreiben sein, daß der Autor sich zu Beginn des ersten Weltkrieges unter Ausnutzung seiner ganzen Autorität und all seiner persönlichen Beziehungen zu höchsten Regierungsvertretern vieler Länder gegen einen Eintritt der USA in den Krieg gegen Deutschland einsetzte, was ihm in Amerika härteste öffentliche Kritik einbrachte. Eine andere Ursache mag darin liegen, daß Münsterbergs psychologischer Ansatz präfreudianisch ist und darum von den an der Psychologie des Films Interessierten in den USA später nicht mehr als modern genug empfunden wurde. Am wahrscheinlichsten ist jedoch, daß seine rezeptionsästhetisch orientierte komplex angelegte Filmtheorie einfach der Zeit zu weit voraus war.

Urban Gad

Die Einheit von Bild und Erzählung
aus der Sicht eines Regisseurs

Peter Urban Gad wurde 1879 in Kopenhagen geboren. Er war ein Schüler Max Reinhardts und galt bereits als erfolgreicher Journalist und Theaterdramaturg, bevor er – zunächst als Szenarist – beim Film begann. Seiner ersten Regiearbeit, »Afgrunden« (»Abgründe«) aus dem Jahre 1910, folgte eine ganze Reihe von Filmen, die der skandinavischen Kinematographie internationale Anerkennung eintrugen. Die wichtigsten Rollen wurden darin von Asta Nielsen verkörpert, die mit Gad zeitweilig verheiratet war.

1919 verallgemeinerte er in dem Buch »Filmen. Dens Midler og Maal« seine praktischen Erfahrungen auch theoretisch. Die in viele Sprachen übersetzte Publikation kam 1920 unter dem Titel »Der Film. Seine Mittel – seine Ziele« auch in Deutschland heraus, wo Gad zahlreiche Filme drehte.

1947 starb er in Kopenhagen.

»Der Film. Seine Mittel – seine Ziele«[1] ist wohl als die erste größere filmtheoretische Arbeit eines Regisseurs anzusehen. Und sie dürfte schon darum von Interesse sein, weil sie für ein breites Leserpublikum wichtige Arbeitsgrundsätze und Erfahrungen eines Filmschaffenden artikulierte, allgemeinverständlich, sachlich und gleichsam als Lehrbuch, wie Film zu machen sei. Diese Art von praxisverbundenen Theorieansätzen nahm seither einen bedeutsamen Platz im Nachdenken über die neue Kunst ein.

Der inhaltliche Aufbau der etwa 300 Seiten umfassenden Publikation folgte den Stufen des Schaffensprozesses an einem Film. Angefangen vom Manuskript über die Filmfabrik und die Dreharbeiten bis zur Endfertigung und Aufführung im Kinotheater. In einem Schlußkapitel wird zusammengefaßt, worin Gad Wesen und Zielstellung des Films sieht.

In diesem Abschnitt des Buches findet sich auch eine Art Definition des Films:

>*Er ist, kurz gefaßt, eine Erzählung in Bildern – also eine Kreuzform zwischen zwei Kunstarten, und kann darum mit keiner früheren Kunstform verglichen und auch nicht nach den Regeln, die für diese gelten, beurteilt werden. Der Kunstwert eines Bildes wird keineswegs dadurch, daß es eine Erzählung erhält, vergrößert – die Genremalerei z. B. – ebensowenig wie der Programminhalt den Wert eines Musikwerkes steigert.*

Der Film aber soll gleichzeitig Erzählung und Bild sein, kann also nicht nach den Regeln beurteilt werden, die für die eine oder andere dieser Kunstarten gelten, sondern nach einer Verschmelzung von beiden.<*[2]

Dies ist eine der klarsten und produktivsten Aussagen über das Wesen der neuen Kunst, und sie ist von Gad nicht einfach dahingesagt, sondern als Axiom genommen. Der Zusammenhang von Erzählung und Bild wird als konstituierend für alle wichtigen Gestaltungsmerkmale betrachtet. Zur Handlung heißt es etwa:

>*Die Handlung eines Films muß darum etwas allgemein Menschliches enthalten, was gleichzeitig typisch und individuell ist, was die technischen, photographischen und literarischen Möglichkeiten des Films ausnutzt und alles zu dem Zukunftswerk zusammenschmilzt, das noch nicht entstanden ist, dessen Umrisse man jedoch schon ahnt. Und außerdem muß die Handlung das Bild und die Erzählung immer inniger miteinander verbinden und Gelegenheit zu bildmäßiger Schönheit geben, so daß die Zuschauer, wenn sie wieder auf die dunkle Straße hinauskommen, sowohl Auge wie Sinn voll von Bildern haben, die sie persönlich angehen, weil jeder gute Film von jedem einzelnen Zuschauer handeln soll.*

Das Programm des Films wird auf diese Weise sowohl sozial wie künstlerisch, und seine Lebensberechtigung hängt davon ab, ob er imstande ist, diese Aufgabe zu lösen …<*[3]

Die Berufung auf die Photographie und ihre Möglichkeiten ist für Gads Filmkonzept außerordentlich bedeutsam. Von den Eigenschaften der Photographie leitet er nämlich Maßstäbe für die Gestaltungsweisen ab:

>*Überhaupt ist Naturtreue ein wesentlicher Faktor bei einer Kunstart, die auf Photographie basiert, denn das Wort photographische Wiedergabe*

ist fast gleichbedeutend geworden mit Genauigkeit, Zuverlässigkeit. Der Film kann Wahrheit zeigen und muß es darum auch, sein Stoff muß eine innere Wahrscheinlichkeit besitzen, die mit der wahrhaftigen und nüchternen Bilderzählung zusammenklingt.« [4]

Über die spezifischen Qualitäten von Filmstoffen heißt es in diesem Zusammenhang:

»Der Filmstoff muß sich also zu stummer Wiedergabe eignen, und der Stoff muß so behandelt werden, daß die Stummheit kein Mangel, sondern eher ein Mittel zur Erzielung von Stimmung ist; d. h., die Hauptszenen müssen derartig beschaffen sein, daß Menschen in ihnen eher schweigen als reden würden. Und der Stoff muß sich zu photographischer Wiedergabe eignen, muß so zurechtgelegt werden, daß er das Meistmögliche aus der photographischen Technik herausbringt.« [5]

Literarische Vorlagen haben nach Gad im Film eine deutliche Transponierung zu erfahren, wobei er nicht das Theaterstück, sondern die literarische Prosa, Roman und Novelle, für eine günstigere Ausgangsbasis hält.

Wie bei der filmischen Darstellung mit dem dramatischen Moment zu verfahren sei, wird von ihm differenziert dargelegt. Aufmerksam gemacht wird auf die Paradoxie, daß die großen Effekte für sich genommen nicht wirksam sind, sondern der Einbindung in eine Handlung bedürfen, die mit Entwicklung identisch ist.

»Der Film vermag Handlungen und Stimmungen, die durch das Auge aufgefaßt werden können, wiederzugeben, bei Reflexionen und Diskussionen aber versagt er natürlich; darum wird die Begebenheit stets die Grundlage für seine Handlung sein.

Hier liegt nun die Gefahr vor, daß man die sensationelle Begebenheit für das Entscheidende hält, das ist ein Irrtum, das Interesse liegt in der Entwicklung, die zur Begebenheit führt, und in den Folgen, die diese mit sich bringt. In jeder Kunst ist das Verweilen beim Moment der Begebenheit ein Zeichen von Unreife und Verfall; bei gesunder und echter Kunst muß das Interesse auf den Zeitpunkt vor oder nach dem gewaltsamen Moment gerichtet sein. Kein Film kann den starken Effekt als Ersatz für das starke Wort entbehren, doch zeugt es von einem tiefstehenden künstlerischen Geschmack, wenn der Effekt seiner selbst wegen angewandt wird – wenn der Verfasser meint, daß Begebenheiten dasselbe wie Handlung

sind. Ereignisse sind nur der äußere Ausdruck der Handlung, der Kli-
max als logische Schlußfolgerung einer Entwicklung.
Entwicklung ist Handlung.«[6]

Das Entwicklungsmoment wird auch hinsichtlich der Rezeption
behandelt. Gad verweist nämlich darauf, wie wichtig es sei, auf
eine angemessene Steigerung der Spannung zu achten. Dabei
warnt er vor Veräußerlichung des Spannungsmomentes, sogar im
Hinblick auf die populären Genres:

»Die Klippe, an der das Lustspiel meistens strandet, ist, daß man meint,
es käme nur darauf an, die Leute zum Lachen zu bringen. Soviel wie
möglich lachen. Das ist ein großer Irrtum, denn das Publikum will am
liebsten die Komik in einzelnen Situationen finden, die der Steigerung
der Handlung entspringen, dazwischen aber will es Ruhepausen haben,
wo es sich über etwas anderes freuen kann, über ein gewisses Behagen,
das in der Anmut des Spiels und der Idee liegt. Darum soll das erste Ziel
des Lustspielverfassers sein, daß er seinen Stoff prüft und sich Klarheit
darüber verschafft, ob er sowohl Komik wie Anmut enthält. Wenn es nur
eines von beiden Teilen besitzt, wird der Film entweder langweilig oder
platt werden. Wo aber beide Bestandteile vorhanden sind, wird ein Film-
lustspiel entstehen können – was soviel bedeutet wie eine der graziösesten
Kunstformen, die es gibt.«[7]

Die Warnung vor einer Veräußerlichung der Dramatik verbindet
Gad mit dem für ihn wichtigen, auch mit den Eigenheiten der
Photographie verbundenen Kriterium der Wahrscheinlichkeit von
Vorgängen im Film. Die Spannung dürfe nie auf Kosten der
Wahrscheinlichkeit aufgebaut sein. Als Regisseur verfügte Gad
dabei über eine subtile Kunst, Wahrscheinlichkeit von Vorgängen
durch das Spiel der Darsteller zu vermitteln. Asta Nielsen, vor
dem ersten Weltkrieg wohl die populärste Filmschauspielerin in
Deutschland bzw. Mitteleuropa überhaupt, verfügte über das sel-
tene Talent, bei Verzicht auf jegliche übertriebene Gestikulation
und mit äußerster Zurückhaltung durch die mimische und gesti-
sche Nuance, das präzise Detail, menschliches Verhalten zu erzählen. Wahrscheinlichkeit im Ausdruck war damit in allen wichtigen Filmen Gads realisiert. Der Regisseur wußte dabei auch
durchaus, wie abhängig sein Arbeitsresultat von der Leistung des

Schauspielers war und widmete dieser auch ein ganzes Kapitel seines Buches. Es heißt in dem Abschnitt »Diskrete Mittel« dazu:

> *»Beim Film aber ist man wirklich und unmittelbar zugegen. Hier sind all die tausend Augen in der Linse des Apparates, der dem Schauspieler auf den Leib gerückt ist, verdichtet. Darum braucht der Schauspieler nicht zu großen Gesten zu greifen, sondern kann damit rechnen, daß das, was auf der Bühne des Theaters verloren geht, die Innerlichkeit des Gefühls, auf die ganze Zuschauermasse wirkt.*
>
> *Die Stärke des Gefühls, die sich durch ein unmerkliches Beben der Lippen verrät, durch ein Erzittern der Gesichtsmuskeln, eine Feuchtigkeit im Auge, geht nicht in dem leeren Raum des Theaters verloren, sondern wird von dem vorüberziehenden Film aufgefangen; und wenn dieses Schattenbild später mannigfach auf der weißen Leinwand vergrößert wird, dann sprechen die kleinen Schlagschatten eines großen Gefühls deutlich und eindringlich zu empfänglichen Menschengemütern.*
>
> *Die Fähigkeit des Films, kleine Dinge festzuhalten, hat natürlich zur Folge, daß man große vermeiden muß. Wenn ein Blick alles ausdrücken kann, wird eine große Geste nichts ausdrücken, weil sie übertrieben und unwahr wirkt.«*[8]

Die praktischen Hinweise Gads zum Umgang mit Rollen im Film verraten dabei durchaus, daß Film für ihn auch ein populäres Spektakel ist, das seine Standards hat, aktive und passive Rollen kennt und auf die die Primadonna angewiesen ist. Hier findet sich der treffliche Satz: »Ein guter Film besteht aus so und so vielen guten Rollen.«[9]

Zu den Grundvoraussetzungen des Films gehört für Gad der spezifische Umgang mit Raum und Zeit. Der Regisseur ist für Szenenwechsel schon darum, weil »der Film mit seiner wundersamen Lampe (…) eine Weile« den »uralten Wanderdrang im Menschen«[10] befriedige. Er tritt aber einem Zerfall der Handlung entgegen, indem er auf die Kraft dramatischer Konflikte orientiert.

> *»Ein Stoff, dessen Handlung aus einer äußeren bildmäßigen Reihe von Ereignissen besteht, die sich wie fertige Episoden formen, wird sich darum am besten zum Film eignen; er muß Konflikte enthalten, die leicht sichtbare Form annehmen können, zwischen Gegnern, die am besten bereits in der äußeren Erscheinung als Gegensätze charakterisiert sind. –*

*Junge gegen Alte, Reiche gegen Arme, Weiße gegen Neger, Städter gegen
Bauern – und die Konflikte dürfen sich nicht um abstrakte Begriffe
scharen, sondern müssen sich mit handgreiflichen, sichtbaren Dingen beschäftigen, einem Brief oder einem Wertgegenstand, der wiederum nicht so
klein sein darf, daß er sich nicht rein physisch Geltung zu schaffen vermag. Die Filmhandlung muß klar und einfach sein, weil man sie nur
durchs Auge aufnimmt, ohne viel Kopfzerbrechen zu machen oder zu
viele Texterklärungen zu erfordern; sie darf ihre Grundeigentümlichkeit,
eine Erzählung in Bildern zu sein, niemals aus dem Auge lassen.«*[11]

Zu den Schlußbemerkungen von Gads Buch wird der Widerspruch offensichtlich, vor den sich der Künstler und Theoretiker
gestellt sah, wenn er einerseits ein humanistisches Ideal filmkünstlerischen Schaffens anstrebte, sich aber andererseits auch
nicht über die gängige Praxis des kapitalistischen Filmbetriebs
hinwegsetzen konnte: »Die Menschen in ihrer großen und naiven
Masse aber sollen sich im Film wie in einem großen Spiegel wiederfinden – allerdings in einem Spiegel, der hoch gehängt ist und
den Blick aufwärts zwingt. Das Kino muß die Tribüne werden, wo
das, was die menschliche Gesellschaft bewegt, unter Diskussion
gestellt wird, in klaren, leichtfaßlichen, ergreifenden Bildern –
gleichzeitig müßte es ein Ort sein, wo jeder Befreiung von seinen
Sorgen, Linderung für seinen Druck findet, indem er Handlungen
sieht, die ihm als Einzelwesen entsprechen. Er darf nicht heimge-
hen, nur mit einer flimmernden Fata Morgana von der Pracht anderer Menschen und anderer Zeiten im Auge, sondern auch mit
dem Eindruck, daß sein eigenes Leben kein ganz gleichgültiges
Sandkorn in der Wüste des Lebens ist.«[12] Die Realität verschiebt
die Gewichte zwischen humanisierender Funktion und Traumfabrik, und Gad schreibt dies auch fest: »Was sucht das Publikum
denn beim Film? Linderung für unbefriedigte Sehnsucht, die das
Leben nicht erfüllt hat, die aber durch die Schattenwelt des Films
einen Augenblick Leben in der Illusion erhält. (…) Auch eine andere Gabe schenkt der Film seinen Getreuen. Leben nicht die
meisten in dem grauen Einerlei mit einer stillen Sehnsucht nach
der Ferne, nach anderen Gegenden, wo der Himmel blauer, die
Sonne goldener ist?«[13]

Jerzy Toeplitz, der in seiner Darstellung der dänischen Filmgeschichte diese Charakteristik zitiert, schreibt: »Und so war auch der dänische Film beschaffen – ein Extrakt bürgerlichen Geschmacks der saturierten deutschen, russischen und polnischen Bourgeoisie, in den ›gottgesegneten‹ Zeiten vor dem Gewitter des Jahres 1914.«[14] Gad hat als Künstler und Theoretiker nach Auswegen aus diesem Dilemma gesucht. Sein Erfahrungs-Buch vermittelt indes vor allem ein Wissen zu allgemein-handwerklichen Aspekten der Filmkunst. Der Großteil seiner Darstellung, hier mit keinem Wort reflektiert, gilt ja dem Produktionsprozeß des Films und ist wohl das detaillierteste Zeugnis über diesen Bereich im ersten Viertel unseres Jahrhunderts.

Lew W. Kuleschow
Künstlerischer Eindruck und Montage

Lew Wladimirowitsch Kuleschow wurde 1899 in der russischen Stadt Tambow geboren. 1916 begann er beim Film zu arbeiten, zunächst als Szenenbildner und Regieassistent von J. Bauer, ab 1917 als Regisseur. Zu seinen bekanntesten Filmen gehören »Die ungewöhnlichen Abenteuer des Mister West im Lande der Bolschewiki« (1924), »Nach dem Gesetz« (1926) und »Der große Tröster« (1933).
Seit 1917 verfaßte Kuleschow theoretische Aufsätze zur Kinematographie, darunter den postum veröffentlichten Artikel »Snamja kinematografii« (»Banner der Kinematographie«, 1920). 1929 erschien sein Buch »Iskusstwo kino – moi opyt« (»Die Filmkunst – meine Erfahrungen«), 1935 »Praktika kinoreshissury« (»Die Praxis der Filmregie«), 1941 »Osnowy kinoreshissury« (»Grundlagen der Filmregie«), 1961 »Kadr i montash« (»Einstellung und Montage«) u. a. m. Bereits als 21jähriger war Kuleschow bei der Ausbildung des Filmnachwuchses pädagogisch tätig, ab 1939 als Professor des Moskauer Filminstitutes WGIK, an dem er bis zu seinem Tode im Jahre 1970 wirkte.

Von Wsewolod Pudowkin stammt der Ausspruch: »Wir machen Filme – Kuleschow machte die Kinematographie.«[1] Dieser Satz, so übertrieben er klingt, hat eine tiefe Berechtigung, denn Kuleschow beteiligte sich auf besonders nachdrückliche Weise am Zustandekommen der neuen Kunst, indem er sie praktizierte, darüber theorisierte und sogar die ersten wissenschaftlichen Experimente zu ihrer Erforschung einleitete, darunter die Arbeiten, die zum berühmten Kuleschow-Effekt führten. Die Produktivität seines Beitrages wurde außerdem dadurch potenziert, daß er als junger Regisseur sogleich eine Schule begründete, aus der spätere Meister ihres Faches wie Eisenstein und Pudowkin hervorgingen. Wenn in der jungen sowjetischen Kinematographie ein allseitiges streitbares Engagement für die gesamte Filmentwicklung – die Theorie eingeschlossen – sogleich Usus wurde, so hängt dies sicher auch mit der Persönlichkeit Kuleschows zusammen, die hierin ein Beispiel gab.

Seine ersten – kurz gefaßten – filmtheoretischen Artikel schrieb er bereits 1917, also als Achtzehnjähriger, und von da an haben derartige Reflexionen sein Wirken als Regisseur, Pädagoge und Experimentator stets begleitet. 1920 entwarf er einen längeren Aufsatz, betitelt »Snamja kinematografii« (»Banner der Kinematographie«), der die wichtigsten Gedankengänge dieser kleinen Arbeiten zusammenfaßte, so daß man ihn heute als Kern seiner frühen Filmtheorie ansehen kann. Obschon der Aufsatz erst nach dem Tode Kuleschows zur Veröffentlichung kam, waren darin doch Überlegungen fixiert, die der Autor bereits auf verschiedenste Weise publik gemacht hatte, so daß sie seinerzeit im kulturellen Leben präsent waren und wirksam werden konnten.

Wichtig für ihre Deutung ist Kuleschows Vorstellung, daß Film den bildenden Künsten nahestehe. Jewgeni Bauer, Regisseur und erster Lehrmeister des jungen Filmschaffenden, dürfte ihn durch seine stilistischen Positionen und sein Interesse für bildende Kunst in dieser Richtung beeinflußt haben.[2] Die Tätigkeit des Szenenbildners empfand Kuleschow darum auch als eine sehr wichtige, das Filmwerk prägende Arbeit. In seinem ersten veröffentlichten Artikel über die Aufgaben des Filmszenenbildners hatte er deshalb die Forderung gestellt, daß der Filmregisseur selbst die Qualitäten eines bildenden Künstlers haben müsse, um die Weiterungen und Entwicklungen, die der Film gegenüber der Malerei ermögliche, vorantreiben zu können. In diesem Artikel von 1917 kam übrigens zum erstenmal auch der Begriff der Montage[3] vor, den Kuleschow dann sehr bald als den für das Verständnis der Filmkunst bedeutsamsten ansah.

In »Banner der Kinematographie« stellt er sich anfangs die Frage, welche Mittel im Film maßgeblich den künstlerischen Eindruck bestimmten und kam zu der Antwort:

»Der Kinematograph verfügt über ein fundamentales Mittel, künstlerischen Eindruck zu schaffen – die Montage ...«[4]

Der Montage wird im Aufsatz dann auch der meiste Raum geschenkt. Kuleschow berief sich besonders auf Beispiele der seinerzeit fortgeschrittensten Kinematographie, der amerikanischen, wenn er notierte, daß das entscheidende Mittel, künstlerische Eindrücke zu erzielen, nicht in der Schaffung einzelner Einstellungen, sondern in deren Komposition läge, also im Wechsel der einzelnen aufgenommenen Stücke.

>*Für den Eindruck ist in der Hauptsache nicht das wichtig, was im gegebenen Stück aufgenommen ist, als vielmehr, wie im Film ein Stück das andere ablöst. Das Wesen der Kinematographie ist nicht in den Grenzen der einzelnen Einstellung zu suchen, sondern im Wechsel dieser Stücke!*«[5]

Kuleschow vergleicht die Arbeit des Filmemachers mit der des Malers, wenn er schreibt, daß für eine Farbkomposition stets die gegenseitige Beziehung zwischen den unterschiedlichen Farbflekken wichtig sei; erst die Wechselbeziehung schaffe den entscheidenden Zusammenklang, der auf der Netzhaut des Auges den künstlerischen Eindruck hervorbringe. Im Film sei es die gegenseitige Abhängigkeit der montierten Filmstücke untereinander, die den künstlerischen Eindruck entstehen lasse. Vergessen werden dürfe dabei nicht, daß über die Montage stets auch der Zusammenhang der gesamten gefilmten Szene in ihrer Bewegung vermittelt werden müsse.

Kuleschows filmpraktische Erfahrung bestärkte ihn nicht nur darin, in der Zusammenstellung und Vereinigung einzelner Einstellungen schlechthin das wichtigste Kunstmittel des Films zu sehen, sondern den Zusammenhang der Montagesequenzen mit dem Ganzen zu suchen, mit dem, was die Kamera aufgenommen hatte und dem, was filmisch erzählt werden sollte. Diese Erfahrung hatte Kuleschow in hohem Maße im Umgang mit archiviertem Filmmaterial machen können, das er in jener Periode, als er 1918 selbst noch kaum Möglichkeit für eigene Inszenierungsarbeit erhielt, im Auftrage der Foto-Kino-Abteilung des Volkskommissariats für Bildungswesen sichtete und kompilierte. Ihn faszinierte es damals, alte Filme neu zu montieren.

>*Der Gedanke des Ummontierens wuchs aus folgender Vorstellung: Wenn die Montage das Wesen der Kinematographie bildet und das Inhaltliche des Materials für den Bau der Filmkomposition nicht die allererste Bedeutung besitzt, dann ist es möglich, statt für jeden Film spezielle Szenen*

aufzunehmen, jenes Material auszunutzen, das für eine ganze Reihe von Streifen schon aufgenommen wurde. Es ist nicht wichtig, ob der Regisseur selbst die Farben zubereitet, mit denen er operiert, oder ob er sie aus anderen Quellen bezieht.«[6]

Kuleschow schränkt hier freilich ein: Obwohl die Aufnahme der Montage unterstellt sei, könne man keineswegs jegliches Material zusammenmontieren, sondern nur bestimmtes, das für ein beabsichtigtes Resultat tauge, weil es die Vorgänge richtig wiedergebe.

Wsewolod Pudowkin, der ab 1920 Schüler Kuleschows an der Staatlichen Filmschule in Moskau war, interpretierte die Positionen seines Lehrers mit den Worten: Kuleschow »behauptete, daß die Kunst des Films nicht mit dem Spiel des Schauspielers und nicht mit den Aufnahmen von ihm beginnt (das gehöre lediglich zur Vorbereitung des erforderlichen Materials). Die Kunst beginnt in dem Augenblick, in dem der Regisseur die verschiedenen einzelnen Teile miteinander verknüpft und aneinanderklebt. Er verbindet sie in verschiedenen Kombinationen und Abfolgen und gewinnt ihnen dadurch einen verschiedenartigen Sinn ab.«[7]

Pudowkin berichtete in diesem Zusammenhang von dem später so berühmt gewordenen Experiment, dessen Resultat als »Kuleschow-Effekt« in die Geschichte der Filmkunst und ihrer Theorie einging: »Kuleschow und ich stellten ein interessantes Experiment an. Aus irgendeinem Film schnitten wir das Gesicht des bekannten russischen Schauspielers Mosshuchin in Großaufnahme heraus. Wir hatten einen ruhigen, nichtssagenden Gesichtsausdruck gewählt. Diese Einstellung klebten wir in drei verschiedenen Kombinationen zusammen. In der ersten Kombination folgte dieser Einstellung jetzt ein auf dem Tisch stehender Suppenteller, in der zweiten ein Sarg mit einer toten Frau und in der dritten ein kleines Mädchen, das mit einem Spielzeug, einem komischen Bären, beschäftigt war. Als wir diese drei Kombinationen einem unvorbereiteten Publikum zeigten, war das Resultat erschütternd. Die Zuschauer waren von dem subtilen Spiel des Schauspielers begeistert. Sie stellten eine tiefe Versonnenheit ob der vergessenen Suppe fest, sie waren von der schmerzlichen Trauer in seinen Augen bewegt, als er auf die Verstorbene blickte, und sie waren von dem zarten Lächeln begeistert, mit dem er das spielende Mädchen bewunderte. Wir aber wußten alle, daß es das gleiche Gesicht war. So stark ist die Wirkung der Montage.«[8] Dieser Versuch ist von Eisenstein, Richter u. a. etwas abweichend dargestellt worden, was die Gegenstände von Mosshuchins Betrachtung angeht. So figuriert dort etwa als eines der Objekte eine entkleidete Frau. In jedem Falle wurde aber vermerkt, daß durch die Montage für den Zuschauer eine veränderte Beziehung zwischen dem Betrachter und seinem Objekt entstand, die auch den Gesichtsausdruck Mosshuchins modifizierte. Kuleschow selbst interpretierte das mit den Worten:

> *Die wechselnde Montage dieser Einstellungen veränderte ständig ihren Sinn. Die Person auf der Leinwand erlebte jedesmal etwas anderes. Aus zwei Einstellungen entstand so ein neuer Begriff, ein neues Bild, das nicht in ihnen enthalten war: etwas Drittes war geboren. Diese Entdeckung verblüffte mich außerordentlich. Ich begriff, was man mit der Montage alles machen kann. Sie ist die Grundlage, das Wesentliche beim Aufbau eines Films! Nach dem Willen des Regisseurs verleiht sie dem Inhalt jeweils einen anderen Sinn, schlußfolgerte ich.«[9]*

Freilich soll in diesem Zusammenhang nicht darüber hinweggegangen werden, daß ungeachtet der vielfachen Erwähnung des Kuleschow-Experiments in der internationalen Filmliteratur weder Klarheit über wichtige technische Bedingungen des historischen Versuchs besteht, noch die exakte, d. h., vollständige Montagefolge zuverlässig belegt ist. Es macht indes einen Unterschied, ob die Reihenfolge Gesicht–Objekt gewählt wurde oder die umgekehrte Objekt–Gesicht bzw., was am wahrscheinlichsten ist: Gesicht–Objekt–Gesicht. Für die letztgenannte Variante gibt es einen Hinweis. Pudowkin, von Marjamow zitiert, notierte in einem wenig bekannten Vorwort-Text: »Zunächst wurde Mosshuchins Gesicht gezeigt und gleich danach, auf einem anderen Bild, ein gefüllter Suppenteller, darauf wieder Mosshuchins Gesicht. Dadurch wurde eine Wirkung erzielt, als ob Mosshuchin auf die Suppe schaute.«[10]

Schon während der Arbeiten an seinem Debütfilm »Das Projekt des Ingenieurs Prait« hatte Kuleschow die Erfahrung gemacht, daß verschiedene Phasen einer Handlung, die an unterschiedlichen Drehorten aufgenommen worden waren, sich durch die

Montage zusammenfassen und gleichsam an denselben geographischen Ort verlegen ließen. Das Mosshuchin-Experiment erweiterte den künstlerischen Spielraum immens, und Kuleschow suchte seine Forschungen zu Montagewirkungen fortzuführen. Über den Versuch »Der Tanz« schrieben Kuleschow und seine Frau und Mitarbeiterin Alexandra Chochlowa später: »Wir nahmen einen Tanz von Sinaida Tarchowskaja, einer begabten jungen Ballerina jener Zeit auf. Dem von einem Punkt aus aufgenommenen Tanz stellten wir einen aus verschiedenen Einstellungen montierten Tanz gegenüber. Der in verschiedenen Einstellungen aufgelöste Tanz erwies sich auf der Leinwand als viel wirkungsvoller (filmischer) als der in einer Totalen gedrehte.«[11]

Der neben der Montage zweite wichtige Gesichtspunkt kinematographischer Darstellung war für Kuleschow in jenen Jahren der der Lebensnähe. Ihr hätten sich sowohl das Verhalten der Akteure als auch die ins Bild gebrachten Gegenstände und Erscheinungen der übrigen physischen Realität unterzuordnen. Eine lebensechte Verkörperung der Filmhelden durch die Schauspieler, die meist aus dem Theater kamen und aus der Bühnenroutine ein überzogenes Spiel mitbrachten, war in der Studiopraxis besonders schwer zu realisieren. Kuleschow hatte an der 1919 gegründeten ersten Staatlichen Filmschule, die zunächst nur eine Schauspielklasse besaß, einen Unterricht gegeben, der helfen sollte, den theatralischen Stil auszumerzen. Später verfolgte er diese Richtung in einem von ihm geleiteten Studio, wo man zum Training und mangels Rohfilmmaterials mögliche Filme ohne Aufnahmeapparat gleichsam durchspielte. Er entwickelte dabei einen Typ von Darsteller, den er als »Naturschtschik« bezeichnete. So wurden im Russischen die Modelle, die den Malern für ihr Naturstudium dienten, genannt. Kuleschow suchte den »Naturschtschik«, das Modell, das sich selbst, seine eigene Natur, zum Ausdruck bringt, in den Film zu übernehmen. Dabei ging es ihm nicht um eine naturalistische Spielweise, sondern eher um eine Lebensechtheit bestimmter Verhaltensnuancen. In »Banner der Kinematographie« heißt es:

»Natürlich, der ›Naturschtschik‹ soll imstande sein, Merkmale der Grundgefühle zum Ausdruck zu bringen, doch nur insoweit, daß er als Bezugsperson nicht im entscheidenden Moment die Gefühle der Zu-

schauer zerstört, sondern ihnen bei der Rezeption hilft. Daher besteht
die zweite Hauptaufgabe des Naturschtschiks, organisch die Gestik zu
beherrschen. Er muß mit ihrem Wesen vertraut sein, da die in sich gerun-
dete wahrhaftige Geste und Pose – nicht die theatralische, unterstrichene
und forcierte, sondern die genaue und wahrhaftige – für den Film
notwendig sind.« [12]

Filmhistorische Untersuchungen haben inzwischen gezeigt, auf
welche Weise Kuleschow dieses Ziel zu erreichen trachtete. Dabei wurden sowohl Gemeinsamkeiten wie Unterschiede herausgearbeitet, die zwischen seinem System des Schauspielertrainings
und Meyerholds Prinzip der Biomechanik bestanden.[13] Im Hinblick auf die Entwicklung der Filmtheorie ist dabei indes nur von
Belang, daß Kuleschows Konzept des natürlichen Spiels eine Konsequenz für die Auffassung des physischen Geschehens vor der
Kamera mit sich brachte. Insofern dem Vordergrund eine besonders wichtige Rolle innerhalb einer Einstellung zukomme, gewän-
nen auch die Gegenstände, mit denen oder zwischen denen der
Darsteller agiere, als Pars pro toto eine große Bedeutung. »Eine
Sache vermag nicht nur den ersten Platz innerhalb der Einstellung
zu erkämpfen, sondern zeitweilig den ›Naturschtschik‹ zurückzu-
drängen.«[14] In Griffith's »Intolerance« etwa seien jene Momente
besonders eindrucksvoll, wo man über Gegenstände in Großaufnahme (das Messer des Henkers, welches einen Strick zerschnei-
det) erlebe, wie die Tötung des Verurteilten in Gang gesetzt
wird. Nicht der Schauspieler, sondern die Gegenstände würden
hier für den künstlerischen Eindruck wirksam.

»Die Bedeutung von Naturschtschik und Ding werden kraft der Montage
im Kino gleichwertig.« [15]

Mögen manche Formulierungen, die Kuleschow in seinem Artikel
wählt, auch etwa überspitzt sein, der Grundgedanke ist äußerst
wesentlich. Delluc und später Kracauer u. a. haben übrigens ähnlich gedacht.[16]

Ein dritter Abschnitt von Kuleschows Artikel ist dem Problem
des Szenariums gewidmet. Der Autor plädiert für ein Szenarium,
das weniger literarischen als kinematographischen Forderungen
genügen sollte und setzt sich für eine entsprechende Art von Ori-

ginalschöpfungen ein. Die kinematographische Gestaltung müsse der Szenarist bereits vorskizzieren, er habe also vornehmlich Hinweise gegeben, die die Handlung betreffen. Literarische Qualitäten des Szenariums seien dem gegenüber sekundär.

»Im Film ist alles auf der äußeren Bewegung aufgebaut, und eine literarisch-psychologische Entfaltung des Sujets ist völlig untauglich. (…) Das szenaristische Material des Kinos hat in einem Maximum an Bewegung zu bestehen, einer Fülle von Handlung und einer spannungsgeladenen Fabel bei attraktiver Ausstrahlung des Modells.«[17]

Gefühle habe der Akteur nur insoweit zum Ausdruck zu bringen, als dies der Handlung diene.

Für Kuleschow war es die Idee der Montage, die Film und historische Situation miteinander verband. In beiden steckte seiner Meinung nach etwas Revolutionäres. Und es lag darum für ihn auch nahe, daß das Proletariat sich der neuen Ausdrucksweisen annehmen werde, eine Ansicht, die seinerzeit ja viele fortschrittliche Künstler Sowjetrußlands teilten, obwohl sie durchaus nicht so häufig zutraf. Kuleschow sah im neuen Staat eine Art geistigen Auftraggeber für die Kinematographie:

»Der Film holt seinen Stoff vor allem aus der Gegenwart. Diese seine Besonderheit ist jetzt zweifelsohne annehmbar und interessant. Das Filmrepertoire bevorzugt das Heroische, einen Film mit äußerlicher Dynamik, und Aktionsreichtum entläßt die Zuschauer frohgestimmt und begeistert. Der Film vermag das Leben seiner Zeit mit künstlerischer Vollendung umzugestalten, er hebt dessen gute Seiten hervor und macht es interessant wie eine Legende. All das braucht der Auftraggeber, und all das schafft das Montagekino, die Montage als revolutionäre Tendenz im Film, und aller Wahrscheinlichkeit nach wird die in ihren Formen revolutionierte Kunst eine proletarische Kunst sein.«[18]

In einem 1922 publizierten Artikel »Iskusstwo, sowremennaja shisn i kinematografija« (»Kunst, das moderne Leben und die Kinematographie«) formulierte Kuleschow die Ansicht, daß der gegenwärtige Kunstbetrieb mit dem gesellschaftlichen Leben keinerlei organische Verbindung mehr habe, die Kinematographie indes die Chance besitze, bestimmten wichtigen Forderungen zu genügen, die die Zeitgenossen stellten. Er formuliert, wodurch das Profil einer Regiearbeit für den Film geprägt sei:

»1. Exaktheit in der Zeit.

2. Exaktheit im Raum.

3. Realitätsbezogenheit des stofflichen Materials.

4. Exakte Organisation.«[19]

Wenn ein derartiger Arbeitsstil gegeben sei, könne man mit einer Kinematographie rechnen, »die geordnetes menschliches und der Natur zugehöriges Material fixiert und bei der Projektion mittels der Montage die Aufmerksamkeit des Zuschauers organisiert.«[20]

Kuleschow hat die aufgestellten Maximen zu befolgen gesucht. Sein künstlerisches Werk und seine theoretischen Überlegungen waren aber in den folgenden Jahrzehnten vielfach dem Vorwurf des Formalismus und der Nachahmung amerikanischer Ausdrucksweisen und damit verbundener ideologischer Fehlhaltungen ausgesetzt. Die marxistische Filmwissenschaft ist heute zu einer differenzierten und gerechten Bewertung seiner Leistungen gelangt.[21] Um theoretische Bücher wie »Die Filmkunst – meine Erfahrungen« und »Grundlagen der Filmregie« wieder an den ihnen gebührenden Platz zu rücken, braucht es indes gewiß noch umfassender theoriegeschichtlicher Anstrengungen, scheinen diese Werke doch auf den ersten Blick eher Bekanntes zu kompilieren als Neues zu vertreten. Bei gründlichem Studium der Wissenschaftsentwicklung zeigt sich indes, daß Kuleschow in seinen späteren Arbeiten mehr als früher nach ausgewogenen Urteilen suchte und sich darum bemühte, wirklich gesicherte Erfahrungen zu fixieren. Einen beträchtlichen Teil davon hatte er selbst vorher eingebracht. Daß sie für die Theorie dann inzwischen zur Selbstverständlichkeit wurden, war nicht zuletzt sein Verdienst als Erzieher mehrerer Generationen von Filmschaffenden.

Louis Delluc

Filmkunst und Photogénie

Louis Delluc wurde 1890 in Cadouin/Dordogne geboren. In sehr jungen Jahren begann er literarisch tätig zu werden. Er schrieb Essays, Gedichte, Erzählungen, Romane und Theaterstücke. Neben Filmkritiken erschienen von ihm mehrere filmästhetische Schriften in Buchform: »Cinéma et Cie« (»Film und Co.«, 1919), »Photogénie« (»Photogenität«, 1920), »La jungle du cinéma« (»Der Dschungel des Films«, 1921), »Les origines du Cinématographe« (»Die Ursprünge des Kinematographen«, 1922) und »Drames de cinéma« (»Dramen des Films«, 1923). Delluc, der für viele bedeutende Zeitungen und Zeitschriften arbeitete, schuf sich mit »Cinéa« ein eigenes Publikationsorgan. Der von ihm gegründete »Ciné-club« wurde später der einflußreichste Filmklub Frankreichs.
Die theoretischen Reflexionen zum Film verbanden sich bei Delluc mit eigenen filmkünstlerischen Versuchen. Er schrieb u. a. ein Szenarium, das Germaine Dulac realisierte, und führte bei mehreren Filmen, die der Schule des Visualismus verpflichtet waren, selbst Regie.
1924 starb er im Alter von 33 Jahren in Paris.

Es ist schwerlich denkbar, über die Frühgeschichte der Filmtheorie zu sprechen, ohne dabei Louis Delluc zu würdigen. Denn der so früh Verstorbene wurde von seinen Zeitgenossen als »erster großer Name im französischen Film«[1] und als »Vater der Filmkritik«[2] gefeiert. Und die Sachverständigen von heute haben manchen Grund, von einem Mythos Delluc zu sprechen.[3] Gleichwohl steht man als Interpret seiner Gedanken vor einem Widerspruch: So wirksam und bedeutungsvoll sie gefunden wurden, als ihr Autor sie aussprach, so wenig faßbar erscheinen sie uns heute. Denn der Schüler Canudos und Sachwalter von dessen Ideen hat in seinen zahlreichen Texten keine theoretischen Definitionen und Gesetzesaussagen getroffen, die man einfach zitieren könnte, keine Kernsätze formuliert, die man sozusagen getrost schwarz auf weiß nach Hause zu tragen vermag. Eher enthalten die Arbeiten Dellucs unzählige höchst sublime Urteile, die Filmkultur als Ganzes und einzelne Werke und Künstlerpersönlichkeiten betreffend, auch vielfältige nuancierte Hinweise, wie Filme gesehen und bewertet werden sollten. Ohne genaueste Kenntnis eines umfassenden kulturellen Kontextes erschließen sie sich nicht. Dergestalt bleibt oft schwer nachvollziehbar, was diese oder jene feine Anspielung oder rhetorische Wendung für die Interessierten von damals bedeutete, was sie auszurichten vermochte.

Es zeugt auch weniger von Koketterie als von Dellucs nüchterner Selbsteinschätzung, wenn er über sich in der dritten Person zu Protokoll gibt:

Es sei nicht ganz zutreffend, ihn als Theoretiker zu bezeichnen, denn wovon könne er am Ende Theoretiker sein, wenn der Film ja seine Gesetze noch nicht gefunden habe. Arbeiten wie »Cinéma et Cie«, »Photogénie« und »Charlot« seien eher Impressionen. Der Leser werde dort aufgefordert, seine Augen richtig zu gebrauchen, durch einen Autor, der den Film liebe. Charakteristika fallen wie: »Ohne jede Wissenschaft« und »ein Instinkt«.[4]

Dellucs Aussagen scheinen in der Tat instinktiv getroffenen Urteilen am nächsten zu sein. Es ging ihrem Autor aber dabei vornehmlich um solche, die größere Zusammenhänge ästhetischer Art betrafen, kaum um Teilaspekte filmischer Gestaltung, die sich vergleichsweise mühelos darstellen lassen. Delluc bemühte sich vor allem, das Wesen der neuen Kunstgattung zu erschließen, indem er den Begriff der »Photogénie«, der seinerzeit bereits in unterschiedlichen Bezügen Verwendung fand, aufnahm und dafür nutzte, Kriterien für die Spezifik filmkünstlerischen Ausdrucks herauszuarbeiten. Sein bekanntestes und auch mehrmals übersetztes Buch »Photogénie« bemüht sich am deutlichsten um eine Gattungsbestimmung der neuen Kunst und soll daher im Mittelpunkt der Betrachtung stehen. Eine Definition dessen, was Delluc unter jener Photogénie, die in dem deutschen Wort »Photogenität« durchaus keine adäquate Übersetzung findet, eigentlich versteht, wird allerdings in dieser Schrift nicht gegeben.

Eher bestimmt der Autor, was alles nicht damit gemeint sei, und er zeigt anhand von konkreten Beispielen, in welcher Richtung gesucht werden müsse, um sich der Photogénie anzunähern. So warnt er davor, schlechthin hübsche Schauspielerinnen oder Schauspieler mit diesem Begriff zu belegen. Es ginge hierbei um mehr als um einen netten Eindruck. Eher solle man einen geheimnisvollen Zusammenhang zwischen »Photo« und »Genie« suchen, witzelt er.[5]

Vielleicht ist es noch am ehesten eine besondere Ausdrucks-Intensität, die er meint, wenn er Photogénie konkret nachzuweisen sucht.

>»Ich will nicht sagen, daß man die Filmdarsteller unter den berühmten Schauspielern suchen muß. Man muß im Gegenteil neue erschaffen. Aber wenn man weiterhin Schönes will, wird man Häßliches bekommen. Man hat das schon bei den Dingen bemerken können. Die Schönheit der Linien eines Sofas oder einer Statue wird durch das Photo hervorgehoben und nicht in allen seinen Teilen erschaffen. Gleiches gilt für die Menschen und die Tiere. Ein Tiger und ein Pferd werden im Licht der Leinwand sehr schön sein, weil sie von Natur aus schön sind, und ihre Schönheit hier sozusagen erklärt wird. Ein ausdrucksstarkes Individuum, ob schön oder häßlich, wird seinen Ausdruck behalten, den das Photo, wenn man will, verstärken kann.«[6]

Eine deutliche Abgrenzung trifft Delluc zwischen Photographie und Photogénie. Ein Kapitel seines Büchleins trägt eine entsprechende Überschrift.[7] Es gibt Aussagen Dellucs, die Offenbarungen von Kodak-Bildern betreffend, welche Kracauer und andere Anhänger eines Dokumentarismus im Spielfilm dazu veranlaßten, in Delluc einen Vertreter jenes Gattungsverständnisses von Film zu sehen, das von der photographischen Reproduktion der Wirklichkeit ausgeht. So schrieb Delluc etwa:

>»Dies ist es, was mich bezaubert: Wie jeder zugeben wird, ist es ungewöhnlich, wenn man plötzlich in einem Film oder auf einer Platte bemerkt, daß das Gesicht eines Vorübergehenden, der vom Objekt zufällig aufgepickt wurde, einen ganz einzigartigen Ausdruck hat: daß Madame X (...) unbewußt ihre klassische Haltung noch in zerstreuten Fragmenten bewahrt und daß der uns vertraute eigentümliche Rhythmus von Bäumen, Wasser, Stoffen, Tieren sein Dasein dem Zusammenwirken von Einzelabläufen verdankt, deren Enthüllung erregend auf uns wirkt.«[8]

Dieser Ausspruch zeigt, wie sehr der Autor den Wert der Photographie für den Film zu schätzen wußte, er beweist indes keineswegs, daß er die Kriterien für Filmkunst vornehmlich aus reproduktiven Eigenschaften der Photographie ableitete. Letztere waren für ihn lediglich eine unabdingbare Voraussetzung für filmisches Gestalten. »Denn der Film ist eine Sache, und das Photo eine andere«[9], heißt es.

Über die Entstehung des Films hat Delluc treffend notiert:

> *Wir sind heute bei der Geburt einer außergewöhnlichen Kunst zugegen: der einzigen modernen vielleicht, weil sie zugleich Sohn der Maschine und des menschlichen Ideals ist.*[10]

Die vielfältigen und durchaus komplizierten Beziehungen, die sich aus dieser Besonderheit ergeben, suchte Delluc zielstrebig anhand von Gestaltungsmitteln auf. Szenenbild, Beleuchtung, Maske wurden auf ihre Affinität hin analysiert, Photogénie hervorzubringen, filmspezifischen Ausdruck zu schaffen. Gemeint war dabei aber nie das Handwerkliche allein, das mit den Produktionstechnologien des Films verbunden ist, sondern stets das Künstlerisch-Interpretative.

Unter den verschiedenen Betrachtungsaspekten für Film finden sich auch solche, die mit dessen massenkommunikativer bzw. allgemein-kultureller Funktion zu tun haben. So deutet Delluc in einzelnen Abschnitten des Buches etwa an, welche Leistungen der Film bei der Darstellung der menschlichen Physis vollbringt, bei der von Mode, auch im Umgang mit Wunderbarem und Magischem. Die komischen Ausdrucksweisen kommen ebenso zur Sprache wie die Effekte der Music-Hall. Überall sieht Delluc Möglichkeiten für Photogénie, Kristallisationspunkte für das spezifisch Filmische der Darstellung, überall aber auch Anlässe für Irrgänge und Mißverständnisse.

Es waren nicht esoterische Erscheinungen, die Delluc für die neue Kunstgattung einnahmen, obschon er für originelle gestalterische Lösungen ein feines Gespür hatte. Nicht von ungefähr beziehen sich die resümierenden Überlegungen am Schluß des Buches zur »Photogénie« auf den Massencharakter des Filmerlebnisses.

> *Das Kino ist das einzige Schauspiel, zu dem alle Massen sich treffen und*

sich vereinen. Keine Kunst, kein Sport erreicht das. Die spanischen Stier-
kämpfe gehen so vor sich.

Dreißigtausend Zuschauer bilden eine gemeinsame Seele vor den Degen-
stößen von Gaona wie von Rio Jim und Charlot. Wo findet man diese
Einmütigkeit sonst?«[11]

Das Kino, so heißt es weiter, habe die großen römischen oder hel-
lenistischen Amphitheater mit ihrem Publikum ersetzt. Urteile
über Meister der Filmkunst – und Delluc nennt da Griffith und
Ince – führen zu der Schlußfolgerung:

»Die Meister der Leinwand sind jene, die zu der großen Menge spre-
chen.«[12]

Über Griffith ist im gleichen Abschnitt des Buches zu lesen:
»Seine Genauigkeit ist eine der wichtigsten Stützen des Films. Als
unfehlbarer Beobachter geht er genauso sorgfältig mit seinen Aufnahmen um wie ein Schmetterlingssammler, der seine Monster
klassifiziert, aufspießt, konserviert, numeriert, etikettiert und ka-
talogisiert. Das ist phantastisch. Man kennt die Unannehmlichkei-
ten einer zu rigorosen Genauigkeit. Die Schriftsteller, die die Beobachtung des Details bis zur Perfektion getrieben haben, sind
von ihrem Ziel abgekommen und haben den Sinn für das Leben
verloren. Nehmt ein beliebiges Detail und gebt ihm sein ganzes
Profil. Alle Details zu nehmen, ist ein Fehler. Sogar Balzac mußte
auswählen.«[13]

Delluc weist nicht nur auf die Notwendigkeit hin, das Detail im
Film gut auszuwählen, sondern auch darauf, wie es zur Wirkung
gebracht werden kann. Überlegungen zu »Intolerance«, die den
Montagebegriff vorwegnehmen, enthalten die Hinweise:

»Die Möglichkeit, verschiedene Bilder alternieren zu lassen, erlaubt dem
Film, simultane Szenen hervorzubringen: Wir können innere und äußere
Parallelität erkennen (...) Die Möglichkeit der Beziehung und Gegen-
überstellung zwischen Gegenwart und Vergangenheit, Realität und
Traum ist eines der suggestivsten Mittel der photogenen Kunst.«[14]

Stets sah der vielseitige Autor den gesamten kulturellen Prozeß,
der mit der Filmentwicklung verbunden war, und er suchte vielge-
staltige Kriterien geltend zu machen, die sich daraus ableiteten.

Die Filmkultur bestand für ihn nicht lediglich aus Kunstprozessen, und als ihre Sachwalter empfand er daher nicht allein die Künstler. Der von Delluc geprägte und später häufig – und nicht immer eindeutig – benutzte Begriff des »Cineasten« wird daher von ihm selbst erstaunlich weit gefaßt:

> *Wenn wir das Wort <u>Cineast</u> benutzen, wollen wir es für die – Operateure, Regisseure, Künstler, Industriellen – reservieren, <u>die etwas für die künstlerische Industrie des Kinos getan haben.</u> Es gibt also nicht soviel Cineasten wie Cinematographisten. Aber es sind viele, und ihre finanzielle, intellektuelle und aktive Kraft, ihre Wahl sicherer Partner und verständiger Mitarbeiter, ihre Aufrichtigkeit und vor allem ihre Hartnäckigkeit machen aus jedem von ihnen den Chef einer Armee, der eine ganze Armee wert ist.*[15]

Die Einschätzung, daß Film eine Kunst ist, aber auch eine Industrie, daß er gebunden sei an kommerzielle Dinge[16], teilt Delluc mit den meisten, die seinerzeit über die Filmkultur nachdachten. Aufschlußreich für sein Denken ist aber eine Bemerkung, die sich in dem erst unlängst publizierten Text »Les Cinéastes« findet:

> *Der Film ist eine internationale Ware. Sein Handel ist international, aber die Ausführung müßte auch international sein. Anstelle der Konkurrenz braucht man die Assoziation. Anstelle dieses unendlichen Kampfes der Häuser oder der Diplomaten untereinander wünschen wir uns eine Art Weltkommunismus der Filmindustrie. Daß kein Land von einem anderen vernichtet wird. Daß im Gegenteil im Falle materieller Schwäche die Mehrheit der Minderheit oder einem Teil zu Hilfe kommt und immer das allgemeine Gleichgewicht bewahrt. Das System der Blöcke, der Boykotte und des Protektionismus hat in der Politik noch nie sehr rühmliche Ergebnisse hervorgebracht. Es hat ihr auch im industriellen und kommerziellen Bereich immer nur Niederlagen bereitet. Das Kino ist vielleicht die einzige zeitgenössische Angelegenheit, die von seinem vierfachen künstlerischen, industriellen, kommerziellen und finanziellen Standpunkt aus betrachtet, einen formal internationalen Wert hat. Behandelt man es anders, würde man diese ganz neue Kraft ohne meßbare und dauerhafte Vorteile einer unabsehbaren Perspektive preisgeben.*[17]

Die Kunsttheorie
des Stummfilms
1921–1930

»Aber in einer Zeit, die alle in Beziehung setzt zu allen, konnte das starre Bild nicht mehr genügen, Wechsel und Fülle mußten herbei. Da mußten die Leinwände lebendig werden, damit der Mensch (...) seiner bewußt werde, sich begreife und abgebildet sehe. So wurde das Kino.

Und da im untersten Mensch, dem Abgesperrtesten von allen, dem Prolet, dieser Drang am gewaltigsten ist, wurde das Kino sein. (...) Ein Publikum, millionenstark, das kommt, lebt und vergeht, das keinen Namen hat und das doch da ist, in seiner ungeheuren Masse sich bewegend, alles gestaltet, und das man darum in die Hand bekommen muß. (...)

Wer das Kino hat, wird die Welt ausheben ...«[1]

Mit diesen Worten beschrieb der Publizist Carlo Mierendorff 1920 in expressionistischer Manier die Situation der Kinematographie und gab zugleich über ihre gesellschaftliche Interessenlage Auskunft. Für das Kino arbeitete in den USA und vielen Ländern Europas eine riesige Industrie – in Deutschland bildete sie die drittgrößte des Landes.[2] Und im Kampf der Klassen begann der Film zu einem entscheidenden Faktor zu werden, zumindest in den erwähnten hochindustrialisierten Gebieten.

Technik und Wissenschaft, die in den zwanziger Jahren eine beträchtliche Entwicklung erfuhren, führten auch auf diesem Sektor zu ständigen Verbesserungen und ermöglichten am Ende des Jahrzehnts den Übergang zum Tonfilm. Wirtschaftskrisen und soziale Unsicherheit taten der Entfaltung des Filmwesens dabei kaum Abbruch, sie stimulierten es eher. 1919 gab es 2280 Kinos in Deutschland, 1930 waren es 3500.[3] Doch dieser quantitative Anstieg um ein Drittel macht nur sehr ungenau die wachsende Bedeutung erkennbar, die der Film in jenen Jahren für das gesellschaftliche Leben gewann. Denn Kino- und Filmkultur hatten sich auch qualitativ enorm verändert: Sie differenzierten sich in all ihren Komponenten extrem. Und was die Filmwerke anlangte, so ist zu vermerken, daß es neben einem umfangreichen Repertoire an Streifen ohne künstlerische Ambitionen auch solche gab, die hohen Kunstwert besaßen und deren geistiger Einfluß den Leistungen anderer Kunstgattungen kaum nachstand. Verkoppelt mit den medialen Distributionstechniken wurden sie oft zu einem echten Politikum. Für die bourgeoise Gedankenwelt ergab sich daraus eine umfängliche und vielseitig angelegte Einflußsphäre. Aber Mitte der zwanziger Jahre trat mit dem revolutionären Sowjetfilm in den massenkommunikativen Prozessen auch ein neuartiger Wirkungsfaktor auf den Plan, der das gesamte Feld ideologischer Auseinandersetzungen veränderte, weil sich mit ihm das geistige Antlitz einer neuen Gesellschaft zu erkennen gab, international und in einer für jeden zugänglichen Weise.

Die Herausbildung geistiger Inhalte war natürlich an entsprechende ökonomische, organisatorische und politische Strukturen gebunden. Das kapitalistische Filmwesen trat weltweit in eine Phase noch stärkerer Monopolisierung ein. In Deutschland wurde der politische Charakter dieser Tendenz dadurch besonders deutlich, daß 1927 das größte Filmunternehmen, die »Ufa«, in den Pressekonzern Hugenbergs eingemeindet wurde.

Doch auch die Arbeiterklasse schuf sich für ihre Ziele bestimmte praktische Voraussetzungen im Umgang mit dem Film. Im jungen Sowjetstaat bildete sich ein leistungsfähiges Filmwesen heraus, dessen beste Produktionen internationale Verbreitung fanden. Und die kommunistische deutsche Arbeiterbewegung setzte im Rahmen ihres Parteilebens den Film ein, verhalf dem »Russenfilm« in Deutschland zum Durchbruch und unterstützte mit »Mutter Krausens Fahrt ins Glück« und »Kuhle Wampe« Ende der zwanziger und Anfang der dreißiger Jahre die ersten proletarisch-revolutionären Spielfilmvorhaben außerhalb der Sowjetunion. Die Internationale Arbeiterhilfe sorgte für kommerzielle Verbreitung sowjetischer Filme auch in Westeuropa und Amerika. Ihr langjähriger Generalsekretär Willi Münzenberg begründete in seiner Broschüre »Erobert den Film!« 1925 diese Politik u.a. mit den Worten:

»Die Dienstbarmachung und Ausnutzung des Films als Werbemittel und zur Unterstützung der Aufklärungsarbeit in den proletarischen Massen ist die dringendste und unmittelbare Aufgabe der kommunistischen Agitation und Propaganda. (...)

Nicht nur gegen den Gegner und zur Geißelung des Gegners läßt sich der Film gebrauchen, sondern der Film gibt die Möglichkeit, positiv die Ziele und Kämpfe der kommunistischen Bewegung und der revolutionären Arbeiterorganisationen wiederzugeben.«[4]

Eine Unzahl von Zeitungsartikeln und Publikationen größerer Art sorgte damals dafür, daß der Film im öffentlichen Gespräch blieb, wenn er nicht – wie im Falle der »Russenfilme« – per se gesellschaftliche Auseinandersetzungen in Gang brachte.

Mit Beginn des Jahrzehnts richteten große Tageszeitungen und Journale feste Spalten für Filmkritik ein. Bekannte Literatur- und Theaterkritiker nahmen sich des Kinos an, Filmschöpfer äußerten sich selbst häufig zu ihrem Metier, und bald wurde das Nachdenken über Filme auch zu einer Profession. Eine Wechselbeziehung zwischen den Künsten blieb damals schon insofern in der Debatte, als sich eine vielseitig beschlagene Kritikerschicht aus dem Blickwinkel verschiedener Kunstdisziplinen zu Film und Kino äußerte, in Deutschland etwa Persönlichkeiten wie Kerr und Jhering, in Frankreich Delluc, Epstein, Faure, L'Herbier, Moussinac, Vuillermoz, in Sowjetrußland Brik, Kawerin, Kershenzew, Kolzow, Lunatscharski, Tretjakow und Turkin. In Frankreich arbeiteten ab 1920 von Canudo und Delluc begründete einflußreiche Filmclubs; 1925 verband man sich in der Sowjetunion zu einer Gesellschaft der Freunde der Kinematographie (ODSK); und in Deutschland, den Niederlanden sowie den USA gab es ähnliche Aktivitäten, die meist von progressiven linksdemokratisch orientierten Kräften aus dem Bürgertum getragen wurden. Die Lehre vom Film wurde auch eine akademische Disziplin. Schon 1919 war in Moskau die erste staatliche Filmschule der Welt gegründet worden, aus der später das WGIK hervorging. Und ab Mitte der zwanziger Jahre wurden an deutschen Universitäten auch Doktor-Dissertationen zum Film verteidigt und in Buchform publiziert, etwa von Rudolf Harms[5] und Walther Pahl[6], die sich zu ästhetischen und psychologischen Aspekten äußerten.

Ende der zwanziger Jahre kam es darüber hinaus zu Versuchen, Filminteressierte über Ländergrenzen hinweg zu vereinen, indem eine »Liga für unabhängigen Film« mit mehreren Ländersektionen gegründet wurde. Ein internationaler Kongreß für den unabhängigen Film tagte 1929 in der Schweiz auf dem Schloß La Sarraz, zu dem Vertreter aus 15 Ländern, darunter auch aus der Sowjetunion, erschienen. Die Programmatik dieser Organisationsformen war indes politisch verschwommen und die praktische Tätigkeit schon darum nur bedingt erfolgreich. Vor diesem vielschichtigen Hintergrund etablierten sich die Filmwissenschaft und ihre Theorie, besonders mit Überlegungen zum Spielfilm. Die großen künstlerischen Potenzen des Films, die ihm von seinen Propheten nachgesagt worden waren und die nun zum Tragen kamen, forderten eine eingehende wissenschaftliche Würdigung. So war es naheliegend, daß sich die Filmwissenschaft als Kunstwissenschaft und die Filmtheorie als eine Kunsttheorie zu formieren suchten. Der in der Frühzeit des Kinos praktizierte umfassende, oder genauer, unter verschiedenen Aspekten vorgenommene theoretische Zugriff verengte sich damit in gewisser Weise. Zwar blieben Psychologie, Soziologie und Kulturwissenschaft ebensowenig ganz außerhalb des Blickfeldes wie Politik und Ökonomie, aber es war vor allem das riesige Reservoire der ästhetisch-kunstwissenschaftlichen Überlegungen aus Vergangenheit und Gegenwart, das nun für das filmtheoretische Denken genutzt werden sollte. Filmwissenschaft konnte wohl auch nur seriös werden und sich stabilisieren, indem sie sich unter den akademisch betriebenen Kunstwissenschaften als gleiche unter gleichen zu bewähren verstand. Übrigens unterschied sich in dieser Hinsicht die marxistische Theoriebildung von der bürgerlichen wenig. Die politischen Wirkungen des Sowjetfilms ließen sich als Kunstwirkungen erklären, und so bestand kein zwingender Grund, sich dem massenkommunikativen Aspekt, der auch nicht-künstlerische Kriterien geltend macht, besonders zuzuwenden. Eher kultursoziologisch orientierte Darstellungsweisen, wie der junge Kracauer sie etwa in Deutschland, Seldes in den USA und Piotrowski in der Sowjetunion für die Untersuchung populärer Filmgenres in Anwendung zu bringen suchten, verloren sich gleichsam in einem Meer von Reflexionen, die allein dem Kunstcharakter des Films galten.

Naturgemäß war filmtheoretisches Denken damals an die konkrete Erscheinungsweise des Films, den Stumm-Film, gebunden, und ein Teil der Argumentation stützt sich auf die Abwesenheit des Tons. Nichtsdestoweniger schälten sich auch unter diesen Bedingungen Gesetzmäßigkeiten der neuen Kunst heraus, die während der folgenden Tonfilmära nicht für ungültig erklärt werden mußten und bis heute ihren Wert erhalten haben.

Wenn es also in den zwanziger Jahren im Grunde vor allem darum ging, das Wesen der Filmkunst zu klären, dann war ein derartiges Bemühen um die Herausarbeitung einer Gattungsspezifik kein leeres Gerede über einen abstrakten und praxisfernen Gegenstand. Filmschöpfer in allen produzierenden Ländern mußten die ästhetisch wirksamsten Gestaltungsweisen und -mittel erkunden, sich adäquate Methoden des Schaffens und der Analyse erarbeiten. Neues war zu erkennen, an Erfahrungen aus den bisherigen Kunstprozessen indes auch häufig anzuknüpfen, und die Theorieansätze hatten diese Überlegungen systematisch zu formieren, ausgehend von Schaffensproblemen des Films in Gestalt von Poetiken, anhand filmkritischer oder -historischer Einschätzungen zu konkreten Werken bzw. im Rahmen wissenschaftlicher Untersuchungen mit akademischer Zweckbestimmung. Der fruchtbarste Beitrag kam dabei wohl von den Filmemachern selbst, die sich in Schaffenspoetiken darum bemühten, ihre Gestaltungsprinzipien zu artikulieren und dergestalt die Kunstgattung mit ihren Möglichkeiten und Begrenzungen entdecken halfen. Namentlich in Frankreich und Sowjetrußland stammen die wichtigsten theoretischen Auskünfte zum Film aus der Feder von Praktikern. Persönlichkeiten wie Delluc, Dulac, Epstein, Gance, L'Herbier, die in Frankreich als Regisseure und Theoretiker in Erscheinung traten, sind hier zu nennen, bzw. Kuleschow, Eisenstein, Pudowkin, Wertow, Tynjanow und Schklowski, die in der Sowjetunion als Regisseure und Szenaristen wirkten, zugleich aber einen hervorragenden theoretischen Beitrag leisteten.

Ihre Überlegungen zum Wesen filmkünstlerischer Ausdrucksweise hefteten diese theoriebeflissenen Praktiker seinerzeit an bestimmte Grundbegriffe, die je nach der nationalen Schule wechselten. In Frankreich bemühte man sich um eine Klärung der Filmspezifik vornehmlich anhand des Photogénie-Begriffs, in der

Sowjetunion unter dem der Montage, und in Deutschland stand in den meisten wichtigen Theorien ein Verständnis von Ausdrucksbewegung im Mittelpunkt, das sich zahlreicher Wortbildungen synonymer Art bediente. Jedenfalls haben Theoretiker wie Walter Bloem das Lichtspiel mit der Formel »Gefühl durch Geste«[7] zu charakterisieren gesucht, nach Konrad Lange stimme »der Kinostil ganz mit der Pantomime überein«[8], Otto Stindt[9] und Rudolf Harms[10] maßen der »Gebärde« einen fundamentalen Wert im Film zu. Der in deutscher Sprache schreibende Ungar Béla Balázs vor allem baute sein Buch »Der sichtbare Mensch« wie auch frühere Schriften auf dem Theorem der »Ausdrucksbewegung« bzw. des »Physiognomischen« auf.[11] Übrigens stellte der Pole Karol Irzykowski 1924 in seiner bemerkenswerten Schrift »X muze« (»Die zehnte Muse«) ebenfalls fest, daß »mimische Gesten dies und das ausdrücken, das Wort ersetzen können, filmischen Wert jedoch nur als Bewegungen, als Errungenschaften in der Welt der sichtbaren Bewegung haben.«[12]

Begriffe wie »Photogénie«, »Montage« und »Ausdrucksbewegung« bildeten jeweils Kristallisationspunkte für sehr vielschichtige Überlegungen. Ihre Inhalte variierten, waren auch einem historischen Wandel unterzogen, und obschon es zunächst so scheint, als werde jeweils von einem völlig anderen Ausgangspunkt an den Film herangegangen, also etwa mehr vom fotografischen Bild, mehr von der filmischen Erzählung oder mehr von der Bewegung des Darstellers aus, täuscht dieser Eindruck doch; es ging am Ende immer um den Film als Ganzes. Dies freilich anhand sehr unterschiedlicher Beispiele, denn die Filmkultur verfügte in jenen Jahren über ein breites Spektrum von Gestaltungs- und Wirkungsweisen. Bestimmte Merkmale drängten sich in den nationalen Schulen dann wohl nach vorn.

In Gegenposition zu den Standards eines sich auch immer stärker herausbildenden kommerziellen bzw. unterhaltungsorientierten Films bildete sich in einigen europäischen Ländern eine avantgardistische Leinwandkunst heraus, die im Zuge bestimmter Zeitstile gestalterische Innovationen einzubringen suchte, was dann oft mit der Entdeckung neuer Ausdrucksweisen für die gesamte Gattung verbunden war. Der jeweilige Gewinn wurde von den Filmschöpfern selbst oder von ihren Anhängern und Kritikern beschrieben, und daraus ergab sich häufig ein bedeutsamer Beitrag für die Filmtheorie. Erschienen doch nicht nur Gestaltungsmittel jeweils in neuem Licht, sondern bestimmte Ausdrucksformen und mit ihnen verbundene Wirkungsfaktoren des Films überhaupt.

In diesem Sinne wertete etwa Hans Richter Experimente aus, die er zusammen mit Viking Eggeling im Anschluß an die Dada-Bewegung und andere Strömungen aus der Malerei der Moderne unternommen hatte. Die Richtung des »absoluten Films«, die der dem Bauhaus verbundene Ungar László Moholy-Nagy von seiner Warte her noch weiter theoretisch untermauerte, hatte in Frankreich ein Pendant in den Bemühungen von Henri Chomette, Georges Charensol und Fernand Léger, die ein Konzept des »reinen Films« verfolgten. Mit der hier diskutierten Spielfilmtheorie hatte dies allerdings wenig zu tun.

Der deutsche Filmexpressionismus fand in Rudolf Kurtz seinen Interpreten und Theoretiker, der sich freilich erst äußerte, als in den Studios derartige Filme nicht mehr hergestellt wurden. Herbert Jhering sorgte in seinen kritischen Aufsätzen dafür, daß der Kammerspielfilm in Deutschland in seinen stilistischen Besonderheiten erfaßbar wurde, und wertete einschlägige Gestaltungsweisen zum Nutzen eines tieferen Verständnisses der Gattungsspezifik aus.

Für die Verteidigung des französischen Film-Impressionismus, auch Visualismus genannt, traten Germaine Dulac, Jean Epstein, Abel Gance, Léon Moussinac und andere ein, und dies wirkte stimulierend auf die Theorieentwicklung.

In gewisser Weise waren auch manche später theoretisch relevanten Aussagen, die von sowjetischen Filmschöpfern formuliert wurden, darunter sehr polemisch vorgetragene, wie die im Meinungsstreit zwischen Kuleschow und Wertow oder in der Diskussion um den intellektuellen Film Eisensteins, eigentlich mit einer Stil-Debatte verbunden. Klärung in bezug auf das Wesen des Films brachten außerdem jene Überlegungen, die – besonders in Sowjetrußland – im Zusammenhang mit der Herausbildung eines künstlerischen Dokumentarfilms entstanden.

Die im ersten Lande des Sozialismus seinerzeit geführten – und oft sehr hitzigen – Auseinandersetzungen halfen dabei, einen Fundus theoretischer Überlegungen zu schaffen, der die Grundlage für eine marxistisch-leninistische Filmästhetik bildete.

Ungeachtet größter materieller Schwierigkeiten kamen im Sowjetrußland jener Jahre sehr viele ausländische Arbeiten zur Filmtheorie in russischer Sprache heraus, darunter auch etliche deutscher Autoren. Die marxistische Filmtheorie konnte sich daher unter Kenntnisnahme der internationalen Wissenschaftsentwicklung auf diesem Sektor formieren.

Für die führenden Vertreter der sowjetischen Filmpraxis und -theorie war eine große Aufgeschlossenheit gegenüber den technischen Neuerungen, die die Filmkultur veränderten, charakteristisch. Im Jahre 1928, als der sowjetische Stummfilm weltweit Anerkennung fand und viele bedeutende Künstler und Theoretiker des Auslands den Tonfilm nicht akzeptieren wollten, bekannten Eisenstein, Pudowkin und Alexandrow sich öffentlich in einem Manifest zu der neuen Entwicklungsstufe der Kinematographie, und dies, obschon in ihrem Heimatland die technisch-materielle Basis dafür noch längst nicht gegeben war.

Die marxistische Filmtheorie bildete sich übrigens nicht auf der Grundlage einer ausgearbeiteten materialistischen Ästhetik heraus. Eher war sie angehalten, zu deren Entwicklung beizutragen, das geistige Fundament erst herstellen zu helfen. Entscheidende Schritte gelangen schon in den zwanziger Jahren. Zentrale Prinzipien einer historisch-materialistischen Analyse kultureller und künstlerischer Prozesse wurden formuliert und erprobt, und die Grundzüge der Dialektik fanden Eingang in das Nachdenken über den Film. Zugleich bemühte man sich um die bewußte Durchsetzung eines revolutionären, parteilichen Standpunktes bei der Darlegung der Probleme. Dies half auch der Theorie und Kritik in den kapitalistischen Ländern enorm, sah man doch auch dort mehr und mehr die Notwendigkeit, die Sphäre des Films aus einer sozialen Verantwortung heraus zu beurteilen. Einen bemerkenswerten Beitrag für die Entwicklung der Filmästhetik leistete die sogenannte Formale Schule der Literaturwissenschaft, deren Hauptvertreter Eichenbaum, Tynjanow und Schklowski sich mit zentralen methodologischen Problemen des neuen Wissenschaftszweiges auseinandersetzten und dessen Kategorien und Gesetze einer strengen Sichtung unterzogen.

Auch in den zwanziger Jahren hatten die Versuche nicht aufgehört, die Psychologie für das Verständnis der Kreations- und Rezeptionsprozesse des Films zu nutzen. In Frankreich beförderte etwa Moussinac ein Nachdenken über die Rezeptionsproblematik, in Deutschland widmete sich Pahl sozialpsychologischen Aspekten des Films und Hanns Sachs suchte Gesichtspunkte der Psychoanalyse auf die Filmuntersuchung anzuwenden.[13] Wenn aber letztendlich nur die Theorie Eisensteins Erkenntnisse dieser Disziplin wirklich zu integrieren verstand, dann war dies sicherlich neben dem sehr intensiven und breit gefächerten Interesse des sowjetischen Regisseurs für unterschiedlichste psychologische Richtungen[14] auch der strikten Anwendung dialektisch-materialistischer Prinzipien und der Berücksichtigung neuester methodologischer Hinweise seitens der Formalen Schule zu danken.

Jean Epstein
Auslegung eines modernen Pantheismus

Jean Epstein, 1897 in Warschau als Sohn eines französischen Vaters und einer polnischen Mutter geboren, kam 1914 nach Frankreich, wo er nach dem ersten Weltkrieg mit Essays zu Literatur und Film hervorzutreten begann und nach einer Regieassistenz bei Delluc 1922 seinen ersten eigenen Film drehte. Während der zwanziger und dreißiger Jahre führte Epstein dann bei mehr als zwei Dutzend Filmen Regie, von denen einige zu den wichtigsten Arbeiten der Avantgarde zählen. Auch nach dem zweiten Weltkrieg setzte er sein filmkünstlerisches Werk fort. Parallel dazu äußerte er sich in einer Vielzahl von publizistischen Arbeiten zum Film, von denen die wichtigsten unter den folgenden Titeln in Buchform erschienen: »Bonjour cinéma« (»Guten Tag, Film«, 1921), »Le cinématograph vu de l'Etna« (»Der Kinematograph, vom Ätna aus gesehen«, 1926), »Intelligence d'une machine« (»Intelligenz einer Maschine«, 1947), »La photogénie de l'impondérable« (»Die Photogenität des Unwägbaren«, 1953), »Esprit du cinéma« (»Geist des Films«, 1955). Epstein starb 1953.

Gelegentlich der Herausgabe der gesammelten Schriften von Jean Epstein zum Film im Jahre 1974 charakterisierte Pierre Leprohon diese in seinem Vorwort: Sie stellten weniger Theorien dar als sie Konzeptionen freisetzten, weshalb man in Epstein am ehesten einen Philosophen – und zwar den ersten – des Films zu sehen habe.[1] In der Tat kam das Nachdenken Epsteins über den Film einem Meditieren und Philosophieren gleich, indem es geistvolle Auslegungen von dessen Möglichkeiten in Vergangenheit und Zukunft schuf. In einem Pamphlet, welches 1922 unter dem Titel »Die Lyrosophie« veröffentlicht wurde und sich noch nicht speziell auf die Kinematographie bezog, sondern eher seinen allgemeinen ästhetischen Standpunkt umriß, setzte er sich dafür ein, die Aktivitäten des Menschen auf solche Weise zu entwickeln, daß er sich seiner beiden großen Begabungen zu bedienen lerne. Unter »Lyrosophie« nämlich verstand der Autor die Kunst, gleichzeitig zu fühlen und zu verstehen.[2] In gewissem Sinne faßte diese Bestimmung zusammen, was sich Epstein vor allem vom Film erhoffte. In einem Essay, der gleichsam am Rande der Dreharbeiten zu einem Film am Fuße des Vulkans Ätna entstand und den Titel trägt »Le cinématograph vu de l'Etna«, kommt es zu einem Nekrolog auf Canudo, den kurz zuvor Verstorbenen, an den sich Epstein angesichts eines Lavaausbruchs erinnert und den er mit den Worten anspricht: »Sie waren, wie ich glaube, der erste, der gefühlt hat, daß der Film alle Mächte der Natur zu einer einzigen vereinigte, der des größten Lebens. Er ersetzt Gott völlig.«[3] Und in einer Hommage auf Canudo, die etwas später formuliert wurde, heißt es, daß dieser im Kinematographen »den Ausdruck eines modernen Pantheismus«[4] gesehen habe – eine Position, mit der sich Epstein identifizierte.

»Canudo war der Missionar der Filmpoesie, Delluc der Missionar der Photogénie. (...) Wenn Canudo sofort die Weite des kinematographischen Horizonts ausgemessen hatte, entdeckte Delluc die Photogénie, die der moralische Brechungswinkel dieser neuen Optik ist.«[5] Das schrieb Epstein, dem der Rückblick auf die konzeptionellen Leistungen der beiden Wegbereiter der französischen Filmästhetik dazu diente, die Traditionslinie eigener Gedanken zu fixieren. In einem Artikel von 1921, »La Poésie d'aujourd'hui« (»Die Poesie von heute«) arbeitete er eine Reihe von Merkmalen heraus, die der Film mit der Literatur – und Epstein meinte damit vor allem die moderne – teile. Obschon er sich mit diesem Text prononciert gegen das Theater wendete, das seiner Meinung nach mit dem Film nichts gemein habe, war die Charakteristik der Filmkunst, die hier unterderhand entstand, treffend und anregend; sie bildete im besten Sinne eine Auslegung von Canudos Gedanken zur Filmpoesie, führte diese fort und erweiterte sie auch. Für Literatur und vor allem den Film sei erstens eine *Ästhetik der Nähe* zutreffend. »Keine Rampe zwischen dem Schauspiel und dem Zuschauer. Man betrachtet das Leben nicht, man durchdringt es. Diese Durchdringung erlaubt alle Intimitäten. Ein unter die Lupe genommenes Gesicht vergrößert sich und stellt seine innerste Geographie zur Schau.«[6] Sicher wendet sich Epstein, wenn er sich vom Theater abgrenzt, vor allem gegen das Theatralische, doch ist das Charakteristikum der intimen Nähe etwas für das Kino sehr Zutreffendes, das lediglich in der Literatur ein Pendant hat.

Zweitens hebt der Autor die *Ästhetik der Suggestion* hervor: »Man erzählt nicht mehr, man zeigt. Das gestattet die Freude an einer Entdeckung und an einer Konstruktion. (...) Die wichtigste Eigenschaft der Geste auf der Leinwand ist es, sich nicht zu vollenden. Das Gesicht drückt nichts aus, wie es das des Schauspielers tut, vielmehr suggeriert es etwas. Ein unterbrochenes Lachen, wie man es sich schon vorstellt, kaum daß man seinen Ansatz erblickt hat. (...) Vor allem den Verlauf einer Geste nimmt der viel schnellere Gedanke für sich auf und eilt ihm voraus.«[7] Epstein gibt hier eine diffizile Beobachtung geistiger Prozesse, die die Filmpsychologie bis heute noch nicht ausgearbeitet hat.

Nicht minder anregend das dritte Merkmal: *Ästhetik der Folge*. »›Movies‹ sagen die Engländer und haben damit vielleicht verstanden, daß die wichtigste Treue, die man dem Leben halten muß, wenn man es darstellen will, darin besteht, solch ein Gewimmel zu erzeugen wie das Leben selbst. Ein Durcheinander von Details formt ein Gedicht, und der Schnitt eines Films verbindet und mischt Stück für Stück die Szenen« (...) Die physiologische Utopie des ›Zusammen-sehens‹ wird durch die Annäherung ›Schnell-sehen‹ ersetzt.«[8]

Bei der Rezitation der »Illuminations« von Rimbaud käme, so Epstein, im Durchschnitt ein Bild auf eine Sekunde des Vortrags. Der Film gestatte ähnliche Geschwindigkeiten. Dies führt den Autor zu einem vierten Merkmal: *Ästhetik der geistigen Schnelligkeit*. »Die schnell laufenden Filme treiben uns zu schnellem Denken an. Eine Art Erziehung vielleicht.«[9]

Unter dem fünften Charakteristikum, *Ästhetik der Sensualität*, verwahrt sich Epstein davor, im Film Sentimentalität zu erzeugen. Eigentlich sei im Film die Sentimentalität unmöglich. »Unmöglich wegen riesiger Großaufnahmen, wegen der photographischen Präzision. Was wird aus platonischen Reizen, wenn sich, von vierzig Bogenlampen angestrahlt, die Haut eines Gesichtes offenbart?«[10] Unter sechstens heißt es: *Ästhetik der Metaphern*. »Das Prinzip der visuellen Metapher ist im geträumten oder im normalen Leben zutreffend; auf der Leinwand ist es notwendig.«[11] Epstein verwahrt sich hier übrigens sogleich gegen einen Symbolismus.

Das siebente Merkmal, das er anführt, um die Gemeinsamkeit von moderner Literatur und Film zu belegen, ist die »*Ästhetik des Augenblicks*«, die geltend zu machen sei. Seine Polemik gilt der Auffassung, daß literarische und filmische Bilder Ewigkeitswert haben müßten. Wissenschaftlich betrachtet, ermüde ein dauernder Reiz von Schönheit, und Bilder würden mit der Zeit zum Klischee. So seien die Texte der Klassiker oft zum Sammelbecken für Dummheiten geworden. Heute genüge ein Zeitstil nicht einmal mehr für eine Generation; auch in der Literatur gäbe es eine schnellere und schnellere Ablösung der Schulen und erst recht gelte dies für den Film. »Die Kleidermode ist der deutlichste und maßgerechteste Aufruf an die Lust. Von ihr hat der Film bestimmte Reize entliehen, und er ist so das getreue Abbild unserer Schwärmereien ...«[12]

Die Weite des kinematographischen Horizontes, der sehr unterschiedliche Erscheinungen kennt, bestimmte von vornherein das Konzept Epsteins. Und immer wieder war es eine Durchdringung des Gedanklich-Logischen durch Sinnliches, was ihm am Film so wesentlich schien. In den vierziger Jahren formulierte er in diesem Sinne:

»Die Entwicklung des Films markiert nach meinem Gefühl das Ende des Kartesianismus durch die Beschwichtigung der logischen Werkzeuge unseres Geistes. Es sind die Grundlagen der Philosophie selbst, die erschüttert werden.«[13]

Kurz vor seinem Tode nahm er diesen Gedanken mehrfach wieder auf: In »Das Kino jenseits von Descartes« nennt er den Film ein Mittel, das transkartesianisch wirke, insofern dort die Grenze zwischen Unorganischem und Organischem, Leblosem und Lebendem, Körper und Seele, Instinkt und Intellekt als höchst gebrechlich erscheine. Film habe einen eher intuitiven Charakter und setze die klassische Logik außer Kraft. »Um vom Anblick (eines Bildes – P. W.) bis zum Herzen vorzudringen, bedarf es kaum der vermittelnden Vernunft. Das Kino ist dementsprechend eine Schule des Irrationalismus und der Romantik.«[14]

Der Avantgarde-Regisseur hatte sicher einen Hang, irrationale

Momente im Kunsterlebnis künstlerisch-praktisch wie theoretisch aufzuwerten, sein Arbeitsgegenstand, die Filmkunst, ließ sich andererseits auch nicht einfach mechanistisch interpretieren, und so ist man nicht unbedingt gehalten, in Jean Epstein einen Mystiker zu sehen. In vieler Hinsicht bemühte er sich, gedankliche Klarheit in die filmästhetischen Überlegungen zu tragen. Aufschlußreich ist darum auch, seine Interpretation von Dellucs Begriff der »Photogénie« zu lesen. Epstein approximiert in mehreren Anläufen dessen Inhalt:

> *»Photogen würde ich jeden Aspekt der Dinge, der Wesen und der Seelen nennen, welcher durch die filmische Reproduktion seine moralische Qualität erhöht. Und jeder Aspekt, der durch die filmische Reproduktion nicht verstärkt wird, ist nicht photogen, ist nicht Teil der Filmkunst.«*[15]

Wie jede andere Kunst müsse auch der Film seine Spezifik finden, und: »Die Photogénie ist für das Kino das, was die Farbe für die Malerei, das Volumen für die Plastik ist: das spezifische Element dieser Kunst.«[16] Eine Entwicklung erfolge heute generell nur dort, wo sich eine Kunst auf ihre ureigensten Möglichkeiten orientiere. »Die Photogénie ist der reinste Ausdruck des Films.«[17] Als erste Präzisierung des Photogénie-Begriffs schlägt Epstein dann vor:

> *»Ich sage jetzt: Nur die beweglichen Aspekte der Welt, der Dinge und der Seelen können ihren moralischen Wert durch die filmische Reproduktion verstärken.*
>
> *Diese Beweglichkeit darf nur im umfassendsten Sinne, nach allen für den Verstand wahrnehmbaren Richtungen, aufgefaßt werden.« (...) »Die photogene Beweglichkeit ist eine Beweglichkeit im (...) Raum-Zeit-System, eine Beweglichkeit, die gleichzeitig im Raum und in der Zeit existiert. Man kann also sagen, daß der photogene Aspekt eines Gegenstandes ein Ergebnis seiner Veränderung in Raum und Zeit ist.«*[18]

Die Filmgeschichte stelle konkrete Erfahrungen bereit, die diese Formel belegten. Schon bei Griffith habe es kontrastreiche und unterbrochene Auflösungen gegeben, deren Arabesken sich gleichsam simultan in Raum und Zeit verwandelt hätten. Und Abel Gance habe gezeigt, wie der Film über das Relief im Raum hinaus das Relief der Zeit zeigen könne.

Epstein nimmt noch eine zweite Präzisierung des Photogénie-Begriffs vor, um sich dem Wesen des Films zu nähern. Er schlägt vor:

> *»Nur die beweglichen und persönlichen Aspekte der Dinge, der Wesen und der Seelen können photogen sein, das heißt durch die filmische Reproduktion einen höheren moralischen Wert erwerben.«*[19]

Den Ausdruck von Persönlichkeit zum Kriterium für Kunst zu machen, war in der Ästhetik kein Novum. Epstein führte indes eine ganze Reihe sehr origineller Argumente dafür an: Film sei eine Sprache und wie alle Sprachen animistisch, das heißt, den bezeichneten Objekten werde Leben verliehen. Und: Je primitiver eine Sprache sei, desto ausgeprägter sei ihre animistische Tendenz. Der Autor läßt offen, ob er im Film grundsätzlich eine primitive Sprache erkennt, verweist jedoch ausdrücklich darauf, daß der Film den toten Objekten ein intensives Leben verleihen könne. An sich leblose Dinge, wie etwa ein Revolver, würden im Film dramatisch und ließen sich in die Entwicklung eines Gefühls einbinden. Der Film sei damit auf polytheistische Weise gottesgleich, denn er gebe den erstarrten Erscheinungen das Leben, und dies durch dessen stärksten Aspekt, die Persönlichkeit. »Alle durch den Film zum Leben ausgewählten Aspekte der Welt sind nur unter der Bedingung ausgewählt, daß sie eine eigene Persönlichkeit besitzen.«[20] Der Autor meint damit nicht schlechthin Subjektivität. Er belegt, daß das Objektiv der Kamera wertet, indem es etwa eine Großaufnahme zeigt. »Ein Revolver in Großaufnahme ist kein Revolver mehr, sondern die Revolver-Person, das heißt der Wunsch nach oder das Bedauern von Verbrechen, Bankrott, Selbstmord.«[21] Das Objektiv zeige nach dem Willen der Regie stets persönliche Sensibilität. Die gleiche Landschaft oder Szene, von unterschiedlichen Regisseuren gefilmt, sehe darum höchst unterschiedlich aus, abhängig von deren Bewertung. Vorausgesetzt, daß diese Regisseure Persönlichkeit hätten und nicht zu jener Menge gehörten, die Gott dem Kino leider geschickt habe wie er einst die Heuschrecken über Ägypten aussandte. Die Heuschrecken des Kinos nämlich hätten durchaus den Hang, die Dinge zu unifizieren. Mit der Kunstleistung indes könne und müsse Persönlichkeit und damit Poesie in die Kinos gelangen.

Epstein verteidigt dabei eine Poesie, die avantgardistisch ist. Er notiert über den Film:

> *Die Poesie, von der man annehmen könnte, sie sei nur Wortgebäude, Stilfigur, Spiel der Metaphorik und der Antithesen, kurz, etwas Nichtiges, erhält hier ihre strahlende Inkarnation. ›Die Poesie ist also wirklich und existiert genauso real wie das Auge.‹*
>
> *Der Film ist das mächtigste Mittel der Poesie, das realste Mittel des Irrealen, des ›Surrealen‹, wie Apollinaire gesagt hätte.*[22]

Den Gedanken, daß man Film als Sprache betrachten könne, verfolgte Epstein weiter, und er verband dies mit der Aufforderung an die Filmemacher, die Thematik zu studieren.

Seine Vorgaben dafür lesen sich dabei so:

> *Meine Absicht wäre es, die Voraussetzungen einer Grammatik der Filmsprache zu suchen.*
>
> *Man darf sich jedoch nicht auf leichte und trügerische Analogien verlassen. Es wäre bequem zu sagen, eine Totale sei mit einem Substantiv vergleichbar, und die Großaufnahme, die ein Detail des Gesamtbildes präzisiert, entspräche einem Adjektiv, das die Qualität des Substantivs bestimmt. Das wäre einfach, aber falsch, denn oft ist eine Detailansicht viel wichtiger, viel substantieller als das Gesamtbild, das nur im Verhältnis zum Detail existiert. (...)*
>
> *Die Grammatik des Films ist eine ihm eigene Grammatik. Nur der Schein der Überzeugung, ohne Worte, trifft von der Leinwand aus auf eintausendachthundert offene Augenpaare. An dem, was man sagen möchte, rutschen die Worte ab wie aufgeweichte Seifenstücke. (...) Der Film zeigt einen Mann, der Verrat begeht, aber es gibt den Mann und den Verräter nicht. Doch das Phantombild einer Sache schafft ein Gefühl, das von nun an nicht leben kann, ohne daß die Sache zu dem wird, wofür sie gemacht ist. Es entsteht also eine Verbindung von Gefühl und Sache. Sie glauben an mehr als einen Verräter. Sie glauben an Verrat. (...) Während in der Grammatik der Teil nicht ohne Verwegenheit das Ganze ersetzt, wird hier das Ganze durch den Teil substituiert, der fähig ist, am stärksten zu beeindrucken.*[23]

Der letzte Satz ist der wohl zutreffendste. Wenn auch hier nicht der Platz ist, um sich mit den Auffassungen Epsteins von der Filmsprache und Filmgrammatik auseinanderzusetzen, weil dazu ein Konzept der modernen Filmsemiotik herangezogen werden müßte, was kaum beiläufig getan werden kann, mögen die Textauszüge doch veranschaulichen, wie differenziert die Anregungen zu diesem Thema schon zu Beginn der zwanziger Jahre waren, auch welche Vorbehalte existierten.

In den Jahren nach dem zweiten Weltkrieg wurden die Einschränkungen Epsteins hinsichtlich der Auffassung, daß Film eine Sprache sei und man seine Grammatik erforschen könne, noch nachdrücklicher formuliert. In einem Artikel über die Logik der Bilder[24] bekennt er sich zwar einerseits dazu, daß Filme auf ein viel internationaleres Verständnis rechnen könnten als sprachliche Äußerungen, also vielleicht über eine universellere Logik verfügten als diese, andererseits aber das Verständnis von Logik relativierten. In dem erwähnten kurzen Text, der es mit erkenntnistheoretischen Begriffen nicht unbedingt genau nimmt, heißt es: »So eignet sich der Film durch seine ihm ureigene, in Form und Bewegung ineinander übergreifenden Elemente schlecht zu einer Analyse, zur Deduktion, zum Syllogismus in der Darstellung und im Verständnis. Der Film neigt dazu, jede stillstehende Logik, wie die grammatische, die man ihm aufzuzwingen versucht, abzuweisen.

In der Bewegung als der Wesenheit der filmischen Darstellung finden sich die grundlegenden Prinzipien der formalen Logik mobilisiert, aufgelockert und auf eine relative Gültigkeit reduziert.«[25]

Es gehört zu den großen Verdiensten von Epstein, zu der immer noch wenig erschlossenen Dialektik von Rationalem und Sinnlichem permanent Beobachtungen angestellt und diese in vielerlei Zusammenhängen reflektiert zu haben.

Léon Moussinac
Innerer und äußerer Rhythmus des Films

*Léon Moussinac wurde 1890 in Migennes/Yonne geboren. Er lebte in
Paris, wo er, ermuntert durch Louis Delluc, Artikel zum Film zu
schreiben begann. Anfang der zwanziger Jahre stand er den Avantgardisten ästhetisch am nächsten, später erwarb er sich als Aktivist der
Filmklubbewegung große Verdienste um die Popularisierung der jungen
sowjetischen Filmkunst.*
*Neben Publikationen zum Theater verfaßte er umfangreichere filmwissen-
schaftliche Arbeiten wie: »La naissance du cinéma« (»Die Geburt des
Films«, 1925), »Cinéma expression sociale« (»Film als sozialer Ausdruck«,
1927), »Le cinéma soviétique« (»Der sowjetische Film«, 1928) und »L'âge
ingrat du cinéma« (»Das schwierige Alter des Films«, 1946).*
*Moussinac, der 1924 in die Kommunistische Partei Frankreichs eintrat,
jahrelang für die »Humanité« schrieb und zeitweilig leitender Mitarbeiter
des Parteiverlages war, nahm am Widerstand gegen die faschistische
Okkupation teil. Von 1946 bis 1960 war er Rektor des »Institut des hautes
études cinématographiques« (I.D.H.E.C.) in Paris.*
Er starb 1964.

Léon Moussinac, dem es 1920 als erstem Journalisten Frankreichs
gelang, eine feste Rubrik für filmkritische Überlegungen bei einer
so angesehenen literarischen Revue wie »Le Mercure de France«
einzurichten, veröffentlichte 1925 ein Buch mit dem Titel »La naissance du cinéma« (»Die Geburt des Films«), das schon darum bemerkenswert war, weil es sich den strengen Kriterien einer
wissenschaftlichen Abhandlung unterwarf. Erfahrungen der Filmwissenschaft jener Jahre, besonders solche aus dem engeren Kreis
von Kennern, die sich um Delluc geschart hatten, wurden in dieser Arbeit, die zugleich theoretisch-systematisch und historisch
vorging, verallgemeinert und häufig unter einem Aspekt darge-

stellt, der auch heute noch von Bedeutung ist, dem der Rezeption. Wenn im folgenden diese Publikation im Mittelpunkt der Betrachtung stehen soll, dann geschieht dies darum, weil ihr sowohl im Gesamtwerk des Autors wie innerhalb der französischen Filmtheorie eine besonders wesentliche Rolle zukam, insofern ihre wissenschaftliche Genauigkeit auch sogleich zu Aufschlüssen führte, die die Emotionalität des Filmerlebnisses und insbesondere seinen Rhythmus betrafen.

Das Buch ist in drei Teile gegliedert: Der erste befaßt sich mit theoretischen Grundfragen des Films, der zweite verallgemeinert Erfahrungen wichtiger Filmländer, und der dritte ist einigen praktischen Gegebenheiten der Filmkultur gewidmet.

Bereits in der Einführung kommt zum Ausdruck, daß der Autor im Film eine Kunst sah, die dem Lebensgefühl breiter Volksmassen zu entsprechen sucht.

>*Der Film ist die erste der kinetischen Künste (arts cinématiques). Will sagen, daß er in einer mehr oder weniger fernen Zukunft nicht mehr die einzige sein wird. Denn die kinetischen Künste werden mehr und mehr die statischen Künste ersetzen. (...) Der moderne Mensch strebt nach einem vollkommeneren Bewußtsein seiner Teilnahme an der Bewegung. (...) Die Bewegung verschlingt den Menschen, nimmt ihn in sich auf, und mit Freude liefert er sich ihr aus. Als Jahrhundert der Mechanik hat das 20. Jahrhundert logischerweise die erste der kinetischen Künste entdeckt, die wie keine zuvor das Gefühl mit der wissenschaftlichen Vernunft zu vereinen weiß.*<* [1]

Moussinac unterstrich im letzten Satz Eigenheiten der Filmkunst, die sich später als entscheidend herausstellten und noch heute Gegenstand der Forschung sind.

Wenn er seinerzeit Kriterien für filmkünstlerische Leistung herausarbeitete, dann tat er dies, indem er den Begriff der Photogénie aufnahm, den sein ehemaliger Schulkamerad und engster Freund Louis Delluc eingebracht hatte und der von Jean Epstein dann präzisiert worden war: Der Film müsse filmisch werden im Sinne der Photogénie.

Wie dies zu geschehen habe, wird von Moussinac folgendermaßen formuliert:

>*Der Film kann – in seiner gewöhnlichen Form – Handlungen und Ge-*

sten zeigen und kommentieren, also beschreibend sein; er kann auch – in
seiner höheren Form – Seelenzustände zeigen und kommentieren, das
heißt poetisch sein. Der Weg führt also vom Film-Roman über verschie-
dene gängige Genres, die von überall ein bißchen – und dies mehr
schlecht als recht, wie wir sehen werden – entliehen haben, zum filmi-
schen Gedicht.«[2]

Das war ein Entwicklungskonzept, wie es für die Gruppe der
Avantgardisten um Delluc üblich gewesen sein dürfte. Moussinac
zeigte aber die erforderlichen Differenzierungen im gattungsspezifischen Ausdruck, die damit verbunden wären:

»Die Tatsache, daß der Film gleichzeitig eine Kunst der Zeit und eine
Kunst des Raumes ist, erfordert eine bestimmte plastische Konzeption des
Bildes und eine bestimmte moralische Offenbarung des Bildes. (...) So
gibt es in der filmischen Komposition Elemente, die den eigenen Wert je-
des Bildes – den Teil – und den eigenen Wert des Filmganzen bestim-
men.

Das erste dieser Elemente wird durch die Emotion repräsentiert, das im
beschriebenen Film durch das Sujet des Szenariums und im filmischen
Gedicht durch das visuelle Thema vorgegeben ist. Die Emotion selbst er-
scheint und entwickelt sich vermöge der Darstellung, zu der die Interpre-
tation, die Dekoration, die Beleuchtung, die Einstellungen, mit einem
Wort das, was man etwas unzutreffend die Mise en scène nennt, hinfüh-
ren. Der innere Rhythmus.

Das zweite dieser Elemente, welche den Wert des Bildes bestimmen, ist
der Rhythmus des Films selbst, der äußere Rhythmus.«[3]

Moussinacs Filmkunst-Konzept ordnet folglich dem inneren und
äußeren Rhythmus eine zentrale Rolle zu. Was er unter Rhythmus
verstand, notierte der Autor in dem bedeutsamen Kapitel »Rhythmus oder Tod«:

»Wenn die Bilder in einem Film jenseits ihrer Bedeutung im Rahmen des
Ganzen ihre eigene Schönheit und ihren eigenen Wert haben sollen,
dann lassen sich diese Schönheit und dieser Wert erhöhen oder vermin-
dern entsprechend der Rolle, die man diesen Bildern in der Zeit zu-
schreibt, das heißt entsprechend der Ordnung, innerhalb derer sie aufein-
ander folgen.

Der Rhythmus existiert also nicht nur in den Bildern selbst, sondern

auch in der Folge der Bilder. Der filmische Ausdruck nimmt folglich den
größten Teil seiner Kraft aus dem äußeren Rhythmus. Der innere
Zwang zum Rhythmus ist so stark, daß bestimmte Cineasten, die sich
überhaupt nicht mit ihm beschäftigt haben, ihn unbewußt suchen. Einen
Film montieren ist nichts anderes als dem Film einen Rhythmus geben.
Wenn man aber weiß, wie im allgemeinen die Montage ausgeführt wird,
wundert man sich nicht mehr, daß die Bilder in manchen Filmen 50 oder
75 % ihres Eigenwertes verlieren.

Nur wenige haben verstanden, daß einem Film Rhythmus zu geben ge-
nauso wichtig ist wie einem Bild Rhythmus zu geben, daß der Schnitt
und die Montage genauso wichtig sind wie die Inszenierung.«[4]

Bemerkenswert ist der Versuch, die Montage unter dem Aspekt
des Rhythmus verstehen zu wollen. Ähnliche Überlegungen sind
indes, wie Aristarco schon zeigt,[5] etwa gleichzeitig von Wsewolod
Pudowkin unternommen worden, der damals sein Prinzip der
»Montage a priori« ausarbeitete. Moussinacs Ansatz ist insofern
originell, als über den Rhythmus eine Vermittlung zwischen Bildwirkung und Erzählweise bzw. Montagefolge gesucht wird. Bis
heute ist es nicht gelungen, eine wirklich funktionale Beziehung
zwischen beiden fundamentalen Wirkungsdimensionen des Films
herzustellen, so daß Moussinacs Vorstellung von innerem und äußerem Rhythmus nach wie vor als eine Anregung zu betrachten
ist, sich diesem Problem zu nähern.

Moussinac zitiert Vuillermoz: »Ein Film wird geschrieben und
orchestriert wie eine Symphonie. Die ›Licht-Sätze‹ haben ihren
Rhythmus«,[6] und heftet daran die Überlegung:

»Die rhythmischen Kombinationen, die aus der Wahl und der Anordnung
der Bilder entstehen, bewirken beim Zuschauer eine Emotion, die zu der
Emotion, die durch das Sujet des Films, durch die einfache Idee bestimmt
ist, hinzukommt, eine zusätzliche Emotion, die nicht nur die einfache
Emotion verstärken kann, sondern die sich in ihrem vollkommensten
Ausdruck über sie erheben muß, so daß das Sujet nicht mehr das Ent-
scheidende des Werkes ist, sondern nur der Vorwand oder besser das visu-
elle Thema. (...) Es ist tatsächlich bewiesen, daß der Rhythmus ein Be-
dürfnis des Geistes ist, ein komplementäres Bedürfnis zu den
Vorstellungen von Raum und Zeit. Durch eine Erscheinung des Unbe-
wußten (...) wird die schöpferische Empfindung jenseits des Verstandes

geboren. Sie ist als subjektive Erscheinung für alle Künstler vergleichbar,
und die Künste unterscheiden sich nur durch ihre Formen der rhyth-
mischen Exteriorisation.«[7]

»Und wir würden sagen: Aus dem Rhythmus nimmt das filmische Werk
die Ordnung und die Proportionen, ohne die es die Eigenschaften eines
Kunstwerkes nicht hätte.

Die Erfahrung lehrt im übrigen, daß der Rhythmus immer viel stärker
als die Form auf das Individuum wirkt. Im Film aber ist die Bewegung
ein Teil des Ausdrucks der Bilder, und der Rhythmus, dem diese Bewe-
gung sich unterordnet, ist Teil ihrer Ordnung und ihrer Dauer.

Wenn also in der Musik zum Beispiel der Akkord nach dem Rhythmus
kommt – man kann von einem Akkord gelangweilt sein, aber es ist
schwer, einem Rhythmus zu widerstehen (Militärmarsch) –, warum
sollte, was den Film betrifft, das Auge a priori weniger empfindsam für
einen Rhythmus sein als das Ohr? Das ist vor allem eine Frage der Er-
ziehung.«[8]

Moussinac untersuchte auch analoge Momente zwischen Musik
und Film, wie sie sich im Verhältnis von Takt und Rhythmus
äußerten. Er ging ferner, soweit dies möglich war, auf die Beziehungen der Dauer und solche der Intensität der montierten Bilder
ein. Äußerst anregend auch für gegenwärtige Überlegungen sind
seine Beobachtungen zum Erwartungsmuster des Rezipienten
hinsichtlich der rhythmischen Beziehungen:

»Es gibt also – als Grundlage des Films – ein Fortdauern der Eindrücke
und der Bilder, weil die Netzhaut auf kontinuierliche Weise gereizt wird,
wenn die Bilder schnell aufeinander folgen. Ein solches Fortdauern kann
als Element des Rhythmus benutzt werden. Und daraus folgt, daß es in
Geschwindigkeit und Komplexität begrenzt sein muß, um leicht faßlich
zu sein. Die Bedeutung des rhythmischen Elements ergibt sich noch aus
folgender Tatsache: Im Gegensatz zu den Künsten des Raumes, wo das
Ganze im allgemeinen von dem Detail wahrgenommen wird, geht der
Geist bei der Aufnahme eines Films vom Einzelnen zum Allgemeinen.
Daraus resultiert, daß die ursprüngliche visuelle Idee von Anfang an so
wahrnehmbar sein muß, daß man ihr ›durch all ihre Entwicklungen bis
zu ihrer schließlichen Entfaltung‹ folgen kann.

Denn der Rhythmus spielt in dieser fortschreitenden Aufnahme die Rolle
des Gedächtnisses, weil die Erinnerung die Grundidee gleichsam jedes-

mal, wenn sie in wechselnder Form erscheint, wieder aufweckt und uns über die Wahrnehmungen der Details Schritt für Schritt zum synthetischen Eindruck des Ganzen führt.«[9]

Moussinac ließ es nicht allein bei allgemeinen Hinweisen, den Filmrhythmus betreffend, bewenden, sondern er zeigte anhand ganz konkreter Beispiele, wie sich Rhythmus im Film realisiert und wie er analysiert werden kann. Dazu entwickelte er auch ein plausibles Beschreibungsverfahren, das graphische Darstellungen nutzte, um Montagesequenzen abzubilden. Sein Buch endet mit einem Kapitel, das ganz im Sinne eines rezeptionsästhetischen Vorgehens ist und sich mit der experimentellen Überprüfung von Aufmerksamkeit und Emotionen des Filmzuschauers befaßt. Darin werden die Resultate psychologischer bzw. physiologischer Untersuchungen zur Atmung von Filmrezipienten referiert, welche andere Autoren unternommen hatten, indem sie den Probanden Filmszenen unterschiedlicher Genres vorführten. Im übrigen war das Buch Moussinacs selbstredend einer traditionellen Kunstanalyse verpflichtet. Es stellte in essayistischer Manier die Vorzüge bestimmter filmischer Gestaltungsweisen wichtiger nationaler Schulen heraus. Dabei kamen vor allem Filmwerke aus den USA, aus Schweden, Deutschland und Frankreich zur Sprache.

Der Autor ließ durchaus unterschiedliche Gestaltungsweisen und Stile gelten, wenngleich er sich bei der Beurteilung der französischen Produktionen zu den Filmemachern um Delluc stellte. Deshalb konnte das von dieser Gruppe favorisierte Filmpoem auch seiner Aufmerksamkeit sicher sein, zumal dort das Prinzip des Rhythmus deutlich zum Tragen kam.

Die Filmtechnik wurde von Moussinac stets als Voraussetzung der künstlerischen Darstellung gesehen und ihr spezifischer Progreß als Quelle der Anregung für eine Evolution der Filmkunst interpretiert. Die durch die photographische Reproduktion in das Filmerlebnis getragene Qualität eines Realitätseindrucks galt für ihn als unabdingbare Voraussetzung für »Photogénie«; selbst im Zusammenhang mit Werken, die zur Phantastik neigten, hielt er eine gewisse Realitätsnähe für unverzichtbar, weil sich auf ihr sein Emotions- und Wirkungskonzept gründete.

Innerhalb der menschlichen Kultur käme dem Film infolge seiner ästhetischen Eigenschaften wachsende Bedeutung zu, wobei Moussinac in späteren Arbeiten dann mehr und mehr die gesellschaftliche Determiniertheit von Kunstproduktion und -rezeption herausarbeitete. Der 1927 geschriebene Aufsatz »Cinéma expression sociale« (»Film als sozialer Ausdruck«) etwa beklagte die Abhängigkeit des Films vom System des Kapitalismus, zeigte, wie sehr er zum Opfer des bourgeoisen Geschäftsbetriebs geworden war, und brachte unmißverständlich zum Ausdruck, daß eine Weiterentwicklung der künstlerischen Momente nur infolge größerer Unabhängigkeit der Filmproduktion vom Kapital zu erreichen wäre. Der Fortschritt der Filmkunst wurde von Moussinac im Zusammenhang mit sozialem Fortschritt gesehen, mit einer Änderung der sozialen Verhältnisse.[10] Diese Position war Konsequenz der marxistischen Weltanschauung, die der Autor als Mitglied der Kommunistischen Partei gewann. In vielen Artikeln und einem 1928 publizierten Buch »Le cinéma soviétique« (»Der sowjetische Film«) würdigte Moussinac die Leistungen der sozialistischen Filmkunst. Sein politisch-organisatorisches Geschick trug dazu bei, die Ideen der jungen Sowjetkunst in Westeuropa zu popularisieren. Mit Hilfe des Clubs »Les amis de Spartacus« etwa ließen sich die französischen Zensurbestimmungen für die öffentliche Vorführung sowjetischer Filme unterlaufen. Sergej Eisenstein, der dem »Genossen Léon« einen liebevollen Essay gewidmet hat, kommt in seinen Memoiren auf diese praktische Hilfeleistung zu sprechen. Er hebt aber vor allem die menschliche Integrität und den Idealismus Moussinacs hervor, wenn er über die folgenden Jahre notiert: »Sein weiterer Lebensweg zeichnete sich stets aus durch die kristallklare Lauterkeit dieses höchst aktiven Mitgliedes der Kommunistischen Partei Frankreichs in den komplizierten Windungen des Vorkriegsklassenkampfes in Frankreich, in den Konzentrationslagern während der deutschen Besetzung, in denen die schwersten Leiden das Temperament und die Kampfkraft dieses Revolutionärs, Kommunisten und Patrioten nicht brechen konnten ...«[11]

Germaine Dulac

Filmimpressionismus, Cinéma pur, Integrale Kinematographie

Germaine Dulac wurde 1882 in Amiens geboren. Sie begann als Theater-
kritikerin bei der Pariser Presse, schrieb Stücke für die Bühne und führte
seit 1914 Regie bei zahlreichen Filmen. Ein Teil dieser Werke ist der
Schule des Filmimpressionismus bzw. dem Cinéma pur zuzurechnen und
trägt deutlich avantgardistische Züge.
In ihren theoretischen Artikeln war Germaine Dulac um Herausarbei-
tung einer Poetik dieser Richtung bemüht. Zu ihren wichtigsten Arbeiten
zählen: »L'essence du cinéma. L'idée visuelle« (»Das Wesen des Films.
Die visuelle Idee«, 1925), »Les esthétiques. Les entraves. La cinégraphie
intégrale« (»Ästhetiken. Hemmnisse. Integrale Kinematographie«, 1927),
»Le cinéma d'avant-garde« (»Das Kino der Avantgarde«, 1932).
Germaine Dulac, die dann von 1930 bis 1940 die Pathé-Wochenschau
»France Actualités« leitete, starb 1942 in Paris.

Als Germaine Dulac 1925 mit ihren Essays in die Diskussion um
die Gattungsspezifik der siebenten Kunst einzugreifen begann,
war diesen Bemühungen bereits ein Jahrzehnt praktischer Filmarbeit als Regisseurin vorausgegangen. Die Künstlerin und Theoretikerin gehörte damals einer Gruppe von Filmleuten an, die sich
um Louis Delluc geschart hatten und, wie etwa Abel Gance, Marcel L'Herbier und Jean Epstein, einer avantgardistischen Tendenz
zuneigten, die später als »Filmimpressionismus«[1] bezeichnet
wurde. Sie selbst trat dabei mit Filmen hervor, die u. a. nach Texten von Baudelaire und Musikwerken von Chopin und Debussy
konzipiert waren und auf unterschiedliche Weise mit tradierten
Gestaltungs- und Erzählweisen brachen. Germaine Dulacs theoretische Äußerungen bezogen sich stets auf konkrete Erscheinungen der damaligen Filmkultur und arbeiteten in der Regel anhand von Beispielen filmische Ausdrucksweisen heraus, die die

Autorin und ihre geistigen Verbündeten als erstrebenswert für die eigene Kunstpraxis ansahen. Dabei wurden vor allem Wege gesucht, den komplexen visuellen Ausdruck als eine konstituierende Besonderheit der Gattung Film darzustellen, von der sich wesentliche Gestaltungskriterien ableiten ließen. Das Konzept eines Visualismus, das dabei entstand, hob bestimmte Merkmale filmischer Darstellung und Wirkung heraus und formulierte damit Prinzipien kunstpraktischer Bestrebungen. Schlagworte wie »Visuelle Idee«, »Filmische Bewegung« und »Integrale Kinematographie« suchten diesem Modell einer gattungsgerechten Ausdrucksweise gerecht zu werden, und es ist nicht von ungefähr, daß Germaine Dulac zu den ersten zählte, in deren Vokabular der Begriff des »cinéma pur« des »reinen Films« vorkommt.

Daß die neue Filmkunst ihre Eigenständigkeit finden müsse, wurde von Germaine Dulac bereits 1925 in dem Zeitschriftenartikel »L'essence du cinéma. L'idée visuelle« (»Das Wesen des Films. Die visuelle Idee«)[2] unterstrichen, den sie in »Les Cahiers du Mois« veröffentlichte. »Auch die Musik dient ja der Untermalung vieler Dramen und Gedichte, aber sie wäre niemals zu ihrem eigenen Recht gekommen, wenn sie sich auf diese Verbindung der Noten mit Worten und Handlungen beschränkt hätte.

Im musikalischen Bereich gibt es die Symphonie, die reine Musik. Warum sollte der Film nicht ebenfalls seine Symphonie haben?« Im Anschluß an diese Überlegung, die in einer Arbeit von 1927 im Selbstzitat wiederkehrt, heißt es, das Wort Symphonie sei nur verwendet worden, um analoge Momente zu unterstreichen. Die erzählerischen und realistischen Filme könnten ihren Weg durchaus weiter gehen, die kinegraphische Auffassung von Bewegung für sich nutzend.[3] Der gesamte Artikel »Les esthétiques. Les entraves. La cinégraphie intégrale« (»Ästhetiken. Hemmnisse. Integrale Kinematographie«) setzt sich mit dem Problem der Bewegung im Film auseinander, bezogen freilich auf deren allgemeinsten Ausdruck. Für die Auffassung Germaine Dulacs ist er besonders charakteristisch, weshalb er hier im Mittelpunkt der Betrachtung stehen soll.

Nach Ansicht der Autorin habe sich die von ihr beförderte »Vision der Bewegung« gegenüber falschen Vorurteilen durchzusetzen, die mit einer mechanistischen Interpretation des Bewegungsprinzips zusammenhingen. Die allgemeine Situation der französischen Filmkultur, der ihre Polemik galt, zeige dies deutlich:

»Mit einem verlockenden Ziel wollte man der mechanischen Bewegung, deren sorgfältige Untersuchung man verschmäht hatte, die moralische Bewegung der menschlichen Gefühle durch die Vermittlung von Personen hinzufügen. Der Film wurde auf diese Weise zu einem ausführenden Organ der schlechten Literatur. Man begann, bewegte Photographien um eine äußere Handlung herum zu gruppieren. Und nachdem er das ohne Schaden überlebt hatte, betrat der Film den Bereich der fiktiven Bewegung des Erzählens.«[4] Germaine Dulac führt die unangemessene Interpretation von Bewegung vor allem auf eine Vermischung der Auffassung von »Handlung« und »Situation« zurück.

Man habe in seinem Bemühen um Realismus und Wahrhaftigkeit vergessen, daß die Anziehungskraft des berühmten Zuges von Vincenne weniger in der genauen Beobachtung der Personen und ihrer Gesten bestand als in der – wenngleich damals geringen – Geschwindigkeit jenes Zuges, der direkt auf die Zuschauer losbrauste. Handlung habe sich dann in Situationsbeschreibung verloren, die Bewegung habe sich in willkürliche Verkettung von Fakten verflüchtigt.

»Inzwischen begann die Filmtechnik auf einem interessanten Umweg über die Zerstückelung der Aussagen, die dem Drehen gespielter Szenen voranging, auf eine visuelle Auffassung hinzuarbeiten. Um die dramatische Bewegung zu schaffen, mußte man verschiedene Formen von Mimik einander gegenüberstellen und sie durch unterschiedliche, dem vorwärtstreibenden Gefühl entsprechende Aufnahmen intensivieren. Aus den dazwischengesetzten Aufnahmen, aus der notwendigen Zerstückelung ergab sich die Kadenz. Mit der Aneinanderreihung war der Rhythmus geboren.«[5]

Die Autorin belegte die für sie akzeptable Traditionslinie dann durch Beispiele, indem sie etwa »Carmen von Klondyke«, einen 1920 gedrehten Film von Reginald Barker, und ein Werk von Delluc aus dem Jahre 1921 anführte:

»›Fièvre‹ von Louis Delluc, eines der perfektesten Beispiele des realistischen Films, markierte dessen Höhepunkt. Aber in ›Fièvre‹ schwebte jenseits des Realismus ein Stückchen Traum, der die

Grenzen des Dramas überschritt und jenseits der klaren Bilder das ›Nichtgesagte‹ hereinbrachte. Der suggestive Film war in Erscheinung getreten.

Die menschliche Seele begann zu singen. Mit dem Überwinden der Fakten trat eine unfaßbare Bewegung der Gefühle hervor, die melodisch über die wie im Leben bunt durcheinandergewürfelten Menschen und Dinge herrschte. Der Realismus veränderte sich.«[6]

Die Fortsetzung dieser Entwicklung sah die Autorin so: »Es kam eine andere Periode, die des psychologischen und des impressionistischen Films. Es schien kindisch, eine Person in eine gegebene Situation zu stellen, ohne in den geheimen Bereich ihres inneren Lebens vorzudringen, und man erklärte das Spiel des Akteurs durch das Spiel der Gedanken und der sichtbar gemachten Gefühle.«[7]

Die Sichtbarmachung von Gefühlen war für Germaine Dulac vor allem mit einer Ausarbeitung visueller Expressivität verbunden.

> *Der Impressionismus ließ die Natur betrachten, die Gegenstände wurden die Elemente, die zur Handlung zusammenlaufen. Ein Schatten, ein Licht, eine Blume hatten anfangs eine Bedeutung als Reflex auf ein Gefühl oder eine Situation und wurden dann Schritt für Schritt eine notwendige Ergänzung, die ihren eigenen Wert besaß. Man bemühte sich, die Dinge in Bewegung zu bringen und versuchte, mit Hilfe der optischen Wissenschaft, der Logik eines Geisteszustandes folgend, ihre Konturen zu verändern. Nach dem Rhythmus wurde der Existenzwille der mechanischen Bewegung, die lange Zeit vom dramatischen und literarischen Umbau erstickt worden war, offensichtlich.«[8]*

Am Beispiel von »La Roue« (»Das Rad«) von Abel Gance, einem Film, der für Germaine Dulac eine wichtige Etappe dieser Entwicklung zum Filmimpressionismus markierte, erklärte sie das neue Formengut:

> *Die Psychologie und das Spiel wurden ausschließlich von einer Kadenz abhängig, die das Werk beherrschte. Die Personen waren nicht mehr die einzig wichtigen Faktoren, sondern neben ihnen gewannen die Länge der Einstellungen, ihre Gegenüberstellung und ihr Zusammenspiel eine entscheidende Rolle. Schienen, Lokomotive, Dampfkessel, Manometer, Rauch, Tunnel: ein neues Drama, zusammengesetzt aus natürlichen auf-*

einanderfolgenden Bewegungen und dem Verlauf der Linien entstand,
und die letztendlich rational verstandene Auffassung der Kunst der Be-
wegung kam wieder zu ihrem Recht und führte uns damit auf wunder-
bare Weise zum symphonischen Gedicht der Bilder, zur sichtbaren, au-
ßerhalb der bekannten Regeln komponierten Symphonie. (Das Wort
Symphonie wird hier nur als Analogie verwendet.) Symphonisches Ge-
dicht, in dem wie in der Musik das Gefühl nicht als Tatsache oder
Handlung erscheint, sondern als Empfindung, wobei das Bild den Wert
eines Tones hat.« [9]

Das Formengut jenes Zeitstils verwies auf Möglichkeiten des gattungsspezifischen Ausdrucks, die bis dahin nicht gesehen worden
waren. Film war mehr als das, was sich bisher zu erkennen gegeben hatte:

»Sichtbare Symphonie, Rhythmus aus kombinierten Bewegungen ohne die
Personen, in der die Veränderung einer Linie, eines Volumens in einer
wechselnden Kadenz mit oder ohne Festsetzung der Gedanken die Emo-
tion schafft.« [10]

Im Zusammenhang mit dieser Umbewertung von Gestaltungsweisen ergaben sich auch Konsequenzen für filmisches Erzählen. Das
narrative Moment wurde in seiner Wichtigkeit von Germaine Dulac in Abrede gestellt. An Erfahrungen aus eigener Regiearbeit bei
der Realisierung von »La folie des vaillants« (»Die Tollheit der
Tapferen«) anknüpfend, formulierte sie das Prinzip der »Integralen Kinematographie«, die auf eine klare Erzählstruktur verzichte.
Das Kino nähere sich technisch der Musik, führe zu sichtbaren,
rhythmisierten Bewegungen, welche Emotionen hervorrufen
könnten, die denen vergleichbar seien, welche durch Musik angeregt würden.

»Unmerklich nahm der erzählerische Gang der Handlung, das Spiel der
Schauspieler zugunsten der Studie der Bilder und ihrer Gegenüberstel-
lung an Bedeutung ab. Wie ein Musiker am Rhythmus und am Klang
eines musikalischen Satzes arbeitet, begann der Cineast am Rhythmus
der Bilder und an ihrem Klang zu arbeiten. Ihr emotionaler Gehalt
wurde so groß und ihre Verbindung untereinander so logisch, daß ihr
Ausdruck, für sich genommen, ohne die Unterstützung durch einen Text,
einen Wert darstellte.« [11]

In »La folie des vaillants« habe sie, so die Regisseurin, die ge-
spielte Szene vermieden, um sich dem Gesang der Bilder hinzugeben, dem Gesang dynamischer Gefühle.

Das Fazit, die Dramaturgie betreffend:

*»Es sei uns erlaubt, daran zu zweifeln, daß die Filmkunst eine erzähleri-
sche Kunst ist. Meiner Meinung nach scheint der Film mit seinen Sugge-
stionen von Empfindungen viel weiter zu wirken als mit seiner wortlosen
Präzision. Ist er nicht, wie ich schon gesagt habe, die Musik für die
Augen, und müßte man nicht das Thema, das ihm zugrunde liegt, ähnlich betrachten wie das gefühlte Thema, das den Musiker inspiriert?*

*Die Studie dieser verschiedenen Ästhetiken, die durch ihre Entwicklun-
gen zur einzigen Sorge um die expressive, Emotionen hervorrufende Bewegung tendieren, bringt logischerweise einen reinen Film hervor, der fähig ist, außerhalb der Vormundschaft der anderen Künste, außerhalb
jedes Themas und außerhalb jeder Interpretation zu leben. (…) Stellen
wir uns mehrere Formen in Bewegung vor, die mit künstlerischer Sorgfalt
in verschiedenen Rhythmen im selben Bild zusammengestellt und in
einer Folge von Bildern aneinandergereiht werden, und wir gelangen zur
Konzeption der ›integralen Kinematographie‹ (la cinégraphie intégrale).«* [12]

Germaine Dulac schließt ihren bedeutsamen Artikel mit den Worten:

*»Der Film, die siebente Kunst, ist nicht die Photographie des realen oder
imaginären Lebens, wie man bis heute glauben konnte. So betrachtet,
würde er nur der Spiegel aufeinanderfolgender Epochen sein und unfähig
bleiben, die unsterblichen Werke zu schaffen, die jede Kunst hervorbringen muß.*

*Das Vergängliche zu erhalten ist gut. Aber das eigentliche Wesen des
Films ist anders und birgt die Ewigkeit in sich, denn es geht aus dem
eigentlichen Wesen des Universums hervor: aus der Bewegung.«* [13]

In einem Artikel von 1932 beschrieb Germaine Dulac rückblickend
die Entwicklung des avantgardistischen Films. Eingangs definierte sie: »Man kann jeden Film der ›Avantgarde‹ zurechnen,
dessen Technik in dem Interesse, die Ausdruckskraft von Bild
und Ton wiederherzustellen, mit den herrschenden Traditionen
bricht und im rein visuellen und akustischen Bereich nach neuen

emotionalen Verbindungen sucht.«[14] Die verschiedenen Avant-
garde-Schulen hätten versucht: »1. das Kino aus dem Griff der etablierten Künste zu befreien; 2. es auf die wesentlichen Momente
zurückzubringen: Bewegung, Rhythmus, Leben.«[15] Den endgülti-
gen Durchbruch der Avantgarde-Bewegung, den sie um 1924 da-
tiert, habe das »Cinéma pur«, der »reine Film«, gebracht. Zu Recht
identifizieren Historiker der Filmtheorie wie Aristarco[16] und
Agel[17] das Konzept von Germaine Dulac mit jenen fünf Pro-
grammpunkten, die das »Cinéma pur« ihrer Meinung nach beweisen und durchsetzen wollte:

»1. Der Ausdruck einer Bewegung ist von ihrem Rhythmus abhängig.

2. Der Rhythmus an sich und der Ablauf einer Bewegung bilden die beiden Wahrnehmungs- und Empfindungselemente, die Grundlage der
Filmdramaturgie sind.

3. Das filmische Werk muß jede fremde Ästhetik zurückweisen und sich
auf die Möglichkeiten des Visuellen besinnen.

4. Die Filmhandlung muß ›Leben‹ sein.

5. Die Filmhandlung darf sich nicht auf die menschliche Person beschränken, sondern muß über sie hinaus in das Gebiet von Natur und Traum
reichen.«[18]

Aristarco weist darauf hin, daß diese Prinzipien durchweg darauf
gerichtet seien, emotionale Wirkungen zu fördern, welche über
rein visuelle Ausdruckselemente zu erreichen wären. Ausgangspunkt könnten optische Eindrücke von unterschiedlichsten Erscheinungen sein.[19] Auch wenn Germaine Dulac über den avantgardistischen Film in Frankreich sagte, er hielte »in der
Darstellung einer Geschichte die Gefühle unter der Handlungs-
oberfläche für dramaturgisch wichtiger (...) als die Handlung
selbst«[20], hat sie ihre anfängliche Ablehnung narrativer Strukturen
innerhalb einer Filmkomposition später bald zurückgenommen
oder jedenfalls relativiert. In ihrem Artikel »Films visuels et anti-
visuels« (»Visuelle und antivisuelle Filme«) von 1928 suchte sie
zwischen der Schule der »reinen Bewegung« und der erzählerisch
orientierten gewisse Vermittlungen herzustellen, und in dem bereits zitierten Text »Le cinéma d'avant-garde« (»Das Kino der
Avantgarde«), in dem vor allem die Bedeutung der Avantgarde als
Ferment des Kunstprozesses gewürdigt werden sollte, ließ sie

auch keinen Zweifel daran, daß solche Werke mit klarer Erzählstruktur wie »Greed« von Stroheim und »Der Blaue Engel« von
Sternberg Wert für die Herausbildung einer Filmkultur besäßen.
Der innere Gehalt dieser Filme käme durch visuelle Beobachtung
zum Ausdruck; avantgardistische Ansichten würden damit zu-
gänglicher und könnten einen neuen kommerziellen Stil vorberei-
ten helfen.[21] Es ist aufschlußreich, wie Germaine Dulac 1932 den
Platz des Avantgarde-Kinos im Rahmen der allgemeinen Filmproduktion bestimmte. Letztere unterteilte sie in kommerzielle und
marktorientierte Filme. »Unter marktorientierten Filmen versteht
man solche, die, zu jeder Konzession bereit, rein finanzielle Ziele
verfolgen: mit kommerziellen Filmen sind jene gemeint, bei denen man sich des Ausdrucks und der Technik auf bestmögliche
Weise bedient und manchmal interessante Werke produziert,
ohne dabei die nötigen Gewinne außer acht zu lassen. In diesem
Fall kommt es zu einer Verbindung von Industrie und Kunst.

Aus dem kommerziellen Kino geht das ganzheitliche Werk hervor, der ausgewogene Film, für den Industrie und Avantgarde in
zwei getrennten Lagern arbeiten.

Im allgemeinen ist die Industrie an den künstlerischen Elementen nicht interessiert, die Avantgarde dagegen kümmert sich um
nichts sonst. So kommt der Antagonismus zustande. (...)

Avantgarde und kommerzielles Kino, oder Kunst und Filmin-
dustrien, bilden ein untrennbares Ganzes.«[22]

Dergestalt war es also nicht eine Position esoterischer Absonde-
rung, die Germaine Dulac als erstrebenswert für den Avantgarde-
Film erschien. Vielmehr ging es ihr um eine Bereicherung des
kommerziellen Films durch gattungsspezifische Ausdrucksweisen, die Momente der visuellen Wahrnehmung in den Vordergrund rückten, unwägbaren Eindrücken Raum gaben, Emotionalität anstrebten. Die Regisseurin, die anfangs durch ihr künstlerisches Werk dem Filmimpressionismus bzw. dem Cinéma pur
Profil verlieh, leistete später einen unmittelbaren Beitrag zur Entwicklung der Filmkultur auf einem anderen Gebiet. Schon 1925
hatte sie als eine der wichtigsten Eigenschaften der neuen Kunst
deren »Erziehungs- und Informationswert«[23] hervorgehoben. Als
sie im letzten Jahrzehnt ihres Schaffens die französische Wochenschau leitete, warb sie in diesem Sinne auch als Theoretikerin für

eine Auffassung von Filmdokumenten, die eine wichtige erziehe-
rische und soziale Funktion im internationalen Kulturleben wahrnehmen könnten.[24]

Béla Balázs
Der sichtbare Mensch
und seine Ausdrucksbewegung

Herbert Bauer, der später unter seinem Dichternamen Béla Balázs bekannt wurde, ist 1884 in Szeged geboren. Er studierte Philosophie in Berlin und Paris und publizierte bereits früh eine Vielzahl von Gedichten, Novellen, Märchen, Theaterstücken und Studien zur Ästhetik in ungarischer Sprache. Da er sich für die Räterepublik eingesetzt hatte, mußte er 1919 nach Wien emigrieren. Dort entstand auch sein erstes film-theoretisches Werk, »Der sichtbare Mensch« (1924), welches auf Erfahrungen aufbaute, die er als Filmkritiker gesammelt hatte. In Berlin, wohin Balázs dann 1926 ging, blieb er politisch aktiv tätig; er suchte sich als deutschsprachiger Schriftsteller zu profilieren, schrieb publizistische Arbeiten, aber auch zahlreiche Filmdrehbücher, darunter für den als Klassiker der Neuen Sachlichkeit geltenden Streifen »Die Abenteuer eines Zehnmarkscheines«. 1930 erschien sein zweites filmtheoretisches Werk, »Der Geist des Films«. Die Machtübernahme Hitlers fand während einer Moskaureise von Balázs statt; er blieb in der sowjetischen Hauptstadt und lehrte als Professor am Filminstitut WGIK, bis er 1945 in das befreite Ungarn zurückkehren konnte. In den Arbeiten der vierziger Jahre, die 1945 in Moskau – »Iskusstwo kino« (»Filmkunst«) –, 1948 in Budapest – »Filmkultúra« (»Filmkultur«) – und 1949 in Wien – »Der Film. Werden und Wesen einer neuen Kunst« – erschienen, baute er seinen früheren Theorieansatz weiter aus. Bis zu seinem Tode im Jahr 1949 lehrte Balázs an der Hochschule für Schauspielkunst in Budapest, deren Filmwissenschaftliches Institut er begründet hatte, und schrieb mehrere Filmszenarien.

»Meine erste Filmtheorie, ›Der sichtbare Mensch oder Die Kultur des Films‹, war die heftige Proklamation nicht nur einer neuen Kunst, die kaum erst ihre eigenen Formen zu entfalten begann, sondern fast des Anhebens einer neuen Kulturepoche.«[1] So schrieb Balázs fünfundzwanzig Jahre nach Erscheinen des Buches.

In der sehr berühmt gewordenen und in mehr als zehn Sprachen übersetzten Arbeit, die er als »Versuch einer Kunstphilosophie des Films«[2] betrachtete, sprach er vom Film als der »Volkskunst unseres Jahrhunderts«,[3] denn ihm schien, »daß die Kinematographie eine Wendung unserer begrifflichen Kultur zu einer visuellen Kultur bedeutet«,[4] die er nur gut heißen könne.

Dabei bedeutete das erste Buch von Balázs mehr als ein »Kennenlernen und eine Liebeserklärung«,[5] wie sein Autor es später charakterisierte. Es war schon, wie Jerzy Toeplitz, freilich noch in Unkenntnis des Buches von Münsterberg »The Photoplay«, formuliert, »im Weltmaßstab gesehen der erste Versuch, die ästhetischen Probleme des Films zu systematisieren«,[6] jedenfalls in dem Sinne, daß er eine Vielzahl von Erscheinungsweisen der neuen Kultur sichtete und Überlegungen dazu in einen einheitlichen Begründungszusammenhang stellte. Der Autor blieb dabei auch ein dankbarer Empiriker. Er »bewies in dem Buch über den Film seine Fähigkeit, das Erlebnis nicht nur scharf, sondern auch zärtlich zu beobachten«[7], wie Robert Musil sagte. Liebevoll und plastisch beschrieb er analytisch Gestaltungs- und Wirkungsmomente, jedoch eben unter einem zentralen Aspekt, den schon der Titel charakterisiert.

»Der Urstoff, die poetische Substanz des Films ist die sichtbare Gebärde. Aus dieser wird der Film gestaltet.«[8]

Über das Gebärdenspiel wird gesagt, es sei im Film nun keine Begleitung des Wortes und auch nicht Form und Ausdruck, sondern »einziger Inhalt«[9].

Balázs begründet diese Ausgangsposition auf vielfältige Weise, zunächst kulturell.

»Die ganze Menschheit ist heute schon dabei, die vielfach verlernte Sprache der Mienen und Gebärden wieder zu erlernen. Nicht den Wortschatz der Taubstummensprache, sondern die visuelle Korrespondenz der unmittelbar verkörperten Seele. Der Mensch wird wieder sichtbar werden.

Die moderne Philologie und Sprachforschung hat festgestellt, daß der Ur-
sprung der Sprache die <u>Ausdrucksbewegung</u> ist. Das heißt, der Mensch,
der zu sprechen beginnt (wie auch das kleine Kind), bewegt Zunge und
Lippen nicht anders wie seine Hände und die Muskeln seines Gesichtes,
also ursprünglich nicht mit der Absicht, Töne von sich zu geben. Die Be-
wegungen der Zunge und der Lippen sind zu Anfang geradeso spontane
Gebärden wie jede andere Ausdrucksbewegung des Körpers. Daß dabei
Laute entstehen, ist eine sekundäre Erscheinung, die sozusagen im nach-
hinein praktisch verwertet wurde. Der unmittelbare sichtbare Geist
wurde dann in einen mittelbar-hörbaren Geist übersetzt, wobei, wie bei
jeder Übersetzung, manches verlorengehen mußte. Aber die Gebärden-
sprache ist die eigentliche Muttersprache der Menschheit.
An diese fangen wir jetzt an, uns zu erinnern, und sind dabei, sie neu zu
lernen. Sie ist noch unbeholfen und primitiv und weit davon entfernt, der
Differenziertheit der modernen Wortkunst nahezukommen. Aber weil sie
ältere und tiefere Wurzeln in der menschlichen Natur hat als die gespro-
chene Sprache und weil sie dennoch von Grund auf neu ist, drückt sie
schon mit ihrem Stammeln häufig Dinge aus, die die Künstler des Wortes
vergeblich zu fassen versuchen.« [10]

Nicht alle Formulierungen aus diesem Text dürften den Erkenntnissen der modernen Wissenschaften standhalten. Für eine Theorie des Films in der stummen Phase ergab sich aber generell ein
sehr fruchtbarer Ansatzpunkt aus dem Verständnis der menschlichen Ausdrucksbewegung, der Gebärde. Wie Balázs betont, geht
im Film alles über die Photographie, »und was die Photographie
nicht ausdrücken kann, das wird der Film nicht enthalten«,[11] aber
der sichtbare Mensch existiert für ihn eben nicht schlechthin in
seinem technisch erzeugten Abbild, sondern im Rahmen eines
Kommunikationsprozesses, für den es des Ausdrucks bedarf.
»Was innen ist, ist außen«[12], sagt Balázs und charakterisiert damit,
daß Bedeutungen übertragen werden. An anderer Stelle des Buches spricht er von der symbolischen Bedeutung, die die Dinge im
Film hätten. »Man könnte einfach ›Bedeutung‹ sagen. Denn ›symbolisch‹ heißt ja soviel wie Bedeutung haben, über seinen eigenen
Sinn hinaus noch einen weiteren Sinn meinen. Das Entscheidende dabei für den Film ist, daß *alle Dinge*, ohne Ausnahme, notwendigerweise symbolisch sind. Denn alle Dinge machen auf uns,

ob es uns bewußt wird oder nicht, einen physiognomischen Eindruck. Alle und immer.«[13]

Die Lehre der Physiognomik, deren Wurzeln bis ins Altertum zurückreichen[14], war Ende des achtzehnten Jahrhunderts durch den Schweizer Theologen Johann Kaspar Lavater systematisch entwickelt worden, und Goethe, dessen »Beiträge zu Lavaters physiognomischen Fragmenten« Balázs ausführlich zitiert, hatte sich mit ihr eingehend beschäftigt. Obschon sie sich als Wissenschaftszweig nicht durchzusetzen vermochte, ergab sich für die Untersuchung der Filmkunst aus dem Begriff des Physiognomischen durchaus ein heuristischer Wert. Denn Physiognomie hat stets mit Ganzheitlichkeit zu tun und dabei mit Ausdrucksbewegung, die der Kommunikation im visuellen Bereich dient. Hinter der kommunikativen stand dabei eine wertende, ja ästhetische Beziehung. Ästhetischer Wert hatte darum für Balázs physiognomische Qualität. Besonders im Film. »Eben weil im Film alles Innere an einem Äußeren zu erkennen ist, darum ist auch an allem Äußeren ein Inneres zu erkennen. Auch an der Schönheit.«[15] Die ganzheitliche Qualität der Ausdrucksgebärde führt Balázs zu einem Grundbegriff für das Verständnis des Films, dem Postulat vom »visuellen Kontinuum«[16]. Die Bilder des Films hätten sich in einem eigenen Medium der Handlung zu entwickeln. Balázs erklärt dazu:

> *Eine in Worten gedachte Erzählung wird nämlich viele Momente überspringen, die im Bild nicht zu überspringen sind. Das Wort, der Begriff, der Gedanke sind zeitlos. Das Bild aber hat eine konkrete Gegenwart und lebt nur in dieser. In Worten liegt Erinnerung, man kann mit ihnen auf Ungegenwärtiges hinweisen und anspielen. Das Bild aber spricht nur für sich selbst.*
>
> *Darum fordert der Film, besonders bei der Darstellung von seelischen Entwicklungen, eine lückenlose Kontinuität der sichtbaren Einzelmomente. Er muß aus dem ungemischten Material der reinen Visualität herausgearbeitet sein.«[17]*

Alles habe sich dem visuellen Kontinuum zu unterwerfen, eine lückenlose Kontinuität sichtbarer Einzelmomente zu bieten, sich damit folglich in einen sinnlich nachvollziehbaren Gesamtzusammenhang zu stellen, in dem es auch für die Einzelgebärden einen

Zusammenschluß zu einer Ausdrucksbewegung insgesamt geben muß. Dem entspricht Balázs' Auffassung von »Bilderführung«.

»Jedes Bild muß unserer Ahnung eine Richtung geben, unsere Neugierde orientieren. Wir müssen von vornherein wissen, <u>wo</u> wir etwas zu erwarten haben, damit eine Spannung entsteht.

Mit der Richtung der Bilder, die sich oft aus einer einzigen Gebärde, aus einem stummen Blick ergeben kann, wird in einem guten Film der Konflikt des letzten Aktes schon im ersten angedeutet, und die erste Szene stellt schon die Fragen, die in der letzten beantwortet werden. Auf die Richtung dieser von vornherein eingestellten Neugierde werden die Bilder dann aufgefädelt. Fehlt diese, dann fallen sie auseinander wie eine aufgelöste Perlenschnur. Denn die Richtung der Bilder ist das einzige, was über sie hinausweist und was zur Komposition und zum Aufbau eines Ganzen verwendet werden kann.«[18]

Wie sich an dieser Textstelle zeigt, hat der Inhalt des Begriffs »Bilderführung« sowohl Gemeinsamkeiten mit dem der Montage, der Fabelführung wie auch des Stils. Er ist auf jeden Fall auf Ganzheitlichkeit des Kunsterlebnisses und der ihm zugrundeliegenden Komposition ausgerichtet. Bilderführung betrifft Bilder, doch mit ihnen Ausdrucksbewegung, die dort erfaßt ist, Gebärde. Über Sprachgebärde und Gebärdensprache heißt es:

»Darf man die Ausdrucksbewegung und überhaupt das Visuelle als ganz spezielles Material der Filmkunst betrachten? Der Schauspieler auf dem Theater spielt ja auch mit seinem Körper, und die Dekorationen der Bühne sind für das Auge da.

Doch es sind andere Mienen und andere Gebärden, die der sprechende Schauspieler hat. Sie drücken nur den Rest aus. <u>Was gesagt werden soll</u>, aber in die Worte nicht mehr hineingeht, das wird mit den Gesichtsmuskeln und den Händen noch dazugegeben.

Das Mienenspiel im Film ist jedoch keine Drangabe und kein Restzusatz, und dieser Unterschied bedeutet nicht nur, daß die Filmgebärde ausführlicher und deutlicher ist, sondern daß sie in einer ganz anderen Sphäre liegt. Denn der Sprechende fördert eine andere Schicht der Seele ans Licht als zum Beispiel der Musiker oder der Tänzer. Auf die Sprache eingestellt, kommen seine Gesten, mit denen er die Worte begleitet, von dort, woher seine Worte kommen. Als optische Erscheinung mögen sie den Gebärden des Tänzers noch so ähnlich sein, es ist ein anderer Geist,

den sie enthalten. Die Gebärden des Sprechers haben denselben Seelenin-
halt wie seine Worte, denn die Dimensionen der Seele lassen sich nicht
mischen. Sie meinen bloß Worte, die noch ungeboren sind.«[19]

In einem kleinen Aufsatz von 1923, »Physiognomie« betitelt, hatte
Balázs geschrieben: »Jedes Gesicht hat nämlich eine feste Physiognomie, die wir so wenig verändern können wie die Farbe unseres
Auges, und innerhalb dieser festen Physiognomie gibt es die sich
ständig verändernde Mimik. Das Verhältnis beider zueinander,
der Kampf miteinander, zeigt alles auf: Seele, Charakter, Schicksal.«[20]

Dem Mienenspiel als Realisierung von Mimik unter besonderen
Bedingungen des Films wird von Balázs eine wichtige Rolle im
Rahmen der Ausdrucksbewegung des Films zugeschrieben. Das
Mienenspiel wird dabei ganzheitlich gesehen, auch im Sinne des
visuellen Kontinuums.

»In irgendeinem Film schaut Asta Nielsen zum Fenster hinaus
und sieht jemanden kommen. Ein tödlicher Schreck, ein verstei-
nertes Entsetzen erscheint auf ihrem Gesicht. Doch sie erkennt
allmählich, daß sie schlecht gesehen hat und der sich Nähernde
kein Unglück, sondern im Gegenteil größtes Glück für sie bedeutet. Und aus dem Ausdruck des Entsetzens wird langsam, allmählich durch die ganze Skala von zagem Zweifeln, banger Hoffnung,
vorsichtiger Freude hindurch die Ekstase des Glücks. Wir sehen
dieses Gesicht etwa zwanzig Meter lang in Großaufnahme. Wir
sehen jeden Zug um Augen und Mund sich einzeln lösen, lockern
und langsam verändern. Minutenlang sehen wir die organische
Entwicklungsgeschichte ihrer Gefühle und nichts weiter. Ja, das ist eine
Geschichte, die wir sehen. Das ist spezielle Filmlyrik, die eigentlich eine Epik der Empfindungen ist.«[21]
Über das Tempo der Gefühle heißt es:
»Lilian Gish in ›Mädchenlos‹ spielt ein verführtes, vertrauensse-
liges Mädchen. Als der Mann ihr sagt, daß er sie genarrt und be-
trogen hat, da kann sie ihren Ohren nicht trauen. Sie weiß, es ist
wahr, und will glauben, es sei nur ein Scherz. Und im Ablauf von
fünf Minuten lacht sie und weint sie abwechselnd mindestens
zehnmal hintereinander. ·

Die Stürme zu beschreiben, die über dieses kleine, bleiche Gesichtchen jagen, brauchte man viele gedruckte Seiten. Diese zu lesen, würde viel Zeit in Anspruch nehmen. Aber das Wesen dieser Empfindungen liegt gerade im irrsinnigen Tempo ihres Wechsels. Das Wesen der Wirkung dieses Mienenspiels liegt darin, *daß es das Originaltempo der ausgedrückten Gefühle darstellt.*

Das ist auch etwas, wozu das Wort nicht fähig ist. Denn die Beschreibung eines Gefühlsmomentes hat immer eine andere Dauer als dieses selbst. Der Rhythmus unserer inneren Bewegtheit muß in jeder literarischen Darstellung verlorengehen.«[22]

Ausdrucksbewegung als Vermittlung von Gefühlsregungen wird dabei an die besonderen technischen Bedingungen des Films geknüpft.

»Die Großaufnahme ist die technische Bedingung der Kunst des Mienenspiels und mithin der höheren Filmkunst überhaupt. So nahe muß uns ein Gesicht gerückt sein, so isoliert von aller Umgebung, welche uns ablenken konnte (auch eine technische Unmöglichkeit auf der Bühne), so lange müssen wir bei seinem Anblick verweilen dürfen, um darin wirklich lesen zu können. Der Film fordert eine Feinheit und Sicherheit des Mienenspiels, wie es sich der Nur-Bühnenschauspieler nicht träumen läßt. Denn in der Großaufnahme wird jedes Fältchen des Gesichtes zum entscheidenden Charakterzug, und jedes flüchtige Zucken eines Muskels hat ein frappantes Pathos, das große innere Ereignisse anzeigt. Die Großaufnahme eines Gesichtes, sehr häufig als Schlußeffektbild einer großen Szene gebracht, muß ein lyrischer Extrakt des ganzen Dramas sein. Wenn so ein plötzlich für sich allein erscheinendes großes Gesicht nicht sinnlos aus dem Rahmen fallen soll, dann müssen wir in seinen Zügen die Zusammenhänge mit dem Drama erkennen. Es wird sich in ihm reflektieren, wie sich auch in einem kleinen Teich alle großen Berge spiegeln, die ihn umgeben. Auf dem Theater ist selbst das bedeutendste Gesicht immer nur als ein Element im Ganzen des Dramas enthalten. Auf dem Film aber, wenn sich in der Großaufnahme ein Gesicht auf die ganze Bildfläche ausbreitet, wird für Minuten das Gesicht ›das Ganze‹, in dem das Drama enthalten ist.«[23]

Zweifellos war Balázs einer der ersten, der die Bedeutung der Großaufnahme im Film ausführlich gewürdigt hat; seine Leistung besteht aber u. a. darin, daß er dieses »eigenste Gebiet des

Films«[24] im Hinblick auf die spezifische Ausdrucksbewegung untersuchte, die sie ermöglichte.

Die Gebärde, von ihm als Domäne des Darstellers behandelt, wird damit deutlich zum Kriterium auch für Regiearbeit. »Die Großaufnahme, sie ist der tiefere Blick, sie ist die Sensibilität des Regisseurs«[25], postuliert der Autor. Die Konzeption vom sichtbaren Menschen erstreckt sich derart auch auf die Darstellung von Massenszenen.

> *»Die Gestalten und Physiognomien der menschlichen Sozietät wurden in den individualistischen Künsten bisher nie sichtbar. Und das lag nicht nur am Technischen. Die Gesellschaft als solche wird in unserer Zeit immer bewußter, ihre Physiognomie sichtbarer. Darum ist sie auch im Bild eher darzustellen. Denn auch die Bewegung der Masse ist Gebärde wie die des Einzelmenschen. Wir haben sie bisher nicht gekannt, obwohl wir sie mitmachten. Und die Bedeutung der Massengebärde ist uns noch geheimnisvoll. Aber der gute Regisseur fühlt unbewußt ihren Sinn.*
> *Um aber deutliche Gebärden zeigen zu können, darf eine Masse nicht konturlos, chaotisch-amorph sein. In einem guten Film wird die Menge in ihren Gruppierungen und Bewegungen bis ins Kleinste ›durchkomponiert‹ sein. (…) Die lebendige Physiognomie der Menge, das Mienenspiel des Massengesichtes, wird der gute Regisseur aber nur in Großaufnahmen zeigen können, durch die er den Einzelmenschen doch nie ganz verschwinden und vergessen lassen wird. Dann wird die Masse kein dumpfes, totes Element werden wie ein Steingeröll oder ein Lavastrom.«*[26]

Das menschliche Individuum steht mit seiner Ausdrucksbewegung stets in einer konkreten Lebenssituation, die ihr ein Umfeld schafft, welches auch visueller Natur ist. Laut Balázs werde dieses Umfeld auf glückliche Weise von halbtotalen oder halbnahen Einstellungen, »Sekundärplanbildern«, berücksichtigt.

> *»Die Sekundärplanbilder (…) geben nur einen Ausschnitt. Sie zeigen nur die unmittelbare Umgebung der Spieler, und indem sie den Rahmen des Bildes enger ziehen, machen sie es möglich, daß der Mensch es mit seiner seelischen Ausstrahlung sozusagen selbst beleuchten kann. Das Milieu wird zur sichtbaren ›Aura‹ des Menschen, zu seiner über die Konturen des Körpers erweiterten Physiognomie. Das Mienen- und Gebärdenspiel des Menschen bleibt überwiegend über das der Dinge, und sein Gesichtsausdruck wird jenes der Dinge deuten. Denn letzten Endes kommt es*

doch nur auf den Menschen an. Und bedeutsam werden die Mienen der Dinge nur insofern, als sie eine Beziehung zum Menschen haben.«[27]

Nichtsdestoweniger: »Das ist eine starke Atmosphäre, die im Film durch die *große Rolle und Bedeutung der sichtbaren Dinge entsteht.«*[28] Darum ist auch die Landschaft, sei sie als unberührte Natur oder als Industriegegend vor der Kamera, im Film mit Ausdrucksbewegung verbunden.

»Aber nicht jedes Stück Land ist schon Landschaft. Die objektive, die natürliche Natur ist es nicht. Landschaft ist eine Physiognomie, ein Gesicht, das uns plötzlich an einer Stelle der Gegend wie aus den wirren Linien eines Vexierbildes anblickt. Ein Gesicht der Gegend mit einem ganz bestimmten, wenn auch undefinierbaren Gefühlsausdruck, mit einem deutlichen, wenn auch unfaßbaren Sinn. Ein Gesicht, das eine tiefe Gefühlsbeziehung zu Menschen zu haben scheint. Ein Gesicht, das den Menschen meint. Diese Physiognomie aus dem Vexierbild der Natur herauszufinden, zu umrahmen, zu betonen, ist die Sache der stilisierenden Kunst. Einstellung des Apparates, Auswahl der Motive und der Beleuchtung oder der künstlichen Beleuchtung sind das Menschenwerk, das in die objektive Natur eingreift, um jene subjektive Beziehung zu ihr zu schaffen, auf die es ankommt. Denn für die Kunst kommt nur das Beseelte in Betracht. Beseelt ist aber nur, was einen Sinn, und zwar einen menschlichen Sinn ausdrückt.«[29]

Das berührt Kriterien für Regiekunst. »Der Regisseur kann also nicht wählen zwischen einer sachlich-objektiven und einer physiognomisch-bedeutsamen Darstellung der Dinge, sondern nur zwischen einer Physiognomik, die er beherrscht und bewußt nach seinen Absichten benützt, oder einer, die, dem Zufall überlassen, ihm wider alle Striche läuft. Die Töne klingen, ob er will oder nicht, und er *muß* sie zu sinnvoller Musik gestalten, sonst werden sie zu verwirrendem Geräusch.«[30]

Obwohl Balázs in diesem Zusammenhang von einem »Pansymbolismus«[31] spricht, der da walte und sich durchsetze, macht er doch durchaus auf die Dialektik aufmerksam, die sich bei der Herausarbeitung der Ausdrucksbewegung im konkreten Falle zeigt.

»Der Gesichtsausdruck ist überhaupt polyphoner als die Sprache«, heißt es. »Das Nacheinander der Worte ist wie das Nacheinander der Töne einer Melodie. Doch in einem Gesicht können die verschiedensten Dinge *gleichzeitig* erscheinen wie in einem Akkord, und das Verhältnis dieser verschiedenen Züge zueinander ergibt die reichsten Harmonien und Modulationen. Das sind die Gefühlsakkorde, deren Wesen eben in der Gleichzeitigkeit besteht. Diese aber ist mit Worten nicht auszudrücken.

Pola Negri spielte einmal Carmen. Sie kokettiert mit dem trotzigen José und ihre Mienen sind froh und unterwürfig zugleich, denn es tut ihr wohl, sich ein wenig demütigen zu müssen. Doch im Moment, da José ihr zu Füßen fällt und sie die hilflose Schwäche des Verliebten sieht, wird ihr Gesicht *überlegen* und *traurig* zugleich, und zwar in einer einzigen Miene, in der diese verschiedenen Elemente nicht auseinanderzuhalten sind und sozusagen aufeinander abfärben. Es ist die schmerzliche Enttäuschung, die stärkere zu sein.«[32]

Die von Balázs dem Film gelegentlich nachgesagte Flächigkeit und Einschichtigkeit schließt für ihn darum nicht aus, daß dort hinter den obenauf sichtbaren Abläufen ein anderes, verborgenes Geschehen vonstatten geht und in seiner Bedeutung zu ahnen ist:

»*Da das Bild nicht durchblicken läßt wie das Wort, muß jenes zweite Geschehen als Parallele auch auf die Oberfläche der Sichtbarkeit gebracht werden. Im Gemeinsamen ist das Gesetz und im Gesetz der tiefere Sinn, der sich, wie* eine *Wurzel vieler Zweige unter der Oberfläche verbirgt. Der Film hat keine philosophischen Worte, ihn ans Licht zu sagen. Er wird ihn im gemeinsamen Kreuzpunkt verschiedener Schicksalslinien aufzeigen.*«[33]

Michail Jampolski weist in seiner Darstellung über »Die Geburt einer Filmtheorie aus dem Geist der Physiognomik« darauf hin, daß Balázs das Wesen der filmischen Semantik mit der Bewegung der Sinnschichten in Zusammenhang bringe.[34] Und er resümiert: »Balázs hatte offenbar in vielerlei Hinsicht Recht, als er das Gesicht zum Modell der Filmsprache erhob. Denn gerade das Gesicht vereinigt im Labyrinth seiner Mimik äußere und innere Bedeutungen, d. h., es funktioniert teilweise wie der Film. Im Film erzeugen die kompliziert organisierten spiegelartigen Montagestrukturen, die den Sinn ständig nach außen lenken (zum Zuschauer, in den außerhalb des Bildes existierenden Raum), eine Illusion der Entstehung des Sinns von innen her, aus dem ununterbrochenen sprudelnden Quell physiognomischer Texte, die seinen Träger darstellen. Das Auftragen von Reflexivem und aus der Tiefe Kommendem, von Äußerem und Innerem erzeugt im Film jene Vielschichtigkeit, die Balázs (den Physiognomisten der Vergangenheit folgend) für die Grundlage der Filmsemantik hielt.«[35] Das heutige Entwicklungsniveau der Filmtheorie, so heißt es weiter, mache zwar die Unmöglichkeit einer einseitigen Interpretation der Filmsemantik in den Kategorien der Physiognomik offensichtlich, was Ende der zwanziger Jahre auch Balázs begriffen habe, aber immer evidenter werde auch die »Partikularität« der reinen Montagetheorien vom Sinn. Man könne nur hoffen, daß in künftigen theoretischen Systemen beide Herangehensweisen als sich gegenseitig ergänzende begriffen würden, und daß in diesem Kontext die frühen Arbeiten von Balázs den ihnen gebührenden Ehrenplatz einnehmen dürften.[36] Diesem Hinweis Jampolskis, den Wert von Balázs' gleichsam antilinguistischem Konzept für heute betreffend, kann man nur zustimmen. Denn Sinnbildung im Film wird ja gegenwärtig fast ausschließlich auf der Grundlage von Analogien zur Sprache (bedeutungtragende Einheiten, System von Oppositionen usw.), also in Weiterentwicklung eines Montagekonzeptes, untersucht, was zweifellos einseitig ist und nicht ausreicht. Balázs hat das vorgestellte Konzept in seinen späteren Arbeiten nie aufgegeben. Er hat den Grundgedanken von der Ausdrucksbewegung im Film dort eigentlich nur etwas relativiert und an die Vielfalt der Erscheinungen der Kinematographie anzupassen versucht.

Dem Tonfilm stand er dabei durchaus aufgeschlossen gegenüber, obschon er an den frühen Beispielen dazu kaum mehr als Geräusch-Untermalung sichtbarer Begebenheiten entdecken konnte. Der stumme Film habe seinerzeit neue Seiten der Welt entdeckt, der Tonfilm könne darin fortfahren, schrieb er.

»Der Tonfilm (das Sprechen ist das Unwichtigste und vielleicht auch das Störendste dabei) soll und wird unsere akustische Umwelt entdecken, die Stimmen der Dinge, die intime Sprache der Gegenstände und der Natur. Alles, was außerhalb unserer menschlichen Dialoge mitspricht in der großen Lebenskonversation und unser Denken und Fühlen ununterbrochen tief beeinflußt, ohne daß wir bisher darauf achteten. (...) Er wird uns

lehren, die Partitur des vielstimmigen Lebensorchesters zu lesen, und wir
werden die besonderen Stimmcharaktere der einzelnen Dinge als Offen-
barungen besonderen Lebens erkennen. Es heißt: ›Kunst ist Erlösung
vom Chaos‹. Nun, der Tonfilm kann und wird uns einmal die Erlösung
vom Chaos des Lärms bringen. Weil er ihn als Ausdruck erfassen wird:
als Bedeutung und Sinn. Und erst wenn er uns diese intimen Einzellaute
herausheben und nahebringen kann, erst wenn er akustische Großauf-
nahmen dazwischenschneiden und Tonmontagen machen kann, dann erst
wird der Tonfilm zur wirklichen Kunst. (...) Er wird mit den Stimmen
der Dinge selbst sprechen.«[37]

Die hier in einem Artikel, »Tonfilm« betitelt, vertretenen Positionen von 1929 finden sich in dem zweiten filmtheoretischen Buch
»Der Geist des Films« von 1930 wieder.[38]

Das Tonkonzept ist für Balázs ebenfalls vornehmlich Ausdruckskonzept. Die verbalen Anteile werden von ihm dabei in
ihrer Bedeutung stark in Abrede gestellt, und man muß das sicher
auch polemisch verstehen in einer Zeit, da das Wort in die
stumme Kunst Film einbrach. Wolfgang Gersch urteilt hierzu treffend:

»›Der Ton des Menschen ist uns im Film interessanter als das,
was er sagt. Auch beim Dialog wird der akustisch-sinnliche Eindruck ausschlaggebend sein, nicht das Inhaltliche‹.[39] Selbst die
›Wahrnehmung der irrationellen seelischen Wirklichkeit‹ dabei
betonend, ist Balázs hier ein veritabler Idealismus nachweisbar.
Nützlicher dürfte es sein, im Abwerten des ›verstandes- und ver-
nunftgesteuerten Sprechens‹ auch ein filmästhetisches Engagement zu sehen, das auf eine spezifische, vom Theater unterschie-
dene künstlerische Vermittlung zielt. Denn Balázs macht auf die
so wesentliche nonverbale Kommunikation aufmerksam, auf das
nur dem Film mögliche intime Abbild des Mienen- und Gebär-
denspiels, auf die ›Tonfilm-Nahaufnahme‹, die ›Intonation, die
Betonung, das Timbre, das verdeckte Mitklingen, das unbeabsich-
tigt und unbewußt ist.‹[40] Wiewohl Balázs diese ›Tonschattierun-
gen‹, die mehr bedeuten können, als der Dialog aussagt, immer
überbetont hat, fordert er eine Tiefensicht, ohne die Kunst nicht
sein kann.«[41]

Dergestalt ist »Der Geist des Films« nicht nur eine »Nachtheorie« zum Stummfilm, obschon der Autor eingangs durchaus bekennt, daß es ihm auch darum gegangen sei. Denn zu den Ausdrucksbewegungen des Bildes gesellt sich als zusätzliche Komponente die des Tons, wobei die Feinheiten dort nicht minder zählen als das Offenkundige.

Unter der Überschrift »Die produktive Kamera« beantwortet Balázs die Frage, wodurch der Film zu einer so ganz besonderen Ausdrucksform werde.

>*Was ist es, was die Kamera nicht reproduziert, sondern selber schafft?*
Wodurch wird der Film zu einer besonderen Sprache?
Durch die Großaufnahme.
Durch die Einstellung.
Durch die Montage.
Aus der mikroskopischen Nähe, in der uns die Großaufnahme die Dinge zeigt, können wir sie natürlicherweise >in Wirklichkeit< niemals sehen.
Durch den besonderen Ausschnitt, durch die besondere Perspektive der Einstellung erscheint erst im Bilde der subjektive Deutungswille des Regisseurs.
Erst in der Montage, im Rhythmus und im Assoziationsprozeß der Bildfolge erscheint das Wesentliche: die Komposition des Werkes. Da sind die Grundelemente jener optischen Sprache, die wir nun einzeln analysieren wollen.«[42]

Der Film habe vor allem die fixierte Distanz des Zuschauers aufgehoben; jene Distanz, die bisher zum Wesen der sichtbaren Künste gehört hätte.[43] Und der Autor verweist dann einmal mehr auf das Physiognomische, das dabei freigelegt werde. Seit dem Anfang der zwanziger Jahre sei die Kamera noch näher ans Gesicht gerückt. »Dadurch haben wir die Ausdrucksnuancen mit solcher Präzision erfaßt (und verstehen gelernt!), daß in den modernen Filmen mimische Dialoge von der Dauer eines ausführlichen Gesprächs möglich und üblich geworden sind. Die innere Handlung, die nur an den Gesichtern zu sehen ist, interessiert heute mehr als jene, die in äußerer Bewegung sich kundtut.«[44]

Balázs beobachtet, wie sich der Film etwas aneignet, was er »Mikrophysiognomie« nennt.

»Und siehe: innerhalb des Gesichtes zeigen sich Teilphysiognomien, die ganz anderes verraten, als der Gesamtausdruck vermuten läßt. (...) Wie edel und schön noch in der Großaufnahme ist das Gesicht des Popen in Eisensteins ›Kampf um die Erde‹ (gemeint ist »Die Generallinie«/»Das Alte und das Neue« – P. W.). Aber einmal nur die Augen allein, und die schlaue Gemeinheit, die unter den Wimpern verborgen war, kommt zum Vorschein. Aber auch im häßlichen Gesicht entdeckt die Kamera den kaum sichtbaren Zug der Zartheit und Güte. Sie durchleuchtet die Vielschichtigkeit der Physiognomie.«[45]

Und immer wieder sind es Bewegungen, Prozesse im Mienenspiel, die den Autor interessieren, und die er an einzelnen Beispielen demonstriert.

Analoges versucht er in dem Abschnitt »Die produktive Tonkamera« im Hinblick auf die akustische Seite des Films. Natürlich muß er dort noch eher bei Postulaten stehenbleiben. Erst in seinen Büchern aus den vierziger Jahren wird das Beispielmaterial auch hierzu überzeugender, weil inzwischen mehr Beispielhaftes entstanden war.

Die letztgenannten Arbeiten bemühten sich übrigens etwas mehr um eine systematische Gliederung der dargestellten Aspekte als die beiden frühen Werke. Diese konnten vermutlich darum derart sensibel mit dem Gegenstand umgehen, weil sie bewußt skizzenhaft ausgeführt waren, obzwar sie alle Überlegungen um einen Grundgedanken gruppierten und einen durchgehenden Begründungszusammenhang herstellten. Durch Überschriften getrennte kurze Textteile gestatteten es dem Autor jedoch, »immer näher an die Dinge heranzugehen, bei ihnen zu verweilen und dann mit einem plötzlichen Schritt zum nächsten vorzugehen.«[46]

Es gehört zu den wertvollen Besonderheiten von Balázs' theoretischem Denken, daß er diese Verinnerlichung des Montageprinzips (Gersch) in der verbalen Darstellung nie aufgibt. Balázs war es wohl auch wichtig, für die Theorien zu der neuen Volkskunst Film einen volksverbundenen Sprach-Stil zu finden.

In seiner wissenschaftlichen Tätigkeit für den Film ist ein Engagement für eine neue, dem ganzen Volke zugängliche Kultur immer zu spüren gewesen. Schon 1922 hatte er seine filmkritische Tätigkeit bei der Zeitung »Der Tag« mit einer Rede auf die Massenkunst Film begonnen:

»Das Kino ist die Kunst, die Poesie, die Phantasie des Volkes geworden,

ein ausschlaggebendes Element der Volkskultur. (...) Vor allem aber ist der Film eine von Grund aus neue Kunst einer anhebenden neuen Kultur. (...) Ein Ausdrucksmittel des Geistes, das durch die grenzenlose Verbreitbarkeit seiner Technik so allgemein und so tief auf die Menschheit einwirken muß, hat sicherlich eine ähnliche Bedeutung wie seinerzeit die technische Erfindung Gutenbergs. (...) Die vielen Millionen Menschen, die allabendlich dasitzen und Bildern, wortlosen Bildern, zusehen, welche menschliche Gedanken darstellen, diese vielen Millionen Menschen sind dabei, eine neue Sprache zu lernen; die längst vergessene, jetzt neu entstehende (und zwar internationale) Sprache der mimischen Ausdrucksbewegung. (...) Vielleicht stehen wir bei den Anfängen einer neuen visuellen Kultur?« [47]

Jede Anschauung der Welt enthalte, so Balázs, eine Weltanschauung. Der Film sei als Produkt einer kapitalistischen Großindustrie entstanden und sehe vorläufig danach aus, trage deren Geist, schrieb er 1924, setzte jedoch hinzu: »Es muß aber nicht dabei bleiben.« [48]

Als Balázs nach der Befreiung Ungarns in seine Heimat zurückkehrte, konnte er eine intime Kenntnis der sowjetischen Kunstprobleme einbringen. Jene Einblicke, die er unter die Formel stellte »wie entsteht aus der Realität einer neuen Gesellschaft eine neue Kunst« [49], sind für die letzten Arbeiten entsprechend prägend. Es finden sich dort immer wieder Hinweise, eine sozialistische Volkskultur betreffend.

Rudolf Kurtz

Darstellung des expressionistischen Filmstils

Rudolf Kurtz wurde 1884 in Berlin geboren. Nach einem Studium der Germanistik, Philosophie und Nationalökonomie war er als Übersetzer und Publizist tätig; u. a. schrieb er Essays für die Zeitschrift »Aktion«. Ab 1913 arbeitete er als Dramaturg und später als Direktor bei der Film-firma »Union A. G.«, danach als Chefredakteur der »Lichtbildbühne«. 1926 erschien sein Buch »Expressionismus und Film«, seine einzige größere theoretisch-historische Abhandlung zum Film. In den dreißiger Jahren trat Kurtz als Verfasser von Lustspielen hervor.
Nach dem zweiten Weltkrieg gab er den »Nacht-Express« heraus, dessen Chefredakteur er bis 1953 war; 1960 starb er in Westberlin.

Das 1926 erschienene Buch »Expressionismus und Film« von Rudolf Kurtz kann als der erste umfassende Versuch angesehen werden, einen Zeitstil im Film darzustellen. Obschon es Werke des deutschen Filmexpressionismus betrachtet, deren Premiere bei der Abfassung des Manuskripts noch keine fünf Jahre her war, ist es bei aller Liebe zu seinem Objekt aus einem geistigen Abstand heraus geschrieben, wie es eher einer kulturhistorischen Abhandlung über ein längst abgeschlossenes Kapitel der Kunstentwicklung zukommt. In der Tat hielt der Autor den Filmexpressionismus Mitte der zwanziger Jahre auch für ein Stück Vergangenheit, und die Diskussion zu analogen Erscheinungen in der Literatur und den bildenden Künsten hatten sich wohl auch hinreichend mit expressionistischen Ausdrucksweisen befaßt, um gültige Verallgemeinerungen, die gesamte Richtung betreffend, zuzulassen.

Zeitstile zu beschreiben und zu klären ist eher eine Aufgabe der Kunsthistoriographie als der Theorie. Wenn das Buch von Kurtz hier dennoch zur Debatte steht, dann darum, weil es auf seine Weise der Theorie diente und sie herausforderte, indem es deren Instrumentarium bei der Untersuchung einzelner Werke und ganzer Gruppen von Filmen überprüfte und es für die Stilanalyse befähigte.

Stil als »materialisiertes Organisationsprinzip der Form«[1] differenziert zu erfassen und zu beurteilen, setzt dabei mehr als intuitive Einfühlung in ein bestimmtes Formengut voraus. Der dort artikulierte Zeitgeist will materialistisch erschlossen sein als geistige Produktion, soziale Psyche, Ideologie. Wie der Kunsthistoriker Aaron Gurjewitsch sagt, besitzt eine Kultur ein semantisches Grundinventar, das für alle Zeitgenossen verbindlich ist.[2] Zeitstile beziehen sich darauf. Der Stilbegriff »umfaßt nicht nur die Struktur der Visualisierung und Verräumlichung, sondern auch deren Funktion für die Bedeutungs- und Sinnschichten und für die Kommunikationsebenen«.[3] Ohne Beziehung auf den tätigen Menschen und seine Rolle in der Realgeschichte kommt man einer Stilbestimmung nicht bei, weil Kunst ja am Ende als Mittel verstanden werden muß, das Leben zu meistern und von dorther ihre Determination erfährt. Stilbestimmung bedarf darum ebenso der Kunsttheorie wie der Geschichtstheorie.[4] Für die erstere freilich ist sie ein ausgesprochenes Bewährungsfeld.

Die Abhandlung von Rudolf Kurtz, die den deutschen expressionistischen Film in die gesamte Kunstentwicklung jener Jahre zu stellen suchte, hatte entsprechende Prinzipien für Stiluntersuchung herauszufinden: Charakteristika allgemeiner Art waren zu erarbeiten, und sie mußten auf einzelne Gattungen und deren Zusammenwirken im Film in Anwendung gebracht werden, wobei es nicht nur um die Konstituierung eines Zeitstils, sondern auch um konkrete Personal- und Werkstile ging. In jeder Hinsicht bot das Buch Lösungsversuche und Anregungen, ohne diese unbedingt metatheoretisch zu reflektieren. Es praktizierte ganz einfach die Untersuchung mit Nachdruck und Akribie.

Doch zum Inhalt: Nachdem der Autor kurz über »Sinn des Expressionismus« und die »Weltanschauung« gesprochen hat, die dem Stil zugrunde liege, zeigt er in einem umfänglichen Kapitel, »Kunst« betitelt, wie Literatur, bildende Kunst, Architektur, Musik, Bühne, angewandte Kunst jeweils zum Expressionismus stehen, wobei ihm eine umfassende und treffende Beschreibung des Phänomens gelingt. Dies sowohl hinsichtlich der allen Gattungen gemeinsamen wie der spezifischen Momente. In einem Kapitel über »Film und Expressionismus« diskutiert er dann die Möglichkeiten und Ansatzpunkte, die durch die gattungseigenen Gestaltungsmittel des Films für eine expressionistische Darstellung gegeben sind, was im folgenden an einzelnen Beispielen genauer verifiziert wird. Neben sechs wichtigen Titeln des deutschen Filmexpressionismus kommen dort auch jene zur Sprache, die expressionistische Elemente aufweisen. Ein ganzes Kapitel unter der Überschrift »Absolute Kunst« ist den Arbeiten von Eggeling, Richter, Ruttmann, Léger und Picabia gewidmet, anhand derer Kurtz die konsequente Weiterführung bestimmter expressionistischer Bestrebungen nachzuweisen sucht, bevor er über den »Stil des expressionistischen Films« zusammenfassend reflektiert und auch in einem Schlußkapitel die »Grenzen des expressionistischen Films« in Augenschein nimmt.

Zu Beginn seines Buches macht Rudolf Kurtz darauf aufmerksam, daß man über eine zuverlässige Bestimmung dessen, was unter Expressionismus zu verstehen sei, nicht verfüge, und er verzichtet selbst auf eine Definition, erklärt Besonderheiten des Zeitstils indes aus Gegenpositionen zum Impressionismus. Die Kunsthistoriker Richard Hamann und Jost Hermand haben später über den Expressionismus geschrieben: »Ein so komplexes Gebilde wie der Expressionismus läßt sich nur dann verstehen, wenn man stets die innere Dialektik seiner Widersprüche im Auge behält. Diese Widersprüche gehören nun einmal zu seinem Wesen. Denn gerade in der Überspitztheit dieser Revolte, die manchmal fast groteske, ja absurde Züge annimmt, kommt neben dem Sinnlosen auch das Sinnvolle der expressionistischen Forderungen zum Durchbruch, das heißt sowohl ein neues Ethos der Produktivität als auch der unstillbare Wunsch nach einer unverkürzten menschlichen Existenz, die nicht mehr von politischer Knechtung, wirtschaftlicher Ausbeutung und erotischem Triebverzicht gezeichnet ist.«[5]

Kurtz hat durchaus manche dieser Widersprüche erkannt und bezeichnet, eine differenzierte Darstellung und Bewertung der wichtigsten sozialen Kräfte, die hier agierten, unterblieb jedoch, da sie ohne materialistisch-dialektische Sicht auf den Gesamtprozeß der Geschichte mit ihren Klassenauseinandersetzungen schwerlich zu erreichen waren. Von bürgerlichen Positionen her kommend, faßt der Autor den Zeitgeist, den er für die Kunstrichtung verantwortlich macht, eher abstrakt-idealistisch, wenn er schreibt: »Es liegt in dem stark Willentlichen der expressionistischen Haltung, in ihrem konstruktiven Charakter, daß er für Gedankenkreise besonders ausdrucksfähig ist, die auf starkes Erfassen, Umbilden, Neuformen bedacht sind. Hierzu kommt seine dekorativ-revolutionäre Erscheinungsform, die sich allem Konventionellen entgegenstellt und damit zwanglos jeder revolutionären Absicht anpaßt.«[6]

Der Zusammenhang zwischen großen sozialen Bewegungen und bestimmten Intentionen des Stils wird hier zwar hergestellt, es ist jedoch eine illegitime Vereinfachung, wenn der Autor die junge Sowjetkunst aufgrund bestimmter gestalterischer Merkmale, die sie mit expressionistischen Werken im westlicheren Europa gemeinsam hat, kurzerhand als einen zur offiziellen Kunst gewordenen Expressionismus ansieht, deren Lebensgefühl in diesen Ländern in abgeschwächter Form zum Ausdruck käme, einem Lebensgefühl, dem der expressionistische Film dort sein Dasein verdanke.[7] Die komplizierten politischen, sozialpsychologischen und künstlerischen Prozesse verlangen hier eine differenzierte Darstellung der Erscheinung in ihrer ganzen Widersprüchlichkeit. So gibt »Expressionismus und Film« zwar keine überzeugende Erklärung des Stils, wohl aber eine treffende Beschreibung des Phänomens. Bemerkenswert daran ist, daß ebenso die Wechselbeziehungen zwischen den verschiedenen Kunstgattungen systematisch berücksichtigt werden wie auch die zwischen unterschiedlichen Gestaltungsmitteln oder -komponenten innerhalb einer filmischen Gesamtkomposition. Kurtz arbeitete unablässig Invarianten des – übersteigerten, nicht auf Kopie des Lebens gerichteten – Ausdrucks heraus. Er hielt sich dabei an einen Hinweis von Matisse, der in seinen »Notizen eines Malers« geschrieben hatte: »Vom Standpunkt der Subjektivität haben wir den Gedanken, die Natur durch ein Temperament gesehen, ersetzt durch die Theorie des Äquivalents oder des Symbols. Wir stellen das Gesetz auf, daß die Empfindungen und Seelenzustände, die durch einen bestimmten Vorgang hervorgerufen werden, dem Künstler Zeichen oder plastische Äquivalente vermitteln, durch die er imstande ist, die Empfindungen und Seelenzustände so zu reproduzieren, ohne daß es notwendig sei, eine Kopie des eigentlichen Schauspiels zu geben.«[8] Kurtz suchte die erwähnten Zeichen oder plastischen Äquivalente in den einzelnen Werken auf, beschrieb dann das ihnen Gemeinsame und interpretierte es inhaltlich in jener weiter oben bezeichneten Richtung. Daß Film sich dem Expressionismus öffnen könnte, obschon er aufgrund seiner Herkunft von der Fotografie Kunstformen hervorbringe, die »am wenigsten Kunst und am meisten Natur zu sein«[9] schienen, erklärt Kurtz aus einer Paradoxie dieses Mediums:

> *Die Kunstform des Films ist so streng, daß jede photographische getreue Aufnahme aus der täglich erlebten Wirklichkeit ihren Rahmen sprengen würde. Der Regisseur holt seine Darsteller so weit vom Leben weg, als er nur irgend kann. Je naturalistischer ein Film wirkt, je mehr ›Lebensechtheit‹ er beansprucht, um so kunstvoller ist sein Aufbau. Daß diese Grundsätze der Gestaltung zumeist im Unbewußten verlaufen, ist für die kritische Betrachtung unwesentlich.«[10]*

Der Schein der Naturwahrheit müsse als Anspruch immer gewahrt bleiben, und damit sei für den Regisseur stets eine Grenze der Formung markiert, dennoch bleibe ein großer Freiraum, den die spezifischen Kunstmittel erschlössen:

> *Es läßt sich nicht leugnen, daß dem erzielten Resultat nach der Film Anspruch auf vollendeten Naturalismus macht, ohne daß damit etwas über die Mittel seiner Erzielung ausgesagt ist. Es liegt in dem industriellen Charakter der Kinematographie beschlossen, daß diese ›Naturwahrheit‹ die unumgängliche Voraussetzung für den Film überhaupt ist. Aber es darf dabei nicht vergessen werden, daß diese Naturwahrheit sozusagen in Anführungsstrichen steht, daß sie ein vollkommenes Kunstprodukt, daß sie Stil ist. Darum darf der Film alle Mittel verwenden, die zu diesem Resultat führen, gleichgültig, ob sie der Natur entnommen sind oder nicht. Der Film steht also dem Expressionismus in voller Freiheit gegenüber, sofern dieser nicht prinzipiell naturentgegengesetzt ist und soweit er dazu dienen kann, bestimmte Qualitäten der Naturerscheinung einprägsamer zu verwirklichen.«[11]*

Kurtz argumentiert: Das Leben sei nicht ein Durcheinander von verschiedenartigen Erscheinungen, der Mensch fühle sich vielmehr in diese Welt ein, erlebe rein gefühlsmäßig Intensitäten der Vorgänge. Der Stimmungsgehalt der Natur lasse sich dann gleichsam auch als Ausgangspunkt der filmischen Gestaltung betrachten. Der psychologische Zustand der natürlichen Gegebenheiten müsse quasi mitfotografiert werden.

>*Hier öffnet sich die Tür zum Expressionismus. Denn gerade dieser geheimnisvolle Gefühlscharakter der Umwelt: Tiefengefühle, Bewegungsvorstellungen, Kraftempfindungen, Intensitätsstärken ist das eigentliche Material seiner Gestaltung. Der Filmmann wird allerdings nur zu expressionistischen Mitteln greifen, wenn er nicht hoffen kann, mit konventionellen Darstellungsmitteln die geistigen Beziehungen auszudrücken, die er für den ›Wirklichkeitsgehalt‹ seines Films für unerläßlich hält. Dieser Fall wird besonders stark eintreten, wenn der Stoff des Films bereits Elemente enthält, die in der Tageswirklichkeit nicht vorzufinden sind, ja, daß die Wirkung des Werks sich von dieser Seltsamkeit und diesem Geheimnis abhängig macht. Tagesabgewandte Stoffe fordern abstrakte Ausdrucksmittel.*‹[12]

Aufschlußreich ist, wie Kurtz, der seinen Gegenstand ohne Zweifel liebt, im Anschluß daran urteilt: »Der Expressionismus im Film wird seiner ganzen Bedingtheit nach immer ein Kompromiß sein. Er ist eine Annäherung im Extérieur, wenn man so sagen darf, die so wenig wie möglich abzuschrecken sucht.«[13] Indes: Auch in der Verdünnung sei die ursprüngliche Kraft noch revolutionierend genug wirksam!

Architektur, Technik, Kamera und Beleuchtung hätten im Film jeweils spezifische Chancen, die »notwendige grundlegende ›Einstellung‹ des Zuschauers«[14] zu erzeugen, die ihn aus dem Alltag in eine Kunstwelt führe. Es müsse dabei freilich immer eine »Logik des Gefühls« dafür sorgen, daß ein psychologisches Verstehen gewährleistet sei. Es ist interessant, daß Kurtz für ein solches Verstehen eine besondere psychische Disposition größerer Zuschauermassen für günstig hält: Geschichtlich sei dies die Periode um 1919 gewesen, eine Zeit, als »ein Weltgefühl, aufgipfelnd in einer radikalen Umformung der bestehenden Erde«[15], sich von Rußland her nach dem Westen ausgebreitet habe.

Die Geschichte des expressionistischen Films in Deutschland sei freilich ohne rechte Perspektive gewesen und eher die Geschichte einer Reihe von Wiederholungen. Ihr großartiger Anfang sei nie mehr übertroffen worden. Gemeint ist damit natürlich Robert Wienes Film »Das Cabinett des Dr. Caligari« von 1920, dessen Gelingen Kurtz u. a. darauf zurückführt, daß sich dort die künstlerischen Intentionen von Regisseur und Autor zu einer Einheit zusammengefunden hätten. Anhand der ausführlichen Beschreibung des Films, die im Buch gegeben wird, läßt sich nachvollziehen, wie sich die einzelnen Gestaltungskomponenten zum Stil verhielten. Dem Filmszenarium käme, so Rudolf Kurtz, eine äußerst wichtige Rolle zu, den Stil zu formulieren.

> *»Grundlage des expressionistischen Films wird also nicht das normale Manuskript sein können, weil seine Führung durch psychologische Mittel entscheidend beeinflußt ist. Der expressionistische Film aber stellt als Bedingung seiner Existenz einen Lebensraum her, der grundsätzlich verschieden ist von dem der gelebten Welt. Diese Distanz zum täglichen Dasein wird das expressionistische Filmmanuskript mitbringen müssen, wenn anders es sinngemäß verwirklicht werden soll.*
>
> *Die Mittel, um diese Voraussetzungen herzustellen, wandeln sich ab. Gewöhnlich drängt sich das Geheimnisvolle als Atmosphäre des Manuskripts auf: als die zugänglichste Form der Lebensferne. Das rohstofflich Seltsame ist das gangbarste Surrogat für eine Steigerung des Daseins in eine Höhe, in der die täglichen Erlebnisse ihren eigentlichen Ton verlieren und nur noch als Sinn, Form und Schicksal erscheinen.«*[16]

Carl Mayer, der Autor des »Caligari«-Films, habe (gemeinsam mit Janowitz) aus dieser Einstellung heraus geschrieben. Die Filmstory gebe ein Schicksal außerhalb des Tages; Wahnvorstellungen eines Irren legitimierten einen spezifischen Ausdruck. Mayer sorge indes dafür, daß der Stoff dann seine mechanische Abenteuerlichkeit verliere.

> *»Der äußere Vorgang dampft sich ein, verwandelt sich in dynamische Spannung, die Sparsamkeit der Handlung stellt die Möglichkeit her, sie in immer feinere rhythmische Verhältnisse aufzulösen. Diese Einstellung gibt dem Manuskript Mayers das äußere Gesicht: er schreibt seine Sätze auf dynamische Wirkung hin, er suggeriert mit seiner selbständig gestalteten Prosa dem Regisseur seine Intensitätsvorstellungen, zwingt ihn durch Wiederholungen, Satzumstellungen, rhythmisches Arrangement der Worte in eine gleichartige Grundeinstellung.«*[17]

Für die Regie sei es darauf angekommen, die expressionistische Form als Ganzes zu verwirklichen, die ihr innewohnenden Spannungen zu binden, und nicht nur entsprechende dekorative Momente einzubringen. Über Wienes Leistung, den »Caligari« betreffend, heißt es, und dieses Urbild ist für den ganzen Stil aufschlußreich:

> »Robert Wiene, der Regisseur, sucht die Figuren dem kompositorischen Rahmen geistig anzupassen: Gestalten ohne Psychologie, Handelnde ohne nachfühlbare Motive, Menschen, die einfach bewegte Kräfte sind, ohne daß ihr Räderwerk im Gehirn sichtbar wird. Wiene hat das organische Material in die technisch konstruktive Welt, die ihm seine Mitarbeiter boten, einzuordnen versucht. Er konnte nicht so weit gehen, die organischen Formen der Darsteller in Masken einzubilden, die gleichsam als Formteile der Architektur wirken. So treffen zwei Welten aufeinander, die nach anderen Grundgesetzen konstruiert sind. Organisches berührt sich mit mathematisch Gestaltetem, eine Vereinheitlichung scheint unmöglich. Wienes Führung tönt die Härten des Zwiespalts ab, er findet malerische Übergänge, balanciert mit dem Stimmungsgehalt der Szenen.«[18]

Den Kompromiß mit der Naturähnlichkeit, der kunstvoll herzustellen sei und angesichts der übersteigerten Ausdrucksformen ein spezifisches Profil haben müsse, sei von Wiene durch die Arbeit mit den Schauspielern gelöst worden:

> »Den Widerspruch zwischen den beiden polar entgegengesetzten Trägern des Films, der unüberwindlichen Naturform der Darsteller und der grundsätzlichen Kunstform der Architektur, hat er durch Zurücktreten der Darsteller, durch ihre Anpassung an die Dekoration zu mildern versucht. Aber dieser Zwiespalt, der für das Schicksal des Films hätte gefährlich werden können, wurde sehr positiv überwunden durch die gestaltende Kraft von Krauß und Veidt, die machtvoll auf eine metaphysische Konzeption hin spielen. Der Vordergrund ist von ihnen so stark in Bewegung erhalten, daß die anderen Gestalten regiemäßig in eine farblose Atmosphäre gerückt werden können. Wiene stuft innerhalb ihrer Übergänge ab, schafft durch Kostüm und Haltung Ausgleiche.«[19]

Es steht außer Frage, daß dergleichen Konsequenzen für die schauspielerische Seite des Films mit sich bringt:

»Im expressionistischen Film ist der Darsteller vor eine entscheidende For-
derung gestellt. Er soll das Medium, das ihm die Gemeinschaft mit dem
Publikum sichert, zertrümmern: er soll statt der künstlerisch behandelten
Sprache des Alltags, statt gesteigerter Ausdrucksform allgemeinen Erle-
bens eine Konstruktion hergeben, in der Sprache, Ton, Gebärde Ele-
mente seines Gestaltungswillens sind (...) Der Darsteller, der in der For-
menwelt des Expressionismus eine ihm gemäße Ausdrucksform gefunden
hat, muß seine Mittel auf ein ganz neues Ideal hin entwickeln. (...)
Mancher Verzicht auf wirksame konventionelle Ausdrucksformen, man-
che Beherrschung, manche psychologisch unerklärliche Haltung ist hierzu
notwendig.« [20]

An einem Beispiel wird das genauer belegt:

»Werner Krauß scheint im »Caligari« intuitiv im Besitz von Mittel und
Form zu sein. Er ist der Schauspieler, der die Inkongruenz von Bewußt-
seinsvorgang und Körperausdruck in der Form der expressionistischen
Erscheinung scheinbar mühelos bewältigt. Seine Gebärdensprache hat sich
dem geistigen Habitus angepaßt, in ihrer Unvermitteltheit, ihrem plötzli-
chen Dasein, in ihren Überraschungen verwirklicht sich ein geistiges Ele-
ment, das die Notwendigkeit des Ausdrucks sozusagen schöpferisch kon-
struiert, statt rein gefühlsmäßig zu ihm genötigt zu sein. Krauß' Caligari
ist geradezu die Demonstration der expressionistischen Darstellung, so-
fern sie den Rahmen des Schauspielerisch-Wirksamen nicht verlassen
will: in der äußeren Erscheinung die geraden, starren Formen der Archi-
tektur suchend, im Ausdruck auf Verhaltenheit, Undurchdringlichkeit ge-
stellt, auf sparsame Wandelbarkeit, die in dem Augenblick, wo sie einge-
setzt wird, das Letzte an Intensität herausholt – mit einer
Gebärdensprache, die die schrägen Abfallungen, plötzlichen Brüche, ab-
rollenden Kurven seiner Umwelt wiederholt. Es ist das Spiel schöpferi-
schen Reichtums und nicht einer natürlichen Begrenztheit, denn das psy-
chologische Inventar des Schauspielers ist so evident, daß allerdings diese
Form des Ausdrucks den Lösungsversuch eines zeitlosen Problems mit
neuen Mitteln bedeutet.« [21]

Schon im Zusammenhang mit Kostüm und Maske wird hier die
Wechselwirkung der Gestaltungskomponenten betont, die die Regie zu organisieren habe. Eine ganz wesentliche Rolle mißt Kurtz
außerdem der Architektur im Film zu. Denn in gewissem Sinne

sieht er die Wurzeln des expressionistischen Films in der Malerei, was er an der Entstehungsgeschichte des »Caligari« auch zu belegen sucht. Architektur im Film zeige im expressionistischen Stil eine spezifische Orientierung, nämlich hin zur Malerei bzw. hin zur Grafik.

> »Es liegt im Charakter der expressionistischen Dekoration, mit großen Flächen zu arbeiten, die Details zu vereinfachen, die Führungslinien der Objekte möglichst eindrucksvoll zu betonen. Man muß dabei berücksichtigen, daß der Umriß jeder Bühnenarchitektur das Auge führt und daß die Gefühlswirkung der Dekoration von dieser Führung entscheidend bedingt wird. Die expressionistische Architektur, die weniger auf die optische Wahrscheinlichkeit als auf den starken Eindruck von Formen ausgeht, die von der expressionistischen Malerei den Grundsatz übernommen hat, vor allem die Harmonie der Bewegungen, die Kraft der Strebungen auszudrücken, hat hierin einen fruchtbaren Ausgangspunkt. Man kann zu ganz elementaren Vorgängen der Seele herabgehen. Es ist ein einfaches Gesetz der psychologischen Ästhetik, daß bei der Einfühlung in Formen genau entsprechende Strebungen in der Seele entstehen. Die gerade Linie führt das Gefühl anders als die schräge; verblüffende Kurven haben andere seelische Entsprechungen als harmonisch gleitende Linien; das Rapide, Abgehackte, je Auf- und Absteigende ruft andere seelische Antworten hervor als die an Übergängen reiche Architektur einer modernen Stadt-Silhouette.
>
> Auf diese Möglichkeiten hin baut sich die expressionistische Filmarchitektur auf. Sie verzichtet auf das genaue Detail, um die aufbauenden Formen eines Naturgegenstandes wiederzugeben. Es darf ihr gleichgültig sein, ob ein Gefängnisraum dem normalen Sehbilde eines solchen entspricht. Sie darf mit Linien, Verkürzungen, Übersteigerungen arbeiten, um dieses unheimliche, quälende Gefühl: Gefängnis kompositorisch herauszuarbeiten. Sie kann das menschliche Auge wildesten Formengruppen entlang führen und wird die beabsichtigten Wirkungen erzielen, gleichviel, wie groß die natürliche Ähnlichkeit ist.«[22]

Am Beispiel des »Caligari« lassen sich diese Charakteristika leicht verifizieren: Die Entstehung des Films war ja auch auf Anregung der Architekten Warm, Röhrig und Reimann zurückzuführen.

»Alle vertrauten Formen des Expressionismus treten auf. Die Senkrechten spannen sich diagonal, Häuser begrenzen sich schiefwinklig, Flächen verschieben sich rhomboid, die einfachen Bewegungstendenzen der normalen Architektur, durch Senkrechte und Horizontale ausgedrückt, sind in ein Chaos gebrochener Formen verwandelt, die Bewegung hat sich selbständig gemacht: Entfesselung bedeuten diese schiefen Dächer, diese geneigten Flächen, diese schiefwinklig in die Luft starrenden Mauern. Eine Bewegung läuft an, verläßt ihre natürliche Bahn, wird von einer anderen aufgefangen, weiter geleitet, wieder gekrümmt und zerbrochen. Dazwischen spielt, aufbauend, trennend, betonend, zerstörend der Zauber des Lichts, die Entfesselung von Helle und Schwärze. ›Die Filmdekoration muß Graphik werden.‹[23] Die Entscheidung der Raumgestaltung durch das Licht, durch gefühlsbelastete Linien und Flächen ist der Sinn der Caligari-Architektur. Folgerichtig übernimmt das Ornament seine unterstützende Funktion: es gliedert die Flächen, und seine geheimnisvollen Figuren ziehen die Seele in Irrwege nach.«[24]

Die Beleuchtung hat unter diesen Bedingungen eine spezifische Funktion, die sich von der sonst üblichen, die Szene in ein möglichst natürliches Licht zu setzen, stark unterscheidet.

»Es ist die Differenzierbarkeit der Lichtquellen, die ihre gestaltende Kraft in der Kinematographie ausmacht. Beleuchtungsmittel wie Grad und aktinische Wirkung der Lichtquelle sind stilisierende Faktoren erster Ordnung. (...)

Wer ein Bild aus expressionistischen Filmen betrachtet, erkennt, wie sehr das Modelé der Formen durch Licht bewirkt ist. Gewaltsame Linien sind gleitend in den Bildraum überführt, es hat sie untergeordnet oder ihnen erhöhte Betonung gegeben. Das Licht legt seine plastische Kraft auf Flächen, es unterstreicht das Zackige und Energische der Linien, er betont oder schwächt die Formen, verleiht ihnen starke innere Beweglichkeit. Anpassungsfähiger als die Architektur setzt es die Akzente auf, die klar und fast handgreiflich die Ordnung des Raums nach der Absicht des Künstlers herausstellen.

Das Licht hat den expressionistischen Filmen die Seele eingehaucht. Die ›Lampenstellung‹ war vielleicht die schwierigste Arbeit. Und es ist ein unverlierbares Erbe der expressionistischen Filme, daß die Beweglichkeit, die raumgestaltende Kraft des Lichts gerade durch sie zur bewußten Klarheit erhoben worden ist.«[25]

In jenem umfassenden Kapitel zu Anfang des Buches, in dem Kurtz (im Falle der Musik unterstützt durch Walter Harburger) die Merkmale expressionistischer Stilistik innerhalb der wichtigsten Kunstgattungen herausarbeitete, hatte er ein Beschreibungsverfahren gewonnen, das auf der Herstellung von Analogien formaler Organisationsprinzipien beruhte, also etwa gestalterische Invarianten im Werk von Picasso und Léger aufsuchte. Und die jeweilige Wirkungsabsicht war dabei ebenfalls in Rechnung gestellt worden, wenngleich nicht im Hinblick auf ihre vielfältigen realhistorischen Wurzeln. Die signifikanten Merkmale ließen es leicht zu, die Ausdrucksweisen in den unterschiedlichen Gattungen zu vergleichen und auf einen gemeinsamen Nenner zu bringen. Und schon hierbei waren Grenzüberschreitungen gattungsspezifischer Ausdrucksweisen immer wieder feststellbar. Der expressionistische Stil provozierte dies gleichsam. Etwa, wenn er die Architekten dazu brachte, den Habitus des expressionistischen Bildes auf Bauwerke zu übertragen. Der Expressionismus im Film nun setzte derartige Grenzüberschreitungen, so belegt das Buch, immer wieder frei, insofern ja die Synthese der Künste im Film ein Zusammenwirken ihrer Gestaltungsmittel grundsätzlich beförderte. Dergestalt ist »Expressionismus und Film« von Kurtz auch eine Abhandlung über die Wechselwirkung der Künste ganz generell und speziell innerhalb der Filmkomposition.

Bemerkenswert ist, daß der Autor nirgendwo als Apologet der so liebevoll und sorgsam dargestellten Kunstrichtung auftritt. Der expressionistische Film ist seiner Meinung nach in der Filmgeschichte nur »eine Episode, vielleicht wertvoll durch seine Bereicherungen – aber in dem Sinne unfruchtbar, daß er es zu einer allgemein erregenden und umformenden Bedeutung nicht gebracht hat«[26].

Die Argumente, die er anführt, sind dann freilich von unterschiedlicher Überzeugungskraft. »Die mühelose Apperzeption des Films ist (...) eine Grundvoraussetzung des Films«, heißt es etwa, und: »Der Zuschauer muß die durch den Film übermittelten Erlebnisinhalte reibungslos in sein Weltbild einordnen können, ohne daß dieser Akt irgendeine Form geistiger Aktivität erfordert.«[27] Diesem Anspruch stelle sich der expressionistische Film indes grundsätzlich entgegen, denn leichte Apperzeption sei dort nur bedingt möglich. Und dieses Manko führe zwangsläufig zu einem solchen beim Verkauf der Ware Film. Darum sei der Film-expressionismus – so der Kino-Praktiker Kurtz – schon »rein rechnerisch« nicht zu halten gewesen.

Eine Stilanalyse, die neben den künstlerischen Formen auch mehr die Filminhalte und sozialen Funktionsweisen im Auge gehabt hätte, wäre gewiß zu differenzierteren Wertungen gelangt, was den Umgang mit schwer rezipierbaren Filmwerken betrifft. Für die administrative Praxis der Filmstudios war indes der Hinweis von Kurtz sicher wichtig: »So sehr der Expressionismus als geschlossene Kunstform abgelehnt werden wird, so willig wird man einzelne Ausdrucksformen verwenden. Es gibt Stimmungen einer Landschaft, die mit normalen Mitteln photographisch nicht wiederzugeben sind. Der ›Geist‹ einer beleuchteten Weltstadt-straße ist für das Objekt unfaßbar: wenn anders das aufzunehmende Bild nicht von einem konstruktiven Willen bewußt gestaltet wird. Der Expressionismus wird überall verwendet werden, wo es sich um Wirkungen handelt, die im Naturobjekt nicht greifbar gegeben, sondern nur geistig erlebbar sind. Und das gilt ganz allgemein für alle Formen des Ausdrucks, die im Film wirksam sind.«[28]

Die Analyse des Zeitstils hatte in der Tat auch etwas von den gattungsspezifischen Eigenheiten des Films enthüllen können, die unter bestimmten Bedingungen von Gestaltung und Wirkung besonders zum Ausdruck kamen.

Sergej M. Eisenstein (I)
Von der Montage der Attraktionen zum intellektuellen Film

Sergej Michailowitsch Eisenstein wurde 1898 in Riga geboren. Er nahm am Petersburger Ingenieur-Institut ein Studium auf, trat dann aber in die Rote Armee ein. An der Generalstabsakademie in Moskau wurde ihm das Erlernen der japanischen Sprache ermöglicht, jedoch wandte sich Eisenstein kurze Zeit später der Theater- und Filmarbeit zu.

1920/21 begann er als Bühnenbildner am Ersten Arbeitertheater des Proletkult in Moskau, lernte 1922 an dem von W. Meyerhold geleiteten Staatlichen Regieinstitut und war dann als Filmregisseur tätig.

Von den Spielfilmen, die er realisierte, sind »Streik« (1924), »Panzerkreuzer Potemkin« (1925), »Oktober« (1927/28), »Das Alte und das Neue« (1929), »Alexander Newski« (1938) und die beiden Teile von »Iwan der Schreckliche« (1945) besonders bekannt geworden. Einige Projekte, in den USA und in Mexico in Angriff genommen, blieben unvollendet.

Eisensteins künstlerische Tätigkeit ist von Anfang an mit einer theoretischen Auseinandersetzung zu Fragen der Filmkunst verbunden gewesen. Neben seiner Lehrtätigkeit am Staatlichen Filminstitut in Moskau schrieb er eine Vielzahl publizistischer Arbeiten sowie eine Reihe fundamentaler filmtheoretischer Abhandlungen. Er starb im Jahre 1948 in Moskau.

Eisensteins Beitrag zur Theorie des Films ist der eines Genies. Er umfaßt eine Vielzahl von Erscheinungen aus Kunst und Wissenschaft der Gegenwart und Vergangenheit, ist farbig und gedankenreich, bietet dabei aber zugleich auch einen systematischen Ansatz, der, obschon nur teilweise ausgeführt und noch immer nicht vollständig publiziert, als der geschlossenste, produktivste und zukunftsträchtigste der marxistischen Filmästhetik anzusehen ist. Bei seinem Studium ist man freilich vor beträchtliche Schwierigkeiten gestellt. Denn Eisensteins theoretische Überlegungen sind nur dann richtig zu begreifen, wenn man sie im Kontext mit seinem filmkünstlerischen Werk und einem riesigen Komplex politischer, kultureller und wissenschaftlicher Anstrengungen sieht, auf die er sich – und dabei oft polemisch – bezieht. In den Texten selbst finden sich, wie vielfach bemerkt, neben Gesichertem kühne intuitive Vorgriffe auf etwas, was die Wissenschaft erst in der Zukunft klären dürfte, auch Irrtümer, darunter äußerst produktive. Eine konspektive Aneignung von Grundpositionen, wie sie hier angestrebt wird, muß sich auf Weniges aus einem mehrbändigen Werk beschränken, kann gedankliche Entwicklungen dabei auch nur grob skizzieren.

Eisenstein sagte über sich: Die Revolution habe ihm gegeben, was ihm das Teuerste sei: sie habe ihn zum Künstler gemacht. »Und hat mich die Revolution zur Kunst finden lassen, so hat die Kunst mich vollends in die Revolution geführt.«[1] Was für das künstlerische Werk gilt, betrifft dabei zugleich die theoretische Anstrengung, sah Eisenstein sich doch von Beginn an in einer »künstlerischen ›Doppeltätigkeit‹, bei der stets die schöpferische mit der analytischen Arbeit verbunden war«, indem er »›das Werk‹ bald mit Hilfe der Analyse kommentierte, bald an ihm die Ergebnisse dieser oder jener theoretischen Pläne überprüfte.«[2]

Es waren die Prozesse der sozialen Revolution, die das Bezugssystem für Eisensteins operative Filmästhetik bildeten und ihn unablässig dazu herausforderten, sein Konzept systematisch zu fundieren und zu differenzieren.

Zwei Momente, die diese Theorie bis zum Schluß bestimmten, begannen sich bereits in den Jahren bis 1929 deutlich abzuzeichnen. Erstens: die von einem betonten Ideologieverständnis geprägte wirkungsästhetische Grundposition für die Beurteilung des Films. Zweitens: der praktisch-theoretische Ansatz zum Gattungsverständnis der neuen Kunst über einen sehr weit gefaßten Begriff der Montage. Eisenstein wollte von Anfang an, daß Film im Interesse der revolutionären Klasse auf das Bewußtsein der Zuschauer einwirkte; das Grundverfahren kompositorischer Anstrengung und – analog dazu – den Schlüssel für die analytische Darstellung des Kunstprozesses sah er dabei in der Montage.

Diese Anschauungen begannen sich bereits zu artikulieren, als er seine ersten Theaterinszenierungen absolvierte, und er stand dabei keineswegs allein. Ein Seitenblick auf die Konzepte des Re-

gisseurs und LEF-Theoretikers B. Arwatow und des Autors von
Agitations- und Produktionsstücken S. Tretjakow, mit denen
Eisenstein zeitweilig zusammenarbeitete, läßt erkennen, daß es
auch ihnen darum ging, in die Bewußtseinsprozesse des Publi-
kums einzugreifen, dabei Mittel nutzend, die sich durchaus einem
Montage-Konzept unterwerfen ließen. Zu den Schlüsselbegriffen
Arwatows gehörten, wie Hans-Joachim Schlegel gezeigt hat, die
Termini »Einwirkungskunst« und »Montage des Lebens.«[3] Eisen-
stein schuf damals gelegentlich einer Inszenierung von
Ostrowskis »Eine Dummheit macht selbst der Gescheiteste« im
Moskauer Proletkulttheater den Begriff »Montage der Attraktionen«. In dem entsprechend benannten Artikel von 1923 erklärt er
dazu:

> *»Als Hauptmaterial des Theaters wird der Zuschauer herausgestellt; die*
> *Formung des Zuschauers in einer gewünschten Richtung (Gestimmt-*
> *heit) – die Aufgabe jedes utilitären Theaters (Agitation, Reklame, Ge-*
> *sundheitsaufklärung usw.).*
>
> *Werkzeuge zur Bearbeitung sind alle Bestandteile des Theaterapparats*
> *(das ›Gemurmel‹ Ostuževs nicht mehr als die Farbe des Trikots der Pri-*
> *madonna, ein Schlag auf die Pauke ganz genauso wie der Monolog Ro-*
> *meos, die Grille hinter dem Ofen nicht weniger als die Salve unter den*
> *Sitzen der Zuschauer), die in all ihrer Verschiedenheit auf eine Einheit*
> *zurückführbar sind, die ihr Vorhandensein legitimiert, auf ihren Attrak-*
> *tionscharakter.*
>
> *Eine Attraktion (im Theater) ist jedes aggressive Moment des Theaters,*
> *d. h. jedes seiner Elemente, das den Zuschauer einer Einwirkung auf die*
> *Sinne oder Psyche aussetzt, die experimentell überprüft und mathema-*
> *tisch berechnet ist auf bestimmte emotionelle Erschütterungen des Auf-*
> *nehmenden. Diese stellen in ihrer Gesamtheit ihrerseits einzig und allein*
> *die Bedingung dafür dar, daß die ideelle Seite des Gezeigten, die eigent-*
> *liche ideologische Schlußfolgerung, aufgenommen wird. (Der Weg der Er-*
> *kenntnis ›über das lebendige Spiel der Leidenschaften‹ ist der spezifische*
> *Weg des Theaters.)«*[4]

Attraktion konnte danach nahezu alles sein, was wirksam zu machen ging. Eisenstein nennt als Beispiel Elemente circensischer
Vorführungen, die weitab von einem traditionellen Kunstverständnis lagen, ebenso wie lyrische Effekte, die sich seit langem in

der Kunst bewährt hatten. Er nimmt auf Wirkungselemente von Chaplin-Filmen ebenso Bezug wie auf die »Biomechanik« seines Lehrers Meyerhold. Der Bezugspunkt Rezipient diktiert ein Darstellungsverfahren, das sich strikt von dem Kontinuitätsprinzip, nach dem das Theater traditionsgemäß Lebensvorgänge abbildete, löste.

> *»An die Stelle der statischen ›Widerspiegelung‹ eines aufgrund des Themas notwendig vorgegebenen Ereignisses und der Möglichkeit seiner Lösung einzig und allein durch Wirkungen, die logisch mit einem solchen Ereignis verknüpft sind, tritt ein neues künstlerisches Verfahren – die freie Montage bewußt ausgewählter, selbständiger (auch außerhalb der vorliegenden Komposition und Sujet-Szene wirksamen) Einwirkungen (Attraktionen), jedoch mit einer exakten Intention auf einen bestimmten thematischen Endeffekt – die Montage der Attraktionen.«*[5]

Wenn Eisenstein in der Hierarchie der Wirkungsfaktoren dem Paukenschlag denselben Stellenwert einräumte wie dem Monolog Romeos und die erwähnte Ostrowski-Inszenierung mit einem Schlußakkord versehen haben wollte, bei dem unter den Sitzen der Zuschauer Feuerwerkskörper zu zünden wären, dann brachte diese Verlagerung des Autoreninteresses auf das Wirkungsmoment einerseits eine produktive Öffnung gegenüber einer Vielfalt möglicher Ausdrucksmittel der theatralischen Veranstaltung mit sich. Andererseits wurden dabei aber auch die Gefahren einer Verselbständigung und Vergröberung des Effekts unübersehbar. Bei seinen ersten Versuchen auf dem Gebiet der Kinematographie übernahm Eisenstein darum zwar das inhaltliche Grundprinzip der Attraktionsmontage in den Filmbereich, modifizierte es jedoch und korrigierte es unterderhand, indem er den Begriff der Attraktion auch in psychologischer und ästhetischer Hinsicht differenzierter faßte. In dem 1924 geschriebenen Text »Montage der Filmattraktionen« heißt es:

> *»Der Einsatz der Attraktionsmontage (einer Kopplung von Fakten) ist im Film noch eher möglich als im Theater, denn diese Kunst, die ich als ›Kunst der Kopplung‹ bezeichnen möchte, bedarf kraft ihrer Demonstration von bedingten Foto-Abbildungen und nicht von Fakten (...) – der Montage (im filmtechnischen Verständnis dieses Wortes). (...) Wenn Wirkung im Theater vornehmlich durch die physiologische Wahrneh-*

mung eines real ablaufenden Fakts (…) erzielt wird, so geschieht das im Film mittels Kopplung und Anhäufung von – dem Anliegen entsprechend – notwendigen Assoziationen in der Psyche des Zuschauers, die durch einzelne Elemente eines praktisch in Montageabschnitte zerlegten Fakts hervorgerufen werden – Assoziationen also, die in ihrer Gesamtheit nur auf diese Weise, nämlich indirekt, einen ähnlichen, meist jedoch stärkeren Effekt zur Folge haben.

(…) Faktisch werden nicht Erscheinungen, sondern Assoziationsketten miteinander gekoppelt, die für den jeweiligen Zuschauer mit einer konkreten Erscheinung zusammenhängen.«[6]

Neben dem spezifischen Abstraktionsvermögen des kinematographischen Abbildes und den entsprechend modifizierten Wahrnehmungsprozessen spielte auch das Wissen um die Ausdrucksbewegung des Darstellers, die der Regisseur damals praktisch und theoretisch studierte, eine Rolle für die Verfeinerung seines Konzeptes operativer Ästhetik. Gleichwohl entsprach auch die Montage der Filmattraktionen Überlegungen zum Umgang mit Reizerregern, wie sie in jenen Jahren durch die Wissenschaft angeregt und sogar nahegelegt wurden. Die Erkenntnisse der experimentellen Reflexologie, wie W. M. Bechterew sie seinerzeit vortrug, wurden von diesem damals aus der rein biologischen auch in eine soziale Sphäre übertragen. Eine mechanistische Auffassung von menschlichen Reaktionsweisen führte dann zu einem Konzept von »kollektiven oder gesellschaftlichen Reflexen«, und Theatervorführungen dienten dafür als Beispielmaterial.[7] Es ist nur zu verständlich, daß dieses Gedankengut eine zeitweilige Faszination auf Kunstschaffende ausüben mußte, die sich damit beschäftigten, ein neues gesellschaftliches Bewußtsein mit den Techniken des Theaters zu befördern. Die Attraktionsmontage wurde gleichsam als System nützlicher Reizerreger in klassenbezogener Sicht aufgefaßt.[8] Die Nützlichkeit der Reizerreger wurde von Eisenstein freilich geprüft. Er notierte in der Sprache der Proletkultleute:

»Unserer Auffassung nach ist das Kunstwerk (zumindest auf den beiden Gebieten, auf denen ich arbeite – Theater und Film) vor allem ein Traktor, der die Psyche des Zuschauers mit der geforderten Klassenzielsetzung umpflügt.«[9]

Das war 1925 gelegentlich seines ersten Filmes »Streik« geschrieben worden. Der Artikel unter der Überschrift »Zur Frage eines materialistischen Zugangs zur Form« stellt den Zusammenhang zwischen dem neuen sozialen Auftrag der Filmkunst und der Evolution ihres Formengutes her:

»*Revolutionäre Form heißt: Produktion adäquat aufgefundener technischer Verfahrensweisen zur Konkretisierung des neuen Standpunktes und Zugang zu Dingen und Phänomenen, Produktion einer neuen Klassenideologie, des tatsächlichen Erneuerers nicht nur der sozialen Bedeutsamkeit, sondern auch des materiell-technischen Wesens des Films, der das aufdeckt, was wir als den ›unsrigen Inhalt‹ bezeichnen. Nicht durch eine Revolutionierung der Pferdedroschken-Formen entstand die Lokomotive, sondern durch eine adäquate Berücksichtigung der praktischen Entwicklung einer neuen – bislang noch nicht aufgetretenen – Energieform – des Dampfes. Nicht das Suchen nach Formen, die dem neuen Inhalt entsprechen, erbringt die Formen revolutionärer Kunst, die man bis auf den heutigen Tag spiritualistisch zu ›erraten‹ versucht, sondern vielmehr das logische Bewußtmachen aller technischen Produktionsphasen der Kunstwerke unter Berücksichtigung der ›neuen Energie-Form‹ – der herrschenden Ideologie.*«[10]

Die Etablierung der neuen Formen des Filmphänomens erklärt Eisenstein anhand einer theoretischen Darstellungsmethode, wie sie zu jener Zeit von der sogenannten formalen Schule der Literaturwissenschaft in Anwendung gebracht wurde. Einer ihrer führenden Vertreter, Juri Tynjanow, hatte in seinem Aufsatz »Das literarische Faktum«[11] gezeigt, daß man einander ähnliche Erscheinungen innerhalb der Literatur als »Reihe« auffassen und Evolutionsprozesse der Literatur als Ganzes dann über Abweichungen von den Merkmalen kenntlich machen könne, die die Reihe prägten. Der Brief z.B. sei als außerliterarische Erscheinung von der Literatur integriert und von einem bestimmten historischen Zeitpunkt an zu einem literarischen Faktum geworden. Eisenstein demonstrierte an »Streik«, wie hier außerkünstlerische Materialreihen im Film zu künstlerischen gemacht wurden.

»Das Revolutionäre von ›Streik‹ drückt sich darin aus, daß hier das erneuernde Prinzip nicht der Reihe ›künstlerischer Phänomene‹, sondern der Reihe unmittelbar utilitärer Phänomene entstammt, was besonders

für das Konstruktionsprinzip der im Film dargestellten produktiven Prozesse gilt. Diese Entscheidung ist schon deshalb von Bedeutung, weil sie die Grenzen des ästhetischen Bereichs verläßt (...) Sie ist jedoch dadurch von noch größerer Bedeutung, daß hier auf eine materialistisch adäquate Weise gerade jene Sphäre aufgespürt wurde, deren Prinzipien allein die Ideologie der Formen revolutionärer Kunst bestimmen können, so wie sie auch die revolutionäre Ideologie grundsätzlich bestimmt haben: die Schwerindustrie, die Fabrikproduktion und die Formen des Produktionsprozesses.« [12]

Mit dem wissenschaftlichen Blick auf künstlerische Evolutionsprozesse, wie er von Tynjanow zu lernen war, gelang es Eisenstein auch, andere seiner eigenen gestalterischen Neuerungen, etwa die Darstellung von Massen und die Reduzierung von sujethaften Bindungen innerhalb der Komposition als solche zu bewerten und bald auch in ihrer richtigen Relation zum Tradierten zu sehen. Innerhalb der Komposition des »Panzerkreuzers Potemkin« jedenfalls sind die neuerschlossenen Wirklichkeitsbereiche verschiedenster Art keine Effekte ohne Einbindung in die Gesamtkomposition mehr, die Montage der Attraktionen ist organisch geworden. Nach diesem Film, dessen Dialektik von Gestaltung und Wirkung Eisenstein jedoch erst Jahre später – dafür indes äußerst ausführlich – theoretisch untersuchen sollte, arbeitete der Regisseur an »Oktober«, dessen künstlerische Lösungen ebenso wie die von »Das Alte und das Neue« oder, wie der Urtitel lautete, »Die Generallinie«, ihn unmittelbar zu theoretischen Reflexionen veranlaßten.

In einem kleinen Aufsatz von 1928, »Unser ›Oktober‹. Jenseits von Spiel- und Dokumentarfilm«, wies er darauf hin, daß sich mit der Filmkunst die »Möglichkeit zu abstrakter sozialer Einschätzung«[13] ergebe.

Die auf Wirkungen ausgerichtete Poetik Eisensteins war damit in eine neue Entwicklungsetappe eingetreten. Das Verständnis von Attraktion hatte sich gleichsam gegenüber der Abstraktion zu bewähren, das von Montage gegenüber dem Begrifflichen.

»Wenn über die vorangegangene Periode das Material und das Ding herrschten, die ›Seele und Stimmung‹ ablösten, so wird in der folgenden Etappe an die Stelle der Demonstration eines Phänomens (eines Mate-

rials, eines Dings) die Schlußfolgerung aus einer Erscheinung, das Urteil über ein Material treten, die sich in regelrechten Begriffen konkretisieren werden.

Es wird Zeit, daß die Filmkunst mit dem abstrakten und in einen konkreten Begriff überführten Wort zu operieren beginnt. Die neue Etappe steht im Zeichen des Begriffes – im Zeichen der Losung.« [14]

Diesem Artikel, in dem Eisenstein übrigens ankündigt, daß er »Das Kapital« von Karl Marx verfilmen wolle, folgte ein ähnlich orientierter unter der Überschrift »Perspektiven« (1929).

Erkenntnis sei mit verändernder Gestaltung, mit Konstruktion des Lebens verbunden, entsprechend habe der Film sie aufzuwerten.

»Der anbrechenden Epoche unserer Kunst ist die Aufgabe gestellt, die chinesische Mauer zwischen der (...) Antithese von der ›Sprache der Logik‹ und der ›Sprache der Bilder‹ niederzureißen. Von der beginnenden Kunstepoche fordern wir die Abkehr von dieser Gegenüberstellung. (...)

Wissenschaft und Kunst wollen wir nicht länger einander qualitativ gegenüberstellen.

Wir wollen sie qualitativ gleichsetzen und sie – hiervon ausgehend – in die einheitliche neue Form eines sozial-einwirkenden Faktors überführen.« [15]

Weiter heißt es:

»Dem Dualismus der Sphären ›Gefühl‹ und ›Vernunft‹ muß die neue Kunst Einhalt gebieten.

Der Wissenschaft muß ihre Sinnlichkeit zurückgegeben werden, dem intellektuellen Prozeß seine Entflammtheit und Leidenschaftlichkeit.

Der abstrakte Denkprozeß ist in die Lebendigkeit praktischen Wirkens zu tauchen.

Der Kastriertheit der spekulativen <u>Formel</u> *ist die ganze Üppigkeit und der Reichtum einer lebendig wahrnehmbaren* <u>Form</u> *zurückzugeben.* <u>Formaler Eigenwilligkeit</u> *ist die Exaktheit der ideologischen* <u>Formulierung</u> *an die Seite zu stellen.*

Dies ist der Aufruf, den wir ergehen lassen. Dies sind die Forderungen, die wir an die gerade beginnende Kunstperiode richten. Welche Kunstart aber wird hierzu imstande sein?

Einzig und allein das Medium der Filmkunst.
Einzig und allein die intellektuelle Filmkunst. Die Synthese des emotio-
nalen, dokumentarischen und absoluten Films.
Nur der intellektuelle Film wird imstande sein, der Entzweiung zwi-
schen der ›Sprache der Logik‹ und der ›Sprache der Bilder‹ ein Ende zu
setzen. Und zwar auf der Grundlage der Sprache der Filmdialektik.
Ein intellektueller Film von nie dagewesener Form und unverhüllter so-
zialer Funktionalität, ein Film extremer Erkenntnishaftigkeit und zu-
gleich extremer Sinnlichkeit, der das gesamte Arsenal einwirkender opti-
scher, akustischer und biomotorischer Reizerreger beherrscht.«[16]

Im weiteren wird die Programmatik des »intellektuellen Films«
mit den Worten erläutert:

»Die Filmkunst kann und muß folglich das dialektische Wesen ideologi-
scher Debatten in reiner Form und sinnlich greifbar auf die Leinwand
werfen. Und zwar ohne dabei in eine Vermittlung durch Fabel, Sujet
oder ›lebendigen Menschen‹ zu flüchten.
Der intellektuelle Film kann und muß eine Thematik folgenden Typus
darstellen: ›Rechtsabweichung‹, ›Linksabweichung‹, ›dialektische Me-
thode‹, ›Taktik des Bolschewismus‹ –
und zwar nicht etwa nur anhand charakteristischer ›Episödchen‹ und
Episoden, sondern in Darlegung ganzer <u>Systeme</u> und <u>Begriffssysteme</u>.«[17]

Wirkungen wurden hier anvisiert, die bei aller Übersteigerung des
rationalen Moments doch eine grundsätzliche Berechtigung hatten. Weltweit hatte die soziale Auseinandersetzung an Schärfe gewonnen, und eine politisch engagierte Kunst mußte sich der Pola-
risierung der Klassenkräfte stellen. Die Entwicklung von
Ausdrucksmitteln, die die Fixierung sozialer Inhalte erleichterten
und die Zuschauer dahingehend beeinflußten, sie sich in der
Kunst wie im Leben bewußter zu machen, führte zwangsläufig zu
einem besonderen Formengut und entsprechenden Poetiken.
Brechts Lehrstücke, die sich unter anderem auf eine Theorie der
Verfremdung stützten, bilden ein Pendant zu Eisensteins sozial
aufklärerischen Filmen und der Theorie vom intellektuellen Kino.
Interessant ist, daß sowohl für Brecht, der ja einige Jahre später
mit dem Gedanken spielte, das »Kommunistische Manifest« in
Verse zu setzen[18], als auch für Eisenstein eine Differenzierung

und Weiterentwicklung dieses Konzepts in ähnlicher Weise vorgenommen wurde, nämlich unter Berufung auf die Kategorien der materialistischen Dialektik, besonders die des Widerspruchs. Eisenstein, der sich die Frage vorlegte, wie man wohl zu der von ihm gewünschten Synthese von Kunst und Wissenschaft, von Unterhaltendem und Belehrendem gelangen konnte, kommt zu dem Schluß, daß es keine Kunst ohne Konflikt gebe, und sucht innerhalb jeglicher Auseinandersetzung, sei es in der einer Tragödie oder eines Referats, nach deren gemeinsamem Vermögen, »*den inneren Konflikt zu forcieren* und den rezipierenden Massen durch die dialektische Lösung einen neuen Aktivitäts-Stimulus und ein Mittel zu schöpferischer Lebensgestaltung (žiznetvorčestvo) in die Hand zu geben«[19]. In einem Vortrag zum Thema »Dramaturgie der Film-Form (Der dialektische Zugang zur Film-Form)« führte Eisenstein dann sein Verständnis des Konflikt-Begriffs stichpunktartig weiter aus.

> »*Im Gebiet der Kunst verkörpert sich dieses dialektische Prinzip der Dynamik im* Konflikt *als dem wesentlichen Grundprinzip des Bestehens eines jeden Kunstwerks und jeder Kunstgattung.*
>
> DENN KUNST IST IMMER KONFLIKT:
>
> *1. ihrer sozialen Mission nach,*
>
> *2. ihrem Wesen nach,*
>
> *3. ihrer Methodik nach.*«[20]

Zum letztgenannten Punkt führt er dann aus:

> »*Bildausschnitt und Montage sind die Grundelemente des Films.*
>
> MONTAGE
>
> *Der Sowjet-Film hat sie zum Nerv des Films bedingt. Das Wesen der Montage zu bestimmen, hieße das Problem des Filmes als solches zu lösen.*«[21]

Gegen Kuleschow und Pudowkin polemisierend, formuliert Eisenstein seine Auffassung von diesem Begriff:

> »*Meiner Ansicht nach ist aber Montage nicht ein aus aufeinanderfolgenden Stücken zusammengesetzter Gedanke, sondern ein Gedanke, der im Zusammenprall zweier voneinander unabhängiger Stücke* entsteht *(›Dramatisches‹ Prinzip).*«[22]

Kuleschows Montagebegriff wird von ihm als Aneinanderfügung einzelner Bildausschnitte in der Art von Bausteinen interpretiert.[23] Pudowkin zufolge sei »die Montage das Mittel, den Gedanken durch aufgenommene Einzelstücke *abzurollen* (›Episches‹ Prinzip)«[24]. Eisenstein betonte demgegenüber das Moment des Widerspruchs und der Prozeßhaftigkeit, auch das des Umschlags in eine neue Qualität, der durch Montage bewirkt werden kann. Er schaffte sich den Arbeitsbegriff des »Visuellen Kontrapunkts«[25] für den Stummfilm und den des »Visuell-tonalen Kontrapunkts«[26] für den Tonfilm. Eine Aussage, die er zur Montage machte, war fundamental und blieb in seinen späteren Theorien in ähnlicher Weise erhalten:

> *»Bildausschnitt ist nicht Montage-Element*
> *Bildausschnitt ist Montage-Zelle (Molekül).«*[27]

In einem Artikel, der sich mit dem Konzept von Balázs auseinandersetzte, das Bild und Gebärde als wesentlichste Ausdrucksmittel des Films sah, äußerte sich Eisenstein schon in der Überschrift polemisch: »Béla vergißt die Schere« (1926). Und er unterstrich:

> *»Der Ausdrucks-Effekt im Film ist das Resultat von Gegenüberstellungen.«*[28]

Die Filmpraxis mit ihren komplizierten Kompositionsformen, wie Eisenstein sie bei der Arbeit an »Das Alte und das Neue«/»Die Generallinie« anwandte, verlangte indes nicht allein nach einer dialektischen Bestimmung des Montage-Begriffs, sondern nach einer differenzierten Anwendung desselben für die Beschreibung und Erklärung der gesamten Filmkomposition. Nötig war dafür eine noch weitere Annäherung von wirkungsästhetischem Konzept und Montage-Verständnis. Eine solche erfolgte über die faktische Berücksichtigung des Rezeptionsprozesses während der Wahrnehmung des montierten Films. In dem Artikel »Die vierte Dimension« von 1929 benutzt Eisenstein zwar den Terminus der Rezeption nicht, aber dieser Prozeß ist es, der sich hinter dem Begriff der vierten Dimension im Film verbirgt. Im Rezeptionsprozeß nämlich formieren Montage-Struktur und Montage-Funktion die Film-Wirkung, und dies geschieht in der Zeit, eben in der vierten Dimension. Die Problematik des intellektuellen Films erschien damit als ausbaufähig, wenn sie nur unerbittlich auf das mentale Geschehen im Rahmen der Filmrezeption bezogen wurde.

Bezeichnenderweise erfolgte die Differenzierung der Montagevorstellungen über den Umweg einer Auseinandersetzung mit dem Formengut ostasiatischer Kulturen und ihrer Dialektik. Ähnlich wie Brecht bei der Formierung seiner Verfremdungstheorie auf Beispielmaterial aus der chinesischen Kunst zurückgriff, orientierte sich auch Eisenstein an ostasiatischen Kulturäußerungen, als er seine Theorie des intellektuellen Films zu begründen suchte. Manche der zu einer abstrakten Zeichenhaftigkeit hin tendierenden Bildkombinationen aus »Oktober« etwa hatten ihn an Ideogramme und deren Kombination in den asiatischen Schriftsprachen erinnert, und er hatte sogar Spekulationen angestellt, ob die Filmsprache nicht in einer ähnlichen Richtung wie eine Bildzeichenfolge des Japanischen entwickelt werden könnte. Was die Analogie von Filmbild und Ideogramm betraf, korrigierte er sich dann bald,[29] andere Momente aus den fernöstlichen Kulturen dienten ihm aber auch weiterhin als Modelle zum Verständnis des Films. So das Kabuki-Theater, an dem er bemerkte, daß es ein einheitliches, monistisches Gespür für den theatralischen »Reizerreger« habe. Die Japaner betrachteten seiner Ansicht nach jedes theatralische Element nicht als inkommensurable Größe unterschiedlicher Einwirkungskategorie auf jeweils unterschiedliche Sinnesorgane, sonders als einheitliche Theatergröße. Und mit seiner Hinwendung zu den Sinnesorganen ziele jedes einzelne »Stück« auf die Endsumme der Hirnreize ohne Rücksicht auf die Wege dieser Reize.[30] Diese Charakterisierung ließe sich, so Eisenstein, auch auf seine eigene Verfahrensweise bei der Montage der »Generallinie« anwenden.

Seine Überlegungen zur »vierten Dimension im Film« begann Eisenstein mit einer Bestimmung des einfachsten Montageprinzips, der sogenannten »orthodoxen Montage«:

>*»Die orthodoxe Montage ist eine Montage nach <u>Dominanten</u>, d. h. Zusammenstellung von Filmstücken nach ihrem jeweils vorherrschenden Hauptmerkmal. Montage nach dem Tempo. Montage nach der Haupttendenz innerhalb einer Einstellung. Montage nach Längen (Dauer) der Filmstücke usw. Vordergründige Montage.«*[31]

Von diesem Prinzip her ließ sich der neue Film Eisensteins, »Das Alte und das Neue«/»Die Generallinie«, nicht begreifen, denn er bevorzugte ein Verfahren, das Eisenstein »Obertonmontage« nannte. Es heißt dazu:

»Der ›Aristokratismus‹ der individuellen Einzel-Dominante wurde von einem Verfahren ›demokratischer‹ Gleichberechtigung sämtlicher Reizerreger abgelöst, die summarisch als ein Komplex betrachtet werden.

Es geht darum, daß die Dominante (mit allem Vorbehalt hinsichtlich ihrer Relativität) zwar das stärkste, aber längst nicht das einzige Reizerreger-Stück ist. (…)

Mit einem Wort: der zentrale Reizerreger (…) wird stets von einem ganzen Komplex sekundärer Reizerreger begleitet. Und zwar in voller Entsprechung zu dem, was sich akustisch ereignet (etwa in der Instrumentalmusik).«[32]

Eisenstein erklärt dazu:

»In der Instrumentalmusik entstehen zusammen mit der Schwingung eines dominierenden Grundtons noch eine Reihe von Begleitschwingungen, sogenannten Ober- und Untertönen. Ihr Aufeinanderprallen untereinander, ihr Zusammenprall mit dem Grundton usw. hüllt den Grundton in eine Wolke von Myriaden an Sekundärschwingungen. (…) Mit bewußt berücksichtigten Nebenschwingungen korreliert, erbringt das gefilmte Material völlig analog zur Musik einen visuellen <u>Oberton</u>-Komplex des Montagestücks. Mit eben diesem Verfahren wurde auch die ›Generallinie‹ konstruiert. Das hier applizierte Montageverfahren basiert auf keiner einzigen <u>individuellen</u> Dominante, sondern erhebt die <u>Summe der Reize</u> sämtlicher Reizerreger zur Dominante. Dieser ungewohnte <u>Montage-Komplex innerhalb eines Montagestücks</u> ist das Ergebnis von Konfrontationen und Korrelationen einzelner seiner Reizerreger.

Das ist jenes besondere Montagestück-›Gespür‹, das dieses Montagestück insgesamt produziert. (…)

Als Grundmerkmal eines Montagestücks wird dessen summarischer Endeffekt auf die Großhirnrinde insgesamt angesehen, und zwar ohne Rücksicht auf die Wege der zu ihm zusammentretenden Reize.

Die so erzielten <u>Summen</u> können untereinander in beliebige Konfliktkorrelationen treten, mit denen zusammen sie völlig neue Möglichkeiten von Montageverfahren eröffnen.

Wie wir bereits sehen, müssen sie – aufgrund der Genetik dieser Verfah-

ren selbst — von ihnen ungewöhnlichen physiologischen Eigenschaften be-
gleitet werden.«[33]

Die Analogie mit dem Kabuki-Theater und dem von ihm erzeugten einheitlichen Gespür für theatralische Reizerreger wird hier
offenkundig, und Eisenstein verweist darauf. Der Vergleich eines
bestimmten Montage-Verfahrens mit einem solchen der Musik ist
nicht nur treffend in seiner Anschaulichkeit, sondern auch insofern produktiv, als man weder der Filmmontage noch der Musik
beikommt, ohne das Moment der Zeit einzubeziehen, eben die
vierte Dimension. Diesen Gedanken entwickelt Eisenstein weiter,
indem er schreibt:

> »*Hier wie dort treten die Obertöne nur in der Dynamik eines musikali-*
> *schen oder filmischen Prozesses als reale Größen auf. Vorgesehene, aber*
> *in einer Partitur ›nicht fixierbare‹ Obertonkonflikte sind das Ergebnis*
> *eines dialektischen Werdens beim Durchlauf des Filmstreifens durch den*
> *Projektor bzw. bei einer Symphonie-Aufführung durch das Orchester.*
> *Der visuelle Oberton stellt sich als faktisches Montagestück, als faktisches*
> *Element … einer vierten Dimension dar. Als ein im dreidimensionalen*
> *Raum unvorstellbares und erst im vierdimensionalen (drei plus Zeit) ent-*
> *stehendes und existentes Element.*«[34]

Und weiter:

> »*Da wir mit dem Film nun ein derartig glänzendes Erkenntnisinstrument*
> *besitzen, das sogar in seiner Primitivform schon jenes die vierte Dimen-*
> *sion konstituierende Phänomen der Bewegung erspürt, werden wir es*
> *bald gelernt haben, uns in dieser vierten Dimension konkret zu orientie-*
> *ren, uns dort ebenso heimisch wie in unseren eigenen Filzpantoffeln zu*
> *fühlen.*«[35]

Berücksichtigung der Zeit heißt dabei zugleich Berücksichtigung
der Montagewirkungen im Rezeptionsprozeß!
  Die Oberton-Montage ist damit gleichsam jener Montage-Typ,
der sich ohne diese Prozeßhaftigkeit der Rezeption nicht mehr erklären läßt, was bei einfacheren Verfahren noch möglich ist.
  Der Artikel bietet eine Aufstellung von 4 Montagetypen, die
gleichsam eine Evolutionsreihe bilden:

1. metrische Montage,
2. rhythmische Montage,
3. tonale Montage,
4. Obertonmontage.

Diese Enwicklungsstufen werden im einzelnen beschrieben. Bemerkenswert ist, wie Eisenstein sie hinsichtlich ihrer jeweiligen Einwirkung auf den »psychophysiologischen« Komplex beim Rezipienten unterscheidet:

»Anzumerken ist noch, wodurch sich die Einwirkung einzelner Montage-Unterschiede auf den ›psychophysiologischen‹ Komplex eines Rezipienten auszeichnet:

Die erste Kategorie zeichnet sich durch eine grobe Einwirkungsmotorik aus. Sie vermag den Zuschauer in bestimmte, äußerlich in Bewegung setzende Zustände zu bringen.

Auf solche Weise wurde etwa die ›Mähmaschine‹ (›Generallinie‹) montiert. In ›eindeutiger‹ Weise wurden hier einzelne Montagestücke mit ein und derselben Bewegung von einer Seite der Einstellung in die andere transportiert. Und ich mußte herzhaft lachen, als ich sah, wie ein beträchtlicher Teil des Publikums seine Köpfe entsprechend dem schneller werdenden Tempo ebenfalls von der einen Seite zur anderen bewegte. Der Effekt ist genauso wie der von einfache Märsche spielenden Trommeln und Pauken.

Die zweite rhythmisch genannte Kategorie könnten wir auch als eine primitiv emotionale bezeichnen. Hier ist die Bewegung sorgfältiger berechnet, da ja schließlich Emotion das Resultat der Bewegung ist. Einer Bewegung allerdings, die schon kein primitiv äußerlicher Ortswechsel mehr ist.

Die dritte – tonale – Kategorie könnte man auch als eine melodisch-emotionale bezeichnen. Die Bewegung, die schon in der zweiten Kategorie kein bloßer Standortwechsel mehr war, geht hier nunmehr schon klar und deutlich in ein emotionales Vibrieren auf höherer Stufe über.

Die vierte Kategorie wiederholt als neue Flut eines reinen Physiologismus die erste Kategorie gleichsam auf der höchsten Intensitätsstufe. Sie erreicht nämlich erneut jenes Stadium, wo sich die nichtbedingte Motorik verstärkt. In der Musik erklärt man das so: In dem Moment, wo parallel zum Grundton Obertöne einsetzen, kommen sogenannte Schlagtöne auf, d.h. ein Typus von Schwingungen, die man nicht mehr als Ton, sondern eher als rein physische ›Verschiebungen‹ des Wahrgenommenen rezipiert.«[36]

Die Weiterentwicklung der dritten Kategorie, der sogenannten tonalen Montage zur Oberton-Montage, erfolge durch eine »summarische Zusammenfassung aller Reizerreger des entsprechenden Montagestückes.

Und dieses Merkmal leitet die Rezeption aus einer melodisch emotionalen Ausschmückung in eine unmittelbar physiologische Wahrnehmbarkeit.«[37]

Eisenstein betont, daß die Obertonmontage auch in der »Generallinie« nicht der einzige angewandte Montage-Typ sei, sondern sich mit den anderen Typen verbinde.

Die empirischen Beobachtungen zur Obertonmontage sucht er in einen Zusammenhang mit dem Konzept des Intellektuellen Films zu bringen. Dabei proklamiert er eine fünfte Montage-Kategorie, den sogenannten »intellektuellen Oberton«.

»Als Beispiel hierfür können die Götter des ›Oktober‹ dienen: Sämtliche Voraussetzungen für deren Korrelation bildet hier ausschließlich das klassenbezogen-intellektuelle Tönen des Montagestückes ›Gott‹ (klassenbezogen deshalb, weil wenn das emotionale ›Element‹ allgemein menschlich ist, das intellektuelle schon in seinen Wurzeln klassenmäßig getönt ist).

Die Montagestücke sind hier auf einer nach unten führenden Kurve korreliert und führen auch die Gottesidee hinunter zum hölzernen Götzenidol.

Doch das ist natürlich noch nicht jenes intellektuelle Kino, das ich nun schon seit einigen Jahren propagiere.

Das intellektuelle Kino wird jenes sein, das die Konfliktbezüge physiologischer und intellektueller Obertöne realisiert (...) Das eine unerhörte Filmkunst-Form schafft – den Beitrag der Revolution zu einer allgemeinen Kulturgeschichte. Das eine Synthese von Wissenschaft, Kunst und schöpferischem Klassenbewußtsein schafft.«[38]

Ebenso wie Eisenstein eine Vermittlungssphäre zwischen den unterschiedlichen Montagewirkungen der optischen Komponente des Films suchte, bemühte er sich auch um eine solche, die zwischen Bild und Ton einen funktionalen Zusammenhang herstellbar machte, hatte er doch sehr früh die Notwendigkeit der Einbeziehung des Tons in die Filmgestalt erkannt. Eine angemessene, nämlich »kontrapunktische Methode zur Korrelierung eines akustischen und visuellen Bildes«[39] deutete sich für ihn in einer Richtung an, die durch das Konzept des Obertons bereits vorgezeichnet wurde. Über den Kontrapunkt von Bild und Ton hieß es nämlich in der »Vierten Dimension«:

> »Zur Beherrschung dieser Methode muß man sich ein neues Gespür ausbilden – die Fähigkeit, visuelle und akustische Wahrnehmungen auf einen ›gemeinsamen Nenner‹ zu bringen. Dabei sind akustische und visuelle Wahrnehmung gar nicht auf einen gemeinsamen Nenner zu bringen. Sie sind Größen unterschiedlicher Dimensionen.
>
> Größen ein und derselben Dimension sind der visuelle und der akustische Oberton! (...)
>
> Für beide gilt nunmehr die neue Simultanformel: ›Ich nehme wahr.‹ (...) Im Konflikt von visuellen und akustischen Obertönen wird der sowjetische Tonfilm geboren.«[40]

Wsewolod I. Pudowkin (I)

Materialistisch-dialektische Grundlegung einer Schaffensästhetik im revolutionären sowjetischen Film

Wsewolod Illarionowitsch Pudowkin wurde 1893 in Pensa geboren. Er studierte einige Jahre an der physikalisch-mathematischen Fakultät der Moskauer Universität, geriet als Kriegsteilnehmer für lange Zeit in deutsche Gefangenschaft und arbeitete nach seiner Rückkehr als Chemiker, bevor er sich 1920 als Schüler von Kuleschow und Gardin an der Ersten Staatlichen Filmschule in Moskau einschrieb. Mit beiden Lehrern realisierte er bald gemeinsame Filmprojekte. Ab 1925 übernahm Pudowkin selbständige Regieaufgaben, von 1926 an hielt er Vorlesungen am Staatlichen Filmtechnikum (GTK) zu Fragen der Regie; eine Berufung zum Dozenten an die Regiefakultät der Filmhochschule WGIK folgte. Filme wie »Die Mutter« (1926), »Das Ende von St. Petersburg (1927), »Sturm über Asien« (1928) machten Pudowkin als Regisseur bald berühmt. Bekannt wurden auch Arbeiten wie »Der Deserteur« (1933), »Minin und Posharski« (1930), »Suworow« (1941) und »Admiral Nachimow« (1947).

Pudowkin, der außerdem als Szenarist und Filmschauspieler wirkte, suchte seine vielfältigen praktischen Erfahrungen theoretisch zu verallgemeinern. Er äußerte sich in Vorträgen und wissenschaftlichen Abhandlungen, darunter in umfangreichen Publikationen, die z. T. in Buchform erschienen, wie »Kinoreshisjor i kinomaterial« (»Filmregisseur und Filmmaterial«, 1926) und »Aktjor w filme« (»Der Schauspieler im Film«, 1934).

1953 starb er in Dubulti bei Riga.

Wsewolod Pudowkin, der als Regisseur zu den Klassikern der sowjetischen Filmkunst zählt, veröffentlichte bereits 1926, als er Studenten in seinem Fach zu unterweisen begann, ein theoretisches Buch zum Film, das bald darauf in mehrere Sprachen übersetzt wurde und auch die Ausbildung vieler Filmleute des Auslands fundieren half. Es hieß »Filmregisseur und Filmmaterial«[1] und faßte wichtige künstlerisch-praktische Erfahrungen des Autors auf eine Weise zusammen, die insofern beispielhaft war, als der gesamte filmschöpferische Prozeß in seinen unterschiedlichen Komponenten zur Sprache kam, für jedermann verständlich, konkret in der Darstellungsweise und dabei dennoch auf einem hohen Niveau theoretischer Verallgemeinerung. Pudowkin verstand es, seine Darlegungen zu handwerklichen, organisatorischen und technischen Fragen der Filmproduktion eng mit ästhetischen Argumenten eines künstlerischen Standpunktes zu verbinden. Das Grundwissen zu dem neuen Metier wurde höchst behutsam eingebracht, unter Vermeidung von Einseitigkeit im Umgang mit den vielfältigen Komponenten von Gestaltung und Wirkung und unter Umgehung überspitzter Formulierungen, von denen die Texte Kuleschows, Wertows und Eisensteins selten ganz frei waren. Wenn jemand seinerzeit bei der Analyse des Filmprozesses komplex vorging, dann war das Pudowkin. Unter Kapitelüberschriften wie »Besonderheiten des Filmmaterials«, »Regisseur und Szenarium«, »Regisseur und Schauspieler«, »Der Schauspieler im Bild«, »Regisseur und Kameramann« und »Kollektivität – die Basis der Filmarbeit« wurden Erfahrungswerte verallgemeinert und zugleich aktuelle Gestaltungsprobleme angesprochen. Die Abfolge der genannten Aspekte folgte dabei etwa der Problemkette, wie sie sich dem Regisseur bei der Realisierung eines Filmes stellt, und sie endete mit Hinweisen über die Zusammenarbeit mit dem Kopierwerk.

Nicht nur René Clair dürfte das Buch als »Bibel der Filmpraxis« betrachtet haben. Es konnte all denen, die sich im Filmbereich umsahen, als eine wirkliche Orientierungshilfe dienen, insofern es die widersprüchliche Vielfalt der Erscheinungen berücksichtigte, aber zugleich immer wieder auf die notwendige Einheit des Kunstwerks, auf die Synthese der Teilanstrengungen zu einem Ganzen hinwies. Karaganow formulierte in einer Interpretation des künstlerischen Œuvres von Pudowkin: »Bei allem Paradoxen in Pudowkins unterschiedlichen Positionen gibt es – über Jahre und Jahrzehnte seines Lebens in der Kunst hinweg – bestimmte Linien und Tendenzen, die seine ersten und seine letzten Schritte miteinander in Beziehung setzen und die die Einheitlichkeit des

Werkes dieses großen Künstlers bestimmen, eine Einheitlichkeit, gewoben aus lebendigen Widersprüchen und Leidenschaften.«[2] Auch die theoretischen Arbeiten tragen diesen Charakterzug. Sie zeigen bei aller Betonung dialektischer Widersprüche einen Hang zur Ganzheitlichkeit der Auffassung, zielen auf Einheit und Kontinuität.

Eine Überlegung des Buches, die Technik der Regiearbeit betreffend, leitet Pudowkin mit den Worten ein, daß es dem Film einerseits darum zu tun sei, nahe an das beobachtete Objekt heranzukommen und das einzufangen, was sich nur der intensivsten Betrachtung erschließt, gleichzeitig tendiere die Filmkunst aber auch dazu, eine Erscheinung umfassend wiederzugeben.

> *Man könnte fast sagen, daß die Filmkunst in gewisser Weise bestrebt ist, die Grenzen der gewöhnlichen menschlichen Wahrnehmung für ihren Zuschauer zu sprengen. Einerseits erlaubt die Filmkunst, daß der Zuschauer seine Wahrnehmungskraft auf das höchste aktiviert und sich mit unglaublicher Aufmerksamkeit völlig auf ein einziges Detail konzentriert, andererseits ermöglicht sie ihm, fast gleichzeitig ein Ereignis wahrzunehmen, das in Moskau vor sich geht und zugleich mit Vorkommnissen in Amerika in Beziehung steht. Die Konzentration auf Details und der weite, umfassende Gesichtskreis bergen eine ungewöhnliche Fülle an Material in sich. So steht der Regisseur stets vor der Aufgabe, eine Vielzahl verschiedenartiger Aufgaben zu lösen. Er kann das nur, wenn er nach einem fest umrissenen Plan sorgfältig und organisiert arbeitet.«[3]*

Was hier über die Technologie der Regiearbeit gesagt wird, sieht Pudowkin grundsätzlich als die dem Nachdenken über Film angemessene Methode an, denn für ihn ist die Filmkunst dadurch interessant, daß sie »sowohl die Möglichkeit besitzt, sich auf Details zu konzentrieren als auch zugleich vielfältiges Material, das außerordentlich breite Dimensionen erfaßt, zu verwerten«[4]. Kampf und Einheit der Gegensätze sind es, die er in seiner kleinen Schrift, welche sich auf den ersten Blick eher wie eine Einführung in die Regie als ein Handwerk liest, immer wieder betont, auf diese Weise dialektisches Denken beim Leser erzeugend. Entsprechend angelegt ist Pudowkins Konzept von Raum und Zeit im Film, das am Anfang der Abhandlung berührt wird:

> *Die Filmkamera, nach dem Willen des Regisseurs eingesetzt, schafft*

letztlich – den Schnitt beziehungsweise die Montage einbezogen – eine neue filmische Zeit. (…) Die Zeit auf der Leinwand unterscheidet sich von der realen. Sie korrespondiert lediglich mit der Länge der Einstellungen, die der Regisseur kombiniert. Analog zur Zeit ist auch die filmische Raumdimension mit dem grundlegenden Arbeitsprinzip eines Filmschaffenden verbunden – mit der Montage. Indem der Filmkünstler die Einzeleinstellungen zusammenfügt, schafft er eine neue Raumdimension. Einzelne Elemente, die vielleicht an verschiedenen Stellen des realen, tatsächlichen Raums aufgenommen wurden, verbindet er miteinander und zwingt sie in einen neuen filmischen Raum. Infolge der für die gesamte filmische Arbeit charakteristischen Möglichkeit, Zwischenphasen überspringen zu können, setzt sich der filmische Raum aus Elementen der Wirklichkeit zusammen, die von der Kamera herausgegriffen wurden.«[5]

Aus diesen Voraussetzungen im Umgang mit Raum und Zeit schließt Pudowkin auf gattungsspezifische Besonderheiten des Films gegenüber der Theaterkunst. Er benennt sie als Unterschiede des Materials.

»Der Filmregisseur hat es mit einem Filmband als Material zu tun. Das Material, aus dem er seine Werke gestaltet, sind keine lebendigen Menschen, keine tatsächliche Landschaft und keine reale Dekoration, sondern nur ihre Darstellung auf dem Filmband; er kann dieses Material verkürzen, umformen oder in beliebiger Anordnung miteinander verknüpfen. Auf dem Filmband sind Elemente der Realität fixiert. Indem der Filmregisseur diese in einer beliebigen, von ihm beabsichtigten Anordnung kombiniert, indem er sie seinem Wunsch entsprechend zeitlich verkürzt oder verlängert, schafft er einen eigenen filmischen Raum und eine eigene filmische Zeit. Er deformiert nicht die Realität, sondern er nutzt sie, um eine neue Realität zu schaffen. Das Wichtigste und das Charakteristischste an dieser Arbeit ist, daß sich jene Gesetze der Zeit und des Raumes, die in der Realität unantastbar und unveränderlich sind, in der Filmkunst als elastisch und gefügig erweisen. Der Filmschaffende sammelt Elemente der Wirklichkeit, um aus ihnen eine neue, nur ihm gehörende Wirklichkeit zu gestalten. Dabei wirken Gesetze von Raum und Zeit, die manchmal eine unüberwindliche Barriere in der künstlerischen Arbeit mit lebendigen Menschen, einer Bühnendekoration oder einem Bühnenraum sind, beim Film auf völlig andere Weise. Der filmische Raum und die filmische Zeit unterwerfen sich ganz und gar dem Film-

schaffenden. Das grundlegende Verfahrensprinzip filmischer Interpreta-
tion – die Komposition eines in sich geschlossenen Kunstwerkes aus ein-
zelnen Einstellungen, einzelnen Elementen, aus denen man alles
Überflüssige aussondieren und nur das Prägnanteste und das Bedeu-
tungsvollste auswählen kann – birgt ungewöhnliche Möglichkeiten in
sich.«[6]

Der Zuschauer sehe und erlebe nur das, was der Regisseur zeigen
wolle, genauer, was er in der jeweiligen Erscheinung entdecke.
Durch die Annäherung an das Detail werde die Wahrnehmung
differenzierter. »Der Begriff Detail ist stets Synonym für eine ver-
tiefte Kenntnis.«[7] Und: »Die Kamera dringt ununterbrochen und
angestrengt in das tiefste Dickicht des Lebens ein und bemüht
sich, dorthin zu gelangen, wohin im allgemeinen ein Beobachter
nie gelangen könnte, der lediglich oberflächlich und mit flüchti-
gem Blick seine Umwelt betrachtet.«[8] Die Anstrengungen des Zuschauers, vom Allgemeinen zum Besonderen vorzustoßen, würden ihm durch die Montage abgenommen. Dergestalt werde er zu
einem idealen, kritischen Beobachter, erzogen durch den Regisseur.

Die Analyse der Lebensprozesse durch die Regie müßte die
prägnanten Kulminationspunkte der Vorgänge hervorkehren.
Eine maximale Klarheit des Eindrucks werde erreicht, indem eine
entsprechende Auswahl der Details im Film erfolge.

Pudowkin führt ein Beispiel an: die Gerichtsszene aus dem
Film »Intoleranz« von Griffith.

»Eine Frau hört das Urteil des Gerichts, das ihren Mann, der an
dem Verbrechen unschuldig ist, dem Tode übergibt. Der Regisseur zeigt das Gesicht der Frau; ein scheues, verängstigtes Gesicht, über das unter Tränen ein furchtsam besorgtes Lächeln
huscht – und plötzlich sieht der Zuschauer die Hände dieser
Frau, nur die Hände, die sich krampfhaft ineinanderkrallen. Diese
Einstellungen gehören zu den stärksten Momenten des Films.
Nicht einen einzigen Augenblick sehen wir die Frau in ihrer ganzen Gestalt. Wir sehen nur ihr Gesicht und ihre Hände.«[9]

Eine Zwischenüberschrift des ersten Kapitels lautet:
»Die Montage-Logik der filmischen Analyse«.[10] Pudowkin weist
hier darauf hin, daß der Regisseur sich die Ereignisse im Film so

vorstellen müsse, wie sie später auf der Leinwand erscheinen sollten, also in ihrer Montageabfolge. In der Einführung zur – erweiterten – deutschen Ausgabe des Filmbuches aus dem Jahre 1928 hebt er den Montagebegriff zusätzlich hervor. Ihr erster Satz lautet: »Die Grundlage der Filmkunst ist die Montage.«[11] Und später heißt es, daß jeder aufgenommene Gegenstand durch die Montage mehr als eine fotografische, nämlich eine kinematographische Wirklichkeit erlange. Wie ein Beispiel aus »Das Ende von St. Petersburg« zeige, ermögliche die Montage – in diesem Falle die einer gewaltigen Explosion –, daß Bildwirkungen entstünden, welche nicht nur auf Abbildungen entsprechender Lebenserscheinungen zurückgingen. Die Montage habe vielmehr andere Aufnahmen einbezogen und sei damit zur »Schöpferin filmischer Wirklichkeit«[12] geworden. Die Natur liefere dergestalt nur das Rohmaterial.

Pudowkin betont, daß der Filmregisseur ein unabdingbares professionelles Interesse für die Bewegung besitzen müsse, freilich einer solchen, die den Sinngehalt einer Darstellung zum Ausdruck bringe. Der Regisseur habe sich dabei im Interesse der Sinngebung in das Material einzumischen. Er habe in reale Abläufe einzugreifen.

> *Die einzelnen Einstellungen müssen in organisierter Korrespondenz zueinander stehen. Mit dieser Zielsetzung muß deren Gehalt im Sinne einer Vertiefung und Fortsetzung der nach innen gerichteten Komposition der Montage, einer Vertiefung jedes einzelnen Elements dieser Komposition geprüft werden.*[13]

> *Der Regisseur organisiert jede einzelne Szene, er analysiert sie, zerlegt sie in ihre Elemente und denkt gleichzeitig über deren Synthese in der Montage nach.*[14]

Dies habe Konsequenzen für die Kameraarbeit. Denn durch sie komme ein Moment von Relativität ins Spiel, das schon mit dem begrenzten Blickwinkel der Optik zusammenhänge.

> *Die Arbeit wird noch komplizierter, wenn das Moment der Bewegung hinzutritt. Das Objekt hat nicht nur seine Form, sondern diese Form verändert sich während der Aufnahme in Abhängigkeit von der Eigenbewegung, mehr noch, diese Bewegung selbst hat wiederum ihre Form und*

diese muß ebenfalls vom Objektiv der Kamera erfaßt werden. Alle übrigen Forderungen bleiben dabei in Kraft.«[15]

So sind es also immer wieder Wechselwirkungen zwischen durchaus gegensätzlichen Momenten, auf die Pudowkin einzugehen sucht.

Bemerkenswert ist in diesem Zusammenhang die Auffassung filmschauspielerischer Arbeit. Denn einerseits sieht Pudowkin im Filmdarsteller den »Naturschtschik«, das Modell aus der Natur, welches sich vor allem selbst darstellt. (»Schließlich spielt der Filmschauspieler in der überwiegenden Mehrzahl aller Fälle sich selbst, und die Arbeit, die der Regisseur zu leisten hat, besteht nicht darin, ihn zu zwingen, etwas zu gestalten, das in ihm nicht existent ist, sondern darin, seine realen Eigenschaften zu nutzen und alles, was in ihm steckt, so ausdrucksstark und präzise Gestalt annehmen zu lassen wie möglich.«[16]) Andererseits wird der Darsteller, dem fast nicht zugemutet werden darf, daß er eine »Rolle spiele«, innerhalb der Filmkomposition sehr abstrakt, eigentlich als Funktionsbündel von Wirkungen aufgefaßt. (»Der Regisseur kann im Schauspieler nie den realen Menschen sehen, sondern er muß sich sein künftiges Bild auf der Leinwand vorstellen. Daran denkt der Regisseur, und unter diesem Gesichtspunkt wählt er sorgfältig das Material aus, veranlaßt er den Schauspieler, sich so und nicht anders zu bewegen oder ändert den Blickwinkel der Kamera bei den Aufnahmen mit dem Schauspieler. Hier herrscht die gleiche Diskontinuität, wie sie für die Filmproduktion charakteristisch ist. Im Grunde ist der Regisseur nicht einen einzigen Augenblick mit realen Menschen konfrontiert, sondern lediglich mit verschiedenen, möglichen Elementen der künftigen filmischen Komposition«.[17])

Die abstrahierende Sicht des Theoretikers Pudowkin verträgt sich aber sehr wohl mit der eines Praktikers, der ein Kollektiv von Menschen um sich wissen möchte, die sich schöpferisch am Werk zu beteiligen vermögen. Das Paradox löst sich auf, wenn man den Überlegungen folgt, die sich anschließen. Daß der Regisseur den Schauspieler nur von bestimmten Wirkungskomponenten her sehen solle, bedeute nicht, daß das Spiel desselben ersterben oder mechanisch werden müsse oder dürfe. Vielmehr könne sich der

Darsteller frei und natürlich bewegen, brauche sich keinen Zwang anzutun, eben weil die Regie die Kamera einsetze und damit aus der einheitlichen schauspielerischen Darbietung jene Momente auswählen könne, die für die Komposition benötigt würden. Deren Ganzes schaffe die neue organische Einheit.

Die Gesamtkomposition bindet für Pudowkin alle Gestaltungsmomente ein. Im Arbeitsstadium des Szenariums werde sie bereits entworfen. Der Begriff der Fabel dient ihm dazu, Ganzheitlichkeit leichter herzustellen.

> *Die Fabel vereint bestimmte Verhaltensweisen, Wechselbeziehungen und Konflikte der handelnden Personen, sie schlägt für die weitere Entwicklung Ereignisse vor, die schon irgendeine konkrete, reale Form aufweisen. Eine Fabel, die nicht bereits bestimmte Ausdrucksformen optisch anbietet, ist undenkbar.*[18]

Die Figuren werden nach Pudowkin in gelungenen Filmen stets mit dem Umweltgeschehen verknüpft.[19] Und die zufälligen Momente der Realität, welche sich oft in den Film drängten, da sich die Bewegung des Lebens vor der Kamera nach eigenen Gesetzen vollziehe, müßten vom Regisseur gleichfalls auf das Ganze bezogen und im Interesse der gesamten Komposition genutzt werden.[20]

Widersprüche erkannte der Dialektiker Pudowkin also überall, er kehrte sie auch hervor, aber er suchte sie zu beherrschen. Dies galt auch für die Erscheinungen der Kinematographie bzw. der Filmkunst in ihrer spezifischen Entwicklung. Pudowkin erblickte dort stets das Prozeßhafte, von Widersprüchen Bewegte.

Die Montageproblematik interpretierte er darum wie kein anderer in jener Zeit historisch und half mit, die damals unvereinbar scheinenden Tendenzen innerhalb der sowjetischen Kinematographie als dialektische Phänomene zu verstehen.

In einem Artikel unter der Überschrift: »Die schöpferische Arbeit des Filmregisseurs«, den er 1929 veröffentlichte, wies er nach, welche unterschiedlichen Funktionen des Films die Montage-Konzepte von Kuleschow, Wertow und Eisenstein jeweils zum Ausdruck brachten. Auch, welche echten und scheinbaren Gegensätze sich damit herausbildeten. So schrieb er:

> *Ich betone noch einmal, daß Kuleschows Arbeit an der Montage (Kompo-*

sition der Einstellungen) auf der Linie räumlicher Kompositionen verlief.
Er entdeckte und lehrte Verbindungsverfahren von Einstellungen lediglich nach formalen, räumlichen Charakteristika, oder einfacher gesagt –
nach der Bewegung. Die Bewegung realisiert sich primär über die Schauspieler (die Modelle). Damit also die Forschungsarbeit möglichst klar
und einfach war, forderte man Klarheit und Einfachheit in der Bewegung des Schauspielers. Von dieser Position aus läßt sich die ganze Auffassung Kuleschows von der Bewegungskomposition des Schauspielers ableiten. Subtilität und bisweilen auch die Unwiederholbarkeit äußerer
Ausdrucksmomente für tiefe, komplizierte Emotionen (Erlebnisse) wurden in die Rubrik der Laster verwiesen. Alles, was nicht zergliedert, exakt komponiert, eingeprägt und vor allem nicht beliebige Male wiederholt
werden konnte, taugte für seine Arbeit nicht. Die elementaren Experimente zum Studium der Gesetze, die die Bewegungskomponenten innerhalb einer Einstellung verbinden, erforderten maximale Einfachheit,
Präzision und schließlich den Schematismus dieser Bewegung. Deshalb
war das Modell Kuleschows einfach, präzise und schematisch (…) Jetzt
zu Wertow. Seine ganze Arbeit zielte auf die Erforschung des rhythmischen Aspekts der Montage, wie man das heute leicht sehen kann.

Wie auch Kuleschow, arbeitete er an räumlichen Kompositionen und säuberte die äußere Bewegungsform sorgfältig von allen Einflüssen und Beimischungen, die sie weniger exakt, weniger prägnant machen könnten.

Wertow wehrte alles strikt ab, was ihn dabei hätte einengen oder stören
können, eine beliebige Einstellung auf die von ihm gewünschte Länge zu
schneiden. Hätte er sich, wie Kuleschow, mit der Organisation der Bewegung innerhalb einer Einstellung beschäftigt, so wäre er widerwillig gezwungen gewesen, die Dauer einer Einstellung im Montageprozeß einem
bereits vorher organisierten Gehalt unterzuordnen. Man hätte also die
Länge einer Einstellung gleichsam bei der Niederschrift des Szenariums
motivieren müssen.

Doch da es bis zur Zeit Wertows keinerlei echte Experimente zu Möglichkeiten, Einstellungen unterschiedlicher Länge (Montagerhythmus)
miteinander zu verbinden, gegeben hatte, konnte er auch nichts im voraus
berechnen.

Um seine Untersuchungen, seine Experimente zu unterschiedlichen rhythmischen Kompositionen aus verschiedenen Einstellungen voranzutreiben zu
können, brauchte er ein Material, das er beliebig mit der Schere bearbeiten konnte.

Das dafür geeignetste Material war: ›... das Leben wie es ist ...‹, also zufällige Einstellungen, die keinerlei Kompositionselemente besaßen und deren Gegenstand verschiedene Menschen an verschiedenen Orten waren. In hohem Maße erwiesen sich gleichförmige, wiederholbare Prozesse, die Arbeit von Menschen, die Arbeit von Maschinen, die Bewegung von Massen und so weiter als solches Material. Solche Einstellungen lassen sich beliebig schneiden. (...) Wertow setzte auch zufällige Einstellungen, die nicht nach einer vorher komponierten Bewegung miteinander korrespondierten, zueinander in Beziehung. Damit demonstrierte er Beispiele einer Montage, die die einzelnen Einstellungen nicht nach äußeren Merkmalen, sondern nach ihrem inneren, gedanklichen Gehalt miteinander verband. Zugegeben, Wertow handhabe das oft spontan.

Seine einzige feste, formale Orientierung war der Rhythmus, der frei von allen nur denkbaren einengenden Bedingungen eines anderen Ordnungsprinzips war.

In diese Bresche trat ein Mensch, der einen Anteil am Beginn der Arbeit hat, die nicht mehr der Silbe, sondern der Wortbildung – der Filmsprache – gehörte.

Dieser Mensch ist S. M. Eisenstein. (...) Bei Eisenstein begann die Montage als eine Sprache zur Geltung zu kommen, die nicht nur die Formen der Gegenstände, sondern auch abstrakte Begriffe zu offenbaren vermochte.

Das hatte eine ungewöhnlich weittragende Bedeutung. Im Ergebnis der Arbeiten Eisensteins wurde die Montage als Träger der Konflikte und Kollisionen zwischen den einzelnen Bildeinstellungen charakterisiert. Über diese Konflikte werden dem Zuschauer sowohl emotionale Stimmungen als auch intellektuelle Begriffe dialektisch vermittelt. (...)

Die Montage, die einzelne Einstellungen verbindet oder konfrontiert, setzt lediglich den bereits innerhalb der einzelnen Bildkomposition fixierten Konflikt fort. (...) Hier werden bereits eine Reihe emotionaler und intellektueller Kollisionen ausdruckswirksam. Der im Gehalt der einzelnen Einstellungen angelegte Konflikt findet im Aufeinanderprall der Episoden, der Sequenzen, seine Fortsetzung, ja, das verläuft bis hin zum Titel des Films und seiner Kollision mit dem Gesamtgehalt des Films.

Alle Entdeckungen von Kuleschow und Wertow zu formalen Verfahrensweisen bei der Organisation des Materials und der Emotionen innerhalb einer Bildeinstellung, die durch rhythmische Montagekompositionen her-

vorgerufen wurden, fanden bei Eisenstein ihre weitere schöpferische Ent-
wicklung. Es bildeten sich die Keime einer ausdrucksstarken Filmsprache
heraus, die immer kompliziertere Kompositionen, immer umfassendere
Bildsequenzen, bis hin zu bisher filmisch nicht faßbaren, abstrakten Be-
griffen beherrschte.«[21]

Diese Interpretation der Montage im frühen sowjetischen Film als
ein widersprüchlicher Prozeß ist in vieler Hinsicht bemerkenswert. Pudowkin gelang es dabei u. a. zu zeigen, welche Vielfalt
von Faktoren hierbei wirksam wurden, ein Gesichtspunkt, der
aufgrund der Kürzungen des hier wiedergegebenen Textes freilich nur bedingt deutlich wird. Für die Theoriebildung war sein
Artikel auch darum von außerordentlichem Wert, weil sich damit
eine streng historische Betrachtungsweise sowohl der ästhetischen
Sachverhalte wie auch der theoretischen Abbildungsverfahren
durchzusetzen begann. Montagetechniken erschienen in ihrer
Evolution, in Abhängigkeit von anderen, auch, wie Pudowkin betont, sozialen Entwicklungen, und der Montagebegriff selbst
mußte damit als in seinem Inhalt veränderlich erkannt werden.
Ein solches Herangehen legitimierte die Experimente auf dem
Gebiet der Gestaltungstechniken, ja, erklärte sie als unabdingbar.
Ohne Experiment sei kein Fortschritt zu erwarten, schrieb Pudowkin damals in seinem polemischen Artikel. *»Formale Experi-*
mente bei der Suche nach neuen Verfahren und Methoden (selbstverständ-
lich nicht isoliert von der sowjetischen Thematik) sind keine Ausschweifung
oder Ästhetisiererei, sondern unumgängliche, notwendige Arbeit, die von der
Gesellschaft fordert, daß sie unterstützt und nicht bekämpft wird.«[22]
Er selbst unternahm in seinen Filmwerken zahlreiche künstlerische Experimente auf dem Gebiet der Montage, die er auch am
Schluß seines Artikels mit der ihm eigenen Bescheidenheit andeutet. So ging es ihm um die bewußte Ausnutzung geschlossener
Montagesequenzen, die nach unterschiedlichen Aufnahmeprinzi-
pien gedreht wurden, also etwa um die Zusammenwirkung von
überhöhten und verhältnismäßig realitätsnahen Partien innerhalb
eines Filmes. Auch um den sinnvollen Umgang mit solchen Verfahren wie der Zeitlupe, die er u. a. in »Sturm über Asien« anwandte. »Alle guten Arbeiten«, so schrieb er, »tragen experimentellen Charakter.«[23]

Gestalterisch neuartige und auch individuell sehr verschiedene künstlerische Ansätze verlangte der Theoretiker Pudowkin besonders dem revolutionären sowjetischen Film ab, der neue Inhalte zu vermitteln habe. An den Arbeiten Kuleschows, Wertows, Eisensteins – und unausgesprochen auch an seinen eigenen – bemerkte er in gestalterischer Hinsicht lediglich einen gemeinsamen Zug, einen ähnlichen Umgang mit der Realität, dem aufzunehmenden Lebensmaterial. Da die Revolution alle Orientierungen und Wertungen hinsichtlich der Lebenserscheinungen umgestürzt habe, müsse man nach neuen suchen, indem man Redlichkeit gegenüber der aufzunehmenden Realität wahre. Die sowjetischen Filmkünstler seien – ungeachtet ihrer unterschiedlichen individuellen Handschrift – um eine neue, wahrhaftige Sicht der Dinge bemüht. Dies schlösse die Anwendung sogenannter bedingter Gestaltungsformen nicht aus. Stilisierung wird von Pudowkin indes auch mit der Herausbildung von komplexem Wissen innerhalb der Kultur einer Klasse gesehen, für deren Entwicklung es Zeit brauche. Als Regisseur nutzte er früh kühne Metaphern, überließ diesen Prozeß also nicht dem Selbstlauf.

In ständiger Konfrontation mit der revolutionären Kunstpraxis begann mit dem Theorieansatz Pudowkins eine dialektisch-materialistische Grundlegung der Filmästhetik. Letztere ging vom Schaffensprozeß aus, orientierte sich aber dabei an der gesellschaftlichen Wirkung des Werkes. Kategorien der marxistischen Philosophie wie dialektischer Zusammenhang, Widerspruch und Entwicklung wurden auf wesentliche Aspekte der Filmkunst bezogen, und dies berührte zugleich Positionen einer realistischen Darstellungsweise.

Boris M. Eichenbaum

Die neue synkretistische Kunst
als Objekt formalisierender Methode:
Versuch einer Filmsyntax

*Boris Michailowitsch Eichenbaum wurde 1886 in Krasny, Gouvernement
Smolensk, geboren. Erst nach längerem medizinisch-naturwissenschaftli-
chem Studium wandte er sich den Künsten zu und begann an der Petersburger Universität mit literaturwissenschaftlichen Untersuchungen. Er war
dann eines der angesehensten Mitglieder der Gesellschaft zur Erforschung
der poetischen Sprache, OPOJAS, aus der die sogenannte formale Schule
der Literaturwissenschaft hervorging. In den Jahren von 1918 bis 1949
arbeitete er als Professor für russische Literaturgeschichte an der Leningrader Universität und erwarb sich besondere Verdienste um die Herausgabe und Interpretation von Werken der russischen Klassik, doch auch um
die Erneuerung der Literaturtheorie. 1927 erschien ein von ihm zusam-
mengestellter Sammelband »Poetika kino« (»Poetik des Films«), in dem
sich vornehmlich Anhänger der formalen Schule zu Fragen des Films
äußerten und der auch einen größeren Aufsatz Eichenbaums, betitelt
»Problemy kinostilistiki« (»Probleme der Filmstilistik«), enthielt. In früheren Artikeln hatte er sich mit den Beziehungen zwischen Literatur und
Film sowie der inneren Rede des Filmzuschauers auseinandergesetzt.
Er starb 1959.*

Schon während seines Studiums im Puschkinseminar Wengerows
an der Petersburger Universität hatte Boris Eichenbaum gemeinsam mit anderen Kommilitonen die methodologische Hilflosig-
keit der Literaturwissenschaft kritisiert; und in seinen ersten Arbeiten – etwa einem Aufsatz über Karamsin – zog er gegen die
Unzulänglichkeit der »gewöhnlichen historisch-literarischen Methode« zu Felde, die sich damit begnüge, die Künstler »unter allgemeine Schemata der Geistesströmungen dieser oder jener Epoche«[1] zu stellen. Später, als er der Gesellschaft zum Studium der
poetischen Sprache, der OPOJAS, beitrat, die sich 1914 konstitu-

iert hatte, suchte er systematisch nach neuen Wegen für die literaturwissenschaftliche Forschung. Es ging ihm wie anderen Mitgliedern der OPOJAS, etwa Tynjanow und Schklowski, darum, die empiristische Katalogisierung und die psychologisch-biographische Interpretation literarischer Werke zu überwinden und Systemzusammenhänge herauszufinden, die ein differenziertes Studium von Gestaltungs- und Wirkungsmomenten der Kunst erlaubten. Die formale Schule der Literaturwissenschaft, die sich damals herausbildete und die besonders von den genannten Persönlichkeiten getragen wurde, analysierte das literarische Werk als ein in sich geschlossenes Ganzes, als ein System künstlerischer Gestaltungsweisen; und die literarische Entwicklung wurde als Ablösung bestimmter Gestaltungsweisen, welche ihre Wirksamkeit verloren hatten, durch neue begriffen, die beim Rezipienten etwas auszurichten vermochten. Obzwar die aktive Rolle der Kunst und des Künstlers in diesem Prozeß generell betont und von den Vertretern der Schule ein wirkungsästhetisches Konzept angestrebt wurde, kam es auch vielfach zur Verabsolutierung einzelner Teilmomente im komplexen Wirkungsmechanismus der Kultur. Gelegentlich drängten sich die innerliterarischen Abhängigkeiten zu sehr nach vorn und die Verkopplung des einzelnen Werkes mit dem Gesamtprozeß der kulturellen bzw. gesellschaftlichen Entwicklung wurde vernachlässigt, bzw. es trat zwischen der Beschreibung von Gestaltungsweisen und der philosophisch-ästhetischen Ausdeutung ihrer Funktion ein Mißverhältnis zutage, das zu einer Überbewertung der Form führte. Es handelte sich dabei indes nicht um wissenschaftliche Nachlässigkeit oder um grundsätzliche ideologische Mängel der formalisierenden Methode, wie dies besonders zur Zeit des Stalinschen Personenkults behauptet wurde, sondern um Unfertigkeiten im Umgang mit einer hochkomplizierten Dialektik, die nicht sogleich zu beherrschen war. Eichenbaum schrieb 1936 in diesem Sinne von offensichtlichen Irrtümern der Formalen Schule, an welchen das Leben längst vorbeigezogen wäre, die aber nicht aufgrund von Leichtfertigkeit oder Gleichgültigkeit entstanden, sondern wie jegliche historischen Fehler unumgänglich gewesen seien.[2]

Die Herausgabe des Sammelbandes »Poetik des Films« belegt das persönliche Engagement des Literaturspezialisten bei der wissenschaftlichen Erkundung der gesamten kulturellen Entwicklung. Und die Anlage seines eigenen Aufsatzes über die Filmstilistik zeugt davon, daß es Eichenbaum um das Verständnis kultureller Massenprozesse ging, die er streng historisch sah. Nach seiner Meinung sei der Film durch eine besondere Eigenheit für die Massenkommunikation befähigt, durch den ihm innewohnenden neuen Synkretismus:

»Seit langem schon ist das Bedürfnis nach einer neuen Massenkunst offenkundig, das Bedürfnis nach einer in ihren künstlerischen Mitteln der ›Masse‹ – vor allem der keine eigene ›Folklore‹ besitzenden städtischen Masse – verständlichen Kunst. Diese sich an die Massen wendende Kunst muß auftreten als ein neuer ›Primitiver‹, der sich revolutionär den alten, isoliert lebenden Künsten entgegenstellt. Diese ›Primitivität‹ konnte verwirklicht werden auf der Grundlage einer Erfindung, die, indem sie in den Vordergrund ein neues künstlerisches Element stellte und es zur konstruktiven Dominante machte, eine besondere Form der Verschmelzung (der Synkretisierung) der einzelnen Künste ermöglichte. Die Evolution der als etwas Einheitliches verstandenen Kunst drückt sich in den beständigen Schwankungen zwischen Isolierung (Differenzierung) und Verschmelzung aus. Jede einzelne Kunst existiert und entwickelt sich sowohl als gesonderter Aspekt wie auch als Spielart auf dem Hintergrund der anderen Künste. In den verschiedenen Epochen versucht diese oder jene Kunst, Massenkunst zu werden, begeistert sich für das Pathos eines Synkretismus und strebt danach, die Elemente der anderen Künste sich einzuverleiben. Differenzierung und Synkretisierung sind beständige und gleichermaßen bedeutsame Prozesse in der Geschichte der sich korrelativ entwickelnden Künste. Synkretistische Formen sind keineswegs, wie man früher dachte, ein Attribut lediglich der Kunst der Wilden oder des ›Volkes‹; die Tendenz zu ihrer Bildung ist ein beständiges Faktum der künstlerischen Kultur. Die musikalischen Dramen Wagners oder die symphonischen Tänze der Erneuerer des Balletts sind einzelne Manifestationen synkretistischer Tendenzen der letzten Zeit. Diesen Versuchen fehlte jedoch der Geist der revolutionären ›Primitivität‹, der unumgänglich ist dafür, daß eine neue Form die Bedeutung einer Massenkunst gewinnen kann, einer Kunst, die sich den anderen gerade durch die Reichweite ihres Einflusses entgegenstellt. Der uns in vielem zu den Prinzipien des frühen Mittelalters zurückführende allgemeine Wendepunkt der Kultur hat eine entscheidende Forderung gestellt:

eine neue, von den Traditionen freie, ihren ›sprachlichen‹ (bedeutungs-
mäßigen) Mitteln nach primitive und ihren Möglichkeiten einer Beein-
flussung der Massen nach grandiose Kunst zu schaffen. Dem Technizis-
mus gemäß, unter dessen Zeichen die Kultur unserer Epoche steht, mußte
diese Kunst geboren werden aus dem Schoß der Technik selbst.«[3]

Eichenbaum stellte die Kunst der Leinwand dabei der des Theaters gegenüber. Letzterer sprach er eine Verschmelzung und Vermischung von Mitteln anderer Künste nicht ab, betonte aber
die neue Qualität des Film-Synkretismus:

»In dem von uns als Augenzeugen miterlebten gegenwärtigen Stadium
stellt der Film eine neue synkretistische Form der Kunst dar. Die Erfin-
dung der Filmkamera ermöglichte das Ausschließen der Dominante des
Theatersynkretismus, des hörbaren Wortes, das durch eine neue Domi-
nante ersetzt wurde: durch die im Detail sichtbare Bewegung. Das auf
dem hörbaren Wort aufgebaute System des Theaters wurde also umge-
stülpt. Der Filmzuschauer steht unter völlig neuen, dem Prozeß des Le-
sens entgegengesetzten Rezeptionsbedingungen: vom Gegenstand, von der
sichtbaren Bewegung kommt er zu denen der Sinngebung, zum Aufbau
der inneren Rede. Der Erfolg des Films hängt zum Teil mit diesem im
Alltag keinerlei Entfaltung findenden neuen Typ von Gehirntätigkeit
zusammen. Soweit von der Kunst die Rede ist, kann man von unserer
Epoche sagen, sie sei alles andere als eine sprachliche Epoche. Als Zeichen
ihrer Zeit steht die Filmkultur im Gegensatz zur Herrschaft der Wort-
kultur – im Buch und der auf dem Theater – des vorigen Jahrhunderts.
Der Filmzuschauer sucht Erholung vom Wort, er will einfach nur sehen
und enträtseln.«[4]

Film war bis dahin mehr als Synthese tradierter Künste im Sinne
einer Summierung von deren Ausdrucksmitteln verstanden worden, oder seine Komplexität hatte auch eine gewisse Mystifizie-
rung erfahren, etwa als totale Kunst. Eichenbaum hingegen
zeigte, daß die komplexen psychischen Prozesse der Rezeption
als Ausgangspunkt für die Analyse gewählt werden konnten, indem er auf die innere Rede verwies. Dies hatte er schon 1926 in
einem Aufsatz unter dem Titel »Wnutrennaja retsch kinosritelja«[5]
(»Die innere Rede des Filmzuschauers«) getan. Jetzt baute er den
Gedanken systematisch aus und nutzte ihn für die Klärung der
Filmstilistik.

»*Für das Studium der Gesetze des Films (vor allem der Montage) ist es sehr wichtig zu erkennen, daß Wahrnehmung und Verstehen des Films unauflöslich verbunden sind mit der Bildung einer inneren, die einzelnen Einstellungen untereinander verbindenden Rede. (...) Der Filmzuschauer hat hinsichtlich der Verkettung der Einstellungen (die Konstruktion von Filmsätzen und Filmsequenzen) eine komplizierte Gehirntätigkeit zu leisten, die im Alltagsgebrauch fast vollkommen fehlt, wo das Wort die anderen Ausdrucksmittel entweder übertönt oder verdrängt. Ununterbrochen muß er eine Kette von Einstellungen zusammensetzen, weil er sonst überhaupt nichts versteht. Nicht ohne Grund gibt es Menschen, für die die filmische Gehirntätigkeit schwierig, ermüdend, ungewohnt und unangenehm ist. Eine der Hauptaufgaben des Regisseurs ist, so zu arbeiten, daß eine Einstellung beim Zuschauer ›ankommt‹, d. h. daß dieser den Sinn einer Sequenz errät oder, m. a. W., ihn in die Sprache seiner inneren Rede übersetzt; folglich ist diese Rede ein bei der Konstruktion des Films selbst zu berücksichtigender Faktor.*

Der Film fordert vom Zuschauer eine gewisse spezielle Technik des Enträtselns, die natürlich im Lauf der Entwicklung des Films komplizierter wird. Schon jetzt verwenden Regisseure häufig Symbole oder Metaphern, deren Sinn sich direkt auf geläufige Sprachmetaphern stützt. Ein ununterbrochener Prozeß innerer Rede begleitet das Filmsehen.«[6]

Mit Hilfe von sprachwissenschaftlichen Gesichtspunkten, die sich an das Modell der inneren Rede anpassen ließen, konnte die kommunikative Funktion des Films leichter ausgedeutet werden. Eichenbaum schlug vor, das Problem der Filmstilistik ausgehend von möglichen Merkmalen einer Syntax und Semantik des Films zu studieren. Nach seiner Ansicht bilde sich die Differenzierung des Films in verschiedene Stilrichtungen »in Abhängigkeit von dieser oder jener Methode der Materialverarbeitung«[7] heraus, denn Stil war für ihn ein System von Gestaltungsweisen bzw. Kunstgriffen, wobei der Sinn des Kunstgriffs jeweils von seiner Funktion abhängig zu machen wäre.

»*Entscheidende Bedeutung für die Frage nach diesem oder jenem Filmstil haben der Charakter des Filmbildes (Aufnahmedistanzen, Aufnahmewinkel, Beleuchtung, unterschiedliche Blenden) und der Montagetyp. Bei uns ist zur Gewohnheit geworden, die Montage lediglich als ›Sujetfügung‹ zu verstehen, während doch ihre fundamentale Rolle eine stilisti-*

*sche ist. Die Montage ist vor allem ein System der Einstellungsführung
oder der Einstellungsverkettung, sie ist eine Art Syntax des Films.*

*Die Sujetfügung an sich wird bestimmt durch das Drehbuch oder sogar
durch das Exposé; wenn sie auch von der Montage abhängt, so doch bloß
in dem Maße, in dem die Montage ihr durch Motivierung oder Aufeinanderfolge von Parallelen, durch Vermittlung dieses oder jenes Tempos,
durch Verwendung von Großaufnahmen und anderen Aufnahmetechni-
ken diese oder jene stilistische Färbung gibt.«*[8]

Der Film habe seine eigene Sprache, d. h. seine eigene Stilistik
und seine eigenen phraseologischen Verfahren.

In der Montage sah Eichenbaum u. a. ein Verfahren der Nutzung von bestimmten technischen Möglichkeiten des Films, einen
beschreibbaren Kunstgriff, der auf Stil schließen läßt.

*»... die Varianten der Montage hängen sowohl von der Gattung eines
Films wie auch dem persönlichen Stil eines Regisseurs ab. Das grundlegende Montageproblem bei einem vom Sujetverlauf eines Films geforderten Ortswechsel liegt darin, wie von einem Ort zu einem anderen, von
einer Parallele zu einer anderen überzuwechseln ist. Dies ist ein Problem
der Stilistik (der Logik) und der Motivation.*

*Wenn wir auch in jedem beliebigen Film einen Ortswechsel sehen, so un-
terscheidet sich gerade ein Regisseur vom anderen durch die Montage dieses Wechsels, durch die Verfahren seiner Vorbereitung und Durchführung.«*[9]

Da die Bewegung des Films nach dem Prinzip zeitlicher und
räumlicher Verkettung aufgebaut sei, ergäben sich an ihn Forderungen zeitlicher und räumlicher Kontinuität besonderer Art, für
die Balázs den Begriff der »visuellen Kontinuität« in Anwendung
gebracht hätte.

Der Film fordere eine solche Montage, durch die sich beim Zuschauer eine Empfindung der Zeit, d. h. einer kontinuierlichen
Aufeinanderfolge der Sequenzen, herausbilde. Benachbarte Einstellungen würden stets als vorhergehende und folgende wahrgenommen, und der Regisseur müsse dieses Gesetz zur Konstruktion der Zeit, wie er sie empfinde, ausnutzen, die Illusion einer
Kontinuität erstellend. Dadurch sei eine Art von Artikulation
möglich; denn jede Kunst, deren Wahrnehmung in der Zeit ver-
laufe, müsse eine solche besitzen.

In Anlehnung an sprachwissenschaftliche Gesetzmäßigkeiten suchte Eichenbaum dann nach Charakteristika für Artikulation im Film. Grundlegende Bedeutung hätten dafür die Einstellungen, die allein ja als reale Teile wahrgenommen würden. Über die Einstellungen heißt es:

> *Gerade sie bilden, indem sie untereinander in Zusammenhang treten, das System der Einstellungsführung, das ja auch grundlegendes Problem der Filmstilistik ist. Man muß in diesem System offensichtlich mehr oder weniger große Aufgliederungen unterscheiden in Übereinstimmung damit, wie sich die innere Rede des Filmzuschauers bildet. Die Montage ist ja gerade Montage und nicht einfaches Zusammenkleben, insofern ihr Prinzip das Schaffen bedeutungshafter Einheiten und deren Verkettung ist. Die fundamentale Einheit dieser Verkettung ist der <u>Filmsatz</u>.*
>
> *Wenn man unter ›Satz‹ generell eine gewisse, tatsächlich als Segment (sprachliches, musikalisches usw.) wahrgenommene fundamentale Aufgliederung sich bewegenden Materials versteht, dann kann man ›Satz‹ definieren als Gruppe von um einen akzentualen Kern gesammelten Elementen. Z. B. wird der musikalische Satz gebildet durch eine Gruppierung der Töne um einen rhythmisch-melodischen oder harmonischen Akzent, hinsichtlich dessen die vorhergehende Bewegung eine Vorbereitung ist. Eine analoge Rolle spielt im Film die Gruppierung verschiedener Aufnahmedistanzen und Aufnahmewinkel.*[10]

Eichenbaum unterschied dabei drei grundlegende Bewegungen: die am Zuschauer vorbei, die auf den Zuschauer hin und die von ihm weg in die Tiefe des Bildes. Er erklärte:

> *Gleichzeitig mit dem Übergang von der bewegten Fotografie zum Film wurde die Bedeutung der Montage nicht nur als Sujetform, sondern auch als stilistische Form (Einstellungsführung) bestimmt. Das Entwickeln der Filmsprache mit ihrer besonderen Semantik erforderte die Setzung akzentualer Momente, durch deren Hervorhebung auch die Filmsätze entworfen wurden. Eben hierdurch wurde auch die stilistische Bedeutung der Aufnahmedistanzen und Aufnahmewinkel bestimmt.*
>
> *Rein technische Mittel der Fotografie wurden als artikulatorische Mittel der Filmsprache eingesetzt. Die Totale wurde als lediglich orientierendes Element des Filmsatzes, als – in der alten grammatikalischen Terminologie – eine Art ›Umstandbestimmung des Ortes oder der Zeit‹ beibehalten. Die akzentualen Satzglieder werden durch Vordergrundeinstellun-*

gen und Großaufnahmen geschaffen, die eine Art Subjekt und Prädikat des Filmsatzes sind. Die Bewegungen der Aufnahmedistanzen (von der Totale zum Vordergrund und danach zur Großaufnahme oder auch in anderer Reihenfolge), in deren Zentrum die Großaufnahme als grundlegender stilistischer Akzent steht, ist das fundamentale Konstruktionsgesetz des Filmsatzes. (…) Hierzu kommt der Wechsel der Aufnahmewinkel (eine Art Nebensatz), der in das Schema des Filmsatzes zusätzliche Akzente einführt. Man zeigt eine Szene in einer Totalen, danach dieselbe Aufnahmedistanz, jedoch in einem anderen Aufnahmewinkel (von oben) usw.« [11]

Eichenbaum entwarf dann eine Art elementarer Typologie, die zwischen grundsätzlichen Möglichkeiten der Filmsyntaktik differenzierte:

Für den Filmzuschauer sei der Unterschied zwischen einem langen und einem kurzen Filmsatz völlig klar. Die Montage eines Filmsatzes könne man lang oder kurz halten. In bestimmten Fällen erhalte die Totale eine wichtige Bedeutung: ihr Hinausdehnen vermittle den Eindruck eines langen, sich langsam entwickelnden Satzes; in anderen Fällen bestehe, im Gegenteil, der Satz aus schnell alternierenden Vordergründen und Großaufnahmen und führe so zum Eindruck des Fragmentarischen, Lakonischen. Darüber hinaus hänge ein wesentlicher Unterschied in der stilistischen Konstruktion eines Filmsatzes vom Ablauf seiner Aufnahmedistanzen ab, von den in Großaufnahme gezeigten Details zum Panorama oder umgekehrt.

»Im ersten Fall erhält man eine Art Aufzählung, die zu folgendem Ergebnis führt: der Zuschauer ist, in Unkenntnis des Ganzen, auf die Details fixiert, indem er von Anfang an lediglich deren Fotogenität und gegenständliche Bedeutung erfaßt: ein hoher Zaun, ein riesiges Torschloß, ein angeketteter Hund. Dann öffnet sich ein Panorama, und er versteht: der Hof eines gestrengen patriarchalischen Kaufmannshauses. Dieser Satztyp verlangt vom Zuschauer, die Details nach der Totalen zu verstehen, auf sie wieder zurückzukommen. Es ist m. a. W. ein regressiver filmsyntaktischer Typ. Seine Besonderheit liegt nicht nur in der Aufeinanderfolge der Aufnahmedistanzen, sondern auch darin, daß die Details mit einer besonderen semantischen Symbolik versehen sein müssen, deren Sinn der Zuschauer nicht vor dem Schlußakzent errät. Die Montage

eines solchen Satzes verläuft nach dem Prinzip des Rätsels. Der andere,
<u>progressive</u> filmsyntaktische Typ führt von der Totalen zu den Details,
und zwar so, daß der Zuschauer selbst sich gleichsam dem Bild nähert
und mit jeder Einstellung sich immer genauer in den auf der Leinwand
ablaufenden Ereignissen orientiert.
Man kann noch hinzufügen, daß der erste Satztyp eher beschreibend,
während der zweite mehr erzählend ist. Es ist natürlich, daß diese film-
syntaktischen Typen mit besonderer Klarheit und Logik vor allem <u>am</u>
<u>Anfang</u> eines Films auftreten, wenn der Zuschauer in die Atmosphäre
des Films eingeführt werden muß.« [12]

Man mag sich über die Berechtigung einer Filmsyntaktik und
ihren möglichen Aufbau heute streiten, die von Eichenbaum vorgenommene Unterscheidung zwischen regressivem und progressi-
vem Typ hat jedoch etwas sehr Bestechendes.

Nachdem Eichenbaum dargestellt hatte, wie der stilistische Unterschied der Filmsätze von den Montageverfahren abhängt, ging
er zur nächstgrößeren Einheit über, der Filmsequenz, die eine
Verkettung der Sätze mit sich bringt.

»Eine einmal begonnene Bewegung der Einstellungen fordert eine bedeu-
tungsmäßige Verkettung nach dem Prinzip räumlicher und zeitlicher
Kontinuität. Es handelt sich hier natürlich um eine <u>Illusion</u> der Konti-
nuität, d. h. darum, daß die räumliche und zeitliche Bewegung auf der
Leinwand <u>konstruiert</u> sein muß, damit der Zuschauer sie empfinden
kann. Die räumlich-zeitlichen Relationen spielen im Film die Rolle eines
grundlegenden bedeutungsmäßigen Zusammenhangs, außerhalb dessen
sich der Zuschauer nicht in der Bewegung der Einstellungen orientieren
kann.« [13]

Laut Eichenbaum werde im Film nämlich »die Zeit nicht ausge-
füllt, sondern gemacht« [14], weil der Regisseur durch das Zerstük-
keln der Szenen und durch den Wechsel der Aufnahmedistanzen
und -winkel nicht allein das Handlungstempo verändern könne,
sondern auch das Tempo des Films selbst, so daß sich eine durch
und durch spezifische Empfindung herstelle.

»Im Film haben wir also zwei Arten des Tempos: das der Handlung und
das der Montage. Durch eine Kreuzung dieser beiden wird auch die spe-
zifische Filmzeit geschaffen. Sie können sowohl zusammenfallen wie auch
auseinandergehen.« [15]

Dabei sei die Zeit im Film untrennbar mit dem Raum verbunden. Der Raum habe dabei weniger eine Sujet- als vielmehr eine stilistische und damit syntaktische Bedeutung.

>*Die Verknüpfungsverfahren der Teile einer Sequenz – das ist das fundamentale stilistische Problem der Montage,*«[16]

faßte er zusammen, bevor er sich am Schluß des Aufsatzes noch kurz der Filmsemantik zuwandte.

Unter der Filmsemantik wollte er jene Signale verstanden wissen, mittels derer der Film den Zuschauer den Sinn des Leinwandgeschehens verstehen lasse. Tangiert werde hierbei die Frage, wie die einzelnen Momente des Films den Zuschauer »erreichen«. Seiner Meinung nach gäbe es im Film eine Semantik der Bilder und eine der Einstellungen.

>*Isoliert tritt die Semantik eines Bildes als solche selten auf; jedoch besitzen einige, gerade mit dem Fotogenen zusammenhängende Details in der Komposition eines Bildes manchmal einen eigenständigen semantischen Wert. Die grundlegende semantische Rolle fällt allerdings der Montage zu, da sie ja die Bilder über ihren allgemeinen Sinn hinaus mit Bedeutungsnuancen färbt. Bekannt sind die Fälle, wo bei dem Umschnitt eines Films dieselben Bilder, in einen neuen Montage->Kontext< gesetzt, einen völlig neuen Sinn bekommen. Genauso kann ein Bild aus einer Wochenschau (wo ja ausschließlich die Semantik der Bilder hervortritt, weil die Montage keine eigenständige Bedeutungsrolle spielt) in einem Film verwendet werden; sein Sinn aber wird ein völlig anderer sein, weil es in die Semantik der Montage eintritt. Denn der Film ist ja von den Bildern bis hin zu den Einstellungen eine gänzlich <u>sukzessive</u> Kunst: der Sinn der einzelnen Bilder wird schrittweise klar aus ihrer Nachbarschaft und Abfolge.*«[17]

So verweist die analytische Methode Eichenbaums, obwohl dort Beziehungen formalisiert werden, doch stets auf Zusammenhang und somit auf Dialektik. Einstellungen werden innerhalb von Montagesätzen gesehen, diese im Rahmen von Sequenzen, welche sich der Gesamtkomposition unterwerfen, die über die Zuordnung von Bedeutung entscheidet, eben weil die innere Rede durch die Komposition vorgezeichnet ist, schrittweise und so, daß die Kontinuität der Empfindung gewahrt bleibt. Und eingebettet sind diese Systeme in die der gesamten Kultur und Gesellschaft.

Eisenstein konnte seinerzeit grundsätzliche Erkenntnisse, die die innere Rede des Rezipienten – und analog die des Film-schöpfers – angingen, sogleich in sein Montagekonzept überneh-men. Die von Eichenbaum erarbeiteten Charakteristika einer zu-gleich synkretistischen und sukzessiven Kunst gingen – z. T. mit ähnlichen Begründungen – in seine Theorie ein, halfen dem ge-nialen Regisseur, binnen weniger Jahre zu einem hochentwickel-ten wissenschaftlichen System zu kommen, das darüber hinaus noch den Ansatz Tynjanows zur Darstellung der Evolution in der Kunst integrierte. So erwiesen sich die Gedanken der formalen Schule, die für die Literaturwissenschaft sehr fruchtbar waren, auch als Fundament bei der Entwicklung einer Filmästhetik.

Juri N. Tynjanow
Frühe evolutionär-systemologische Betrachtung der Grundlagen des Films

Juri Nikolajewitsch Tynjanow wurde 1894 in der Stadt Reshiza des damaligen russischen Gouvernements Witebsk geboren. Wie Eichenbaum Mitglied der OPOJAS, war er von 1920 bis 1931 am Staatlichen Kunstgeschichtlichen Institut in Leningrad tätig, wo er Vorlesungen hielt und ab 1924 das Komitee für Gegenwartsliteratur leitete. Als Literaturwissenschaftler wurde Tynjanow durch Arbeiten wie »Dostojewski und Gogol« (1921), »Das Problem der Verssprache« (1924) und »Archaiker und Neuerer« (1929) sowie kleinere literaturtheoretische Aufsätze bekannt. Er schrieb jedoch auch historische Romane und Erzählungen und schuf romanhafte Biographien über russische Autoren wie Küchelbecker, Gribojedow und Puschkin. Außerdem verfaßte er mehrere Filmszenarien, etwa zu »Der Mantel« (1926), »Dekabristen« (1927) und »Leutnant Saber« (1935). Als sein bedeutendster Beitrag zur Filmtheorie gilt der Aufsatz »Ob osnowach kino« (»Über die Grundlagen des Films«), der 1927 in dem Sammelband »Poetik des Films« erschien.
1943 starb Tynjanow nach schwerer, langwieriger Krankheit.

»Eine Geschoßkugel darf man nicht nach Farbe, Geschmack und Geruch beurteilen. Sie ist unter dem Aspekt ihrer Dynamik zu bewerten«[1], das schrieb Tynjanow in seinem berühmten Aufsatz »Das literarische Faktum« (1924), um zu verdeutlichen, daß es in der Kunst wie in allen anderen Lebensbereichen stets um wesentliche Beziehungen gehe, die man von der Funktion einer Sache her bestimmen müsse. Was das literarische Faktum und seine Funktion anbetraf, so interessierte er sich für das Moment der Dynamik im Funktionieren von Literatur, für die unablässigen Veränderungen innerhalb der Konstruktionsprinzipien literarischer Werke und der Wirkungsweisen ganzer literarischer Gattungen noch ganz speziell. Insofern trifft das Bild von der Dynamik der

Geschoßkugel hier unbedingt zu. Es war Tynjanow dabei nicht allein um das Verständnis einzelner künstlerischer Erscheinungen zu tun, obschon er als Literaturwissenschaftler für die Bewertung dieser konkreten Phänomene – etwa dem Werk bestimmter, von der Gesellschaft zu unrecht wenig akzeptierter Dichter – natürlich nach zutreffenden Argumenten suchte. Vielmehr bemühte er sich auch um ein methodologisches Umdenken, welches nötig war, um generell jene komplizierten Wandlungen innerhalb der Kunstsphäre in adäquater Weise theoretisch abbilden zu können. Dabei entwickelte er methodische Prinzipien, die der Zeit weit voraus waren und erst heute in ihrer Tragweite erkannt und aufgenommen werden können, handelte es sich dabei doch um Überlegungen, die zugleich dem Systemcharakter der künstlerisch-kulturellen Erscheinungen gerecht zu werden trachteten wie deren komplizierten Entwicklungen. Die neuere sowjetische Wissenschaft hat für das Vorgehen Tynjanows die Formel »evolutionärer System-Ansatz«[2] gefunden und gezeigt, daß seine Methode bereits in die Ära der Systemforschung fällt.[3]

In »Das literarische Faktum« zeigte Tynjanow, daß es sich weder bei der Literatur noch ihren einzelnen Gattungen um etwas ein für allemal Gegebenes handelt, sondern daß es dort beständige Veränderung gibt, die nicht als eine gleichförmige Evolution, sondern als sprunghafte Verschiebung in Erscheinung tritt. »Das ganze Wesen der ›neuen Form‹ besteht in einem neuen Konstruktionsprinzip, in einer neuen Verwendung des Verhältnisses von Konstruktionsfaktor und untergeordneter Faktoren – dem Material. Die Wechselwirkung zwischen Konstruktionsfaktor und Material muß sich fortwährend ändern, schwanken, sich modifizieren, um dynamisch zu sein.«[4] Und die verschiedenartige Zusammensetzung des literarischen Faktums müsse jedesmal in Betracht gezogen werden, wenn man von »Literatur« spreche. »Das literarische Faktum ist heterogen, und in diesem Sinn ist die Literatur eine mit Unterbrechungen evolutionierende Reihe.«[5]

Was hier über die Literatur und ihre Wissenschaft gesagt wurde, die sich mit Termini, deren Definitionen ebenfalls zu evolutionieren hätten, auf diese Prozeßhaftigkeit einstellen müsse, galt für Tynjanow auch in bezug auf den Film und seine Theorie. Eisenstein konnte darum von ihm sofort den Gedankengang von der Evolutionierung der Gattungen übernehmen, als er sich und anderen verständlich zu machen suchte, warum in seinem Film »Streik« bestimmte Verschiebungen von Konstruktionsfaktoren und Material auftauchten.[6]

1927 schrieb Tynjanow den Aufsatz »Über die literarische Evolution«, der den Entwicklungsgedanken auf die Methodik der Literaturgeschichtsschreibung anwendete. Und im gleichen Jahr kam in dem von Eichenbaum herausgegebenen Sammelband »Poetik des Films« seine Darstellung »Über die Grundlagen des Films« heraus, deren Ideen in engstem Zusammenhang mit denen zur literarischen Evolution stehen. So werden neben dem Evolutionsprinzip dort auch einige Grundbegriffe entwickelt, die für das Verständnis des Film-Konzepts nützlich sind.

Ein literarisches Werk stellt nach Tynjanow ein System dar, ebenso sei die Literatur als System zu sehen. Der Hauptbegriff der literarischen Evolution sei der der Ablösung der Systeme, und man könne diese Ablösung anhand von Korrelationen verschiedenster Art studieren. Was verstand Tynjanow darunter? »Die Korrelation jedes Elementes eines als System gesehenen Werkes zu anderen Elementen und folglich zum ganzen System nenne ich konstruktive *Funktion* des betreffenden Elements«[7], heißt es. Tynjanow suchte also vor allem die konstruktive Funktion auf, wenn er das Wesen der Prozesse zu ergründen trachtete. Dabei entdeckte er Ähnlichkeiten, Analogien, Invarianten im Funktionalen. Sie bildeten die Grundlage für die Auffassung von Reihen, die zu Systemen zusammentreten. »Das System der literarischen Reihe ist vor allem *ein System von Funktionen der literarischen Reihe, in ständiger Korrelation zu den anderen Reihen*«[8], schrieb er. Die Wirksamkeit bestimmter Gestaltungsweisen bestimmte er dann ausgehend von jeweiligen Dominanten innerhalb der Funktionen der Reihe, was sowohl eine Untersuchung der jeweiligen Reihen als auch deren Einbindung in größere Funktionszusammenhänge nötig machte. Sein Resümee zur literarischen Evolution enthält dabei zugleich eine Anleitung, wie an die anderen Künste, darunter an den Film, analytisch heranzugehen sei:

»Die Evolution der Literatur läßt sich nur erforschen, wenn man die Literatur als eine Reihe, ein System betrachtet, das mit anderen Reihen, anderen Systemen in Korrelation steht und durch sie bedingt ist. Die Betrachtung hat dabei von der konstruktiven zur literarischen Funktion, von der literarischen zur sprachlichen Funktion überzugehen. Sie muß die evolutionäre Wechselwirkung von Funktionen und Formen klären.«[9] Die dominierende Bedeutung der wichtigsten sozialen Faktoren, so Tynjanow, würde dadurch nicht geleugnet, sondern eher in vollem Umfange klargestellt. Für den Film gilt – analog zur Literatur –, daß seine historische Entwicklung aus dem sozialen Zusammenhang heraus begriffen werden muß, indes innerhalb eines historischen Evolutionsprozesses, der Verschiebungen im Rahmen der Stile, Erzählweisen, der dramaturgischen Besonderheiten, der Auffassungen von Montage und Bildwirkung der einzelnen Einstellung zeitigt. Aufschlußreich ist, daß von Tynjanow auch die Herausbildung der Kinematographie im Umfeld des Theaters schon zu Beginn der zwanziger Jahre als eine Art kultureller Funktionsteilung aufgefaßt wurde, wenn er in seinem Artikel »Kino – slowo – musika« (»Kino – Wort – Musik«) notierte: »Kino und Theater kämpfen nicht miteinander. Kino und Theater schleifen einander ab, weisen einander den Platz zu, üben Selbstbeschränkung voreinander.«[10] Er stellte sich dann in seinem Aufsatz »Über die Grundlagen des Films« der Frage, worin die spezifischen Funktionsweisen der Kinematographie bestünden.

Im Gegensatz zu Versuchen von Delluc, Balázs u. a., die das Bestreben gehabt hätten, das neue Phänomen Film in engem Bezug auf die bekannten zu bestimmen, bemühte Tynjanow sich darum, sogleich die spezifische Verwertung des Materials, von dem der Film ausgeht, zu erfassen. Gegen Balázs polemisierend, der den »sichtbaren Menschen« und die »sichtbaren Dinge« zu den Helden der Filmkunst erklärte, schrieb er:

»Die sichtbare Welt wird im Film nicht als solche faßbar, sondern in ihrer bedeutungsmäßigen Korrelativität; sonst wäre der Film lediglich belebte (und: tote) Photographie. Der sichtbare Mensch und das sichtbare Ding sind Elemente der Filmkunst nur dann, wenn sie als bedeutungshafte Zeichen figurieren.

Aus der ersten Behauptung ergibt sich der Begriff des Filmstils, aus der zweiten der der Filmkonstruktion. Die bedeutungsmäßige Korrelativität der sichtbaren Welt wird faßbar in ihrer stilistischen Umgestaltung. Eine kolossale Bedeutung gewinnt hierbei die Korrelation der Menschen und

Gegenstände in der Einstellung, die Korrelation der Menschen unterein-
ander, des Ganzen und des Teiles (das, was man >Komposition der Ein-
stellung< nennt), der Aufnahmewinkel und die Perspektive, aus der sie
aufgenommen sind, und die Beleuchtung.«[11]

Kunstwirkung wurde von Tynjanow also auch hinsichtlich des
Films grundsätzlich als Bedeutungsvermittlung gesehen, im Rahmen einer semantischen Funktion. Alle Gesichtspunkte suchte er
diesem Prinzip zu unterwerfen. So stellte Tynjanow den semantischen Bezug an den Anfang einer Diskussion der technisch-mate-
rialen Bedingungen der Filmkunst:

»Die >Armut< des Films, seine Flächigkeit und Farblosigkeit, ist also in
Wirklichkeit sein konstruktives Prinzip; sie fordert nicht neue Verfahren
als ihre Ergänzung, vielmehr werden die neuen Verfahren von ihr ge-
schaffen, wachsen sie auf ihrer Grundlage. Die Flächigkeit des Films (die
ihn keineswegs der Perspektive beraubt) – ein technischer >Mangel< –
wird in der Filmkunst zum positiven konstruktiven Prinzip der Simul-
taneität (Gleichzeitigkeit) mehrerer Reihen visueller Vorstellungen. Auf
dieser Grundlage gewinnen Geste und Bewegung völlig neue Bedeu-
tung.«[12]

Zwar exemplifiziert Tynjanow das Simultaneitätsprinzip zunächst
am Verfahren der Überblendung, zeigt aber dann, daß Gleichzeitigkeit und Gleichräumigkeit, die dort wirksam werden, nicht an
sich wichtig seien, sondern sie »sind wichtig als bedeutungshaftes
Zeichen der Einstellung. Eine Einstellung folgt auf die andere,
und jede trägt in sich das bedeutungshafte Zeichen der ihr vorangehenden, ist durch sie in ihrer ganzen Dauer bedeutungsmäßig
eingefärbt. Eine nach dem Prinzip der Bewegung aufgebaute, kon-
struierte Einstellung ist von materialer Reproduktion einer Bewegung weit entfernt – sie vermittelt eine bedeutungsmäßige Vorstellung der Bewegung.«[13]
Zur Bewegung im Film heißt es: Sie »ist entweder *Motivierung*
des Aufnahmewinkels als Blickwinkel eines sich bewegenden Menschen, oder *Charakterisierung* eines Menschen (Geste) oder *Verän-*
derung der Korrelation zwischen Menschen und Dingen; die Annäherung und das Wegrücken bestimmter Menschen und
Gegenstände vom Menschen (oder vom Gegenstand), d. h. filmi-

sche Bewegung, existiert nicht an sich, sondern als bedeutungshaftes Zeichen. Abgesehen von der bedeutungsmäßigen Funktion ist deshalb Bewegung innerhalb einer Einstellung gar nicht notwendig. Ihre bedeutungsmäßige Funktion kann durch die Montage als Wechsel der Einstellung abgelöst werden, wobei die Einstellungen durchaus statisch sein können.«[14]

Das Moment der Bewegung wird hier durchaus betont, aber eben nicht ohne den semantischen Bezug betrachtet, sondern von ihm her untersucht.

Tynjanow schreibt, daß es neben der Flächigkeit des Films auch noch andere scheinbare Mängel gäbe, die die Photographie in den Film einbrachte und die sich dort in Qualitäten verwandelt hätten. Dazu gehört etwa die Ausschnitthaftigkeit des Filmbildes.

»Die Isolierung des Materials auf der Photographie führt zur Einheit einer jeden Photographie, zu einer besonderen Enge der Korrelation aller Gegenstände oder aller Elemente eines Gegenstandes innerhalb der betreffenden Photographie. Dank dieser inneren Einheit wird die Korrelation zwischen den Gegenständen oder innerhalb eines Gegenstandes – zwischen seinen Elementen – neu verteilt. Die Gegenstände werden deformiert. Dieser ›Mangel‹ der Photographie, diese ihre nicht klar bewußten, ›nicht kanonisierten‹ Qualitäten, mit Viktor Šklovskij zu reden, werden im Film kanonisiert, werden zu dessen Ausgangsqualitäten und Stützpunkten.

Die Photographie erfaßt eine einzelne Situation; im Film wird eine solche Situation zu einer Einheit, zu einem Maß.«[15]

Wichtig ist in diesem Zusammenhang, daß mit der »Einheit« ein Systembezug für das Teilmoment gegeben ist, der die Bedeutung verändert, eine neue bedeutungsmäßige Funktion für jedes Element schafft. Tynjanow vergleicht Film und Literatur, um auf semantische Ähnlichkeiten hinzuweisen:

»Die Einstellung ist in gleicher Weise eine Einheit wie die einzelne Photographie oder die geschlossene Verszeile. In der Verszeile stehen diesem Gesetz zufolge alle Wörter, die die Verszeile bilden, in einer besonderen Korrelation, in einer engeren Wechselwirkung; die Bedeutung eines Wortes im Vers ist daher nicht dieselbe, sie ist eine andere nicht nur im Vergleich zu allen Arten der praktischen Sprache, sondern auch im Vergleich zur Prosa. Alle Hilfswörter, alle unbedeutenden und zweitrangigen Wör-

ter unserer Sprache werden angesichts dieser Tatsache im Vers ungewöhn-
lich profiliert und bedeutungshaltig. Dasselbe geschieht auch in der Ein-
stellung: ihre Einheit verteilt die bedeutungsmäßige Funktion aller
Gegenstände neu, und jeder Gegenstand tritt in Korrelation zu den übri-
gen und zur ganzen Einstellung.« [16]

Der Begriff der Korrelation, verstanden als konstruktive Funktion,
wird von Tynjanow selbstredend nicht nur für die einzelne Einstellung in Anwendung gebracht, sondern auf deren Abfolge, auf
die Montage:

»Die Einstellungen ›entfalten sich‹ im Film nicht in einer fortlaufenden
Anordnung, in einer sukzessiven Abfolge, sie lösen einander ab. Das ist
die Grundlage der Montage. Sie lösen sich so ab, wie ein Vers, eine me-
trische Einheit von der anderen abgelöst wird – an einer genau festgeleg-
ten Grenze. Der Film springt von einer Einstellung zur andern wie der
Vers von Zeile zu Zeile. Wie sehr dies auch befremden mag: will man
einen Vergleich zwischen Film und Wortkünsten ziehen, so ist der einzige
legitime Vergleich der zwischen Film und Dichtung – nicht der zwischen
Film und Prosa.

Eine der Hauptfolgen des sprunghaften Charakters des Films ist die Dif-
ferenzierbarkeit der Einstellungen, ihre Existenz als Einheiten. Die Ein-
stellungen sind als Einheiten gleichwertig. Eine lange Einstellung wird
von einer sehr kurzen Einstellung abgelöst. Die Kürze nimmt einer Ein-
stellung nicht ihre Eigenständigkeit, ihre Fähigkeit, mit anderen Einstel-
lungen in ein korrelatives Verhältnis zu treten.

Eine Einstellung ist, genaugenommen, wichtig als ›Repräsentant‹« [17],
führt Tynjanow hier aus und erläutert später:

»Der kurze, aus einer ›repräsentierenden‹ Einstellung bestehende Ab-
schnitt ist dem langen gleichwertig, und, ganz wie eine Verszeile aus ein,
zwei Worten, wird eine solche kurze Einstellung durch ihre Bedeutung
und ihr Gewicht hervorgehoben.

Auf diese Weise trägt der Ablauf der Montage zur Hervorhebung der
Kulminationspunkte bei. Während bei der nicht wahrnehmbaren Mon-
tage ein größeres Zeitquantum auf den Kulminationspunkt fiel, ist bei
der durch den Rhythmus des Films wahrnehmbar gewordenen Montage
der Kulminationspunkt gerade infolge seiner Kürze hervorgehoben.

Das wäre unmöglich, wenn nicht die Einstellung als Einheit der korrela-
tive Maßstab, das Maß des Films wäre. Wir messen den Film unwill-

kürlich, indem wir uns von einer Einheit ab- und der folgenden Einheit zuwenden.« [18]

Diese Aussage ist auch insofern von Belang, als sie zeigt, in welcher Weise die zunächst abstrakt und umständlich anmutende Darstellungsweise Tynjanows Früchte trägt. Sie erleichtert nicht nur die Erarbeitung eines widerspruchsfreien Begründungszusammenhanges, sondern auch eine differenziertere Deutung einzelner Phänomene. Etwa die des Kulminationspunktes. Es ist eine andere Frage, ob die hier vom Autor getroffene Aussage wirklich stimmt. Die damalige Filmpraxis kannte noch kaum die innerbildliche Montage vermöge der Mise en scène bzw. des kunstvollen Umgangs mit der Tiefenschärfe, also Gestaltungsweisen, wie Eisenstein sie später anwandte und theoretisch untersuchte bzw. Bazin sie dann ausführlich interpretierte. Unter Kenntnis dieser Erscheinungen mag sich das Urteil über die Gleichwertigkeit langer und kurzer Einstellungen relativieren, ergeben sich doch durch die innerbildliche Montage neue Bedingungen für die Schaffung von Kulminationspunkten, grundsätzlich ist die Aussage über die Einstellung als korrelativer Maßstab indes höchst bemerkenswert und anregend für künftige Forschung.

Funktionale Beziehungen verfolgt Tynjanow auch, wenn er sich der Filmdramaturgie im engeren Sinne zuwendet. Er sieht die Figuren eines Films abstrakt als Träger von Korrelationen, ebenso ihre physischen Handlungen, die Mimik und Gestik. Vor allem aber sucht er die komplizierten Zusammenhänge der Narration entsprechend zu fassen, indem er sich dem Problem von Fabel und Sujet nähert.

Es heißt zu den beiden erstgenannten Gesichtspunkten:

»Die ›Helden‹ einer Einstellung müssen, wie die Worte (und Laute) im Vers, differenziert, verschiedenartig sein, nur dann sind sie wechselseitig aufeinander bezogen, nur dann stehen sie in Wechselwirkung miteinander und färben sich gegenseitig in ihrer Bedeutung.« [19]

»Die Mimik und die Geste in der Einstellung bilden vor allem ein System der Beziehungen zwischen den Helden der Einstellung.« [20]

Die elementaren narrativen Zusammenhänge, die sich u. a. in den Auffassungen von Fabel und Sujet niederschlagen, werden von

Tynjanow freilich mehr anhand literarischer Beispiele analysiert. Es heißt zur Frage von Fabel und Sujet, zweier dramaturgischer Grundbegriffe, die in der sowjetischen Theater- und Filmliteratur stets sehr unterschiedliche – darunter auch genau umgekehrte – Interpretationen erfuhren:

> »Entweder riskieren wir, Schemata aufzustellen, die nicht auf das Werk passen, oder wir müssen die Fabel als den <u>gesamten</u> semantischen (bedeutungsmäßigen) Grundriß der Handlung definieren. Das Sujet des Werkes wäre dann zu definieren als seine Dynamik, wie sie aus der Wechselwirkung aller Verknüpfungen des Materials (unter anderem auch der Fabel als der Handlungsverknüpfung) resultiert – der stilistischen Verknüpfung, der Handlungsverknüpfung usw. Im lyrischen Gedicht gibt es ebenfalls ein Sujet, jedoch ist hier die Fabel ganz anders angeordnet, und es fällt ihr eine ganz andere Aufgabe zu bei der Entfaltung des Sujets. Der Begriff des Sujets deckt sich nicht mit dem Begriff der Fabel. Das Sujet kann im Verhältnis zur Fabel exzentrisch gelagert sein. In diesen Beziehungen zwischen Sujet und Fabel sind nun mehrere Typen möglich:
> 1. Das Sujet stützt sich vor allem auf die Fabel, auf die Semantik der Handlung.
> Hier gewinnt die Verteilung der Handlungslinien eine besondere Bedeutung, wobei eine Linie die andere bremst und das Sujet gerade dadurch weiterrückt.[21] (...)
> 2. Das Sujet entfaltet sich außerhalb der Fabel.
> Die Fabel ist hier zu erraten, wobei Rätsel und Lösung lediglich die Entfaltung des Sujets motivieren: die Lösung kann auch fehlen. Das Sujet wird dabei in die Gruppierung und Verschweißung von Teilen eines nicht zur Fabel gehörigen sprachlichen Materials verlagert. Die Fabel fehlt; an ihrer Stelle wirkt das ›Suchen nach der Fabel‹ als Triebfeder und übernimmt die Führung – als ihr Äquivalent, als ihr Stellvertreter. (...) ›Auf der Suche nach der Fabel‹ nimmt der Leser die Verkettung und Gruppierung der einzelnen Teile vor, die untereinander nur stilistisch (oder durch eine ganz allgemeine Motivierung, wie z. B. die Einheit des Ortes oder der Zeit) zusammenhängen.
> Es ist völlig klar, daß bei dem letzteren Typ der <u>Stil</u>, die stilistische Korrelation der miteinander verbundenen Abschnitte als das Sujet hauptsächlich vorantreibende Kraft hervortreten.«[22]

Der strenge Bezug aller angeführten filmtheoretischen und -dramaturgischen Grundvorstellungen auf die semantische Funktion der Kunst war für ein differenziertes und zugleich logisch-widerspruchsfreies Verständnis von Gestaltungsproblemen unterschiedlichster Art von größtem Wert. Die Bedeutungsvermittlung stand dabei für die Vertreter der formalen Schule generell in einem Konzept, das auf Innovation und schöpferische Veränderung innerhalb der Kunstprozesse ausgerichtet war. Um das Moment des Neuen und Innovativen analytisch faßbar zu machen, bedienten sie sich gelegentlich eines Begriffs, den der deutsche Ästhetiker Broder Christiansen dazu verwendet hatte, bestimmte ästhetische Empfindungen zu charakterisieren, den der »Differenzqualität«[23]. Schklowski untersuchte vor allem die Differenzqualitäten zwischen dem gängigen Formengut einer Zeit und dem gestalterischen Angebot eines einzelnen Werkes[24] und fand zu einem Konzept, welches Verfahren der »ostranjenije«, der »Verseltsamung« förderte und manche Gemeinsamkeiten mit dem der Brechtschen »Verfremdung« hatte. Für Tynjanow waren eher Differenzqualitäten zwischen Subsystemen der literarischen Kultur bedeutsam, wenn er Evolutionsprozesse der Literatur über Abweichungen von Merkmalen kenntlich zu machen suchte, die jeweils einzelne ihrer Reihen prägten. Innovation interessierte ihn hinsichtlich der Wandlung von Gattungen oder Genres. Eichenbaum schließlich zeigte, wie Differenzqualitäten in der Veränderung der Künste in bezug zueinander auszumachen seien, indem er auf die stetige Differenzierung und Verschmelzung der Gattungen hinwies, u. a. auf die Synkretisierungstendenz im Film. Wenn man diesen geistigen Hintergrund einbezieht, erscheinen viele Aussagen, die die Vertreter der formalen Schule zum Film trafen, heute noch produktiver.

Beginn der Tonfilmära
1931–1945

Systematische Darstellungen
des Films als Kunst
und seine Einbeziehung
in umfassendere gesellschaftliche
Zusammenhänge

»Wir sehen die Entstehung einer neuen Kunst, die wächst blitz-schnell. Befreit sich von den Fesseln und dem Einfluß der älteren Künste, ja beginnt auf sie einzuwirken. Sie bildet ihre Normen und eigenen Gesetze und wirft dann diese Normen selbstbewußt um. Sie wird ein mächtiges Instrument der Propaganda und Erziehung, ein alltäglicher sozialer Fakt von Massencharakter; sie überholt in dieser Beziehung alle übrigen Künste.«[1]

Die Aussagen zur Dynamik der Kinematographie-Entwicklung, die der bekannte Sprachwissenschaftler Roman Jakobson eingangs der dreißiger Jahre machte, belegen deutlich, daß die spektakuläre und massenhafte Ablösung des stummen Lichtspiels durch den Tonfilm im Nachdenken über den Film am Anfang dieses Dezenniums nur ein Aspekt unter anderen sein konnte. Der qualitative Sprung im Bereich der Technik und der künstlerischen Ausdrucksmöglichkeiten des Films war gewiß ein fundamentaler Vorgang, denn es handelte sich dabei um die einschneidendste und in technisch-künstlerischer Hinsicht bis heute an Bedeutsamkeit kaum übertroffene Veränderung. Unterderhand hatten sich für den Film, und mit seiner Existenz innerhalb der gesamten Kultur, aber eben auch noch andere weitreichende Entwicklungen vollzogen, die auf einen Funktionswandel der Künste im Rahmen einer sich herausbildenden Massenkommunikation und Massenkultur hinausliefen. Zwar hatte die Kinematographie mit Beginn ihrer Existenz schon per se gleichsam das Paradigma für die allgemeinen kulturellen Veränderungen geliefert, auf die die Wissenschaft zu reagieren hatte, jedoch stellte sich erst nach und nach der Systemcharakter der neuen Erscheinung heraus, das Massenmedium Film, kenntlich an seiner Einbindung in massenkommunikative und massenkulturelle Prozesse. Zweifellos hing dies mit sehr komplexen Veränderungen innerhalb der menschlichen Gesellschaft zusammen, mit solchen der Produktivkräfte und der Produktionsverhältnisse, nachweisbar auf jeweils unterschiedliche Weise in Bereichen der Wirtschaft, Technik, Ideologie, Politik und Kultur. Massenkommunikation hat ja u. a. eine »allseitige Durchsetzung der kapitalistischen Produktionsweise«[2] zur Voraussetzung, in der eine »ständige Änderung der Umweltbedingungen«[3] den Massenmedien die Funktion zuweist, Orientierungshilfen zu geben. Und die Massenkultur des Imperialismus wiederum ist nur denkbar, wenn eine mächtige Kulturindustrie sie zu reproduzieren und entwickeln vermag.

Spätestens mit Beginn der Tonfilmära konnte dieser Wirkungsmechanismus für die meisten europäischen Länder und die USA als formiert gelten; mit der Integration der auditiven Komponente in den Film war er sozusagen nur noch komplett gemacht worden.

International gesehen befand sich ein verschwindend geringer Teil des Filmwesens außerhalb der Einflußsphäre des Imperialismus, was Konsequenzen für das geistige Profil der Kinematographie haben mußte. In den stärksten kapitalistischen Ländern waren Produktion und Distribution von Film weitgehend monopolisiert; und die gesamte Filmkultur, die damit entstand, verleugnete ebensowenig ihren Warencharakter wie die spezifischen technikbedingten Möglichkeiten für die geistige Manipulation eines Massenpublikums. Literarische Arbeiten wie Ilja Ehrenburgs »Die Traumfabrik« und René Fülöp-Millers »Die Phantasiemaschine« brachten nicht nur durch ihre treffenden Titel sinnfällig und bildhaft zum Ausdruck, wie im Zeichen des Kinoimperiums von Hollywood ein gewalttätiger industrialisierter Zugriff gegenüber der Vorstellungswelt des Menschen Usus zu werden begann.

Die kulturellen Metamorphosen zu empfinden und eventuell künstlerisch oder in publizistisch-essayistischer Manier abzubilden war dabei das eine – etwas anderes, sie in ihren komplizierten gesetzmäßigen Funktionszusammenhängen zu erkennen und wissenschaftlich zu erforschen. Die Verschärfung des Klassenkampfes, verbunden mit ideologischen, politischen und militärischen Auseinandersetzungen, sorgten in den Jahren zwischen 1931 und 1945 indes für eine weitgehende Politisierung aller Lebensbereiche, und so wurde auch innerhalb der bürgerlichen Filmwissenschaft zumindest die politisch-ideologische Komponente der Filmkultur in ihrer Bedeutsamkeit erkannt. Historische Vorgänge wie die des sozialistischen Aufbaus in der Sowjetunion, der Machtübernahme des Faschismus in einigen europäischen Ländern, des Bürgerkriegs in Spanien und schließlich des zweiten Weltkriegs lenkten die Reflexionen über den Film immer wieder auf seine Einbindung in die Politik. Besonders nachdrücklich vollzog sich dieser Schritt in der deutschen Filmtheorie, deren bedeutendste Vertreter durchweg aus Hitlerdeutschland emigrieren mußten. Für sie gab es schon sehr zwingende persönliche Gründe dafür, sich mit dem Problem »Film und Politik« auseinanderzusetzen. Man kann ja wohl sagen, daß sich unter namhaften Kulturschaffenden aus Deutschland ein filmtheoretisches Denken, und zwar das vielleicht originellste und markanteste in der Geschichte dieser Nation überhaupt, erst in der Emigration voll herausbildete. Genannt seien hier Rudolf Arnheim, Walter Benjamin, Lotte H. Eisner, Hanns Eisler, Ernst Iros, Erwin Panofsky, Hans Richter und Siegfried Kracauer, dazu die in der Weimarer Republik heimisch gewordenen Ungarn Béla Balázs und László Moholy-Nagy. Der überwiegende Teil dieser Emigranten, die meist den Weg in die USA suchten, sah den Film schon vor der Machtübernahme Hitlers in engstem Zusammenhang mit Politik, Ideologie und sozialen Auseinandersetzungen. Er begriff nun darüber hinaus, daß für die Kinematographie neuartige massenkommunikative und -kulturelle Prozesse wirksam wurden, denen man auch theoretisch gerecht werden mußte. Dies nicht nur angesichts der bedrückenden sozialpsychischen Situation einer von den Faschisten auch ideell beherrschten Heimat, sondern im ständigen persönlichen Kontakt mit der Kultur anderer Länder, in der sie selbst geistig Fuß fassen wollten oder mußten. Theoretische Vorstellungen hatten sich dergestalt zu politisieren, sie hatten in ihrer Reichweite über Kunstkonzepte hinauszugehen und auch die nationale akademische Tradition hinter sich zu lassen, sich also gleichsam zu internationalisieren. Manches davon gelang. Jene Autoren, die der kommunistischen Arbeiterbewegung nahestanden und sich um eine marxistische Denkweise bemühten, fanden sicher am ehesten zu einer Einschätzung des Films, die diesen fest in die politisch-ideologische Auseinandersetzung einbezogen haben wollte. Keineswegs war damit jedoch die Abkehr von einem Kunstbegriff vollzogen, der – wie Karin Hirdina es nennt – einer »vorindustriellen Ästhetik«[4] verhaftet blieb. Es kam indes zu verschiedenen Versuchen, Film im Rahmen größerer Zusammenhänge zu betrachten, als sie die traditionellen Kunstwissenschaften für ihre Gegenstände in Anwendung brachten. Schon 1930 hatte Bertolt Brecht, als er wegen der Verfilmung seiner »Dreigroschenoper« prozessierte und diesen Vorgang dann als Beleg verwendete, um die Abhängigkeit der Kunstprozesse von ihrer sozialökonomischen Basis nachzuweisen, notiert:

> »Es ist nicht richtig, daß der Film die Kunst braucht, es sei denn, man schafft eine neue Vorstellung Kunst. (...)
> Ist der Begriff Kunstwerk nicht mehr zu halten für das Ding, das entsteht, wenn ein Kunstwerk zur Ware verwandelt ist, dann müssen wir vorsichtig und behutsam, aber unerschrocken diesen Begriff weglassen, wenn wir nicht die Funktion dieses Dinges selber mitliquidieren wollen, denn durch diese Phase muß es hindurch, und zwar ohne Hintersinn, es ist kein unverbindlicher Abstecher vom rechten Weg, sondern was hier mit ihm geschieht, das wird es von Grund auf ändern, seine Vergangenheit auslöschen, so sehr, daß, wenn der alte Begriff wieder aufgenommen werden würde – und er wird es werden, warum nicht? –, keine Erinnerung mehr an das Ding durch ihn ausgelöst werden wird, das es einst bezeichnete.«[5]

Walter Benjamin, der Brechts Ansichten akzeptierte, leitete den Funktionswandel der Kunst zudem von Momenten ab, die mit den technologisierten Abbildverfahren einer Massenkultur zusammenhingen. Der Kunsthistoriker Panofsky erklärte die Vitalität des Films daraus, daß das Kino an Erscheinungen einer Volkskultur früherer Zeiten anknüpfte und diese auf eigenständige Weise neu formiert habe. Der Maler und Schöpfer von Experimentalfilmen Hans Richter – nicht identisch mit dem früher erwähnten gleichnamigen Autor des Buches »Der Spielfilm. Ansätze zu einer Dramaturgie des Films« – bekannte sich unter dem geistigen Einfluß von Eisenstein und Brecht im Exil zum Film als einer Massenkunst, die humanistischen Zielen dienen müßte und die Interessen der arbeitenden Klassen wahrzunehmen hätte. Siegfried

Kracauer endlich setzte sich bis zum Ende des zweiten Weltkrieges mit faschistischer Ideologie und Propaganda in Kriegsfilmen und Wochenschauen auseinander, also mehr mit der sozialpsychologischen als ästhetisch-künstlerischen Wirkungskomponente des Films, bevor er eine kunstsoziologische Sichtung wichtiger Motive in der Geschichte der deutschen Filmkultur »Von Caligari bis Hitler« vornahm, wobei es ihm dort ebenfalls eher um den massenkommunikativen und sozialpsychologischen Aspekt als um die bedeutsame Kunstleistung einzelner Werke ging. Die Wirkungsweise kapitalistisch organisierter Kulturindustrie hatte Kracauer schon Ende der zwanziger Jahre bloßzulegen versucht, und die marxistische Wissenschaft vermerkt zu seinem Buch »Die Angestellten«, daß dort »bereits die wichtigsten rationellen Momente jener ideologiekritischen Manipulationstheorie formuliert (sind), die später mit Horkheimers und Adornos ›Dialektik der Aufklärung‹ (1947)[6] ihre weltweite Karriere feierte.«[7] Die frühen Aufsätze Kracauers zur Filmkultur dürften das Ihrige getan haben, spezifische Argumente, den Manipulationscharakter des audio-visuellen Mediums betreffend, hinzuzufügen. Übrigens hat Theodor W. Adorno sich um das Verständnis der Massenkultur und des Films auch insofern verdient gemacht, als er zusammen mit dem Komponisten Hanns Eisler ein Buch über Komposition für den Film verfaßte. Diese Arbeit, die noch während des Krieges in den USA entstand, enthält folgende Einschätzung, die die Problematik eines neuen Kunstverständnisses von Film angeht:

> *Der Film kann nicht isoliert, als eine Kunstform eigener Art, sondern muß als das charakteristischste Medium der gegenwärtigen Massenkultur verstanden werden, die sich der Techniken der mechanischen Reproduktion bedient. Massenkultur ist dabei nicht als eine ursprünglich von den Massen aufsteigende Kunst aufzufassen. Eine solche Kunst gibt es nicht mehr und noch nicht. (...) Kaum notwendig zu sagen, daß Massenkultur nicht erst ein Produkt des zwanzigsten Jahrhunderts ist. Sie ist im Laufe der letzten Dezennien lediglich monopolistisch erfaßt und durchorganisiert worden. Dadurch aber gewinnt sie einen ganz neuen Aspekt: den der Unausweichlichkeit. Sie bedeutet weitgehende Standardisierung des Geschmacks und der Rezeptionsfähigkeit. Trotz der quantitativen Vielfalt der Darbietungen ist den Konsumenten in Wahrheit nur scheinbar Freiheit der Auswahl gelassen. Die Produktion ist vorweg in admini-*

strative Felder aufgeteilt, und was durch die Maschinerie läuft, trägt ihre Spur, vorverdaut, neutralisiert, nivelliert. Der alte Gegensatz von ernster und leichter Kunst, niederer und hoher, autonomer und Unterhaltung beschreibt nicht mehr das Phänomen. Alle Kunst als Mittel, Freizeit auszufüllen, wird zur Unterhaltung, während sie zugleich Stoffe und Formen der traditionellen autonomen Kunst als ›Kulturgüter‹ in sich hineinzieht. Gerade durch den Prozeß der Amalgamierung wird die ästhetische Autonomie gebrochen: was der von einem Chor gesungenen und einem Sphärenorchester gespielten Moonlight Sonate widerfährt, widerfährt in Wahrheit allem. Unnachgiebige Kunst aber wird vom Konsum völlig abgesprengt und in Isolierung getrieben. Alles andere wird demontiert, seines Sinnes entäußert und wieder zusammengesetzt. Der einzige Maßstab der Prozedur ist die Forderung, die Konsumenten möglichst wirksam zu erreichen. Manipulierte Kunst ist Konsumentenkunst. Von allen massenkulturellen Medien zeigt der Film, als das umfassendste, die Amalgamierungstendenz am deutlichsten.«[8]

Adorno und Eisler beklagten dabei nicht die Technifizierung des Kunstbetriebes, aber sie vermerken: »Über den Gebrauch der Technik in der Kunst sollte ihr eigener Sinn entscheiden, das Maß an gesellschaftlicher Wahrheit, das sie ausdrückt. (…) Die Auseinandersetzung mit Massenkultur muß es sich zur Aufgabe setzen, die Verschränkung beider Elemente, der ästhetischen Potentialitäten der Massenkunst in einer freien Gesellschaft und ihres ideologischen Charakters in der gegenwärtigen sichtbar zu machen.«[9] Ihr Buch wollte einen partiellen Beitrag dazu leisten, indem es das Verhältnis von Film und Musik unter den kapitalistischen Bedingungen analysierte.

Ansätze für eine Sicht auf den Film, die das Neuartige an ihm betonten, das sich mit der Nutzung von Technik und der Etablierung massenkommunikativer und -kultureller Prozesse, seiner engeren Einbindung in ökonomische und politische Bezüge ergäbe, kamen selbstredend nicht nur bei den deutschen Theoretikern vor, sie waren jedoch in den Arbeiten ausländischer Autoren immer nur partiell ausgeführt. Eine Sonderstellung dürften dabei die filmtheoretischen Reflexionen in Polen insofern einnehmen, als die kulturelle Funktion des Kinos für sie seit jeher einen zentralen Gegenstand gebildet hatte. Jadwiga Bocheńska schreibt dazu in einer umfassenden Untersuchung: »In erster Linie wurden in Polen Probleme verfolgt, die mit der kulturellen Funktion des Kinos und seiner Bedeutung im gesellschaftlichen Leben zusammenhängen. Vor dem Hintergrund (besonders west-) europäischer Tendenzen war das ein Novum. (...) In Polen äußerten sich zum Thema Kino Persönlichkeiten des literarischen und kulturellen Lebens, die nicht viel von Filmtechnik verstanden und sich weniger für formale Probleme interessierten, dagegen ihre Aufmerksamkeit auf die gesellschaftlichen, kulturellen und ästhetischen Konsequenzen richteten, die aus dem Erscheinen der neuen Kunst resultierten. Eben diese Besonderheit bestimmte die Spezifik der neuen Filmliteratur nicht nur in ihrer frühesten Zeit, sondern wirkte sich auch auf deren Entwicklung in späteren Jahren aus.«[10]

Unmittelbar nachdem er als Fliegeroffizier, Diplomat und Propagandist auf der Seite der republikanischen Regierung am spanischen Bürgerkrieg teilgenommen hatte, reflektierte der französische Schriftsteller André Malraux seine ästhetischen Erfahrungen mit der Kinematographie, welche er bei Dreharbeiten für sein dem Spanienkrieg gewidmetes Filmprojekt »L'Espoir« sammeln konnte, in einer »Esquisse d'une psychologie du cinéma« (»Skizze für eine Psychologie des Films«).[11] Er benannte in der kleinen Studie von 1939 das bewegte Bild als das Reproduktionsmittel des Films, als dessen Ausdrucksmittel jedoch die frei gewählte Abfolge von Einstellungen, wie sie sich in der Montage realisiert. Mit dieser Möglichkeit des Ausdrucks sei die Geburt des Films als Kunst gegeben. Hinsichtlich der Kulturfunktion des Films ist an Malraux' Skizze bemerkenswert, daß sie mit Überlegungen endet, die der mythenbildenden Rolle des Kinos gelten. Der Autor bezog sich dabei vor allem auf die amerikanische Filmkultur, die er gelegentlich einer Vortragsreise aus unmittelbarer Anschauung kennengelernt hatte. Welch widersprüchliche Vielfalt philosophischer, ästhetischer und kunstpraktischer Probleme die Studie exponiert, hat Albersmeier in einer sehr fundierten Analyse von Malraux' Beziehungen zum Film aufzeigen können.[12]

In der sowjetischen Filmwissenschaft spielte der massenkulturelle Aspekt insofern kaum eine Rolle, als das sich herausbildende Realismuskonzept den Zusammenhang von Kunstwerk und

Volksverbundenheit bzw. Massenwirksamkeit grundsätzlich zum Axiom erhob. In den Überlegungen von Eisenstein gibt es jedoch Hinweise darauf, daß der moderne Synkretismus des Films sich auf Ausdrucksformen der Volkskunst, die bis in die archaischen Kunstäußerungen zurückreichen, berufen könne. Generell ging es in der Sowjetunion indes wohl zunächst vor allem um die Ausarbeitung einer marxistischen Ästhetik und Kunsttheorie und um den Zusammenschluß entsprechender Gedanken angesichts der angebrochenen Tonfilm-Ära, weniger um eine Erkenntnis imperialistischer Massenkultur. Das aktuelle Interesse an einer kultur-, kommunikations- bzw. medienwissenschaftlich fundierten Theorie vom Spielfilm darf also nicht darüber hinwegtäuschen, daß die Überlegungen zu dieser Problematik in den Jahren von 1932 bis 1945 dünn gesät und wenig ausgebildet waren. Die meisten theoretischen Anstrengungen jener Zeit galten der systematischen, umfassenden und differenzierten Untersuchung des Films als Kunst – im Rahmen von Auffassungen einer eher vorindustriellen Ästhetik.

Die Integration der Tonseite des Films erfolgte insgesamt zwar nicht so mühelos, wie dies nach der Lektüre des Tonfilm-Manifestes von Eisenstein, Pudowkin und Alexandrow scheinen konnte. Im Gegensatz zu jenen Praktikern, die das gesamte Profil ihrer Ausdrucksmittel ändern mußten und die Problematik natürlich leidenschaftlich diskutierten – etwa Chaplin, Clair, L'Herbier, Vidor u. a. –, bedeutete es aber für die meisten Vertreter der Theorie keine so gravierende Umstellung, den Ton zu akzeptieren, zumal dann nicht, wenn man dabei die Bildseite des Films zur Dominante erklärte, wie dies oft geschah.

Nur zu verständlich war, daß es bei der Entdeckung der Ausdrucksmöglichkeiten des Tons weltweit wieder zu Versuchen kam, Kriterien des Theaters für den Film geltend zu machen. Eine der radikalsten Unternehmungen in dieser Hinsicht stellt Pagnols »Cinématurgie de Paris« (»Pariser Cinematurgie«) von 1933 dar, die ein Filmverständnis vertrat, welches auf eine Abbildung von Theaterszenen mit den technischen Mitteln des Films hinauslief. In der Regel wurde der Tonfilm sehr bald als Komplett-Film aufgefaßt, also als eine solche Stufe der technisch-künstlerischen Evolution der Kinematographie, die im Prinzip keine entscheidenden Veränderungen mehr erleben könne. In filmtheoretischen Schriften jener Jahre wird häufig aus Bruno Rehlingers Buch »Der Begriff Filmisch« von 1938 zitiert, das für den Zusammenhang von Bild- und Tonseite die vorsichtige und neutrale Formel vom Gesetz der Zweipoligkeit entwickelte:

> *Für die filmische Gestaltung als solche ist der Doppelreiz der optischen und akustischen Vorstellung bestimmend, indem sie sich aus dem Zusammenwirken der motorischen Komponente eines Bildgeschehens und der emotionellen Komponente eines akustischen Verlaufs aufbaut. Aus diesem Spannungsverhältnis ergeben sich die Möglichkeiten der Intensitätsverschiebung und der Intensitätsüberschneidung und damit eine wechselnde Beeinflussung der Vorstellungen in förderndem oder störendem Sinne. Die filmische Gestaltung ist also eine Frage der Gewichtsverlagerung nach zwei Polen, dem optischen und dem akustischen, so daß entweder der Ton oder das Bild die Aufgabe der Ergänzung übernimmt.*[13]

International gesehen waren die dreißiger Jahre die Periode der ersten großen systematischen Kunsttheorien des Films, begleitet von differenzierten Analysen wichtiger Einzelaspekte. Mehr als ein Dutzend umfangreicher Gesamtdarstellungen – und zwar solche auf hohem wissenschaftlichem Niveau – sind seinerzeit in den wichtigsten Filmländern entstanden:

1930 war »Der Geist des Films« von Balázs herausgekommen. 1932 erschien Arnheims »Film als Kunst«, 1938 wurde »Wesen und Dramaturgie des Films« von Iros in der Schweiz publiziert.

In der Sowjetunion fundierte Kuleschow mit »Repetizionny metod w kino« (»Probenverfahren beim Film«, 1935) und »Osnowy kinoreshisury« (»Grundlagen der Filmregie«, 1941) sein theoretisches System, das zugleich eins der Lehre war, ähnlich wie Eisenstein und Pudowkin, die gleichfalls mit großen Arbeiten und Entwürfen für die Regieausbildung am WGIK hervortraten. So brachte Eisenstein »Montage 38« und »Vertikalmontage« (1940/41) zur Publikation und befaßte sich mit noch umfassenderen Theorieprojekten. Pudowkin schrieb »Aktjor w filme« (»Der Schauspieler im Film«, 1934) und »Realism, naturalism i ›sistema‹ Stanislawskowo« (»Realismus, Naturalismus und das Stanislawski-System«, 1939). N. A. Lebedew hatte 1935 »K woprosu o spezifike kino« (»Zur Frage der Kinospezifik«) verfaßt, I. I. Joffe »Sinteti-

tscheskoje isutschenije iskusstwa i swukowoje kino« (»Syntheti-
sches Studium der Kunst und der Tonfilm«), und W. K. Turkin
legte 1938 seine »Dramaturgija kino« (»Filmdramaturgie«) vor.

In Polen bildete sich während der dreißiger Jahre eine eigenständige Linie filmtheoretischen Denkens heraus, das sich dem
phänomenologischen Kunstkonzept des Philosophen, Ästhetikers
und Literaturwissenschaftlers Roman Ingarden verbunden fühlte.
Ingarden hatte 1931 in seinem Buch »Das literarische Kunstwerk«
dem sogenannten kinematographischen Schauspiel einen Abschnitt eingeräumt,[14] der Überlegungen enthielt, welche er nach
dem zweiten Weltkrieg selbst noch erweitern konnte. Die von
ihm eingebrachten konzeptionellen Vorstellungen, den intentio-
nalen Status und den geschichteten Aufbau des Werkes sowie dessen spezifische räumlich-zeitliche Organisation betreffend, nahmen seine Schüler von der Universität in Lwów, Bolesław
Lewicki, Zofia Lissa und Leopold Blaustein indes schon in den
dreißiger Jahren auf. Lewicki verfaßte 1935 eine Studie unter dem
Titel »Budowa utworu filmowego«[15] (»Der Aufbau des Filmwerks«), die die Kriterien der phänomenologischen Kunsttheorie
auf den Film anzuwenden suchte. Die Struktur eines Filmwerkes
bestehe aus drei ineinandergreifenden Schichten: der der offen-
barten Elemente (Anordnung der schwarz-weißen oder bunten
Flecke, Ton, Rhythmus, Bewegung und Richtung), der Schicht der
schematisierten Gegenständlichkeiten und der Schicht der Kinosprache. Damit war ein wertvoller methodischer Hinweis für die
Filmanalyse gegeben, zumal der Autor die Ansicht verfocht, daß
das Filmwerk ein polyphones Gebilde und in jedem seiner Punkte
vielschichtig sei, weshalb man die einzelnen Schichten zwar theoretisch darstellen könne, jedoch nicht aus dem organischen Ganzen des Werkes ablösen dürfe. Die Montage sei zugleich Expo-
nent der Kinohandlung und der Kinosprache. Sie organisiere alle
Elemente des Filmwerks und vereinige alle Schichten.

Eine bedeutsame Entwicklung nahm die Filmtheorie in Italien,
wo Ende der dreißiger und zu Beginn der vierziger Jahre wichtige
Monographien zu zentralen Problemen der Filmkunst erschienen
wie Umberto Barbaros: »Film: Sogetto e sceneggiatura« (»Film:
Handlungsentwurf und Drehbuch«, 1939) und Luigi Chiarinis
»Cinque capitoli sul film« (»Fünf Kapitel über den Film«, 1941).

Beide Autoren, die sich später mit der kommunistischen Bewegung verbanden, gehörten zu den Mitbegründern und ersten Lehrern des »Centro Sperimentale de Cinematografia«, der Hochschule für Film in Rom, Barbaro übersetzte die wichtigsten Arbeiten von Eisenstein, Pudowkin, Arnheim, Balácz u. a. ins Italienische und beteiligte sich als Filmschöpfer, Kritiker und Theoretiker an der Herausbildung der neorealistischen Richtung im italienischen Film, die ihm übrigens ihren Namen verdankt. Dabei war Barbaro keineswegs allein auf diesen Stil, dessen Vertreter er zum Teil im Fachstudium ausgebildet hatte, fixiert, sondern er förderte stets ein Verständnis von Filmkunst, das alle Stilrichtungen und Ausdrucksweisen gelten ließ. Ausgehend von Benedetto Croces ästhetischem Konzept einer Ganzheitlichkeit der Kunst, suchte Barbaro den Film im engsten Zusammenhang mit der gesamten Kunstwelt in ihrer Einheit zu begreifen. Und entsprechend fiel seine Interpretation der Gattungsspezifik des Films aus.

>*Wenn man die Existenz eines kinematographischen Spezifikums annimmt, darf man darin lediglich einen tendenziellen Wert sehen. Es ist dasselbe, als würde man die Existenz eines theatralischen Theaters oder einer malerischen Malerei behaupten wollen. Das Streben nach einer größeren Strenge bei der Bestätigung dieser Tendenzen würde zu einer erneuten Annahme der Existenz von Grenzen der Kunst zurückführen und also die Einheit der Kunst negieren. Wir haben im Gegenteil schon festgestellt, daß die Kunst in ihrem höchsten und wahrhaftigsten Wesen eins ist; und so wenig die Bilder von Leonardo bestimmten Tendenzen entsprechen, so literarisch sie auch sein mögen, wird sie deshalb doch niemand aus der Geschichte der Malerei verbannen wollen.*

Absolut an der Tatsache festzuhalten, daß das Kino eine Bildervision oder daß es Erzählung sei, zwei Vorschläge, die in bestimmten Punkten als praktische Hinweise akzeptabel sein mögen, hat jedoch in seiner Ausschließlichkeit keine Berechtigung. Wenn man sich auf diesen Weg begibt, wird man dahin gelangen, tatsächlich zu leugnen, daß man auf einer rein lyrischen Grundlage (was bei den besten Dokumentarfilmen der Fall ist) gute Filme machen kann oder theatralische Filme (wie im Falle von Charlots ›A Woman of Paris‹ und mehr noch von Duviviers ›Carnet de bal‹), in denen die formalen Werte die des Inhalts übertreffen (bei Ruttmann, bei Sternberg) und so weiter.

Dennoch ist zulässig und richtig, wenn man nach dem ›spezifisch Kine-
matographischen‹, wie Lebedew es nennt, oder dem ›Filmischen‹, wie es
bei Rehlinger heißt, sucht.
Das spezifische Element des Kinos ist die ›Montage‹, das heißt die Mög-
lichkeit, den Raum und die Zeit der Vision zu vervollkommnen ...«[16]

Guido Aristarco schrieb über Barbaro, der Wert des von ihm gelei-
steten Beitrages als Filmtheoretiker bestehe »vor allem darin, daß
er als einer der ersten für die Einbeziehung der ästhetischen Fragen des Films in den Kreis allgemeiner Probleme der Kunst als
einem einheitlichen Ganzen eintrat«[17], und er wies darauf hin,
wie sich Barbaro unter dem Einfluß von Pudowskins Überlegungen dabei von den idealistischen Positionen Croces entfernte.
»Ideenträchtige Kunst, realistische Kunst, Montage ... Eine breite,
gerade Straße, eine völlig andere Methode zum Verständnis der
Kunst, die im Gegensatz zu der stand, die uneingeschränkt in Italien herrschte«[18], so hatte Barbaro die Tendenz charakterisiert, der
er sich dann mehr und mehr verbunden fühlte. In den dreißiger
und vierziger Jahren, als das faschistische Regime den italienischen Intellektuellen lediglich die Möglichkeit ließ, sich »im noch
unerforschten Gebiet der ›Form‹ ein Refugium der Kultiviert-
heit«[19] einzurichten, bemühte sich Barbaro an der Seite von Chiarini, der 1937 die später sehr einflußreiche Filmzeitschrift »Bianco
e nero« gründete, zu sämtlichen wichtigen gestalterischen Fragen
des Films einen theoretischen Zugang zu erschließen, und zwar
auf der Höhe der internationalen Wissenschaftsentwicklung. Über
die Grenzen hinaus bekannt geworden ist wohl davon besonders
die in »Bianco e nero« geführte Diskussion über den Darsteller im
Film. Wenn sogleich nach dem Ende des zweiten Weltkrieges der
italienische Film einen derartigen Aufschwung nahm, dann hatten
die Theoretiker dieses Landes zweifellos ihre Aktie daran.
Im anglo-amerikanischen Sprachraum erschienen zwei Gesamtdarstellungen zum Film, die in gewisser Hinsicht einander ähnlich waren, Raymond Spottiswoodes »A Grammar of the Film«
(1935) und Mortimer Adlers »Art and Prudence« (1937). Beide suchten nämlich Gesetzmäßigkeiten des filmischen Baus mit Hilfe von
solchen der Sprache zu beschreiben, über Analogieschlüsse also
zu einer Systematik der Darstellung zu gelangen, die aus der

Sprachwissenschaft zu entlehnen war. Der Philosophiedozent Adler aus Chicago ging dabei im Differenzierungsgrad noch weiter als der englische Filmredakteur. Beide übersahen indes eine Tatsache, die seinerzeit von Kennern der Sprachproblematik bereits ins Spiel gebracht worden war: den generellen Unterschied des Zeichencharakters der verbalsprachlichen und filmischen Kommunikationsweise, der es nahelegte, nur mit äußerster Vorsicht und unter vielfachen Einschränkungen von einer Sprache und Grammatik des Films zu reden. Fruchtbarer als die vorgenommenen Versuche, Grammatiken des Films herauszufinden, erwiesen sich andere Gedankengänge der Autoren, wie etwa Spottiswoodes schematischer Entwurf eines Kreations- und Rezeptionssystems im Film oder die Darstellung der medialen Techniken unter den Bedingungen filmischen Erzählens in Adlers Buch.

Roman Jakobson und Jan Mukařovský, zwei führende Vertreter der Prager strukturalistischen Schule, hatten sich, ausgehend von Erkenntnissen der Linguistik, Philologie und Literaturwissenschaft, schon in der ersten Hälfte der dreißiger Jahre zu methodologischen Problemen der Filmuntersuchung geäußert und dabei mit wissenschaftlicher Strenge den Zeichencharakter des Films analysiert, wobei sie bewußt an die Resultate anknüpften, die in der Sowjetunion von den Vertretern der sogenannten formalen Schule der Literaturwissenschaft erbracht worden waren. Sie sind damit als Wegbereiter der späteren Filmsemiotik anzusehen.

Jakobson notierte 1933 in »Upadek filmu?« (Verfall des Films?«), wie der Zeichencharakter des Films gesehen werden sollte:

»Der sowjetische Filmschöpfer L. Kuleschow formuliert richtig, daß die realen Dinge das kinematographische Material bilden. (...) Aber andererseits ist das Material jeder Kunst das Zeichen, und den Filmschaffenden ist dieser Zeichencharakter der Kinoelemente klar – ›die Einstellung soll wie ein Zeichen, wie ein Buchstabe wirken‹, betont der gleiche Kuleschow. Deshalb sprechen Erwägungen über den Film immer wieder metaphorisch von der Sprache des Kinos, ja sogar von dem Kinosatz mit Subjekt und Prädikat, von Filmnebensätzen (B. Eichenbaum), von den Substantiv- und Verbalelementen im Film (A. Beucler) u. ä. Besteht ein Widerspruch zwischen diesen beiden Thesen: der Film operiert mit Dingen – der Film operiert mit Zeichen? Es gibt Beobachter, die diese Frage positiv beantworten, die deshalb die zweite These verwerfen und im

Hinblick auf den Zeichencharakter der Kunst das Kino nicht als Kunst anerkennen. Aber den Widerspruch zwischen den angeführten Thesen hat eigentlich schon der heilige Augustinus ausgeräumt. Dieser geniale Denker des 5. Jahrhunderts, der fein unterschied zwischen dem Ding (res) und dem Zeichen (signum), lehrt, daß neben den Zeichen, deren wesentliche Aufgabe darin besteht, etwas zu bedeuten, Dinge existieren, die man in der Rolle von Zeichen verwenden kann. Eben ein solches Ding (optisch oder akustisch), in ein Zeichen verwandelt, ist das spezifische Filmkunstmaterial.«[20]

Jakobson erklärt dann:

»*Pars pro toto* ist die Grundmethode des Films für die Verwandlung von Dingen in Zeichen. Die Terminologie der Szenarien mit ihrer ›Halbtontale‹, ›Detail‹ und ›Halbdetail‹ ist in dieser Beziehung lehrreich. Der Film arbeitet mit unterschiedlichen und verschiedenen Bruchstücken von Gegenständen, was die Größe betrifft, und mit gleichfalls in bezug auf die Größe unterschiedlichen Bruchstücken von Raum und Zeit, verwandelt ihre Proportionen und konfrontiert diese Bruchstücke nach ihrer Aufeinanderfolge oder nach Ähnlichkeit und Kontrast, das heißt, er geht den Weg der Metonymie oder der Metaphorik (die zwei Grundarten des Filmaufbaus). Die Schilderung der Funktion des Lichts in Dellucs Fotogenie, die Analyse der Filmbewegung und -zeit in der eingehenden Studie von Tynjanow zeigen anschaulich, daß sich jede Erscheinung der Außenwelt auf der Leinwand in ein Zeichen verwandelt.«[21]

Jakobson ging dabei nicht allein von der visuellen Dimension des Films aus, er bezog die auditive des Tonfilms mit ein, wenn er die Unterschiede von Film und Theater diskutierte:

»*Das Material des Films ist das optische Ding. Das Material des Theaters ist das menschliche Handeln. Die Sprache im Film ist ein spezieller Fall des akustischen Dings, neben dem Summen einer Fliege und dem Murmeln eines Bachs, neben dem Rattern von Maschinen usw. Die Sprache auf der Bühne ist eine der menschlichen Verhaltensweisen. (…) Eine charakteristische Besonderheit der Filmsprache gegenüber der Bühnensprache ist auch ihr fakultativer Charakter.*«[22]

In dem nur wenige Seiten umfassenden Artikel wurden von Jakobson dann die grundsätzlichen Möglichkeiten des Zusammenhanges von optischen und akustischen Momenten im Film skizziert.

Mukařovský erläuterte in zwei prägnanten kleinen Aufsätzen, die sich mit dem Verhältnis von Theater und Film bzw. diesen beiden Künsten und der Epik befaßten, den unterschiedlichen Umgang mit Raum und Zeit innerhalb der Gattungen. In »K estetice filmu« (»Zur Ästhetik des Films«, 1933) schrieb er, daß die Grundlage des Filmraums der illusionistische Bildraum sei. Darüber hinaus verfüge der Film indes noch über eine andere, den übrigen Künsten unzugängliche Form des Raumes, den durch die Technik der Einstellung gegebenen. Ähnliches wie bei einem Satz in der verbalen Sprache, der eine bedeutungsmäßige Einheit aus Wörtern bilde, von denen keine seinen ganzen Sinn enthalte und dessen sukzessive Sinnentwicklung vom Satzanfang bis zum Satzende hin verfolgt werden könne, sei auch beim Filmraum zu beobachten. Auch der Filmraum sei durch keins seiner Bilder ganz gegeben, jedes Bild aber werde begleitet von dem Bewußtsein der Einheitlichkeit des ganzen Raumes, und die Vorstellung dieses Raumes gewinne mit dem Fortschreiten der Bildfolge an Bestimmtheit. »Man kann daher annehmen, daß der spezifische Filmraum, der weder realer noch illusionistischer Raum ist, Raum-Bedeutung ist. Die durch sukzessive Bilder vorgeführten illusionistischen Raumausschnitte sind seine Teilzeichen, deren Summe den ganzen Raum ›bezeichnet‹«.[23] Hinsichtlich seines Bedeutungscharakters nun stehe der Filmraum dem Raum in der Literatur weit näher als dem des Theaters. Zeichen des literarischen Raumes sei das Wort, Zeichen des Filmraumes hingegen die Einstellung.

Mukařovský sieht den Raum im Zusammenhang mit der Handlung im Film. In beiden Kategorien gehe es um sukzessiv verwirklichte Bedeutung.

»Ist aber die Handlung Bedeutung und dazu sukzessiv verwirklichte Bedeutung, so gibt es in einem einen Handlungsstrang enthaltenden Film zwei sukzessive Bedeutungsreihen, die gleichzeitig – keineswegs parallel – den ganzen Film durchlaufen: Raum und Handlung. Ihr gegenseitiges Verhältnis wird unabhängig davon empfunden, ob der Regisseur es berücksichtigt oder nicht. Behandelt er aber dieses Verhältnis wie einen Wert, so richtet sich seine künstlerische Nutzung in jedem konkreten Fall

nach der Struktur des jeweiligen Films. Allgemein kann man nur folgen-
des sagen: als grundlegend wird von diesen beiden Bedeutungsreihen die
Handlung empfunden, während der sukzessiv verwirklichte Raum als
differenzierender Faktor auftritt. Ursache dafür ist, daß letzten Endes
der Raum durch die Handlung vorbestimmt wird ...«[24]

Mukařovský führt dann die Beobachtung an, daß die Dynamik des
Raums um so leichter zur Geltung kommen könne, desto schwä-
cher eine Handlung motiviert sei. Einstellungen und Schauplatzwechsel hätten in der Struktur des Films unterschiedliche Funktionen; so gäbe es Vorgänge, die schwer, andere, die leicht einen
häufigen Schauplatzwechsel bzw. Raum-Veränderung vertrügen.
Das Modell der Raumstruktur ermöglichte dergestalt erste Erklärungen für komplizierte Phänomene der Filmkomposition.

Ähnlich bemerkenswert waren die vom gleichen Autor getroffe-
nen Aussagen zur Zeitstruktur, welche 1935 unter der Überschrift
»Čas ve filmu« (»Die Zeit im Film«) zur Veröffentlichung kamen:
Film, Drama und Epik wären darin verwandt, daß sie Handlungs-
künste darstellten, deren Thema eine Reihe von durch zeitliche
Aufeinanderfolge und kausalen Bezug (im weitesten Sinne des
Wortes) verbundene Fakten sei.

Ein Vergleich hinsichtlich des Umganges mit der Zeitdimen-
sion ergebe dann folgendes:

»Die Filmzeit hat also eine komplexere Struktur als die epische und dra-
matische Zeit: in der epischen Zeit müssen wir mit nur einem Zeitablauf
rechnen (mit dem Handlungsablauf), in der dramatischen Zeit mit zwei
Zeitabläufen (mit der Handlungsreihe und mit dem Fluß der Wahrneh-
mungsreihe – beide Reihen sind notwendig simultan); im Film hingegen
besteht ein dreifacher Zeitfluß: die in der Vergangenheit ablaufende
Handlung, die in der Gegenwart verfließende ›Bild‹-Zeit und schließlich
die ihr parallele Wahrnehmungszeit des Rezipienten. Durch diese kom-
plexe Konstruktion gewinnt der Film vielfältige Möglichkeiten zeitlicher
Differenzierung.«[25]

Mukařovský nimmt dabei zwar die dreifache Zeitschicht in allen
genannten Handlungskünsten als Voraussetzung, zeigt aber, daß
im Film alle drei Schichten in gleichem Maße zur Geltung kämen,
während in der Epik die Schicht der Handlungszeit und im

Drama die der Wahrnehmungszeit in den Vordergrund trete, was ihn zu der Hypothese veranlaßt, daß der Film hinsichtlich seiner Nutzung der Zeitschichten gleichsam zwischen Epik und Drama plaziert sei.

Hier werden diese Ansätze darum ausführlicher zitiert, weil sie bis heute ihren konstruktiven Charakter nicht eingebüßt haben, jedoch – sicher auch infolge ihrer Abstraktionshöhe – nur unzureichend von der späteren Theorieentwicklung ausgewertet worden sind.

Die Entwicklung der Spielfilmtheorie der dreißiger Jahre kann nicht voll verstanden werden, wenn man sich nicht den Differenzierungsprozeß der Gattung vergegenwärtigt und die entsprechende Auffächerung der Theorie in Bereiche, die neben dem Spielfilm dem Dokumentarfilm, Kulturfilm, dem wissenschaftlichen Film, der Wochenschau und dem Zeichentrickfilm galten.

Besonders verdienstvoll sind die Arbeiten der Engländer Paul Rotha[26] und John Grierson[27] zum Dokumentar-Film, welcher seine Bezeichnung angeblich sogar dem Letztgenannten verdankt. In ihren filmkünstlerischen und -theoretischen Beiträgen setzten sich beide Autoren für eine verantwortungsbewußte und wahrhaftige filmische Widerspiegelung der Realität ein. Im Zusammenhang mit der Nutzung von Dokumentarfilmen und Wochenschauen für politische Propaganda und Aufklärung im Kriegsgeschehen kam es in den USA zu analytischen Versuchen und ersten Verallgemeinerungen von Methoden der Nazi-Propagandafilme und der Filmberichte der Alliierten, an denen sich auch Richter und vor allem Kracauer beteiligten.

Der Zeichentrickfilm Walt Disney's wurde in den USA Gegenstand sorgsamer Analysen,[28] die Erkenntnisse für die Filmkunst als Ganzes einbrachten.

In vielen Ländern entstanden filmhistorische Untersuchungen zur nationalen und internationalen Produktion, darunter einige sehr umfangreiche von hohem wissenschaftlichem Wert. Die Filmtheorie erhielt über sie zahlreiche Aufschlüsse zu Gestaltungsfragen der unterschiedlichsten Art.

Mit Beginn der dreißiger Jahre setzte auch eine stärkere Institutionalisierung des wissenschaftlichen Nachdenkens über den Film ein. Filmsammlungen und -archive wurden in Moskau (1934), London (1935), New York (1935), Paris (1936) und Brüssel (1938) gegründet. Filmhochschulen entstanden. So in Moskau, wo nach zeitweiliger Rekonstruktion der 1919 geschaffenen Lehrstätte 1930 ein Staatliches Filminstitut entstand, das seit 1934 unter der heutigen Bezeichnung WGIK arbeitet. In Rom kam es 1935, in Berlin 1938 und in Paris 1943 zur Bildung analoger Einrichtungen. Internationale Filmfestspiele, die ab 1932 in Venedig und ab 1935 in Moskau durchgeführt wurden, trugen dazu bei, die Reflexion über die Weltfilmkunst zu intensivieren; wichtige Fachzeitschriften wie »Close Up« in London, »Kino« bzw. »Sowjetskoje kino« in Moskau und »Bianco e nero« in Rom verhalfen theoretischen Erkenntnissen zum Durchbruch im öffentlichen Denken. Es ging dabei – wie gesagt – vor allem um ein tieferes Verständnis des Films als Kunst, als einer Kunst, die nun über eine optische und akustische Dimension gebot. Doch unübersehbar wurde während der ideologischen und militärischen Auseinandersetzung die Einbindung dieser Kunst wie der gesamten Kinokultur in die Politik.

Rudolf Arnheim

Materialeigenschaften des Filmbildes aus der Sicht der Gestaltpsychologie

Rudolf Arnheim wurde 1904 in Berlin geboren. Er studierte dort Psychologie bei Max Wertheimer und promovierte 1928 mit einer Dissertation über experimentell-psychologische Untersuchungen zum Ausdrucksproblem. Bis 1933 war er Redakteur bei der »Weltbühne«, für die er zahlreiche Filmkritiken verfaßte. Dann arbeitete er längere Zeit in Rom und emigrierte 1939 in die USA, wo er an vielen Universitäten lehrte, zuletzt in Harvard. 1932 hatte er ein filmtheoretisches Buch, »Film als Kunst«, vorgelegt; später entstanden in den USA viele Publikationen, die meist kunstpsychologischen Problemen, speziell Fragen der visuellen Wahrnehmung, gewidmet waren. Die bekanntesten sind: »Art and Visual Perception«, »Toward a Psychology of Art« und »Visual Thinking«.

Rudolf Arnheims Buch »Film als Kunst« kam 1932 heraus[1], als das Ende des Stummfilms besiegelt war und man bereits markante Beispiele des Tonfilms besichtigen konnte. Es suchte die Ausdrucksmittel der Filmkunst in systematischer Weise zu fassen und bildete, wie sein Verfasser später schrieb, »zugleich auch eine Art Forschungsbericht über eine aussterbende Gattung«[2], obschon es bereits ein Drittel des Textes der tönenden Leinwand widmete.

Der Autor, damals Ende zwanzig, war Redakteur und Kritiker an der »Weltbühne« und hatte vordem bei Max Wertheimer und Wolfgang Köhler, zwei Stammvätern der Gestaltpsychologie, mit »Experimentell-psychologischen Untersuchungen zum Ausdrucksproblem« anhand graphologischer und physiognomischer Gegenstände promoviert.[3] »Film als Kunst« bietet eine entsprechende Mischung aus psychologischem Herangehen und, wie der Autor es nennt, einer Filmbetrachtung »im fröhlichen Florettstil der ›Weltbühne‹.«[4] Arnheim notierte über sich selbst im Vorwort zur Neuausgabe des Filmbuches: »Der Einfluß der ›Weltbühne‹

war es auch, der mich auf den weltanschaulich-politischen Gehalt der Filmproduktion besonders aufmerksam machte, obwohl mir schon damals klar war, daß die Analyse der formalen Ausdrucksmittel nicht etwa irrelevant ist – wie auch heute wieder von diesem und jenem recht kindlich behauptet wird –, sondern jeder ideologischen Analyse unumgänglich vorausgehen muß.«[5]

»Film als Kunst« ging es besonders um die Ausdrucksmittel des künstlerischen Films, und die Besonderheit des Buches liegt darin, daß es – ohne dabei zwischen Kreations- und Rezeptionsphase besonders zu differenzieren – die psychologische Komponente filmischer Gestaltung in den Mittelpunkt der Betrachtung stellt und von dort her den theoretischen Ansatz konstruiert. Am Beginn der Abhandlung bekennt sich der Autor zu der Grundauffassung, »daß der einzig mögliche Weg zum Kunstverständnis der sei, von den einfachsten sinnespsychologischen Empfindungen auszugehen und die Seh- und Hörkunst als eine veredelte Form des Sehens und des Hörens zu betrachten.«[6]

Daß dies nicht mechanisch geschehen dürfe, unterstreicht Arnheim ebenso wie die Notwendigkeit, Erkenntnisse der modernen Experimentalpsychologie zu nutzen. Er skizziert den Gedankengang des Buches mit den Worten:

»Was die *Ästhetik* anlangt, so soll im folgenden versucht werden, Ernst zu machen mit dem oft leichthin ausgesprochenen Satz, daß man die Gesetze einer Kunst aus den Charaktereigenschaften ihres Materials abzuleiten habe. Es wird im *zweiten* Teil gezeigt, daß die Filmaufnahme niemals einfache Wirklichkeitswiedergabe ist und welche diese Abweichungen zwischen ›Weltbild‹ und Filmbild sind. Diese Abweichungen, die zunächst als Mängel der Filmtechnik erscheinen, erweisen dann aber, im *dritten* Teil, ihre Fähigkeit, die Wirklichkeit zu formen und zu deuten. Denn ohne solche ›Mängel‹ gegenüber der Wirklichkeit ist Kunst überhaupt nicht möglich. Im *vierten* Teil wird gezeigt, wie nicht nur durch die Eigenschaften der aufnehmenden Kamera und des Filmbandes, sondern auch durch die Auswahl dessen, *was* aufgenommen wird, künstlerische Form, bedeutender Inhalt geschaffen werden kann. Eine Anwendung dieser Prinzipien auf den Tonfilm bringt der *fünfte*, und einen Ausblick in die Zukunft des Films der *letzte* Teil.«[7] Arnheim bemerkt zu Beginn seiner Abhandlung: Mit dem Film sei es ebenso wie mit Literatur, Tanz und anderen Gattungen; man könne die Mittel, die er biete, benutzen, um Kunst zu machen, man brauche es aber nicht. Dergestalt sah Arnheim den übergreifenden Medienaspekt, der für Film geltend zu machen ging, er interessierte sich aber nicht sonderlich dafür. Sein Buch geht vielmehr der Frage nach, welche Möglichkeiten der Film in sich trage, eine Kunst zu sein. Und dies mit polemischer Geste, indem Arnheim den Einwand, Film könne darum nicht Kunst sein, weil er die Wirklichkeit nur mechanisch reproduziere, systematisch zu widerlegen sucht und zu diesem Zwecke die sogenannten »*elementaren Materialeigenschaften des Filmbildes* einzeln charakterisiert und mit den entsprechenden Eigenschaften des Wirklichkeitsbildes«[8] vergleicht.

Dabei kommt er auf sechs Gesichtspunkte, die er zunächst in einem Kapitel theoretisch umreißt, um dann in einer umfangreichen Untersuchung anhand konkreter Filmbeispiele zu zeigen, wie die künstlerische Nutzung von 1. Projektion der Körper in der Fläche, 2. Verringerung der räumlichen Tiefe, 3. Beleuchtung und Wegfall der Farben, 4. Bildbegrenzung und Abstand vom Objekt, 5. Wegfall der raum-zeitlichen Kontinuität und 6. Wegfall der nichtoptischen Sinneswelt praktiziert werden kann.

Bemerkenswert an diesem Vorgehen ist, daß der Autor versucht, bestimmte Kunstmittel des Films – und zwar vornehmlich solche, die sich auf den Bildausdruck beziehen – zielgerichtet unter Aspekten zu beschreiben, die einerseits von der Psychologie untersucht werden konnten, also die Einbeziehung psychologischer Erkenntnisse ermöglichte, andererseits aber auch insofern schon exakter zu beschreiben waren, als sie sich an naturwissenschaftlich-technischen Parametern orientierten.

Im folgenden seien diese Aspekte im einzelnen erläutert:

Zum erstgenannten, der künstlerischen Ausnutzung der Projektion als Fläche heißt es:

»*Im Wesen der Photographie liegt es, daß sie gezwungen ist, Körper ›einseitig‹ als Flächenbilder darzustellen.*

Diese Reduktion des Dreidimensionalen auf das Zweidimensionale ist eine Not, aus der der Künstler eine Tugend macht. Sie dient ihm als Mittel, um Folgendes zu erzielen:

1) Indem er den Gegenstand in einer ungewohnten, auffälligen Einstel-

lung abbildet, zwingt er den Beschauer zu stärkerer Aufmerksamkeit, die über bloßes Notiznehmen und Konstatieren hinausgeht. Der abgebildete Gegenstand gewinnt dadurch zuweilen an Wirklichkeit, der Eindruck ist lebendiger und packender.

2) Aber er lenkt die Aufmerksamkeit nicht nur auf den Gegenstand, sondern auch auf dessen formale Qualitäten. Von der beunruhigenden Ungewohntheit des Anblicks aufgestachelt, sieht der Zuschauer näher zu und bemerkt: a) wie die neuartige Perspektive die Einzelformen des Gegenstandes zu reizvollen Überschneidungen, die man an ihm noch nicht kannte, übereinanderschiebt, b) wie der in die Fläche projizierte Körper nun als Flächenbild in seinen Umrissen, Linien, Schwarzweißflächen eine gute Rahmenfüllung abgibt – ein gutes, harmonisches Muster sozusagen. Daß er sich zu solch einem Muster verwenden läßt, obwohl er nicht im geringsten stilisiert, verändert, verzerrt, vergewaltigt, sondern einfach er selbst ist, allerdings in klug ausgewählter Einstellung, das führt einen besonderen künstlerischen Effekt herbei.

3) Das Hinlenken der Aufmerksamkeit auf die formalen Eigenschaften des Gegenstandes führt weiter dazu, daß der Beschauer sich nun geneigt fühlt, zu prüfen, ob der Gegenstand charakteristisch gewählt ist und sich charakteristisch benimmt. Das heißt, ob er ein bezeichnendes Exemplar seines Typus ist (etwa: ›ein richtiger Beamter!‹) und ob er sich so bewegt und so reagiert, wie es dieser Spezies zukommt.

4) Aber die neuartige Einstellung dient nicht nur als Alarmierungsmittel und Anlocketrick. Indem sie den Gegenstand in einer besonders ausgewählten Ansicht zeigt, kann sie ihn eben dadurch in einer mehr oder weniger tiefen Weise deuten (›Der Sträfling als Nummer!‹).[9] Auch hier bietet einen besonderen Reiz, daß der Gegenstand zum Zwecke dieser Deutung nicht irgendwie umgeformt oder stilisiert, sondern genau so gelassen ist, wie er in der Wirklichkeit vorkommt.«[10]

Im Zusammenhang mit dem zweitgenannten Aspekt der Verringerung der räumlichen Tiefe des Filmbildes kommt Arnheim u. a. zu folgender resümierender Einschätzung künstlerischer Möglichkeiten des Films:

»Wenn man sich an Hand der obigen Beispiele klargemacht hat, ein wie wichtiges Hilfsmittel für den Künstler die geringe Tiefenwirkung des Filmbildes ist, indem sie nämlich die Erscheinung der subjektiven perspektivischen Größenveränderung aufs Deutlichste herausstreicht und so

die Möglichkeit gibt, die Dinge dieser Welt groß und klein, sich vergrö-
ßernd und sich verkleinernd zu zeigen – je nach dem symbolischen Sinn
der Szene; indem sie zweitens das räumlich Hintereinanderliegende so
zwingend als aufeinanderliegend erscheinen läßt, daß der Zuschauer sich
gezwungen sieht, eine inhaltliche (symbolische) Beziehung zwischen den
also zusammengekoppelten Gegenständen zu suchen, resp. die Über-
schneidungen und Überdeckungen, die sich ergeben, als sinnvoll und ge-
wollt zu betrachten; indem sie drittens die Aufmerksamkeit auf die deko-
rative Flächenwirkung der abgebildeten Körper im Bildrahmen
hinweist – wenn man sich dies klargemacht hat, wird man den Bestre-
bungen der Filmtechniker, den plastischen Film, d. h. eine gute stereosko-
pische Raumwirkung zu schaffen, mit gemischten Gefühlen zuse-
hen.«[11]

Zur künstlerischen Ausnutzung der Beleuchtung und des Weg-
falls der Farben, also dem dritten Aspekt, wird notiert:

»Liegt die Möglichkeit, mit Farbfilm Kunst zu machen, noch ganz im Un-
bestimmten, so ist das Schwarz-Weiß schon seit vielen Jahren ein selbst-
verständliches und höchst wirksames Kunstmittel. Denn die Reduzierung
der Wirklichkeitsfarbwerte auf die Werte der eindimensionalen Grau-
reihe (vom reinen Weiß bis zum reinen Schwarz) liefert einen willkom-
menen Abstand zur Wirklichkeit und damit die Möglichkeit, durch Hel-
ligkeitswerte dekorative und gedankentiefe Bilder zu schaffen.«[12]

Der Filmkünstler – und gemeint ist hier vor allem der Kameramann – habe es weitgehend in der Hand, was für Schwarzweiß-
werte die Gegenstände auf der Leinwand zeigen würden. Der Beleuchtung käme dabei ebenfalls eine besondere Funktion zu.

Die Problematik der Bildbegrenzung und des Abstandes vom
Objekt wird von Arnheim als vierter Gesichtspunkt folgendermaßen ausgedeutet:

»Die Begrenztheit des Filmbildes ist ein Formungs- und Stilisierungsmit-
tel wie perspektivisches Hintereinander etc., denn sie erlaubt es, irgendein
Wirklichkeitsdetail herauszuheben und ihm dadurch besondere Bedeu-
tung zu geben, und umgekehrt, Unwichtiges herauszulassen, Überra-
schungen von außen her plötzlich ins Bild hineinfallen zu lassen, Reflexe
von Dingen oder Vorgängen, die sich außerhalb des Bildes abspielen,
aufzufangen etc. Und außerdem ist der Bildrahmen die unentbehrliche
Voraussetzung für die dekorativen Qualitäten des Bildes: von Raumfül-

lung, Flächenaufteilung usw. kann man nur sprechen, wenn eine feste
Begrenzung da ist, die die Koordination für den Aufbau des ›Bildmu-
sters‹ liefert.«[13]

Alle Waagerechten und Senkrechten würden durch die des Bildrahmens gestützt; die Koordinaten des Bildrahmens ließen erst
die Schrägen – als Abweichungen – zur Geltung kommen. Dabei stünden in einem guten Filmbild alle Linien in einem aus-
balancierten Verhältnis zueinander bzw. zum Bildrahmen. Sie
könnten ein ruhiges oder wildes Muster bilden, ein einfaches oder
ein kompliziertes, und gleiches gelte für die Verteilung der
Schwarzweißflächen.

In diesem Zusammenhang wird eine treffende Charakterisierung der Großaufnahme gegeben, bei der der abgrenzende Bildrahmen seinen eigentlichen Wert erweise. Es ginge dabei nicht allein um die Vergrößerung bestimmter Erscheinungen bzw.
Details, sondern die Großaufnahme könnte ja eine spezifische
Funktion im Rahmen des filmischen Erzählens erfüllen, indem
etwa eine Szene mit ihr beginne.

»In Pabsts ›Tagebuch einer Verlorenen‹ wird das Erziehungs-
heim-Milieu folgendermaßen eingeführt: man sieht zunächst das
harte, straffgescheitelte, böse Gesicht der Erzieherin; dann, daß
sie rhythmisch auf einen Gong schlägt; dann fährt der Apparat
weiter zurück, und es zeigt sich, daß sie an der Kopfseite eines
langen Tisches steht, an dem die Zöglinge Mittag essen, und zwar
indem sie mit militärischer Exaktheit den Löffel nach dem Takt
der Gongschläge zum Munde führen.

Auch hier ist also das Zentrum und zugleich ein charakteristi-
sches Detail der Situation herausgegriffen, um den Zuschauer von
vornherein in die richtige Bahn zu führen, und auch, um ihm eine
Art Überraschung zu bereiten; denn ein solches Aufdecken vom
Detail her ist sehr viel spannender, packt den Zuschauer viel
mehr an, als wenn auf einen Schlag gleich die Gesamtsituation gegeben wäre.«[14]

Im Anschluß an eine Analyse von Pudowkins »Mutter« resümiert Arnheim:

»Die Möglichkeit, den Bildausschnitt und den Abstand vom Objekt zu
variieren, dient also dem Filmkünstler als Mittel, um zwanglos, ohne

Zerstörung der Wirklichkeit, die Gesamtheit des in der Wirklichkeit Ge-
gebenen zu zerstückeln, Teile herauszuheben, Teile für das Ganze spre-
chen zu lassen, Spannungen zu erzeugen, indem etwa gerade das Wich-
tige und Sehenswerte außerhalb des Bildes bleibt, Teilen eine Betonung
zu geben, die den Zuschauer veranlaßt, in ihrem Auftauchen symbolische
Bedeutung zu suchen, wesentliche Details eines Gesamtbildes in den
Brennpunkt besonderer Aufmerksamkeit zu rücken etc.« [15]

Unter dem fünften Aspekt – künstlerischer Ausnutzung des Weg-
falls raumzeitlicher Kontinuität – setzt sich der Autor dann mit
dem Problem der Montage auseinander. Nach kritischer Sichtung
von Montagetheorien Timoschenkos und Pudowkins gibt er selbst
ein umfassendes Schema für die Systematisierung der Montageverfahren im Film vor. Es dürfte seinerzeit zu den fortgeschrittensten Darstellungen gehört haben; vieles daran ist auch heute noch
gültig, und nur aus Raumgründen soll es hier nicht referiert werden.

Die unter Punkt sechs genannte Problematik, die sich aus dem
Wegfall der nichtoptischen Sinneswelt ergibt, wird dann vom
Autor eher gestreift als analysiert, so daß sich besondere Auf-
schlüsse dort nicht herstellen.

Wie Renate Schubert vermerkt, setzt Arnheim »zeitgenössische
Erkenntnisse der experimentellen Wahrnehmungspsychologie
um, so wenn er im Vergleich zu gesetzmäßigen Korrekturen beim
Sehen in der wirklichen Lebensumwelt feststellt, daß bei der
Wahrnehmung von Filmbildern »Größenkonstanz« und »Formkonstanz« wegfallen, wenn er das Empfinden der Begrenzung des
Filmbildes erklärt, wenn er die Effekte der Bewegungswahrneh-
mung in Abhängigkeit von der Projektionsgröße erläutert. Ähnlich exakt nimmt er zur Relativierung der Bewegung und zur Relativierung der Raumkoordinaten Stellung. Wenn er die Bedeutung der Beleuchtung bewertet, wendet er Figur-Grund-Bezie-
hungen der Gestaltpsychologie an, Gestaltgesetze der Figurbil-
dung. Bindungen an die Gestaltpsychologie werden auch sichtbar
in seinen Auffassungen zur Einheitlichkeit des zeitlichen und
räumlichen Ablaufs.« [16]

Den beiden streng systematisch aufgebauten Kapiteln, aus denen hier so ausführlich zitiert wurde, weil sie den Kern des theo-

retischen Ansatzes enthalten, folgen dann Überlegungen zu den Gesichtspunkten, die weniger genau in ihrem Bezug zueinander sind und in den diversen fremdsprachigen Ausgaben des Buches vom Verfasser vielfach abgewandelt wurden. Sie sollen hier nicht weiter zur Sprache kommen.

Zur Substanz des Buches gehört, daß hervorragend mit Filmbeobachtungen argumentiert wird. Oft sind längere Textpassagen der Analyse konkreter Beispiele gewidmet, Darstellungen, die auf die zahllosen Filmkritiken Arnheims zurückgreifen konnten. Diese Artikel haben übrigens, wie ihre Ausgabe in Buchform[17] später deutlich machte, ihre Aussagekraft bis heute kaum eingebüßt.

Auch bei der Interpretation des Beispielmaterials in »Film als Kunst« nutzt der Autor seine psychologischen Spezialkenntnisse. Jedoch mit gebührender Zurückhaltung. Seinerzeit schon längst zu Modeworten avancierte Begriffe der Gestaltpsychologie, wie »Formkonstanz«, »Prägnanztendenz« oder »gute Gestalt«, tauchen fast nie direkt auf, gleichwohl führt Arnheim die damit verbundenen Kenntnisse und Anregungen bei den Filmanalysen ins Feld. Über eine Stelle aus Chaplins »Goldrausch« wird etwa gesagt: »Jedermann erinnert sich der Szene, wo Charlie als hungernder Goldgräber seinen schmutzigen Transtiefel kocht und verspeist. Kunstvoll und mit vollendet eleganten Tischmanieren tranchiert er die seltsame Speise: er hebt das Oberteil ab, so daß die Sohle mit dem Nägelgerippe liegen bleibt, wie das Rückgrat eines Fisches, von dem man das Fleisch abgetrennt hat; er lutscht die Nägel sorglich ab wie Geflügelknochen, wickelt die Schnürsenkel um die Gabel wie Spaghetti. (...)

Zeigte die Chaplinszene einfach einen Hungerleider, der einen gekochten Stiefel auffrißt, so wäre das nichts als eine groteske Karikierung der Armut. Das Elegante und Eindringliche der Goldrausch-Szene besteht aber darin, daß in der Schilderung des Elends zugleich der Kontrast des Reichtums mitgegeben ist. Und zwar durch die höchst originelle und unmittelbar einleuchtende optische Ähnlichkeit des Hungermahls mit der Speise der Reichen:

Schuhgerippe = Fischgerippe
Nägel   = Geflügelknochen
Schnürsenkel = Spaghetti

Durch die Aufzeigung der optisch-formalen Kongruenz inhalt-lich-sachlich so kontrastierender Dinge wird eben dieser Kontrast mit schmerzhafter Deutlichkeit vor die Augen des Zuschauers ge-führt. Und die große Kunst dieser Erfindung liegt darin, daß ein so elementares, tiefmenschliches Motiv wie: ›Hunger contra Wohlleben‹ durch so sinnliche, so filmische Mittel verbildlicht wird. Denn man kann sich nichts elementarer Optisches denken als dies Assoziieren bloßer Gegenstandsformen.

Indem Chaplin das erbärmlichste Nahrungsmittel, das sich er-denken läßt, als ein vornehmes Gericht und mit entsprechend vor-nehmen Allüren verspeist, zeigt er nicht nur Armut als solche, sondern sozusagen Armut als eine niedrige Stufe des Reichtums, als eine Verzerrung des Wohllebens, und indem er diese Relation schafft, macht er die Ärmlichkeit doppelt ärmlich – so wie es kein Kleines gibt ohne Großes, kein Schwarz ohne Weiß.

Wie denn überhaupt das Besondere der Chaplin-Figur charakte-risiert ist dadurch, daß sie nicht allein den abgerissenen Vagabun-den, sondern den Besitzlosen aus der Perspektive des Besitzen-den zeigt. Der kecke Melonenhut, die smokingartige Jacke, das stutzerhafte Stöckchen und Bärtchen sind: Armut als Mangel an Reichtum. Und darum so viel eindringlicher als die bloße, bezie-hungslose ›Abgerissenheit‹.«[18]

An dieser Darstellung einer Filmszene wird erkennbar, wie nützlich es sein konnte, Momente der ästhetischen Wahrneh-mung im Rahmen psychologischer Erkenntnisse zu beurteilen. Wenn Arnheim dabei so vorsichtig im Umgang mit Spezialtermini war, die sich einem bei der Lektüre förmlich aufdrängen, dann si-cher nicht nur darum, weil er deren experimentellen Wert nicht durch essayistischen Gebrauch nivelliert haben wollte. Es dürfte ihm vielmehr vor allem darauf angekommen sein, den Gedanken von Ganzheitlichkeit künstlerischer Wirkungen zu verdeutlichen. Arnheims ästhetisch-kunstpsychologisches Konzept nämlich lebte vornehmlich von dieser Sicht. In ihr offenbarte sich die gestaltpsy-chologische Position des Autors. Dies freilich auf eine durchaus vermittelte und keineswegs vordergründige Weise.

Arnheims Lehrer Max Wertheimer brachte den Begriff der Gestalt mit einer »Realdominanz« des Ganzen über seine Teile in Verbindung, die gekennzeichnet sei durch »Zusammenhänge, bei denen nicht, was im Ganzen geschieht, sich daraus herleitet, wie die einzelnen Stücke sind und sich zusammensetzen, sondern umgekehrt, wo – im prägnanten Fall – sich das, was in einem Teil dieses Ganzen geschieht, bestimmt (!) von inneren Strukturgesetzen dieses seines Ganzen.«[19] Die ganze Schule der Gestaltpsychologie hatte sich ja in einer Kontroverse zum elementaristisch-atomistischen Vorgehen der Psychophysik und Assoziationspsychologie entwickelt. In gewisser Weise bedeutete der Gestalt-Begriff darum auch eine Spezifizierung des Ganzheitsbegriffs überhaupt. Ganzheitlich zu denken, das war nach Arnheims Ansicht jedoch seit jeher eine Besonderheit der künstlerischen Auseinandersetzung mit der Welt. Künstlerisches und gestaltpsychologisches Vorgehen hatten für ihn darum etwas Analoges an sich, und bei der Kunstanalyse wollte er das berücksichtigt haben. In seinen späteren kunstpsychologischen Arbeiten, in denen sich der Autor expressis verbis zur Gestaltpsychologie bekannte, sind entsprechende Überlegungen formuliert. So in »Kunst und Sehen«, wo es heißt: »Die Gestaltpsychologie hat von Anfang an und in ihrer ganzen Entwicklung während des letzten halben Jahrhunderts immer eine Verwandtschaft zur Kunst gezeigt. Die Schriften von Max Wertheimer, Wolfgang Köhler, Kurt Koffka sind davon geprägt. Hier und da werden die Künste in diesen Schriften ausdrücklich erwähnt, aber es zählt mehr, daß der Geist, der sich im Denken dieser Forscher ausspricht, dem künstlerischen verwandt ist. In der Tat mußte ein fast künstlerischer Standpunkt gegenüber der Wirklichkeit den Wissenschaftler daran erinnern, daß die meisten Phänomene in der Natur nicht adäquat beschrieben sind, wenn sie stückweise analysiert werden. Für den Künstler war es keine neue Erkenntnis, daß eine Ganzheit nicht durch das Zusammenfügen von Einzelteilen zu erreichen ist. Jahrhunderte hindurch konnten Wissenschaftler wesentliche Aussagen über die Wirklichkeit machen, ohne eine verhältnismäßig einfache Methode zu verlassen, die die komplexen Formen der Organisation und Wechselwirkung ausschließt. Aber zu keiner Zeit konnte ein Kunstwerk von einem Geist geschaffen oder verstanden werden, der nicht fähig war, die gegliederte Struktur eines Ganzen zu erkennen.«[20]

Im Vorwort zu »Kunst und Sehen« erklärte Arnheim »die übersteigerte Weise des Sehens, die zur Schöpfung großer Kunstwerke führt, als ein Herauswachsen aus den einfacheren und allgemeineren Tätigkeiten des Auges im täglichen Leben.«[21] Auf entsprechende Analogien zum Konzept Münsterbergs hat die Theoriegeschichtsschreibung bereits hingewiesen.[22]

Schon Münsterberg hatte seinerzeit betont, daß Kunst mit einer aktiven psychischen Tätigkeit verbunden sei, die es gestatte, Zusammenhänge herzustellen und Ganzheiten zu sehen. Und er hatte darüber hinaus gezeigt, daß bestimmte technische Begrenzungen, der die Fotografie und das Laufbild bei der Wiedergabe der Lebenserscheinungen unterworfen seien, sich im Rahmen dieser aktiven psychischen Prozesse als Vorzüge erweisen dürften, da sie auch einen geistigen Freiraum für die künstlerische Darstellung schafften. Von den Positionen der Gestaltpsychologie her gelangte Arnheim nun zu ähnlichen Schlußfolgerungen. Die – scheinbaren – Mängel der Filmtechnik waren für Arnheim Voraussetzung für eine künstlerische Formierung des Materials, die sich nicht in einer Wiedergabe der Realität erschöpfen dürfe. Der Wegfall bestimmter Momente, den die Filmaufnahmen gegenüber der normalen Wahrnehmung des Lebens mit sich brachten, bedeutete für den Künstler, auf den Arnheims Theorie sich im Unterschied zu der mehr rezipientenorientierten Münsterbergs bezog, eine Aufforderung, seine individuelle Sicht auf die Welt aktiv durchzusetzen. Erkennbar wurde dies etwa dort, wo es um die Wahl der Einstellung ging: Arnheim sagte dort über den Künstler: »... ihm ist mit der Einstellung ein Kompositions-, ein Formierungsmittel in die Hand gegeben, mit dessen Hilfe er Akzente setzen, Hervorhebungen schaffen, Unwichtiges oder Störendes verbergen kann, ohne doch in das Gegenstandsfeld selbst eingreifen, es irgendwie verändern zu müssen. Auch kann er Dinge zusammen- und übereinanderschieben, deren Beziehung zueinander er zu zeigen wünscht, eine Beziehung, die aber nur bei einer ganz bestimmten Einstellung des Apparates optisch auffaßbar wird.«[23]

Trotz aller Betonung von Ganzheitlichkeit und aktivem Schöpfertum leidet Arnheims Theorie unter einem bedeutsamen Mangel, der Abwesenheit eines fundierten ästhetischen Konzepts, das eine differenzierte Funktionsbestimmung der Kunst erlaubt hätte. Die Gestaltpsychologie, die sich anfangs wahrnehmungstheoretischen Problemen zugewendet hatte, später aber auf die meisten anderen Teilgebiete der Psychologie Einfluß gewann, erhob in diesen Jahren mehr und mehr den Anspruch, eine allgemeine Theorie des psychischen Lebens insgesamt zu sein, obschon ihre realen Leistungen vorwiegend die Erforschung jener Bereiche betrafen, auf die die Kategorie Abbild weist. Exponierte Position und Generalisierungsanspruch der Gestalttheorie mögen Arnheim bewogen haben, das Konzept dieser Schule als Ersatz für eine Ästhetik anzusehen. Indem er das dort geübte ganzheitliche Denken gegenüber den Kunstphänomenen des Films ins Spiel brachte, hoffte er offenbar, seine Filmtheorie von weiteren Vorgaben allgemein-ästhetischer Art entlasten zu können.

Für die Darstellung einiger – wichtiger – filmischer Ausdrucksmittel reichte dies zwar aus, nicht aber, um einen umfassenderen filmtheoretischen Ansatz zu tragen. Ein Kunstkonzept für den Film ließ sich nämlich nicht allein aus einer Gegenposition zu der irrigen Auffassung entwickeln, daß Film nicht Kunst sein könne, weil er nichts tue, *»als mechanisch die Wirklichkeit zu reproduzieren«*[24]. Auf diese Pseudo-Polemik stellte der junge Arnheim indes seine ganze Abhandlung. Abgesehen davon, daß das genannte Mißverständnis seinerzeit wenig verbreitet gewesen sein dürfte und auch prinzipiell nicht schwer zu widerlegen war, brachte es den Autor in die ungünstige Lage, die künstlerischen Möglichkeiten des Films im Rahmen dieser Polemik bestimmen zu müssen, also eher ex negativo zu definieren. Und darunter mußte die Bewertung einer ganzen Reihe von Sachverhalten leiden. Einiges wurde von Arnheim später selbst kritisch vermerkt. So notierte er im Vorwort zur Neuausgabe von 1974, daß er sich zum »mechanischen Realismus des photographischen Bildes vorwiegend negativ« verhalten und folglich gerade die »Vereinigung des mechanisch-zuverlässig projizierten optischen Rohmaterials mit der Gestaltungskraft des Künstlers« als »das kulturell unerhörte Neue«[25] am Film nicht berücksichtigt habe.

Die Ex-negativo-Bestimmung des Kunstcharakters filmischer

Darstellung hatte auch zur Konsequenz, daß technische Neuerungen von Arnheim eher als der Kunst abträglich gesehen wurden, bedeuteten sie doch eine Annäherung des Films an die Kopie von Realität. Obschon er sich mit seinem Buch dem Tonfilm, Farbfilm, Stereofilm, ja, sogar dem Radiofilm, also der Television, stellte, warnte er mehr vor ihren Gefahren, als für ihre Gestaltungsmöglichkeiten Verständnis zu gewinnen. Schreckgespenst war für ihn logischerweise der alle Sinne ansprechende »Komplettfilm«, in dem er »die Krönung des jahrtausendlangen Strebens, die Kunst zu Panoptikumszwecken zu mißbrauchen«[26], erblickte.

Ein Manko des Arnheimschen Theorieansatzes besteht darin, daß er sich vornehmlich am Bildausdruck des Films orientiert und weniger die Möglichkeiten berücksichtigt, auf der Leinwand eine Darstellung auch von Prozessen zu geben. Die gesamte Dramaturgie des Films verschwindet darum hinter einer skizzenhaften Darstellung von Montagemöglichkeiten bzw. wird sporadisch in jenem Kapitel abgehandelt, das dem gewidmet ist, »was gefilmt wird«. Später bekennt der Autor: »... so stellte denn meine Behandlungsweise ein Übergangsprodukt in der Theorie der bildenden Künste dar, indem sie den Film hauptsächlich als eine Aufreihung von Einzelszenen ansieht, von wesentlich statischen Ausdrucksakzenten, zwischen denen Handlungsverläufe als Übergänge nur eben die Verbindungen herstellen. Es würde mir heute wichtig vorkommen, vom, sagen wir, sinfonischen Verlauf des Ganzen auszugehen und alle jene kostbaren Miniaturen als Haltepunkte innerhalb der Teilhandlungen zu betrachten.«[27] Die letzte Bemerkung ist gewiß sehr zutreffend, die Anlage der Untersuchung von 1932 ließ diesen Gedankengang aber eben generell kaum zu.

Statt einer Funktionsbestimmung von Kunst arbeitet Arnheim in seinem Filmbuch lediglich zwei Momente heraus, die für seine ästhetischen Kriterien wichtig werden: »Die darstellende Kunst entspringt«, so heißt es, »aus zwei Wurzeln: dem Darstellungs- und dem Ornamentiertrieb.«[28] Innerhalb seiner konkreten Filmuntersuchung neigt er dann einem Prinzip zu, das er später in »Kunst und Sehen« in den Mittelpunkt stellte, dem des Ausdrucks. Es heißt dort etwa am Schluß der Abhandlung aus den sechziger Jahren: »Der Ausdruck ist das krönende Ziel aller Wahrnehmungskategorien. Er ist die Aussage, zu der sie alle durch Erregen von Spannung beitragen. (...) In dem engeren Sinn der Wahrnehmung beruht der Ausdruck allein auf der Spannung. Er beruht auf den allgemeinen, von uns in besonderen Bildern wahrgenommenen Kräftekonfigurationen: Ausdehnen und Zusammenziehen, Kampf und Frieden, Steigen und Fallen, Annäherung und Rückzug. Wenn diese Dynamik als Symbol der Kräfte verstanden wird, die das menschliche Schicksal bestimmen, dann erhält der Ausdruck eine tiefere Bedeutung. Auf diese mußte unsere Interpretation besonderer Kunstwerke unausweichlich anspielen. Doch kann ihre systematische Untersuchung nicht im Bereich einer Arbeit liegen, die sich auf das Sichtbare beschränkt.«[29]

In »Film als Kunst« bekannte er sich zum Ausdrucksprinzip mit seiner Dialektik noch nicht einmal so deutlich, daß man dies ohne Kenntnis späterer Entwicklungen überhaupt herausfindet, zumal in den Theorien von Balázs und anderen, die das geistige Umfeld des Arnheimschen Versuches bildeten, davon unentwegt die Rede war.

Arnheim hat besonders in den sechziger Jahren seine Kunstpsychologie neu fundiert, was hier freilich nicht zur Debatte stehen kann. Er setzte sich auch gegenüber neuen Erscheinungen innerhalb der Filmkunst in Beziehung, wenn er etwa in dem Artikel »Kunst heute und der Film« von 1966 Stellung zu den Schnitt-Techniken der »Nouvelle Vague« nahm, welche viele Regeln verletzten, die »Film als Kunst« früher aufstellte, Regeln, welche sich freilich an der Herstellung einer physischen Kontinuität von Raum und Zeit orientierten. »Die Zerstörung der Kontinuität von Raum und Zeit ist ein Alptraum, wenn sie auf die physische Welt angewendet wird, aber sie ist eine vernünftige Ordnung im Reich des Geistes. Tatsächlich lagert der menschliche Geist Erfahrungen in der Vergangenheit als Gedächtnisspuren, und in seinem Lagergewölbe gibt es keine Zeitsequenzen oder räumliche Verbindungen, nur Affinitäten und Assoziationen, die auf Ähnlichkeit oder Kontrast beruhen. Es ist diese unterschiedliche, aber feststehende Ordnung des Geistes, die die Romanciers und Filmregisseure der letzten paar Jahre als eine neue Realität präsentierten, während sie die alte zerstörten. Indem sie den Unterschied zwischen dem, was gegenwärtig wahrgenommen wird, und dem, was nur aus der Vergangenheit erinnert ist, auslöschten, haben sie eine neue Homogenität und Einheit der Erfahrung geschaffen, unabhängig von der Ordnung der physischen Dinge. (…) Es ist das Schaffen und Ausschöpfen dieser neuen Ordnung des Geistes in ihrer Unabhängigkeit von der Ordnung der physischen Dinge, das, wie ich glaube, das Kino weiter beschäftigen wird, während die anderen visuellen Künste die andere Seite der Dichotomie erforschen – die Welt der physischen Dinge, von denen der Geist so angenehm abwesend zu sein scheint.«[30] Eine grundsätzliche Korrektur seines Standpunktes war für Arnheim mit dieser Ausweitung des Blickwinkels auf neue Kunstformen aber nicht verbunden.

Was den sozialen Impetus von Arnheims früher Filmtheorie angeht, so wäre es voreilig, den Autor, der von sogenannten »elementaren Materialeigenschaften«[31] des Films ausgeht, ohne weiteres aufgrund dieser Betonung des Materialaspekts als Vertreter der sogenannten Materialästhetik anzusehen. Jene progressiven Kunstpraktiker und -theoretiker, für die Werner Mittenzwei[32] u.a. den etwas vieldeutigen Sammelbegriff der Materialästhetik in Anwendung brachten, hatten in der Regel eine andere politisch-ästhetische Programmatik. Denn trotz unterschiedlicher Bestrebungen der verschiedenen Vertreter der Materialästhetik war ihnen doch am Ende die Absicht wichtig, »eine Funktionsbestimmung der Kunst durch eine Neubestimmung ihres gesellschaftlichen Zweckes herbeizuführen«[33].

Arnheims Filmbuch strebt dergleichen nicht an. Sein Material-Begriff führt ihn nicht weiter in einen sozialen Raum, er macht ihn eher gegenüber einem solchen abstinent. Daß der Autor gelegentlich gegen den bourgeoisen Filmbetrieb und seine Produktionen Stellung nahm, die er als »bewußte und unbewußte Propaganda für bürgerliche, antirevolutionäre Ideologien«[34] bezeichnete, reichte 1933 für die Faschisten offenbar dennoch aus, »Film als Kunst« sogleich zu verbieten.

Erwin Panofsky
Kunstwollen im Medium der bewegten Bilder

---

*Geboren 1892 in Hannover, begann Erwin Panofsky seine wissenschaft-
liche Laufbahn in Freiburg i. Br., wo er 1914 mit einer Arbeit über
Dürers Kunsttheorie promovierte. 1921–1926 war er Privatdozent, danach
Professor in Hamburg. 1933 zwang ihn das Hitlerregime zur Emigration.
Seit 1935 wirkte er als Lehrer am Princeton Institute for Advanced Studies
in den USA.*

*Neben zahlreichen Publikationen zu kunstgeschichtlichen Themen schrieb
er auch bedeutsame Abhandlungen zur Theorie der bildenden Kunst und
wurde zum Begründer der Ikonologie in der Kunstwissenschaft. Sein
Essay »Style and Medium in the Moving Pictures« von 1934 gehört zu
den klassischen Zeugnissen der Filmtheorie.*

1968 starb er in Princeton/New Jersey.

Der einzige Beitrag, den der bedeutende Vertreter der bürgerlichen Kunstwissenschaft für die Filmtheorie leistete, ging auf
einen Vortrag zurück, den er vor dem Publikum von Princeton
hielt, um es für die neu gegründete Film Library des Museum of
Modern Art zu interessieren. Der Essay von 1934, der zunächst in
einem Bulletin der Universität unter dem Titel »On Movies«[1] erschien, ist später mit der Überschrift »Style and Medium in the
Moving Pictures« vielfach nachgedruckt worden[2] und erfuhr dabei
bis 1947 noch eine geringfügige Überarbeitung. Inzwischen in
mehrere Sprachen übersetzt und in zahlreiche Anthologien aufgenommen, stellt er zu Recht eine der bedeutsamsten Überlegungen der klassischen Kunstwissenschaften zum Wesen des Films
dar.

Erklärtes Ziel der von Panofsky begründeten Ikonologie war es,
eine wissenschaftliche Methode der Interpretation von Werken
der bildenden Kunst zu schaffen, die sich neben einer Klarstel-

lung des Themas um die Herausarbeitung des ikonographischen Bildsinns bemühte und nach dem Warum der besonderen Darstellungsweise des Themas fragte. Dabei wurde von Panofsky der Kontext der gesamten kulturellen Entwicklung in die Untersuchung einbezogen, vor allem literarische und philosophische Zeugnisse des Zeitgeistes, ein Herangehen, das den Spezialisten für bildende Kunst dafür prädestinierte, aus seiner Sicht auch über den Film zu sprechen.

Trotz seiner idealistischen Grundlegung erlaubte das ästhetische Konzept Panofskys eine Reihe von Positionen, die sich als wissenschaftlich fruchtbar erwiesen. So ist Kunst für Panofsky immer mit Sinnvermittlung innerhalb eines Humanisierungsprozesses der Gesellschaft verbunden. Nie ist sie für ihn »eine subjektive Gefühlsäußerung oder Daseinsbestätigung bestimmter Individuen, sondern die auf gültige Ergebnisse abzielende, verwirklichende und objektivierende Auseinandersetzung einer formenden Kraft mit einem zu bewältigenden Stoff.«[3] Wenn er dafür plädierte, sich auch wissenschaftlich mit dem Film zu beschäftigen, dann darum, weil er an die gesellschaftliche Funktion von Kunst glaubte und erkannt hatte, daß der Spielfilm »außer der Architektur, der Karikatur und der Gebrauchsgrafik die einzige bildende Kunst (ist), die wirklich lebt. Der Film hat wieder eine lebendige Beziehung hergestellt zwischen Kunstschaffen und Kunstgebrauch, eine Beziehung, die auf vielen anderen Gebieten künstlerischer Tätigkeit sehr gelockert, wenn nicht gänzlich unterbrochen ist …«[4] Auch wenn man die Eingruppierung des Films unter die bildenden Künste, die sich hier andeutet, als wenig zutreffend ansehen mag, so ist doch die Grundhaltung dieses Vertreters einer akademisch betriebenen und oft esoterischen Kunstwissenschaft schon bemerkenswert wegen ihrer unumwundenen Sachlichkeit.

»Wenn alle seriösen Lyriker, Komponisten, Maler und Bildhauer gesetzlich gezwungen würden, ihre Tätigkeit einzustellen, würde das nur ein ziemlich kleiner Teil des allgemeinen Publikums bemerken und ein noch kleinerer es wirklich bedauern. Geschähe dasselbe für den Film, wären die sozialen Folgen unabsehbar.«[5]

Wie nun ist das Hauptanliegen seines Essays zum Film aufzufassen? Der Ausdruck »Stil« im Titel ist leicht mißdeutbar, und es scheint sinnvoll darauf hinzuweisen, was der Autor unter diesem Begriff verstand. Für eine Stilcharakteristik wird von Panofsky eine doppelte Voraussetzung gesehen: »daß in bestimmten sinnlich wahrnehmbaren Erscheinungskomplexen ein künstlerisches Gestaltungsprinzip offenbar werde und daß die Gestaltungsprinzipien ihrerseits von einem einzigen obersten Stilprinzip beherrscht seien.«[6] Letzteres sei das »Kunstwollen«, der immanente Sinn des Werkes.[7] So ist also von Panofsky mit Stil etwas sehr Allgemeines angesprochen, und der Film-Essay meint folglich nicht den speziellen Stil einer Zeit oder eines Künstlers, sondern bemüht sich eher um eine Art Wesensbestimmung des Films, sich auf das Verhältnis von Kunstwollen und Medien stützend. Panofsky beginnt dabei mit einer Erklärung zur Kulturgeschichte:

> *Die Filmkunst ist die einzige Kunst, deren Entwicklung die Menschen von heute von Anfang an miterlebt haben; und diese Entwicklung ist um so interessanter, als sie unter Bedingungen stattgefunden hat, die zu den früheren in genauem Gegensatz stehen. Nicht ein künstlerischer Impuls hat die Entdeckung und allmähliche Vervollkommnung einer neuen Technik herbeigeführt, sondern eine neue technische Erfindung die Entdeckung und allmähliche Vervollkommnung einer neuen Kunst.*
>
> *Damit werden zwei grundlegende Tatsachen klar. Erstens: der Ursprung der Freude am Film war nicht ein objektives Interesse an bestimmten Inhalten, viel weniger ein ästhetisches Interesse an der Form der Darstellung von Inhalten, sondern ganz einfach die Freude an etwas, das sich zu bewegen schien, ganz gleich, was es sein mochte. Zweitens: die Filme – zuerst in Kinetoskopen gezeigt, das heißt in kinematografischen Guckkästen, und auf eine Leinwand projizierbar frühestens seit 1894 – sind ursprünglich ein Produkt genuiner Volkskunst. Wogegen sonst einer Regel zufolge, die Volkskunst aus der sogenannten ›hohen Kunst‹ hervorgeht.*[8]

Inwiefern die letztgenannte Regel wirklich zutrifft, wäre heute genau zu belegen, zumal es auch gegenteilige Auffassungen, den Zusammenhang von »hoher Kunst« und »Volkskunst« betreffend, gibt. Wichtig ist der Hinweis auf den Volkskunstcharakter des Films, weil sich hier Panofskys Ansichten mit neueren Beobachtungen zu den populären Künsten decken.

> *Die wahren Entfaltungsmöglichkeiten eröffneten sich nicht, indem man*

den Volkskunstcharakter des primitiven Films verwarf, sondern indem man ihn entwickelte. Die volkskunstartigen filmischen Archetypen – Belohnung und Strafe, Sentimentalität, Sensation, Pornographie und kruder Humor – konnten sich zur überzeugenden Geschichte, zur Tragödie und Romanze, zur Kriminal- und Abenteuergeschichte und zur Komödie entfalten, sobald man erkannt hatte, daß sie nicht durch aufgepfropfte literarische Werte zu verwandeln waren, sondern nur dadurch, daß man die spezifischen Möglichkeiten des neuen Mediums ausnutzte. Bedeutsamerweise liegen die Anfänge dieser echten Entwicklung vor den Versuchen, den Film mit entlehnten höheren Werten auszustatten. Entscheidend sind die Jahre vor 1902 bis etwa 1905. Und die wichtigsten Schritte wurden von Leuten getan, die vom Standpunkt des seriösen Theaters aus Laien oder Außenseiter waren.«[9]

Bereits in seinen frühen Arbeiten war Panofsky bestrebt, zu kunstwissenschaftlichen Grundbegriffen zu gelangen, die es gestatten sollten, Kunstwollen als immanenten Sinn, der im künstlerischen Phänomen liege, faßbarer zu machen. Dies unter dem Einfluß des Neukantianismus und in kritischer Anknüpfung an ähnliche Versuche Alois Riegls, eines der Begründer der Wiener Schule der Kunstgeschichte, der den Begriff des Kunstwollens ins Spiel gebracht hatte. Aufschlußreich ist seine Annäherung an eine Definition des Kunstwerks: »Das Kunstwerk, ontologisch betrachtet, ist eine Auseinandersetzung zwischen ›Form‹ und ›Fülle‹ – das Kunstwerk methodologisch betrachtet, ist eine Auseinandersetzung zwischen ›Zeit‹ und ›Raum‹; und nur aus diesem Korrelationsverhältnis wird begreiflich, daß auf der einen Seite ›Fülle‹ und ›Form‹ miteinander in lebendige Wechselwirkung treten, und daß auf der anderen Seite ›Zeit‹ und ›Raum‹ in einem individuell anschaulichen Gebilde sich vereinigen können.«[10]

Für die bildende Kunst hatte Panofsky dann spezifischere Gegensätze formuliert, die die visuelle Sphäre betrafen.[11]

Für den Film hingegen gilt allgemein:

»Diese spezifischen Möglichkeiten des Films lassen sich definieren als Dynamisierung des Raumes und entsprechend als Verräumlichung der Zeit. Das ist evident bis zur Selbstverständlichkeit, aber eine Wahrheit jener Art, die gerade ihrer Selbstverständlichkeit wegen leicht vergessen oder übersehen wird.

Im Theater ist der Raum statisch, das heißt: sowohl der dargestellte Raum auf der Bühne als auch die räumliche Beziehung zwischen Betrachter und Schauspiel ist unveränderlich. (…)

Beim Film ist die Situation umgekehrt. Auch hier hat der Zuschauer einen festen Platz inne, aber nur äußerlich, nicht als Subjekt ästhetischer Erfahrung. Ästhetisch ist er in ständiger Bewegung, indem sein Auge sich mit der Linse der Kamera identifiziert, die ihre Blickweite und -richtung ständig ändert. Ebenso beweglich wie der Zuschauer ist aus dem selben Grund der vor ihm erscheinende Raum. Es bewegen sich nicht nur Körper im Raum, der Raum selbst bewegt sich, nähert sich, weicht zurück, dreht sich, zerfließt und nimmt wieder Gestalt an – so erscheint es durch wohlüberlegte Bewegung und Schärfenänderung der Kamera, durch Schnitt und Montage der verschiedenen Einstellungen –, nicht zu reden von Spezialeffekten wie Erscheinungen, Verwandlungen, Unsichtbarwerden, Zeitlupen-, Zeitraffer-, Negativ- und Trickaufnahmen. Eine Welt der Möglichkeiten öffnet sich, von denen das Theater niemals träumen kann.«[12]

Analog zu Versuchen Eichenbaums oder Eisensteins, die den besonderen synkretistischen Ausdruck des Films betonten, bekannte sich Panofsky zum sogenannten Prinzip des kombinierten Ausdrucks (principle of coexpressibility):

»Im Film bleibt, im guten wie im schlechten, das Gehörte unlösbar gebunden an das Gesehene; der Ton, artikuliert oder nicht, kann nicht mehr ausdrücken als die gleichzeitig sichtbare Bewegung. Ein guter Film versucht das auch gar nicht. Kurz: das Stück, oder wie es richtig heißt, das Skript eines Films unterliegt dem, wie man sagen könnte, Prinzip des kombinierten Ausdrucks (principle of coexpressibility).

Der empirische Beweis dieses Prinzips liegt in der Tatsache, daß überall, wo in einem Film vorübergehend ein monologisches oder dialogisches Element bestimmend ist, so unvermeidbar wie ein Naturgesetz eine Großaufnahme erscheint.«[13]

Das Prinzip des kombinierten Ausdrucks anzuerkennen, bedeutet für Panofsky, bei der Bewertung der Gestaltungsmittel und Kompositionsprozesse des Films stets integrative Momente des fertigen Ganzen zu betonen. Er polemisiert gegen eine Auffassung von Dialog im Film, die diesem die Möglichkeiten der Poesie zugesteben will. »Die Möglichkeiten des Tonfilms unterscheiden sich von denen des Stummfilms dadurch, daß der sichtbaren Bewegung der Dialog integriert wird, der deshalb besser nicht Poesie sein sollte.«[14]

Und über die Vorstufen bzw. Gestaltungsfaktoren des Films heißt es entsprechend: »Aus dem Gesetz des zeitbelasteten Raumes und der raumgebundenen Zeit folgt die Tatsache, daß ein Filmdrehbuch im Gegensatz zu einem Theaterstück *keine ästhetische Existenz hat außerhalb seiner Realisierung und daß seine Personen keine Existenz haben außerhalb der Darsteller.*«[15]

Etwa gleichzeitig mit Walter Benjamin erkennt Panofsky die wesensbestimmende Rolle der Technik im filmischen Abbildprozeß. Im Zusammenhang mit dem Konzept Siegfried Kracauers, das auf Panofskys These aufbaut, soll später gezeigt werden, inwiefern die Betonung des Materialaspektes durchaus nicht zu einer materialistischen ästhetischen Position führen muß, sondern eher positivistische Gedankengänge aufnimmt. Hier sei lediglich darauf hingewiesen, daß Panofskys Auffassung, die Filmkunst beginne in ihrem Gestaltungsverfahren anders als die früheren bildenden Künste, nicht mit einer Idee, sondern mit Objekten, aus denen die äußere Welt bestehe, das Problem zu stark vereinfacht. Wichtig aber scheint der unmißverständliche Hinweis darauf, daß Filmkunst ein spezifisches Verhältnis zur physischen Realität hat, was sie von den anderen Künsten unterscheidet:

> *»Der Stoff des Films ist die äußere Realität als solche: die äußere Realität von Versailles im achtzehnten Jahrhundert, gleichgültig, ob es sich um das Original handelt oder um ein Hollywood-Faksimile, das sich ästhetisch praktisch nicht davon unterscheiden läßt; oder die äußere Realität einer Vorstadtwohnung in Westchester; (...) die äußere Realität von Maschinen und Tieren, von Edward G. Robinson und Jimmy Cagney. Alle diese Objekte und Personen müssen in einem Kunstwerk zusammengeordnet werden.«*[16]

Dies könne auf verschiedene Weise geschehen, aber aus dem Wege gehen dürfe man ihnen nicht. Ein Film mit expressionistischen Dekors, etwa wie »Das Cabinett des Dr. Caligari«, aber tue dies. »Die Realität zu stilisieren, bevor man sie anpackt, heißt letztlich dem Problem ausweichen. Das Problem ist: mit der unsti-

lisierten Realität so verfahren, sie so aufzunehmen, daß das Ergebnis Stil hat. Diese Aufgabe ist nicht weniger legitim und nicht
weniger schwierig als irgendeine Aufgabe in den älteren Künsten.«[17]

Walter Benjamin

Zum Kunstwerk im Zeitalter seiner technischen Reproduzierbarkeit

*Geboren 1892 zu Berlin in einer wohlhabenden jüdischen Familie,
studierte Walter Benjamin in seiner Heimatstadt, Freiburg, München
und Bern Philosophie und verteidigte 1919 seine Doktordissertation.
Über ein Jahrzehnt wirkte er dann in Deutschland als Schriftsteller und
Wissenschaftler, der sich vornehmlich zu philosophischen, kulturhistorischen und künstlerisch-literarischen Gegenständen äußerte. Zu den von
ihm verfaßten Texten gehören umfassende literaturwissenschaftliche
Untersuchungen wie die zum »Ursprung des deutschen Trauerspiels«, doch
vor allem zahlreiche literaturkritische Aufsätze. Viele der Arbeiten sind
einem Grenzbereich zwischen Kunst und Wissenschaft zuzuordnen,
vermischen sich doch darin Darstellungsweisen der Essayistik und
Kunstprosa mit solchen der Theorie.
Ab Mitte der zwanziger Jahre näherte Benjamin sich philosophisch-weltanschaulich dem Marxismus und zeigte seine Verbundenheit gegenüber
der revolutionären Arbeiterbewegung.
Um dem Hitlerregime zu entgehen, emigrierte er nach Paris. 1940 verübte
er, auf der Flucht vor den Faschisten aufgehalten, in dem kleinen spanischen Grenzort Port-Bou Selbstmord.
1936 hatte er seine bedeutsame Studie zum Film »Das Kunstwerk im
Zeitalter seiner technischen Reproduzierbarkeit« publiziert.*

Im Rahmen der umfangreichen und vielfältigen Bemühungen
Benjamins auf dem Gebiet der Theorie und Geschichte von Kultur und Kunst nehmen die Überlegungen zum Film einen sehr
schmalen Raum ein. Die ausführlichsten stehen in dem wenige
Seiten umfassenden Aufsatz »Das Kunstwerk im Zeitalter seiner
technischen Reproduzierbarkeit.«[1] Die kleine Arbeit, die im Pariser Exil verfaßt wurde und 1936 ihre Erstpublikation in französischer Sprache erfuhr, ist indes als ein ganz wesentlicher Beitrag

zur Entwicklung einer marxistischen Filmtheorie anzusehen. Seinerzeit selbst von engsten Freunden und geistigen Verbündeten des Autors eher skeptisch beurteilt, erwiesen sich die Überlegungen Benjamins später als äußerst fruchtbarer Ansatzpunkt für das Verständnis der audiovisuellen Medienkultur, die mit dem Film ihren Anfang nahm.

Auch von Benjamin selbst dürfte der genannte Artikel keineswegs als beiläufig entstandener Hinweis zu einem Randproblem verstanden worden sein. Jahrzehntelang hatten seine Bemühungen einer umfassenden kulturhistorischen Arbeit über das Paris des 19. Jahrhunderts, dem sogenannten Passagen-Werk[2], gegolten. Zu diesem für ihn wichtigsten Projekt trug er Unmengen von Exzerpten und Gedankensplittern zusammen, deren Auswertung ihm dann aber leider versagt bleiben mußte. Nichtsdestoweniger begann er schon früh mit einer Art Grobkomposition und Montage der Zitate und Überlegungen, und derart leicht überschaubare Texte aus diesen Jahren wie der »Kunstwerk«-Aufsatz und ein etwas später verfaßter »Über den Begriff der Geschichte«[3] mögen in dem Meer von Material, das zum Passagen-Werk vorlag, eine Art Lotsenfunktion ausgeübt haben. Trug der letztgenannte methodologische Grundvorstellungen des Autors gleichsam in stenografischer Verkürzung vor, so suchte der »Kunstwerk«-Aufsatz das geschichtliche Woher und Wohin der Passagen-Szenerie aus dem vorigen Jahrhundert auf eine Linie zu bringen, indem er die Entwicklungsprozesse der Kulturgeschichte von ihrer Frühzeit bis in das 20. Jahrhundert hinein skizzierte und gleichsam Fluchtpunkte in der Zukunft fixierte. Es sind also Entwicklungsprobleme der Kultur der Gegenwart, die von Benjamin dort unter dem recht ausgefallenen Aspekt der technischen Reproduzierbarkeit zur Sprache gebracht wurden.

Wie sich der Autor gegenüber Max Horkheimer, dem Herausgeber der exilierten »Zeitschrift für Sozialforschung«, welche den Artikel dann druckte, in einem Brief äußerte, sollten die Aufzeichnungen, die der Kunsttheorie gegenwärtige Gestalt zu geben hätten, ihre Aufgabe »von innen her, unter Vermeidung aller unvermittelten Beziehung auf Politik«[4] lösen. Nichtsdestoweniger ging es Benjamin durchaus um die Beziehungen von Kunst und Politik. In den Nachbemerkungen zum Artikel zitiert er voller Abscheu Marinettis Manifest zum Kolonialkrieg der Italiener an Äthiopien, das den Krieg als schön bezeichnet; und über den Gestus jener Aussagen schreibt er: »Ihre Selbstentfremdung hat jenen Grad erreicht, der sie ihre eigene Vernichtung als ästhetischen Genuß ersten Ranges erleben läßt. *So steht es um die Ästhetisierung der Politik, welche der Faschismus betreibt. Der Kommunismus antwortet ihm mit der Politisierung der Kunst.*«[5]

Politisierung von Kunst war dabei für Benjamin mehr als der realisierte inhaltliche Bezug einzelner Werke auf aktuelle politische Aufgaben und Probleme. Vielmehr verstand er sie als einen Prozeß, der die kulturelle Anstrengung insgesamt zu erfassen hatte. Ein Funktionswandel der Kunst war gemeint, eine Veränderung ihres Wesens. Dergleichen kann zweifellos nur aufgrund einer sehr komplexen Betrachtung der Zusammenhänge analytisch erfaßt werden. Für eine entsprechend breit angelegte Untersuchung aber suchte Benjamin ein Paradigma, und er fand es im Film. Der Film wurde für ihn zum Muster und Anschauungsmaterial für die Erforschung des kulturellen Gesamtprozesses, weil er dominante Entwicklungstendenzen erkennbar machte. Obschon die Kinematographie also keineswegs ausschließlicher Gegenstand von Benjamins Überlegungen war, hat die Filmtheorie hier größten Gewinn ziehen können. Neben einer Reihe scharfsinniger Beobachtungen zu einigen Teilaspekten der Gattungsspezifik bietet der »Kunstwerk«-Aufsatz nämlich vor allem ein kulturtheoretisches Grundkonzept an, welches es erlaubt, das Wesen des Films aus der Entwicklung eines langfristigen kulturellen Gesamtprozesses heraus zu begreifen, in dessen Verlauf die Kunst nach Benjamins Ansicht ein neues Verhältnis zur Realität erreicht, verbunden mit einem Wandel der sozialen Funktion. »An die Stelle ihrer Fundierung aufs Ritual tritt ihre Fundierung auf eine andere Praxis: nämlich ihre Fundierung auf Politik.«[6] Diese Aussage hat insofern etwas Verblüffendes, als Kunst seit jeher mit ihrer ideologischen Funktion auch politische Wirkungen verbinden konnte, was von Marxisten seinerzeit längst akzeptiert war. Benjamin meinte damit indes eine Veränderung grundsätzlicher Art, »von innen her«. Der Funktionswandel wird dabei unter verschiedensten Gesichtswinkeln deutlich, die er alle ins Kalkül zieht. So beobachtet er Veränderungen im Bereich der materiellen Kultur, indem er sich der Problematik der technischen Reproduzierbarkeit zuwendet. Auch im Rahmen der geistigen Kultur, insofern er die Ablösung der Kunst vom Kultwerk registriert. Ferner bemerkt er, die Kommunikationsweisen betrachtend, eine Verschiebung zu massenkulturellen Prozessen der Rezeption hin und weist auch neue Formen der Sinneswahrnehmung nach.

Etwa seit Mitte der zwanziger Jahre fühlt sich Benjamin der marxistischen Lehre verpflichtet. Das setzte ihn aber in den Dreißigern noch keineswegs in die Lage, die unterschiedlichen Zusammenhänge, die von seiner Untersuchung tangiert wurden, lückenlos historisch-materialistisch darzustellen. Daher ist der »Kunstwerk«-Aufsatz auch eher als eine kühne Skizze anzusehen. Eingangs wird ein Gedankengang Paul Valérys zitiert: Im Zuge der Neuerungen, die die gesamte Technik der Künste veränderten, müsse man damit rechnen, daß sich der »Begriff der Kunst selbst auf zauberhafteste Art zu verändern«[7] beginne. Benjamin nimmt den Faden dann auf, indem er konstatiert, Kunstwerke seien immer technisch reproduzierbar gewesen, aber heute habe dieses Moment eine neue Qualität erreicht, die sich gut am Film studieren ließe, jedoch auch die Kunstprozesse ganz allgemein beträfe.

»Die Reproduktionstechnik, so ließe sich allgemein formulieren, löst das Reproduzierte aus dem Bereich der Tradition ab. Indem sie die Reproduktion vervielfältigt, setzt sie an die Stelle seines einmaligen Vorkommens sein massenweises. Und indem sie der Reproduktion erlaubt, dem Aufnehmenden in seiner jeweiligen Situation entgegenzukommen, aktualisiert sie das Reproduzierte. Diese beiden Prozesse führen zu einer gewaltigen Erschütterung des Tradierten.«[8]

Über die Einbettung des Kunstwerkes in den Zusammenhang der Tradition, aus dem es nun heraustrete, sagt Benjamin: Die ältesten Kunstwerke seien im Dienst eines Rituals entstanden, zuerst eines magischen, dann eines religiösen, und diese Funktion habe ihr Wesen geprägt. Heute sei der Kultwert des Kunstwerkes am Verschwinden, und damit müsse man sich von der Kunst überhaupt einen neuen Begriff machen. Durch das absolute Gewicht, das auf seinem Ausstellungswert liegt, werde das Kunstwerk »zu einem Gebilde mit ganz neuen Funktionen, von denen die uns bewußte, die künstlerische, als diejenige sich abhebt, die man später als eine beiläufige erkennen mag«[9].

In einer Fußnote zu dieser Auskunft bezieht sich Benjamin dann auf eine Überlegung Brechts, die gleichfalls dem Funktionswandel von Kunst gilt und auf Veränderung in deren Wesen abzielt. Im »Dreigroschenprozeß«, der Brechts Erfahrungen mit dem spätkapitalistischen Filmbetrieb zusammenfaßte, stand zu lesen: »Ist der Begriff Kunstwerk nicht mehr zu halten für ein Ding, das entsteht, wenn ein Kunstwerk zur Ware verwandelt ist, dann müssen wir vorsichtig, aber unerschrocken diesen Begriff weglassen ...«[10] Benjamin läßt keinen Zweifel daran, daß der Warencharakter des Films dessen Wesen beeinflußt, ihn interessieren aber vor allem kultur- und kunsthistorische Gesamtprozesse, die sich nicht unmittelbar aus dem ökonomischen Faktor erklären ließen – was ja auch für den Film nur bedingt gilt. Und er kommt dabei auf ein anderes Indiz, das nach seiner Ansicht mit der Ablösung der Kunst von ihrer Ritualfunktion verknüpft sei, den Verlust der sogenannten Aura. Was sich im Zeitalter der technischen Reproduzierbarkeit von Kunst, für das der Film als Muster steht, auflöse, das sei die Aura ihrer Werke.

Was Benjamin unter »Aura« versteht, wird im Text an unterschiedlichen Beobachtungen erläutert und in einer Fußnote sogar bestimmt.

»Die Definition der Aura als ›einmalige Erscheinung einer Ferne, so nah sie sein mag‹, stellt nichts anderes dar als die Formierung des Kultwerts des Kunstwerks in Kategorien der raum-zeitlichen Wahrnehmung. Ferne ist das Gegenteil von Nähe. Das wesentlich Ferne ist das Unnahbare. In der Tat ist die Unnahbarkeit eine Hauptqualität des Kultbildes. Es bleibt seiner Natur nach ›Ferne, so nah es sein mag‹. Die Nähe, die man seiner Materie abzugewinnen vermag, tut der Ferne nicht Abbruch, die es nach seiner Erscheinung bewahrt.«[11]

Auch gegenüber seinen engsten Mitstreitern hat sich Benjamin seinerzeit im Hinblick auf den Aura-Begriff nicht verständlich machen können. Brecht fällte in einer Notiz seines Arbeitsjournals sogar das harte Urteil: »alles mystik, bei einer haltung gegen mystik. in solcher form wird die materialistische geschichtsauffassung adaptiert! es ist ziemlich grauenhaft.«[12] Gewiß hat im Denken Benjamins ein metaphysisch-spirituelles Moment stets eine Rolle gespielt, und dies läßt sich auch im Zusammenhang mit dem Aura-Begriff nicht ableugnen. Der Trivialbegriff von Aura, der die Ausstrahlung des menschlichen Körpers meint, die man heute übrigens durchaus mit wissenschaftlichen Methoden nachweisen kann,[13] sollte Benjamin offenbar helfen, zu einem bildhaften Ausdruck für Eigenheiten kultureller Phänomene zu gelangen. Denn Benjamins Denkweise hat sich stets dem Bild zugeneigt, eine physiognomische Ausdeutung kultureller Sachverhalte angestrebt, womit sie natürlich die Gefahr der Mißdeutung heraufbeschwor. Es ist aber denkbar, daß heutige Erkenntnis ästhetischer Zeichenprozesse manche Momente von Benjamins Aura-Verständnis durchaus wieder plausibel erscheinen lassen. Geht man davon aus, daß Zeichen vom Menschen dazu verwendet werden, mittelbar etwas zu regulieren, was sich unmittelbar nicht beeinflussen läßt,[14] mag man sowohl die Veränderung der Zeichensituation wie der Anlage der gesamten Zeichenprozesse beim Fortschreiten von urtümlicher Magie weg in die Gegenwart leicht bemerken können. Der Differenzierungsprozeß, Zeichensituation, Informations-Kanäle und Kodes betreffend, läßt zweifellos den ursprünglich vorhandenen elementareren Typ von Regulation durch Zeichen, wie Kunstwerke sie wahrnehmen, immer mehr zur Vergangenheit werden, damit eben auch das, was Benjamin als ihr auratisches Dasein ansieht.

Ich habe an anderer Stelle versucht, auf einige Teilprobleme dieses Geschehens einzugehen.[15]

Die von Benjamin unter Nutzung des Aurabegriffs skizzierte Hinwendung der Kunst zur Politik ist indes ein unstrittiger Grundsatz. Benjamins Aufsatz gibt darüber hinaus wichtige Hinweise, die Veränderungen der Sinneswahrnehmung und der gesellschaftlichen Rezeptionsweise beim Publikum betreffend.

Ein ganzer Komplex von Aussagen bezieht sich auf die besondere Realitätsnähe des filmischen Abbildes, die eine im Zeitalter ihrer Reproduzierbarkeit nun möglich gewordene neue Haltung der Kunst gegenüber der Wirklichkeit begleitet:

»Seine Charakteristika hat der Film nicht nur in der Art, wie der Mensch sich der Aufnahmeapparatur, sondern wie er mit deren Hilfe die Umwelt sich darstellt. Ein Blick auf die Leistungspsychologie illustriert die Fähig-

*keit der Apparatur zu testen. Ein Blick auf die Psychoanalyse illustriert
sie von anderer Seite. Der Film hat unsere Merkwelt in der Tat mit Methoden bereichert, die an denen der Freudschen Theorie illustriert werden
können. Eine Fehlleistung im Gespräch ging vor fünfzig Jahren mehr
oder minder unbemerkt vorüber. Daß sie mit einem Male eine Tiefenper-
spektive im Gespräch, das vorher vordergründig zu verlaufen schien, eröffnete, dürfte zu den Ausnahmen gezählt haben. Seit der ›Psychopathologie
des Alltagslebens‹ hat sich das geändert. Sie hat Dinge isoliert und zugleich analysierbar gemacht, die vordem unbemerkt im breiten Strom des
Wahrgenommenen mitschwammen. Der Film hat in der ganzen Breite
der optischen Merkwelt, und nun auch der akustischen, eine ähnliche
Vertiefung der Apperzeption zur Folge gehabt. Es ist nur die Kehrseite
dieses Sachverhalts, daß die Leistungen, die der Film vorführt, viel exakter und unter viel zahlreicheren Gesichtspunkten analysierbar sind als
die Leistungen, die auf dem Gemälde oder auf der Szene sich darstellen.
Der Malerei gegenüber ist es die unvergleichlich genauere Angabe der Situation, die die größere Analysierbarkeit der im Film dargestellten Leistung ausmacht. Der Szene gegenüber ist die größere Analysierbarkeit
der filmisch dargestellten Leistung durch eine höhere Isolierbarkeit bedingt. Dieser Umstand hat, und das macht seine Hauptbedeutung aus,
die Tendenz, die gegenseitige Durchdringung von Kunst und Wissenschaft zu befördern. In der Tat läßt sich von einem innerhalb einer bestimmten Situation sauber – wie ein Muskel an einem Körper – heraus-
präparierten Verhalten kaum mehr angeben, wodurch es stärker fesselt:
durch seinen artistischen Wert oder durch seine wissenschaftliche Verwert-
barkeit. Es wird eine der revolutionären Funktionen des Films sein, die
künstlerische und die wissenschaftliche Verwertung der Photographie, die
vordem meist auseinander fielen, als identisch erkennbar zu machen.«*[16]

Benjamin stützt diese These durch Beobachtungen verschiedenster Art, vor allem durch solche, die die Herstellung der fotokine-
tischen Abbildungen betreffen:

*»So wird handgreiflich, daß es eine andere Natur ist, die zu der Kamera
als die zum Auge spricht. Anders vor allem dadurch, daß an die Stelle
eines vom Menschen mit Bewußtsein durchwirkten Raums ein unbewußt
durchwirkter tritt. Ist es schon üblich, daß einer vom Gang der Leute, sei
es auch nur im Groben, sich Rechenschaft ablegt, so weiß er bestimmt
nichts von ihrer Haltung im Sekundenbruchteil des Ausschreitens. Ist uns*

schon im Groben der Griff geläufig, den wir nach dem Feuerzeug oder dem Löffel tun, so wissen wir doch kaum von dem, was sich zwischen Hand und Metall dabei eigentlich abspielt, geschweige wie das mit den verschiedenen Verfassungen schwankt, in denen wir uns befinden. Hier greift die Kamera mit ihren Hilfsmitteln, ihrem Stützen und Steigen, ihrem Unterbrechen und Isolieren, ihrem Dehnen und Raffen des Ablaufs, ihrem Vergrößern und ihrem Verkleinern ein. Vom Optisch-Unbewußten erfahren wir erst durch sie, wie von dem Triebhaft-Unbewußten durch die Psychoanalyse.«[17]

Äußerst treffend sind die Charakteristika, die Benjamin für die Unterschiede der Kunstleistungen von Film- gegenüber den Bühnenschauspielern macht. Der Filmdarsteller könne seine Kunstleistung dem Publikum nur über eine Apparatur, nicht aber mehr direkt präsentieren, dabei müsse er auf seine Aura verzichten, die an sein Hier und Jetzt gebunden sei. Dergestalt sei er gleichsam von der eigenen Person exiliert, wie Pirandello dies ausgedrückt habe. Indem das Publikum die Haltung des Apparates übernehme und den Darsteller teste, könne es – hier beruft sich Benjamin wiederum auf Brecht – auch verwendbare Aufschlüsse über menschliche Handlungen im Detail erhalten, die eher im Verhalten denn im Innenleben lägen.

Den Funktionswandel der Kunst, wie er am Film offenbar wird, sieht Benjamin in engem Zusammenhang mit der massenhaften Rezeption von Film, mit der Etablierung dessen, was später Massenkommunikation und Massenkultur genannt wurde. »Die Masse ist eine matrix, aus der gegenwärtig alles gewohnte Verhalten Kunstwerken gegenüber neugeboren hervorgeht. Die Quantität ist in Qualität umgeschlagen: *Die sehr viel größeren Massen der Anteilnehmenden haben eine veränderte Art des Anteils hervorgebracht.«*[18]

Auch die gesellschaftliche Rezeptionsweise wird in Beziehung zur Reproduzierbarkeit des Kunstwerks gesetzt:

»Im Kino fallen kritische und genießende Haltung des Publikums zusammen. Und zwar ist der entscheidende Umstand dabei: nirgends mehr als im Kino erweisen sich die Reaktionen der Einzelnen, deren Summe die massive Reaktion des Publikums ausmacht, von vornherein durch ihre unmittelbar bevorstehende Massierung bedingt. Und indem sie sich kundgeben, kontrollieren sie sich.«[19]

Das Rezeptionsverhalten werde dabei in psychologischer Hinsicht nicht nur durch eine andersgeartete Sinneswahrnehmung mitbestimmt, sondern auch durch eine andere emotionale Haltung, eine andere gefühlsmäßige Einstellung. Dabei verliere das Kunsterlebnis den Charakter von innerer Versenkung.

> *Der Versenkung, die in der Entartung des Bürgertums eine Schule asozialen Verhaltens wurde, tritt die Ablenkung als eine Spielart sozialen Verhaltens, gegenüber.*[20]

Die Ablenkung und Zerstreuung hänge mit besonderen Möglichkeiten des Films zusammen, Assoziationsabläufe zu manipulieren. Für die Normalhaltung des Filmpublikums ergibt sich laut Benjamin dann ein neues Signalement:

> *Die Rezeption in der Zerstreuung, die sich mit wachsendem Nachdruck auf allen Gebieten der Kunst bemerkbar macht und das Symptom von tiefgreifenden Veränderungen der Apperzeption ist, hat am Film ihr eigentliches Übungsinstrument. In seiner Chokwirkung kommt der Film dieser Rezeptionsform entgegen. Der Film drängt den Kultwert nicht nur dadurch zurück, daß er das Publikum in eine begutachtende Haltung bringt, sondern auch dadurch, daß die begutachtende Haltung im Kino Aufmerksamkeit nicht einschließt. Das Publikum ist ein Examinator, doch ein zerstreuter.*[21]

Das Massenmedium Fernsehen dürfte dafür gesorgt haben, daß das Bild vom Publikum als einem zerstreuten Examinator heute noch zwingender geworden ist. Es ist also gleichsam das Zeitalter der Medien, das Benjamin in seinem Aufsatz zu charakterisieren begann. In einem Zusammenhang, der eher historisch rückblickend schien. Doch gilt gewiß auch hierfür, was er von historischem Denken verlangte: »Die materialistische Geschichtsdarstellung führt die Vergangenheit dazu, die Gegenwart in eine kritische Lage zu bringen.«[22] Wie Lutz Haucke schreibt, war diese Gegenwart eingangs der dreißiger Jahre durch tiefgreifende Wandlungen von Inhalten und Formen kultureller Massenkommunikation charakterisiert; Tonfilm, Rundfunk, Schallplatte und das in seinen Anfängen steckende Fernsehen hätten sich erstmalig als »System« entwickelt, und dies nicht nur in den verschiedenen Gesellschaftsformationen, sondern auch in unterschiedlichen Kulturkreisen. »Benjamins Alternative ›Politisierung der Ästhetik gegen faschistische Ästhetisierung der Politik‹ favorisiert nicht den Film, sondern verweist in der Konsequenz auf eine Gesamtschau der modernen Massenmedien, auf die mit ihnen konstatierbaren progressiven und reaktionären Tendenzen im Wandel der Sinneskultur der Massen. Betrachtet man Benjamins Arbeiten zu Film, Funk und Fotografie seit 1927, so kann man zu dem Schluß gelangen, daß es ihm in seinem ›Kunstwerk‹-Aufsatz von 1935/36 nicht um eine Medienästhetik des Films ging, sondern seine Untersuchungen zum Kunstbegriff, zu den geschichtlichen Gehalten von Kunstwerken und Kunstprozessen schließen de facto Überlegungen zu einer Medienästhetik (als Ästhetik der Medien) ein. Der Film hat hierfür Modellwert. Er nimmt dem Schauspieler die Aura und unterwirft ihn der Apparatur und der Montage. Er erweitert mit der Selbstdarstellung der Massen – so im sowjetischen Dokumentarfilm – die darstellenden Künste durch Abbildungen der darstellerischen Kultur der Massen. Er setzt Wissenschaft und Kunst im Wahrnehmungs- und Erkenntnisprozeß der Massen in ein neues Verhältnis zueinander. Er funktionalisiert das ›Kunstwerk‹ durch dessen massenhaften Gebrauch. Zerstreuung statt Autonomie des Kunstwerks wird an den Besonderheiten der Filmrezeption durch die Massen diskutierbar.«[23] In der Tat war für Benjamin das Nachdenken über den Film mehr als die Reflexion über gattungsspezifische Besonderheiten der neuen Kunst, es brachte aber auch dazu sehr wohl erstaunliche Teilerkenntnisse ein, eben weil es die Optik der Kunstwissenschaft extrem erweiterte. Was den heute viel relevanteren medialen bzw. massenkulturellen Aspekt der Betrachtung angeht, so bedarf es für seine Durchleuchtung im Falle Benjamins freilich mehr als einer konspektiven Darstellung des besprochenen zentralen Textes. Gerhard Wagner[24] hat gezeigt, daß erst die Rekonstruktion einer Beziehungsvielfalt zwischen Überlegungen, die über das Gesamtwerk Benjamins verstreut sind, die Konturen eines entsprechenden kulturhistorisch-ästhetischen Konzeptes richtig hervortreten läßt. Neben den großen geistigen Entwürfen wären zahllose Hinweise zum kulturhistorischen Detail zu berücksichtigen. Gegen wen sich der Autor politisch wendet, wird dabei gelegentlich auch in Formulierungen für die Tagespresse jäh sichtbar. Etwa, wenn es in einer Rezension Benjamins zu Gustav Ucickys frühem Ton-film »Der unsterbliche Lump« angesichts von dessen unverkenn-baren Eigenheiten imperialistischer Massenkultur heißt: »Der Inn spiegelt, wie natürlich, in seinen klaren Wassern die Ufa. Im Hin-tergrund erhebt sich der Hugenberg.«[25]

Hans Richter

Avantgarde und soziale Verantwortung des Films

Hans Richter wurde 1888 nahe von Berlin in der Mark Brandenburg geboren. Nach einem Kunststudium schloß er sich den Dadaisten an. Ab 1921 schuf er, meist in Zusammenarbeit mit Viking Eggeling, eine Reihe von Experimentalfilmen und gilt seither neben Walter Ruttmann und Oskar Fischinger als einer der wichtigsten Vertreter des Avantgardismus im deutschen Film der zwanziger Jahre. Er trat jedoch zugleich auch als Herausgeber der Kunstzeitschrift »G«, Publizist und Filmtheoretiker hervor. Ende der zwanziger Jahre begann Richter sich für die Propagierung einer proletarisch-revolutionären Filmkunst einzusetzen, ohne dabei seinem Interesse am »absoluten Film« je zu entsagen. Der Verfolgung durch das Hitlerregime ausgesetzt, mußte er in die Schweiz emigrieren. 1941 ging er nach den USA, wo er dann 15 Jahre als Direktor und Lehrer des Institut of Film Technique am New York City College wirkte. Auch in Amerika setzte Richter seine Tätigkeit als Maler und Filmemacher fort. Er drehte Experimentalfilme größeren Umfangs, die Aktivitäten von Künstlern wie Léger, Duchamp, Calder, Ernst, Man Ray und anderen zusammenführten, darunter »Dreams That Money Can Buy« (1944–1947), »8 × 8« (1955–1958) und »Dadascope« (1956–1961). Zu seinen wichtigsten filmtheoretischen Arbeiten gehören »Filmgegner von heute – Filmfreunde von morgen« (1929), »Film: Gisteren, heden en morgen« (»Film: Gestern, heute und morgen«, 1935), »Der Kampf um den Film« (1939, veröffentlicht 1976) und »Der politische Film« (1944). Hans Richter, dem auch sein Beitrag zur bildenden Kunst internationale Anerkennung eingetragen hatte, starb 1976.

Richters weitgespanntes Lebenswerk, das Anstrengungen auf dem Gebiet der Malerei, des Films und des geschriebenen Wortes vereinigt, zeigt sich auch in jedem dieser Teilbereiche als vielgestaltig. So umfaßt es etwa Texte mit Memoirencharakter neben Presseartikeln über kulturelle Fragen und theoretischen Abhandlungen zu Malerei und Film.

Die künstlerische Produktion betrachtete Richter dabei als das in seinem Leben Dominierende. Doch obschon die Theorie für ihn stets nur eine Art gelegentlicher Rechenschaftsbericht über die praktischen Erfahrungen blieb, die er als Filmexperimentator und Avantgardist gesammelt hatte, brachte sie Erkenntnisse für die Filmwissenschaft ein, die über eine Verallgemeinerung persönlicher Werkstattprobleme weit hinausgingen. Besonders bedeutsam sind dabei wohl zwei Momente: Der Ende der zwanziger Jahre niedergelegte Beitrag zur Gestaltungslehre des Films, der avantgardistisch orientiert war und sich am Problem des Rhythmus orientierte, und die umfassende wissenschaftliche Argumentation für eine soziale Verantwortung der Massenkunst Film, die Richter in den Emigrationsjahren entwickelte.

Als Kriegsinvalide vorzeitig aus dem Militärdienst entlassen, war Richter 1916 in die Schweiz gegangen, wo er sich gemeinsam mit Arp, Ball, Tzara u. a. der Dada-Bewegung anschloß und, selbständig auf der künstlerischen Suche nach »einer vom menschlichen Geist beherrschten Ordnung«[1], durch Ferruccio Busoni auf das Prinzip des Kontrapunktes in der Musik gelenkt wurde, das er dann in die Malerei zu transponieren suchte. Nachdem er mit dem ähnlich gesinnten Viking Eggeling Bildrollen hergestellt hatte, die die Entwicklung abstrakter Figuren verfolgten, setzten beide diese Bestrebungen auf dem Gebiet des Films fort. Richter schrieb darüber: »Anstelle einer Orchestration von Formen (...) verlangte der Film vor allem eine Orchestration von Zeit. Zeit als die ästhetische Basis des neuen Mediums. (...) Das einfache Rechteck der Filmleinwand konnte leicht geteilt und unterteilt, orchestriert werden. Diese Teile waren das Äquivalent für die Form->Elemente<, die ursprünglich zu den Rollen geführt hatten. (...) In Rechteck und Quadrat hatte ich eine einfache Form, ein Element, das leicht in seinen Beziehungen zum Rechteck der Leinwand kontrolliert werden konnte. So ließ ich meine Papier-

Rechtecke und Quadrate in gut artikulierten Zeiten und geplanten Rhythmen wachsen und verschwinden, springen oder gleiten. (…) Indem ich das tat, fand ich eine neue Sensation, die mich mit meinen allerersten künstlerischen Versuchen verband: Rhythmus. Bis heute bin ich überzeugt, daß Rhythmus, d. h. die Artikulation von Zeiteinheiten, die eigentliche Sensation jedes Ausdrucks der Filmbewegung ist.«[2] Einige der Experimentalfilme bekannten sich dann schon vom Titel her zu dem Prinzip, hießen sie doch »Rhythmus 21«, »Rhythmus 23«, »Rhythmus 25«.

1929 hatte Hans Richter die Gelegenheit erhalten, für die Internationale Film- und Foto-Ausstellung des Deutschen Werkbundes in Stuttgart seine Erfahrungen als Experimentalfilmspezialist in einem Buch zusammenzufassen. Dieser kunstvoll gestaltete Bild-Text-Band mit dem Titel »Filmgegner von heute – Filmfreunde von morgen« verstand sich als eine praktische Anleitung dazu, Film richtig zu sehen und das ästhetische Urteilsvermögen des Zuschauers zu schärfen. Für den guten Film wurden vom Autor indes Kriterien vorgegeben, die eher formal-gestalterischer Art waren und auf der Meisterschaft in der Anwendung filmischer Ausdrucksmittel beruhten. Da Richter allerdings neben avantgardistischen Filmbeispielen auch solche mit unverkennbarem gesellschaftlichem Engagement, namentlich Arbeiten von Pudowkin, Eisenstein und Wertow hinzuzog, brachte er dennoch eine gewisse inhaltliche Orientierung ein, wenngleich eher auf beiläufige und vermittelte Weise. Ungewöhnliche gestalterische Lösungen und ästhetische Wirkungen waren es wohl zunächst, die Richter mehr und mehr zum Parteigänger einer revolutionären Filmkunst werden ließen, und die Leserschaft seines Buches ließ er diese Haltung nachvollziehen. Gleichsam unbewußt, der zwingenden Argumentation adäquater ästhetischer Reize nachgebend. In »Filmgegner von heute« heißt es:

»Der Rhythmus ist die Grundform, das Skelett eines Films – sofern er Kunst ist. (…)

Dies sind die Möglichkeiten der Rhythmisierung:

Eine rhythmisierte Bewegung kann aufgenommen werden.

Eine Bewegung kann mit der Kurbel rhythmisiert werden (der Operateur dreht entsprechend schneller, langsamer, setzt aus). Oder durch eine geordnete Folge von Überblendungen – oder Montagestücken.

Hierbei sind zu berücksichtigen:

1. Die Länge eines jeden Montagestücks (gleich Vorführungsdauer eines Vorgangs),

2. die Richtung der Bewegungen,

3. das Tempo,

4. schließlich ihre Gewalt, die je nach Größe, Ton und Form von verschiedener Wirkung ist.

Die einfachste Form strenger Rhythmisierung ist die mehrfache Wiederholung des gleichen Montagestückes, hier bleiben sowohl Dauer als Richtung, Tempo und Gewalt der Bewegung gleich. Eine ähnliche Form ist die Wiederholung des gleichen Moments in bestimmten, taktmäßigen Abständen.

Die im Prinzip komplizierteste und reichste Form strenger Rhythmisierung ist die Kontrapunktion.

Im Schema: das Anwachsen einer oder mehrerer Bewegungen in dem Maß, in dem entsprechende Gegenbewegungen abnehmen.

Rhythmus im Film bedeutet nicht weniger als die künstlerisch klar geregelte Folge der Bewegungen. —«[3]

Der Rhythmus bestimme jede filmische Ausdrucksform, jedes künstlerische Mittel innerhalb des Films, nicht etwa nur die Länge der Montagestücke. Sofern freilich der Film eine Handlung habe, müsse sich der Rhythmus auf diese einstellen. Für einen Filmstoff sah Richter nur dann gute Realisierungschancen, wenn er eine Rhythmisierung zuließe.

Für besonders wichtig wurde von ihm der Zusammenhang von Rhythmus und Montage gehalten. Ganz offenkundig war dabei die Notwendigkeit einer rhythmischen Gestaltung in Werken der Filmpoesie, die er zu fördern trachtete. Dort werde nicht angestrebt, ein möglichst ausführliches und erschöpfendes Bild eines Vorgangs zu geben (wie in der »Nachschöpfung« nach Art der realistischen Reportage), sondern gänzlich neue und unbekannte Vorgänge zu erfinden. Filmpoesie wende sich vor allem an die Phantasie, es gäbe aber ein Gestaltungsprinzip, das dabei wirksam werden müsse, das des Rhythmus. »... denn Rhythmus ist nicht etwas, was hinzugefügt werden könnte, sondern es ist die Grundlage der Filmpoesie selbst; es ist das Moment, auf dem die Wirkung in erster Linie fußt.«[4] Und:

»*Je lockerer der Faden ist, der durch das Ganze geht, um so klarer, stärker, deutlicher fühlbar muß der Rhythmus sein. Auch im Spielfilm muß
der Rhythmus die Handlung unterstützen, stärker muß der Rhythmus
sein in Filmen ohne eigentliche Handlung, am stärksten aber in Filmen
ohne Gegenstände, an denen sich das Bewußtsein des Beschauers orientieren kann. In der Filmpoesie ist daher der Rhythmus, die klare, einpräg-
same Gliederung, der eigentliche Inhalt des Films. Die Kraft des Rhythmus' ist erwiesen. Der Takt des Marsches belebt den Schritt. Schiffer
erleichtern sich das Rudern durch rhythmischen Gesang. Drescher,
Schmiede, Straßenpflasterer vollziehen ihr einförmiges Klopfen im
Rhythmus. ›Der Rhythmus wirkt gleichsam als Naturprinzip unwider-
stehlich.‹ – Er kann einen sich drehenden Kragen zu einem lebendigen
Wesen machen – einer reinen Bewegung Eindringlichkeit verleihen, reinen Formen durch die Kraft seiner Ordnung Sinn geben.*«[5]*

Fast ein Vierteljahrhundert später, im Jahre 1951, hat Hans Richter
die Zielrichtung seiner Bemühungen in den zwanziger Jahren genauer zu bezeichnen versucht, indem er den Beitrag der Avantgarde für die Formierung gattungsspezifischer Ausdrucksmittel
des Films würdigte:

»*Das entscheidende ästhetische Problem des Films – der ja zur Reproduktion (von Bewegung) erfunden worden war – ist paradoxer Weise die
Überwindung von Reproduktion. Mit anderen Worten, die Frage ist die:
in welchem Maße wird die Kamera (Film, Farbe, Ton etc.) entwickelt
und benutzt, um zu re-produzieren (irgendein Objekt Mensch oder Ding,
das vor der photographischen Linse erscheint) oder um zu produzieren
(Sensationen, die in irgend einem anderen Kunstmedium nicht möglich
sind)? Die Frage ist keineswegs nur von technischer Bedeutung. Die technische Befreiung der Kamera ist engstens verbunden mit psychologischen
und ästhetischen Problemen.*«[6]*

Eine Filmkunst, die sich insofern auf den Dokumentarfilm stütze,
als sie in den Grenzen einer rationalen Tatsächlichkeit bleiben
wolle, verzichte auf die freie Benutzung der magischen poetisch-
irrationalen Fähigkeiten, über die das Filmmedium verfüge, auf
Gebiete, die essentiell kinematographisch seien und darum wesentlich für den Film als Kunstform. Hier nun setze eine zweite
originale Filmform an, der experimentelle oder Avantgardefilm,
von dem nur ein kurzes Kapitel der Filmgeschichte handele.

Die Geschichte dieses sogenannten Avantgardefilms müsse »als die Geschichte des bewußten Versuchs bezeichnet werden, Reproduktion im Film vom Bewegungsvisuellen her zu überwinden, um so zum freien Gebrauch eigentlicher kinematographischer Mittel zu gelangen.«[7]

Richter belegte, daß es sich bei den Filmavantgardisten in der Regel um bildende Künstler handelte, die in ihrer eigenen Gattung schon aus dem Rahmen des Konventionellen ausgebrochen waren, und er führte Léger, Duchamp, Eggeling, Man Ray, Picabia, Ruttmann, Brugière, Fischinger, Len Lye, Cocteau, Dali und sich selbst als ihre Hauptvertreter an.

> *»Tatsächlich wuchs in einem gewissen historischen Augenblick die Tradition der bildenden Kunst auf einer relativ breiten Front zwangsweise mit dem Film zusammen:*
>
> *Orchestration von Bewegung in visuellen Rhythmen.*
>
> *Den bildnerischen Ausdruck eines Objekts in Bewegung unter verschiedenen und sich ändernden Lichtbedingungen darzustellen.*
>
> *Den Rhythmus gewöhnlicher Dinge in Raum und Zeit zu formen, um die in ihnen wohnende Schönheit aufzuzeigen (Léger).*
>
> *Verzerrung und Zerteilung eines Objekts, einer Bewegung und ihre Wiedererschaffung unter kinematographischen Bedingungen (gerade wie die Kubisten Objekte zerteilten, um sie unter Bild-Bedingungen wieder herzustellen).*
>
> *Verfremdung eines Objekts, um es mit Licht neu zu formen, Licht mit jenen Qualitäten der Transparenz und Leuchtkraft als poetisches, dramatisches, konstruktives Material.*
>
> *Benutzung der magischen Qualitäten des Films, um mit ihnen in den originalen Zustand des Traumes einzudringen.*
>
> *Und schließlich: völlige Befreiung von jeder konventionellen Geschichte und der zu ihr gehörigen psychologischen Begründung oder literarischen Chronologie: in dadaistischen oder surrealistischen Entwicklungen. Aus ihrem täglichen Zusammenhang herausgerissene und in neue Beziehungen gesetzte Objekte vermitteln neue, bisher unbekannte Erfahrungen.«*[8]

Ausgangspunkt für diese kulturhistorische Einschätzung aus den fünfziger Jahren war – ähnlich wie ein Vierteljahrhundert zuvor – für Richter die Entwicklung kunstimmanenter Gestaltungsgesetze. Zeitlebens verstand er die Protestbewegung der Dadaisten als »Antikunst« innerhalb der Kunstsphäre und sprach ihr einen politischen Charakter ab. Die weltanschaulichen Zusammenhänge zwischen Kunst und Politik bezüglich dieser Richtung sah er gelegentlich, vermochte sie aber nicht historisch-materialistisch auszudeuten. Für manche anderen Erscheinungen, und zwar sehr wesentliche, gelang ihm letzteres mit Beginn der dreißiger Jahre sehr wohl, und er machte davon regen Gebrauch, zumindest bis 1945. Als Ende der zwanziger Jahre die Klassenauseinandersetzungen in Deutschland den meisten Künstlern einen politischen Standpunkt abverlangten, näherte auch er sich den progressiven Kräften. Er engagierte sich für den Sowjetfilm, unterhielt enge freundschaftliche Kontakte zu Künstlern wie Eisenstein und Tretjakow und schrieb von 1931–1933 zusammen mit Pera Ataschewa an der literarischen Grundlage für den halb-dokumentarischen Spielfilm »Metall«, der die Streikkämpfe in Henningsdorf bei Berlin zum Gegenstand hatte und in einer deutsch-sowjetischen Koproduktion unter Mitarbeit von Produktionsfirmen wie »Prometheus« und »Meshrabpom« realisiert werden sollte.

Als die Faschisten bei ihrer Machtübernahme in Richters Abwesenheit seine Wohnung plünderten, sah er sich gezwungen, nach Frankreich und später nach der Schweiz zu emigrieren. In Holland, wo er einige Werbefilme hergestellt hatte, kam 1935 ein umfangreiches Pamphlet mit dem Titel »Film: Gisteren, heden en morgen« heraus, das bereits für einen gesellschaftlich engagierten Film plädierte. Und zwischen 1934 und 1939 arbeitete er in Carabietta bei Lugano an einem Buch, das »Der Kampf um den Film« heißen sollte und die soziale Verantwortung des Films zum Angelpunkt aller Überlegungen machte. Dieses höchst bedeutsame Werk fand, von einigen Passagen abgesehen, die als Vorabdruck in der »Neuen Züricher Zeitung« von 1940 veröffentlicht wurden, seinerzeit keinen Verleger und kam erst 1976 in deutscher Sprache heraus. Als Hauptkriterium für künstlerische Äußerung sah der Autor nicht mehr wie früher den meisterhaften Umgang mit den spezifischen Gestaltungsmitteln des Films schlechthin, sondern den durch das Kunstwerk vermittelten humanistischen Sinngehalt; wichtig war ihm vor allem, ob eine gesellschaftliche Verantwortung durch die künstlerische Produktion wahrgenommen wurde. Das soziale Denken blieb also nicht außerhalb der ästhetischen Problemstellung, es bestimmte sie eher. Beeinflußt durch Denkweisen von Sergej Tretjakow und Bertolt Brecht gelangte Hans Richter gelegentlich zu Formulierungen, die von einem Marxisten stammen könnten. Auch wenn er der marxistischen Ideologie als Ganzem fernblieb, und manche seiner ästhetischen Anschauungen, wie Jewgeni Gromow feststellt[9], darum heterogen und in sich widersprüchlich erscheinen, finden sich in »Der Kampf um den Film« wichtige Ansätze für eine materialistische Auffassung von Kunstprozessen, die es ihm erleichterten, die Filmproduktion unter den kapitalistischen Verhältnissen zu beurteilen und eine historische Perspektive für die neue Kunst zu sehen. So heißt es in »Der Kampf um den Film«:

»Es ist eine Situation entstanden, welche sich fortwährend verschärft und die es schwierig macht, den Begriff der Kunst als eines Absoluten gegen die Praxis des Lebens aufrecht zu erhalten.

Die Betrachtung des Menschen als eines isolierten Ichs, eines Wesens, das aus sich allein definiert werden kann, erweist sich heute als weniger fruchtbar denn je. Das Bild des Menschen im Sinne des späten Humanismus erweist sich mehr und mehr ergänzungsbedürftig durch das Bild eines gesellschaftlich bedingten Menschen. Dieser kann nicht mehr als absolut und unvariabel hingestellt werden.«[10]

Und: »Ein – im obigen Sinne – ›freies‹ Individuum kann es ebensowenig geben wie eine Kunst, die nicht von den Bedürfnissen der Welt gesteuert wird, in der sie entsteht.

So hängen die Bedürfnisse der Gesellschaft an der Kunst mit dem Inhalt dieser Kunst zusammen; und je stürmischer die Zeit ist, um so mehr werden sie verquickt sein.«[11]

Der Zusammenhang zwischen Kunst und Gesellschaft werde, so Richter, bei der Beurteilung des Films besonders offensichtlich. Seine Überlegungen förderten dabei ein ganzes Bündel von Beziehungen zutage, durch die das Filmerlebnis determiniert werde:

»Das, was das Publikum allabendlich auf der Leinwand sieht und als ›Kunst‹ bestaunen mag, wird von vielen verschiedenen Faktoren bestimmt –

von individuell-schöpferischen,
von der künstlerischen Tradition der alten Künste,

vom Entwicklungstrieb der Technik,

von den materiellen und ideellen Grenzen der Industrie,

von den Meinungen des Publikums, die je nach Zeit, Lebensumständen und Klassen variieren,

von der gegenwärtigen gesellschaftlichen Situation,

von den künstlerischen, wirtschaftlichen, sozialen und politischen Krisen,

von den Widersprüchen, die in einer Zeit nebeneinander existieren, in der die Beherrschung der Natur größere Fortschritte gemacht hat als bisher in Jahrtausenden – so rapide Fortschritte, daß Vorstellungen, Gewohnheiten, Einrichtungen nicht genügend Zeit hatten, ihnen nachzukommen.« [12]

Die Liste der genannten Faktoren dürfte heute, da man dabei ist, eine komplexe Erforschung des Films einzuleiten und sich aller Einbindungen der Kinematographie in ihr Umfeld zu vergewissern, von größtem Interesse sein. Richter erklärte das Zustandekommen jener besonderen Komplexität des Films historisch:

»Das technische Zeitalter hat den Film hervorgebracht, und er wuchs mit den Bedürfnissen, die er befriedigt. Aber damit es den Film geben konnte, mußten erst sehr verschiedenartige Faktoren zusammenwirken: Der Film ist das Produkt einer hochentwickelten, höchstspezialisierten Technik, nicht die Erfindung eines einzelnen. Er ist das Resultat vieler ineinandergreifender Erfindungen. Damit er sich entwickeln konnte, war eine bestimmte Produktionsweise notwendig: die industrielle. Nur durch diese konnte er seine historische Aufgabe erfüllen: an die Massen und überall hinzugelangen. Denn erst die industrielle Produktionsweise braucht ein weitgespanntes Wirkungsfeld: den ganzen Erdball als Absatzmarkt.

Und wiederum: in dem Maße, in dem die Industrie sich entwickelte, brauchte sie mehr und mehr Hände, erzeugte sie jene Anhäufung von Arbeitnehmern in den industriellen Ballungsräumen. Diesen Massen fehlte die entsprechende Unterhaltungsstätte, und der Film kam ihrem ästhetischen Verlangen, ihrer Schau-, Unterhaltungs- und Erkenntnislust entgegen. Kaum erfunden und entdeckt, wurde es dank seiner leichten Reproduzierbarkeit das ›Theater für die Massen‹.« [13]

In dieser Tatsache liege, so Richter, die Verantwortung, welche der Film für die Massen trage, die sich ihm anvertrauten. »Sie glauben ihm: er ist eine Macht, und weil er eine solche ist, ringen die verschiedenen Kräfte unserer Zeit darum, ihn zu beherrschen, zu durchdringen und ihm ihr Gesicht zu geben.«[14] Die Bedeutung, die der Film im kulturellen Leben der Volksmassen besitzt, konnte von Richter nicht hoch genug angesetzt werden.

> *»Je mehr sich die bürgerliche Kunst und Kultur differenzierten, je vollkommener sie in der von ihr eingeschlagenen Richtung wurden, um so klarer wurde die Forderung der Massen an den Film als einer Kunst für die Massen. Das ungeheure Anwachsen der unteren Klassen, ihre geistige und ästhetische Heimatlosigkeit unterstützten das Argument und die Forderung nach einer Kunst, die ihrem Auffassungsvermögen entsprach.*
>
> *Der Film ist die geschichtliche Reaktion auf die Vollendung der bürgerlichen Kunst. Er entwickelt sich unter anderen Voraussetzungen als die alten Künste, denn er geht von vornherein davon aus, daß er die geistigen und künstlerischen Ansprüche des Volkes berücksichtigt, ja, sich nach ihnen richtet. Der Film ist, geschichtlich gesehen, ein Instrument zur geistigen und künstlerischen Entwicklung des Volkes, und die Geschichte der Filmkunst ist nicht nur die ihrer Form oder die der Industrie, sondern vor allem auch die Geschichte der sich künstlerisch entwickelnden Massen.«*[15]

Richter sah Ansatzpunkte einer echten Volkskunst, erkannte aber auch die real bestehenden Grenzen für eine entsprechende Entwicklung: »Ob auf diesem Boden wirklich eine Volkskunst entstehen kann oder ob das Produkt in Abhängigkeit bleiben wird von gesellschaftlichen Traditionen, von Überlieferungen der alten Künste, von politischen und materiellen Interessen, ob es den Geist des Volkes oder den jener Schichten widerspiegelt, die den Film herstellen – darum geht der geschichtliche Kampf um den Film, so ›einheitlich‹ auch das Unterhaltungsbedürfnis des Publikums heute befriedigt zu werden, so ›einstimmig‹ die Zustimmung zur bestehenden Form des Films auch zu sein scheint.«[16] Schon in dem 1935 von der holländischen Filmliga gedruckten »Film: Gisteren, heden en morgen« hatte sich Richter kritisch zum Konzept einer unterhaltungsorientierten kapitalistischen Massenkultur der Kinos geäußert:

»Jeder liebt Genuß, Genuß im höchstem Maße. Aber wenn man

den Mißbrauch der Genußsucht zuläßt, diesen provoziert und zur einzigen Zwecksetzung erhebt, dann ist man darum längst noch nicht berechtigt zu behaupten, daß die Menschheit nichts anderes konsumieren wolle als derartige Kost und daß diese – und zwar ausschließlich diese – das ›Allgemeinmenschliche‹ sei.«[17]

Der Autor bekannte sich dann zu einem humanistischen Verantwortungsbewußtsein für die Filmentwicklung:

»*Verantwortungsbewußtsein in der Kunst ist, in moderne Begriffe gefaßt: Erkennen der Wirklichkeit und Ausdruck derselben. Die Kunst hat noch nie eine andere Bedeutung gehabt und wird auch nie eine andere haben.*«[18]

Nach seiner Auffassung sei der Film in den kapitalistischen Ländern in eine Krise geraten, weil sich zunehmend ein Gegensatz zwischen dem Inhalt der landläufigen Filmdarbietungen und dem alltäglichen Leben mit seinen Forderungen auftue. Erst durch die sowjetischen Filme sei eine Alternative entstanden. »Denn durch den Russenfilm lernte man, daß es auch im Film möglich war, Realität zu zeigen. So war eine Bresche geschlagen in das Klischee der Romantik, in die welt- und lebensferne Unterhaltungskunst. Mit der Erkenntnis von der Möglichkeit des Realismus in Darstellung und Inhalt wurde man sich der Unzulänglichkeit und Unwahrhaftigkeit des bisherigen Films bis in die besten Leistungen bewußt. Der konventionelle Filminhalt wurde entlarvt. Der schonungslose Realismus der Russenfilme schuf den archimedischen Punkt, von dem aus man zum erstenmal das Ausmaß der Unwahrhaftigkeit und die Methoden der Wahrheitsverschleierung erkennen konnte, unter denen der Film litt.«[19] Richter plädierte dafür, daß man das »Bewußtsein eines neuen *gesellschaftlichen Auftrags* für den Film als Kunst« entwickeln und eine »*zweite* Geschichte des Films« fördern müsse.[20] Gemeint war mit der letzteren eine progressive, der »offiziellen« bürgerlichen entgegengerichtete. Obwohl Richter Begriffe wie »gesellschaftlicher Auftrag« und »Klasse« meist in direkter Anlehnung an Überlegungen von Marxisten benutzte, legte er sich doch in seinen politischen Haltungen nicht genauer fest. Er markierte indes deutlich einen Widerspruch in der kapitalistischen Filmkultur und bekannte sich zu einem fortschrittlichen Film, den er, von Beispielen ausgehend, in Zusammenhang mit

Inhalten sozialer Art stellte und auch von seinen Gestaltungsmethoden her zu beschreiben suchte. So heißt es unter der Überschrift »Probleme der Dramaturgie des fortschrittlichen Films«: »Der offizielle Film hat eine bestimmte Dramaturgie entwickelt, die seinem Inhalt entspricht, d. h. den gesellschaftlichen Zielen, die er verfolgt. Im offiziellen Film ist das Mittel Zweck geworden – die Unterhaltung das Ziel selbst. Das Publikum wird in Spannung gehalten, von Einfall zu Einfall gejagt, bis es weint, lacht, schwitzt, erschöpft ist. Es geht nach Hause und hat ›sich unterhalten‹ – es ist gewohnt, nicht mehr zu verlangen, und wurde dazu erzogen. (…) Aus dieser Technik des Nervenkitzels ist ein dramaturgischer Stil geworden. Die Voraussetzungen zu diesem dramaturgischen Stil liegen zum Teil in den technischen Bedingungen des Films selbst. (…) Der Film ist, verglichen mit Musik oder Theater, diktatorisch. Der Zuschauer ist ihm ausgeliefert und damit auch den Geschichten und ihrer Moral, die er erzählt. Er braucht *mehr* Kraft, kritische Fähigkeit und Willen, um sich aus dieser Hypnose loszureißen, die durch das provozierte Starren auf die Leinwand erzeugt wird.«[21] Diese technische Eigenart nun käme leider dem offiziellen Film, der den Zuschauer betäuben wolle, glücklich entgegen. Richter forderte, ganz im Sinne Brechts, dessen Konzept bereits den in Holland gedruckten Artikel weitgehend bestimmt hatte:

»Der fortschrittliche Film dagegen hätte eine Methode zu suchen, um das Denk- und Urteilsvermögen des Publikums so weit zu entwickeln, daß es imstande wäre, das Spiel auf der Leinwand auf sein eigenes Leben zu beziehen, hätte Methoden zu entwickeln, die dieses Ziel erreichten, und gleichzeitig das Schau- und Unterhaltungsbedürfnis der Massen ideal befriedigten.«[22]

Für jedwedes Publikum sei das Kino vor allem ein Raum, in dem es sein Schaubedürfnis befriedigt sehen wolle. Nur unter dieser Prämisse sei es legitim, wenn eine Dramaturgie des fortschrittlichen Films konkrete Fragen aufwerfe, etwa die: »Wenn das Publikum nicht aufnahmefähig genug ist – wodurch ist es aufnahmefähiger zu machen?

Wenn es nicht leicht lernt – wie sind Ideen leicht faßbar und einprägsam darzustellen?

Wenn es nur auf primitive Reize reagiert – wie sind komplizierte Inhalte in einfache Reize zu kleiden?

Wenn es nur auf seine Art sieht – mit welchen Mitteln sind ihm die Augen zu öffnen?

Wenn es lieber unterhalten, und selbst schlecht unterhalten, als gut belehrt sein will – wie ist es auf unterhaltsame Weise zu belehren?«[23]

Richter knüpfte an diese Überlegungen die Forderung: »Die geschichtliche Aufgabe des fortschrittlichen Films ist es, eine Dramaturgie zu entwickeln, die diese Art von Bereitschaft wachruft und auch aus dem primitiv denkenden Menschen einen Zuschauer macht, der solche Nahrung im Kino sucht, und sie als eine bessere betrachtet.«[24]

Er zeigte aber auch anhand konkreter Beispiele, welche dramaturgischen Methoden er für brauchbar hielt, um den fortschrittlichen Film zu etablieren.

Dabei polemisierte er vor allem gegen bestehende Auffassungen von Figuren und Fabelstruktur. So gegen einen Figurenaufbau, der einem Schema von »guten« und »bösen Menschen« entspräche, welches seine Kriterien lediglich aus individuellen Veranlagungen und Gefühlen herleitete.

Eisensteins »Potemkin« und andere sowjetische Kunstwerke für Bühne und Filmtheater hätten gezeigt, daß man durchaus eine »modern-analytische Darstellung historischer ›Schicksalskräfte‹«[25] erreichen könne, welche im Gegensatz zur Schulmoral stünde, die sich einer geschichtlichen Argumentation entziehe. Der Film brauche sich nicht auf die »Beschreibung von Schicksalen im engen Rahmen der Einzelperson«[26] zu beschränken, sondern könne sehr wohl diesen Rahmen sprengen, um gesellschaftliche Kräfte zu zeigen, die hinter ihm stünden. Verzicht geleistet werden müsse dabei freilich auf die »Familien-Fabel«. Überhaupt habe sich die Fabelstruktur zu ändern. Die einlinige Fabel müsse aufgegeben werden.

»Die einlinige Fabel, wie Brecht sie nennt, ist die Norm, die die geringsten Ansprüche an die aktiven Eigenschaften des Publikums stellt. Sie ist – infolge ihrer geringen Verbindlichkeit – die ideale Form, den Illusionsschlaf des Betrachters nicht zu stören. In fortschrittlichen Filmen wird sie durch anspruchsvollere Formen ersetzt.«[27]

Richter sah für diese anspruchsvolleren Formen ein breites Spektrum von Möglichkeiten. Schon in »Film: Gisteren, heden en morgen« hatte er unter Überschriften wie »Alte und neue Dramaturgie« und »Die Schwächen der Illusion« neben kompositorischen Techniken Brechts Beispiele des mittelalterlichen Jesuitentheaters genannt, das auch an das Denkvermögen des Zuschauers appellierte, bzw. Wirkungsweisen des japanischen Theaters. Molières Komödien hätten entsprechende Qualitäten, weil dort »der Zuschauer unaufhörlich die Kontrolle über die Geschehnisse auf der Bühne«[28] behielte. Aber auch der Film hätte ihm gemäße Bauformen entwickelt, wie man sie etwa an »Thomas Garner« studieren könnte, dessen Handlung nicht chronologisch aufgebaut wäre, sondern der Logik eines Disputs unterläge, der ganz unterschiedliche Bewertungen der Hauptfigur – eines verstorbenen Großindustriellen – ins Spiel brächte.[29] In »Der Kampf um den Film« wurde von Richter betont, daß auch die Groteske dem Anspruch auf eine einkinige Fabel nie entsprochen hätte, Chaplins frühe Filme etwa besäßen kaum eine durchgeführte Fabel, und in den neueren gäbe es immer wieder Szenen, die vom Fabelfluß wegleiteten, anstatt ihn weiterzuführen. Aufschlußreich ist die Beobachtung Richters, derzufolge es in der Auseinandersetzung mit der konventionellen Fabel auch solche Wegbereiter der neuen Richtung gäbe, die sicher keineswegs gerade diese Rolle zu übernehmen wünschten. Zu ihnen zählte z. B. Sacha Guitry, welcher mit der essayistischen Form, die er seinem Film »Roman d'un tricheur« gab, der Filmkunst einen wichtigen Dienst erwiesen hätte, insofern dort die Fabel in eine Reihe von philosophischen Betrachtungen aufgelöst wäre.[30] Gegenwärtig ist der Einfluß Brechts auf den Film nicht selten Gegenstand filmwissenschaftlicher Erörterungen. Hans Richter war aber vermutlich der erste Theoretiker, der die Bedeutung der Brecht-Dramaturgie für den Film nicht nur erkannte, sondern auch ein umfangreiches eigenes Konzept entwickelte, um sie für die Filmkunst umzusetzen, wobei das in Holland gedruckte Pamphlet von 1935 schon die wichtigsten Positionen enthielt. Es gehört wesensmäßig zu Richters nichtaristotelischem Filmkonzept, daß dort für das Kunsterlebnis niemals die Rolle des Rationalen im Verhältnis zu der des Emotionalen überbetont wird. Richter sah eine fruchtbare Entwicklung des fortschrittlichen Films stets nur in jener Richtung, die Eisenstein in seinem Vortrag an der Sorbonne, aus dem »Film: Gisteren, heden en morgen« ausführlich zitiert, auf den Nenner »Einheit von Denken und Fühlen«[31] brachte.

Der Autor kommentierte voller Zustimmung jenen Ausspruch Eisensteins, der mit den Worten endete, daß der Film insofern eine historische Leistung der Kunstentwicklung darstelle, als er den schrecklichen Dualismus zwischen Denken und Fühlen beseitige: »Dieser Schritt ist darum von solcher Bedeutung, weil hier der Beginn einer Methode liegt, die ebensoviel ›Genuß‹ verspricht wie der Unterhaltungsfilm, es aber zugleich möglich macht, Ideen, Gedanken und Inhalte auszudrücken, und dies rein filmisch, auf eine Weise, die nichts mit Literatur oder Theater, aber dafür *alles* mit Film zu tun hat.«[32]

Daß es Richter trotz vieler Versuche nicht gelang, den »Kampf um den Film« seinerzeit herauszubringen – denn auch in Amerika ließ sich dergleichen nicht bewerkstelligen –, dürfte für die Nachkriegsentwicklung der Filmwissenschaft zumindest auf deutschem Boden – und nicht zuletzt für die marxistische – einen wesentlichen Verlust bedeutet haben. Denn das Buch entwarf ja ein Konzept des Mediums Film, das Grundprinzipien historisch-materialistischer Kunstauffassung aufnahm, vom Impetus eines Antifaschisten und strikten Gegners kapitalistischer Medienpraktiken getragen war und sich auf die besten Vorbilder revolutionärer Kunstpraxis berief.

Daß Hans Richter an diesem Konzept auch in Amerika weiterarbeitete, bezeugt ein umfangreicher Artikel, der 1944 in den »Deutschen Blättern« von Santiago de Chile erschien und mit »Der politische Film« überschrieben war. Der Autor skizzierte darin zunächst die Tradition des politischen Films. Griffith's »Intolerance« wäre der erste politische Film in der Geschichte des Kinos gewesen; er hätte nicht nur das unmoralische Verhalten von Menschen gegeißelt, sondern versucht, den Willen der Zuschauer zu wecken, die Verhältnisse zu ändern. Der Film wäre jedoch zunächst ein Einzelfall geblieben, bis die sozialen Umwälzungen der Revolution in Rußland den eigentlichen politischen Film geboren hätten. Richter führte dann eine Reihe von Merkmalen auf, die diesem Typ von Film eigen seien:

»Der bisherige ausschließliche Zweck der Filmproduktion, Profit, wurde (...) den Zwecken der Politik untergeordnet, und pure Unterhaltung wurde mit Ideen geladen. Die erprobte Anziehungskraft der Leinwand wurde zur Information, zur politischen Erziehung und Beeinflussung benutzt. (...) Die Produzenten konnten damit rechnen, daß die Zuschauer im Kino sich von den Folgen, Ursachen, Ideen, die mit der Revolution, dem Zarismus, dem Sozialismus zusammenhingen, fesseln ließen. (...) Diese beiden erwähnten günstigen Voraussetzungen trafen auf eine durch die Revolution hervorgebrachte junge Generation von Künstlern, die diese selten glückliche Lage begriffen und ein ungeheures und unerschöpfliches Stoffgebiet vorfanden, das sie aus eigenem Erleben und leidenschaftlicher Anteilnahme kannten. (...) Zum ersten Mal in der Geschichte des Films wurden Künstler zugelassen, nicht nach kommerziellen Gesichtspunkten, sondern nach Herz und Überzeugung zu schaffen. (...) Die Revolution hatte alle Barrieren niedergerissen, auch die der künstlerischen Konvention. Das wirkte sich auch im Film aus. In den schlimmsten Zeiten des Bürgerkriegs und des Hungers wurden die scharfsinnigsten, fast abstrakten künstlerischen Experimente durchgeführt (...) und neue Theorien erprobt, um Ausdrucksformen und Methoden zu finden, die dem neuen Inhalt, der neuen Nachfrage, der neuen Weltanschauung maximal gerecht wurden. (Welcher schöpferische Mensch läßt sich das zweimal sagen?)«[33]

Richter stellte dann die Frage, was das Ziel des politischen Films gewesen sei. Seine Antwort:

»Erstens: Stärkung des Selbstbewußtseins des bis dahin noch so gut wie in Leibeigenschaft gehaltenen russischen Volkes; zweitens: Einführung in die Bedeutung und die Wirkungen der politischen Institutionen, die mit den Sowjets geschaffen worden waren.«[34] Es wäre dem politischen Film um Erziehung und Aktivierung des Publikums im Geiste der neuen Regierung gegangen, und dabei sei zugleich ein völlig neues, vom kommerziellen Film der übrigen Welt bisher total vernachlässigtes Element aufgetreten, nämlich das Volk. »Das Volk nicht als ›amorphe Masse‹, sondern als die Mannigfaltigkeit unzähliger lebendiger Individuen.«[35]

Aufschlußreich in diesem Zusammenhang ist die Interpretation des Begriffes »Propagandafilm«, die Richter gibt: »Aber der russische politische Film war im modernen Sinne des Wortes doch nicht eigentlich Propagandafilm. Man wollte vielmehr den großen Momenten der revolutionären Gegenwart Denkmäler setzen. ›Potemkin‹ war bei seiner ersten Aufführung in Rußland nicht einmal ein großer Erfolg. Die russischen Filme wurden Propagandafilme gewissermaßen nolens volens: durch die leidenschaftliche Anteilnahme, die sie außerhalb der russischen Grenzen in den Ländern erweckten, in denen die Revolution im Gegensatz zu Rußland erfolglos geblieben war.«[36] Im Anschluß daran heißt es: »Im Gegensatz zu den russischen politischen Filmen waren die Filme der Nazi von vornherein als Propagandafilme gedacht.«[37] Richter belegte dann, daß der Nazifilm pathetische Wirkungen, die den Gegenständen der sowjetischen Filme gemäß gewesen wären, aber keinesfalls denen der faschistischen, für seine Ziele mißbrauchte. Und er zeigte auch, daß eine »sehr konkrete Wechselwirkung zwischen der inneren Wahrheit eines Themas, besonders eines politischen, und ihrer Form« existiere. »Es bestehen Grenzen, die nicht nach Belieben oder politischem Bedarf verschoben werden können.«[38]

Er erklärte auch das Paradox, daß der Nazifilm gerade dort, wo man die Wiedergabe der Wahrheit am meisten erwarte, nämlich in Dokumentarfilmen, die allerschlimmsten Lügen aussäte und die Mittel des Films mißbrauchte, um Unentschiedene zu übertölpeln und Gegner zu erschrecken. In einem dritten Abschnitt des Artikels formulierte Hans Richter, wie er sich »den politischen Film der Demokratie« vorstellte, den es vornehmlich in den USA und in England weiterzuentwickeln gelte. Dabei wertete er besonders die Leistungen des englischen Dokumentarfilms aus. An einem konkreten Filmbeispiel, »Target for Tonight«, dem Bericht über einen englischen Bombenangriff auf eine deutsche Stadt, wird erkennbar, welchen Grundgestus Richter zu befördern trachtete. Über die Darstellung des Kampfeinsatzes der Briten heißt es: »Es wird an den Zuschauer nicht der Anspruch gestellt, zu glauben, daß nur Übermenschen das können, sondern du und ich. Der Zuschauer wird als urteilendes Individuum angesprochen, als vernünftiges Wesen, nicht als hysterisches, das erst zur Raserei gebracht werden muß, um das Maximale zu leisten, was man von ihm erwartet. Das ist im Großen gesehen das entscheidende Erziehungsproblem, das politische Problem, das der englische politische Film stellt: den Menschen bewußt zu machen, damit er die Verantwortung fühlt, ihn zu aktivisieren ...«[39]

Der höchst bemerkenswerte Aufsatz schließt mit den Worten:

»So bekommt der Dokumentar-Film heute allgemein den Charakter einer politischen Waffe, die weit über den Rahmen dieses Krieges hinausgeht und im zukünftigen Zusammenleben der Völker eine bedeutende Rolle spielen wird.

Eine ganze Generation im Film wartet nur darauf, Überzeugungen auszudrücken, die sie hat, und nicht nur solche, für die sie bezahlt wird.«[40]

Hans Richter, der in den Jahren, als er diesen Artikel verfaßte, unter anderem ein riesiges Wandbild im Collagestil schuf, welches den Sieg der Roten Armee über Hitler in der Stalingrader Schlacht feierte, hatte jahrelang entsprechende ihm eigene politische Überzeugungen auszudrücken versucht, auch wenn er sich später, offenbar unter dem Druck des kalten Krieges, wieder vornehmlich als der große Experimentator der künstlerischen Gestaltungsweisen profilierte.

Raymond Spottiswoode
Grammatik des Films

Raymond Spottiswoode wurde 1913 im englischen Bath geboren. Er studierte in Oxford und begann danach bei der Filmfirma »M.G.M.« als Lektor zu arbeiten, in den Jahren 1938–1939 in Hollywood. 1939–1943 produzierte er Filme in Kanada, u. a. bei der »National Film Board of Canada«, und in den ersten Jahren nach dem zweiten Weltkrieg war er für »World Today« und später für »Shell Film Unit« tätig.

Er schrieb drei filmwissenschaftliche Bücher, die immer mehr zur Technik tendierten, für deren Entwicklung Spottiswoode einen eigenständigen Beitrag leistete: »A Grammar of the Film« (1935), »Film and its Techniques« (1951) und – zusammen mit Nigel Spottiswoode – »Theory of Stereoscopic Transmission and its Application to the Motion Picture« (1953).

Das Buch »A Grammar of the Film« (»Eine Grammatik des Films«)[1] von Raymond Spottiswoode, das 1935 in London herauskam, ist einer der ersten größeren Versuche, die vielgestaltigen und komplexen Phänomene des Tonfilms in eine systematische Übersicht zu bringen und dabei seine Ausdrucksmittel in ihrer Differenziertheit zu erschließen. Obschon der Untertitel »An Analysis of Film Technique« lautet, ist das Werk, wie sein Autor eingangs bekennt, eher als eine Studie zur Ästhetik denn zur Mechanik aufzufassen.[2] Worum sich Spottiswoode freilich bemühte, war eine möglichst exakte, den Technikwissenschaften ebenbürtige Herausarbeitung von Funktionsmechanismen im filmkünstlerischen Prozeß.

An dieser Arbeit, die seinerzeit als wertvolles Kompendium von Erfahrungen für Theorie und Praxis galt und Mitte der fünfziger Jahre eine Neuauflage erlebte, sind mindestens drei Momente bemerkenswert:

Erstens, daß das Feld der Erscheinungen, die zum Film rechnen, nahezu in seinem ganzen Umfang erfaßt wird, und dies recht differenziert. Zweitens, daß die Phänomene der Filmkunst funktional gesehen, Gestaltungsweisen also auf Wirkung hin analysiert werden. Drittens, daß ein Beschreibungsverfahren gesucht wurde, welches es erlaubte, die dem Filmschöpfer zur Verfügung stehenden Gestaltungsmittel in einen angemessenen Zusammenhang zu den Gestaltungsweisen, die zum Werk hinführen, zu bringen, daß also zwei fundamentale Aspekte filmtheoretischer Betrachtung sowohl für sich als auch in einer Relation zueinander zur Darstellung kamen. So mancher später unternommene Versuch, Erkenntnisse zum Film zusammenzufassen, ist oft weit hinter Spottiswoode zurückgeblieben, weil hier diese Intentionen – zugegebenermaßen schwer zu verwirklichende – fehlten.

Das Buch ist dabei in acht Kapitel gegliedert. Nach einer Einführung allgemeiner Art (I) werden grundsätzliche Definitionen zum Wesen des Tonfilms mit seiner visuellen und auditiven Komponente gegeben (II), worauf ein knapper Aufriß einer internationalen Filmgeschichte (III) folgt. Ein Abschnitt, der die Unterschiede des Films gegenüber anderen Künsten faßt (IV), führt dann zu den beiden Schwerpunktkapiteln des Buches, die mit »Methode des Films/Analyse« (V) und »Methode des Films/Synthese« (VI) überschrieben sind. Dann werden Charakterisierungen zu Filmen gegeben, die auf unterschiedliche Gestaltungskategorien verweisen, wie etwa Dokumentar- und Zeichenfilm (VII), und schließlich erfolgt eine Zusammenfassung (VIII), die komplettiert wird durch eine graphische Übersicht über das System, nach dem die Phänomene klassifiziert sind.

Das letztgenannte Schema erfaßt vornehmlich jene Beziehungen, die in den beiden Zentralkapiteln V und VI zur Darstellung kamen. Diese Kapitel unterscheiden zwischen Analyse und Synthese, und entsprechend gibt das Schema für die Filmbeschreibung »Analyse der Struktur« und »Synthese des Effekts« an. Eine ähnliche dyadische Einteilung bestimmt das ganze System.

Bevor auf diese Differenzierung eingegangen werden soll, sei darauf aufmerksam gemacht, wie produktiv die Herausarbeitung und Kombination der beiden Hauptaspekte ist. Unter dem Struktur-Begriff findet sich das gesamte Repertoire der nach technischen Parametern beschreibbaren Gestaltungsmittel, unter dem des Effekts hingegen vor allem die ästhetischen Sinngebungsfunktionen, die nach Auffassung Spottiswoodes durchweg von der Montage bestimmt werden. Der Autor bekennt sich in seinem Buch ausdrücklich zu den Konzepten von Arnheim und Eisenstein, deren wichtigste Arbeiten übrigens seit Anfang der dreißiger Jahre auch in englischer Sprache zugänglich waren. Auf den ersten Blick scheint Aristarco recht zu haben, der im System von Spottiswoode nicht mehr sieht als den Versuch eines Brückenschlags zwischen dem Katalog von Gestaltungsmitteln aus Arnheims »Film als Kunst« und der Montagetheorie Eisensteins.[3] Das genannte Anliegen ist Spottiswoodes Entwurf keineswegs abzusprechen, doch entstanden ist hier mehr als eine formale Zusammenführung zweier unterschiedlicher Betrachtungsweisen. Das Schema modelliert eher zwei Etappen des Filmprozesses, nämlich den der Kreation und den der Rezeption, skizziert damit also eine Methode vor, die heute im Zuge der komplexen Erforschung der Kunstprozesse an Bedeutung gewinnt.[4] Mit Analyse von Struktur ist nämlich zugleich das geordnete Repertoire an Gestaltungsmitteln, wie es für den Schaffenden als Feld von künstlerischen Möglichkeiten daliegt, gemeint. Synthese von Effekten hingegen bedeutet nicht nur das Zustandekommen des Werkes, sondern auch – und das Wirkungsmoment ist hier ausschlaggebend – Zustandekommen eines Filmerlebnisses als Sinnerlebnis vermöge kompositorischer Anstrengung.

Der Autor schreibt über den Zusammenhang der beiden Aspekte: Das Phänomen Film werde zunächst als materielle Struktur behandelt und sodann als künstlerische Einheit, sowohl vom visuellen Aspekt als auch von der Beziehung zum Ton her.[5]

Er interpretiert die Gestaltungstechniken also im Hinblick auf die künstlerische Einheit des Werkes, zu der sie hinführen sollen. Ein solches Vorgehen hat manches für sich. So erfaßt es etwa grundsätzliche funktionale Beziehungen zwischen der Gesamtmenge der verfügbaren Mittel und der ästhetischen Wirkungen. Das Problem besteht indes in der Zuordnung konkreter Mittel und Wirkungen der Kunst, wie sie für den Schaffensprozeß am Werk relevant wird. Spottiswoode schwebte hierfür das Prinzip der Grammatik verbalsprachlicher Äußerung vor, und sein

Buch verstand sich als erste Grundlegung für ein entsprechendes Regelwerk. Ein solches Ansinnen ist generell problematisch, und im gegebenen Falle war es schon darum nicht umsetzbar, weil es auf der falschen theoretischen Voraussetzung basierte, daß die Ähnlichkeiten zwischen der verbalen und der filmischen Kommunikation hinreichend groß seien. Die Filmwissenschaft der neueren Zeit – speziell die semiologisch orientierte – hat sich ausgiebig mit diesen vereinfachenden Fehldeutungen beschäftigt: theoriegeschichtlich ist die komplizierte Problematik etwa von Möller-Naß[6] überzeugend aufgearbeitet worden, so daß hier auf diese differenzierten Darstellungen verwiesen werden kann. War auch Spottiswoodes Projekt einer Filmgrammatik unrealistisch, schien die zielgerichtete Suche des Autors nach Gesetzmäßigkeiten für Struktur- und Funktionszusammenhänge im Film doch durchaus berechtigt, und auch eine Übersicht über die Spielarten von Techniken und Effekten hatte für Praxis und Theorie ihren Wert. Namentlich für die systematische und differenzierte Beschreibung der technischen Mittel des Films schuf Spottiswoodes Buch gute Voraussetzungen. Der Verfasser selbst konnte später in dieser Richtung weiter wirksam werden, indem er in den fünfziger Jahren sehr instruktive Bücher über Techniken des Films folgen ließ. Was das filmästhetische Konzept Spottiswoodes anbelangt, das hier vor allem zur Debatte steht, so ist wichtig zu wissen, daß der Autor sich in der »Grammatik des Films« dafür aussprach, den Ton als eine Komponente in den totalen Zusammenhang des Filmwerkes derart einzuordnen, daß die optische Komponente dabei stets die Dominanz behielte. Differenzierte Überlegungen seinerseits galten dann sowohl Phänomenen der Farbe als auch der Musik. Die Aussagen zur Wirkung von Film heftete Spottiswoode durchweg an den Montage-Begriff. Dabei lehnte er sich an Gedankengänge Eisensteins an. Auf den ersten Seiten seines Buches erklärte er:

»Die hier entwickelte Theorie der Montage leitet sich von Eisensteins Theorien und über diese von der Marxschen und Hegelschen Dialektik her. Der Film besitzt die überragende Fähigkeit, unmittelbar von Ort zu Ort und von einem Zeitpunkt zum anderen springen zu können. Diese Fähigkeit ermöglicht das Aufeinanderprallen von Gefühlen und das Nebeneinander von Ideen, was das Entstehen weiterer Gefühle und Ideen *implizieren kann. Ein solcher Prozeß wird hier als Montage bezeichnet.«*[7]

Diese Aussage ist auch insofern aufschlußreich, als sie zeigt, wie dialektisches Herangehen und marxistisches Gedankengut innerhalb der bürgerlichen Filmwissenschaft der dreißiger Jahre Fuß zu fassen begannen. Zur Überzeugungskraft sowjetischer Kunstleistung war auch die der Theorie gekommen.

Was versteht Spottiswoode nun unter Montage?

Zunächst sieht er in ihr nicht allein eine Errungenschaft des Films. Vielmehr weist er darauf hin, daß in der Verbalsprache, in der Musik und auf der Bühne mit vergleichbaren Wirkungsmomenten gearbeitet wird.

Über den Film wird dann aber gesagt:

»Das Kino hat das direkteste und überzeugendste aller Mittel des Kontrasts hervorgebracht; sein Vorzug ist die Unmittelbarkeit, mit der das Bild einsetzt, wodurch der Zuschauer stärker – wenngleich zweifellos weniger tief – beeindruckt wird als durch die allmähliche Entwicklung des literarischen Effekts; (...) Je zurückhaltender die Mittel des Kontrasts sind, um so wirksamer ist der Kontrast selbst. Die Bühne nutzt deshalb mit Recht stärker das Fließende als die krasse Antithese; doch wäre es töricht, wenn das Kino auf die ihm eigens gegebene Waffe verzichten würde.«[8]

Der Montagebegriff empfahl sich darum für Spottiswoode auch als das angemessenste geistige Werkzeug, sich dem Film analytisch zu nähern. Er definierte neben Grundbegriffen wie »Serie« und »Sequenz« auch den der Montage. Unter »Serie« verstand er »eine Folge von Einstellungen, die einen einzigen, abgeschlossenen Rhythmus von Bild und Ton ergeben«, und unter Sequenz »eine Folge von Einstellungen, die im fertigen Film eine untergeordnete Einheit von Konzept und Zweck ergeben.«[9]

Montage ganz allgemein war für Spottiswoode das folgende:

»Vom Wirkungsaspekt her betrachtet, die Erzeugung einer Vorstellung oder einer Empfindung durch das beiderseitige Aufeinanderprallen anderer Vorstellungen oder Empfindungen; vom strukturellen Aspekt her betrachtet, das Nebeneinander von Einstellungen, Serien, Sequenzen auf eine Weise, daß eben dieses Aufeinanderprallen herbeigeführt wird.«[10]

Die geistige Aktivität des Zuschauers wird von Spottiswoode dabei unbedingt in Rechnung gestellt:

> *Die Konsequenz der Antithese ist, daß sich der Effekt einer jeden Einstellung stark von dem der vorangegangenen und der folgenden unterscheidet, was dazu führt, daß die Empfindungen und Konzepte, die sich aufgrund der aufeinander folgenden Einstellungen bilden, zusammenstoßen; und aus diesem Zusammenprall kann sich ein drittes Konzept ergeben, das sich von beiden Komponenten, die es erzeugten, unterscheidet. Dieses nennen wir Montage.*[11]

Ähnlich wie Eisenstein, dessen Überlegungen ihm freilich nur zu einem geringen Teil bekannt gewesen sein dürften, versuchte Spottiswoode eine Klassifizierung unterschiedlicher Montageweisen vorzunehmen und diese in einer Art von Evolutionsreihe zusammenzustellen, beginnend mit den elementarsten des Stummfilms und endend mit den differenziertesten des Tonfilms. Das Kriterium war dabei nicht allein die strukturelle Differenzierung der Form, sondern eher die der Wirkung auf das Bewußtsein des Rezipienten. Spottiswoode unterscheidet sechs unterschiedliche Typen von Montage: Primärmontage, Simultanmontage, rhythmische Montage, Sekundärmontage, Implikationsmontage und ideologische Montage. Verstanden wird unter:

> *Primärmontage: Montage der aus der Betrachtung des Inhalts aufeinanderfolgender Einstellungen abgeleiteten Vorstellungen. Simultanmontage: Montage der aus den Einstellungen und den gleichzeitigen Geräuschen auf dem Film abgeleiteten Vorstellungen.*[12]

Über die Simultanmontage heißt es an anderer Stelle:

> *Wir haben gesehen, daß die Inhalte zweier aufeinanderfolgender Einstellungen nicht nur eigenständige Effekte haben können, sondern gegebenenfalls auch einen dritten Effekt erzeugen, der sich aus ihrer Aufeinanderfolge ergibt. Genauso kann eine ganze Sequenz im visuellen Film einen einzigen Effekt hervorrufen (in der Realität natürlich einen Komplex inhaltlicher Nuancen und Montagen); sein gleichzeitiger Ton kann einen deutlich anderen Effekt erzeugen; und der Zusammenprall beider im Geiste bringt einen dritten hervor. Das ist simultane Montage.*[13]

Die rhythmische Montage wird mit den Worten definiert: »Montage einer rhythmischen Folge von Schnitten, bei welcher die Effekte der durch die sie getrennten Einstellungen eine Abstraktion erfahren.«[14]

Der Autor interpretiert dann den Aufbau seines Systems von Montageformen:

>*Die rhythmische Montage übt einen machtvollen Reiz auf das Gefühl aus, weckt primitive Leidenschaften und Aktivitäten; die höheren Formen der Montage stimulieren den Geist und die zur Entfaltung gelangten Emotionen.*«[15]

Zusammenfassend heißt es über diese höherentwickelten Formen:

>*Sekundärmontage: Die Mittel, mit denen die Sekundärmontage des Films – Schnittnuance und Inhaltsnuance des Tons sowie Klangeffekte – in die Lage versetzt wird, die Effekte zu erzeugen, die von der Serie angestrebt werden. (…)*
>
> *Implikationsmontage: Montage der Vorstellungen, die sich aus der Betrachtung der als Ganzheiten gesehenen Sequenzen herleiten, durch Realisierung der Implikationen dieser Sequenzen. (…)*
>
> *Ideologische Montage: Montage, die sich aus dem Zusammenstoß einer aus einem Element im Film hergeleiteten Vorstellung mit einer zur Ideologie des Zuschauers gehörenden Vorstellung ergibt.*«[16]

Besonders mit den einfacheren Formen der Montage befaßte Spottiswoode sich sehr ausführlich und fand bemerkenswerte Beschreibungsverfahren, um sie differenzierter darzustellen. Die komplizierteren Formen hingegen ließen sich, das zeigen schon die Definitionsversuche, weitaus schwerer abbilden. Dies hängt zumindest mit zwei Faktoren zusammen: dem niedrigen Stand der Aufarbeitung psychologischer Kenntnisse, die dafür benötigt wurden, aber auch der eher eklektisch zu nennenden philosophisch-ästhetischen Position des Autors. Eine ideologische Montage im weitesten Sinne des Wortes findet, wie Eisenstein und Pudowkin seinerzeit gezeigt haben, auf jeder Ebene statt und ist schwerlich als spezifische Form zu betrachten.

Spottiswoode läßt übrigens zwei Typen ästhetischer Theorien als gleichberechtigt zu, eine, die er deontologisch nennt und die davon ausgeht, daß Kunstwerke unabhängig von ihrem Thema ihren eigenen Wert haben, und eine sogenannte teleologische, für die das Thema ein entscheidender Faktor ist, weil sie sich für gesellschaftliche Ziele engagiert, seien diese nun allgemein-moralisch oder klar sozial formuliert. Auch im Hinblick auf diese ästhetischen Konzeptionen wird die Wirkungsproblematik nicht schlüssig abgehandelt, weil das Ideologie-Verständnis von Spottiswoode ungenau ist.

Die Versuche von Spottiswoode bedeuteten seinerzeit indes zweifellos einen Fortschritt. Zumindest im anglo-amerikanischen Raum hat seine differenzierte Sicht auf die Phänomene des Films Schule gemacht. Die Bemühungen um eine Formalisierung von Beziehungen im Zeichen einer künftigen Filmgrammatik brachten zwar einen Verlust an Dialektik mit sich, sie lesen sich heute, da man nach Beschreibungsverfahren für den gesamten filmkünstlerischen Prozeß sucht, indes wieder interessanter.

Ernst Iros
Dramaturgie des Films
unter dem Primat des Bildes

Ernst Iros, i. e. Julius Rosenstiel, wurde 1885 in Rottweil geboren.
Er begann in München seine Laufbahn als Journalist. Neben Artikeln
für in- und ausländische Zeitungen verfaßte er auch einige größere
Publikationen, u. a. ein Buch, das das Kriegserlebnis reflektierte.
Von 1925 bis 1929 war er bei der Münchener Lichtspiel-AG angestellt.
Danach wieder als freier Journalist arbeitend, hielt er auch Vorlesungen
zur Ästhetik und Dramaturgie des Films an der Schauspiel- und Film-
schule München. Später berief die Filmfirma »Emelka« ihn zum Chefdra-
maturgen. Vom Hitler-Regime mit Arbeitsverbot belegt, emigrierte er 1935
in die Schweiz, wo 1938 sein Buch »Wesen und Dramaturgie des Films«
herauskam. Bis zu seinem Tode im Jahr 1953 lebte Iros in der Nähe von
Montreux, beteiligte sich an diversen Filmprojekten und war publizistisch
tätig.

Das Buch »Wesen und Dramaturgie des Films«[1] hatte Iros bereits
Ende der zwanziger Jahre in München zu schreiben begonnen,
aus seinen Erfahrungen als Filmdramaturg und Hochschullehrer
schöpfend. Obschon in theoriegeschichtlichen Abrissen kaum erwähnt, stellte es doch eine wichtige filmtheoretische Arbeit dar,
zumal für den deutschsprachigen Raum, wo es in den fünfziger
Jahren eine zweite Auflage erlebte. Der Wert des Buches liegt dabei wohl vor allem darin, daß hier Erkenntnisse zu allen wichtigen
Gesichtspunkten des Filmschaffens übersichtlich zusammengefaßt sind, wobei theoretische und praktische Überlegungen sich
die Waage halten. Das Gebiet der Filmdramaturgie war bis dahin
in derartiger Ausführlichkeit nirgendwo besprochen worden.
Ähnlich wie Raymond Spottiswoodes »A Grammar of the Film«
verstand sich die Publikation als eine Art Einführung in die
Grammatik des Films, im Sinne einer Phänomensammlung und

eines vorsichtig formulierten Regelwerkes. Zu einer Anstrengung des Begriffs, wie Kracauer, Benjamin u. a. seiner Kollegen sie sich bei ihren theoretischen Versuchen abverlangten, stieß Iros ebensowenig vor wie zu den damit verbundenen präzisen Darstellungen filmspezifischer Erscheinungen und Probleme. Der Vorzug seines Theorieansatzes liegt dafür eher in einer klugen Vermittlung von durchaus problematisierten Erfahrungswerten, wie Praktiker und Lernende, an die sich die Schrift wandte, sie am ehesten anzunehmen bereit waren. Mehr als jedes Lexikon oder Fachwörterbuch dürfte sie den deutschen Wortschatz zum Film fixiert und dergestalt mitgeprägt haben. Im Sinne eines bürgerlichen Gesellschaftsideals sprach sie sich für eine humanistische Filmkunst aus. Daß sie dabei politisch indifferent blieb, läßt sich vermutlich auf die besonderen Existenzbedingungen des Autors im Schweizer Exil zurückführen.

Zwei Jahrzehnte nach der Urfassung erfolgte wie gesagt eine Zweitauflage des Buches[2], das der Autor noch kurz vor seinem Tode um die Hälfte des ursprünglich 700 Seiten fassenden Umfanges reduzierte, wobei Gliederung und grundsätzliche inhaltliche Positionen beibehalten wurden. Wenn im folgenden aus dieser späteren Textfassung zitiert wird, dann darum, weil in der neueren Version neben positiven Erkenntnissen auch Probleme des Buches stärker hervortreten.

Gegliedert ist die Abhandlung in zwei Teile annähernd gleichen Umfangs. Daß der erste dabei der Ästhetik des Films und der zweite seiner Dramaturgie gewidmet ist, bedeutet keine grundsätzliche Trennung der beiden Problemfelder.

Iros bekennt sich in seiner Arbeit zum ästhetischen Grundkonzept von Johannes Volkelt, aus dessen »System der Ästhetik«[3] er vielfach zitiert. Und wie Volkelt verstand er unter Ästhetik durchaus eine allgemeine Kunstwissenschaft, die zu den konkreten Fragen von Gestaltung und Wirkung der einzelnen Künste hinzuführen hatte.[4] Der erste Teil des Buches befaßt sich dabei eher mit der Genesis des Films, der zweite mehr mit dem werkbezogenen Schaffensakt, wie er sich für den Praktiker darstellt.

Der Ästhetik-Abschnitt enthält vor allem Überlegungen zur Genesis des Films, zum Problem Film als Kunst, den Eigengesetzen der Filmkunst sowie eine Übersicht über Filmarten und -stile.

Der Dramaturgie-Teil schließt u. a. Fragen der Organisation und Produktion ein, die Gestaltung der Bildkomposition und des Tons. Außerdem befaßt er sich natürlich mit den dramaturgischen Gesetzen der Komposition. Seinerzeit dürften für die Praktiker besonders die Auskünfte zu Kameraführung und Tongestaltung nützlich gewesen sein. Das für heute wohl interessanteste – weil zentrale und dennoch längst nicht theoretisch bewältigte – Problem des Buches ist das der Bedeutung des Bildes im Film. Es soll hier im Mittelpunkt der Betrachtung stehen. Beide Teile des Werkes werden von dieser Frage beherrscht, und man könnte die Intentionen des Autors etwa auf die Formel bringen: Die Dramaturgie des Films hat sich unter dem Primat des Bildes zu vollziehen.

Was auf den ersten Blick recht plausibel scheint, ist freilich bei eingehenderer Beschäftigung mit der Problematik nicht so einfach zu beurteilen, u. a., weil schon der Bildbegriff für die Filmkunst mehrdeutig und im Prinzip noch wenig geklärt ist. Er ist noch verhältnismäßig übersichtlich, solange er lediglich in der Relation »Bild und Ton« bzw. »Bild und Sprache« steht, wird aber innerhalb des Zusammenhangs »Bild und Handlung« schon äußerst schwer definierbar. Das Buch von Iros befaßt sich indes mit beiden Gesichtspunkten, und das Grundproblem seines Konzeptes liegt darin, daß er in beiden Zusammenhängen die gleiche Dominante zu setzen sucht. In dem Part über die Eigengesetze des Films arbeitet Iros das Primat des Bildes gegenüber dem Wort im Tonfilm heraus. Er stützt sich dabei auf unterschiedliche und in der Regel auch überzeugende Beweise. Von der These ausgehend, daß in jeder »zusammengesetzten« Kunstart – und dazu gehören für ihn etwa Oper und Baukunst – jeweils ein Gestaltungselement zu dominieren habe, folgert er, daß »im Filmwerk und im Filmkunstwerk die Bildsprache als die Sprache seiner Gattung«[5] anzusehen sei. Er schlußfolgert dann über die Gesetze des Bildes, zunächst allgemeine Richtlinien formulierend:

> *Aus der primären Position des Bildes ergeben sich folgende allgemeine Gesetze für die Bildgestaltung:*
> *Was für Geschehen und Zustand, für Konflikt, Spannung und Stimmung von substantieller Bedeutung ist, muß im Bilde gestaltet werden.*

Was substantiell ist und nicht im Bild zum Ausdruck kommt, wirkt nicht überzeugend.

Auch das weniger Bedeutungsvolle sollte so weit als immer möglich im Bilde gestaltet werden, es sei denn, daß durch die Wortsprache eine wesentliche Verkürzung und Zusammenfassung möglich ist oder notwendige Dialoge gesagt werden müssen. Das Bildhafte darf in keinem Falle nur ergänzen oder illustrieren; es muß selbständiger Ausdruck eines Vorgangs oder Zustands sein.«[6]

Gegen diesen Erfahrungswert wird man kaum etwas einwenden können. Auch nicht gegen die folgenden Überlegungen zur Kontinuität des Bildhaften.

»Alles Geschehen und alle Handlung, alles Gegenständliche und alle psychologische Entwicklung müssen in ihren einzelnen Etappen und ihrem Zusammenhang in kontinuierlicher, bildhafter Bewegtheit verlaufen. Der Fluß dieser Bewegtheit darf nicht behindert werden von statischen Elementen bildhafter oder tonlicher Art. Was indes irgendwie, insbesondere bei psychologischen (aber auch andern) Zusammenhängen, indirekt gestaltet werden kann, untersteht nicht dem ersten Teil dieses Gesetzes. (...)

Sinnvolle dynamische Gliederung und Zusammenfassung muß in den einzelnen Komplexen wie im Gesamtaufbau erfolgen.

Der Rhythmus des Films muß ein Bildrhythmus und in der Komposition des Einzelbildes wie in denjenigen der Bilderfolgen lebendig sein. Der filmische Rhythmus darf von den übrigen Gestaltungsmitteln – von Wort, Musik oder Geräusch – nur ergänzt, unterstrichen, belebt, nicht aber souverän bestimmt werden. (...)

Jedes Bild und jede Bilderfolge, jede Bildbeziehung und jede Bildassoziation müssen von gegenständlicher oder psychologischer Bedeutung für das Geschehen, dürfen also nicht selbstzweckhaft sein. (...)

Jede Bildeinheit muß, analog der Worteinheit innerhalb der Wortsprache, nach ihrem gegenständlichen und gedanklichen Inhalt in Beziehung stehen zur vorangehenden und nachfolgenden Bildeinheit. Die Rück- und Vorwärtsbeziehungen verleihen den Bildeinheiten wechselwirkenden Charakter.«[7]

Das Visuelle und das Auditive sind indes nur der eine Zusammenhang, in dem der Bildbegriff zum Tragen kommt. Ein anderer ist der zwischen dem einzelnen Bild, der einzelnen Bildeinstellung und dem gesamten Handlungsablauf. Hier liegen die Dominanzverhältnisse komplizierter. Iros versucht sie aber ganz analog zu sehen wie in der Relation »Bild – Wort«. Das führt dann zu der Schlußfolgerung, daß Film eher einen epischen denn einen dramatischen Charakter habe. Diese Position ist in der Praxis häufig anzutreffen und in der Version von Iros darum besonders interessant, weil die Abwertung des Dramatischen streng unter gattungsspezifischen Gesichtspunkten vorgenommen wird. Das, was zwischen den Menschen geschieht, vollzieht sich nun nach dem Konzept von Iros auf der Bühne grundsätzlich anders als im Film. Er schreibt dazu im Hinblick auf die Darstellung des Konflikts:

»Das Drama ist als Wortdichtung weniger anschaulich und in der Regel immer wieder von Zäsuren unterbrochen. Die Folge ist, daß die psychologische Gestaltung im Drama andersartig, nur auf die menschlichen Beziehungen gerichtet, nicht streng kontinuierlich, sondern mehr »sprunghaft« (Volkelt), verläuft, daß insbesondere der unsichtbar, ungestaltet gebliebene Teil des Geschehens summarischer, die eigentlich dramatische Handlung aber psychologisch gründlicher und tiefer als im Film entwickelt und dargestellt wird. (...)

Die strukturellen Verschiedenheiten von Film und Bühnendichtung bewirken Verschiedenheiten auch bei der Formulierung und beim Verlauf des Konflikts.

Der epischen Grundlinie des filmischen Geschehens entsprechend, muß auch die Grundlinie des filmischen Konflikts die epischen Merkmale besitzen; er muß sich im zeitlichen Nacheinander einer kontinuierlichen äußeren und inneren Bewegtheit entwickeln. Der Konflikt im Drama wird in räumlich abgegrenzten Etappen weitergeführt.

Die Formulierung des Konflikts im Film erfolgt in menschlichen und außermenschlichen Wechselbeziehungen, die des Konflikts im Drama als menschliche Beziehungen.«[8]

Iros führt die Differenzierung noch weiter, wenn er unter der Überschrift

»Verschiedenheiten in Art und Substanz des Konflikts« notiert:

a) Antithetik des Geschehens und des menschlichen Gerichtetseins. Die räumlich unbegrenzte und zeitlich fließende Bildsprache des Films ist zur Darstellung allgemeinsten Geschehens und ebensolcher Beziehungen, die

räumlich begrenzte und zeitlich im Raum stationäre Wortdichtung des
Bühnendramas überwiegend nur zur Darstellung menschlichen Gesche-
hens geeignet.

Der Konflikt im Film beruht auf der Antithetik im weitesten Sinne, der
des Dramas überwiegend auf einer solchen des menschlichen Gerichtet-
seins.

b) Der vom Konflikt gewandelte und der den Konflikt gestaltende
Mensch. Von dem sich im Strom des Geschehens entfaltenden Konflikt
im Film werden die menschlichen Partner klar und eindeutig, aber zu-
nächst nur in allgemeinen Beziehungen zu ihrer Umwelt erfaßt, mit fort-
gerissen und gewandelt. In ständiger Wechselwirkung damit nehmen sie
selbst zugleich Einfluß auf den Konfliktsverlauf. Die Menschen im fil-
mischen Konflikt sind wie Kiesel, die von den Strudeln des dahinfließen-
den Stroms getragen und geformt werden und selbst immer wieder zu
Wirbeln und Stauungen Anlaß geben.

Der Konflikt im Film läßt also den Menschen nicht nur aktiv sein, son-
dern auch passiv werden, wird vom Menschen, oft nur teilweise, gestaltet
und gestaltet den Menschen; im Konflikt des Dramas sind die Menschen
immer aktiv. Der Mensch im Film ist Subjekt und zugleich auch Objekt
des Konflikts, im Drama fast ausschließlich Subjekt.«[9]

Die Überlegungen gipfeln in einer Aussage, die die Notwendigkeit des Konflikts für den Film in Abrede stellt: Das Dramatische
sei für den Film nicht strukturell notwendig, es sei vielmehr eine
nur mögliche, modifizierende Strukturlinie, und so ließe sich ein
Film sehr wohl ohne jeden Konflikt denken.[10]

Aufschlußreich ist, wie Iros mit den Kategorien des Epischen
und Dramatischen verfährt. Seiner Ansicht nach erfolgt die Formulierung des filmischen Geschehens nach epischen, dramatischen und lyrischen Inhalts- und Formelementen, die durchaus
für den Film zu spezifizieren seien. Die Mannigfaltigkeit eines
Films wäre um so größer, je reicher er an diesen Elementen sei.
Die Betonung des einen oder anderen Moments bestimme dann
die besondere Gestalt und Strukturlinie eines Films, lasse ihn zu
einem epischen, dramatischen oder lyrischen werden. Dramatisches und Lyrisches werden dann aber gegenüber dem Epischen
abgewertet:

»Dramatisches Geschehen hat die Entwicklung und Durchführung eines

Gegeneinanders zum Gegenstand. Bewegung und Zeit haben im Bereich des Dramas in der Regel nicht die konstruktive Bedeutung wie in der epischen Formulierung von Geschehen. Sie versickern gleichsam in einem von der Raumeinheit, in der ein Vorgang im Drama abläuft, umgrenzten Kreis und werden nicht oder nur nebenbei empfunden. Die Gestaltung des Dramatischen im Film hat sich der epischen Gestaltung, sie modifizierend, ein- und unterzuordnen, die dramatische Linie sich der epischen Grundlinie, sie belebend, einzufügen.« [11]

Seltenwo ist die Abwertung des Konfliktes und des Dramatischen im Film derart umfassend begründet worden. Der Wert der Überlegungen von Iros dürfte dabei vor allem in dem Versuch bestehen, die Spezifik einer Filmdramaturgie aus den Besonderheiten des Films als Bildmedium abzuleiten. Auch die marxistische Wissenschaft hat diese Frage nur unzureichend klären können, jeder einschlägige Ansatz muß daher von ihr gründlich geprüft werden. Aus ihrer Sicht erscheinen freilich die benutzten Kategorien mit anderem Inhalt. Besonders die des Konflikts. Der dramatische Konflikt wird von Iros im Sinne einer idealistischen Ästhetik vor allem als Kampf von Ideen verstanden, die das Handeln der Figuren bestimmen. Und es ist darum verständlich, daß er vor allem deren bewußte, willensmäßige und aktive Handlungen als Erscheinungsweisen des Konflikts zu nehmen sucht. Eine marxistische Ästhetik beruft sich hingegen bei der Formulierung der dramatischen Konflikte mehr auf das Wirken allgemeiner gesellschaftlicher Widersprüche, die sowohl die dargestellten Lebensprozesse wie die Lebenssphäre von Autor und Publikum bestimmen. Der Konflikt ist damit nicht nur fundiert auf einem geistigen Substrat der Lebensprozesse innerhalb der Kollision von Interessen der Figuren, sondern er faßt die Möglichkeiten für Gegensätze weiter. Und damit schwinden auch wesentliche Argumente, die der Autor für eine Zuordnung des Films zum Epischen vorzubringen hat. Gleichwohl ist die Problematik noch in vieler Hinsicht ungelöst. Es scheint aus vielen Gründen für die Filmdramaturgie verhängnisvoll, den Begriff des Konflikts fallen zu lassen bzw. ihn im Zuge einer mehr epischen Auffassung des Filmgeschehens nur als partiell von Bedeutung anzusehen. In gewisser Weise erklärt man nämlich damit auch die Anwendung der philosophischen Kategorie des dialektischen Widerspruchs gegenüber dem Film als fakultativ. Da Filme Lebensvorgänge mit einer relativ engen zeitlichen Begrenzung abbilden, schaffen die sich dort entfaltenden Widersprüche mit ihrer unterschiedlichen Lösungschance per se Voraussetzungen für eine Ausdeutung des Lebens, für die Sinngebung des Ganzen einer Komposition. Nichtsdestoweniger: Die Widersprüche entfalten sich im Leben komplex und sie sollten dies auch innerhalb des vom Film erfaßten Lebensausschnitts in ähnlicher Weise tun. Die Darstellung von Konflikten ist darum nicht nur auf Abbildung kausaler Abläufe angewiesen, sondern hat Zusammenhänge zu berücksichtigen, die neben dem Was auch das Wie der Vorgänge bewertbar machen. Dies bedeutet freilich, dem Bild, das nahezu gleichzeitige Eindrücke verschiedener Erscheinungen vermitteln kann, seine maßgebliche Rolle in der Filmdramaturgie zuzuweisen, ebenso wie den Vorgängen, die im Sinne des Epischen die dramatischen Abläufe komplementieren. Marxistische Untersuchungen zur Frage des Epischen und Dramatischen im Film haben daher in jenen Jahren, als die Zweitauflage des Buches von Iros erschien, zumindest eine Gleichwertigkeit dramatischer und epischer Momente im Film in Rechnung gestellt. Sergej Gerassimow etwa, der der Ansicht war, daß »der Film unbedingt gleichzeitig dramatische und epische Kunst sein muß«, erklärte: »Dem Film ist es möglich, Epos und Drama zu vereinen«,[12] bot der sowjetischen Filmdramaturgie, deren Theoretiker ihn zustimmend zitierten,[13] dafür zunächst eine praktikable Formel an, die freilich in der Zukunft präzisiert werden muß, und zwar in vielfacher Hinsicht.

Iros, wie gesagt, ging nicht von einer Position an die Kunstanalyse heran, die sich auf philosophische Kategorien berief. Sein Ausgangspunkt war ein – mehrdeutiger – Bildbegriff. Aus Volkelts Ästhetik leitet er dabei aber eine Forderung an die Kunst ab, die trotz ihres philosophischen Idealismus insofern auch fruchtbar ist, als sie auf die notwendige Einheit von Gehalt und Form verweist: »Gehalt ist in den Erscheinungen wirksame Lebensbewegung, die sich in Stimmungen, Gefühlen und Handlungen äußern kann. Er ist die ›erlebte Bedeutung der Gegenstände‹ (Volkelt), seien es Menschen oder andere Gegenstände, in die wir den Gehalt hineinfühlen.

Wahrnehmbar wird der Gehalt erst durch die Form, in die er sich ergießt.«[14]

Wenn Iros die Gestaltungsmittel des Films untersuchte, dann tat er dies stets im Hinblick auf Gehalt und nie als Formalist.

Wsewolod I. Pudowkin (II)
Montage und Schauspieler im Tonfilm

Mit den Worten, daß der Traum vom Tonfilm nun Wirklichkeit geworden sei, begrüßten Eisenstein, Pudowkin und Alexandrow 1928 in ihrem Manifest zum Tonfilm die neue Ära der Kinematographie. Aber sie verwahrten sich sogleich vor einer theatergemäßen oder naturalistischen Anwendung der Tonkomponente im Kino. »*Nur eine kontrapunktische Verwendung* des Tons in Beziehung zum visuellen Montage-Bestandteil wird neue Möglichkeiten der Montage-Entwicklung und Montage-Perfektion erlauben.

Die erste experimentelle Arbeit mit dem Ton muß auf seine deutliche Asynchronisation mit den visuellen Bildern ausgerichtet werden. Nur eine solche Operation kann die notwendige Konkretheit herbeiführen, die später zur Schaffung eines *orchestralen Kontrapunktes* visueller und akustischer Bilder führen wird.«[1] Pudowkin hat sich in einem Artikel von 1934 mit der »Asynchronisation als Prinzip des Tonfilms« dann eingehender beschäftigt. Er notierte dort:

»Die entscheidende Bedeutung des Tons liegt in der potentiellen Verstärkung der inhaltlichen Ausdruckskraft des Films.

Bei einem Vergleich des Tonfilms mit dem Stummfilm können wir feststellen, daß der Tonfilm dem Zuschauer das Anliegen eines Films bei etwa gleichem Zeitaufwand tiefer zu erschließen vermag. Doch unstreitbar ist: Diese Art vertiefter inhaltlicher Aneignung des Films kann nicht dadurch erreicht werden, daß dem Film einfach der Ton als naturalistischer Begleiter hinzugefügt wird, da muß etwas mehr für den Zuschauer getan werden. Dieses ›mehr‹ liegt in der Organisation der optischen wie akustischen Abfolge auf zwei selbständigen rhythmischen Ebenen. Ihre Korrespondenz miteinander darf nicht Resultat naturalistischer Nachahmung, sondern der Wechselbeziehung der Handlung sein.«[2]

Die Argumente, deren sich Pudowkin dabei bediente, stützten

sich im Prinzip auf die Rezeptionssphäre. Doch anders als bei Eisenstein, der vor allem dort das Moment des Widersprüchlichen und Konflikthaften sah und die Filmwirkungen entsprechend eingesetzt haben wollte, wies Pudowkin nach, daß auch die objektive Realität jenseits des Kinos vom Menschen nur höchst selten so erlebt wird, daß optische und akustische Reize in gleicher Weise wirksam sind. Manche Erscheinungen würden früher gehört als gesehen, und innerhalb der realen Situationen könnten sich die Dominanten dann auch jeweils verschieben. »Die synchrone Tonaufzeichnung fällt praktisch nur als Ausnahme mit der natürlichen Wahrnehmung des Menschen zusammen. Das ist keine theoretische Mutmaßung, wie das auf den ersten Blick erscheinen mag, sondern eine Schlußfolgerung, die empirisch gewonnen wurde.«[3] Unabhängig von der Kunstsphäre existieren laut Pudowkin immer zwei Rhythmen: »der rhythmische Ablauf der objektiven Welt und der Rhythmus und das Tempo, mit denen ein Mensch diese Welt beobachtet. Die Welt – das ist ein einheitlicher Rhythmus, während der Mensch über seine Augen, seine Ohren und in geringerem Maße über seinen Tastsinn lediglich einzelne Eindrücke von dieser Welt wahrnimmt. Das Tempo, mit dem ein Mensch Eindrücke aufnimmt, ändert sich in Abhängigkeit von seinen Emotionen, wie erregt oder gelassen sie sind, während der Rhythmus der von ihm wahrgenommenen objektiven Welt sein unverändertes Tempo beibehält. Der Ablauf der menschlichen Wahrnehmung ähnelt einer Montage, innerhalb deren Komposition alle möglichen Variationen sowohl in der Geschwindigkeit des Tons als auch der optischen Gestaltung gefunden werden können. Deshalb kann der Tonfilm das Problem der Übereinstimmung zwischen der objektiven Welt und ihrer Wahrnehmung durch den Menschen lösen. Das Optische kann dem realen Tempo folgen, die Tonsequenz dem andersartigen Wahrnehmungsablauf des Menschen oder auch umgekehrt.«[4]

Die komplizierten psychischen Prozesse, die hier angesprochen werden, sind bis heute nicht wissenschaftlich zuverlässig erforscht. Was an Pudowkins Überlegungen indes kaum strittig sein dürfte, ist die Tatsache, daß der Tonfilm das Reizangebot der visuellen und auditiven Ebene auf neue Art zu steuern vermag und sich diese Möglichkeiten nicht vergeben darf. Die unterschiedlichen regulativen Wirkungen, die von optischen und akustischen Momenten ausgehen, lassen sich nur schwer miteinander vergleichen oder gar gegeneinander aufrechnen. Für die Beurteilung vieler filmkünstlerischer Probleme ist es jedoch bereits von Vorteil, wenn man sich dessen bewußt ist, daß entsprechende Wechselwirkungen überhaupt stattfinden. Für die Dialoggestaltung eines konkreten Films etwa und die Montage eines kommunikativen Vorgangs, der eine verbale Komponente enthält, macht es einen großen Unterschied, ob man nur von den gesprochenen Worten ausgeht und jeweils ausschließlich den Kommunikationspartner zeigt, der sie artikuliert, oder ob man den komplexen Prozeß der Kommunikation, der Nonverbales und Verbales in physischer Handlung eingelagert sieht, im Hinblick auf den Zuschauer filmisch erzählt. Pudowkin machte darauf aufmerksam, wie unterschiedlich ein Dialog jeweils aufgenommen werden könne, und er brachte damit zugleich allgemeinste Qualitätsnormen kinematographischer Darstellung mit ins Spiel, die noch heute zutreffen – und leider immer noch nicht in der Praxis zum Standard geworden sind. Ähnliches gilt für die Musik. Pudowkin dazu:

> *Ich vertrete die Auffassung, daß Musik in einem Tonfilm niemals nur begleitenden Charakter haben darf. Sie muß eine eigenständige Linie verfolgen.*[5]

Die angestrebten Wechselwirkungen zwischen dem Regisseur, seinen Montagen und dem künftigen Publikum könnten allerdings nur eintreten, wenn sich der Regisseur in die Psychologie seines Auditoriums einzufühlen vermöge und dessen Beziehung zum angebotenen Material im voraus erahne.

Den komplexen Zusammenhängen, die sich dabei auftun, suchte Pudowkin durch eine angemessene Montage-Auffassung gerecht zu werden. An ihr arbeitete er bis zu seinem Tode. Mitte der vierziger Jahre begann er einen Artikel, der dann erst 1949 zum Druck kam, betitelt: »Über die Montage«.

Er schlug darin eine provisorische Definition der Montage vor:

> *Für mich bedeutet Montage, die Zusammenhänge der realen Lebenserscheinungen komplex und mit Hilfe aller nur möglichen Verfahrensweisen in den Werken der Filmkunst aufzudecken und zu erklären.*[6]

An anderer Stelle heißt es:

»Die Montage ist eine neue, von der Filmkunst entdeckte und entwickelte Methode zur Enthüllung und erklärenden Darstellung aller in der realen Wirklichkeit vorkommenden Zusammenhänge, beginnend mit den an der Oberfläche sichtbaren bis zu den tiefsten und verborgensten.«[7]

Dem Autor ging es dabei darum, für die Kompositionslehre des Films die philosophischen Gesichtspunkte der materialistischen Dialektik wirksam zu machen, den Montage-Begriff also zusätzlich philosophisch-ästhetisch zu untermauern. Als Charakteristikum gattungsspezifischer Art hob er hervor, daß der Film »die Methode, zu zergliedern und zusammenzufügen«,[8] dank seiner technischen Möglichkeiten besonders entwickelt habe, eben die Film-Montage.

Das Entstehen der Filmkunst bedeute einen historischen Schritt der Künste hin zu maximaler Ausdruckskraft, und dies bei umfassender Wiedergabe der Wirklichkeit. In einer Aufstellung konfrontiert er die einzelnen Gattungen miteinander und faßt dann zusammen:

»Schlußfolgernd möchte ich in Form eines Schemas die Möglichkeiten der verschiedenen Kunstformen umreißen.

Malerei und Skulptur – unmittelbare, visuelle Wirkungskraft, aber keine Bewegung und Entwicklung in der Zeit.

Musik – direktes Empfinden der Bewegung und Entwicklung in der Zeit, aber keine visuellen Bilder.

Literatur – erschöpfende Fülle bei der Widerspiegelung der realen Welt in allen ihren Zusammenhängen und mit ihren Entwicklungsgesetzen, doch keine unmittelbare Wirkung durch visuell wahrnehmbare Bilder oder akustische Intonation des lebendigen Wortes.

Theater – visuelles Bild, lebendiges Wort, doch außerordentlich begrenzt in seinen Möglichkeiten, die objektive Realität in vollem Umfang darzustellen.

Nun zur Filmkunst. Wo liegen ihre Möglichkeiten? Sie beherrscht in vollem Maße die Kraft unmittelbaren visuellen Ausdrucks. Ihre freie Bewegung in der Zeit ermöglicht ihr, die rhythmischen Formen, die für Musik und Poesie gelten, in vollem Umfang zu nutzen und zu entfalten. Sie kann die Kompliziertheit der Welt erschöpfend abbilden und die tiefen Zusammenhänge zwischen den Erscheinungen sichtbar machen, da sie leicht in Raum und Zeit wechseln kann. Sie sieht das Detail genauso deutlich wie das Allgemeine, zu dem das Detail gehört.«[9]

Der Filmkunst seien »die Möglichkeiten aller bisher existenten Künste immanent«[10], resümiert Pudowkin. Sie sei in der Lage, auf der Leinwand ein vollständiges, unmittelbar wirksames Bild des Lebens widerzuspiegeln und es als dialektischen Prozeß von größter Kompliziertheit zu gestalten.

> *»Ein Zuschauer, der den ideellen Gehalt eines Films in sich aufnimmt, erlebt gleichsam den Denkprozeß eines Genius. Er sieht Details und erfaßt zugleich mit einem Blick das Allgemeine, er erkennt den Zusammenhang des Besonderen und Einzelnen mit dem Ganzen, er sieht die Veränderung und empfindet deren Gesetzmäßigkeit; er wendet sich der Vergangenheit zu, um sie zu prüfen, er eilt in die Zukunft, um endgültig ein Gesetz bestätigt zu finden. Eine so vollständige Abbildung der Wirklichkeit und eine so allseitige Aufhellung gesetzmäßiger Zusammenhänge realisiert sich in der Filmkunst mit Hilfe des Montageverfahrens.«*[11]

Was Pudowkin früher für die Analyse des einzelnen Werkes zu fundieren versucht hatte, die Durchsetzung einer materialistisch-dialektischen Auffassung von widerspruchsvoller Ganzheitlichkeit, skizzierte er nun einerseits für eine Betrachtung der gesamten künstlerischen Kultur, indem er unterschiedliche funktionale Möglichkeiten der Künste miteinander verglich. Andererseits trug er dieses Prinzip in das Montagekonzept, das damit freilich einem allgemeinen Kompositionskonzept für den Film außerordentlich nahekam. Wie bei Eisenstein war der Begriff der Montage darin mit dem der Komposition beinahe identisch.

Zu der Untersuchung subtiler Beziehungen in diesem Rahmen gesellten sich bei Pudowkin solche zur Arbeit des Filmschauspielers. Auch in der Tonfilmperiode' – ja, in ihr ganz besonders – strebte der Regisseur Pudowkin eine Darstellungsweise des Akteurs an, die zu einem Höchstmaß an Wirklichkeitsnähe tendierte. Dafür gab es viele Gründe. Ein wesentlicher politisch-ästhetischer mag für ihn darin gelegen haben, daß er eine Verpflichtung der sowjetischen Kinematographie zur Entdeckung von Lebenswahrheit sah. Sogenannte bedingte Gestaltungsweisen, die sich sehr von den realen Gegebenheiten entfernten, schienen ihm oft von diesem Prinzip wegzuführen, obschon er hier zu differenzieren verstand. Hinzu kam aber wohl auch eine polemische Haltung gegen Klischeehaftigkeit schlechter Filme, die sich auf das ungenaue und theatralische Spiel ihrer Darsteller stützten. Daher bekannte sich Pudowkin zu einem Spiel jenseits jeder Theatralik, auch zum Laiendarsteller, der nur sich selbst darzubieten hatte. Seine psychologisch anspruchsvollen Filmgeschichten setzten dem Einsatz von Laien aber Grenzen. Außerdem hatte Pudowkin schon bei der Besetzung der »Mutter« Hauptrollen an Schauspieler des Moskauer Akademischen Künstlertheaters vergeben, die dem Stanislawski-System verpflichtet waren und die Forderungen an nuanciertes und in Gestik und Mimik zurückhaltendes Spiel hervorragend erfüllten. So bildete sich für ihn ein entsprechendes Darsteller-Konzept heraus, zu dem er sich vielfach publizistisch äußerte. Auf Vorschlag der Leningrader Sektion für Filmwissenschaft an der Staatlichen Akademie für Kunstwissenschaft (GAIS) nahm er 1933 ein Buch über diese Problematik in Angriff. Die Publikation entstand dann auf der Grundlage des Protokolls einer mehrtägigen Sektions-Sitzung, bei der Pudowkin seine Positionen in Rede und Gegenrede entwickelte. Der Filmwissenschaftler Rostowzew überarbeitete dann den Text und brachte 1934 das Buch unter dem Titel »Der Schauspieler im Film«[12] heraus.

Mit diesem Band wiederholte sich für einen eingegrenzten Bereich das, was Pudowkins erstes Filmbuch eingebracht hatte: ein umfassender und in sich ausgewogener Erfahrungsbericht, der die Erkenntnisse auf der Höhe der Zeit systematisierte. Am Ende der Studie steht eine Reihe von Schlußfolgerungen, die hier kurz benannt sein sollen:

Zunächst erklärte Pudowkin die gesamte professionelle Technik des Schauspielers, die im Theater auf die Überwindung der Entfernung zwischen Bühne und Publikum zielt, für überflüssig und störend, also theatergemäße Stimmschulung und Diktion, ebenso theatergemäße Gestik und Maske. Im Film entfalle aufgrund der Vielschichtigkeit der darzubietenden Charaktere das theaterübliche Rollen-Fach. Der Schauspieler habe nicht mehr das »Typisierte« zu gestalten, denn der Kinematograph habe hierfür andere Möglichkeiten. Viele Theatererfahrungen seien dem Film indes nützlich.

»*Aus dem Arsenal des Theaterschauspielers kann alles für die Filmkunst übernommen werden, was im Zusammenhang mit dem schöpferischen Prozeß der Entstehung einer in sich geschlossenen Gestalt, der ›Aneignung‹ dieser Gestalt durch den Schauspieler steht, alles, was der Phase der spezifischen Suche nach bühnengerechter, theaterbedingter Spielweise vorausgeht. (...) Hier ist auch die Begründung dafür zu suchen, daß Stanislawskis Schule, die eine besondere Betonung auf den ursprünglichen Prozeß einer umfassenden ›Aneignung‹ der Gestalt durch den Schauspieler – und das selbst um den Preis, das ›theatergemäße‹ Moment der Interpretation zu vernachlässigen – legt (genauer gesagt: gelegt hat), dem Filmschauspieler am nächsten steht. Das intime Spiel von Stanislawskis Schülern, das bisweilen ein Schauspiel mit kaum zu merkenden Details überladen hat und das völlig auf ›den Glanz des Theatralischen‹ verzichtete, kann in der Filmkunst eine bemerkenswerte und notwendige Entwicklung erfahren.*«[13]

Alle Verfahrensweisen, die dem Schauspieler am Theater geholfen hätten, sich trotz verschiedenartigster Unterbrechungen eine Gestalt als Ganzes anzueignen, sollte die Filmkunst übernehmen. Etwa die Probenarbeit. Die Montage ersetze nicht das Spiel der Akteure, sie helfe es eher wiederzugeben. Der Schauspieler solle sich darum Wissen um die filmische Technik aneignen. Er habe sich auch in der Filmpraxis zu integrieren, aus seiner Position filmische Ausdrucksweisen weiterzuentwickeln.

Dergestalt sprach sich Pudowkin in der Tonfilmperiode grundsätzlich für einen professionellen und am künstlerischen Werk weitgehend mitbeteiligten Darsteller aus. Immer wieder betonte er die Vorzüge des Stanislawski-Systems für die Regie und Schauspielerarbeit im Film, wie entsprechende Publikationen[14] bezeugen. Die Auffassungen von Ganzheitlichkeit und dialektischen Widersprüchen, die Pudowkins Theorieansatz generell bestimmten, nehmen auch dort einen bedeutsamen Platz ein.

Sergej M. Eisenstein (II)
Innere Rede und Komposition

Auch in den dreißiger Jahren blieb der Begriff der Montage für die Theorie und Praxis Eisensteins von zentraler Bedeutung. Dies freilich bei verändertem Inhalt. Denn es fand in dieser Periode eine beträchtliche Weiterentwicklung des Eisensteinschen Konzeptes statt, und dem Montagebegriff fiel gleichsam eine Pilotfunktion dabei zu, die vielfältigen Differenzierungen, Weiterungen und Wandlungen innerhalb des filmtheoretischen Denkens einzuleiten. Was bei aller Flexibilität des Montageverhältnisses erhalten blieb, das war seine Bindung an ein wirkungsästhetisches Programm, das die Kunst der Ideologie der revolutionären Klasse verpflichtete. Gegenüber der sich wandelnden gesellschaftlichen Realität hatte sich der Film zu bewähren, und mit ihm seine Theorie. Neue Widersprüche waren im Leben zu bewältigen, neue Stoffe für Filmgeschichten tauchten damit auf, und diese verlangten entsprechende filmische Gestaltungsweisen. Auch die Rezipienten erwarteten von der Filmkunst etwas anderes als in den ersten Jahren nach der Revolution. Das Montagekonzept hatte sich dieser veränderten Situation der Filmkommunikation zu stellen, was u. a. bedeutete, allgemeingültiger in seiner Anwendung zu werden, um sich den verschiedenen Erscheinungsformen der Montage anzupassen. Zugleich war es nötig, daß die neuen Gestaltungsmöglichkeiten des Films, die sich aus der Entwicklung seiner Technik ergaben, hierbei berücksichtigt wurden, also etwa der Ton, die Farben usw. Und insgesamt hatte sich das Nachdenken über Film in einem umfassenderen ästhetischen Konzept zu vollziehen, welches die methodischen und methodologischen Potenzen der marxistischen Lehre nutzte.

Eisensteins Montage zeigte sich diesen Forderungen gewachsen. Mehr und mehr betonte sie in den dreißiger Jahren die Einbindung des Teilmoments in das Ganze, bezog also sowohl die einzelne Bildeinstellung wie die verschiedene Sinnesbereiche ansprechenden Gestaltungskomponenten immer unerbittlicher auf den Gesamtzusammenhang der Komposition des Filmwerkes und auf dessen kommunikative Funktion innerhalb der gesellschaftlichen Realität. Mitte der dreißiger Jahre begann Eisenstein eine umfassende systematische Filmtheorie zu skizzieren, für die die Montageprobleme nur einen – wenngleich wichtigen – Teilsektor bildeten. Zugleich eröffnete diese Kunsttheorie den Ausblick auf ein weitgefaßtes ästhetisches Gesamtkonzept, das neben dem Werk selbst auch den Schaffens- und Rezeptionsprozeß einschloß und die anfallenden psychischen und sozialen Vorgänge im Rahmen von Wechselbeziehungen des Films mit anderen Künsten und kulturellen Erscheinungen analysiert haben wollte. Bemerkenswerterweise bedeuteten diese Weiterungen indes nicht zwangsläufig eine Verwässerung des persönlichen Schaffensprogramms oder des individuellen Stils des Regisseurs Eisenstein, sie halfen vielmehr, dessen Poetik eines polyphonen Films zu fundieren.

Um diesen sehr umfangreichen Komplex sich entwickelnder Beziehungen, die für Eisensteins Filmtheorie maßgebend waren, überhaupt im Auge behalten zu können, soll hier versucht werden, eine besonders fundamentale und für heute noch produktive Überlegung Eisensteins in den Mittelpunkt der Betrachtung zu stellen und von daher Zugang zu den anderen Bereichen zu gewinnen. Gemeint ist das mit dem Montagegedanken eng verknüpfte Konzept der inneren Rede im Schaffens- und Rezeptionsprozeß des Films. Dieses nämlich führt zu dem hin, was Eisenstein später als »Grundproblem« benannte und in den vierziger Jahren in einer umfassenden Monographie, die leider nur im Ansatz ausgeführt werden konnte, zu untersuchen begann. In der Eisensteinforschung hat sich eine Bestimmung für das Grundproblem durchgesetzt, die Naum Klejman formuliert als »die Wechselbeziehung von Sinnlichem und Rationalem im Prozeß des Schaffens, in dessen Resultat, dem fertigen Kunstwerk und ebenso im Prozeß der Einwirkung und Rezeption dieses Werkes«[1]. Eisenstein ging es immer wieder um diese Dialektik, die er schon bei der Ausformung seiner Theorie des intellektuellen

Films, bei der das Rationale noch betont wurde, mit ins Spiel gebracht hatte. In einem Vortrag, den er an der Sorbonne hielt, kam er auf den Vorzug der Filmkunst zu sprechen, Denken und Fühlen in gleicher Weise Rechnung tragen zu können.

»... *abstrakte Ideen sind durch Bilder filmisch zu gestalten, die sie in gewisser Weise konkretisieren, und dies nicht dergestalt, daß man eine Idee in irgendeine Anekdote oder Geschichte übersetzt, sondern indem direkt im Bild (image) oder in der Kombination der Bilder das Mittel gefunden wird, die Gefühlsreaktion zu provozieren, sie vorauszusehen und vorauszuberechnen. (...)*

Dies bedeutet, eine Reihe von Bildverknüpfungen der Art zu realisieren, daß sie eine affektive Bewegung initiiert, welche ihrerseits eine Reihe von Ideen wachruft. Vom Bild zum Gefühl, vom Gefühl zur These. Es ist offensichtlich, daß man damit riskiert, symbolisch zu werden; aber Sie dürfen nicht vergessen, daß der Film die einzige konkrete Kunst ist, die gleichzeitig dynamisch ist und Operationen des Denkens auszulösen vermag. (...)

Ich meine, daß diese Aufgabe der intellektuellen Erregung sich auch mit dem Film erfüllen dürfte. Er dürfte das historische Werk der Kunst unserer Zeit werden, weil wir unter einem schrecklichen Dualismus leiden, dem zwischen Denken, der rein philosophischen Spekulation, und dem Gefühl, der Emotion.«[2]

Hier wird ganz deutlich schon ein gewisses Gleichgewicht zwischen Rationalem und Gefühlsmäßigem in der Filmkunst angestrebt. Die Kunstpraxis legte dergleichen nahe, sowohl bei der Gestaltung von Konflikten, Geschichten und Figuren wie auch bei der Montage. Der Typ von Erlebnisgehalten beim Rezipienten hatte sich verändert, und Eisenstein erkannte dies. Das Problem für die Kunst und ihre Analyse bestand darin, die unterschiedlichen Inhalte und Rezeptionsweisen als eine Einheit, und zwar eine widersprüchliche und dynamische, zu realisieren bzw. analytisch faßbar zu machen. Der methodische Schlüssel lag darin, die Aufmerksamkeit von der Werkstruktur zur psychischen Funktion hin zu verlagern, was Eisenstein schon in der »Vierten Dimension« begonnen hatte. Die Psychologie jener Zeit, und hier sind besonders die hervorragenden sowjetischen Gelehrten Lew Wygotski und Alexander Lurija zu nennen, mit denen er in freund-

schaftlichem Kontakt stand, schuf dafür einen günstigen Ansatzpunkt, indem sie auf das Phänomen der inneren Rede verwies.
Lurija schrieb später: »Die innere Rede, dieses unabdingbare Kettenglied auf dem Wege des Überganges des Gedankens in eine
entfaltete Aussage, wurde von L. S. Wygotski keineswegs als eine
›Schöpfung für sich selbst‹ oder als ›Rede minus Laut‹ angesehen,
die alle grammatischen Formen der entfalteten äußeren Rede enthält. Das Vorhandensein eines solchen ›Geredes für sich selbst‹
hätte keinerlei psychologische Funktion …«[3] Und Lurija unterstrich nochmals, daß sowohl in funktionaler wie morphologischer
Hinsicht die innere Rede sich von der äußeren unterscheide.[4]
Hier nun setzte Eisensteins Überlegung an.

Die prädikative Funktion der inneren Rede bedeutete für ihn den
Übergang zum Ausdrucksmoment; ihr unentfalteter Charakter,
der sich u. a. in der grammatischen Formlosigkeit zeigt, ließ ein
Beieinander von Fühlen und Denken zu. Psychische und kommunikative Prozesse werden hier eng miteinander verbunden. »Über
die innere Rede verwirklicht sich auch die Translation des für ein
ganzes Kollektiv Gemeinsamen in Individuelles«, schreibt Wjatscheslaw Iwanow, der daran den Gedanken knüpft: »Auf ähnliche
Weise wurde für Eisenstein das Problem der inneren Rede zum
Sprungbrett für die ganze Theorie des ›Grundproblems‹ der
Ästhetik: In der Kunst vereinigt sich sinnliches Denken, das mit
archaischen Schichten des Bewußtseins verbunden ist, und logisches Bewußtsein, das vor allem den Zielen der Kommunikation
unterliegt.«[5] Boris Eichenbaum hatte schon 1926 notiert, dem Filmzuschauer obliege »die schwierige Kopfarbeit der Verknüpfung
der Einstellungen und des Erratens der Bedeutungsnuancen.
Diese Arbeit nenne ich die innere Rede des Filmzuschauers. (…)
Steht der Film der Kultur des Wortes auch entgegen, so doch nur
in einer Weise, daß das Wort hier in die Tiefe geführt ist und erraten werden muß.«[6] Eisenstein fand in den Strukturcharakteristika
der inneren Rede zudem die Eigenheiten des sinnlichen Denkens
wieder.

In der Literatur jener Jahre traten Ausdrucksformen innerer
Rede vor allem im sogenannten inneren Monolog in Erscheinung.
Dieses Gestaltungsprinzip hatte Eisenstein vor allem in den Wer-
ken von James Joyce beobachten können, und gelegentlich seiner

Filmadaption von Dreisers »Amerikanischer Tragödie« begann er selbst mit der Form des inneren Monologs im Film zu experimentieren. Bei der Lösung der konkreten Gestaltungsprobleme und der Analyse analoger Beispiele dürfte ihm die paradigmatische Bedeutung des inneren Monologs für das Verständnis des künstlerischen, speziell des filmkünstlerischen Denkens immer klarer geworden sein. Die innere Rede erschien als der sinnvollste filmästhetische Ausgangspunkt, um sowohl Kreation wie Rezeption von Kunst zu erklären. Und speziell die Montage des Films bot sich als Äquivalent für den inneren psychischen Vorgang an, schien eine modellhafte Veräußerlichung zu bilden. In seinem Artikel von 1933 »Bedienen Sie sich!« beschrieb Eisenstein seine Arbeit an der Verfilmung der »Amerikanischen Tragödie«, verwies auf die literarischen Beispiele für innere Monologe und folgerte, daß ein voller Ausdruck des inneren Monologes nur im Film zu erreichen sei.

Seine Wertschätzung für diese Gestaltungsweise begründete er theoretisch damit, daß »die Montageform als Struktur eine Rekonstruktion der Gesetzmäßigkeit des gedanklichen Ablaufs« sei, wobei »der Gedankenablauf als Montageform durchaus nicht unbedingt den Gang der Gedanken zum Sujet haben müsse.«[7]

1935 nahm Eisenstein in einer Rede vor Filmschaffenden ausführlich zu der Problematik von innerem Monolog, innerer Rede und der Dialektik von Gefühlsmäßigem und Rationalem in der Kunst Stellung. Er ging dabei von der aktuellen Forderung an die Filmkunst aus, ein »sinnliches Denken« zu befördern, und bezeichnete die »Emotionalisierung des Denkprozesses als eine der Hauptaufgaben«[8]. Zugleich erklärte er, die innere Rede betreffend:

»Diese innere Rede, der Entwicklungs- und Werdegang des Denkens, ist nicht in jener logischen Konstruktion formulierbar, mit der der auszusprechende formulierte Gedanke geäußert wird, sie hat eine besondere, eigene Struktur. Diese Struktur beruht auf einer Folge von sehr deutlichen Gesetzmäßigkeiten. Und das Bemerkenswerte, weshalb ich darüber überhaupt spreche, besteht darin, daß diese Gesetzmäßigkeiten des Baus der inneren Rede genau die Gesetzmäßigkeiten sind, auf die sich all die Gesetzmäßigkeiten gründen, nach welchen Form und Komposition von Kunstwerken konstruiert werden. Und es gibt keinen einzigen formalen

Kunstgriff, der sich nicht als strukturgleich mit der einen oder anderen Gesetzmäßigkeit erweisen würde, mit deren Hilfe die innere Rede im Unterschied zur Logik der äußeren Rede gebaut wird. Das könnte auch gar <u>nicht</u> anders sein. Wir wissen, daß der Herausbildung einer künstlerischen Form das sinnliche und bildhafte Denken zugrunde liegt. Die innere Rede basiert eben auf dem Entwicklungsstadium der bildhaft-sinnlichen Denkstruktur, ohne vorerst zu der logischen Konstruktion vorzudringen, deren Gestalt sie beim Ausdruck in Schrift oder Sprache in Form einer logischen Rede annimmt. Bemerkenswert ist, daß – genauso wie die Logik in ihren Konstruktionen über eine ganze Reihe von Gesetzmäßigkeiten verfügt – auch die innere Rede, dieses sinnliche Denken, nicht weniger deutlich wahrnehmbare Gesetzmäßigkeiten und strukturelle Besonderheiten aufweist.

Diese Gesetzmäßigkeiten sind bekannt, und unter dem Aspekt des soeben Gesagten bilden sie gleichsam den kompletten Fundus der Gesetze vom Bau der Form.«[9]

In der gleichen »Rede auf der Allunionskonferenz sowjetischer Filmschaffender« macht Eisenstein dann eine grundsätzliche Aussage, die Dialektik der Kunst und das Grundproblem betreffend:

»Die Wirkung eines Kunstwerkes beruht darauf, daß in ihm gleichzeitig ein zwiespältiger Prozeß abläuft: das ungestüme progressive Emporstreben auf höhere Stufen des Bewußtseins und zugleich das Eindringen (über die formale Struktur) in allertiefste Schichten sinnlichen Denkens. Das polarisierende Aufspalten dieser beiden Linien schafft jene wunderbare innere Spannung in der Einheit von Form und Inhalt, durch die sich echte Kunstwerke auszeichnen. Außerhalb dieser Einheit kann es keine echten Kunstwerke geben.«[10]

Die Problematik des sinnlichen Denkens deklarierte Eisenstein dabei nicht als neu, vielmehr verwies er auf entsprechende Auskünfte bei Hegel und Plechanow. Dergestalt formulierte sich sein systematischer Ansatz zur Kunstanalyse nun im Anschluß an eine lange Traditionslinie. Bedeutsam für Eisensteins Ästhetik war dabei nicht nur der Kontakt zu Wygotski und Lurija, sondern auch zu anderen psychologischen Schulen, wie der Pawlows und Freuds, Wundts, Rankes, Kretschmers, James', Frazers, Levy-

Brühls, Köhlers u. a. Für die Formulierung des »Grundproblems« in der Mitte der dreißiger Jahre zog Eisenstein ferner Gedankengänge hinzu, die die Frühgeschichte des menschlichen Denkens berührten. Immer wieder griff er, der sich spätestens seit seinem Mexico-Film für urwüchsige Lebens- und Kunstformen interessierte, auf Beispielmaterial und theoretische Hinweise zurück, die die Verwandtschaft zwischen archaischem Denken und Formen der inneren Rede und damit der Kunstproduktion hervortreten ließen, und er stützte sich dabei namentlich auf das Konzept des Sprachwissenschaftlers N. Marr. Später wurden für Eisenstein auch Überlegungen wichtig, die aus der Entwicklungspsychologie stammten und die ersten Denkschritte des Kindes betrafen. Der egozentrische innere Monolog des Kleinkindes erwies sich als ein ebenso günstiges Paradigma wie das des frühgeschichtlichen Denkens, um sich den Gesetzmäßigkeiten künstlerischen Schöpfertums zu nähern, besonders, was den Zusammenhang von Fühlen und Denken anging.[11]

1942 schrieb Eisenstein in seiner Untersuchung »Dickens, Griffith und wir«, den Zusammenhang von innerer Rede und Montage betreffend:

> »So wird allmählich das Geheimnis des Montageaufbaus als Geheimnis der _Struktur einer emotionalen Rede_ gelöst. Denn wie das Prinzip der Montage, so _entsprechen_ auch alle Eigenarten ihres Aufbaus genau dem affektbedingten emotionalen Redestil.«[12]

Am Schluß dieses Artikels findet sich eine Überlegung, die für die Montage-Auffassung von Eisensteins letzter Schaffensperiode charakteristisch ist:

> »Für uns wurde die Montage zu einem Instrument, das es uns gestattet, zur _Einheit der höchsten Ordnung vorzudringen, durch das Montagebild die organische Verkörperung einer einheitlichen ideologischen Konzeption zu erreichen, die alle Elemente des einzelnen, des Details des Filmwerks umfaßt._
> So verstanden, ging sie in ihrer Bedeutung weit über den Begriff der ausgesprochenen Filmmontage hinaus; so trägt sie viele fruchtbare und bereichernde Gedanken zum Verständnis der Methoden auf dem ganzen Gebiet der Kunst bei. (...) Und demgemäß sind die Prinzipien unserer Montage Prinzipien der _Einheit im Mannigfaltigen._«[13]

Die Montage ist hier zu einem Kompositionsprinzip allgemeiner Art geworden, die durchaus das Moment des Konflikts zum Ausdruck bringt, aber auf eine Weise, daß vor allem dem Gesamtzusammenhang der Komposition und ihrer ideellen Wirkung Rechnung getragen wird. In den Jahren ab 1935 wurde dieses Konzept von Eisenstein nach und nach entwickelt. In dem Artikel »Montage 1938« explizierte er eine Vorstellung von Montage, die sich in einer Phase des Sowjetfilms bewähren sollte, in der man von der Montage wenig hielt, wobei Eisenstein ja selbst zehn Jahre lang keine Gelegenheit hatte, einen Film fertigzustellen, der dieser Tendenz praktisch hätte begegnen können. Über die Filme der letzten Jahre hieß es, daß sie in ihrem Drang, mit der Montage »abzurechnen«, deren eigentlichen Zweck vergaßen, ebenso deren »grundlegende Aufgabe, die für sie – wie für jedes Erzeugnis der Kunst – in der *Erkenntnisvermittlung* liegt: die *Aufgabe, Thema, Sujet, Handlung, Taten*, die Dynamik innerhalb der Episode wie auch innerhalb des Films insgesamt *zusammenhängend und folgerichtig darzulegen*. Ganz zu schweigen von der *erregenden Erzählung …*«[14]

Diesen allgemeinen Grundsatz der Montage arbeitete Eisenstein dann heraus, um »die vergessene Kultur der Montage wieder zu beleben«[15]. Entsprechend erklärte er die Genesis der Montage:

> »*Werden zwei beliebige Stücke (eines Filmstreifens/P. W.) aneinandergefügt, so vereinigen sie sich unweigerlich zu einer neuen Vorstellung, die aus dieser Gegenüberstellung als neue Qualität hervorgeht.*«[16]

Und weiter:

> »*Als richtig erwies sich und erweist sich bis heute die Tatsache, daß die Aneinanderstellung zweier Montageteile weniger der Summe beider Teile ähnlich ist als vielmehr einem qualitativ neuen Produkt; gegenüber einer Summe unterscheidet sich das Resultat solcher Nebeneinanderstellung qualitativ (sagen wir durch die Dimension oder das Maß) stets von jedem der beiden – einzeln betrachteten – Elemente.*«[17]

Er selbst habe sich früher, so gibt er zu, vor allem für die Gegenüberstellung innerhalb der Montage interessiert und weniger für den Bildinhalt. Die ausschließliche Beachtung des Bildinhaltes führe zur Verkümmerung der Montage, man müsse indes beide

Extreme in ein richtiges Verhältnis zueinander bringen. Zu konzentrieren habe man sich:

>*Auf das, was gleichermaßen den Bildinhalt wie auch die kompositorische Gegenüberstellung dieser einzelnen Inhalte bestimmt, das heißt auf den Inhalt des Ganzen, des Allgemeinen, des Verbindenden.*<[18]

Er fordert:

>*Man hätte sich intensiver mit dem Wesen des Vereinigungsprinzips befassen müssen, jenes Prinzips, das für jeden Film gleichermaßen den Inhalt eines Bildausschnittes wie auch den durch eine bestimmte Gegenüberstellung dieser Bildausschnitte sich offenbarenden Inhalt erzeugt.*
>*Das machte es jedoch sofort notwendig, das Forschungsinteresse nicht außergewöhnlichen Fällen zuzuwenden, wo dieses Ganze, Allgemeine, Abschließende nicht vorhergesehen, sondern unerwartet, zufällig entsteht. Man hätte Fälle zählen müssen, wo die einzelnen Teile nicht nur in Beziehung zueinander stehen, sondern wo das Abschließende, Allgemeine, Ganze vorhergesehen entsteht und darüber hinaus selbst sowohl die Elemente als auch die Bedingungen ihrer Gegenüberstellung vorherbestimmt. Das werden die normalen, allgemein verbreiteten und üblichen Fälle sein. In ihnen wird dieses Ganze genau wieder als ›etwas Drittes‹ entstehen; doch das Gesamtbild darüber, wie Bildausschnitt und Montage und beider Inhalt bestimmt werden, wird anschaulicher, deutlicher sein. Und diese Fälle nun werden sich als die für den Film typischen erweisen.*
>*Bei einer solchen Betrachtungsweise der Montage stehen die einzelnen Bildausschnitte und ihre Gegenüberstellung im richtigen Verhältnis zueinander. Vor allem aber wird dadurch das Wesen der Montage nicht von den Prinzipien der realistischen Filmgestaltung getrennt, sondern die Montage wirkt dann als eines der konsequentesten und gesetzmäßigsten Mittel zur realistischen Darlegung des Inhalts. (...) Die Gegenüberstellung besonderer Details in einem bestimmten Montageaufbau läßt in unserer Wahrnehmung jenes Allgemeine entstehen, das wiederum alle einzelnen Teile erzeugt hat und sie zu einem Ganzen verbindet, und zwar zum verallgemeinerten Bild, in dem der Künstler und nach ihm die Zuschauer das gegebene Thema erleben.*<[19]

Bei dieser Interpretation der Montage als einem Mittel, das Verallgemeinerungen schafft, Teile auf ein Ganzes beziehen hilft, also auch Erkenntnis vermittelt, vergißt Eisenstein nie, den Bezug zum Emotionalen zu suchen, also der affektbedingten inneren Rede gerecht zu werden, die für ihn zum Kunsterlebnis gehört.

>*Die Kraft der Montage beruht darin, daß Emotionen und Verstand des Zuschauers am schöpferischen Prozeß teilnehmen. Sie lassen den Zuschauer den gleichen schöpferischen Weg zurücklegen, den der Autor gegangen ist, als er das verallgemeinerte Bild schuf. Der Zuschauer sieht nicht nur die dargestellten Elemente des Werkes, sondern er erlebt auch den dynamischen Prozeß des Entstehens und der Entwicklung eines verallgemeinerten Bildes so, wie ihn vorher der Autor erlebt hat. Auf diese Weise kommt man wohl dem Ziel am nächsten, dem Zuschauer die Fülle der Empfindungen und Ideen ›mit der gleichen Kraft der physischen Wahrnehmbarkeit‹ zu vermitteln, mit der sie dem Autor während der schöpferischen Arbeit in seiner schöpferischen Konzeption vorschwebten.*‹[20]

Betont wird die Rolle der Emotionen im Schaffens- und Rezeptionsprozeß. »*Formierung und Verstärkung* der Emotionen«[21], das ist es, was Eisenstein an der künstlerischen Verallgemeinerung vermöge der Montage als wesentlich betrachtet. In diesem Sinne versucht er auch dramaturgische Kategorien neu zu sehen und verteidigt Erzählweisen, die nicht nur auf »logisch-zusammenhängenden Fabeln« beruhen, sondern auf »*im höchsten Grad erregenden* emotionalen Fabeln«.[22]

In einem Aufsatz »Über den Bau der Dinge«, der 1940 veröffentlicht wurde, beschäftigte Eisenstein sich mit dem umfassenden kompositionellen und ästhetischen Zusammenhang, in dem das Montageprinzip wirksam wird. Wie gesagt, gab er dabei sein wirkungsästhetisches Kunstkonzept nicht auf, sondern differenzierte und erweiterte es. Er bezog es auf die allgemeinsten Probleme, wie das der Darstellung und des Verhältnisses zum Dargestellten. Die filmische Komposition stellt er in diesen Funktionszusammenhang und erklärt daraus die Baugesetze des Kunstwerks.

>*Die Komposition nimmt die Strukturelemente der dargestellten Erscheinung und schafft aus ihnen die Gesetzmäßigkeit der Konstruktion des Kunstwerkes. Dabei nimmt sie in Wirklichkeit diese Elemente in erster Linie aus der Struktur des emotionalen Verhaltens des Menschen, der mit dem Erleben des Inhalts dieser oder jener dargestellten Erscheinung verbunden ist.*‹[23]

Er differenziert dabei zwischen unterschiedlichen emotionalen Bezügen:

> *Das Ausgangsschema für den Aufbau der Komposition wird man aber nicht so sehr in der Emotion, die das Dargestellte begleitet, suchen müssen, sondern in erster Linie in der Emotion des Verhältnisses zum Dargestellten.*[24]

Weiter heißt es dazu:

> *Die entscheidenden Elemente des kompositorischen Aufbaus nimmt der Autor aus den Grundlagen seines Verhältnisses zu den Erscheinungen. Dieses Verhältnis diktiert die Struktur und die Charakteristik, nach der die Darstellung selbst durchgeführt wird. Die Darstellung wird dadurch, ohne an Realität zu verlieren, um vieles verständlicher und gefühlsbetonter.*[25]

Eisenstein erklärt den Kompositionsbegriff in dem genannten Artikel, der später noch genauer in Augenschein genommen werden soll, immer wieder in ähnlicher Weise und verallgemeinert ihn mit den Worten:

> *»... eine Komposition in dem Sinne, in dem wir sie hier verstehen, ist eine Konstruktion, die in erster Linie dazu dient, das Verhältnis des Autors zum Inhalt zu verkörpern und gleichzeitig den Zuschauer in dasselbe Verhältnis zu diesem Inhalt zu versetzen.«*[26]

Diese Konstruktion wurde dabei als eine solche verstanden, an der alle Gestaltungsfaktoren des Films teilhatten. Sie bezog sich auf das Wirken des Films innerhalb der unterschiedlichen Sinnesbereiche und die Nutzung aller verfügbaren technischen Mittel. Dabei stand Eisenstein nicht nur dem Ton und seiner Anwendung aufgeschlossen gegenüber, sondern ebenso der Farbe, den technischen Neuerungen hinsichtlich des Bildformates und der Dreidimensionalität der Darstellung. Komposition war für ihn Gesamtkomposition aller beteiligten Komponenten. Und die Bezugsebene für alles bildete die emotionale Rede, der Bewußtseinsprozeß des Menschen in seinem dynamischen Zusammenwirken von Gefühlsmäßigem und Rationalem. Die Montage stellte die Einheit im Mannigfaltigen und Gegensätzlichen her. Sie vermittelte zugleich zwischen den unterschiedlichen Ausdrucksebenen.

Schon 1928, als Eisenstein zusammen mit Pudowkin und Alexandrow in dem Manifest zum Tonfilm die Gefahren und Möglichkeiten der technischen Neuerung auflistete, kam es dort zu Formulierungen, die er später wieder aufnahm:

>*Nur die kontrapunktische Ausnutzung des Tones in Beziehung zum visuellen Montage-Teil eröffnet neue Möglichkeiten der Entwicklung und Vervollkommnung der Montage.*

Die ersten Experimente mit dem Ton müssen in der Richtung seiner scharfen <u>Abtrennung</u> von den visuellen Formen gehen. Nur ein solcher Angriff wird die Einfühlung ergeben, welche notwendig ist, um in Zukunft den neuen, <u>orchestralen Kontrapunkt</u> der visuellen und akustischen Formen zu schaffen.<*[27]

1937 hatte Eisenstein einen Aufsatz zur Montageproblematik geschrieben, der sich von der »Montage 1938« unterschied. Dort bekannte er eingangs: »Die ›Rolle‹ der Montage im Tonfilm liegt grundsätzlich in der inneren Synchronisation der Darstellung und des Tons.«[28] Und er meinte mit jener »inneren Synchronisation« die Herstellung des inhaltlichen Bezuges. Dahinter stand ein Polyphonie-Prinzip, das Eisenstein selbst für den Stummfilm in Anspruch nahm, wenn er 1940 über die Komposition der Bittprozession von »Das Alte und das Neue« notierte, die er als Beispiel polyphoner Montage bezeichnete:

>*Die allgemeine Montage-Bewegung war ununterbrochen in Aktion und verknüpfte alle diese verschiedenartigen Themen und Partien in der Einheit allgemeiner Steigerung. Und jedes Montagestück war nicht nur streng auf die <u>allgemeine</u> Bewegungs-Linie, sondern auch auf die Bewegungsperepetien innerhalb <u>jedes einzelnen</u> Themas bezogen. Manchmal sog ein Montagestück fast sämtliche dieser Einzelthemen in sich auf, manchmal auch nur eines oder zwei und schloß mit einer Pause andere aus. Manchmal trat es bezüglich eines Themas einen notwendigen Schritt zurück, um dann um so deutlicher zwei Schritte vorauseilen zu können, während alle übrigen Themen sich gleichmäßig vorwärtsbewegten usw. usw. Doch stets mußte jedes Montagestück nicht etwa nur nach einem einzigen Merkmal, sondern vielmehr nach einer ganzen Merkmal-Reihe überprüft werden, bevor entschieden wird, ob es sich als ›Nachbar‹ dieses oder jenes anderen Montagestücks eignet.*

(...) Die Kompliziertheit solcher Arbeitsweise sollte keinesfalls überra-

*schen, da sie fast genau dasselbe ist, was bei der allereinfachsten musika-
lischen Orchestrierung zu machen ist.«*[29]

Dies steht in der umfassenden Untersuchung zur »Vertikalmontage« von 1940, die die Problematik von »Montage 1938« fortsetzte.
Schon 1937 hatte Eisenstein diesen Begriff benutzt, um komposi-
tionelle Zusammenhänge abbilden zu können.

Was ist unter Vertikalmontage zu verstehen? Eisenstein war
der Ansicht, daß man sich über das Zusammenwirken solcher Gestaltungskomponenten wie Bild und Ton, die jeweils noch vielfältig differenzierbar sind hinsichtlich Linie und Farbe, Musik, Geräusch und gesprochenes Wort, einen Überblick verschaffen solle,
wie dies in einer Orchesterpartitur geschehe, die nicht nur in ho-
rizontaler Richtung, also im Nacheinander der Töne zu lesen sei,
sondern auch in vertikaler, indem man für jede Zeiteinheit auch
den jeweiligen Zusammenhang der einzelnen Stimmen feststellen
könne.[30] Filmische Komposition in ihren polyphonen Möglichkeiten ließe sich damit gleichsam wie ein vielstimmiges Musikstück
auffassen und auch entsprechend abbilden. Sowohl in ihrem zeitlichen Ablauf wie eben auch vertikal, analog zu parallel geführten
»Stimmen«.

Diese Gedanken bedeuten nicht nur eine konsequente Weiterführung bisheriger Überlegungen des Theoretikers und Lehrers
Eisenstein, sie reflektierten auch unmittelbare praktische Probleme des Regisseurs. Eisenstein hatte 1938 mit »Alexander
Newski« ein neues bedeutsames Werk geschaffen, das die Mittel
des Tonfilms sogleich schöpferisch weiterentwickelte, und er in-
szenierte 1940 am Bolschoi-Theater Richard Wagners »Walküre«.
In beiden Fällen war er mit einer neuen Vielfalt von Ausdrucks-
komponenten, von »Stimmen«, konfrontiert, und dazu kam, daß
er über die Möglichkeiten der Farbe nachzudenken begann, die er
wenige Jahre später, in »Iwan Grosny«, dann bereits souverän verwenden sollte. Der Analytiker war sich darüber klar, daß mit
Ton und Farbe durchaus kein neues Prinzip wirksam wurde, das
es jetzt zu entdecken galt, sondern eher ein solches nun ganz
offensichtlich erschien, das dem Film schon immer immanent
war, das des polyphonen Ausdrucks. Bereits in Eisensteins
Stummfilmen war es ja gelegentlich deutlich zum Tragen ge-

kommen.[31] Es galt jetzt, dieses Prinzip in einer filmästhetischen Theorie aufzuheben. Wovon war dabei auszugehen? Eisenstein stellte sich dieser Frage in der »Vertikalmontage« rigoros, und er kam zu der Antwort: Vom Menschen. Es sei »der Mensch und die Wechselbeziehung seiner *Gestik und Intonation*, die durch eine einheitliche Emotion hervorgerufen werde, welche den entscheidenden Prototyp für die Bestimmung der audiovisuellen Struktur bilde«[32]. Gestik und Intonation waren für Eisenstein Momente der Ausdrucksbewegung des Menschen, die sowohl als Resultat sinnlichen Denkens wie auch als Mittel gewertet wurden, ein solches im kommunikativen Akt der Kunst erneut hervorzurufen – unter Wahrung einer gewissen Ganzheitlichkeit und Unmittelbarkeit. Zudem ließ sich das allgemeine Ausdruckskonzept im Hinblick auf den Darsteller noch modifizieren, machte Eisenstein doch hierfür den Begriff der Mise en scène geltend, der etwas qualitativ Neues beinhaltete. Dergestalt sind die einzelnen Abschnitte der »Vertikalmontage« zwar solchen Aspekten wie Farbe und Ton bzw. Bild und Ton in »Alexander Newski«, speziell der Szene »Schlacht auf dem Eis«, gewidmet, sie entwickeln aber zugleich auch ein erstes geistiges Instrumentarium für die Analyse polyphoner Komposition im Film überhaupt. Die Ausdrucksbewegung wird anhand der Physiognomie des kompositorischen Teilstücks untersucht und im Bau des Werkganzen entdeckt. Die Bedeutungsverschiebungen für das Teilmoment infolge der Kombination mehrerer Mittel »in der Vertikalen« werden ins Auge gefaßt, genauso wie die Zusammenhänge zwischen Erwartung des Rezipienten und den Entwicklungen auf der horizontalen Ebene der Montage, welche wiederum ihren Einfluß auf die vertikalen Beziehungen haben. Die Darstellungsform, die Eisenstein hier wählt, ist eher essayistisch als wissenschaftlich-systematisch, und das Beispielmaterial, das er heranzieht, ist von solch enormer Variationsbreite, daß es dem Artikel damals den Vorwurf von Eklektizismus eintrug. Es fällt heute indes nicht schwer, einen sehr einleuchtenden systematischen Zusammenhang darin zu erkennen, der vom ganzheitlichen sinnlichen Denken des Menschen zur Ausdrucksbewegung in ihrer Differenzierung und Entfaltung, von einer synkretischen Gestik und Intonation aus zu den unterschiedlichen »Stimmen« der filmischen Vertikalmontage hinleitet und von dort wieder – als Wirkung von Kunst vermöge des »obras« (der Gestaltung, des künstlerischen Bildes) – zum sinnlichen Denken zurückgeführt wird, freilich nun beim Kommunikationspartner. Eisenstein begann damit zugleich das Gebäude der Filmtheorie, wie er es sah, von zwei wichtigen Konstruktionsmomenten her zu vervollständigen. 1939 hatte er, befaßt mit der Ausarbeitung von Lehrprogrammen des Filminstituts, zum Spaß eine Skizze gezeichnet, die das Gebäude der Filmtheorie darstellen sollte. Das Fundament bildet die »Methode der Dialektik«, darüber liegt als gestufte Grundplatte des Gebäudes die »Ausdrucksfähigkeit des Menschen«. Die vier Säulen »Pathos«, »Inszenierung«, »Bildkomposition« und »Komisches« tragen den Querbalken, der mit »Sinnliches Denken« überschrieben ist. Das Giebelfeld enthält die Aufschrift »Philosophie der Kunst«, wobei die beiden Dachschrägen links und rechts mit »Technik« bzw. »Soziologie« bezeichnet sind. In der Mitte des tempelartigen Baus, über dessen First die Fahne der »Methode des Kino« weht, ist ein altarähnlicher Klotz zu sehen, »Montage«. Er ist schraffiert, ebenso wie die ihm nahe Säule »Inszenierung«. Dies sollte bedeuten, daß Eisenstein diese Teile des Gebäudes für halbwegs realisiert ansah, im Gegensatz zu den restlichen, wo er den Raum zwischen den Linien leer und unausgefüllt gelassen hatte. Mit der »Vertikalmontage« begann er nun die Grundplatte und den wichtigen Querbalken für das Dach, oder, wenn man so will, die Decke des Ganzen zu formieren. In Arbeiten, die von ihm noch während des Krieges in Angriff genommen wurden und teilweise sogar vor 1945 zum Abschluß kamen, suchte er sich des ganzen Theoriegebäudes zu bemächtigen. Diese Versuche, die entweder erst sehr viel später zur Veröffentlichung gelangten oder bis heute auf eine Publikation warten, stellen indes einen derartigen Vorgriff auf Künftiges dar, daß sie erst im Zusammenhang mit den theoretischen Anstrengungen referiert werden sollen, die nach dem zweiten Weltkrieg einsetzten.

Differenzierung und Abschluß
der klassischen Filmästhetik
vor dem Hintergrund
einer aufkommenden
Massenkommunikationsforschung
1946–1965

»In der Industrie ist die Vollendung einer Erfindung und der Übergang zur Serienproduktion eine fortschrittliche Etappe, denn darauf folgt die Verbilligung der Ware. In der Kunst aber bedeutet der Übergang zum Fließband Verderben, Vernichtung des eigentlichen Sinnes des Existenz dieser Art von Tätigkeit. Leider kommen immer mehr Filme vom Fließband. Sie formieren sich zu einförmigen Reihen, man kann sie numerieren. Wenn man auch gerade diesen Film nicht gesehen hat, so hat man ähnliche doch zu Hunderten gesehen. Die Regisseure dieser Filme führen nicht mehr Regie, sondern setzen nur noch längst vorbereitete Komplexe zusammen. (...) Die kommerzielle Praxis hat nun auch die Menschlichkeit auf das Fließband gesetzt. Man hat gelernt, die Menschlichkeit ebenso nachzuahmen, zu imitieren, wie man künstliche Pelze oder Rosen aus Nylon herstellt, die einen fast echten Blütenduft ausströmen. Aber in der Kunst ist das ›fast Echte‹ widerlich. Und besonders beleidigend ist die ›fast echte Menschlichkeit‹.«[1]

Mit diesen Worten begann ein unter dem Titel »Die tiefe Leinwand« bekannt gewordener Aufruf, mit dem sich der sowjetische Regisseur Grigori Kosinzew 1959 an die fortschrittlichen Filmschaffenden der Welt wandte, um für eine Weiterentwicklung der Kinematographie im ganz entgegengesetzten Sinne zu plädieren. Am Schluß des Artikels heißt es:

»Während des 1. Weltkrieges sagte der junge Majakowski einmal, daß ein Künstler alles, was er jetzt schreibt, nicht nur einfach gut schreiben, sondern – wie er sich ausdrückte – ›mit dem Krieg schreiben‹ müsse.

›Mit der Gegenwart schreiben‹, das ist die Pflicht des Künstlers. In jedem Genre und Material, in modernen, historischen oder phantastischen Filmen sollen der Glaube, die Gefühle und Gedanken der Menschen unserer Epoche, in der die größten Umgestaltungen des Lebens vor sich gehen, ihren Niederschlag finden. Auf der ›tiefen‹ Leinwand soll die ›alles verbindende‹ Idee des Kampfes für den Frieden und den Aufbau einer gerechten und menschlichen Gesellschaft entstehen und durch ihre Kraft erschüttern.«[2] Gedanken, wie sie den meisten Filmschaffenden mit einem humanistischen Grundanliegen in jenen beiden Jahrzehnten nach Kriegsende ungeheuer nahe waren! Sie entsprachen den gesellschaftlichen Ideen dieser Periode. Die Auseinandersetzung mit dem Erbe des Faschismus, die Bemühungen um demokratische Staatsordnungen in den kapitalistischen Ländern und die Herausbildung sozialistischer Gesellschaftsverhältnisse im Osten Europas und wichtigen Regionen Asiens, und schließlich die nationalen Befreiungsbewegungen, die zur Formierung einer »dritten Welt« führten – das waren realhistorische Bestrebungen, die Impulse für ein humanistisches Denken gaben und auch ihrerseits geistige Verbündete unter den Filmkünstlern benötigten.

Aus heutiger Sicht erscheint das progressive Filmschaffen dieser Zeit als außerordentlich fruchtbar und vielgestaltig. Es hatte sich indes durchzusetzen gegen eine immer mächtiger werdende Massenkultur des kommerziellen Films unter dem internationalen Monopol von Hollywood. Darüber hinaus mußte er sich von den fünfziger Jahren an gegenüber dem Fernsehen behaupten, das zwar neue Varianten von Synkretisierung und Differenzierung der Ausdrucksweisen einbrachte, dies jedoch vornehmlich in Weiterentwicklung der spätbürgerlichen Massenkultur. Konsinzews Aufsatz polemisierte gegen diese Richtung, doch stieß er sich zugleich von jenen Nivellierungstendenzen ab, die während der Periode des Stalinschen Personenkults den Film der sozialistischen Länder beherrscht hatten. Auch dieser Angriff auf stereotype Inhalte und klischeehafte Formen erfolgte von einem sozialistisch-humanistisch intendierten Kunst-Konzept des Films aus.

Ein solches bildete sich seinerzeit weiter heraus, und es fühlte sich einer klassischen Kunstästhetik verpflichtet. Innerhalb der ideologischen Auseinandersetzung zwischen dem sozialistischen und dem kapitalistischen Lager hatte der Rückgriff auf die humanistische Tradition dabei sowohl für eine marxistische wie für eine progressive bürgerliche Filmwissenschaft eine tiefe inhaltliche Berechtigung. In wissenschaftsmethodischer und -organisatorischer Hinsicht jedoch bedeutete die Fixierung auf das kunstästhetische Ideal eine gewisse Verengung der Sicht auf die Realität von Kino- und Fernsehkultur. Denn mit der Entstehung eines Systems medialer Kommunikationsweisen und der Herausbildung einer Massenkultur im Imperialismus waren Erscheinungen gegeben, die neuartige Anstrengungen einer wissenschaftlichen Analyse verlangten. Nötiger und nötiger wurde es, neben den Kunstprozessen auch die gesamten übrigen kulturellen Entwicklungen ins Auge zu fassen, die Kino und Fernsehen nicht minder ihr Gepräge gaben, sich jedoch nicht oder nur bedingt künstlerischen Maßstäben unterwarfen. Wie komplex die Zusammenhänge in diesem Bereich gesehen werden konnten, hatte Peter Bächlin schon 1945 in seiner Schrift »Der Film als Ware« signalisiert, wenn er schrieb:

»Die intensive Wirklichkeitsillusion, die das kinematographische Bild erzeugen kann, ermöglicht dem Film sowohl die Abbildung der Wirklichkeit selbst als auch die Darstellung einer Scheinwirklichkeit, welche die Wirklichkeit durch eine wunschgemäße Korrektur entstellt. Die Produktion dieser zweiten Kategorie von Filmen nimmt in unserer Gesellschaft den weitaus größten Raum ein. Diese Filme, die eine Scheinwirklichkeit gestalten, erfüllen die Funktion eines Wirklichkeitsersatzes, indem die kollektiven Phantasiebedürfnisse, welche Ausdruck der verschiedenartigsten kollektiven Wunschvorstellungen sein können, durch eine tendenziöse Verfälschung naturaler, soziologischer und psychologischer Vorgänge und Erscheinungen Berücksichtigung finden. Diese Verwendungsform des Films geht aus der Struktur der Gesellschaft selbst hervor. (...) Für den Großteil der Menschen bedeutet sie einen Ersatz der vom Leben aufgezwungenen Versagungen. Für die herrschende Schicht bedeutet sie eine Sicherung der gesellschaftlichen Stabilität, indem sie reale Widersprüche der gesellschaftlichen Struktur durch phantasiemäßige Befriedigung verdeckt oder aufhebt. (...)
Der Film erhält seinen Warencharakter durch die wirtschaftliche Auswertung der kollektiven, von den bestehenden wirtschaftlichen und sozialen Verhältnissen der Hauptkonsumentenschicht maßgebend beeinflußten Phantasiebedürfnisse. Diese Bedürfnisse sind es, die in der bürgerlichen Gesellschaft den Gebrauchswert des Films ausmachen. Sie ermöglichen

eine rentable Auswertung des Films als Ware. Die Inhalte der Filme, die sich nach diesen Massenbedürfnissen richten, und die Formen der wirtschaftlichen Filmauswertung stehen in enger Wechselwirkung zueinander.« [3]

Überlegungen zum Film als Massenware führen Bächlin auch zu Formen von Standardisierung filmischer Gestaltungsweisen, die durch ökonomische Ursachen bedingt sind und sich inhaltlich auswirken. Die Wechselwirkungen sind eine Herausforderung an die Analyse. Sich auf die ganze Komplexität von ästhetischen, sozialpsychologischen, massenkulturellen, technischen, ökonomischen und politischen Faktoren einzustellen, hätte für die Filmwissenschaft ein völliges Umdenken mit sich gebracht, eine Ablösung ihrer Grundauffassungen, was Gegenstand, Theoriebildung, Methoden und Paradigmen anbetrifft. Es galt, neue Vorstellungen im Umgang mit der Praxis, die ja dann nur noch partiell als eine Kunst-Praxis zu betrachten wäre, zu entwickeln. Das aber ließ sich nicht sogleich und ohne zwingende Gründe realisieren. Eine Filmwissenschaft, die sich ohne viel Aufhebens gegenüber künstlerisch orientierten Fernsehsendungen öffnete, war auch als Kunstwissenschaft im traditionellen Sinne durchaus noch entwicklungsfähig und verfügte immer noch über einen Spielraum für Erkenntnisfortschritt, der genutzt werden durfte und mußte. Die theoretischen Vorstellungen zum Spielfilm »nach innen«, also hinsichtlich der Dramaturgie, Morphologie und Gestaltungslehre, konnten noch differenziert und systematisch in Begründungszusammenhängen dargestellt werden, und die Kontakte »nach außen« zu Psychologie, Soziologie und Kulturwissenschaft mußten erst einmal richtig angebahnt werden, bevor eine wirkliche Zusammenarbeit mit diesen Disziplinen ins Auge zu fassen war, die komplexe Sachverhalte aufzuschließen vermochte. Ähnliches galt für die Liierung mit den benachbarten Kunstwissenschaften und der Literaturwissenschaft. Vor den marxistischen Filmwissenschaftlern stand dabei die Aufgabe, ihre Disziplin auch weltanschaulich-philosophisch zu fundieren und die Bindungen zwischen Theorie und Kunstpraxis auf der Ebene der Kunstprogrammatik, wie sie das Realismuskonzept zum Ausdruck brachte, zu festigen. So war die Notwendigkeit eines massenkommunikativen Forschungsansatzes, der die nichtkünstlerischen Phänomene innerhalb des Kino- und Fernsehrepertoires nebst deren Wechselwirkungen mit den künstlerischen einschloß und sich auch den Erscheinungsweisen der Massenkultur stellte, zwar schon mit Beginn der fünfziger Jahre für viele Theoretiker erkennbar, er konnte jedoch noch eine Weile als fakultativ behandelt werden. Dergestalt lassen sich die beiden Jahrzehnte nach dem Krieg theoriegeschichtlich als eine Etappe ansehen, in der sich die klassische Filmästhetik differenzierte und vervollkommnete, jedoch auch zu einem Abschluß kam, insofern etwa gegen Mitte der sechziger Jahre eine innere Krise einsetzte, die auf ein Umdenken drängte. Im folgenden soll zunächst dieser Weg der Filmtheorie als Kunsttheorie weiter verfolgt werden, zumal er für das Nachdenken über den Spielfilm als wesentlich gegolten hatte. Außer zu Erkenntniszuwachs auf vielen einzelnen Teilgebieten führte er auch zu einer Reihe umfassender Gesamtdarstellungen, so zu den bedeutsamen Arbeiten von Sergej M. Eisenstein, André Bazin, Siegfried Kracauer und Jean Mitry. Der fruchtbarste und modernen Wissenschaftsentwicklungen am weitesten vorgreifende Entwurf stammt dabei zweifellos von Eisenstein. Obwohl der Tod des sowjetischen Filmschöpfers, Regiepädagogen und Theoretikers verhinderte, daß die großen filmästhetischen Projekte »Methode« bzw. »Grundproblem«, in die umfangreiche Arbeiten aus der Nachkriegszeit wie die »Nicht gleichmütige Natur«[4] noch integriert werden sollten, Fragment bleiben mußten, weisen diese letzten Anstrengungen Eisensteins weit über die klassische Filmästhetik hinaus und enthalten bereits Hinweise für filmtheoretische Forschung der kommenden Jahrzehnte. Nicht zufällig wandte sich dabei Eisensteins Interesse in den letzten Lebensjahren den psychologischen Fragen der Kunst zu. Weder über Fragen der Gestaltung des einzelnen Werkes noch über die der gesamten Filmkultur konnte differenzierter nachgedacht werden, wenn die psychologischen Probleme der Kreation und Rezeption weiterhin ungeklärt blieben. Aus diesem Grunde orientierte sich sogleich nach dem Krieg auch in vielen Ländern die Filmwissenschaft auf psychologische Fragen, genauer, sie suchte den Kontakt zur Psychologie erst einmal richtig herzustellen. Sogar auf deutschem Boden erschien mit Horst Meyerhoffs »Tonfilm und Wirklichkeit«[5] eine Publikation, die sich mit Fragen der »Wirklichkeits-illusion«, »Identifikation«, »Überwirklichkeit des Films«, »Wirklichkeitscharakter« und »Auftriebswirkung« des Films auseinandersetzte und psychologische Dissertationen auswertete, die in den vierziger Jahren von W. Wilhelm[6], F. Robbe[7] u.a. an deutschen Universitäten geschrieben worden waren.

In Frankreich veröffentlichte Maurice Merleau-Ponty, der als Philosoph und Autor einer umfangreichen psychologischen Darstellung zum Problem der Perzeption hervorgetreten war, bereits 1945 die kleine Studie »Das Kino und die neue Psychologie«, welche Gesichtspunkten der Phänomenologie und der Verhaltenspsychologie folgte. Es heißt dort:

»*Kant sagt sehr tief, daß in der Erkenntnis die Vorstellung zugunsten des Verständnisses arbeitet, während in der Kunst das Verständnis zugunsten der Vorstellung arbeitet. Das heißt: die Idee und die prosaischen Tatsachen sind nur da, um dem Schaffenden die Gelegenheit zu geben, sinnliche Embleme für sie zu suchen und ihre sichtbaren und hörbaren Monogramme zu zeichnen. Der Sinn des Films ist seinem Rhythmus einverleibt wie der Sinn einer Geste unmittelbar in der Geste lesbar ist, und der Film will nichts sagen als sich selbst. Die Idee wird auf ihr Entstehen zurückgeführt, sie taucht aus der Zeitstruktur des Films auf wie ein Bild aus der Koexistenz seiner Teile. Es ist das Glück der Kunst zu zeigen, wie etwas zu bedeuten anfängt, nicht durch Anspielung auf schon geformte und anerkannte Ideen, sondern durch das Arrangement der Elemente in der Zeit und im Raum. Ein Film bedeutet, haben wir gesehen, wie eine Sache bedeutet: beide wenden sich nicht an ein getrenntes Verständnis, sondern an unsere Fähigkeit, die Welt oder die Menschen schweigend zu dechiffrieren und mit ihnen zu leben. (...) Aber schließlich können wir durch die Wahrnehmung die Bedeutung des Films verstehen.*

Den Film soll man nicht denken, man soll ihn wahrnehmen. Das ist der Grund, weshalb der Ausdruck des Menschen im Film so mitreißend sein kann: der Film gibt uns nicht, wie es der Roman lange getan hat, die Gedanken des Menschen; er gibt uns sein Verhalten, sein Betragen; er gibt uns unmittelbar diese besondere Art, in der Welt zu sein, die Dinge und die anderen zu behandeln, was für uns sichtbar ist und in den Gesten, dem Blick, der Mimik und was nachdrücklich jede Person, die wir kennen, definiert.

(...) Für den Film sind, wie für die moderne Psychologie, der Schwindel, die Lust, der Schmerz, die Liebe, der Haß Verhaltensweisen.«[8]

An anderer Stelle formuliert der Autor:

> *»Der Film ist (...) von allen Künsten diejenige, die am besten den Menschen durch sein sichtbares Verhalten ausdrücken kann. (...) Der Film zeigt uns das Denken in den Gesten, die Person im Betragen, die Seele im Körper. Er verifiziert die Verhaltenspsychologie, und diese Psychologie macht den eigenartigen Reiz des Films verständlich.«*[9]

Diese Aussagen enthielten mindestens zwei Hinweise, die für die Entwicklung der Filmtheorie höchst bedeutungsvoll waren; erstens die Empfehlung, in einem perzeptiven Prozeß aus den photographischen Abbildern realer Dinge Bedeutungen zu generieren, ein Gesichtspunkt, der für eine produktive Auffassung des Zeichencharakters filmischer Darstellungen sehr wichtig wurde, zweitens die Erkenntnis, daß Film eine Kunst sei, in der Verhaltensweisen von Menschen so genau zum Ausdruck gebracht werden können wie nirgendwo sonst. »Filme der Verhaltensweisen«, wie Antonioni und Rohmer sie kreierten, haben später im Extrem belegen können, daß es im Kino nicht nur um die Darstellung von einmaligen Action-Vorgängen gehen muß. Und in den Überlegungen, die Bazin zur Mise en scène und dem Umgang mit Tiefenschärfe in ungeschnittenen komplexen Kameraeinstellungen größerer Länge angestellt hat, kam dieser Verhaltensaspekt auf eine andere Weise zum Tragen. Es ist daher nur zu verständlich, daß es eine ganze Reihe von Filmemachern, aber auch von Theoretikern gab, die unter dem Einfluß eines phänomenologischen Konzeptes standen, etwa A. Ayfre, H. Agel, A. Bazin, R. Munier und J. Mitry. Der polnische Ästhetiker Roman Ingarden, der sich bereits 1931 aus phänomenologischer Sicht zum Film geäußert hatte, gab damit einen Ansatzpunkt für unterschiedliche weiterführende Überlegungen in der polnischen Filmwissenschaft.[10] Die Beobachtung, daß »der Film besonders dazu geeignet ist, die Einheit von Geist und Körper, von Geist und Welt und den Ausdruck des einen im anderen erscheinen zu lassen«[11], nahm Merleau-Ponty als eine Bestätigung seines philosophischen Konzeptes, das phänomenologische Standpunkte mit existentialistischen zu verbinden trachtete. Seine aus der Existentialphilosophie stammende Aufforderung, die »Vermischung des Bewußtseins mit der Welt« philosophisch so zu betrachten, wie das Film tue, und »sich über die Inhärenz des Ich in der Welt und des Ich im anderen zu wundern, uns dieses Paradox und diese Konfusion zu beschreiben«,[12] hat übrigens auch auf die Filmwissenschaft abgefärbt und in ihre Theorie einen unfruchtbaren Zug von analytischer Abstinenz gegenüber sozialen Determinationen des Kunstprozesses getragen, von dem die gesamte phänomenologische Richtung dieser Disziplin betroffen wurde.

Einen höchst bedeutsamen Vorstoß in Richtung einer interdisziplinären Erforschung des Films unternahm eine Gruppe von Filmbegeisterten in Frankreich, die an der Pariser Sorbonne ein Institut für Filmologie gründeten und ab 1947 eine eigene Zeitschrift, »La Revue Internationale de Filmologie«, herausgaben. Die Untersuchungen von Ästhetikern und Kunstwissenschaftlern, etwa von E. Souriau, P. Francastel und M. Caveing, wurden mit denen bekannter Psychologen wie H. Wallon, B. Zazzo, A. Michotte van den Berck und P. Fraisse bzw. von Vertretern der Soziologie wie G. Friedmann, E. Morin und L. Sève zusammengeführt. Besonders die psychologischen Veröffentlichungen der Filmologen-Zeitschrift wurden später in einschlägigen Untersuchungen immer wieder zitiert. Gilbert Cohen-Séat, der Direktor des Instituts und Chefredakteur der Zeitschrift, trat zugleich mit Arbeiten hervor, die eher der Untersuchung massenkommunikativer Erscheinungen als der von Filmkunstwerken verpflichtet waren, indem er zwischen filmischen und kinematographischen Tatbeständen unterschied und sich den letzteren zuwandte.[13]

Daß Film von seiner kommunikativen Funktion her untersucht werden könnte und sollte, das war schon in den dreißiger Jahren vielfach im Zusammenhang mit der Auffassung von der »Sprache des Films« oder der »Grammatik des Films« anvisiert worden. Diese Versuche wurden in den vierziger Jahren fortgesetzt und fanden sogleich nach Kriegsschluß in vielen Publikationen ihren Niederschlag. So in der Tschechoslowakei bei S. Ježek, L. Linhart, J. Kučera und A. Brousil, in Italien bei R. May, in England bei E. Lindgren und R. Manvell. Nach einer gewissen Pause wurde die Problematik der Filmsprache eigentlich erst ab Mitte der sechziger Jahre im Rahmen der Filmsemiotik wieder aufgenommen, dies allerdings sehr vehement und mit beträchtlichem Aufwand.

Zu jenen Autoren, die Ende der vierziger Jahre mit dem Begriff der Sprache des Films operierten, um wissenschaftliche Analogieschlüsse zu gewinnen, gesellte sich später eine Gruppe anderer, deren Verständnis der Filmsprache noch metaphorischer und wissenschaftlich ungenauer war. Gemeint sind die Anhänger des Prinzips »Caméra-Stylo«, die betonen wollten, daß die Mittel des Films inzwischen so verfeinert seien, daß man als Künstler abstrakteste Gedanken ebenso exakt mit der Kamera formulieren könne wie im Essay oder Roman. Alexandre Astruc, der Initiator dieser Richtung, argumentierte in diesem Sinne:

»Darum nenne ich diese neue Epoche des Films die Epoche der Kamera als Federhalter (la caméra stylo). Dieses Bild hat einen genauen Sinn. Es bedeutet, daß der Film sich nach und nach aus der Tyrannei des Visuellen befreien wird, des Bildes um des Bildes willen (l'image pour l'image), der unmittelbaren Fabel, des Konkreten, um zu einem Mittel der Schrift zu werden, das ebenso ausdrucksfähig und ebenso subtil ist wie das der geschriebenen Sprache. Diese Kunst, begabt mit allen Möglichkeiten, aber Gefangene aller Vorurteile, wird nicht ewig das kleine Gebiet des Realismus und das der sozialen Phantasie beackern, das man ihr an der Grenze des Unterhaltungsromans zugestanden hat, wenn man nicht gar aus ihr ein Hauptbetätigungsfeld für Fotografen macht. Kein Gebiet darf ihr verschlossen sein. Die abstrakteste Meditation, eine Ansicht über die menschlichen Leistungen, die Psychologie, die Metaphysik, das Denken, die Leidenschaften gehören in ihr Fach. Besser noch sagen wir, daß das Denken und die Weltanschauungen dergestalt sind, daß heute allein der Film ihnen Rechnung tragen und über sie Rechenschaft ablegen kann.«[14]

Hier sei diese eher schaffensprogrammatische Position darum so ausführlich zitiert, weil sie erkennbar macht, wie weit das Verständnis von Film als Sprache gehen konnte, auch wie schillernd und vage es oft war. Der positive Kern der Polemik Astrucs läßt sich dabei gewiß leichter verstehen, wenn man sich vergegenwärtigt, daß in jenen Jahren Hollywood seine internationale Monopolstellung nutzte, um die anderen Filmkulturen, so auch die französische, durch eine Schwemme von Kommerzfilmen zu ersticken, denen all das fremd war, was Astruc als Werte der Filmkunst beschwor. Von daher ist es auch begreiflich, daß Theoriehistoriker eine ziemlich umfangreiche Traditionslinie des Konzeptes »Caméra-stylo« nachzeichnen konnten.[15] Namen wie G. Damas, R. Bresson, R. Leenhardt fallen da, doch auch A. Bazin und E. Morin, die manche Ansichten Astrucs teilten.

Im Film Italiens war mit Kriegsende die Richtung des Neo-Realismus entstanden, von deren Kraft die Filmkunst dieses Landes dann lange zu zehren vermochte und die auf andere nationale Filmkulturen ausstrahlte. Ihre künstlerisch-professionelle Vorbereitung hatten die Vertreter dieser Strömung zumeist schon in den Jahren zuvor an der Filmhochschule in Rom erhalten, an der bedeutende Theoretiker wie Umberto Barbaro und Luigi Chiarini wirksam waren. Ungeachtet der faschistischen Diktatur hatten diese sich um eine Wissenschaft und Lehre bemüht, welche Kenntnis großer Leistungen der realistischen Filmkunst des Auslands, darunter auch der Sowjetfilme, einschloß, gleichfalls ein gründliches Studium progressiver Filmtheorien.

Autoren und Regisseure der neorealistischen Filme, unter ihnen C. Zavattini, C. Lizzani, R. Rossellini und G. De Santis formulierten die Prinzipien ihres künstlerischen Schaffens und trugen, unterstützt durch Theoretiker und Kritiker wie Guido Aristarco und André Bazin, damit zugleich zum tieferen Verständnis der gattungsspezifischen Ausdrucksmittel des Films bei. In den sechziger Jahren konnte abermals eine Welle von Filmen dokumentarischer Richtung auf diesen Erfahrungen aufbauen und sie weiterführen.[16] Erinnert sei an das »Free Cinema« in England, die New Yorker Schule des Dokumentarfilms, an das »Cinéma direct« und das »Cinéma vérité« in Frankreich, doch auch an die Ausprägungen dokumentarer Spielfilmstilistiken in Polen, der ČSFR, der Sowjetunion und der DDR. Jene Richtungen konnten sich durchweg auf zentrale Gedanken berufen, die in den Hauptwerken von André Bazin, »Qu'est-ce que le cinéma?« (»Was ist das Kino?«)[17], und von Siegfried Kracauer, »The Theory of Film« (»Theorie des Films«)[18], niedergelegt waren. Diese fundamentalen Arbeiten zur Filmtheorie, die beide um 1960 in Frankreich und den USA erschienen, trugen u. a. zu einer Poetik des dokumentarischen Spielfilm-Stils bei, indem sie jene gattungsspezifischen Besonderheiten der Filmkunst, die sich von den photographischen Abbildqualitäten ableiten ließen, betonten, wie überhaupt ein Formengut, das den »Glauben an die Realität« (Bazin) oder »die Errettung der physischen Realität« (Kracauer) durch den Filmkünstler zum Ausdruck brachte. Selbstredend erschöpfte sich die Leistung der beiden im übrigen recht unterschiedlichen theoretischen Systeme nicht allein darin.

Mit Beginn der fünfziger Jahre, als André Bazin gemeinsam mit J. M. Lo Duca und Jacques Doniol-Valcroce die Zeitschrift »Cahiers du cinéma« gründete, entstand die Möglichkeit, über eine differenzierte Werk- und Stilanalyse der zur Kritik gestellten Filme komplexere theoretische Kenntnisse zur Dialektik von Gestaltung und Wirkung der Kunst zu erwerben und für die Praxis fruchtbar zu machen. Eine Reihe junger Filmkritiker aus der Schule Bazins, C. Chabrol, J. L. Godard, P. Kast, E. Rohmer, F. Truffaut u. a., sind bekanntlich zu bedeutenden Regisseuren geworden, die nicht nur der Nouvelle vague Profil gaben. – Von den »Cahier du cinéma«, doch auch von den amerikanischen Zeitschriften »Movies« und »Film culture« gingen in den sechziger Jahren Anregungen aus, die unter dem häufig benutzten, doch auch oft mißverstandenen Schlagwort des »Autorenkinos« subsummiert wurden. Gemeinsam ist diesen Bestrebungen, die in Frankreich etwas andere Akzente als in den USA setzten, daß man in der Filmkomposition einen Organismus erkannte, der auf unterschiedlichen Ebenen die individuellen Besonderheiten des Regisseurs zum Ausdruck bringt, also dessen Personalstil und unverwechselbare Sicht. Bestimmte filmische Ausdrucksweisen, die dieses subjektive Moment widerspiegelten, wurden als für den Kunstprozeß wesentlich oder gar entscheidend hervorgehoben. Die Vorstellung vom »Kino der Autoren«, das sich als Kino der Regisseure verstand, wurde in den USA von den Kritikern auch besonders darum unterstützt, weil die Studiopraxis Hollywoods stets den Produzenten über den Regisseur stellte und bis in die Endfertigung hinein Eingriffe seitens der Produzenten in die Komposition für legitim erklärte. Für die Theorie brachte der differenzierte Umgang mit dem Œuvre großer Regisseure wichtige Erkenntnisse zur Stilproblematik. A. Sarris z. B. konnte in seinem

Buch »Notes on the auteur theory« (1962) eine Übersicht über wichtige stilistische Konstanten innerhalb des Filmschaffens geben. Zu den Leistungen dieser Richtung gehört es auch, individuelle Ausdrucksweisen nicht nur für Autoren anerkannter Werke der Weltfilmkunst, sondern auch für solche unterhaltungsorientierter Streifen und Fernsehserien gelten zu lassen, und dabei spezifische Spielräume entdeckt zu haben.

In der Sowjetunion wurde – ebenfalls in den sechziger Jahren – eine Ausarbeitung der Erkenntnisse über Personalstile auf ganz andere Weise befördert, nämlich sehr unpolemisch durch die Herausgabe der Schriften von Eisenstein, Pudowkin, Dowshenko, Wertow, den beiden Wassiliews, dem Kameramann Golownja, ebenfalls von Jutkewitsch, Gerassimow und Romm. Diese Monographien gaben jeweils die Möglichkeit, die Besonderheiten individuellen Herangehens zu studieren. Ausarbeitungen zu Schaffensstilen sowjetischer und ausländischer Regisseure der Gegenwart, wie sie durch Neja Sorkaja[19] u. a. vorgelegt wurden, vervollständigten diese Kenntnisse und unterstützten in der Praxis zugleich die Auffassung von Weite und individueller Vielfalt filmkünstlerischer Kreation. Eine Stil-Typologie, die sich an das Begriffspaar Poetisch und Prosaisch band, schälte sich in den Diskussionen um Stiltendenzen heraus und wurde von E. Dobin 1961 in »Poetika kinoiskusstwa« (»Poetik der Filmkunst«) historisch und logisch-systematisch begründet. Die Selbstzeugnisse der verschiedenen Gruppierungen des dokumentarischen Stils in der Filmkunst der Gegenwart erfuhren in Drobatschenkos »Prawda kino i ›kinoprawda‹« (»Wahrheit des Films und ›Filmwahrheit‹«, 1967) eine sorgsame Dokumentation und analytische Auswertung.

Ausgehend von Positionen einer marxistisch-leninistischen Ästhetik und sowjetischen Kunsterfahrungen der Klassik und allerneuesten Zeit schrieben Ilja Waisfeld[20] und Semjon Frejlich[21] zu Beginn der sechziger Jahre Bücher zur Filmdramaturgie, die als Einführungen deklariert und für breite Leserschichten bestimmt waren, jedoch in ihren Urteilen durchaus dem letzten wissenschaftlichen Erkenntnisstand entsprachen. Aus heutiger Sicht machen diese Arbeiten übrigens auch deutlich erkennbar, daß die klassische Filmästhetik gerade auf dem Gebiet der Filmdramaturgie die Grenzen ihrer Entwicklungsfähigkeit erreicht hatte, indem sie u. a. außerstande war, Aussagen über Kunstwirkungen psychologisch zu untersetzen. Ähnliches wurde auch an den wichtigen und umfangreichen Darstellungen zur Genreproblematik des Films, namentlich zu den Spielarten der Komödie, die R. Jurenjew[22] damals verfaßte, offenbar. Die sowjetische Filmtheorie suchte seinerzeit bewußt das gesamte Spektrum der Kunstprobleme des Films zu erfassen. Auch die Analyse der Gattungsspezifik wurde von W. Shdan[23] u. a. weitergeführt. Besonders produktiv erwies sich für die sowjetische Filmwissenschaft, ja, für die der sozialistischen Länder überhaupt, die systematische Auswertung der sowjetischen Filmklassik, die sich mit der Herausgabe von Schriftenbänden der wichtigsten Regisseure intensivierte.

In der DDR konstituierte sich die Filmwissenschaft gleichsam erst dadurch, daß sie 1959 mit einer internationalen Konferenz über Sergej Eisenstein[24] einen Konzentrationspunkt für die bestehenden und einen Anstoß für weiterführende Überlegungen der Theorie fand. Diese Konferenz, die von Hans Rodenberg, Hermann Herlinghaus, Heinz Baumert, Renate Georgi u. a. initiiert wurde, eröffnete eine Reihe wissenschaftlicher Anstrengungen, die dann freilich mehr in der Filmgeschichte und -kritik zu Buche schlugen als in der Theorie. Die bedeutsamsten Resultate auf dem letztgenannten Gebiet wurden wohl im Nachdenken über dramaturgische Probleme erzielt. Erste in der DDR zur Filmtheorie geschriebene Dissertationen wie die von Heinz Baumert[25] und Konrad Schwalbe[26] hatten übrigens ebenfalls diesen Fragen gegolten.

Szenaristische Arbeit und Gesetze der Filmdramaturgie waren in den fünfziger und der ersten Hälfte der sechziger Jahre auch Gegenstand filmtheoretischen Denkens in westlichen Ländern, besonders im anglo-amerikanischen Raum. Dazu gehören etwa die Arbeiten von A. Buchanan, G. Bluestone, D. Nichols und J. H. Lawson. Letzterem gelang mit »Film – the creative process« (»Film – der schöpferische Prozeß«)[27] eine Studie, die neben theoretischen Neuerungen auch filmpraktische Erfahrungen und Weltsicht eines progressiven amerikanischen Filmschöpfers einbrachte. Übrigens hat es all diese Jahre über, ungeachtet des McCarthy'smus in den USA und der diversen Schwierigkeiten, welche Vertreter fortschrittlicher Ideen in den westlichen Ländern besonders während der Periode des kalten Krieges ausgesetzt waren, dort immer wieder Filmtheoretiker gegeben, die sich offen zu einer humanistischen Kunst und einer dem gesellschaftlichen Fortschritt verbundenen Wissenschaft bekannten. J. H. Lawson und J. Leyda aus den USA gehören dazu, G. Aristarco, U. Barbaro und L. Chiarini aus Italien, I. Montagu aus England, L. Sève in Frankreich, K. Jamada in Japan u. v. a.

Ein Teil dieser Autoren, wie Lawson, Barbaro, Chiarini und Montagu, legten umfangreiche Gesamtdarstellungen zum Film vor. Derartige Abrisse waren in dieser Zeit häufig zu finden. Bekannter geworden sind davon die Bücher von Henri Agel, Marcel Martin, Jerzy Plażewsky, Fritz Kempe und Walter Dadek.

Neben den Darstellungen umfassender Zusammenhänge des Kunstprozesses bzw. der filmischen Komposition kamen auch hervorragende Untersuchungen zu wichtigen Teilaspekten heraus, wie zur Filmmusik und zur Montage. Schon in den dreißiger Jahren waren durch I. Joffe die Grundlagen für eine marxistische Theorie der Filmmusik geschaffen worden, durch Th. W. Adorno/H. Eisler, A. Helman, Z. Lissa u. a. wurden diese Überlegungen weitergeführt bis zu einer »Ästhetik der Filmmusik« (1964) der zuletzt genannten polnischen Autorin. Mit »The Technique of Film Editing« legte Karel Reisz 1959 eine Monographie vor, die zu einer Gesamtdarstellung filmischer Komposition hin tendierte.

Die Filmtheorie erarbeitete seinerzeit auch die ersten Abrisse ihrer eigenen geschichtlichen Entwicklung. So schuf Guido Aristarco 1951 seine »Storia delle teoriche del film« (»Geschichte der Filmtheorien«), der 1960 eine erweiterte Fassung folgte, und 1957 äußerte sich Henri Agel in seiner knapperen »Esthétique du cinéma«, welche ebenfalls später mehrfach ergänzt wurde, zur theoriegeschichtlichen Problematik.

In mehreren Ländern wurden Versuche unternommen, den Film im Rahmen einer Ästhetik, einer allgemeinen Kunsttheorie oder -soziologie systematisch zu analysieren. Im deutschsprachigen Raum wäre etwa Arnold Hausers »Sozialgeschichte der Kunst und Literatur« (1953) zu nennen. Roman Ingarden ordnete eine 1947 zunächst in französischer Sprache publizierte kleine Studie zum Film in seine »Untersuchungen zur Ontologie der Kunst«

ein. Er charakterisierte darin das sogenannte Filmschauspiel als eine Erscheinung, die an der Grenze vieler verschiedener Künste stehe und eine außerordentliche Mannigfaltigkeit von heterogenen Momenten enthalte, welche auf vielfache Weise zu einem organischen Ganzen vereinigt werden könnten, einem Kunstwerk polyphonischer Art. Neben dem spezifischen Habitus der Realität, den der Film herstellt, werden von Ingarden die jeweiligen Beziehungen zu den anderen Kunstgattungen untersucht. Im Abschnitt »An der Grenze zwischen Literatur und Malerei« heißt es:

> »Ein Bild ist aber eine <u>statische</u> erscheinungsmäßige Darbietung gewisser Gegenstände und der sich an ihnen in einem bestimmten Zeitpunkt vollziehenden Ereignisse, die gewissermaßen erstarrt sind. Das Filmschauspiel dagegen bietet die <u>kontinuierliche Entfaltung gewisser Vorgänge</u> in ihren aufeinanderfolgenden Phasen dar, sowie die dynamische Hervorbringung von Ereignissen, an denen dargestellte Menschen und Dinge teilnehmen. Und diese Darbietung erfolgt mit Hilfe einer Reihe fließend ineinander übergehender visueller Ansichten, welche vom Zuschauer erlebt werden und ihm in ihrem Erlebtwerden die dargestellten Gegenstände zu erfassen erlauben.
>
> In einem Filmschauspiel <u>geschieht</u> immer etwas, und zwar in doppeltem Sinne: a) in der Schicht der dargestellten Gegenstände geschieht ständig etwas mit den Personen und Dingen, und auch die sich vollziehenden Vorgänge wandeln sich in ihrem Verlauf; b) in der Schicht der rekonstruierten Ansichten vollzieht sich fortwährend eine Wandlung ihres Gehalts und ihrer Aufeinanderfolge: die einen treten auf, während die anderen vorbeigehen und verschwinden. (...) Diese Weise der sukzessiven Darbietung einer Mannigfaltigkeit von Phasen dessen, was sich in der dargestellten Welt vollzieht und was, wenigstens prinzipiell, ebenso gut mit Worten angegeben werden könnte, bestimmt die nahe Verwandtschaft zwischen dem Filmschauspiel und dem literarischen Werk. Der Film erzählt gewissermaßen das, was sich in der Welt der dargestellten Gegenständlichkeit abspielt, er tut es aber mit Hilfe einer Mannigfaltigkeit von fließend ineinander übergehenden Bildern und nicht mit Hilfe von Sprachgebilden. (...)
>
> Nicht die Sprache, sondern eine Mannigfaltigkeit fließender, photographisch (oder auch zeichnerisch) rekonstruierter visueller Ansichten bildet hier das <u>eigentliche</u> – und im Stummfilm das <u>einzige</u> – Darstellungsmit-

tel, das dem Zuschauer den Zugang zu der erscheinungsmäßig auftreten-
den dargestellten Welt schafft.«[28]

Die zitierten Zeilen lassen neben Ingardens ästhetischem Verständnis des Filmkunstwerkes auch ein wenig erkennen, wie er
dasselbe im Rahmen seiner phänomenologischen Analyse darzustellen bestrebt war, insofern sein Schichtenmodell angedeutet
ist.

Auch Georg Lukács' kunstphilosophisches Hauptwerk »Die Eigenart des Ästhetischen« (1963) enthält einen Abschnitt über den
Film. Es handelt sich dabei um den wohl bis heute bei aller
Knappheit sorgsamsten Versuch einer systematischen Einordnung des Films innerhalb einer marxistischen Ästhetik.

Die seitens der Filmspezialisten getroffenen Aussagen zur
Filmkunst und Kinematographie mögen indes insgesamt für das
Nachdenken über den Film folgenreicher gewesen sein als die ab-
strakteren Urteile der Kunstphilosophen. Namentlich dort, wo sie
in umfassenderen Darstellungen erscheinen, die selbst auf der
Höhe ästhetischer Erkenntnis standen wie bei Eisenstein, Bazin,
Kracauer und Mitry. Jean Mitry's sehr voluminöse »Esthétique et
psychologie du cinéma« (»Ästhetik und Psychologie des Films«),
deren beide Bände 1963 und 1965 erschienen, ist dabei als eine Art
Endpunkt der klassischen Filmästhetik anzusehen. Das Erreichte
wurde dort in bemerkenswerter Breite zusammengefaßt, wobei es
dem Autor um die Darstellung der positiven Resultate und weniger um die ungelösten Fragen und offenen Widersprüche des traditionellen Forschungsansatzes ging. Vor dem Erscheinen von
Mitry's Buch konnte man noch annehmen, daß sich zentrale Probleme der Filmtheorie auch durch eine größere Geschlossenheit
der Darstellung lösen würden. Eisenstein hatte gewaltige Fragmente hinterlassen, Bazin eine mehrbändige Studie verfaßt, die
eigentlich selbständige kleine Arbeiten locker miteinander verband
und wichtige Begründungszusammenhänge nicht strikt herstellte,
sondern eher den Leser ahnen ließ. Kracauers als Theorie dekla-
riertes Werk schließlich bekundete an vielen Stellen, daß es dem
Autor mehr um die Poetik einer bestimmten Richtung im Filmschaffen gegangen war und weniger um ein geschlossenes System.
Mitry nun bemühte sich augenscheinlich um Geschlossenheit,

und er übertraf in dieser Richtung alles Bisherige. Wenn sein Werk dennoch nach seinem Erscheinen merkwürdig folgenlos blieb, dann waren daran weniger die Ambitionen des Autors zur Systematik schuld als vielmehr objektive Hemmnisse, vor denen die Theorieentwicklung seinerzeit stand – und noch heute steht. Um eine Ästhetik des Films zu schaffen, die ihre Aussagen auch im Rahmen psychologischer Vorstellungen formuliert und verifiziert finden könnte, bedarf es u. a. kompatibler Theorieansätze und einer Annäherung zwischen den Methoden beider Disziplinen. Als Vermittlungsinstanzen boten sich integrationswissenschaftliche Modelle an, solche aus der Kybernetik; in der Psychologie bemühte man sich um eine informationstheoretische Sicht auf diverse Phänomene. Für die hermeneutisch orientierte Kunstwissenschaft vom Film hätte dergleichen aber eine enorme Umstellung bedeutet. Mitry tastete sich zumindest zu semiologischen Modellansätzen vor, was aber für die qualitative Veränderung der Forschung nicht ausreichte.

Im Schlußkapitel des Buches soll auf diese Problematik unter Einbeziehung neuerer Überlegungen eingegangen werden. Einstweilen sei nur vermerkt, daß das bestehende wissenschaftliche Inventarium für die entscheidenden Probleme der Dialektik von Gestaltung und Wirkung konkreter Filme kaum differenziertere Lösungen ermöglichte, weil die filmwissenschaftlichen Aussagen zu Wirkungen auf Einbeziehung psychologischer und soziologischer Erkenntnisse angewiesen waren, der Zugang zu beiden aber infolge der andersartigen Methoden verschlossen bleiben mußte. Dazu kam das Problem, die Wirkungsweisen und Gestaltungsfragen des Films im Rahmen einer keineswegs nur kunstästhetischen Kriterien folgenden Massenkommunikation und Massenkultur zu begreifen. Die meisten Autoren, die das filmtheoretische Denken bis in die sechziger Jahre hinein beeinflußten, und Mitry ist hierfür das ausgeprägteste Beispiel, bemühten sich um die Kontakte zur Psychologie und Soziologie der Kunst, jedoch ohne die Filmwissenschaft in ihrem methodischen Herangehen verändern zu wollen oder zu können, und sie umgingen außerdem die Problematik der Massenmedien und Massenkultur, ignorierten sie einfach oder schoben sie als eine Sphäre des künstlerisch Mißlungenen und Minderwertigen, als kunstwissenschaftlich bedeutungslos beiseite. Zu den wenigen Ausnahmen gehören Kracauer und Bazin. Der erstere hatte sich bereits 1947 in »Von Caligari zu Hitler« um eine psychologische Geschichte des deutschen Films bemüht, die durchaus auf massenkulturelle Aspekte Bezug nahm, und Bazin äußerte sich in einer Reihe kleinerer Arbeiten, die dann in »Qu'est-ce que le cinéma« eingingen, z. B. anhand von Analysen zum Western, in dieser Richtung.

Nichtsdestoweniger kam in der Periode der Vervollkommnung der klassischen Filmästhetik zugleich die Massenkommunikationsforschung auf, und die Kulturwissenschaft bzw. -anthropologie gewann neue Impulse. Dies hatte zur Folge, daß sich unabhängig von der Filmwissenschaft Voraussetzungen einer systematischen theoretischen Reflexion ihres Gegenstandes herausbildeten, die eine neue Sicht beinhalteten, neue methodische Vorgaben liefern konnten, andere Paradigmen. Für die Annäherung dieser beiden Bereiche wissenschaftlichen Denkens an die Kunstwissenschaft vom Film gab es von den fünfziger Jahren an einen recht zwingenden Grund: das in Europa aufkommende Fernsehen, das seinerseits nach theoretischer Untersuchung verlangte, welche eine Anlehnung an die Filmwissenschaft vielfach als sinnvoll erscheinen ließ.

Die etwa um 1947 in den USA entstandene Massenkommunikationsforschung, die auf Arbeiten von Harold D. Lasswell, Paul F. Lazarsfeld, Kurt Lewin und Carl I. Hovland zurückging, bot Chancen, den kunstzentrierten Untersuchungsansatz der Filmwissenschaft zu verbreitern und dies zugleich unter einem relevanten und fruchtbaren methodischen Aspekt zu tun. Jene so bekannt gewordene heuristische Formel Lasswells: »Who says what in which channel to whom with what effect?«, die schon in der Wortfolge das grundsätzliche Gliederungsschema der Analyse vorskizziert, ließ sich ja auch auf den Film anwenden. Obschon damalige Überlegungen der bürgerlichen Massenkommunikationsforschung, die meist auf positivistischen Theorien fußten, von der historischen Bedingtheit der Kommunikationssituation abstrahierten, mit der Konsequenz, daß sich der Klassencharakter der Massenkommunikation der Analyse verschloß,[29] wurde doch eine umfangreiche Erfassung aller am Kommunikationsprozeß beteiligten Variablen in Gang gebracht, und dies war ein Gewinn für die Erkenntnis des

Films. In der BRD versuchte Walter Hagemann schon 1952, »die Gesetzmäßigkeiten der Filmsprache aus ihren technischen und psychologischen Grundlagen zu entwickeln, also eine ›Ästhetik‹ des Films zu schaffen in jener allgemeineren Ursprungsbedeutung einer Wahrnehmungs- und Empfindungslehre«[30]. Er fügte hinzu: »Keinesfalls darf dabei die Untersuchung auf schöngeistig-ästhetische Fragestellungen eingeengt werden, denn wenn auch jegliche Gestaltung den psychologischen Gesetzen der Aisthesis unterworfen ist, so beschränkt sich diese nicht auf ›Kunst‹ im engeren Sinne, sondern sie umfaßt die volle Vielfalt von Aussage-Formen und -Inhalten.«[31] Der Autor, der vom Standpunkt der Publizistikwissenschaft her den Film in Augenschein nahm, ließ Unterrichtung, Belehrung und Beeinflussung durch Film gleichberechtigt neben Unterhaltung und künstlerischer Erbauung gelten. Erich Feldmann schloß zehn Jahre später in seine »Theorie der Massenmedien« (1962) neben Presse und Funk auch Film und Fernsehen ein und begründete im Schlußkapitel »Auf dem Weg zur Kommunikationsforschung« sein Vorgehen mit den Worten:

> *Im Hinblick auf die Prüfung der modernen Massenmedien auf ihre Wirkung in der Lebensgestaltung der Einzelnen, in der Daseinsordnung der Gesellschaft und in der objektiven Kultur erscheint die wissenschaftliche Bearbeitung ihrer Kommunikationsfunktionen als Voraussetzung für diejenigen angewandten Kulturwissenschaften, in welchen solche Einflüsse in Erscheinung treten. Insofern lassen sich Erziehungswissenschaft, Ethologie, soziale Organisationslehre, Publizistik, Rundfunk- und Fernsehwissenschaft sowie Filmwissenschaft mit ihrem eigenen Problemkomplex nicht mehr betreiben, ohne daß zuvor das Phänomen der Kommunikation geklärt und das Resultat dieser Erkenntnis für die einzelnen Regulationen und Medien ausgewertet worden ist.«[32]*

Feldmann, der am Spielfilm besonders die »stimulierende Wirkung«[33] hervorhob, war sich sehr wohl der Schwierigkeit bewußt, für das breite Feld wissenschaftlicher Gegenstände eine angemessene Methodik der Analyse zu erarbeiten. Er sah als Aufgabe für die Zukunft »eine auf die verschiedenen Medien verteilte psychologische und soziologische Kommunikationsforschung«[34], um die Medientheorie innerhalb der angewandten Kulturwissenschaften weiterzuentwickeln.

Der massenkommunikationswissenschaftliche Ansatz allein konnte einer Theorie des Spielfilms zunächst keine direkten Vorteile bieten, sondern lediglich Zusammenhänge innerhalb des sehr unterschiedlichen Repertoires der audiovisuellen Massenmedien übersichtlicher machen. Grundsätzlich bot eine Analyse der neuen kulturellen Inhalte und Gestaltungsweisen Aussicht darauf, jene Massenkultur, die sich mit den Medien entwickelte, in ihrem Wesen zu erschließen. Auch dafür gab es Versuche. Ausgehend von Prinzipien der genetischen Anthropologie, beschrieb Edgar Morin 1956 in »Le cinéma ou l'homme imaginaire«, einem Buch, das in deutscher Sprache unter dem Titel »Der Mensch und das Kino« erschien, die gesellschaftliche Funktion und psychologische Wirkung des Films als eine neuartige Magie:

> *Der Film ist also wirklich die Welt, jedoch zur Hälfte durch den menschlichen Geist assimiliert. Es ist wirklich der menschliche Geist, jedoch aktiv in die Welt projiziert, mit seiner Ausformungs- und Umformungs-, Austausch- und Aneignungsarbeit. Seine doppelte und synkretistische Natur, objektiv und subjektiv zugleich, enthüllt ihr geheimes Wesen, das heißt die Funktion und das Funktionieren des menschlichen Geistes in der Welt.*
>
> *Der Film läßt uns den Vorgang des Eindringens des Menschen in die Welt erblicken und den untrennbar damit verbundenen Vorgang des Eindringens der Welt in den Menschen.*«[35]

Morin war der Meinung: »Gerade die verschiedenen Komplexe der Magie, des Gefühlslebens, der Vernunft, des Irrealen und des Realen, welche die molekulare Struktur der Filme bilden, weisen uns den Weg zu den zeitgenössischen sozialen Komplexen und ihren Komponenten, den Fortschritten der Ratio in der Welt, der Seelenkultur, den Formen der Magie im 20. Jahrhundert, dem Erbe der archaischen Magie und den fetischistischen Fixierungen unseres individuellen und kollektiven Lebens.«[36] Diese Argumentation sollte den Autor übrigens von dem Verdacht reinigen, der von ihm herausgearbeitete anthropologische Charakter des Films sei frei von Geschichtlichkeit und sozialer Determiniertheit. Dies gelingt ihm freilich hier ebensowenig wie mit seinem ganzen Werk. Der Wert des Buches besteht wohl vor allem darin, daß es neben vielen prägnanten Einzelbeobachtungen zu kulturellen

Vorgängen im Medienzeitalter das gesamte Profil massenkultureller Prozesse anschaulich beschreibt. Gilbert Cohen-Séat nahm
manchen Gedanken Morins auf, indem er in den sechziger Jahren
davon sprach, daß mit dem Kino und erst recht mit dem Fernsehen in den hochindustrialisierten westlichen Ländern eine deutliche kulturelle Veränderung vonstatten gehe, die er als das Über-
handnehmen einer »visuellen Information« charakterisierte, welche gegenüber der bisherigen, dem Rationalen verpflichteten
Kulturentwicklung völlig neue Probleme aufwerfe, darunter sehr
erschreckende und gravierende.[37] Der Terminus »visuelle Information« ist später aus dem Gebrauch gekommen, vermutlich, weil
er – besonders vor dem Hintergrund einer raschen Assimilierung
von Begriffen der kybernetischen Informationstheorie in den
Wortschatz der Humanwissenschaften – eher neue Mißverständnisse als Klärung schaffen konnte. Was er indes bezeichnete, blieb
weiterhin von Belang, wurde doch immer deutlicher, daß jene
enorme Verschiebung der Massen-Kommunikation zum Bildhaften hin eine richtige Beobachtung war. Die Problematik ist
schließlich in das vielschichtige Nachdenken über die sogenannte
Massenkultur eingegangen, für die Morin in seinen Essays
»L'esprit du temps« (»Der Geist der Zeit«, 1965) die Charakterisierung fand, daß es sich um eine zweite Industrialisierung, nämlich
die des Geistes, und eine zweite Kolonisation, nämlich die der
Seele, handele.[38] Weiter heißt es dort:

»Wie wir sehen werden, ist die Massenkultur wirklich eine Kultur: sie bildet ein Ganzes aus Symbolen, Mythen und Bildern,
die sich auf das praktische und das imaginäre Leben beziehen, sie
ist also ein System von Projektionen und spezifischen Identifika-
tionen. Die Massenkultur tritt neben die nationale, humanistische
und religiöse Kultur und nimmt den Wettbewerb mit diesen Kulturen auf.«[39] Die marxistische Wissenschaft hat später genauer das
Wesen der Massenkultur im Imperialismus bestimmt und besonders seine sozialen Bezüge herausgearbeitet. Beobachtungen, wie
sie in den eben zitierten Arbeiten bürgerlicher Autoren vorka-
men, erfuhren eine entsprechende Interpretation und Differenzierung. Hier wurden dieselben vor allem mit der Zielsetzung angeführt, die neuen Überlegungen im Rahmen der Massenkommunikationsforschung hinreichend anschaulich zu machen, um die

grundsätzliche Verschiebung des Denkansatzes charakterisieren zu können. Außerdem erinnern die Textstellen daran, daß der Film in jener Periode bereits expressiv verbis als Erscheinung der Massenkultur reflektiert wurde. Eine angemessene Darstellung der neueren Gedanken und Forschungsansätze, die im Rahmen der Massenkommunikationsforschung in den unterschiedlichen Gesellschaftssystemen entwickelt wurden, ist leider an dieser Stelle nicht möglich. Die Crux der vorliegenden Publikation wird damit offenkundig: Die Entwicklung der interessierenden Wissenschaftsdisziplinen, die nur während einer begrenzten Periode einen eher linearen Verlauf nahm und darum wie der Lebensweg einer Person nachgezeichnet werden konnte, ist heute nicht mehr in gleicher Weise abzuhandeln. Es sind mehrere Wissenschaftszweige zu berücksichtigen, die sich miteinander verflechten, einander durchdringen, und selbst eine Einführung referierend-konspektiver Art müßte auf diese Vielfalt reagieren. Da dies praktisch illusorisch ist, soll für den Zeitabschnitt ab 1966 ein anderes Darstellungsverfahren gewählt werden als das gegenüber der Kunstwissenschaft vom Film zur Anwendung gebrachte. Was deren Werdegang bis Mitte der sechziger Jahre betrifft, so war es m. E. noch gerade legitim, in einer theoriegeschichtlichen Einführung den Problemkreis der Filmkunst von dem der Massenkommunikation und -kultur abzukoppeln. Denn in der Film- und Fernsehpraxis und ihrer wissenschaftlichen Analyse hatte die Verschmelzung oder Integration der unterschiedlichen Ansätze noch nicht stattgefunden, vielmehr ließ sich aus der jeweiligen Sicht der andere Zugang auch fakultativ behandeln. Fragt man sich nämlich, welchen Zusammenhang die medial gefaßten Theorien zu den Kunsttheorien des Films herzustellen vermochten und durch welche Erkenntnisse sie die der klassischen Filmästhetik differenzierten und korrigierten, wird man eher zu dem Schluß kommen, daß ein wirklicher Kontakt zwischen beiden Richtungen wissenschaftlicher Betätigung am Film kaum zustande kam. Beide Tendenzen ergänzten sich gegenseitig, doch mehr aus einem gewissen Abstand heraus. Sie begegneten einander, sieht man von den wenigen Berührungspunkten von Kracauers und Bazins Theorien mit Erscheinungen der Massenkultur ab, nicht in direkter Weise, jedenfalls nicht bei der Analyse der Dialektik von Gestaltung und

Wirkung konkreter Filme, die als Hauptgeschäft traditioneller Forschung anzusehen war. Die klassische Filmästhetik erreichte sozusagen ihren Höhepunkt und ihren historischen Abschluß, während gleichzeitig eine andere Entwicklung parallel lief, die sie noch kaum tangierte, wohl aber durch ihre Existenz ankündigte, daß die Kunstwissenschaft vom Film unweigerlich in eine Krise geraten würde.

Sergej M. Eisenstein (III)
Methode

1929, also lange bevor Eisenstein die bereits erwähnte spaßige Skizze zum Gebäude der marxistischen Filmtheorie zeichnete, hatte er ein Buch im Sinn, das sich dieser Thematik nähern sollte, und zwar nach den Idealvorstellungen des Autors auf sehr eigenwillige Weise. In einem Vorwort dazu hieß es, die erste Forderung an die beabsichtigte Publikation bestehe eigentlich darin, »daß das Bündel dieser Aufsätze auf gar keinen Fall nacheinander betrachtet und rezipiert werden soll. Ich wünsche mir, daß sie alle zugleich wahrgenommen werden können, weil sie schließlich eine Reihe von Sektoren darstellen, die, auf verschiedene Gebiete ausgerichtet, um einen allgemeinen, sie bestimmenden Standpunkt – die Methode – angeordnet sind.

Andererseits wollte ich rein räumlich die Möglichkeit schaffen, daß jeder Beitrag unmittelbar mit einem anderen in Beziehung tritt, daß einer in den anderen übergeht. Daß sie sich wechselseitig aufeinander berufen. Einer den anderen ergänzt. Solcher Synchronität und gegenseitigen Durchdringung der Aufsätze könnte ein Buch in Form ... einer Kugel Rechnung tragen! Wo alle Sektoren der Kugel auf einmal präsent sind, und egal, wie weit sie voneinander entfernt sind – immer ist ein direkter Übergang von einem zum anderen über das Zentrum der Kugel möglich.«[1]

Auch wenn Eisenstein mit Bedauern hinzufügte, daß kugelförmige Bücher nur schwerlich zu realisieren seien, gibt das Vorstellungsbild doch genauer als der Aufriß jenes tempelartigen Theoriegebäudes preis, wie er den Zusammenhang sah, den das Ganze haben sollte: Ein mehrdimensionales systemhaftes Gebilde war gemeint, dessen relativ selbständige Teilsysteme im kybernetischen Sinne offen wären wie das Ganze, also zu Kopplungen nach außen und zu informationellem Austausch untereinander befähigt, zur Realisierung dialektischer Wechselwirkungen. In der Tat führte Eisenstein die Überlegungen zur Filmästhetik bis zu seinem Tode in einer Weise fort, daß Werk-Komposition, Schaffens- und Analysemethodik des Films sowie der individuelle Lernprozeß des Regisseurs stets in ihrer vielfältigen gegenseitigen Abhängigkeit erschienen.

Als Überschriften zu den schriftlichen Aufzeichnungen für einen riesigen Textcorpus tauchten dabei die Schlagworte »Grundproblem«, »Methode« und »Regie« auf, Begriffe, hinter denen sich umfangreiche Theorieprojekte verbargen, die ihrerseits die Eigenheit hatten, ineinander überzugehen, dergestalt, daß ein Projekt das andere zeitweilig gleichsam integrierte. Für eine noch ausstehende Edition des wissenschaftlichen Gesamtwerkes von Eisenstein wirft das u. a. die Schwierigkeit auf, die Teildarstellungen und fragmentarischen Überlegungen aus dem Nachlaß mit einer richtigen Zuordnung zu versehen.

Ansätze für das Buchprojekt »Grundproblem« finden sich bereits 1932. Es ging Eisenstein zunächst vor allem um die wechselseitige Durchdringung von sinnlichen und rationalen Momenten im Schaffensprozeß, innerhalb der künstlerischen Komposition und deren Rezeption, auch im Prozeß der Analyse und Erforschung künstlerischer Struktur- und Funktionszusammenhänge. In der bereits zitierten Rede auf der Allunionskonferenz sowjetischer Filmschaffender von 1935 dürften die Grundpositionen des Unternehmens erstmals umfassend formuliert worden sein. 1940 kam in Moskau ein längeres Manuskript zustande, das Eisenstein dann 1941 in Alma Ata aus dem Gedächtnis neu formulierte und mit dem Titel »Methode« versah. Der Entwurf »Eine nicht gleichmütige Natur«, der wiederum Artikel wie »Über den Bau der Dinge« einschloß, verstand sich als Teilarbeit zur »Methode«, die leider bis heute noch ihrer vollständigen Publikation harrt.

Ziemlich weit vorangetrieben, doch ebenfalls nur in Bruchstücken veröffentlicht, sind die Überlegungen zur Regiepädagogik, die Eisenstein im Rahmen von Lehrveranstaltungen am Moskauer Filminstitut in seinem Fach entwickelt hatte. Die Lernenden sollten nicht allein Wissensstoff, sondern vor allem eine Methode der künstlerischen Aneignung der Welt vermittelt bekommen. Auch dabei ging es Eisenstein um das »Grundproblem«, näherte er sich doch von verschiedenen Seiten der Regiepraxis her der Dialektik von Sinnlichem und Rationalem.

Die genannten Untersuchungen, die ja alle schon Mitte der dreißiger Jahre anvisiert wurden, lassen sich noch um zwei weitere komplettieren, die nur sehr skizzenhaft oder punktuell ausgeführt wurden, für den Ansatz Eisensteins insgesamt aber sehr bedeutsam waren. Gemeint sind die Darstellungen zur Filmgeschichte, speziell der sowjetischen, und zur Psychologie der Kunst. Im Rahmen beider Versuche geht es ebenfalls vor allem um Methodisches. Unerläßlich schien es Eisenstein, die Probleme der Filmkunst aus einer sich verändernden gesellschaftlichen Realität heraus zu begreifen, welche Filmschaffende und ihre Poetiken ständig mit neuen Voraussetzungen konfrontierte. Das soziologische Moment wird von ihm selten pauschal benannt, in der Regel schlüsselt er es bereits auf, zeigt, wie ideologisch-weltanschauliche Probleme und Fragen der Kunstwirkung innerhalb historisch-konkreter Situationen eine Einheit bilden. Doch bei der Etablierung seiner Filmästhetik mißt er der soziologischen Größe durchaus die Bedeutung zu, die sie im System derartiger Überlegungen haben muß. Bei keinem seiner Entwürfe, die Funktion von Kunst betreffend, läßt er sie aus, und seine Beschäftigung mit Filmgeschichte während der letzten Lebensjahre zeigt, wie wichtig er besonders die soziologische Problematik im eigenen Lande nimmt. Er integriert die entsprechende »Dachschräge« aus seinem Gebäude der Filmtheorie in die historische Untersuchung, wie er die andere, die Technik, in die Gestaltungsmethode der Kinematographie einbezieht.

Daß sich spezielle Überlegungen zur Kunstpsychologie von den Entwürfen im Rahmen des »Grundproblems« bzw. der »Methode« noch abheben, hängt gewiß damit zusammen, daß befreundete Psychologen, und hier ist vor allem Alexander Lurija zu nennen, sie ihm abverlangten, indem sie ihn zu Vorlesungen in das Psychologische Institut der Moskauer Universität einluden. Entwürfe für entsprechende Lehrveranstaltungen aus den Jahren 1940 und 1947, die erhalten blieben, haben trotz ihres fragmentarischen Charakters den Vorzug, daß sie zentrale Gedanken Eisensteins preisgeben. So schrieb Eisenstein wenige Wochen vor seinem Tode die Stichpunktreihe auf:

»Exkurs zur Intonation – der tönenden Geste.

Intonation – Basis der Melodie (...)

Geste – Basis der Werke plastischer Künste.

Zusammenführung beider – Basis des audiovisuellen Kontrapunktes.

Zusammenhang und Wechselbeziehung innerhalb der gefühlsmäßig-be-

wußten Tätigkeit – Basis der Gestalt (obras).

Gestalt (obras) des Denkens als Einheit des Gefühlsmäßigen und Be-

wußten – Muster für die Gestalt des Werkes.«[2]

Manche dieser Stichworte finden sich schon in Aufzeichnungen
weit früheren Datums. Denn spätestens seit Ende der dreißiger
Jahre ging Eisenstein, der bereits 1924 im Zusammenhang mit
Film über Ausdrucksbewegung nachgedacht hatte, bei der Analyse des Films auch von komplexen Ausdrucksweisen des Menschen wie Geste und Intonation aus. Seine Theorie der Inszenierung, der Mise en scène, die hier nicht zur Sprache kommen kann,
beruhte darauf. Eine Psychologie der Kunst ohne Auswertung der
letzten Etappe der Kunstentwicklung, des Films, war für ihn un-
vorstellbar, und so wurde der audiovisuelle Kontrapunkt des
Films, der das Ausdrucksprinzip weiterführt, auch zum Bezugspunkt für die Kunstpsychologie. Hier habe sie anzusetzen, hier
lohne es sich für sie am meisten, könne sie sich doch über das
Phänomen Film am leichtesten dem Grundproblem, der Dialektik
von Sinnlichem und Rationalem, nähern. Eisenstein behandelt dabei diese Dialektik in ihrer Bewegung, indem er sie – um ihr synkretisches Wesen zu begreifen – sowohl auf die Phylogenese wie
auf die Ontogenese bezieht. Er empfiehlt in den Vorlesungsent-
würfen den Rückgriff auf das Komplexe und Diffuse, wie es sich
im archaischen und kindlichen Denken zeige, Logisches sei stets
im gesamten Kontext sinnlicher Auseinandersetzung mit der Realität zu sehen. Im Zusammenhang mit dem Grundproblem formuliert Eisenstein:

»Kunst ist ... eine der Methoden und Wege der Erkenntnis. Und zwar
eine solche, die die Gestalt (obras) nicht nur entsprechend den Normen
bestimmter Stadien des Denkens interpretiert, sondern die Gestalten nach
diesen Normen des Denkens selbst konstruiert und in der Struktur dieser
Gestalten die Vorstellungen fixiert, in denen sich die Gestalt des Den-
kens selbst ausdrückt.«[3]

Nicht die Resultate von Bewußtseinsprozessen, sondern die Bewegung zu ihnen hin bilden sich in den künstlerischen Kompositionen ab. An die Prozesse des Kunstschaffens geht Eisenstein analog heran. Er sieht sie grundsätzlich als etwas Synkretisches, und zugleich sucht er nach Höherentwicklung. In diesem Sinne interpretiert er Kunstschaffen eigentlich als einen komplexen Lernprozeß, und jeden Abschnitt, mit dem er sich befaßt, jede wichtige Übung mit Studenten, legt er entsprechend aus.

Die Frage, womit der kunstschöpferische Prozeß beginne, beantwortet er für den Fall einer Literaturadaption durch Regie-Studenten so:

>*Wenn es um die Komposition geht, dürfen wir uns nicht an das an sich* >*wirkungsvolle Werkstück< halten, sondern wir müssen das herauszufinden versuchen, was uns tief ergreift, was >ans Innerste rührt<.«*[4]

Neben rationalen Momenten seien also Emotionen stets mit im Spiel, die Auswahl folge einem komplexen Prinzip. Und sie suche einen Bezug zum Ganzen:

>*Wirklich überzeugend kann sich die schöpferische Phantasie des Künstlers nur an solchen Episoden >entzünden<, die in sich bereits den verallgemeinernden Sinn des ganzen Werkes tragen, und nicht an nur äußerlich beeindruckenden Episoden.«*[5]

Seinen Studenten gibt Eisenstein den Hinweis:

>*Bei der Komposition einer Szene muß man immer von dem Detail ausgehen, das durch Inhalt und Eigenart mehr als alle anderen erregt. Dabei ist es notwendig zu wissen, daß im allgemeinen jenes Detail am meisten erregt, das nicht nur stark und unmittelbar wirkt, sondern zugleich als innere dynamische Ausdrucksform des Gesamtthemas fungiert.«*[6]

In diesem Zusammenhang erklärt er, daß all die unterschiedlichen Kompositionsmethoden »ohne Ausnahme die ideologische und politische Einstellung zum dargestellten Objekt ausdrücken.«[7]

Ganz analoge Überlegungen bilden den Ansatzpunkt für die Darlegungen zur Methode. Sie wurden früher bereits zitiert, als »Über den Bau der Dinge« zur Debatte stand. Es heißt dort, daß die Komposition von der Emotion auszugehen habe, die das Verhältnis zum Dargestellten bestimme.[8]

Wie dieses Verhältnis zu erkennen und kompositorisch im Film umzusetzen sei, darum geht es Eisenstein immer wieder. Komposition, verstanden als »Konstruktion, die in erster Linie dazu dient, das Verhältnis des Autors zum Inhalt zu verkörpern und gleichzeitig den Zuschauer in dasselbe Verhältnis zu diesem Inhalt zu versetzen«[9], wird in den drei Aufsätzen zum »Methode«-Projekt – »Über den Bau der Dinge«, »Pathos« und »Nochmals über den Bau der Dinge« – vornehmlich im Zusammenhang mit dem Wirkungsgesetz des Pathos gesehen. Diesem Prinzip schenkt Eisenstein ungewöhnliche Aufmerksamkeit, nicht zuletzt, weil seine eigenen Filme vielfach eine pathetische Komposition anstreben. Die neue Qualität filmtheoretischer Überlegungen, die mit seinem Beitrag erreicht war, ermöglicht es, Formprobleme des Films auf ungewöhnlich differenzierte Weise zu beschreiben und zu erklären. Darüber hinaus gelang es ihm, das spezielle Wirkungsgesetz mit dem Prinzip des Organischen zu verknüpfen. Für Eisenstein existierten dabei neben der allgemeinen Form des Organischen, die charakteristisch für jedes Kunstwerk sei, das Geschlossenheit und innere Gesetzmäßigkeit besitzt, noch eine zweite, das Organische der speziellen oder besonderen Ordnung. Über Kunstwerke jenes Typs notiert er: »Der Betrachter fühlt sich in der gleichen Weise mit einem Werk dieser Art organisch verbunden, verschmolzen, wie er sich verschmolzen und eins fühlt mit der ihn umgebenden organischen Umwelt und Natur.

In größerem oder geringem Maße wohnt dieses Gefühl unvermeidlich in jedem von uns, und das Geheimnis liegt darin, daß hier *ein und dieselbe Gesetzmäßigkeit sowohl uns als auch das Kunstwerk leitet.*«[10] Im Falle pathetischer Kunstwerke stellt sich diese Gesetzmäßigkeit durch einen qualitativen Sprung im rezeptiven Miterleben der dargestellten Erscheinung her, welcher sich gleichsam mit einem inhaltlichen Umschwung innerhalb der gezeigten Lebensprozesse synchronisiert, so daß der Zuschauer außer sich gerät. In »Über den Bau der Dinge« heißt es dazu:

»So können wir sagen, (...) daß sein Aufbau dann pathetisch ist, wenn er uns zwingt, seinen Ablauf in uns zu wiederholen, wenn er uns zwingt, die Momente der Verwirklichung und der Entstehung der Gesetzmäßigkeiten dialektischer Prozesse zu erleben.

Unter ›_Moment_ der Verwirklichung‹ verstehen wir hier jenen Punkt, jenen _Augenblick_ eines Prozesses, in dem das Wasser zu Dampf, das Eis
zu Wasser, das Eisen zu Stahl wird. Also wieder das gleiche Außersich-
kommen, das Herausgeraten aus einem Zustand, der Übergang aus einer
Qualität in eine andere Qualität, Ekstase.«[11]

Anhand des kompositorischen Ablaufs seines »Panzerkreuzer Potemkin« demonstrierte Eisenstein – und zwar sowohl am Gesamt-
geschehen wie am Aufbau wichtiger Szenen –, wie diese Wirkung
erreicht wurde. Es heißt über den Film, hier werde deutlich, »daß
wir in allen entscheidenden Kompositionselementen stets auf die
Grundformel des Ekstatischen treffen: auf den Sprung ›aus sich
heraus‹, der in jedem Falle ein Sprung in eine neue Qualität, in
den meisten Fällen ein Sprung ins Gegenteil ist.«[12]
    Eisenstein weist bei seiner Darlegung des Wirkungsgesetzes
darauf hin, daß es in der Kunst nicht willkürlich gebraucht werden dürfe, sondern in einer tiefen Beziehung zum emotionalen
Verhältnis des Autors zu seinem Gegenstand stehen müsse. So sei
das bewußte Miterleben des historischen Prozesses mit seiner revolutionären Veränderung eine Voraussetzung für das Pathos des
»Panzerkreuzers« gewesen.[13] In der mit »Pathos« überschriebenen
umfangreichen Abhandlung wird von Eisenstein anhand von sehr
unterschiedlichen Beispielen, unter denen die Bilder El Grecos
die wohl bedeutsamste Rolle spielen, die Allgemeingültigkeit des
benannten Wirkungsgesetzes in der Kunst besprochen. Querverbindungen zwischen Film und den übrigen Künsten werden hier
anhand konkreter Beispiele aus den anderen Gattungen hergestellt, und auch der Zusammenhang zwischen Pathos und Komik
wird erhellt. In der kleinen Arbeit »Nochmals über den Bau der
Dinge« wird dazu demonstriert, wie breit der Spielraum pathetischer Komposition und Wirkung im Film ist, indem Eisenstein
dieses Prinzip, dessen Gültigkeit für den »Panzerkreuzer Potemkin« von ihm so genau belegt wurde, auch für den Film »Tschapa-
jew« der Regisseure Wassiliew in Anspruch nimmt. Unterderhand
wird hier eine Lektion in Dialektik bei der Filmbetrachtung erteilt. Der Text »Eine nicht gleichmütige Natur« verdankt seinen
Titel einer Beobachtung Eisensteins, wonach neben den streng
pathetischen Kompositionen auch solche ihre Daseinsberechti-

gung hätten, die das Prinzip des »Aus-sich-Herausgehens« in musikalische Ausdrucksformen trügen, die etwa in emotional aufgefaßten Landschaftsbildern auftauchten. Man habe es dann, so Eisenstein, mit Landschaften einer »nicht gleichmütigen Natur«[14] zu tun. Bereits in der Stummfilmperiode habe es eine Formenwelt gegeben, der die Aufgabe zugefallen sei, zu klingen. In einem übertragenen Sinne. Diese Kultur befinde sich in stetem Prozeß. Die Entwicklung des Montage-Kontrapunktes in der Periode des Tonfilms rechne auf derartige Umsetzungen in andere Ausdrucksebenen, gehe es doch immer wieder um die emotionale Weiterführung dessen, was mit den bestehenden Mitteln jeweils nicht ausgedrückt werden könne, in einer neuen Darstellungsebene. So zeigt sich, daß für Eisenstein jene »musikalischen Landschaften« vor allem als Schlüssel für das Verständnis des Polyphonie-Prinzips in der Filmkunst dienen. Wichtig ist für ihn das Verständnis der musikalischen Fuge im Hinblick auf die Klärung des Polyphonen. Über Fuge und Polyphonieprinzip schreibt er:

»Sie drücken auf vollendete Weise eins der Haupt- und Grundprinzipien unserer Wirklichkeit aus.

Beide zielen darauf ab (übrigens nicht nur sie, sondern alles, worauf sich die Ästhetik einer Montage gründet, die von verschiedenen Punkten aus aufgenommene Einstellungen eines Gegenstandes miteinander verbindet), in Kunstwerken jenes Prinzip der Einheit in der Vielfalt zu realisieren, das in der Natur nicht nur die Erscheinungen ein und derselben Kategorie durchdringt, sondern auch die ganze Vielfalt der Erscheinungswelt synthetisch vereint. Auf dem Gebiet der Ästhetik ist dieses Prinzip oftmals in so verfeinerter Form wirksam, daß man manchmal beim ersten Hinsehen kaum darauf kommt, daß es sich um eben dieses grundlegende Prinzip handelt.

Im Lichte unserer Erörterungen über das immer feiner werdende Gewebe der Struktur polyphoner Elemente ist zum Beispiel ein Sachverhalt sehr interessant, den schon Guyau vermerkte: ›... Jeder bildhafte Stil ist eigentlich schon als rhythmisch anzusehen, denn ein verbales Bild ist seiner Natur nach eine Wiederholung der Grundidee in anderer Form und jedes Mal auf der Grundlage von neuem Material ... und jede Wiederholung ist reizvoll dadurch, daß sie die Einheit in der Vielfalt verkörpert ...‹«[15]

Das Aufspüren eines einheitlichen Prinzips auf unterschiedlichen Darstellungsebenen wird von Eisenstein dann selbst praktiziert, indem er an Filmen wie »Iwan der Schreckliche«, doch auch an früheren eigenen Arbeiten, zeigt, wie dort unterschiedliche Gestaltungskomponenten aufeinander bezogen wurden.

Einen Zugang zum Verständnis der Polyphonie im Film glaubt Eisenstein gefunden zu haben, wenn er die Synästhesie ins Feld führt, die Fähigkeit, »verschiedenartige Empfindungen, die von verschiedenen Sinnesorganen aus verschiedenen Bereichen herantransportiert werden, zusammenzuführen.«[16]

Manches, was über polyphonen Zusammenklang schon in der »Vertikalmontage«, die sich übrigens auch auf die Synästhesie bezieht, benannt wurde, kommt in »Eine nicht gleichmütige Natur« zur Ausarbeitung. Nicht nur der Film als Ganzes läßt sich nach Ansicht Eisensteins mit einem Orchester vergleichen, auch eine Figur zeige Polyphonie im Verhalten und ließe sich entsprechend analysieren. Eine Figur sei »als eine Art Orchester mit selbständig funktionierenden Bestandteilen aufzufassen.«[17] Gewiß, eine sehr zugespitzte Formulierung. An ihr wird aber ablesbar, in welchem Umfange Eisenstein das Prinzip der Vielstimmigkeit angewendet haben möchte, und daß er in der Polyphonie mehr und mehr das allgemeinste Prinzip filmischer Komposition zu entdecken glaubt.

Zum Gebrauch des Prinzips gab er zwei Faustregeln an: Man solle die polyphone Montage nicht zu konsequent anwenden, sondern sich an den Hinweis Gillettes für das Einspannen von Rasierklingen halten, eine halbe Umdrehung vor dem äußersten Anschlag zu verbleiben.[18] Auch solle man bei der audiovisuellen Polyphonie einen solchen Grad von Harmonisierung vermeiden, der alle Konturen der Einzelkomponenten untergehen lasse.[19]

Es ist Eisenstein aber am wenigsten um handwerkliche Ratschläge zu tun. Die Arbeit zur Polyphonie will vor allem zum Nachdenken über fundamentale ästhetische Prinzipien anregen und nutzt dafür das unterschiedlichste Beispielmaterial. Besonders sind es hier Erscheinungen der asiatischen Kultur, die helfen sollen, Gestaltungs- und Wirkungsgesetze aufzudecken.

Der Vergleich zwischen Filmwirkung und Orchestermusik beherrscht auch die Überlegungen zur Farbe, die Eisenstein in seinen letzten Lebensjahren immer wieder anstellte, und die in das Buch zur Methode aufgenommen werden sollten. Er polemisierte gegen eine häufig vertretene Auffassung, wonach ein Farbfilm nur gut sei, wenn sich die Farbe dort nicht bemerkbar mache. Es käme eher darauf an, aus der Farbe wie aus jedem künstlerischen Ausdrucksmittel alle vorhandenen Möglichkeiten herauszuholen und ihr stets im Ensemble der anderen den gebührenden Platz einzuräumen. Auf Neutralisation der spezifischen Ausdruckswerte liefe das nicht hinaus.

»Die Meisterschaft besteht darin, daß man jedes einzelne künstlerische Ausdrucksmittel zur größtmöglichen Entfaltung bringt und es gleichzeitig versteht, das Ganze zu instrumentieren, auszubalancieren, damit nicht ein einziges von ihnen aus dem großen Ensemble, aus der umfassenden kompositorischen Einheitlichkeit herausgerissen wird.«[20]

Für die Farbe gilt wie für alle anderen Kunstmittel:

»Jedes dieser Elemente hat am gegebenen Ort – im gegebenen Augenblick – einmal die Führung innerhalb des großen Ensembles der künstlerischen Mittel inne; die anderen treten zurück bis zu dem Augenblick, da sie die Führung zu übernehmen haben.«[21]

Die Dramaturgie des Ganzen bestimmt, wann dies zu geschehen hat.

»Folglich besteht die erste Voraussetzung für die begründete Mitwirkung des Elementes Farbe im Film darin, daß es in erster Linie die Rolle eines dramatischen und dramaturgischen Faktors spielt. In dieser Beziehung stimmt die Rolle der Farbe mit der Rolle der Musik überein. (…)
Das heißt, sowohl die Farbe als auch die Musik haben an jenen Stellen Daseinsberechtigung, wo sie allein die geeigneten Mittel sind, das auszudrücken, was in einem bestimmten Moment des Handlungsablaufs gesagt, ausgesprochen, zu Ende gesprochen werden muß.«[22]

So ist für Eisenstein die Farbgestaltung erst gelöst, wenn sich die Farbe in das »Orchester« der Gestaltungsmittel inhaltlich einordnet. Und dies in Permanenz.

»Solange wir nicht in der Lage sind, in der »Bewegungslinie« der Farbe, die sich durch den Film hindurchzieht, eine ebensolche selbständig sich entwickelnde und die Dynamik des ganzen Films durchdringende Linie

zu sehen, wie sie die Linie der Musik darstellt – solange ist es zwecklos,
daß wir uns mit der Farbe überhaupt abgeben.«[23]

Aus dem Sprachduktus dieser Sätze wird einmal mehr deutlich,
daß es Eisenstein bei seinen theoretischen Überlegungen stets um
eine Qualifizierung der Praxis zu tun war, der gegenüber es uner-
bittliche Forderungen durchzusetzen galt, sollte die sozialistische
Kunst ihren hohen Ansprüchen genügen. Wie kein anderer ging
er dabei aber ganzheitlich und systematisch vor, so daß kein wichtiges Arbeitsfeld ausgelassen wurde. Seine Filmtheorie ist umfassend, ist eine Filmästhetik, die gleichermaßen allgemein-philoso-
phische Aussagen mit konkreten Überlegungen zum einzelnen
Werk und künstlerischen Detail verbindet. Eine Theorie des
Schaffens, die eine solche des Lernens und Lehrens von Regie
einschließt, ist eng mit einer Gestaltungslehre verkoppelt, welche
den Blick für die einzelnen Mittel, darunter die neuesten und die
der Zukunft schärft; und über eine Analyse der Rezeptionsprozesse werden Untersuchungsmethoden des Films und Überlegungen methodologischer Art zu seiner Erforschung unterbreitet, die
den modernsten Auffassungen von einem komplexen und interdisziplinären Herangehen vorgreifen.

Cesare Zavattini

Zum Konzept des italienischen Neorealismus

Cesare Zavattini wurde 1902 in Luzzara/Region Emilia geboren. Nach dem Studium an der Universität von Parma begann er seine journalistische und literarische Tätigkeit. Ab 1935 beteiligte er sich an szenaristischer Arbeit für den Film; vom Jahr 1940 an bis ins hohe Alter hinein schrieb er eine Vielzahl von Szenarien und Drehbüchern, jedoch auch Prosatexte und Artikel. Aus seiner Zusammenarbeit mit De Sica sind einige der Hauptwerke des Neorealismus hervorgegangen: »Ladri di biciclette« (»Fahrraddiebe«, 1948), »Miracolo a Milano« (»Das Wunder von Mailand«, 1950), »Umberto D.« (1952). Zavattini schrieb indes auch für Blasetti, Visconti, Lattuada, De Santis u. a. bemerkenswerte Filmentwürfe. In den sechziger Jahren engagierte er sich für eine von Laien getragene Strömung des nichtkommerziellen Films, die sich um die Dokumentation politischer Ereignisse bemühte und der kommunistischen Arbeiterbewegung bzw. der linken Studentenschaft verbunden war. Er starb 1989.
Unter den theoretisch orientierten Artikeln zum Film kommt besonders Zavattinis »Alcune idee sul cinema« (»Einige Gedanken zum Film«) von 1953 Bedeutung zu, der eine Poetik des neorealistischen Films entwirft.

Unmittelbar nach Ende des zweiten Weltkrieges setzte – vorbereitet durch gestalterische Versuche, die schon etwas früher datierten – im italienischen Film eine künstlerische Strömung ein, die als Neorealismus bezeichnet wird. Filme der Regisseure Rossellini, De Sica, De Santis, Visconti, Germi und andere, die bis in die fünfziger Jahre hinein entstanden, haben dieser Richtung ein spezifisches Gesicht gegeben, sie zu einem Zeitstil werden lassen. Dieser knüpfte an realistische Darstellungsweisen der internationalen Filmkunst der Vergangenheit an (Carné, Renoir, Duvivier, Ford, aber auch Pudowkin, Eisenstein, Donskoi, Ekk) und nahm ein geistiges Konzept auf, das durch die Widerstandsbewegung entwickelt worden war und, wie Togliatti es nannte, die »große demokratische Revolution«[1] für Italien zum Gegenstand hatte. Obschon dieser kritisch-realistische Stil sich dann bald differenzierte und auch auflöste, bildeten seine Erfahrungen eine wichtige Voraussetzung für den Aufschwung der italienischen Filmkunst der späteren Jahre und für den progressiven Film der Welt überhaupt.

Wie andere Zeitstile auch, gab sich der italienische Neorealismus als solcher dadurch zu erkennen, daß er ein ganzes System von inhaltlichen und formalen Bezügen schuf, die eine innere Einheit, eine »stabile Gemeinsamkeit der Mittel«[2] zum Ausdruck bestimmter Inhalte aufwiesen, ein begrenztes, den einzelnen Werken invariantes Formengut. Denn Stilistisches läßt sich ja wohl generell als »Beseitigung potentieller Variabilität«[3] auffassen. Marxistische methodologische Überlegungen haben dabei belegen können, daß »in der Dialektik von Mitteilungsabsicht und Mitteilungssituation, in der Begegnung und Durchdringung von Stoff, Thema, Absicht, poetischen Normen, Kode der gestalterischen Mittel und Zielpublikum die stilistischen Phänomene entstehen«, wobei »die Kernzone des Stilwachstums, in der sich Basis und Überbau vermittelt, (...) sozialpsychischer Natur«[4] ist.

Dergestalt muß auch der Neorealismus als Ausdruck einer bestimmten historischen Situation und ihrer sozialpsychischen Entwicklungen verstanden werden. Die Vertreter des Neorealismus, und gemeint sind dabei sowohl die schon erwähnten Regisseure als auch Theoretiker wie Barbaro und Aristarco oder derart produktive und phantasievolle Szenaristen wie Zavattini, haben dies wie keine andere Gruppierung im progressiven bürgerlichen Film verstanden. Luchino Visconti charakterisierte 1961, als er sich längst von den ästhetischen Prinzipien des Neorealismus gelöst hatte, in einem Gespräch mit Michail Romm die künstlerische Richtung ganz in diesem Sinne: »Eine Aufgabe des Neorealismus war es zu zeigen, wie das Leben wirklich ist, mit all seinem Elend und seinen Unbilden, den Folgen von Faschismus und Krieg. Der Neorealismus war damals für uns eine bestimmte moralische Einstellung zum Leben. Später wurde er zur Formel, und es kam ein rosaroter Neorealismus, ein grauer Neorealismus usw. auf. (...) Die gesamte faschistische Filmproduktion war niedrige Propaganda, wurde auf Kommando von oben gemacht. Immer wurden die Filme in Ateliers gedreht. Aus Angst, und weil man nicht zeigen wollte, was hinter deren Wänden, im wirklichen Italien vor sich geht. Das Land wurde gewissermaßen mit grellen glänzenden Farben verdeckt. Aber man brauchte nur die Oberschicht anzukratzen und sah die Fäulnis. Wir haben die Ateliers verlassen und gezeigt, was uns zwanzig Jahre Faschismus eingebracht haben, wie die Wirklichkeit ist, und welche Möglichkeiten es gibt, sie zu verbessern. Deshalb sind wir auf die Straßen gegangen, haben unmittelbaren Kontakt zum Leben aufgenommen und uns den wahren Menschen zugewandt – dem Arbeiter, dem Bauern –, damit diese selber über sich berichten.«[5]

Das ästhetische Konzept des Neorealismus, wie er es für sein eigenes Schaffen als Szenarist in Anspruch nahm, hat Cesare Zavattini in »Alcune idee sul cinema« (»Einige Gedanken zum Film«) im Jahre 1953 umrissen. Diese Bemerkungen, die als Vorwort einer Ausgabe des Szenariums »Umberto D.« gedacht waren, können heute als das umfassendste Zeugnis für eine Poetik des neorealistischen Stils angesehen werden. Sie bezogen sich weniger auf die regieliche Seite des Filmschaffens als auf den künstlerischen Entwurf, der bei der szenaristischen Arbeit entsteht. Gleichwohl stellten sie einen wichtigen Beitrag zum Gattungsverständnis der Filmkunst dar, indem sie stilprägende Momente der Gestaltung herausarbeiteten.

Ausgangspunkt für die Bestimmung seines ästhetischen Standorts ist bei Zavattini das Verhältnis zur Realität, das der Filmkünstler einnehmen müsse. Letzterer habe die Vorgänge des menschlichen Lebens, besonders den Alltag der arbeitenden Schichten, wahrhaftig und ohne Verfälschung zu zeigen. Diese Art von Realität sei der Darstellung würdig, sei das eigentlich Wichtige und Interessante, fordere aber eine bestimmte Sicht und Darstellungsweise.

»Welche narrativen, strukturellen und moralischen Konsequenzen hat nun diese Bewußtwerdung der Wirklichkeit gehabt, die den Neorealismus kennzeichnet?

1. Während es früher im Film üblich war, ein Faktum aus dem anderen hervorgehen zu lassen, dann noch eines und wieder eines, und jede Szene gemacht und durchdacht wurde, um plötz-

lich wieder aufgegeben zu werden (eine natürliche Folge des Miß-
trauens in das Faktum, von dem ich schon gesprochen habe), ver-
spüren wir heute, wenn wir eine Szene durchdacht haben, das
Bedürfnis in ihr zu verweilen, denn wir wissen, daß sie in sich alle
Möglichkeiten fernwirkenden Nachhalls enthält und alle Forderungen stellen kann, die wir wollen.

Heute können wir ruhig sagen: gebt uns irgendein Faktum, und
wir werden es ausweiden, bis es uns gelingt, es in ein Spektakel
zu verwandeln. Die ›Zentrifugalkraft‹, die bisher (sowohl in technischer als auch in geistiger Hinsicht) das grundlegende Charakteristikum des Films ausmachte, hat sich deshalb in Zentripedalkraft
verwandelt: während früher nämlich ein Thema nicht in sich und
nach seinem Realitätsgehalt entwickelt wurde, strebt man heute
im Neorealismus dahin, alles auf ein Grundthema zu beziehen.

2. Während der Film früher das Leben immer in seinen auffal-
lendsten und äußerlichsten Momenten darzustellen pflegte – und
ein Film war im wesentlichen eine mehr oder weniger gut verknüpfte Serie von Fakten, die aus solchen Momenten gewählt
worden waren –, versichert heute der Neorealismus, daß jede dieser Situationen und sogar jeder dieser Momente in sich allein genügend Material für einen Film enthält.

Der Film also, der früher etwas nur Andeutendes, Schemati-
sches war, tendiert jetzt zur Analyse hin, oder besser: zur Synthese innerhalb der Analyse.«[6]

Zavattini wandte sich gegen Erfindungen und Fiktionen innerhalb der filmischen Erzählung, die dem realistischen Wirklich-
keitsempfinden Abbruch tun, das Leben in den Augen des Zuschauers gleichsam manipulieren könnten.

Hinter dem kleinen Vorgang, der eine Frau beim Kauf eines
Paars Schuhe zeige, eröffne sich »eine weite und komplexe Welt,
deren praktische, soziale, ökonomische, psychologische Motive
reich an Bedeutung und Werten sind.

Die Banalität verschwindet wegen der Fülle an Verantwortung,
mit der jeder Augenblick beladen ist. Jeder Augenblick ist unendlich reich. Es gibt nichts Banales.«[7]

Der Regisseur Rossellini, danach befragt, warum es ihm so wenig um »filmische Effekte« gehe, und wieso er eigentlich eher un-
gerührt auf die Vorgänge sehe, antwortete:

»Ich versuche, immer nüchtern zu bleiben. Ich finde, daß das, was es an Erstaunlichem, Außergewöhnlichem, Rührendem in den Menschen gibt, gerade darin liegt, daß die großen Gesten oder die großen Ereignisse auf die gleiche Art geschehen, mit dem gleichen Widerhall wie die kleinen, normalen Geschehnisse des Lebens. Mit der gleichen Demut versuche ich sowohl die einen wie die anderen zu umschreiben: darin liegt für mich die Quelle des dramatischen Interesses.«[8]

Roberto Rossellini sah im Neorealismus vor allem eine moralische Position, von der aus der Künstler die Welt betrachte. »Er wird in zweiter Linie eine ästhetische Position; aber der Ausgangspunkt ist ein moralischer.«[9] Bei aller persönlichen Färbung durch das Temperament des Regisseurs sind die philosophisch-ästhetischen Positionen denen Zavattinis ähnlich. De Sica äußerte in seinem Schaffensbekenntnis von 1950, daß es nicht allein um die Erneuerung der italienischen Filmkunst angesichts der Verlogenheit der faschistischen Produktionen gehe, sondern auch um eine Gegenposition zum Kommerzfilm Hollywoods:

»Der furchtsame Blick eines Knaben, der vom Leben, das auf ihn zukommt, beunruhigt ist, das glückliche Lächeln, dem Leben entgegen, das da singt, sind tausendmal mehr wert als alle Schenkel Hollywoods. Der wirklich gute Film ist es sich schuldig, auf dem Wege fortzuschreiten, den die menschliche und soziale Wirklichkeit unserer Gegenwart vorgezeichnet hat. Sie gibt ihm seine Existenzberechtigung, seinen nationalen Charakter und seinen universellen Wert. (...) Wir haben heute das Recht nicht, die Kamera, dieses wunderbare und unvergleichliche Ausdrucksinstrument, für Banalitäten zu gebrauchen.«[10] Banal war für De Sica nicht das Leben der einfachen Menschen, sondern – wie für Zavattini auch – die stereotype Welt Hollywoods. Die Wirklichkeit als ein Ereignisblock, welcher Mensch und Milieu miteinander verschmolzen sieht und es nicht gestattet, Vorgänge auf eine in der bürgerlichen Kultur gängige Weise darzustellen, stand für Zavattini und andere Vertreter des Neorealismus also nicht etwa jenseits einer Wertung, im Gegenteil: Durch eine neue Auffassung von Handlung und dem, was als spektakulär anzusehen sei, erschien eine neue Wertbildung möglich. Dies freilich setzte eine andere Haltung gegenüber dem Kunstprozeß voraus.

»Aus dem bisher Gesagten ergibt sich, daß der Neorealismus erfaßt hat,
daß der Film – im Gegensatz zu dem, was bis zum Krieg gemacht wor-
den ist – winzige Fakten ohne jeden Zusatz von Phantasie erzählen
mußte, wobei er sich zu bemühen hatte, in diesen Fakten zu betonen, was
sie an Menschlichem, Historischem, Determinierendem, Definitivem ent-
halten.
Im wesentlichen geht es heute nicht mehr darum, erfundene Dinge Wirk-
lichkeit werden zu lassen (sie wahr und real erscheinen zu lassen), son-
dern die Dinge, wie sie sind, fast allein sprechen zu lassen und sie so be-
deutsam wie möglich werden zu lassen. Denn das Leben ist nicht so, wie
es in den Geschichten erfunden wird, das Leben ist anders. Und um es
kennenzulernen, bedarf es einer äußerst genauen und ununterbrochenen
Untersuchung; sprechen wir ruhig von Geduld.«[11]

Zavattini bekannte sich darum zu einem spezifischen Erzählkon-
zept. Soziale Aufmerksamkeit sei die dringendste Notwendigkeit
der gegenwärtigen Zeit. Diese Aufmerksamkeit habe jedoch dem
zu gelten, was das Leben anbiete, nicht Vorgängen, die schon
durch Fabelkonstruktionen verdeckt seien.

»Die wahre Funktion des Films ist nämlich nicht die, Fabeln zu erzählen,
sondern seine wahre Funktion ist die jeder Kunst, die immer darin be-
standen hat, die Notwendigkeit ihrer Zeit auszudrücken, und zu dieser
Funktion müssen wir ihn aufrufen. Zweifellos kann die Fabel ein Mittel
sein, die Realität zu analysieren. Hier sei sie willkommen: auch sie ge-
hört zu den natürlichen Ausdrucksmitteln. Aber der Neorealismus muß,
wenn er konsequent sein will, den moralischen Impuls durchhalten, der
seine Anfänge kennzeichnete, und das auf dem analytisch-dokumentari-
schen Wege. Kein anderes Ausdrucksmittel hat in der Tat wie der Film
die ursprüngliche und angeborene Fähigkeit, die Dinge zu photographie-
ren, die nach unserer Meinung verdienen, in ihrer Alltäglichkeit, und das
heißt in ihrer längsten, wahrsten Dauer, gezeigt zu werden. Die Kamera
hat wirklich ›alles vor sich‹; sie sieht die Dinge und nicht den Begriff der
Dinge. Wenigstens unterstützt sie uns in dieser Richtung. (…) Man
kann also sagen, daß der Film nur dann moralisch ist, wenn er die Wirk-
lichkeit auf diese Weise angeht. Und das moralische (wie das künstleri-
sche) Problem liegt in der Fähigkeit, diese Wirklichkeit sehen zu können,
nicht darin, außerhalb ihrer etwas zu erfinden, was immer – wie schon
gesagt – eine Art Flucht von ihr bedeutet.«[12]

Zavattini, der noch zu einem Zeitpunkt den ästhetischen Prinzipien des Neorealismus die Treue hielt und sie zu verteidigen vermochte, als sich diese Strömung schon erkennbar umzubilden begann, setzte sich mit drei der landläufigsten Vorwürfe, die ihr gegenüber gemacht wurden, auseinander. Der erste Vorwurf lautete, der Neorealismus beschreibe nur das Elend. Die Antwort Zavattinis:

»Der Neorealismus kann und muß sich sowohl dem Elend wie dem Reichtum stellen. Mit dem Elend haben wir aus dem einfachen Grunde begonnen, weil es eine der lebendigsten Wirklichkeiten unserer Zeit ist, und ich fordere jeden auf, das Gegenteil zu beweisen. Es ist ein großer Irrtum, zu glauben oder sich einzureden, daß das Thema mit einem halben Dutzend Filmen über die Armut erschöpft wäre und es nun an der Zeit sei, sich in angenehmere Gefilde zu begeben. Damit beweist man, daß man nicht versteht oder nicht verstehen will, was der Neorealismus ist. Man will ihn damit auf eine unbedeutende Funktion reduzieren. Man setzt ihn so einem Bauern gleich, der ein ganzes Feld zu beackern hat, sich aber bereits nach dem ersten Hektar zur Ruhe setzt.

Das Thema der Armut (Reiche und Arme) ist ein Thema, dem man sein ganzes Leben widmen kann. Es ist kaum erst in Angriff genommen. Wir müssen den Mut haben, es in all seinen Einzelheiten zu durchforschen.«[13]

Der zweite Vorwurf lautet: Der Neorealismus biete keine Lösungen, weise keinen Weg. Das Ende der Filme weiche jeder Beantwortung von Fragen aus.

Zavattini dazu:

»Diese Anklage weise ich mit aller Kraft von mir. Was mich betrifft, so bleiben alle Figuren und Situationen der Filme, zu denen ich das Drehbuch geschrieben habe, aus einem praktischen Gesichtspunkt ungelöst, weil das eine Realität ist. Aber jeder Augenblick des Films gibt fortlaufend Antwort auf Fragen. Was die Lösung betrifft, so ist es nicht die Sache des Künstlers, sie zu entwerfen: es genügt ihm, und das ist schon sehr viel, ihre Notwendigkeit, ihre Dringlichkeit spüren zu lassen, würde ich sagen.«[14]

Drittens: Beliebige Fakten könnten nicht interessieren; sie gäben keinen Stoff für ein Spektakel her.

Erwiderung:

»Indem sie der Analyse des ›beliebigen Faktums‹ ausweichen, gehorchen die Drehbuchautoren nicht nur dem mehr oder weniger stillschweigend bestehenden Gebot der kapitalistischen Filmwelt und des Publikums selbst, sondern ihrer eigenen Trägheit, denn die Analyse des Faktums ist immer mühsamer, als ein Faktum aus dem andern zu entwickeln, und darauf wieder das nächste. Mit anderen Worten, es ist ein Problem der Vertiefung, dem die Drehbuchautoren ausweichen.«[15]

Zavattini hatte vorher bereits den Hinweis gegeben:

»Wir müssen uns natürlich dazu entschließen, unter dem Spektakulären nicht das Außergewöhnliche, sondern das Normale zu verstehen. Ich meine, unser Staunen muß aus der Erkenntnis und der Entdeckung der Wichtigkeit all dessen resultieren, was wir jeden Tag vor Augen haben, was wir aber nie bemerkt hatten. Diese Dinge in Spektakel umzuwandeln, ist nicht leicht: es erfordert, eine Intensität der menschlichen Sicht, sowohl von dem, der den Film macht, wie von dem, der ihn sieht. Es geht darum, jedem Augenblick des Menschenlebens seine historische Bedeutung zukommen zu lassen.«[16]

Der Szenarist dürfe nicht die überkommenen Handlungsklischees, also schon vorhandenes Ausgedachtes, in die Vorgänge hineinsehen, er müsse die unverwechselbare Gegenwart analysieren. Dies habe Konsequenzen für die Narration, denn es bedeute den Tod des Sujets, das eigentlich nur eine ausgedachte »Geschichte« sei, die der Film in einem zweiten Gang wiederhole.

»Der Film muß nach und nach die ›Geschichte‹ (wenn man sie noch so nennen kann) schaffen. Äußerstenfalls kann der Regisseur einem Phantasiebild, das er in sich trägt, Leben und konkrete Form verleihen, aber nie sollte er die Geschichte eines anderen drehen. Der wahre Versuch besteht nicht darin, eine Geschichte zu erfinden, die der Realität gleicht, sondern die Realität so darzustellen, als sei sie eine Geschichte.

Die Kluft zwischen Leben und Spektakel muß aufgehoben werden. Ja, aber – wird man sagen – wann und wie soll dann die Phantasie eingreifen? Es handelt sich um eine andere Art von Phantasie und um eine andere Art, sie einzusetzen.«[17]

Nicht nur das Verständnis von filmischem Erzählen und seinen Formen habe sich zu ändern, sondern auch die Haltung gegenüber den Menschen, gegenüber den Figuren im Film. Zavattini verglich den Zuschauer im Film mit einem Passanten auf der Straße, der mit der gleichen Neugier und ähnlichem Mitgefühl einem Menschenauflauf zusehe, sich die Frage stellend, was da einem wirklichen Menschen passiert sei. »Diesem Instinkt der Solidarität zu Hilfe zu kommen, ist die Aufgabe des Films, die er erfaßt hat, so wie der Neorealismus erfaßt hat, welche unersetzliche und unbegrenzte Erfahrung uns durch die Dinge zuteil wird, die sich mit natürlicher Notwendigkeit vor unsern Augen entwickeln.«[18]

Er fährt dann fort:

> *Ich bin gegen außergewöhnliche Figuren; ich bin gegen die Helden; ich habe immer einen instinktiven Haß gegen sie empfunden. Ich fühlte mich beleidigt, ausgeschlossen mit Millionen anderen Menschen. Wir alle sind Figuren. Die Helden bringen den Zuschauern Minderwertigkeitskomplexe bei. Es ist an der Zeit, den Zuschauern zu sagen, daß sie selbst die wahren Hauptfiguren des Lebens sind. Das Ergebnis wird ein beständiger Appell an das Verantwortungsgefühl und an die Würde jedes Menschenwesens sein.«[19]*

Der Neorealismus habe das Ziel, »allen Mut zu machen, allen das Bewußtsein zu geben, Menschen zu sein.«[20]

Natürlich hatte eine derartige Auffassung von Filmhandlungen und ihren Figuren Konsequenzen für die Regiearbeit, für das Verständnis von Milieu, Dekoration, Darstellerauswahl, Spielweise, Maske, Kostüm, der Sprechweise, der Haltung der Kamera den Wirklichkeitsausschnitten gegenüber, des Schnitts, der Tonmischung usw.

In den filmhistorischen Untersuchungen zum Neorealismus sind diese Mittel der Gestaltung ausführlich besprochen worden. Auch in den bekannten theoretischen Untersuchungen von Bazin,[21] der selbst in die Diskussionen um die Bewertung und Weiterentwicklung der Positionen des Neorealismus eingriff und der »Theorie des Films« von Siegfried Kracauer,[22] die sich auf Erfahrungen stützte, welche der Zeitstil für die gesamte Gattung eingebracht hatte. Die konkreten gestalterischen Lösungswege waren übrigens keineswegs für alle Filmschöpfer und Werke des Neorealismus einheitlich, vielmehr bestanden stets beträchtliche Abweichungen voneinander. Wie es auch Unterschiede gab, die eigene Schaffensprogrammatik und die Poetik der Stilrichtung zu erklären.

Was Zavattini anging, so plädierte er bei der Dialoggestaltung für Spontaneität und Frische, wie sie den regionalen Dialekten eigen sei, deren Syntax er für die Filmdialoge zu nutzen bestrebt war. Er träumte von Filmen, in denen Laien sich selbst spielten, ohne hierbei etwa orthodox zu werden. Rossellini war gelegentlich so verfahren, hatte jedoch auch gemerkt, daß die Kamera den Ungeübten leicht lähmen könne. De Sica, dem seine Landsleute nachsagten, »er könne selbst einen Sack Kartoffeln zum Spielen bringen«,[23] gelangen in »Fahrraddiebe« und »Umberto D.« dabei ganz erstaunliche Resultate an Natürlichkeit des Ausdrucks.

Zavattini hatte generell Bedenken gegenüber dem Drehbuch, weil es vorgefaßte Schemata in die Filmarbeit hineintrüge. Er hielt indes viel von der »schriftlichen Phase«, wie er die szenaristische Arbeit am liebsten genannt haben wollte; dort müsse man eine exakte Bestimmung der Dinge schaffen, die man zu sagen habe, denn das Feuer werde dort bereits entzündet. Es gibt verbreitete Ansichten, denen zufolge viele Regisseure des Neorealismus es überhaupt abgelehnt hätten, ein Drehbuch herzustellen oder zu benutzen. Rossellini, dem dergleichen am häufigsten nachgesagt wurde, hat den Eindruck, daß er durchgehend improvisiere, mit den Worten relativiert: »Das ist zum Teil eine Legende. Ich habe die ›Kontinuität‹ (continuité) meines Films im Kopf; weiterhin sind meine Taschen voller Notizzettel. Ich muß indessen zugeben, daß ich niemals die Notwendigkeit des genauen Drehbuchs begriffen habe, es sei denn, um den Produzenten zu beruhigen. Was ist absurder als die linke Seite: ›amerikanische Einstellung, seitliche Fahrt, Kamera schwenkt, Bildausschnitt‹. Das wäre dasselbe, als wenn ein Romancier ein genaues ›Drehbuch‹ seines Buchs entwerfen würde: Ein Imperfekt des Konjunktivs auf S. 212, anschließend eine indirekte Beifügung zum Objekt usw.! Was die rechte Seite angeht, so stehen da auch bei mir die Dialoge, ich improvisiere sie nicht planmäßig; sie sind längst geschrieben, und wenn ich sie erst im letzten Augenblick herausrücke, dann deswegen, weil ich nicht möchte, daß der Schauspieler – oder die Schauspielerin – sich an sie gewöhnen.«[24]

Zavattini mochte nicht am Schreibtisch erfinden, was in den realen Lebensprozessen schlecht vorauszusehen war.

»Soviel Vertrauen ich auch in die Phantasie und die Einsamkeit setze, mehr Vertrauen setze ich in die Wirklichkeit, in die Menschen. Mich interessiert das Schauspiel der Dinge, die uns begegnen, nicht das der konstruierten Dinge.«[25]

Bazin hat darum sicher recht mit seiner Bemerkung, daß selbst wenn der wesentliche Stoff des Drehbuchs italienischer neorealistischer Filme keinen aktuellen Bezug aufweise, diese Filme doch »in erster Linie Reportagen« seien. »Die Handlung könnte nicht in einem historisch neutralen sozialen Kontext ablaufen, quasi abstrakt wie die Schauplätze der Tragödie. (...)

Daraus folgt, daß die italienischen Filme einen außerordentlichen dokumentarischen Wert haben, den man unmöglich aus dem Drehbuch ausklammern kann, ohne gleichzeitig den gesamten sozialen Hintergrund zu zerstören, mit dem er eng verbunden ist. Dieses vollkommene und natürliche Verwachsensein mit der Aktualität erklärt und rechtfertigt sich zutiefst durch eine enge geistige Verbundenheit mit der Epoche.«[26]

Bazin, der sich von Frankreich aus in die in Italien geführte Debatte um die Bewertung des Neorealismus und die Weiterführung und Entwicklung seiner Programmatik, namentlich seiner politischen Positionen einschaltete, wies seinerzeit darauf hin, daß die komplexen und eher beschreibenden Darstellungsweisen der neorealistischen Filme bei aller Sozialkritik auf eine radikale klassenkämpferische Haltung verzichteten, wie sie die Kommunisten Italiens, denen die Vertreter des neorealistischen Films außerordentlich nahe standen, damals gern gesehen hätten. Er begründete dies auch mit der Einheit inhaltlich-formaler Art, die dieser Stil geschaffen hatte und die nicht ohne weiteres aufgegeben werden konnte. Er schrieb: »... so scheint mir, daß der Neorealismus zunächst und grundsätzlich in Widerspruch steht nicht nur zu den traditionellen dramatischen Methoden, sondern auch zu den verschiedenen uns bekannten Aspekten des Realismus in Literatur und Film, dadurch, daß er das Reale in einer gewissen ›Globalität‹ bejaht. Ich entleihe diese Definition, die mir ebenso richtig wie passend zu sein scheint, von A. Ayfre (Cahiers du Cinéma, Nr. 17).

Der Neo-Realismus ist eine Beschreibung der Realität, die als ein Ganzes begriffen wird, über ein Bewußtsein, das die Dinge in ihrer Gesamtheit aufnimmt. (...) Der Neorealismus verweigert sich per definitionem der Analyse von Personen und ihren Handlungen, sei diese Analyse politisch, moralisch, psychologisch, logisch, sozial oder was immer Sie wollen. Er betrachtet die Realität als einen Block, als Gesamtheit, sicher nicht unverständlich, aber untrennbar.«[27] Hier sei diese Überlegung zitiert, weil sie erklärt, warum das Konzept Zavattinis, das sich in ästhetischer Hinsicht am radikalsten gegen die bourgeoise Kunst und speziell das kapitalistische Filmwesen richtete, auch die engsten Bindungen zu den arbeitenden Menschen offenbarte, sich zwar vom ideologischen Druck der Ausbeuterordnung befreite, jedoch nicht zu Aussagen fand, die auf eine revolutionäre Veränderung der gesellschaftlichen Verhältnisse drangen. Zavattini plädierte für eine Filmkunst, die, wie er es nannte, »zur Synthese innerhalb der Analyse«[28] führt, und sich für eine grenzenlose Solidarität zum arbeitenden Menschen einsetzt. Es widersprach seinem künstlerischen Weltverständnis, in die Realität eine politische Zukunft hineinzukonstruieren, die die geschichtlichen Bedingungen seiner Heimat vorenthielt. In diesem Sinne wäre auch Bazins Urteil über den Neorealismus zu lesen, das Zavattinis Programmatik kommentiert: »Der Neo-Realismus bedeutet also nicht die Weigerung, gegenüber der Umwelt Stellung zu beziehen oder ein Urteil über sie abzugeben; aber er setzt eine bestimmte Geisteshaltung voraus; der Neo-Realismus ist immer die mit den Augen des Künstlers gesehene Realität, die durch sein Bewußtsein gebrochen wird, aber durch sein Bewußtsein als Ganzes und nicht durch seine Vernunft, seine Leidenschaft oder seine Meinungen allein, und die sich aus den voneinander getrennten Bestandteilen wieder zusammensetzt.«[29]

Zu unterstreichen ist im Zusammenhang mit Zavattini dabei jedoch der Satz Bazins: »Das soll überhaupt nicht heißen, daß sich der Neo-Realismus auf irgendeine Art von objektivem Dokumentarismus reduzieren ließe.«[30]

Auf das Ansinnen staatlicher Behörden, die den Filmleuten nahelegten, jenen »gesunden und konstruktiven Optimismus nicht zu vergessen, der die Menschen ermutige und ihnen Hoffnung vermittelte«, entgegnete Zavattini: »Wenn irgend jemand, sei es das Publikum, sei es der Staat, sei es die Kirche, sagt, man müsse mit der Armut aufhören, das heißt mit Filmen, die die Armut behandeln, begeht er ein moralisches Verbrechen. Er weigert sich zu verstehen und sich zu unterrichten, und wenn er sich weigert, unterrichtet zu werden, und zwar bewußt oder nicht, dann entzieht er sich der Wirklichkeit.«[31]

1962 äußerte sich Zavattini gelegentlich eines Besuches in Kuba: »Die kubanische Revolution hat meine Kindheitsträume verwirklicht: Der Gegensatz von arm und reich wurde hier überwunden, fast gehört er schon der Vergangenheit an.«[32] Und er leitete daraus die Forderung an die Künstler ab: »Wir haben die Aufgabe, Filme zu schaffen, die sich mit der Revolution auseinandersetzen. Wir können nicht mehr Filme im luftleeren Raum, ohne Gegenstand drehen, dies war das ›Privileg‹ der vergangenen Zeit. Heute muß auch das Filmschaffen revolutionärer sein, denn da die Revolution neue soziale, gesellschaftliche und psychologische Bedingungen schafft, müssen auch die Filme diesen neuen Realitäten Ausdruck geben.«[33]

Gilbert Cohen-Séat

Filmologie und visuelle Information

*Gilbert Cohen-Séat wurde 1907 in Sétif (Algerien) geboren. Nach dem
Studium begann er eine publizistische und wissenschaftliche Tätigkeit im
Filmbereich.*

*1947–1952 war er Chefredakteur der »Revue Internationale de Filmologie«,
1948–1963 Direktor des Instituts für Filmologie an der Pariser Universität
und gleichzeitig bis 1970 Generalsekretär des Bureau International de
Filmologie.*

*Auch in den folgenden Jahren arbeitete er in leitenden Positionen wissen-
schaftlicher Institute und Gremien, u. a. in Mailand, Rom und Genf.*

*Zu seinen wichtigsten theoretischen Werken zählen »Essai sur les principes
d'une philosophie du cinéma« (1946, dt.: »Philosophie und Film«), »Problèmes du cinéma et de l'information visuelle« (»Probleme des Kinos und
der visuellen Information«, 1961) und das gemeinsam mit Pierre Fougeyrollas verfaßte Buch »L'action sur l'homme: Cinéma et télévision« (1961,
dt.: »Wirkungen auf den Menschen durch Film und Fernsehen«).*

Kurz nach Ende des zweiten Weltkriegs fand sich in Frankreich
eine Gruppe von Filmenthusiasten zusammen, die eine Neufundierung ihrer Wissenschaft in Angriff nahm. Eine entsprechende
Assoziation wurde gegründet, eine eigene Zeitschrift herausgegeben, und 1948 entstand an der Sorbonne ein Institut für Filmologie. Direktor dieses Instituts wurde Gilbert Cohen-Séat, der auch
der Redaktion der »Revue Internationale de Filmologie« vorstand.

Die Begründer der Filmologie wußten um die Notwendigkeit,
die Phänomene der Filmkultur möglichst umfassend und differenziert zu untersuchen, und dies unter Einbeziehung von angren-
zenden Wissenschaftsdisziplinen wie Ästhetik, Psychologie, Soziologie und Kulturanthropologie. In diversen Artikeln, die
Gegenstand und Programmatik der Filmologie zu definieren such-

ten, kommt dieser interdisziplinäre Trend deutlich zum Ausdruck.[1] Erkennbar wurde indes auch bald, wie schwer es war, einen Gegenstandsbereich abzustecken und eine Forschungsmethodik zu entwickeln, die der Vielfalt der konkreten Erscheinungen und der wissenschaftlichen Zugänge gerecht zu werden vermochten. Davon zeugt u. a. ein Artikel von Cohen-Séat in der Filmologie-Zeitschrift, der unter dem Titel »Filmologie et Cinéma«[2] die unterschiedlichen Standpunkte bei der Aneignung des komplexen Gegenstandes diskutiert. Allgemeinste konzeptionelle Überlegungen, die gleichsam die Prinzipien einer Philosophie des Films skizzierten, hatte Cohen-Séat bereits in seinem Buch »Essai sur les principes d'une philosophie du cinéma«,[3] das in der deutschsprachigen Ausgabe etwas irreführend mit »Film und Philosophie« betitelt ist, unterbreitet. Der Autor geht darin davon aus, daß das Instrumentarium der Filmwissenschaft wenig anbiete, was auf einen exakten begrifflichen Rahmen oder ein gültiges gedankliches System hinziele – eine Einschätzung, die freilich in Unkenntnis der neueren Arbeiten Eisensteins erfolgte. Cohen-Séat erkannte dabei deutlich, wie weit der erwähnte begriffliche Rahmen zu fassen sei. Gesellschaftliche Faktoren müßten in die Filmästhetik einbezogen werden, die Erkenntnisse der Soziologie und diverser Gebiete der Psychologie, die der Linguistik auch und der Geschichte.[4]

Der Autor zog daraus die praktische Schlußfolgerung, das beste Verfahren, filmologisches Wissen zu erlangen, werde wohl darin bestehen, eine gute Sammlung von Monographien und Einzelstudien zu speziellen Problemen zu schaffen, bis es möglich sei, eine Synthese zu versuchen.[5]

Die »Revue Internationale de Filmologie« bemühte sich um die Sammlung sorgfältiger Einzelstudien, aber auch Cohen-Séat persönlich entwickelte ein Konzept, das die Zusammenführung von Erkenntnissen beförderte, indem er das gesamte Feld der interessierenden Phänomene in zwei Gruppen von Tatbeständen zerlegte, die filmischen und die kinematographischen, deren wechselseitigen Zusammenhang es zu untersuchen gelte. Die Untersuchung des Films »von innen her«, also analog zu den traditionellen kunstwissenschaftlichen Analysen, wurde hier nicht nur erweitert, sondern im Rahmen bestimmter neuer Voraussetzungen angegangen, die eher kultureller oder massenkommunikativer Art waren, wozu sich Cohen-Séat dann zu Beginn der sechziger Jahre auch ausdrücklich bekannte. Hatten seine Interessen bereits in dem frühen Essay vornehmlich den kinematographischen Tatbeständen gegolten, so neigten sie später immer mehr diesem Aspekt zu. Umfassende Studien galten den neuen Wirkungsfaktoren und -bedingungen, die sich mit dem Kino und dem aufkommenden Fernsehen herausbildeten, in einer Ära, in der laut Cohen-Séat »visuelle Information« so an Bedeutung gewann, daß sie das Leben der Menschen veränderte. Um hierzu eine richtige Analyse geben zu können, erwiesen sich psychologische und soziologische Untersuchungen als unabdingbar, und es machte sich vor allem ein theoretischer Ansatz nötig, der es gestattete, die verschiedenartigen Erkenntnisse systematisch aufeinander zu beziehen. Cohen-Séat sah einen solchen Ansatz in einer Kultur-Anthropologie und bemühte sich um deren Herausarbeitung. In vieler Hinsicht war dieses methodische Herangehen produktiv. So hatte die Aufteilung des Gegenstandsbereiches der Filmologie in zwei Gruppen von Sachverhalten durchaus ihre Vorzüge und findet bis heute ihre Anwendung. Was verstand Cohen-Séat nun unter diesen beiden Tatbeständen?

> »Was einem an der Kinematographie als erstes auffällt, das sind die Bilder und die Bewegungen. Danach erst hat man es mit einem bestimmten Verfahren zu tun. Erstere stellen, grob gesprochen, das Ausdrucksmittel dar, mit dem kollektive Darbietungen bestritten werden; die letzteren beziehen sich auf die materielle Grundlage der Kommunikation und deren unentbehrliche Hilfsmittel. Aber eine genauere Analyse muß sich anderem zuwenden, nämlich dem menschlichen Bereich, auf den diese Instrumente wirken, und den Konsequenzen, die sich aus dieser Einwirkung ergeben müssen. Mit anderen Worten: wir gehen nicht von der Herstellung des Films, sondern vom Konsum des Schauspiels aus. In der Tat ergeben sich in und während der ›Vorstellung‹ die neuartigen Wirkungen, die der Film hervorgebracht hat. Unser Problem hat demnach zwei Seiten, je nachdem, ob man es vom Standpunkt des Zuschauers aus betrachtet oder ob man den Aspekt der Projektion von Bildern und damit verbunden deren Wesen und Inhalt in den Vordergrund stellt. Somit ergibt sich von selbst eine grundlegende Trennung zwischen dem filmischen Tatbestand und dem kinematographischen Tatbestand.«[6]

Sowohl die Problematik der filmischen als auch die der kinematographischen Tatbestände wird von Cohen-Séat im Rahmen eines informationellen oder kommunikativen Zusammenhangs gesehen, also im Hinblick auf Sinnvermittlung und Bedeutungsübertragung. Es heißt über die filmischen Sachverhalte:

»So könnte man provisorisch den filmischen Tatbestand durch eine gewisse Homogenität abgrenzen und würde demnach unter filmischem Tatbestand jedes Filmelement verstehen, das in seiner Bedeutung als eine Art Absolutes genommen werden kann, und zwar vom Gesichtspunkt der Verständlichkeit oder von dem der Ästhetik her.«[7]

»Man könnte sagen, daß Bildfolge und Einstellung bei der heutigen Lage der Dinge die einzigen Phänomene sind, die man im strengen Sinne des Wortes ›filmische Tatbestände‹ nennen sollte.«[8]

Es empfehle sich, so Cohen-Séat, den Film in erster Linie auf dieser Ebene zu untersuchen, und in der Tat hat später die Filmsemiotik mit ihrer Darstellung der filmischen Syntagmen[9] jene Überlegungen weiterführen können. Der Autor selbst konnte seinerzeit nur die Richtung vorskizzieren, in der diese künftigen Entwicklungen verlaufen sollten. Sein Hauptaugenmerk lag auf dem kinematographischen Aspekt der Filmologie. Er beobachtete die neuen Wirkungsmomente des Kinos und registrierte die ungewöhnliche Einmischung, die durch die Existenz dieses Mediums im Leben der Menschen zustande kam.

»Dem Film gelingt es, in die Lebensgewohnheiten einzudringen, oder vielmehr, sie zu durchsetzen. Er bringt nicht nur alte Lieblingsvorstellungen ins Wanken, sondern öffnet auch neue Türen und Fenster zum Leben hin. Er mischt sich in alle Vorhaben ein, verbündet sich mit jeder Eigentümlichkeit und richtet sich nach den verschiedensten Bedürfnissen. Geschwind oder langsam, wahrheitsgetreu oder willkürlich, phantastisch oder mit minutiöser Genauigkeit, fähig, es dem Rhythmus der Natur gleichzutun oder auch Ausgeburten des menschlichen Geistes wiederzugeben, manchmal gar imstande, selbst der Wirklichkeit größere Wahrheit zu verleihen, führt der Film aus, was man von ihm verlangt: er bezeugt, registriert, vermittelt, erforscht und durchdringt die Räume.«[10]

In seinem Essay sprach Cohen-Séat über die »subtile Suggestivwirkung der filmischen Bilder und die konfuse Beeinflußbarkeit des Menschen unter dem Einfluß des Filmerlebnisses«[11] und suchte die spezifische kinematographische Emotion zu bestimmen. Zunächst gelang ihm dabei nur, die ungefähre Richtung künftiger Forschungen zu ermitteln: Der Zuschauer wäre genauer zu untersuchen und mit ihm die Phänomene der Rezeption. 1948 sprach er in dem Artikel »Filmologie et Cinéma« ausdrücklich von einer gewaltsamen Information, die bei der Perzeption und Repräsentation des Lebens durch den Film auf den Zuschauer einwirke.[12] Und seit Beginn der sechziger Jahre näherte er sich dem genannten Wirkungsmoment über den Begriff der »visuellen Information«. Für Cohen-Séat ließen sich die enormen Veränderungen, die das Kino und bald auch das Fernsehen in den kommunikativen Bereich einbrachten, als ein neues Dominanzverhältnis informationeller Art charakterisieren, das Vorherrschen der sogenannten visuellen Information gegenüber der verbalen.

In einer Studie, die Gilbert Cohen-Séat gemeinsam mit Pierre Fougeyrollas verfaßte, »L'action sur l'homme: Cinéma et Télévision« (»Wirkungen auf den Menschen durch Film und Fernsehen«), wird erklärt, worin das Wesen der sogenannten visuellen Information besteht. Zunächst ist die Rede von einem neuen Faktum:

> »Zu dieser Welt der realen Information – einer Welt, die die Individuen an ihr Milieu bindet, wenn auch auf andere Weise als früher – hat sich die ›reine Welt der Perzeption‹ hinzugefügt, die durch die Film- und Fernsehverfahren eine besondere Bedeutung erlangt hat. Diese imaginäre Welt legt das unmittelbar Reale restlos fest, bezieht es ein und ist zugleich sein Bestandteil. Sie definiert das, was wir die Sphäre der visuellen Information nennen.«[13]

Über die Einwirkung des Films wird dann festgestellt:

> »Das Filmbild wendet sich nicht an die klassische Perzeption des Visuellen, sei sie auch erweitert, intensiviert, verstärkt oder entwickelt; es ist anders, und auf andere Art ergreift es von unserer Umwelt Besitz. Es konstituiert sich gleichzeitig als Dasein und Umwelt derer, die daran teilhaben, und praktisch niemand kann die Teilnahme verweigern.«[14]

Man solle, so die Autoren, vielleicht den Begriff der »Ikonosphäre« in Anspruch nehmen, um das Existenzmilieu dieser visuellen Information zu spezifizieren, ähnlich wie Teilhard de Chardin zu den Begriffen der Biosphäre und Noosphäre gegriffen habe, um gewissen Realitätsebenen gerecht zu werden. Der Zentralbegriff der visuellen Information wird dann weiter bestimmt:

>Die visuelle Information konnte als eine *Auferlegung von Formen* definiert werden. Eben hier findet sich die Autonomie der Entfaltung, die ihre außergewöhnliche Kraft ausmacht. Die verbale Information ist grundsätzlich eine Kommunikation von Materialien bestimmter Bedeutung. Die visuelle Information ist dagegen ihrem Wesen nach eine Strukturierung des empfangenden und teilnehmenden Subjekts, und zwar vermittels der Filmbilder. Die verbale Information wendet sich sozusagen an ein sekundäres Signalsystem, sie benutzt Sprachzeichen, die um ihrer Bedeutung willen sensorische Signale auslösen. Es ist eine Information zweiten Grades, gewissermaßen eine mittelbar gemachte Information. Dagegen ist die visuelle Information von der unmittelbaren Kraft der Perzeption abhängig, und daher drängt sie sich selbst, ihre Struktur und zugleich ihre strukturbildende Kraft auf. Das Subjekt, das eine verbale Botschaft empfängt, lebt in einer Welt, die nicht genauso stark verbalisiert ist. Während es die Botschaft anhört und zu verstehen sucht, lebt es weiterhin in einer Umwelt, in der die verbale Botschaft auftaucht, ohne sie zu strukturieren. Das Subjekt, das eine visuelle Botschaft filmischer Art erhält, erlebt in diesem Augenblick eine Welt, die von dieser Botschaft strukturiert wird und von ihr eine eigene Realität bezieht.<[15]

Die sogenannte Auferlegung von Formen führe dazu, daß die visuelle Information eine Verfügungsgewalt über den Menschen erhalte, >weil diese Information in der Zeit, wo sie auf ihn einwirkt, zugleich seine Vorstellung und sein Dasein bestimmt. Der Mensch verliert also nicht nur die Macht über seine Vorstellung, sondern er geht auch der kulturellen Mittel verlustig, über die er normalerweise verfügt, um seine Vorstellung beherrschen zu können.<[16] Cohen-Séat sucht auch die Zuschauerhaltung zu charakterisieren, die das Film- und Fernsehpublikum hat, und stellt sie der traditionellen Rezeptionsweise des Verbalen gegenüber:

>Die Haltung der Individuen dem Verbalen gegenüber ist *rezeptiv.* Das bedeutet, sie empfangen die verbalen Botschaften und antworten auf sie mit Verhaltensweisen, die dem Verbalen angepaßt sind. Dagegen ist die Haltung der Individuen dem Visuellen gegenüber *partizipierend.* Das

heißt, daß diejenigen, denen Vorstellungen vermittelt werden, diese nicht einfach empfangen, sondern im eigentlichen Sinne erleben. Die visuelle Information löst unmittelbar nicht antwortende, sondern einfühlende Verhaltensweisen aus. Diese Art affektive Kommunion, von den Psychologen Einfühlung benannt, führt im Kino zu einem wahren Anpassungsvermögen, das sich gemeinhin tief im Unterbewußtsein des Zuschauers abspielt, deshalb aber nicht weniger unbestimmbare Reaktionen verursacht, deren Bedeutung kaum verkennbar ist.

Partizipieren heißt nach der Ordnung leben, in der es zwischen dem Imaginären und Realen keine Unterschiede mehr gibt. Realitäten gegenüber, die in jeder Hinsicht die Grenzen ihrer Bedeutungen übertreten, ist die Partizipation eine Art Begriffsvermögen; hierbei wiegt die Affektivität ganz entschieden schwerer als das Verstandesmäßige.«[17]

In der Studie »Problèmes du cinéma et de l'information visuelle« heißt es außerdem:

> *»Die visuelle Information ist von Bedeutung wegen ihres Inhalts, dessen Reichtum ohne Zweifel der Geistesverfassung der Mehrheit, das heißt deren Fertigkeit zur Interpretation noch schlecht angepaßt ist; ebenso wegen ihres Ausmaßes, das die Quantität der Kommunikationen und der Zahl derer, die davon erfaßt werden, vervielfältigt und fast ins Unendliche ausdehnt; aber vor allem wegen ihrer Natur. Diese konkreten Vorstellungen von Wirklichkeiten und Handlungsführungen, von Strukturen und treibenden Schemata schulden den geistigen Disziplinen fast nichts mehr, sondern entnehmen im Gegenteil fast alles dem psycho-physiologischen Archaismus der unmittelbaren und intuitiven Erkenntnis. Man muß die eigentlich anormalen, ungewöhnlichen materiellen und physischen Bedingungen berücksichtigen, unter denen diese ›Informationen‹ allen Stufen der seelischen Struktur angeboten oder aufgezwungen wird. Es handelt sich um ein großes Abenteuer der Kommunikation und der Erziehung. Seine Beziehungen zu einem neuen Synkretismus der Dinge, das Verhältnis zu neuen Formen des anderen, bringen folglich jeden Betroffenen dahin, seine Probleme in einen veränderten Kontext zu stellen.«*[18]

Cohen-Séat formuliert anschließend die Befürchtung, daß das Individuum diesem Angriff nur schwerlich widerstehen könne. Die zitierten Textpassagen enthalten scharfsinnige Beobachtungen, aber auch recht strittige Interpretationen der psychologischen und soziologischen Sachverhalte. Zweifellos gibt es beträchtliche Unterschiede zwischen der verbalen und der nonverbalen Kommunikationsweise. Und sicher ist der Rezeptionstyp entsprechend verschieden, wenn die Aufnahme von Worten oder Filmbildern erfolgt, aber es bleibt auch in der Filmkommunikation bei rezeptiven Prozessen, welche selbst dort, wo sie nahezu unbewußt für den Zuschauer verlaufen, noch ratiomorph sind. Ausführliche Studien[19], die der Invariantenbildung der Wahrnehmung bei der filmischen Rezeption gewidmet sind, zeigen, daß da mehr als ein pures Partizipieren ohne Bewußtseinstätigkeit vorliegt. Und die Wirkungen von kompositorischen Strukturen, die etwa die perzeptive Invariantenbildung vorskizzieren, lassen sich, wie dort demonstriert wird, auch schon partiell beschreiben und erklären. Der Mensch verliert also bei der visuellen Informationsweise durchaus nicht völlig die Macht über seine Vorstellung und geht der einschlägigen Mittel zu ihrer Beherrschung auch keineswegs ganz verlustig. Für die Darstellung der Filmkultur, der kinematographischen Tatbestände, mag es indes zunächst wichtig gewesen sein, ein Signalement zu finden und jenes Moment des Unbewußten hervorzuheben, das in der visuellen Information in Erscheinung tritt. Es ist aber zu relativieren. Cohen-Séat hat seine Aussagen auch entsprechend differenziert, wenn er sich einzelnen Aspekten der Filmwirkung zuwandte.

In dem Buch »Problèmes du cinéma et de l'information visuelle« untersuchte er drei Gesichtspunkte von Filmwirkung genauer, nämlich Verstehen, Einfühlung und den filmischen Diskurs. Zu jedem der Aspekte finden sich bereits in seinem Essay von 1946 wichtige Bemerkungen. Ein Jahrzehnt filmologischer Untersuchungen hatte die ersten Erkenntnisse indes ungemein bereichert und differenziert. Und besonders zahlte sich dabei wohl der spezifische Beitrag der Psychologen aus, von denen einige, wie etwa H. Wallon und A. Michotte van den Berck in der »Revue Internationale de Filmologie« von Anfang an wirksam geworden waren. Was das Verstehen von Film betrifft, so orientiert Cohen-Séat bei seiner Erforschung auf eine Reihe von widersprüchlichen Momenten, so auf die Dialektik von Einvernehmen der Empfindungsweisen und der Kommunikation der Bewußtseine[20], wie auch auf die Vermittlung zwischen Geschehen und verbaler Rede[21]. Er beobachtet beim Filmverstehen die spezifische »Regression von Intelligenz«[22], die es gestatte, auch jenen Wahrnehmungsakten gerecht zu werden, auf die sich der Film besonders verläßt. Aufschlußreich sind die Überlegungen, die Cohen-Séat gemeinsam mit Fougeyrollas darüber anstellt, wie die visuelle Information in der Ära des Fernsehens vom Alltagsleben immer mehr Besitz ergreift. Man wendet sich dabei den jüngsten Mitgliedern der Gesellschaft zu, die davon am meisten betroffen sind:

> *Die Welt der visuellen Information, in die das Kind eindringt, spielt sich nicht mehr ausschließlich im Rahmen der Vermittlung ab, sondern im Rahmen der Gesamtheit neuer Arten der Information. Das bedeutet, daß die psychische und soziale Entwicklung des Kindes nicht ausschließlich an Operationspraktiken gebunden ist, auf Grund deren es in die Realität eintreten und sich gleichzeitig eine Vorstellung von ihr machen konnte. Etwas Erlebtes wird künftig aus einer gewissen Distanz von der visuellen Information strukturiert; und diese Strukturierung ist weder an eine Operationsaktivität gebunden, die vom Subjekt in ihm selbst geführt wird, noch an eine indirekte durch den Lehrbetrieb. Dieses Erlebte und diese Erfahrung sind also bei weitem keine mehr oder minder zusammenhängenden Folgen von Bedingungen, sondern vielmehr eine Folge von Brüchen und Unmöglichkeiten der Strukturierung. In diesem neuen Prozeß spielt die Praxis nicht mehr die Rolle des Regulators, wie es bisher der Fall war. Da jedes Individuum notwendigerweise eine gewisse Anzahl von Ausgleichsmöglichkeiten erworben hat, versteht es immer weniger, wie die visuelle Information dieses Gleichgewicht zerrüttet oder gar zerstört.*[23]

Die Autoren führen ihre Überlegungen dann über die Wirkungen im Kindheitsalter hinaus und suchen eine Erscheinung zu begründen, die sie als Massifizierung[24] bezeichnen. Massifizierung werde charakterisiert sowohl durch Vereinheitlichung als auch durch eine teilweise Nicht-Kontrolle der Reaktionen und Verhaltensweise, in die der heutige Mensch untergetaucht sei.[25] Den audiovisuellen Medien Kino und Fernsehen kommt nach diesem Konzept eine bedeutsame Funktion zu, wobei der traditionelle Begriff der Photogenie einen neuen Inhalt erhält:

> *Dabei ist die Photogenie das Vermögen des Bildes, gewisse Zustände*

stark zu beeinflussen, und zwar bei allen Betrachtern auf gleiche Art,
mit der gleichen Intensität und ähnlichen Wirkungen. Auf Grund dieses
Phänomens dürfte das Filmbild die Rolle eines dynamischen Archetyps
spielen, der jedes Bewußtsein stark beeinflussen kann. Unter diesem Ge-
sichtspunkt wird offensichtlich, daß bei jenem Austausch des Visuellen
gegen das Verbale die Unterschiede, die die Psychologen gewöhnlich zwi-
schen den Individuen feststellen, sich zu verwischen beginnen.

Die Photogenie geht keine Verbindung mit der Auferlegung der Formen
ein, die einen unterschiedlichen, von verschiedenen Individuen und Grup-
pen abhängigen Charakter annehmen kann. Sie hat eine ihr eigene Na-
tur und Wirkung, wobei beides aus einer Übereinstimmung resultiert, die
in ihren soziologischen Folgen als Massifizierung zu bezeichnen ist.«[26]

Viele Beobachtungen, die Zusammenhänge von Filmwirkung
bzw. Fernsehwirkung und Veränderung der Rezeptionsweisen
des Publikums betreffen, sind in ihrer Genauigkeit frappierend,
und nicht ohne Grund finden sie sich in neueren Untersuchungen
zur Massenkultur der kapitalistischen Länder in differenzierter
Form wieder, einschließlich solcher Bemerkungen, wie die beiden
Autoren sie zur Vermittlung politischer Inhalte über das Fernsehen machen. »Da sich in den letzten Jahren die Menschen immer
stärker der visuellen Information zuwandten, verlagerte sich für
das breite Fernsehpublikum auch das Politische von der verbalen
in die visuelle Sphäre. Die Politik ist für sie eines der mehr oder
minder passiven Momente des Kinematographischen und des
Fernsehschauspiels geworden.«[27]

Die Erklärungen, wie sie sowohl für die sogenannte Massifizierung als auch für den Funktionszusammenhang von Fernsehwirkung und Massifizierung gegeben werden, sind freilich völlig
unzureichend. Denn weder sozialökonomische Prozesse der
kapitalistischen Ordnung noch der bewußt betriebene Mechanismus der ideologischen Manipulation durch die imperialistischen
Massenmedien, die hier zugrunde gelegt werden müssen, sind im
Buch auch nur erwähnt. Die Autoren dringen in dieser Beziehung
nicht von der Erscheinung zum Wesen der Dinge vor. Ihre Beschreibungen vieler Momente aus der Sphäre der Medienwirkungen sind indes zutreffend und auch anregend für eine künftige
marxistische Analyse dieses Gegenstandes.

Wichtig für die Erforschung der Funktion von Film ist neben der Problematik des Verstehens auch die der Einfühlung oder Empathie, die Cohen-Séat in seiner Studie zur visuellen Information untersucht. Er charakterisiert sie mit den Worten:

> *»Zum anderen wird die Intensität der Erscheinungen der* <u>*Empathie*</u>*, die im Mittelpunkt unserer Erörterung stehen, nicht nur durch den emotionalen* <u>*Kontakt*</u> *gefördert, den zu schaffen und zu erhalten sich der Film zum Ziel gesetzt hat. Die Beeinflussung der Zuschauer wird auch durch die offensichtliche Verworrenheit des* <u>*filmischen*</u> *Diskurses verstärkt. Der letztere führt uns zu bestimmten elementaren Merkmalen des synkretischen Denkens zurück, ›wo alles sich vermischt, aufeinanderfolgt, abwechselt, sich zusammenfügt oder gegenüberstellt.‹ Diese Art der Integration, die dem kindlichen Denken eigen ist, entspricht beim Erwachsenen einer umfassenden Beeinträchtigung der psychischen Funktionen. In Wirklichkeit handelt es sich um ›geistige Verwirrung‹, die Beunruhigung, Desorientierung und Beklemmung zur Folge hat. Es sind Symptome der ›Gedankenflucht‹ und der psychischen Erregung, der ›*<u>*ungewollten Übungen des Geistes*</u>*‹, das Nachlassen der geistigen Synthese usw.«*[28]

Neben den genannten Wirkungen seien indes auch andere mit der Empathie verbunden. Aus der Tatsache, daß Film laut Cohen-Séat sowohl mit Sein wie mit Handeln zu tun hat, resultiert ein Zwang zur Einfühlung. Film substituiert Leben und kann es auch bewußt machen. Schon in dem frühen Essay heißt es darum:

> *»Mit seinen perfekten und unermüdlichen Vermittlerdiensten ist der Film der ideale Dolmetscher der Beobachtungen, denn er* <u>*vertritt*</u> *sie und gibt sie* <u>*zu verstehen*</u>*.«*[29]

In der gleichen Arbeit hatte Cohen-Séat auch begonnen, Filmkommunikation unter Gesichtspunkten der Sprachwissenschaft zu untersuchen. So etwa unter dem des Zeichens.

> *»Jede filmische Realität wird normalerweise um einer Bedeutung willen ausgearbeitet und vorgeführt, sie* <u>*will*</u> *also etwas sagen. Andererseits ist es unbestreitbar, daß diese Bedeutung dem Zuschauer ein* <u>*Gefühl des Verstehens*</u> *vermittelt. (...)*
> *Es darf nicht übersehen werden, daß diese Vorstellungen, von denen wir wissen, daß sie vermöge ihres visuellen Charakters und dank ihrer ursprünglichen Identität mit der Vorstellungswelt von allen Menschen ver-*

standen werden, nicht Zeichen sind. Weder natürliche Zeichen (denn es
ist hier nicht die Beziehung zur bezeichneten Sache, die den Naturgeset-
zen entspringt) noch weniger aber ›artifizielle‹ Zeichen. Diese Bildsy-
steme enthalten Zeichen der einen wie der anderen Art, die von einem ge-
wissen Gesichtspunkt aus verwendet werden, wie man Zeichen
verwendet, aber sie bleiben darum nicht weniger wirkliche Bilder, die ein
direktes und unmittelbares Leben in ein aktuell dem Geist gegenwärtiges
Denkobjekt verwandeln, um so in der individuellen Realität erfaßt zu
werden. Wie wir gesehen haben, sind diese Bilder in Systeme eingebaut,
von denen ein Teil (ein Aspekt, ein Objekt) determiniert ist, und somit
auf einen Schlag uns Kenntnisse nicht nur über die Dinge vermittelt, son-
dern auch über die Dinge in einer oder mehrerer ihrer Beziehungsket-
ten.‹[30]

Wichtig ist hier neben der Charakterisierung des Zeichencharakters auch die des Systems von Zeichen. An anderer Stelle präzi-
sierte Cohen-Séat noch:

»Da die Filmbilder keine Zeichen und noch weniger ›verabredet‹ sind, ste-
hen sie ihrem Wesen nach im Gegensatz zu einem System, was man sich
auch gar nicht anders vorstellen könnte.«[31]

Gleichwohl sei man auf die Übertragung von Bedeutung aus,
fühle sich einem semantischen Bewußtsein verpflichtet, und das
Schauspiel habe eigentlich auch immer mit Überredung zu tun.[32]
    Der Autor verweist darum auf die diskursiven Fähigkeiten des
Menschen und erklärt den Film überhaupt zum Diskurs. Dem filmischen Diskurs ist darum auch eins der Hauptkapitel aus dem
Buch über die visuelle Information gewidmet. Es endet mit den
resümierenden Worten:

»Wenn diese Faktoren unserer Erfahrung bekannt genug sind, wird eine
methodische Annäherung, die objektive Untersuchung ihrer Wirkung in
unserem Leben, keine größeren Schwierigkeiten aufwerfen. Sie bezieht
zugleich unser Sehvermögen und unsere Betrachtungsweise mit ein. Denn
die filmische Tatsache ermöglicht uns, in ihren sensorisch-wahrnehmba-
ren Zügen diesen doppelten Aspekt unserer Erkenntnis zu erfassen. Sie
bietet in erster Linie die Mittel, in Richtung auf den physiologischen Ar-
chaismus unserer erlebten Wahrnehmung zu forschen. Die Untersuchung
der Wirkungen filmischer Stimuli auf unser senso-motorisches System

umfaßt alle aufnehmenden Bewegungen, und besonders jene, die die Wahrnehmungen der menschlichen Verhaltensweise begleiten. Das Verständnis von Erscheinungen der empathischen Teilnahme am Film führt uns auf die Spur einer quasi anthropologischen Bestimmung des grundlegenden menschlichen Kontaktes. Mit der Wirksamkeit des filmischen Diskurses könnte sich die visuelle Information auf Massenebene einbringen, als eine Art ungewöhnliches Instrument des ›praktischen Gleichklanges‹ und zugleich als Vorbote der Weltvernunft.‹[33]

Jean Mitry hat Cohen-Séats Vorgehen kritisiert, zwar den Begriff der Sprache für die Filmuntersuchung als unzureichend zu erklären, dafür aber den des filmischen Diskurses zuzulassen, der nach Auffassung von Mitry mit dem der Sprache identisch sei.[34] In der Tat wird der filmische Diskurs von Cohen-Séat nicht als eine Sprache im Sinne eines einzigen Zeichensystems aufgefaßt, sondern eher als ein komplexer Regulierungsvorgang, bei dem viele Systeme von Zeichen genutzt werden. Nicht ohne Grund hat die Textsemiotik[35] später diesem Verständnis von Filmkommunikation etwas abgewinnen können und den Begriff des filmischen Diskurses – wenngleich bei veränderter Erklärungsbasis – ihrerseits wieder aufgenommen. Dergestalt erweist sich das filmologische Konzept Cohen-Séats heute als anregend, weil es in eine Reihe von Aussagen intuitive Vorgriffe auf gegenwärtige und künftige wissenschaftliche Anstrengungen enthält. Die Art, wie sich der Autor als Filmtheoretiker seinem Gegenstand zu nähern sucht, indem er eine umfassende, komplexe und interdisziplinär betriebene Forschung anstrebt, kommt modernen marxistischen Konzepten entgegen. Seine Aufteilung des Terrains in filmische und kinematographische Tatbestände hat sich auch für die Systematisierung von Kodes der Filmkommunikation als brauchbar erwiesen.[36] Eine Analyse des Rezeptionsvorganges unter psychologischen Gesichtspunkten wie Verstehen und Einfühlung ist heute ein zentrales Anliegen filmwissenschaftlicher Forschung, vor allem haben sich aber Wirkungsmomente als höchst bedeutsam herausgestellt, die mit der Kommunikationsart des Zeigens verbunden sind, die im Film dominiert und die von Cohen-Séat im Zusammenhang mit der sogenannten visuellen Information dargestellt wurden. Auf einschlägige Untersuchungen, die der Autor dazu später in Mailand in größerem Rahmen durchführte, wird man vielleicht später noch zurückkommen können.

Grundsätzlich ist das Anliegen Cohen-Séats zu begrüßen, der Atomisierung des Wissens vom Menschen, wie es sich durch die Herausbildung einzelner Fachdisziplinen in den Humanwissenschaften ergeben hat, entgegenzutreten und nach einem Zusammenschluß der Teilerkenntnisse zu suchen. Für Cohen-Séat lag der Ausweg dabei in der Schaffung einer Kulturanthropologie. Entscheidende Interpretationen sozialer und kultureller Zusammenhänge sind dabei jedoch unterblieben. Von einem existenzialistischen Verständnis der »Angst des heutigen Menschen« her lassen sich zwar manche Bezüge zwischen gesellschaftlicher Psyche und Wirkungsweisen der Massenmedien anschaulich charakterisieren, besonders im Rahmen einer essayistischen Darstellungsweise, fundamentale Vorgänge, wie die Herausbildung einer Massenkultur, einer durch die Medien beförderten Massifizierung, einer Krise der Werte und Ideologien, bedürfen indes einer komplexen Analyse, die sozialökonomische Gesichtspunkte nicht als überwunden und unzeitgemäß abtun kann. Bemerkenswert ist jedoch, daß der Autor vor den oft bedrohlich wirkenden Erscheinungen der Medienkultur nicht kapituliert; weder wird die zunehmende Vorherrschaft der sogenannten visuellen Information von vornherein verteufelt, noch erklärt er die Wissenschaft für außerstande, die neuen Probleme analytisch zu bewältigen. Und hinter der Aufforderung, eine neue Kulturanthropologie zu fundieren, steht ein Erziehungskonzept, das »die menschliche Person als einen Wert und als eine fundamentale Aufgabe respektiert.«[37]

Siegfried Kracauer
Film als Errettung der äußeren Wirklichkeit

Siegfried Kracauer wurde 1889 in Frankfurt am Main geboren. Nach einem Studium der Architektur, Philosophie und Soziologie promovierte er 1915 zum Dr.-Ing. und nahm eine mehrjährige Tätigkeit als Architekt auf. 1921 trat er in die Feuilleton-Redaktion der »Frankfurter Zeitung« ein, für die er mehr als ein Jahrzehnt Filmkritiken sowie kulturphilosophische bzw. soziologisch orientierte Artikel schrieb.

1933 emigrierte Kracauer nach Frankreich, 1941 weiter nach den USA. Dort war er u. a. wissenschaftlicher Mitarbeiter der Film-Library des Museum of Modern Art und 1952–1958 Research Director am Bureau of Applied Social Research der Columbia University. Stipendien verschiedener Stiftungen ermöglichten ihm die Abfassung so umfangreicher filmwissenschaftlicher Untersuchungen wie »Von Caligari zu Hitler« (1947) und »Theorie des Films« (1960). Neben diesen Arbeiten, die in viele Sprachen übersetzt wurden, hat Kracauer Bücher zu Problemen der Soziologie, Kulturgeschichte und Geschichtsphilosophie geschrieben, auch zwei Romane. Er starb 1966 in New York.

Von den bürgerlichen Filmtheoretikern der neueren Zeit ist Siegfried Kracauer wohl der bekannteste, wurden doch seine beiden filmwissenschaftlichen Hauptwerke »Von Caligari zu Hitler. Eine psychologische Geschichte des deutschen Films«[1] (1947) und »Theorie des Films. Die Errettung der äußeren Wirklichkeit«[2] (1960) im anglo-amerikanischen Raum regelrecht populär und erfuhren auch eine Übersetzung in viele Sprachen. Da sie trotz ihres wissenschaftlichen Anspruchs so abgefaßt sind, daß eine breite Leserschicht ihren Gedankengängen zu folgen vermag, schenkte ihnen nicht nur die Fachwelt Beachtung.

Bedeutungsvoll für die Entwicklung der Spielfilmtheorie sind indes nicht allein das eigentliche Theorie-Buch und die ihm vorausgegangene filmgeschichtliche Abhandlung, welche zugleich bemerkenswerte methodische Prinzipien für eine kulturhistorische Analyse herausarbeitete, sondern auch der Beitrag, den frühere Arbeiten geringeren Umfangs, Essays und Studien, die zum Teil schon in den zwanziger Jahren entstanden, zum Verständnis der filmischen Massenkultur leisteten. An diesen frühen Versuchen wird u. a. ablesbar, wie sich der theoretische Ansatz formierte, mit dem sich Kracauer dem Film näherte, auch daß es sich vornehmlich um einen kultursoziologisch orientierten handelt. Kracauer hat den möglichen Kunstwert des Films niemals in Abrede gestellt und in seinen Filmkritiken[3] bewiesen, daß er das Einmalige und Unverwechselbare filmkünstlerischer Werke durchaus zu würdigen verstand, doch sah er die Phänomene des Mediums vor allem unter ihrem kulturellen Gebrauchswert und interessierte sich dafür, wie sie als Pluralität bei der Ausformung gesellschaftlicher Ideen wirksam wurden – und dies auch unabhängig von den künstlerischen Qualitäten der jeweiligen Werkindividualität. Ein solches Herangehen, das im Gesamtrepertoire der Kinos nach Merkmalen sucht, die vielen Werken eigen sind, ist soziologisch zu nennen, um so mehr, als der Autor Verfahren der Beschreibung und Bewertung dafür entwickelte, die denen der Soziologie entsprachen. Diese Verfahrensweise ergab sich organisch und folgerichtig aus der intensiven Beschäftigung des jungen Kracauer mit methodischen Problemen der Sozialwissenschaften. 1922 hatte er ein Buch unter dem Titel »Soziologie als Wissenschaft – Eine erkenntnistheoretische Untersuchung«[4] publiziert und sich etwa gleichzeitig in mehreren kleineren Aufsätzen mit wichtigen Konzepten der bürgerlichen Soziologie jener Zeit auseinandergesetzt, so mit denen von Max Weber, Ernst Troeltsch und Georg Simmel. Obschon er bereits damals manche erkenntnistheoretischen und methodischen Grenzen dieser Ansätze durchaus sah und wenig später auch von einer materialistischen Gesellschaftslehre Kenntnis genommen haben dürfte, zeitweilig sogar dem Marxismus sehr nahe stand, griff er letztendlich auf die idealistischen Konzepte zurück, und man kann bis in sein Spätwerk hinein Einflüsse der genannten und anderer bürgerlicher Autoren verfolgen. Grundsätzlich bedeutete die Anwendung einer soziologisch orientierten Methodik indes für die Filmwissenschaft einen Fortschritt, der sich auch auf die Theorieentwicklung im engeren Sinne auswirkte. Gruppeneigenschaften von Filmen ließen sich nun einem strengeren Beschreibungsverfahren unterziehen, exakter sozialpsychologisch ausdeuten und ideologisch interpretieren; und damit entstanden Einsichten in ihre massenkommunikative Funktion – auch jenseits der spezifischen Kunstwirkungen.

Für den Feuilletonredakteur Kracauer waren in den zwanziger Jahren die unterschiedlichsten kulturellen Erscheinungen von Interesse, und er bemühte sich, sie im Zusammenhang zu studieren, indem er darin nach vergleichbaren Momenten suchte, die signifikant genug waren, um sie als Strukturen beschreibbar zu machen. Ähnlich wie Georg Simmel, an dessen kultursoziologischem Vorgehen er bemerkenswert fand, daß die Auffindung von Analogiemomenten mit der Bestimmung einer Wesenszugehörigkeit verbunden wurde.[5] In seinem kulturkritischen Essay von 1930, »Die Angestellten«[6] betitelt, stellte er etwa Beobachtungen zum Alltag der Angestelltenschicht aus dem Berlin jener Zeit an und suchte Gemeinsamkeiten verschiedenster Verhaltensphänomene herauszuarbeiten, die auf Gesetzmäßigkeiten wiesen. Zu Recht bewertet Lothar Bisky aus marxistischer Sicht den Essay sehr hoch. Kracauer scheint zunächst »das dramatisch falsche Bewußtsein der Angestellten, die sich noch als ›Bessere‹ dünkten und gegenüber den Arbeitern abzuheben suchten, als ihre Existenzbedingungen längst proletarisiert waren, besonders gefesselt zu haben.«[7] Und als Zeuge wird von Bisky Walter Benjamin[8] benannt, der seinerzeit die Ansätze marxistischen Denkens bei der Darstellung von Ideologiebildung in Kracauers Angestellten-Buch bemerkt hatte. In der Tat führten die gezielten Beschreibungen von Widersprüchen im Verhalten und Denken größerer Menschengruppen Kracauer zu wesentlichen Erkenntnissen von Gesetzmäßigkeiten hin. Und seine sozialen Einblicke halfen eine Gesellschaftskritik zu fundieren, die in ihrer Radikalität in späteren Arbeiten freilich nie mehr erreicht wurde. In einigen kleinen Aufsätzen zur Filmkultur, die etwa gleichzeitig mit den »Angestellten« entstanden sind, wird von Kracauer unter Verwendung analoger Analyseprinzipien nachgewiesen, wie das neue Medium unablässig kleinbürgerliches Angestellten-Denken erzeugt, das sich mit bourgeoiser Ideologie verkoppelt. Nämlich durch eine dem Medium eigene Reproduktion von Formengut, das auf entsprechenden Denk- und Verhaltensmustern aufbaut. Der Autor spricht dort unumwunden aus, daß er den Zerstreuungskult der Berliner Kinos für reaktionär hält.[9] Und er schreibt über ihr Repertoire:

>*Die Filme sind der Spiegel der bestehenden Gesellschaft. Sie werden aus den Mitteln von Konzernen bestritten, die zur Erzielung von Gewinnen den Geschmack des Publikums um jeden Preis treffen müssen. Das Publikum setzt sich gewiß auch aus Arbeitern und kleinen Leuten zusammen, die über die Zustände in den oberen Kreisen räsonieren, und das Geschäftsinteresse fordert, daß der Produzent die gesellschaftskritischen Bedürfnisse seiner Konsumenten befriedigt. Niemals aber wird er sich zu Darbietungen verführen lassen, die das Fundament der Gesellschaft im geringsten angreifen; er vernichtete sonst seine eigene Existenz als kapitalistischer Unternehmer. Ja, die Filme für die niedere Bevölkerung sind noch bürgerlicher als die für das bessere Publikum; gerade weil es bei ihnen gilt, gefährliche Perspektiven anzudeuten, ohne sie zu eröffnen, und die achtbare Gesinnung auf Zehenspitzen einzuschmuggeln.*«[10]*

Filme werden von Kracauer hier nicht wie traditionelle Kunstprodukte untersucht. In einem Artikel »Über die Aufgaben des Filmkritikers« (1932) erklärte er:

>*Der Film ist innerhalb der kapitalistischen Wirtschaft eine Ware wie andere Waren auch. Er wird – von wenigen Outsidern abgesehen – nicht im Interesse der Kunst oder der Aufklärung der Massen produziert, sondern um des Nutzens willen, den er abzuwerfen verspricht. Jedenfalls gilt das für die große Masse der Filme, mit denen es der Filmkritiker immer wieder zu tun hat.*«[11]*

Wie der Filmkritiker sich gegenüber diesen Produktionen zu verhalten habe, wird von ihm deutlich formuliert:

>*Denn so wenig die filmischen Durchschnittsleistungen als Kunstwerke gewertet zu werden verlangen, ebensowenig sind sie gleichgültige Waren, denen durch eine rein geschmackliche Beurteilung schon Genüge geschieht. Sie üben vielmehr außerordentlich wichtige gesellschaftliche Funktionen aus …*

>*(...) Die Aufgabe des zulänglichen Filmkritikers besteht nun meines Erachtens darin, jene sozialen Absichten, die sich oft sehr verborgen in*

den Durchschnittsfilmen geltend machen, aus ihnen herauszufiltern und
ans Tageslicht zu ziehen, das sie nicht selten scheuen. (...) Kurzum, der
Filmkritiker von Rang ist nur als Gesellschaftskritiker denkbar. Seine
Mission ist: die in den Durchschnittsfilmen versteckten sozialen Vorstel-
lungen und Ideologien zu enthüllen und durch diese Enthüllungen den
Einfluß der Filme selber überall dort, wo es nottut, zu brechen.« [12]

Der Autor belegt in »Die kleinen Ladenmädchen gehen ins Kino«,
daß »die Filme in ihrer Gesamtheit das herrschende System bestä-
tigen« [13], und er zeigt detailliert, wie dies geschieht, indem er auf
einen Kreis von Grundmotiven verweist, die das Kinorepertoire
bestimmten. Unter Überschriften wie »Das goldene Herz«, »Die
Weltreisenden«, »Volk in Waffen« werden die Gemeinplätze der
Filmkultur am Ausgang der zwanziger Jahre beschrieben und ihre
übergreifende ideologische Funktion benannt. Zusammenfassend
heißt es in »Film 1928«, einem in der gleichen Periode verfaßten
Artikel:

> *»Die Filmproduktion hat sich so stabilisiert wie das Publikum. Ihre Er-*
> *zeugnisse weisen typische, immer wiederkehrende Motive und Tendenzen*
> *auf, und selbst die vom Durchschnitt abweichenden Filme bieten kaum*
> *noch eine Überraschung. Eine Verfestigung, die sich sowohl auf die Film-*
> *fabel wie auf die technischen Verfahren erstreckt. (...) Es ist an der Zeit,*
> *mit dieser Produktion abzurechnen. Sie ist dumm, verlogen, und nicht sel-*
> *ten gemein. Sie dürfte so nicht fortgesetzt werden.«* [14]

Wie gesagt, die soziale Wertung wird hier durch ein soziologi-
sches Verfahren gestützt, bei dem von einem bestimmten Repertoire an Stereotypen innerhalb der erzählerischen Motive ausgegangen wird, um Rückschlüsse über die Herausbildung von
gesellschaftlichem Bewußtsein bei den Rezipienten zu ziehen.
Dabei hatte Kracauer am wenigsten etwas gegen die Stereotype
einzuwenden.

> *»Nicht die Typisierung des Films ist verwerflich. (...) Verwerflich ist die*
> *Gesinnung der Filme.«* [15]

Die Ausdeutung einer Kultur über ihre – mitunter schwer be-
merkbaren, weil jedem zu vertraut gewordenen – Stereotypen ist
für Kracauer dann zum Grundverfahren der wissenschaftlichen

Untersuchung geworden. Zu Recht konnte der Autor am Ende seines Lebens, als er den Entwurf einer Geschichtsphilosophie unternahm, auf eine methodische und inhaltliche Kontinuität seiner unterschiedlichen Anstrengungen verweisen,[16] wenn er schrieb, daß bestimmte Gesichtspunkte seiner »Theorie des Films« sich sowohl in dem kulturkritischen Essay »Die Angestellten« von 1930 wiederfänden wie in seinem frühen Roman »Ginster« (1928) oder der kulturhistorischen Studie »Jacques Offenbach und das Paris seiner Zeit« (1937). Es handelte sich dabei um ein Feld von schwer benennbaren Erscheinungen, in denen sich über ein bestimmtes kulturelles Formengut wichtige Beziehungen der sozialen Psyche seiner Träger zu erkennen gaben, was dann wiederum Anhaltspunkte für die Aufdeckung gesellschaftlicher Ideen und ihrer Entwicklungstendenzen schaffte. Der Essay für die »Frankfurter Zeitung« vom Jahr 1927 »Das Ornament der Masse« wird durch eine Aussage eingeleitet, die das Programm Kracauers recht anschaulich zu machen vermag:

> *»Der Ort, den eine Epoche im Geschichtsprozeß einnimmt, ist aus der Analyse ihrer unscheinbaren Oberflächenäußerungen schlagender zu bestimmen als aus den Urteilen der Epoche über sich selbst. Diese sind als der Ausdruck von Zeittendenzen kein bündiges Zeugnis für die Gesamtverfassung der Zeit. Jene gewähren ihrer Unbewußtheit wegen einen unmittelbaren Zugang zu dem Grundgehalt des Bestehenden. An seine Erkenntnis ist umgekehrt ihre Deutung geknüpft. Der Grundgehalt einer Epoche und ihre unbeachteten Regungen erhellen sich wechselseitig.«*[17]

Daß die oft unscheinbaren und schwer definierbaren »Oberflächenerscheinungen« dazu beitragen können, Inhalte einer Epoche zu ergründen, dürfte außer Zweifel stehen. Eine entscheidende Frage ist jedoch, in welche weiteren Zusammenhänge die Beschreibung solcher zeitweilig stabilen Beziehungen dann gestellt wird, wie sie in eine Analyse der Produktionsverhältnisse und Klassenauseinandersetzungen eingeordnet ist. Letzteres ist bei Kracauer weitgehend unterblieben. Bestimmte Mängel der spätkapitalistischen Massenkultur ließen sich freilich auch aus der Sicht eines linksbürgerlichen Kritikers als solche markieren, und Kracauer tat dies. In seiner Argumentation gewinnt dabei spätestens seit Ende der zwanziger Jahre ein Vorwurf Gewicht, der zunächst als »Entfernung von der Wirklichkeit« vorsichtig umrissen wird. Über die Filme von 1928 wird etwa gesagt:

> *»Einstweilen darf festgestellt werden: sämtliche Fabeln der Durchschnitts-produktion sind bewußte oder unbewußte Umgehungsmanöver. Teils ent-fernen sie sich einfach von unserer Wirklichkeit in gleichgültige Weiten, teils richten sie im Interesse der stabilisierten Gesellschaft Ideologien auf, die einem Hauptstamm der Kinobesucher, den kleinen Angestellten also, die Aussicht versperren.«*[18]

Bewußte Umgehungsmanöver der Realität, begleitet durch einen deutlichen Mangel an Beobachtungstreue,[19] waren Merkmale der spätkapitalistischen Filmkultur in Deutschland, die in der Nazi-Zeit dann auf die Spitze getrieben wurden. Kracauer hat dies de-tailliert nachgewiesen, als er zu Zwecken der psychologischen Kriegsführung im amerikanischen Exil Studien zur deutschen Na-zipropaganda und dem Kriegsfilm durchführte.

Auch in diesen Studien, »Propaganda and the Nazi War Film«[20] (1942) und »The Conquest of Europa on the Screen. The Nazi Newsreel 1939–1940«[21] (1943), arbeitete er gestalterische Merkmale von Filmen heraus, die es gestatteten, vom Formengut auf ideolo-gische Tendenz und die beabsichtigten Wirkungen zu schließen.

Das zentrale Argument gegenüber dem spätkapitalistischen Film taucht in der ersten Studie unter der Zwischenüberschrift »Konflikt mit der Realität«[22] in verschiedener Form wieder auf. Über die Kriegsfilme der Hitler-Ära äußert sich Kracauer etwa:

> *»Die Nazifeldzugsfilme können als propagandistische Epen angesehen werden. Ihr Anliegen ist nicht, Realität darzustellen, sondern sie zu ver-filmen und die Methode dieser Verfilmung ihren immanenten propagan-distischen Zwecken unterzuordnen. Diese Ziele machen das wahre Wesen der Nazifilme aus.«*[23]

Gezeigt werden dann genau die Mittel, die dabei behilflich sind zu »verfilmen«, statt darzustellen. Sie knüpfen an Gestaltungswei-sen an, die es schon früher im deutschen Film gab.

Kracauer hatte diese bereits in manchen Filmkritiken jener Jahre als fragwürdig bezeichnet. Noch bevor der zweite Weltkrieg seinen Wendepunkt erreicht hatte, entschloß er sich, die Zusam-menhänge zwischen filmhistorischen Entwicklungen und sozial-psychologischen Tendenzen umfassend darzustellen.

Seine Intentionen bei der Abfassung des Buches »Von Caligari zu Hitler«, das er 1942 zu schreiben begann und 1947 publizierte, umriß er in einem Brief an den Schriftsteller Hermann Hesse: »Ich analysiere die deutschen Filme von 1918 bis 1933 so, daß sie mir präzise Angaben über die während jener Epoche vorherrschenden psychologischen Dispositionen der Deutschen gestatten. Das Ganze ist ein Versuch, der entscheidenden seelischen Vorgänge habhaft zu werden, die sich damals tief unter der Oberfläche divergierender Ideologien in Deutschland abspielten.«[24]

Film offenbarte nach Meinung Kracauers die Mentalität einer Nation deshalb unvermittelter als andere künstlerische Medien, weil er sowohl Schöpfung von Kollektiven sei als auch an eine anonyme Menge adressiert. In der Einleitung des Buches heißt es dazu: »Was die Filme reflektieren, sind weniger explizite Überzeugungen als psychologische Dispositionen – jene Tiefenschichten der Kollektivmentalität, die sich mehr oder weniger unterhalb der Bewußtseinsdimension erstrecken.«[25]

Geltend gemacht werden bei der kulturhistorischen Analyse dann vor allem Motive von Filmgeschichten, doch auch bestimmte Gestaltungsweisen, die gehäuft auftreten:

> *Was zählt, ist weniger die statistisch erfaßbare Popularität von Filmen, als die Popularität ihrer bildlichen und erzählerischen Motive. Beharrliche Vorherrschaft dieser Motive kennzeichnet sie als äußere Projektionen innerer Bedürfnisse. Und sie haben offensichtlich am meisten symptomatisches Gewicht, wenn sie sowohl in populären wie unpopulären Filmen, in als zweitrangig eingestuften Filmen wie Superproduktionen auftauchen. Diese Geschichte des deutschen Films ist eine Geschichte von Motiven, die Filme jeglichen Niveaus durchdringen.«[26]

Schon in den zwanziger Jahren hatte Kracauer über Bestseller des Büchermarktes bemerkt: »Analysen vielgelesener Bücher sind ein Kunstgriff zur Erforschung von Schichten, deren Struktur sich auf direktem Wege nicht bestimmen läßt.«[27] Und er hatte Rückschlüsse über das Denken und Fühlen der Bourgeoisie zu ziehen versucht. Anhand von Querschnitten durch die Motiv-Welt des deutschen Films, etwa die des Jahres 1928 und der ersten Kriegsjahre, hatte er dann die Existenz bestimmter psychischer Dispositionen der Zuschauer über die von ihnen konsumierten Filme bereits zu beschreiben begonnen. Jetzt suchte er das Verfahren weiter zu generalisieren, bemühte er sich doch in einem historischen Längsschnitt, über die Ablösung der Motivkreise durch neue bzw. solche mit veränderten Dominanten Entwicklungen sichtbar zu machen, Verschiebungen innerhalb der sozialen Psyche zu markieren.

Die eigentliche filmhistorische Untersuchung, auf die hier nicht weiter eingegangen werden kann, bietet für Kracauers Hypothese, den wechselseitigen Kausalzusammenhang von Stereotypen aus der Filmkultur der Weimarer Zeit und der Aufgeschlossenheit seiner Landsleute gegenüber der faschistischen Ideologie betreffend, eine Vielzahl von verblüffenden und zum Teil sehr zwingenden Belegen. Der Autor zerlegt in seiner Untersuchung die gesamte Periode in mehrere Phasen, innerhalb derer sich jeweils bestimmte Motive und Gestaltungsmittel häuften, und er faßt das ideologisch besetzte Formengut dann zu Gruppen zusammen, die ihm verallgemeinernde Aussagen gestatten.

Über das Kino der Stabilisierungsperiode wird etwa gesagt:

»Die Filme der Stabilisierungszeit sind in drei Gruppen aufzuteilen. Die erste bezeugt einfach den Zustand der Lähmung. Die zweite Gruppe wirft Licht auf gelähmte Tendenzen und Ansichten. Die dritte enthüllt den inneren Prozeß der gelähmten Kollektivseele. Die unzähligen Filme der ersten Gruppe bilden den Hauptanteil der Gesamtproduktion. (...) Das ›System‹ war ihnen gleichgültig, und selbst wenn sie so weit gingen, seine kapitalistische Struktur und die Lebensart der Reichen zu rechtfertigen, taten sie es oberflächlich und lauwarm. Diese Indifferenz ist ihre Haupteigenschaft. Sie vermieden es, an Wesentliches zu rühren, außer in einigen wenigen Fällen, wo sie den Sachverhalt unweigerlich trübten. Abgesehen von solchen vereinzelten Versuchen der Tiefgründigkeit scheinen diese Filme einzig daran interessiert zu sein, Unterhaltung in einer neutralen Atmosphäre zu spendieren.«[28]

Anhand von Gestaltungsmitteln und Motiven wird die jeweilige Tendenz ziemlich genau belegt. Analogiemomente werden herausgearbeitet, die für mehrere Gruppen gelten und Invarianten in der vorausgegangenen und folgenden Periode haben, wobei die Darstellung übrigens eher im Feuilletonstil gehalten ist als dem einer kulturgeschichtlichen Abhandlung. Über die präfaschistische Zeit von 1930 bis 1933 bietet die Untersuchung Teilanalysen zu folgenden Themenkreisen an: »Lieder und Illusionen«, »Mörder unter uns«, »Kleinlaute Ketzer«, »Für eine bessere Welt« und »Nationales Epos«. Was den letzten Abschnitt angeht, so werden dort Zusammenhänge hergestellt zwischen einem Typ von Geschichtsfilmen, die einem zügellosen Individualismus huldigten wie »Danton« von Behrendt, den nationalistisch gestimmten Bergfilmen des Luis Trenker und den Fridericus-Filmen jener Zeit, die das Bild des erleuchteten Führers verbreiteten. Kracauer kann an diesen letztgenannten Medienprodukten seine These, derzufolge der spätbürgerliche Film in Deutschland Hitlers Machtergreifung vorbereitete, natürlich besonders überzeugend belegen. So erweist sich also das Verfahren einer kunsthistorischen Analyse anhand sozialpsychologischer Interpretationen der Wirkungen eines bestimmten Repertoires von Motiven der Handlung, stereotypen Figuren und Bildern als durchaus produktiv und legitim. Die marxistische Wissenschaft kann die Methode indes nicht unbesehen übernehmen. Denn generell verführt sie dazu, die Bewegung von Ideen zu verabsolutieren und die ökonomische und politische Komponente der realgeschichtlichen Prozesse zu vernachlässigen. Die dominierende Betrachtung von Momenten eines »kollektiven Unbewußten« im medialen Prozeß lenkt davon ab, daß die Stereotypen auch durchaus in einem Prozeß bewußter ideologischer Auseinandersetzung mit seinen Manipulationsmechanismen formiert worden sind, im Rahmen des Klassenkampfes, der Hitlers Machtergreifung vornehmlich als Folge politischer und ökonomischer Interessen der Ausbeuterschicht erkennbar werden läßt und nicht hauptsächlich als Resultat von Entwicklungen einer »gesellschaftlichen Psyche«, obwohl dieser subjektive Faktor durchaus eine wichtige Rolle spielt.

Motive, wie Kracauer sie versteht, sind zudem sehr komplexe Phänomene, die zwar das Werk in gewisser Weise modellhaft abbilden und im Untersuchungsprozeß repräsentieren können, jedoch auf eine uneinsichtige Weise konstruiert sind, so daß man es bei ihnen eher selbst wieder mit monadenhaften Kunstgebilden denn logisch überschaubaren Hilfsmitteln der Informationsgewinnung zu tun hat. Nur zu leicht kann die Abbreviatur zur Willkür bei der Beschreibung und Interpretation führen; wichtige Momente der künstlerischen Komposition können unterderhand ignoriert, soziale Wirkungen pauschal und falsch gesehen werden. Wie Jurenew[29] gezeigt hat, gibt es u. a. Fehleinschätzungen Kracauers, was die Auffassung realgeschichtlicher Prozesse und den Wert einzelner Werke und Autorenleistungen angeht. Und dies hängt m. E. durchaus mit den Grenzen der Methode zusammen, die eine essayistisch-subjektive Sicht besonders dort befördert, wo die komplizierten Wechselwirkungen innerhalb des Gegenstandes eine wissenschaftlich-objektive Darstellung erschweren. Ein Beispiel dafür: Kracauer wirft Dudows »Kuhle Wampe« vor, er kritisierte in der Verlobungsszene die alten Arbeiter wegen ihrer kleinbürgerlichen Mentalität und helfe so, die Kluft zwischen Kommunisten und Sozialdemokraten zu vergrößern, statt die Solidaritätsgefühle innerhalb der Arbeiterschaft zu stützen.[30] Von der wichtigen Funktion dieser Episode innerhalb der gesamten Filmhandlung, die aus marxistischer Sicht zu belegen ist[31], sieht er einfach ab und läßt nur Pauschalwirkungen von Motiven gelten. Den Sportwettkämpfen im gleichen Film hingegen lastet er an, eine zu neutrale Charakteristik der revolutionären Jugendbewegung zu bieten,[32] als wäre nicht die Einbindung der Helden in die politischen Auseinandersetzungen der Zeit dort mit größter Deutlichkeit hergestellt worden. – Motive wollen also im konkreten Kompositionszusammenhang und dem des sozialen Wirkungskontextes jeweils genau bestimmt sein, sonst tragen sie eher zur Verschleierung denn zur Klärung künstlerisch-ideologischer Prozesse bei. Welche Kriterien für die Darstellung von Stereotypen bzw. Motiven und ihre systematische Analyse gelten, ist für die marxistische Filmwissenschaft gegenwärtig aber noch ein ungelöstes Problem. Seine Klärung dürfte u. a. auch dazu beitragen, Kracauers eigentliche Filmtheorie tiefgründiger zu analysieren, geht doch auch diese am Ende von ideologisch besetzten Grundmustern filmischer Gestaltung aus, also von extrem weit gefaßten Stereotypen oder Motiven.

Das 1960 erschienene Werk »Theorie des Films« trägt den Untertitel: »Die Errettung der äußeren Wirklichkeit«. In der Einleitung schreibt der Autor über sein Buch:

»Es beruht auf der Annahme, daß der Film im wesentlichen eine Erweiterung der Fotografie ist und daher mit diesem Medium eine ausgespro-

chene Affinität zur sichtbaren Welt um uns her gemeinsam hat. Filme
sind sich selber treu, wenn sie physische Realität wiedergeben und enthül-
len.«[33]

Damit ist ziemlich genau der zentrale Gedanke der Arbeit umrissen. Der Theorieansatz stellt die Spezifik des Mediums Film in
den Vordergrund, und er ist dabei polemisch orientiert. Eingangs
schreibt der Verfasser, die Untersuchung gehe von der Voraussetzung aus, daß jedes Medium einen spezifischen Charakter habe,
der bestimmte Arten von Mitteilungen begünstige, während er
sich gegen andere sperre.[34] Dieser Charakter ließe sich beim Film
bereits in hohem Maße aus Besonderheiten der Fotografie ableiten, auf die ja das Laufbild zurückgreift. So ist es naheliegend, daß
Kracauer zunächst Wesenszüge der Fotografie skizziert, indem er
auf die Einstellung des Fotografen zu seinem Medium, auf die Affinitäten zur Fotografie und auf die besonderen Wirkungen eingeht, welche ihre Abbilder auf den Betrachter haben. In der ausführlichen Untersuchung der Filmkunst wird dieses Schema dann
nur erweitert. Schon an der Fotografie lassen sich laut Kracauer
zwei Tendenzen feststellen, nämlich die zur Wirklichkeitstreue
und die zur Formgebung, wobei sich letztere der ersteren unterzuordnen habe. Analoge Gesichtspunkte biete der Film. Unter
der Überschrift »Zwei Haupttendenzen« heißt es dazu:

> *»Wenn es zutrifft, daß der Film der Fotografie entwächst, müssen sich*
> *auch in ihm die realistische und die formgebende Tendenz auswirken.*
> *War es ein bloßer Zufall, daß beide sich fast gleichzeitig mit der Entste-*
> *hung des Mediums manifestierten? Als gälte es, von Anfang an die*
> *ganze Spannweite filmischen Bemühens auszumessen, erschöpfte jede von*
> *ihnen ihre eigenen Möglichkeiten bis zum Rande. Ihre Exponenten wa-*
> *ren Lumière, ein strikter Realist, und Méliès, der seiner künstlerischen*
> *Fantasie freien Lauf ließ. Die Filme, die sie machten, verkörperten sozu-*
> *sagen These und Antithese im Hegelschen Sinn.«*[35]

Kracauer bekannte sich dann folgerichtig zur Gestaltungsweise,
die ihr Urbild im Film Lumières findet, zur sogenannten realistischen Tendenz. Und er legt dem Filmemacher eine analoge Einstellung nahe wie dem Fotografen:

> *»Worauf es im Film nicht weniger als in der Fotografie ankommt, ist, daß*

der Filmregisseur seine formgebenden Kräfte nach allen Richtungen ent-
faltet, die das Medium umspannt. Er mag seine Eindrücke von diesem
oder jenem Bereich physischen Daseins dokumentarisch wiedergeben,
Halluzinationen oder innere Bilder auf die Leinwand übertragen, sich
ans Spiel rhythmisch bewegter Formen verlieren oder eine menschlich an-
sprechende Story erzählen usw. – alle diese gestalterischen Bemühungen
stimmen mit der filmischen Einstellung überein, solange sie irgendwie der
eigentlichen, auf die sichtbare Welt gerichteten Intention des Mediums
zugute kommen. Wie bei der Fotografie, so hängt auch hier alles vom
›richtigen‹ Gleichgewicht zwischen realistischer und formgebender Ten-
denz ab; die beiden stehen aber nur dann im rechten Verhältnis zueinan-
der, wenn sich die formgebende Tendenz nicht über die realistische erhebt,
sondern sich schließlich ihr einordnet.‹[36]

Das Gestaltungskriterium wird dabei namentlich von Affinitäten
des Mediums abgeleitet, die zum Großteil zwischen Fotografie
und Film übereinstimmen. An der Fotografie beobachtet Kracauer
deren vier. Die des Films seien mit ihnen nahezu identisch, hinzu
käme dort lediglich noch eine fünfte, die mit der Bewegung zusammenhänge, auf die das Laufbild anders reagieren könne.

Die erste Affinität ist die zur ungestellten Realität. Über die Fotografie wird gesagt:

> *»Aufnahmen, die uns ihrem Wesen nach unmittelbar fotografisch anmu-*
> *ten, scheinen der Absicht zu entspringen, Natur im Rohzustand wieder-*
> *zugeben, so wie sie unabhängig von uns existiert.«*[37]

Analog dazu gilt für die Kinematographie:

> *»... der Film strebt trotz seiner Fähigkeit, alle möglichen Arten sichtbarer*
> *Dinge unterschiedslos zu reproduzieren, aufs entschiedenste der ungestell-*
> *ten Realität zu. Dies hat zu zwei eng zusammengehörigen Thesen in be-*
> *zug auf gestellte Szenerien geführt: Erstens, sie sind in dem Maße ästhe-*
> *tisch legitim, in dem sie die Illusion der Wirklichkeit hervorrufen.*
> *Zweitens, aus demselben Grunde ist alles theaterhaft Gestellte unfil-*
> *misch, sobald es sich über die Grundeigenschaften des Mediums hinweg-*
> *setzt.«*[38]

Zweitens tendiert die Fotografie zur Akzentuierung des Zufälligen. Kracauer macht in diesem Zusammenhang geltend, daß für

Fotografie und Film die »Straße« darum so interessant sei, weil sie ein Sammelpunkt flüchtiger Eindrücke sei, »derjenige Ort, an dem das Zufällige über das Planmäßige siegt und unerwartete Zwischenfälle fast die Regel sind.«[39] Zufall wirke indes nicht nur in diesen ungestellten Vorgängen, sondern er setze sich im Film auch auf andere Weise um:

> *Da das Zufällige ein Wesenszug der Kamera-Realität ist, bedeutet es für den Film nicht weniger eine Verlockung als für die Fotografie. Hieraus erklärt sich die entscheidende Rolle, die ihm von einem wahrhaft filmischen Genre, der amerikanischen Stummfilm-Komödie, zuerkannt worden ist.*[40]

Eine dritte Affinität wird unter dem Schlagwort »Endlosigkeit« beschrieben:

> *Wie die Fotografie, so tendiert auch der Film dazu, alle materiellen Phänomene festzuhalten, die virtuell in Reichweite der Kamera liegen. Um es anders auszudrücken: es ist, als sei das Medium vom chimärischen Wunsch beseelt, das Kontinuum physischer Existenz zu erstellen.*[41]

Geltend gemacht werden hier mehrere Gesichtspunkte:

Filme können nach Kracauer »weite Räume physischer Realität umspannen, wie es in Reisefilmen der Fall ist oder in Spielfilmen, die Reisen einbeziehen«,[42] ebenfalls »der Kette von Ursachen und Wirkungen nachgehen, die irgendein Ereignis hervorbringen.«[43] Sie vermögen »ein einzelnes Objekt sozusagen lang genug (zu) umschmeicheln, um seine unbegrenzten Aspekte zu suggerieren,«[44] »auf die Fülle der Erfahrungen hin(zu)deuten, die einem Menschen in einem einzigen entscheidenden Augenblick seines Lebens zuteil werden«.[45] Und materielle Phänomene können schließlich vom Film so dargestellt werden, »daß ihre Umrisse, Bewegungen und Helligkeitswerte sich zu faßlichen rhythmischen Strukturen verdichten,«[46] so daß für das Kino Gegenstücke zu Sinfonien entstünden.

Besonders wichtig für die Argumentation Kracauers ist die Affinität von Fotografie und Film zum Unbestimmbaren.

> *Als eine Erweiterung der Fotografie teilt der Film deren Voreingenommenheit für Natur im Rohzustand. Wenn Naturobjekte auch relativ ungegliedert und deshalb hinsichtlich ihrer Bedeutung unbestimmbar sind,*

*so gibt es doch verschiedene Grade von Unbestimmbarkeit. (...) Naturob-
jekte sind also von einer Vieldeutigkeit, die eine Fülle verschiedener
Stimmungen, Emotionen, unartikulierter Gedankengänge auslösen kann;
mit anderen Worten, sie haben eine theoretisch unbegrenzte Zahl psychischer und geistiger Entsprechungen.«*[47]

Der fünfte Aspekt von Affinität bezieht sich, wie gesagt, ausschließlich auf den Film. Er wird mit »Der Fluß des Lebens« überschrieben:

*»Aus dem eben Gesagten ergibt sich, daß filmische Filme eine umfassen-
dere Wirklichkeit beschwören als jene, die sie faktisch abbilden. Sie weisen in dem Maße über die physische Welt hinaus, in dem die Aufnahmen oder Aufnahmefolgen, aus denen sie bestehen, vielfältige
Bedeutungen mit sich führen. Dank dem fortwährenden Zustrom der so
auf den Plan gerufenen psychophysischen Korrespondenzen deuten sie
auf eine Realität hin, die passenderweise ›Leben‹ genannt werden mag.
Dieser Begriff, wie er hier benutzt wird, bezeichnet eine Art von Leben,
das noch, wie durch eine Nabelschnur, aufs engste mit den materiellen
Phänomenen verbunden ist, aus denen seine emotionalen und intellektuellen Gehalte hervorgehen. Nun tendieren Filme dazu, physisches Sein in
seiner Endlosigkeit einzufangen. Dementsprechend kann man auch sagen, daß sie eine – der Fotografie versagte – Affinität zum Kontinuum
des Lebens oder ›Fluß des Lebens‹ besitzen, der natürlich identisch mit
abschlußlosem, offenem Leben ist. Der Begriff ›Fluß des Lebens‹ umfaßt also den Strom materieller Situationen und Geschehnisse mit allem,
was sie an Gefühlen, Werten, Gedanken suggerieren. Das heißt aber,
daß der Fluß des Lebens vorwiegend ein materielles Kontinuum ist, obwohl er definitionsgemäß auch in die geistige Dimension hineinreicht.
(Man könnte versuchsweise sagen, daß Filme dem Leben in der Form des
Alltagslebens den Vorzug geben – ...)«*[48]

An die Darlegung der Affinitäten schließt sich ein Kapitel an, das
unter der etwas vagen und pauschalen Bezeichnung »Bereiche
und Elemente« eine Anzahl wichtiger Gesichtspunkte für Gestaltungsweisen und -mittel des Films umfaßt und zu Bemerkungen
über den Zuschauer und die wesentlichsten Filmwirkungen hinführt. Ob es dort um Fragen der filmischen Erzählweise, den
Schauspieler oder die auditive Ebene geht, in jedem Falle spielt

die Errettung der äußeren Wirklichkeit eine entscheidende Rolle. Dergestalt kommt es weniger zu einer systematischen Darstellung filmwissenschaftlicher Erkenntnisse als vielmehr zur umfassenden Bestandsaufnahme von Erscheinungen, anhand derer sich eine bestimmte Gestaltungstendenz genauer definieren läßt. Damit gewinnt die »Theorie des Films« deutlich auch die Züge einer Poetik für eine spezifische Richtung des Filmschaffens, verstanden als Operativprogramm. Auch diese Besonderheit methodischer Art gilt es zu bedenken, soll die Auseinandersetzung mit dem Theorie-Buch produktiv sein. Nicht allein, um dem Autor gerecht zu werden, der als Romancier und Essayist zur Formulierung von Schaffensprogrammatiken der Kunst berufen war, sondern auch, um den Theorieansatz von seiner Funktion her besser zu begreifen. Theoriebildung erfolgt ja im Kunstbereich – soll sie ihren Sinn behalten – nicht um ihrer selbst willen, sondern um die bestehenden Erkenntnisse für die Praxis zu optimieren. Dabei kann der Akzent sowohl bei Verallgemeinerung und Systematisierung von Erfahrung liegen als auch auf einer Regulation des gesamten Erkenntnisprozesses, in der Richtung, daß Defizite des Wissens ausgeglichen werden. Im Falle Kracauers handelte es sich darum, auf merkbare Weise all jene Erkenntnisse zu reaktivieren und wirksam zu machen, die mit der fotografischen Komponente bei der Kreation und Rezeption des Films zusammenhingen, denn die Filmpraxis benötigte sie dringend.

Jahrzehntelang hatte Kracauer sich mit einer im Verfall befindlichen bourgeoisen Kultur auseinandergesetzt und deren Konflikt mit der Realität als maßgeblich erkannt und beschrieben. Eine humanistische Filmkultur, für die der linksbürgerliche Autor zeit seines Lebens eintrat, hatte hierzu eine Alternative zu schaffen, ein Operativprogramm anderer Art zu formulieren. Von der Hollywoodproduktion der fünfziger Jahre, mit der Kracauer in den USA konfrontiert war, ließ sich kein brauchbares Angebot in dieser Richtung ableiten. Wohl aber von Tendenzen, wie sie der italienische Neorealismus kultiviert hatte. Und diese verfolgte Kracauer dann gleichsam zurück bis hin zu ihren historischen Wurzeln. Als Soziologe, der immer wieder Motivketten innerhalb der Filmkultur beschrieben hatte, hielt er sich dabei vor allem an ein bestimmtes Formengut und entwickelte ein Signalement von

Merkmalen für die realistische Haupttendenz im Film nach ähnlichem Muster, wie er früher Motive und Stereotypen dargestellt hatte. Immerhin gestattete dieses Vorgehen, wichtige Leistungen des progressiven bürgerlichen und des proletarischen Films für das Operativprogramm eines Kinos der Zukunft zu subsummieren und en bloc auszuwerten. Daß dieses Programm für die Filmpraxis von Belang war, dürfte unbestritten sein. Bekanntlich gelangte der französische Theoretiker André Bazin etwa gleichzeitig zu ähnlichen Einschätzungen[49], was die Grundtendenzen des Filmschaffens und die Notwendigkeit einer Hinwendung zur Realität betraf. Und unmittelbar nach Erscheinen der »Theorie des Films« formierte sich im Spielfilm eine neue Welle des dokumentarischen Stils, für dessen Poetik Kracauer zum wesentlichsten Gewährsmann werden sollte. Nicht zuletzt erfaßte diese Stilistik auch viele nationale Kinematographien des sozialistischen Films. So ist Kracauers theoretisches Konzept, das mit Vorlieben für bestimmte Kunstleistungen und entsprechenden Empfehlungen an die Praxis verbunden ist, vor allem als Zeichen für einen Humanismus zu werten, der unter dem Widerspruch litt, daß sich die Filmkultur des Spätkapitalismus mit ihren Abbildern immer wieder der Realität versagte, und der nach Wegen suchte, dieses Mißverhältnis aufzubessern. Daß am Schluß des Buches der Geist der »Family of Man« beschworen wird, jener berühmten Foto-Ausstellung über den Alltag der einfachen Menschen, welche der Annäherung zwischen den Völkern dienen wollte, ist für die Grundhaltung des Autors symptomatisch.

Dabei bleibt der Entwurf Kracauers als Ganzes in den Grenzen, die ihm durch die bürgerliche Weltsicht gesetzt sind, und er weist entsprechende Mängel auf. Wie problematisch die »Theorie des Films« in philosophischer und ästhetischer Hinsicht ist, enthüllt eine Textstelle aus der Einleitung, die zentrale Thesen des Buches zusammenführt. Es heißt da:

> »Geht man von der Annahme aus, daß das Kino die Hauptmerkmale der Fotografie beibehält, so wird man unmöglich den weitverbreiteten Glauben oder Anspruch gutheißen können, wonach Film im selben Sinne eine Kunst ist wie die traditionellen Kunstmedien. Diese verzehren das Rohmaterial, aus dem sie entstehen, während Filme als ein Erzeugnis von Kamera-Arbeit es darzubieten genötigt sind. Wie zielbewußt die Filmka-

*mera auch dirigiert werden mag, sie würde aufhören, eine Kamera zu
sein, wenn sie nicht sichtbare Phänomene um ihrer selbst willen registrierte. Sie erfüllt ihre Bestimmung, indem sie das ›Zittern der Blätter‹
wiedergibt. Wenn Film Kunst ist, dann eine solche, die sich von den anderen Künsten unterscheidet. Zusammen mit Fotografie ist Film die einzige Kunst, die ihr Rohmaterial mehr oder weniger intakt läßt. Was an
Kunst in Filme eingeht, entspringt daher der Fähigkeit ihrer Schöpfer, im
Buch der Natur zu lesen. Der Filmkünstler hat Züge eines fantasiebe-
gabten Lesers oder eines Entdeckers, der von unersättlicher Neugier getrieben wird. All das heißt, daß Filme sich an die Oberfläche der Dinge
klammern. Sie scheinen um so filmischer zu sein, je weniger sie sich direkt auf inwendiges Leben, Ideologien und geistige Belange richten.*« [50]

Indem Kracauer die Bedeutung des fotografischen Abbildungsverfahrens für den Film unterstreicht, verabsolutiert er bestimmte Eigenheiten desselben und wertet die damit verbundenen Gestaltungsmomente zum wichtigsten Kriterium des Kunstprozesses auf.
Das ästhetische Konzept, philosophisch einer Spielart des Positi-
vismus verhaftet, wird damit äußerst problematisch, denn es führt
u. a. zu einer Reihe von Inkonsequenzen, Vereinfachungen und
Denkfehlern, die sich auch deutlich auf die Einschätzungen konkreter Filme auswirken.

So wichtig es ist, auf die dokumentierende Leistung der Kamera
hinzuweisen, auf die Fähigkeit des Mediums, physische Erscheinungen des Lebens detailgetreu abzubilden, so falsch ist es doch,
erstens das erzeugte Abbild faktisch mit dem Leben gleichzusetzen, zweitens, seine Herstellung als das ausschlaggebende Verfahren bei der Erzielung mediengerechter ästhetischer Wirkungen
anzusehen und drittens die Ideologie aus dem Filmerlebnis exmit-
tieren zu wollen. Die marxistische Filmwissenschaft setzte sich
mit wesentlichen Fehlern Kracauers bereits auseinander, und Autoren wie Rudolf Jürschik [51] und Nedeltscho Milew [52] haben sich
auch ausführlicher mit den genannten Mängeln befaßt. Für die
Kunst, auch die des Films, reicht es nicht aus, sich an die Oberfläche der Dinge zu klammern. Sie ist in jedem Falle ein Akt geistiger Auseinandersetzung mit der Realität, in dem sich sinnliche
Eindrücke stets mit Wertungen verbinden. Sowohl in der Phase
der Kreation wie der der Rezeption. Und Wertungen sind stets

mit geistigen Belangen, mit Ideologie verknüpft. Indem Kracauer diese Prozesse in Abrede stellt oder zumindest in ihrer Bedeutung stark zurücksetzt, schafft er zwar eine Legitimation für eine bestimmte Gruppe von Werken, die auf Momente der Umgestaltung des Lebens im filmischen Ausdruck weitgehend verzichten und sich naturalistischen Positionen nähern, wird vielen anderen aber entsprechend wenig gerecht. Seinem Theorieansatz nimmt er damit die universelle Anwendungsmöglichkeit. Begriffliches Denken und Tragisches z. B. werden a priori als unfilmische Inhalte abgetan[53] und konkrete Werke, die sich diesen Ausdrucksweisen nähern, gleichsam exkommuniziert. Die Theorie kann sie nicht verkraften, weil sie dem ästhetischen Problem der Umgestaltung des Lebens im künstlerischen Abbild nicht gewachsen ist und die sogenannte formgebende Tendenz im Film von vornherein eingeschränkt sehen möchte. Zudem werden schöpferische Konzepte, die sich auf Ideen berufen – etwa das Sergej Eisensteins –, von Kracauer strikt abgewiesen. Dem sowjetischen Regisseur, dessen Leistungen er zwar vielfach anerkennt, lastet er an, daß er in der Montage ein Mittel sieht, die organische Verkörperung einer Ideenkonzeption zu verwirklichen.[54]

Gelegentlich wurde Kracauer vorgeworfen, daß seine Ästhetik bzw. Theorie normativ sei. Nicht hier liegt m. E. ihr Fehler, sondern eher darin, daß die von ihr gesetzten Normen unzureichend sind und sich auch nicht methodisch sauber in Anwendung bringen lassen. Denn einerseits ist der »realistische Film« im Sinne Kracauers eine Art Idealtypus, der im konkreten Fall immer nur partiell erfüllbar ist. Andererseits läßt sich die »Theorie des Films« auch nicht uneingeschränkt als Poetik der dokumentarischen Spielfilmstile auffassen. Vielmehr dehnt Kracauer die Norm für das Mediengemäße auf mancherlei Gestaltungsweisen aus, die weit vom Dokumentarischen entfernt sind, etwa auf die Stummfilmkomödie Buster Keatons oder die Hitchcock-Thriller, weil dort jeweils eine der Affinitäten des Films, etwa Zufall und Bewegung, wesentlich werden. Wie realistische gegen sogenannte formgebende Bestrebungen aufzurechnen sind, wird dabei nicht ersichtlich. Verdienstvoll an Kracauers Buch ist wohl vor allem die Herausarbeitung von Aspekten filmkünstlerischer Darstellung, die mit der fotografischen Reproduktion zusammenhängen.

Eine zusammenfassende Charakteristik der Filmwirkung auf die Sinne wird mit den Worten gegeben:

»*Verschiedenartige Bilder rufen verschiedenartige Reaktionen hervor; manche wenden sich direkt an den Intellekt, manche funktionieren nur als Symbole oder dergleichen. Ich gehe von der Annahme aus, daß Filmbilder ungleich anderen Arten von Bildern vorwiegend die Sinne des Zuschauers affizieren und ihn so zunächst physiologisch beanspruchen, bevor er in der Lage ist, seinen Intellekt einzusetzen. Diese Annahme läßt sich durch folgende Argumente stützen: Erstens registriert der Film physische Realität um ihrer selbst willen. Und gepackt vom Realitätscharakter der Bilder auf der Leinwand, kann der Zuschauer nicht umhin, auf sie so zu reagieren, wie er auf die materiellen Aspekte der Natur im Rohzustand reagieren würde, die durch diese fotografischen Bilder reproduziert werden. Sie sprechen sein Sinnesvermögen an. Es ist, als ob sie ihn durch ihre bloße Gegenwart dazu drängten, sich unreflektiert ihre unbestimmbaren und oft amorphen Formen zu assimilieren.*

Zweitens zeigt der Film, im Einklang mit seinen Obliegenheiten als Registrier-Instrument, die Welt in Bewegung. (…) Nun scheint ihr Anblick einen ›Resonanz-Effekt‹ zu haben, der im Zuschauer kinästhetische Reaktionen wie zum Beispiel Muskelreflexe, motorische Impulse und ähnliches auslöst. Jedenfalls wirkt objektive Bewegung physiologisch stimulierend. (…)

Drittens registriert der Film nicht nur physische Realität, sondern enthüllt auch sonst verborgene Wirklichkeitsbereiche, darunter räumliche und zeitliche Konfiguration, wie sie mit Hilfe filmischer Techniken und Tricks von den Gegebenheiten abgeleitet werden können. (…) Die unbekannten Formen, denen er begegnet, wenden sich weniger an sein Denkvermögen als an seine organische Reaktionsfähigkeit.«[55]

Was Kracauer zur Wahrnehmung der Realität über filmische Abbilder schreibt, läßt sich mit dem heutigen Wissen um perzeptive Invariantenbildung im Filmerlebnis, bei der die Kamera dem Menschen darin sekundiert, Reizkonfigurationen zu selektieren und neu zu ordnen,[56] nur bekräftigen, denn dies führt ja eben zur Enthüllung verborgener Wirklichkeitsbereiche. Walter Benjamins Überlegungen[57] mögen bei diesem theoretischen Ansatz eine wesentliche Anregung gewesen sein.

»*Der Film macht sichtbar, was wir zuvor nicht gesehen haben oder viel-*

leicht nicht einmal sehen konnten. Er hilft uns in wirksamer Weise, die materielle Welt mit ihren psycho-physischen Entsprechungen zu entdek-ken. Wir erwecken diese Welt buchstäblich aus ihrem Schlummer, ihrer potentiellen Nichtexistenz, indem wir sie mittels der Kamera zu erfahren suchen. Und wir sind imstande, sie zu erfahren, weil wir fragmentarisch sind. Das Kino kann als ein Medium definiert werden, das besonders dazu befähigt ist, die Errettung physischer Realität zu fördern. Seine Bilder gestatten uns zum ersten Mal, die Objekte und Geschehnisse, die den Fluß des materiellen Lebens ausmachen, mit uns fortzutragen.«[58]

Wie gesagt, es sind dabei besonders die Beobachtungen zu unter-schiedlichen Formen der Entdeckung der Welt vermöge des foto-grafischen Filmbildes, die Kracauers Buch so wertvoll machen. Über den Schauspieler heißt es in diesem Zusammenhang:

»Jedes fotografische Portrait hat etwas Fragmentarisches und Zufälliges an sich, oder sollte es doch haben. Dementsprechend muß der Filmschau-spieler die von ihm dargestellte Person so zu sein scheinen, daß seine Ge-sichtsausdrücke, Gesten und Posen über sich hinausweisen auf die ver-schwommenen Zusammenhänge, denen sie entstammen. Eine gewisse Beiläufigkeit muß ihnen eignen, die sie zu Fragmenten eines unerschöpf-lichen Gewebes von Beziehungen stempelt. Mancher große Filmregisseur war sich bewußt, daß dieses Gewebe in die Tiefengeschichten der Seele hinabreicht. René Clair bemerkt, daß bei Filmschauspielern Spontaneität um so wichtiger ist, als sie im Verlauf ihres Spiels ihre Rolle zu atomisie-ren haben; und Pudowkin sagt, bei der Arbeit mit Filmschauspielern ›achte er auf jene kleinen Einzelheiten und Ausdrucksnuancen, die ... die innere Psychologie des Menschen widerspiegeln‹. Beide legen Wert auf Projektionen des Unbewußten. Was sie anstreben, formuliert Hanns Sachs, ein am Film interessierter Freud-Schüler, in psychoanalytischer Terminologie; ihm zufolge liegt es dem Filmschauspieler ob, die Hand-lung dadurch zu fördern, daß er ›seelische Vorgänge verkörpert, die sich vor oder jenseits der Sprache ereignen ..., vor allem jene ... unbeachteten Fehlleistungen, die Freud als symptomatische Handlungen beschreibt.‹ Der Filmschauspieler wird seinem Medium also nur dann gerecht, wenn sein Spiel sich nicht als selbstgenügsame Leistung gebärdet, sondern uns als ein Vorfall – einer von vielen möglichen Vorfällen – im ungestellten physischen Dasein des von ihm geschaffenen Charakters beeindruckt. Nur dann ist das Leben, das er wiedergibt, wirklich filmgerecht.«[59]

Beobachtungen dieser Art sind nicht allein für das Verständnis von dokumentarischen Spielfilmen wichtig, sondern auch für das von Authentie-Eindrücken, die ein Darsteller in diesem Medium herbeiführen muß, ganz allgemein. Für die marxistische Theorie wird es darauf ankommen, das von Kracauer herausgearbeitete Phänomen des Zusammenhanges von künstlerischer Gestaltung und fotografischer Reproduktionstechnik in seiner ganzen Dialektik darzustellen.

Im Zusammenhang mit der Analyse des Authentie-Effekts sind einige Probleme, die das komplizierte wechselseitige Abhängigkeitsverhältnis von ästhetischem und fotografischem Abbild betreffen, bereits untersucht worden.[60] Geklärt wurde dabei, daß die ästhetische Gestaltung der filmischen Gesamtkomposition den übergeordneten Wertungszusammenhang für die Informationen schafft, welche die fotografischen Abbilder der physischen Realität, die im Film als Lebensausschnitt erfaßt sind, liefern. Nichtsdestoweniger gibt es auch eine Rückkopplung der ästhetischen Wertungen zu den technischen Abbildungen, insofern erstere nur dann voll wirksam werden, wenn sie für die perzeptive Invariantenbildung Neues bieten, weshalb sie nicht hinter einem bestimmten Standard dessen zurückbleiben dürfen, was die technischen Abbildungen in einer bestimmten historisch-konkreten Mediensituation zu leisten vermögen, um Wahrnehmungsprozesse zu differenzieren. Derartige Analysen komplexerer Zusammenhänge legen einmal mehr nahe, daß es manchen verhängnisvollen Ausdeutungen entgegenzutreten gilt, wie sie bei der Kracauer-Rezeption immer wieder auftreten, vor allem jener, daß allein schon die Aufgeschlossenheit gegenüber der fotografischen Abbildungsweise innerhalb der Kinematographie, die in der Berücksichtigung der Affinitäten des Mediums liegt, die Filmkunst näher an die Wahrheit heranzuführen vermöge. Zweifellos stützen viele Aussagen, die Kracauer in seiner »Theorie des Films« trifft, diese falsche These, die u. a. dazu beigetragen hat, daß auch der dokumentarisch orientierte Spielfilm innerhalb der sozialistischen Kinematographie die Kopie von Lebensvorgängen über deren ästhetische Wertung stellte, das mechanische Abbild gleichsam dem Sinnbild vorzog. Kracauer selbst ist übrigens in seinen frühen Kritiken, die den Einfluß des Marxismus zeigen, solchen Positionen entschieden entgegengetreten. Etwa, wenn er in einer Rezension, welche im »Caligari«-Buch nochmals zitiert wird, feststellt, daß Ruttmann Tausende von Details unverbunden nebeneinander bestehen ließ, doch den Gegenstand nicht geistig zu durchdringen vermochte. »Nichts ist gesehen in dieser Symphonie, weil nicht ein einziger sinnvoller Zusammenhang von ihr aufgedeckt worden ist.«[61] Manche in ästhetisch-philosophischer Hinsicht allzu genügsame Forderung, die in der »Theorie des Films« im Sinne der proklamierten Errettung der äußeren Wirklichkeit für das Medium gestellt wird, wäre in diesem Sinne zu überprüfen.

Siegfried Kracauer hat also als einer der ersten Filmwissenschaftler den Gegenstandsbereich seiner Disziplin konsequent so weit gefaßt, daß Film vornehmlich als kulturelles und nicht nur als speziell künstlerisches Phänomen gesehen werden konnte, also von einer Funktion her, die heute als massenkommunikativ und medial bezeichnet wird. Darum gelangen ihm wichtige Aussagen zur Filmkultur, namentlich zum unterhaltungsorientierten Film unter den Wirkungsbedingungen des spätkapitalistischen Kulturbetriebs. Die Methodik von Kracauers Untersuchung ist dabei kultursoziologisch orientiert, sucht er doch stets Invarianten im Formengut größerer Gruppen von Filmwerken auf – Stereotypen im Bereich der Motive, Figuren, Bilder –, die nach intersubjektiven Wirkungsmomenten und deren Ideologierelevanz befragt werden. Dieser Ansatz gestattete die Entwicklung entsprechender Beschreibungsverfahren, die Kracauer für eine synchronische Betrachtung in Anwendung brachte – etwa für die Querschnittsuntersuchung des unterhaltungsorientierten Films im Kinorepertoire Berlins am Ausgang der zwanziger Jahre – ebenso für eine diachronische Darstellung – die Untersuchung filmhistorischer Prozesse im Deutschland vor 1933 – und schließlich zur Charakterisierung von Grundtendenzen innerhalb der Gestaltungsauffassungen der Gattung überhaupt. Trotz aller Begrenztheit der Beschreibungsverfahren zeigt sich doch auch deren Produktivität, zumindest in den beiden erstgenannten Zusammenhängen. In den Untersuchungen erscheinen die wahren Triebkräfte der Geschichtsprozesse nur am Rande, und die Rolle des Unbewußten für die gesellschaftliche Psyche wird überbetont auf Kosten einer umfassenden Darstellung ideologischer Systeme. In dem eigentlichen Theorieansatz werden zudem wichtige erkenntnistheoretische und ästhetische Beziehungen stark vereinfacht und sogar ignoriert, was zu vielerlei Fehldeutungen führen muß. Gleichwohl ist Kracauers Darstellung sozialpsychologischer Momente der Filmentwicklung in der Weimarer Republik ein unverzichtbarer Beitrag zur Kultur- und Filmgeschichte, und seine Theorie, die besonders der Einbeziehung des fotografischen Abbildungsverfahrens in den Kunstprozeß gerecht zu werden sucht, ist der umfassendste systematische Versuch in dieser Richtung. Er enthält eine Vielzahl von differenzierten Beobachtungen, die mit fruchtbaren Überlegungen verbunden sind. Die Bewertung der kulturellen und künstlerischen Prozesse wurden durch Kracauer von einer linksbürgerlichen Position her vorgenommen, hinter die der Autor nie zurückging und die ihn zum Kritiker spätkapitalistischer kultureller Praktiken und aktiven Kontrahenten der faschistischen Medienpropaganda machten, seiner Filmtheorie später auch den Wert einer Poetik für die Haupttendenz des kritischen Realismus im Spielfilmschaffen verliehen. Die marxistische Filmtheorie kann seinen Beitrag darum als das Angebot eines Bundesgenossen auffassen.

André Bazin

Ontologie des Filmbildes und Evolution der Filmsprache

*1918 in Angers (Frankreich) geboren, studierte André Bazin
an einem Institut für Lehrerbildung. Während der Okkupationszeit
nahm er am antifaschistischen Widerstandskampf teil. Danach begann
er mit einer publizistischen Arbeit, die dem Film eng verbunden war.
Er schrieb u. a. für »L'ecran français«, war in der Filmklubbewegung
aktiv und hielt Lehrveranstaltungen am Pariser
Filminstitut I.D.H.E.C. Seit 1951 gehörte er der Redaktion
der Zeitschrift »Cahiers du Cinéma« an, deren Mitbegründer er war
und deren geistiges Profil er bestimmte. Er verfaßte zahlreiche
Kritiken und theoretische Aufsätze zum Film, auch einige
Monographien über Filmschaffende, die in Buchform erschienen,
so über De Sica, Renoir und Welles. Nach seinem frühen Tode im
Jahre 1958 erschien eine noch von ihm zusammengestellte vierbändige
Publikation unter dem Titel »Qu'est-ce que le cinéma?«
(»Was ist Kino?«, 1958–1962), die als eine der wesentlichsten
filmtheoretischen Arbeiten überhaupt gilt.*

Es gibt in der Zeit nach dem zweiten Weltkrieg gewiß keinen
Filmwissenschaftler, dessen Einfluß auf eine nationale Kinematographie dem Bazins vergleichbar wäre. Für die französische Filmkunst der fünfziger Jahre ist er eine Schlüsselfigur, und, obschon
er 1958 als Vierzigjähriger starb, auch für die des nachfolgenden
Jahrzehnts, in dem sein Gedankengut ungemein populär wurde
und reiche Früchte trug.

André Bazin gehörte zu jenen seltenen Persönlichkeiten, die
über ein tiefes Verständnis für die Entwicklungsprobleme der
Filmkunst und entsprechend unanfechtbare Qualitätsmaßstäbe
verfügen, dabei jedoch auch über jene sympathische Autorität,
letztere mit stiller Selbstverständlichkeit durchsetzen zu können.[1]

Als er 1951 gemeinsam mit Jacques Doniol-Valcroze die Redaktion der »Cahiers du Cinéma« übernahm, begann damit eine Periode wissenschaftlich fundierter Filmkritik, deren praktische Auswirkungen sich bald zeigen sollten, gingen doch junge Kritiker wie François Truffaut, Jean-Luc Godard, Pierre Kast, Eric Rohmer und Claude Chabrol alsbald zur Filmregie über und begründeten die »Neue Welle« in der französischen Kinematographie. Bazin gehörte zweifellos zu jenen, von denen sie lernen konnten, was Filmkunst ist; viel von ihrer Souveränität und ihrem Wagemut dürften sie diesem Filmbesessenen verdanken.

André Bazins Filmkritiken und Aufsätze machten komplizierte Erscheinungen innerhalb der Weltfilmkunst durchsichtig und verliehen dem französischen Film Kraft, sich auch gegenüber dem kommerziellen amerikanischen zu behaupten, der die Kinosäle in Beschlag nahm. Die wichtigsten Arbeiten, postum in vier Bänden unter dem Titel »Qu'est-ce que le cinéma?«[2] in den Jahren von 1958 bis 1962 in Buchform herausgegeben, erwiesen sich als ein tragfähiger und äußerst anregender Theorieansatz, der seinem Autor zudem den Ruf eines »Aristoteles der Kritik« eintrug. In der Tat haben viele Gedanken, die in diesem Hauptwerk Bazins, das später in mehrere Sprachen übersetzt wurde, zusammengeführt worden sind, bis heute ihre Gültigkeit behalten, und niemand, der filmwissenschaftlich tätig ist, kommt um sie herum. Dennoch fällt es nicht leicht, die Intentionen Bazins adäquat zu fassen und zu referieren. Dafür stehen sicher mehrere Gründe: »Was ist Kino?« stellt eine Aufsatzsammlung dar und ist kein zusammenhängender Text im üblichen Sinne. Manche Gedanken werden relativ kontinuierlich verfolgt, andere hingegen stehen nahezu separat, und nur bei gründlicher Lektüre erweist sich, daß es eine Vielzahl von Korrespondenzen und Querverbindungen zwischen den einzelnen Arbeiten gibt und das Ganze die Skizze eines Systems vermittelt, dessen Grundgedanken relativ widerspruchsfrei miteinander verknüpft sind und eine innere Entwicklung aufweisen. Ein weiterer Hinderungsgrund für die Rekapitulation des Bazinschen Konzeptes liegt darin, daß der Autor sich nicht als Philosoph verstand und selbst dort, wo er filmwissenschaftliche Termini definierte, zu Vergleichen griff und zu anschaulichen Beispielen, statt zu abstrakten Bestimmungen, und dies ganz bewußt und offen.[3] Bazin war ein Mann der Tageskritik, ein Kenner der Kunstsphäre, und seine Mittel sind sicher die dem Kunstbetrieb angemessensten; er argumentiert essayistisch und sucht durch plastische Bilder zu überzeugen. Dabei gelingt ihm etwas Seltenes: eine Art von Zwiegespräch mit dem Leser, das sensitiv mit dem Kontext der Filmerlebnisse umgeht. Über den italienischen Neorealismus, dessen sachkundiger Interpret und Förderer Bazin war, hat er einmal geäußert, er laufe auf eine Beschreibung der Realität hinaus, die durch das Bewußtsein des Künstlers gebrochen werde, dies jedoch als Ganzes und nicht durch seine Vernunft, seine Leidenschaft oder seine Meinungen allein.[4] Vielleicht wird man der Darstellungsweise Bazins gerechter, wenn man sie in diesem Sinne als Ganzes aufzufassen sucht, das nicht ohne weiteres aufzuspalten geht und gerade dadurch wirksam werden konnte, daß es der Komplexität der Sache Rechnung trug, indem Vernunft, Leidenschaft und Meinung in unauflöslichem Zusammenhang zum Ausdruck kamen. Bazins Aussagen scheinen auf den ersten Blick selbstgenügsam im Hinblick auf Stellungnahme zur Welt, weil sie sich ausschließlich auf Film beziehen. Es gelingt ihm aber, über Filmkritik seinen humanistischen Standpunkt zu vertreten. Keinen Zweifel läßt er an seiner antifaschistischen Grundhaltung, wenn er etwa über Chaplins »Großen Diktator« oder den Film der Okkupationszeit und Resistance schreibt, und seine Sympathie für die arbeitenden Klassen wird offenbar, wenn er sich zum Neorealismus in Italien äußert. Zwischen ihm geistig nahestehenden Publikationsorganen wie dem christlich-sozialistisch orientierten »Esprit« und dem kommunistisch ausgerichteten »Travail et culture« scheint er keinen großen Unterschied gemacht zu haben; er schrieb für beide engagiert. Auch zu damals einflußreichen philosophischen Richtungen fand er für sich Vermittlungen, so zu den Konzepten von Bergson und Sartre, Malraux, Marcel und Merleau-Ponty. Und mögen seine Überlegungen zur Evolution in der Kinematographie auch eher dem Entwurf Teilhard de Chardins zu biologischen Erscheinungen entstammen, stehen sie doch auch nicht in unvereinbarem Gegensatz zu marxistischen Gedanken. Bazin war niemals gezwungen, seine filmtheoretischen Ansichten philosophisch zu fundieren. Er nahm darum von vielen, blieb offen gegenüber verschiedensten.

Da er sich häufig auf biologische Phänomene berief und diese bisweilen als Vergleichsmaterial hinzuzog, um die Welt des Films zu beschreiben, hat man ihn einen »Heiligen Franziskus« genannt. In der Tat ließ er vielerlei Leben auch in der Kinematographie gelten. Unterschiedliche Stile und Macharten von Film hatten für ihn gleiche Existenzberechtigung. Er suchte jeweils ihrer inneren Logik gerecht zu werden, entwickelte seine Vorlieben, beförderte manche Richtungen, jedoch m. E. nur bedingt vom Standpunkt einer definierbaren Poetik aus. Das Feld von Erscheinungen, dem sich Bazin zuwandte, umfaßte dabei nicht allein die Filme, die höchsten Kunstansprüchen genügten. Sein System war gegenüber der Massenkommunikation im Rahmen der audiovisuellen Medien offen.

»Der Film kann ohne ein Mindestmaß (und dieses Mindestmaß ist immens) direkt teilnehmender Zuschauer nicht existieren. (...) Auch der Film ist eine funktionelle Kunst. Nach einem anderen System von Beziehungen müßte man über den Film sagen, daß seine Existenz seiner Essenz vorausgeht. Und von dieser Existenz muß die Kritik ausgehen, selbst in den kühnsten Forderungen (extrapolations).«[5]

Bazin schrieb auch, ganz deutlich in diesem Sinne, über die Traditionslinie des Films: »Der Film schuf von neuem Bedingungen für eine unverfälschte und populäre Kunst. Er hat den bescheidenen und verachteten Stil der Wanderbühnen und des Fortsetzungsromans nicht verschmäht.«[6] Und er zog als Kritiker und Theoretiker daraus seine Konsequenz, denn er untersuchte mit Sorgfalt populäre Genres wie den Western und widmete viele Artikel Darstellern, die nicht vornehmlich durch Filme mit höchstem Kunstanspruch bekannt geworden waren.

»Qu'est-ce que le cinéma?« umfaßt vier Titel:
1. Ontologie und Sprache
2. Das Kino und die anderen Künste
3. Kino und Soziologie
4. Eine Ästhetik der Realität: Der Neorealismus

Innerhalb dieser Anordnung, die die relativ kurzen Texte gruppiert, stieg er vom Allgemeinen zum Speziellen auf, kam aber im Laufe der Untersuchung auch gelegentlich wieder zu Grundfragen zurück, etwa der Dialektik von filmischem Bild und Montage. Besonders bemerkenswert ist seine Darstellung der Zusammenhänge zwischen Malerei und fotografischem bzw. filmischem Bild. Die Originalität der Fotografie im Unterschied zur Malerei beruhe auf ihrer Objektivität. Ein Bild der Außenwelt entstehe hier automatisch, ohne die zwangsläufige kreative Beteiligung des Menschen.

> *Diese Entwicklung zur Automatik hat die Psychologie des Bildes radikal erschüttert. Die Objektivität der Fotografie verleiht ihr eine Stärke und Glaubhaftigkeit, die jedem anderen Werk der bildenden Künste fehlt. Welche kritischen Einwände wir auch immer haben mögen, wir sind gezwungen, an die Existenz des repräsentierten Objektes zu glauben, des tatsächlich re-präsentierten, das heißt des in Zeit und Raum präsent gewordenen. Die Fotografie profitiert von der Übertragung der Realität des Objektes auf seine Reproduktion. (...) Allein das Objektiv gibt uns ein Bild von dem Objekt, das imstande ist, in unserem Unterbewußtsein die Sehnsucht nach mehr als nur einer annähernden Abbildung des Objektes zu befriedigen; nach dem Objekt selbst, ohne dessen zeitliche Begrenzungen. Das Bild kann verschwommen sein, verzerrt, farblos, ohne dokumentarischen Wert, es wirkt durch seine Entstehung durch die Ontologie des Modells, es ist das Modell.*[7]

In umfänglichen Überlegungen, welche nach Ansicht von Ilja Waisfeld wissenschaftlich anfechtbar sind, weist Bazin darauf hin, daß es einen Trend in der kunstgeschichtlichen Entwicklung gebe, das Leben festzuhalten, indem man es zu mumifizieren bzw. in lebensähnlichen Abbildern zu fixieren suche. Auch die Fotografie balsamiere die Zeit ein, und konsequenter noch der Film, der gleichsam die zeitlichen Abläufe fixiere.

Der Autor erläutert das mit den Worten:

> *Der Film macht etwas sehr Paradoxes: Er nimmt sich die Zeit des Objektes zum Vorbild und stellt zudem den Eindruck seiner Dauer her.*[9]

Die Präsenz der physischen Realität in Gestalt eines Bildes, das auch die zeitlichen Abläufe mit enthält, wird für Bazin zum Ausgangspunkt einer Typologie, mit deren Hilfe er, ähnlich wie Kracauer, Filmwerke zu beschreiben und zu klassifizieren sucht. Im Kino der Jahre 1920 bis 1940, so schreibt Bazin in dem hochwichtigen Artikel »Die Entwicklung der kinematographischen Sprache«, ließen sich zwei große gegensätzliche Richtungen unterscheiden: »die Regisseure, die an das Bild (image) glauben, und jene, die an die Realität (realité) glauben.«[10] Der Autor erläutert dann:

> *Unter ›Bild‹ verstehe ich ganz allgemein alles, was die Repräsentation auf der Leinwand dem repräsentierten Gegenstand hinzufügen kann. Dieser Anteil ist komplex, man kann ihn aber im wesentlichen in zwei Sachbereiche aufteilen: die Gestaltung des Bildes und das Hilfsmittel der Montage (die nichts anderes ist als die Organisation der Bilder in der Zeit). Unter Gestaltung ist der Stil des Dekors und der Schminke zu verstehen, in gewissem Maße auch der des Spiels sowie die Beleuchtung und letztlich der Bildausschnitt (cadrage), der die Komposition abschließt. Über die Montage, die man besonders aus den Hauptwerken von Griffith kennt, schreibt André Malraux in ›Psychologie du Cinéma‹, daß sie die Geburtsstunde des Films als Kunst bedeute: Das, was ihn tatsächlich von der einfachen lebenden Fotografie unterscheidet, ist schließlich und endlich eine Art Sprache.«*[11]

Den Begriff der Sprache, den Bazin hier einführt, verwendet er – übrigens im Gegensatz zu vielen anderen Autoren – ohne besondere wissenschaftliche Prätentionen, also genaugenommen vorwissenschaftlich und eher metaphorisch. Es geht ihm vor allem um eine bestimmte Regelhaftigkeit innerhalb der Gestaltungsweisen von Filmen, die er im Zusammenhang charakterisieren, erklären und bewerten will. Was die Montage betrifft, so führt Bazin drei wichtige Verfahren an, für die es unzählige Kombinationsmöglichkeiten gebe. Er schreibt, die Kombinationen der Montageweisen im Auge:

> *»Wie immer diese auch sein mögen, ihnen allen gemeinsam ist etwas, das die Montage selbst definiert: die Schaffung eines Sinns, den die Bilder nicht objektiv enthalten und der nur aus ihrer Beziehung zueinander hervorgeht. (...) Die Montagen von Kuleschow, die von Eisenstein oder von Gance zeigen das Ereignis nicht, sie spielen darauf an. Zweifellos entnahmen sie den größten Teil ihrer Elemente der Realität, die sie beschreiben wollten, aber die eigentliche Bedeutung des Films lag weit mehr in der Organisation dieser Bestandteile als in ihrem objektiven Inhalt.«*[12]

Was die Nutzung der Montage angeht, sieht Bazin beträchtliche

Unterschiede, die ihm personell, vor allem aber auch historisch determiniert scheinen und nahelegen, von einer Veränderung innerhalb der Montageauffassungen und mithin einer Evolution der Filmsprache überhaupt zu sprechen.

Früher habe »das Wesentliche der Filmkunst in dem Expressionismus von Montage und Bild«[13] gelegen. Einige Regisseure – wie von Stroheim, Murnau und Flaherty – hätten indes durch ihre Arbeiten diesen Grundsatz zweifelhaft erscheinen lassen, weil die Montage in ihren Filmen praktisch keine Rolle spiele. Aufgrund der Tonkomponente, die die Filmbilder weniger flexibel gemacht habe, sei der Expressionismus in der Bildgestaltung ebenso dahingeschwunden wie die symbolischen Beziehungen zwischen den Bildern. Darum habe man um 1938 die Filme fast einheitlich nach dem gleichen Prinzip geschnitten. Das Charakteristische dieser Schnittechnik sei das Schuß-Gegenschuß-Verfahren, wobei man etwa im Dialog befindliche Gesprächspartner in wechselnden Einstellungen zeigte. Deren Anzahl variierte wenig, sie lag bei ca. 600.

Dieser Art des Schnitts nun, die sich in den besten Filmen der dreißiger Jahre angefunden habe, sei durch die von Orson Welles und William Wyler eingeführte Tiefenschärfe eine Absage erteilt worden.[14] Die Auffassung von Montage und damit von Filmsprache habe sich damit wesentlich verändert, auch gegenüber den frühen Verfahren der Stummfilmperiode.

Der Begriff der Tiefenschärfe (la profondeur de champ) hat in manchen anderen deutschen Übersetzungen Bazins eine Abänderung erfahren. Man spricht dort etwa von »Schärfentiefe«, um zu markieren, daß es nicht um das bekannte optische, sondern um ein spezielles künstlerisches Phänomen geht.

»Die Bedeutung von ›Citizen Kane‹ kann gar nicht überschätzt werden. Die Tiefenschärfe ermöglicht, daß ganze Szenen in einer einzigen Einstellung gezeigt werden, die Kamera selbst bleibt unbeweglich. Die dramatischen Wirkungen, die vorher durch die Montage erreicht wurden, entstehen hier dadurch, daß die Schauspieler innerhalb der einmal festgelegten Einstellung ihren Platz verändern.«[15]

Was hier als neuartige Bild- bzw. Montageauffassung interpretiert wird, nämlich als bewußtere Nutzung des Bildraumes bei äußerster Vorsicht gegenüber dem Schnitt innerhalb der Szene, ist nicht so sehr als Absage an bestehende Erfahrung zu sehen, vielmehr als zusätzliche Forderung an die Organisation des Bildraumes, an die Inszenierung und das Arrangement darin, an das, was Eisenstein »Mise en scène« nannte und was in manchen sowjetischen filmwissenschaftlichen Abhandlungen neuerer Zeit als »innere« oder »innerbildliche Montage« bezeichnet wird. Diese Dialektik ist freilich nicht immer richtig verstanden worden. Es ging Bazin nicht um Ignoranz, sondern um die Erweiterung gestalterischer Mittel. Er verweist auch auf die Veränderungen, die das Prinzip dieser »innerbildlichen Montage« für den Zuschauer mit sich bringt:

> »Der Schnitt hat also eine deutliche Abstraktion der Realität bewirkt. Diese Abstraktion ist, da wir vollkommen an sie gewöhnt sind, als solche nicht spürbar. Die ganze Revolution des Orson Welles geht aus von der systematischen Anwendung der bisher unüblichen Tiefenschärfe. Während das Objektiv der klassischen Kamera nacheinander auf die verschiedenen Orte der Szene gerichtet wird, umschließt die Kamera bei Orson Welles mit gleichbleibender Schärfe das gesamte Blickfeld des dramatischen Schauplatzes. Nicht mehr der Schnitt wählt für uns den Gegenstand aus, den wir sehen sollen und der damit eine ›Bedeutung‹ a priori erhält, sondern der Zuschauer selbst ist gezwungen, innerhalb des Prismas (Parallelepipeds) kontinuierliche Realität auf der Leinwand als Auswahlfläche das jeweilige dramatische Spektrum der Szene zusammenzustellen. ›Citizen Kane‹ verdankt seinen Realismus also der intelligenten Anwendung dieses speziellen Fortschritts. Die Tiefenschärfe ermöglichte es Orson Welles, die Realität um ihre sichtbare Kontinuität zu ergänzen.«[16]

In dem Text zur Evolution der kinematographischen Sprache stellt Bazin nicht nur die innerbildliche und die äußere Montage einander gegenüber – selbstredend in seiner eigenen Terminologie –, sondern er verweist auf den Zusammenhang beider, zeigt, wie die klassische Montageweise gleichsam integriert wird ins Arrangement und den Raum, den das Bild präsent macht. Es gäbe im Umgang mit der Tiefenschärfe nun die Möglichkeit, das Geschehen unzerstückelt zu lassen und seinen dramatischen Inhalt nicht auch in der Zeit analysieren zu müssen. Man muß hier ergänzen, daß es durchaus tiefe inhaltliche Gründe dafür geben kann, daß Geschehen »unzerstückelt« dargestellt wird. Wo es weniger um einmalige dramatische Aktion als um menschliches Verhalten geht, das sich nur durch ganzheitliche und langfristige Beobachtung zu erkennen gibt, kann auf die innerbildliche Montage, die die Bildtiefe nutzt, schwerlich verzichtet werden. Bazin erklärt vor allem das Prinzip:

> »Die Placierung eines Gegenstandes und seine Beziehung zu den Personen ist so, daß dem Zuschauer dessen Bedeutung nicht entgehen kann. Die Montage hätte diese Bedeutung in neuem Ablauf aufeinanderfolgender Einstellungen umständlich beschreiben müssen.
>
> Mit anderen Worten: Der moderne Regisseur verzichtet bei einer mit Tiefenschärfe fotografierten Einstellungsfolge nicht auf die Montage – wie könnte er das auch, ohne in die primitiven Anfänge zurückzufallen –, er integriert die Montage in seine Gestaltung. Die Erzählung bei Welles oder Wyler ist nicht weniger explizit als die bei John Ford, aber sie hat dieser gegenüber den Vorteil, nicht auf die besonderen Effekte verzichten zu müssen, die sich aus der Bildeinheit in Zeit und Raum ergeben. (...)
>
> Deshalb ist die Tiefenschärfe nicht nur eine Mode des Kameramannes wie die Benutzung von Filterscheiben oder ein bestimmter Beleuchtungsstil, sondern eine wesentliche Errungenschaft der Regie: ein dialektischer Fortschritt in der Geschichte der kinematographischen Sprache.
>
> Und dies ist nicht nur ein formaler Fortschritt! Die richtig angewandte Tiefenschärfe ist nicht nur eine ökonomischere, einfachere und gleichzeitig subtilere Methode, ein Ereignis darzustellen; sie bewirkt mit den Strukturen der kinematographischen Sprache die intellektuellen Beziehungen des Zuschauers zum Bild und modifiziert damit gleichzeitig den Sinn des Schauspiels.«[17]

Die ästhetischen Konsequenzen des neuen Umgangs mit der Tiefenschärfe faßt Bazin in drei Punkten zusammen, wenn er feststellt:

> »1. daß die Tiefenschärfe den Zuschauer in eine Beziehung zum Bild setzt, die enger ist als seine Beziehung zur Realität. Man kann deshalb zu Recht sagen, daß selbst unabhängig vom Inhalt des Bildes dessen Struktur realistischer ist;
>
> 2. daß sie folglich eine aktivere Geisteshaltung impliziert und sogar eine

positive Mitwirkung des Zuschauers an der Regie. Während der Zu-
schauer bei der analytischen Montage nur dem Wegweiser folgen muß,
demzufolge seine eigene Aufmerksamkeit in der des Regisseurs aufgeht,
der für ihn auswählt, was er sehen muß, ist hier ein gewisses Minimum
selbständiger Auswahl erforderlich. Von der Aufmerksamkeit des Zu-
schauers und seinem Wohlwollen hängt es teilweise ab, ob das Bild einen
Sinn bekommt.

3. Aus den zwei vorhergehenden mehr psychologischen Behauptungen lei-
tet sich eine dritte ab, die man als metaphysisch bezeichnen kann.

Bei der Analyse der Realität setzt die Montage ihrem Charakter entspre-
chend die Einheit der Bedeutung des dramatischen Geschehens vor-
aus. (...) Kurz gesagt, die Montage widerspricht grundsätzlich und ihrer
Natur nach der Vieldeutigkeit. (...)

Die Tiefenschärfe dagegen führt die Vieldeutigkeit in der Bildstruktur
wieder ein, wenn nicht als Notwendigkeit (die Filme von Wyler sind
kaum vieldeutig), so doch als Möglichkeit. Deshalb ist es nicht übertrie-
ben zu sagen, daß ›Citizen Kane‹ sich nur über die Tiefenschärfe verste-
hen läßt.‹[18]

Man kann heute den dialektischen Zusammenhang zwischen zunehmender Vieldeutigkeit in der Bildstruktur und einer aktiveren
Geisteshaltung des Zuschauers, die sowohl zu einer intensiveren
Beziehung gegenüber der präsentierten Realität wie zu einer positiven Mitwirkung an der Sinngebung führt, wahrnehmungspsy-
chologisch erklären.[19] Aktive Wahrnehmung wird dadurch befördert, daß der Rezipient Freiräume vorfindet, innerhalb derer er
selbst über das Bedeutungsgefälle der Dinge entscheidet, ja, sie
erscheint erst dort so recht als solche. Gleichwohl muß Vieldeutigkeit in der Bildstruktur nicht auf Unentschiedenheit kompositorischer Art hinauslaufen, sondern kann dazu dienen, die Aufmerksamkeit des Zuschauers auch da zu lenken, wo er sich völlig
frei glaubt, nämlich, indem die Werkstruktur die Invariantenbildung der Wahrnehmung vorskizziert und den Rezipienten etwa
durch Wiederholung von Ähnlichkeitsmomenten dazu veranlaßt,
auf bestimmte Erscheinungen mehr zu achten als auf andere. Der
künstlerische Umgang mit dem Tiefenschärfenprinzip schafft eine
solche Möglichkeit,[20] eine andere liegt in der Reihung ähnlicher
Strukturen innerhalb dokumentierter Realität, die anscheinend

nicht gestaltet und eher zwanglos montiert wird, wie dies bei vielen neorealistischen Filmen der Fall ist.[21] Bazin schreibt kein Wort über Wahrnehmungsprozesse aus psychologischer Sicht, aber er verweist auf die paradoxe Nähe der unterschiedlichen künstlerischen Verfahren von Orson Welles in »Citizen Kane« und Roberto Rosselini in »Paisà«: »Wie in den Filmen von Welles und trotz der stilistischen Gegensätze tendiert der Neorealismus dahin, dem Kino den Sinn für die Vieldeutigkeit der Wirklichkeit zurückzugeben.«[22] Benannt wird hier eine Ähnlichkeit der Rezeptionsweisen, die auf Zunahme an Freiräumen für filmische Wahrnehmung hinausläuft. Die Komposition scheint sich gegenüber dem Rezipienten kaum festlegen zu wollen, auf welche Momente ihres Strukturangebotes er bei der Sinnerschließung des Werkes sich vor allem beziehen sollte. Dieser Eindruck täuscht jedoch. Denn in Wirklichkeit verschiebt sich die Sinnbildung lediglich von der Ebene sehr evidenter auf die wenig evidenter Strukturen, welche eher perzeptiv denn konzeptuell wirksam werden, also eine nahezu unbewußte Aufnahme erfahren. Wenngleich mehr über die Nuance des Ausdrucks, wird dabei die semantische Funktion sehr wohl realisiert und bleibt darum keinesfalls dem Zufall überlassen.

Übrigens deuten sich gewisse Korrespondenzen zwischen dem erwähnten Prinzip der Wahlfreiheit des Zuschauers, seine Aufmerksamkeit auf diese oder jene Erscheinung im Bild oder eine dokumentarische Handlung zu lenken, und der existential-philosophischen Auffassung Sartres von Freiheit an, der Bazin sich verbunden fühlte. Auch in dieser Beziehung scheint es sinnvoll, von einer »Dialektik der Freiheit und ihrer Beschränkung« zu sprechen, denn, wie Adam Schaff zum Konzept Sartres bemerkt, sei unter den Bedingungen der Klassenauseinandersetzung »das Postulat der unbegrenzten Freiheit eine Absurdität.«[23]

Im letzten Band seines Hauptwerks, der dem italienischen Neorealismus gewidmet ist, weist Bazin nochmals auf die Ähnlichkeiten der Filme von Welles und Rossellini hin:

»Auf technisch diametral entgegengesetzten Wegen gelangen beide zu einem Filmschnitt, der in fast gleicher Weise mit der Realität umgeht: Orson Welles mit der Tiefenschärfe und Rossellini mit der besonderen Disposition gegenüber der Realität. Bei beiden finden wir die gleiche enge Verbindung des Schauspielers zu seiner Umgebung und den gleichen Realismus in der Darstellung wieder, dem alle Schauspieler verpflichtet sind, wie auch immer ihre dramatische ›Bedeutung‹ sein mag. Genauer gesagt: Trotz der offensichtlich starken stilistischen Differenzen läßt sich die eigentliche Erzählform von ›Citizen Kane‹ und ›Paisà‹ in ein gleiches Grundmuster einfügen.«[24]

Aus heutiger Sicht ergeben sich, wie schon gesagt, die Analogien zwischen den beiden Richtungen filmischer Gestaltung aus ähnlichen Rezeptionsweisen, aus Wirkungen, die mit dem Einsatz wenig evidenter Strukturen der Komposition verbunden sind, welche sich stärker auf die Lenkung von perzeptiver Invariantenbildung orientieren als auf die von Denkprozessen. Und für das Geschehen beider Filme hat auch Verhalten, das sich anders als action formiert, seine besondere Bedeutung, so daß es inhaltliche und methodische Parallelen gibt.

Da ohne Einbeziehung psychologischer Gesetzmäßigkeiten, die erst in letzter Zeit systematischer von den Kunstwissenschaften genutzt werden konnten, bestimmte Differenzierungen schwer vorzunehmen waren, gibt es bei Bazin gelegentlich Aussagen zur Montage, die einseitig vergröbern und irreführend sind. Besonders in dem Artikel: »Montage interdit« (»Montage untersagt«) finden sich Formulierungen, die so ausgelegt werden können, als halte Bazin die klassische Montage, die man zum Wesen des Films gerechnet habe, jetzt für überholt und antifilmisch.[25] Dazu kommen gewisse Ungenauigkeiten und Vereinfachungen bei der Darstellung von Eisensteins Montagekonzept an anderen Stellen. Die marxistische Filmwissenschaft hat dies mit Recht zum Anlaß genommen, Bazin zu kritisieren[26], dabei aber auch ihrerseits Vergröberungen in ihrer Argumentation zugelassen. Die bestehenden Widersprüche dürften beim heutigen Materialstand der Forschung zum Großteil aufhebbar sein. Bazin hat als Kritiker und Theoretiker seinerzeit einfach einen Fortschritt bei der Entwicklung filmischer Gestaltungsweisen befördern wollen, die auf differenziertere Rezeptionsweisen setzten, als sie von den klassischen Montagekonzepten berücksichtigt werden konnten. Dafür stritt er, und dabei kam es auch zu mißdeutbaren Aussagen zur Montage überhaupt. Und zwar m. E. weniger aus ideologischen Gründen als infolge fehlender Differenzierungsmöglichkeiten für die berührten psychologischen Sachverhalte innerhalb der Rezeptionssphäre.

André Bazin, der so genau die Veränderungen innerhalb der filmischen Ausdrucksmittel analysierte, suchte dem Evolutionsprinzip auch im Bereich der Genres und Stile gerecht zu werden. So gibt es aus seiner Feder bemerkenswerte Überlegungen zur Entwicklung des Western und zur Herausbildung des italienischen Neorealismus. In jedem Falle ist der von ihm gewählte Ansatz zur Beschreibung und Erklärung der Phänomene erstaunlich komplex. Bazin sah überall Wechselwirkungen und fühlte sich veranlaßt, sie zu untersuchen oder zumindest sein Wissen um sie anzudeuten. Die Entwicklung der Kinematographie ließ sich aus seiner Sicht auch nicht anders darstellen als im Umfeld der anderen Künste; der zweite Band seines Hauptwerkes ist ja eigens diesem Problemfeld gewidmet. Im Hinblick auf die Wechselbeziehungen zwischen Literatur und Film kommt es zu aufschlußreichen Überlegungen über die filmische Adaption literarischer Werke. Und immer wieder wird die Spezifik des Kinematographischen im Vergleich mit den anderen Gattungen herausgearbeitet. Bei einer Sichtung der Unterschiede zwischen Theater und Film sind es vor allem solche Momente wie die Bedeutung der Menschendarstellung für beide Gattungen, das Verständnis des dramatischen Raumes und die Rolle des verbalen Textes, die Bazin interessieren:

>Das Theater ist ohne den Menschen nicht möglich, das Drama auf der Leinwand aber kann ohne Schauspieler auskommen. (...) Das dramatische Geschehen stützt sich nicht auf den Menschen, sondern auf die Dinge. Ich glaube, Jean Paul Sartre hat einmal gesagt, im Theater gehe das dramatische Geschehen vom Schauspieler aus, im Film entwickele es sich aus der Dekoration zum Menschen. Diese Umkehrung der dramatischen Abläufe ist von entscheidender Bedeutung, sie betrifft das eigentliche Wesen der Regie.<[27]

Für das Theater entwickelt Bazin sein Konzept des dramatischen Raumes, das dem Film nicht gerecht werden könne, im Widerspruch zu dessen Gestaltungsweisen stehe. Das Prinzip des Films liege darin, jede Abgrenzung der Handlung zu verneinen.

»Die Leinwand ist nicht ein Rahmen, wie der des Bildes, sondern ein ›Versteck‹ (cache), das nur einen Teil des Geschehens erkennen läßt. Wenn eine Person das Blickfeld der Kamera verläßt, so geben wir zu, daß sie sich unserem Blickfeld entzieht, aber sie existiert weiter, in völliger Identität mit sich selbst, an einem anderen, uns verborgenen Schauplatz. (...) Im Gegensatz zum Bühnenraum ist der Raum der Leinwand zentrifugal.«[28]

Die Problematik des Darstellungsgegenstandes Mensch und die des Handlungsraumes in Theater und Film verknüpft sich für Bazin mit der des Wortes. Zur filmischen Adaption von Theaterstücken macht er die weiterführende Bemerkung:

»Das Problem des verfilmten Theaters besteht, jedenfalls was die klassischen Werke angeht, nicht so sehr darin, eine ›Handlung‹ von der Bühne auf die Leinwand zu übertragen, sondern in der Tatsache, daß ein einem bestimmten dramaturgischen System zugehöriger Text auf ein anderes System übertragen wird und daß man dennoch die Wirkung dieses Textes bewahrt. Es ist also nicht grundsätzlich die Handlung eines Theaterstückes, die sich dem Film widersetzt; über die Einzelheiten der erzählten Geschichte, die möglicherweise leichter für die Leinwand mit ihrer größeren Realität adaptiert werden kann, hinausgehend, ist es vielmehr die sprachliche Form, deren ästhetische Bedingungen wir respektieren müssen. Diese sprachliche Form widersetzt sich der Einpassung in das Fenster der Leinwand.«[29]

Folgen die Überlegungen André Bazins, das Kino und einzelne Filme betreffend, Grundsätzen einer Poetik? Ja und nein. Nein, weil Bazin zwar für manche Gestaltungsweisen vehement eintritt und gegen andere polemisiert, dabei jedoch ein immenses Feld unterschiedlicher akzeptabler Phänomene im Auge behält. So weit kann kein künstlerisches Schaffensprogramm eines Menschen gefaßt sein! Andererseits macht Bazin keinen Hehl daraus, daß er sich an der Seite jener Regisseure befinde, die mehr an die Realität und weniger an das Bild glauben. Und immer wieder findet sich in seinen Texten das Bekenntnis zum Realismus im Film. In Readern zur Filmtheorie aus den westlichen Ländern wird er darum häufig als Vertreter eines realistischen Konzepts klassifiziert. Ist seine Theorie also als Poetik eines realistischen Films zu lesen? Die Antwort auf diese Frage ist schwer zu geben, weil Bazin sie für sich zwar wohl eher mit ja beantwortet hätte, seine Auffassung von Realismus aber schlechterdings undefinierbar bleibt. Nicht nur marxistische Wissenschaftler haben das bemerkt.[30] Denn Realismus ist für Bazin keine Schaffensmethode wie für die marxistische Ästhetik, erscheint auch nicht an eine Klasse der Gesellschaft und deren Interessen gebunden. Er ist ein Sammelbegriff für sehr vieles Heterogene. Im Vergleich zu Kracauers Auffassung, die eher Enge und Orthodoxie fordert, ist sie weit, aber wiederum zu weit, um noch einen sinnvollen Umgang mit dem Begriff zuzulassen. Der Hinweis, daß Realismus eine Beherrschung der Realität durch den Menschen zu fördern habe und eine Eroberung von Realität nicht verhindern dürfe[31], ist wohl die konstruktivste Feststellung, die das ästhetische Konzept Bazins zu diesem Thema enthält. Es gibt aber darin auch andere, divergierende, die Bezugspunkte verwischende. So scheint es geraten, Bazins Texte vor allem dort genau zu nehmen, wo sie von ihrem Begründungszusammenhang her zuverlässig sein können, weil es um begrenzte Sachbezüge im Film generell geht. Hier wird man eine erstaunliche Fülle von zutreffenden Aussagen finden, die scharfsinnig formuliert und anregend für weitere Untersuchungen sind.

John Howard Lawson
Zum schöpferischen Prozeß des Films

John Howard Lawson wurde 1894 in New York City geboren.
Nach Beendigung des College begann er Theaterstücke zu schreiben
und gründete 1927 gemeinsam mit Dos Passos und M. Gold das
New Playwrights Theater. Als Drehbuchautor zu hohem Ansehen gelangt,
wurde er 1933 zum ersten Präsidenten der Filmschriftsteller-
Gilde gewählt, die die Interessen dieses Berufsstandes gegenüber den
Filmfirmen durchzusetzen half. Lawson engagierte sich vielfach
in politischen Angelegenheiten und trat, durch Inhaftierung
unbeeindruckt, für die demokratischen Rechte in den USA ein.
1936 war er Schatzmeister des Medizinischen Hilfskomitees für die
Spanische Republik. Als einer der Hollywooder Zehn kritisierte er
die Übergriffe des berüchtigten Untersuchungsausschusses gegen
unamerikanische Tätigkeit, wofür er 1950 eine einjährige Gefängnis-
strafe erhielt.
Schon in den dreißiger Jahren hatte er sich theoretisch mit
dramaturgischen Problemen des Theaters beschäftigt. Etwa mit Beginn
der fünfziger Jahre setzte Lawson die wissenschaftliche Arbeit
verstärkt fort, wandte seine Aufmerksamkeit aber vor allem der
Kulturgeschichte und dem Film zu. Bekannt wurden besonders seine
Bücher »Theory and Technique of Playwriting and Screenwriting«
(»Theorie und Methode der Bühnen- und Filmschriftstellerei«, 1949),
»Film in the Battle of Ideas« (»Film im Kampf der Ideen«, 1953)
und »Film: The Creative Process« (»Film: Der schöpferische Prozeß«,
1964). Lawson starb 1977.

Der Amerikaner John Howard Lawson kam von der szenaristischen Arbeit zur Theorie, und er blieb der Filmpraxis, die er als
Arena gesellschaftlicher Auseinandersetzung begriff, lebenslang
verbunden. Theoretisches Verständnis war seiner Meinung nach

aber eine wesentliche Voraussetzung für schöpferische Praxis, und er selbst trug durch eine Reihe größerer Publikationen dazu bei, besonders durch die Bücher »Theory and Technique of Playwriting and Screenwriting«, »Film in the Battle of Ideas« und »Film: The Creative Process«.

Im Vorwort des letztgenannten Werkes, das Lawson 1964 als Siebzigjähriger zur Edition brachte, schätzt er sehr treffend einige Grundprobleme seiner früheren filmtheoretischen Versuche ein. So macht er auf den Widerspruch aufmerksam, daß er in seinem Buch zur Theater- und Filmschriftstellerei zwar auf den radikalen Unterschied zwischen den Gestaltungsweisen von Film und Theater deutlich hingewiesen habe, jedoch im Prinzip die neue Gattung Film als eine Weiterführung der uralten Theatertradition interpretierte.[1] Und die Publikation über den Kampf der Ideen im Filmbereich habe sich zwar mit der politischen Seite wichtiger Hollywoodproduktionen nach dem zweiten Weltkrieg auseinandergesetzt, dabei aber mehr die ideologischen Konzepte als die Kunstmittel, die zu ihrer Realisierung führten, im Auge gehabt. Film wurde damit, so bekennt Lawson, im Grunde von ihm früher auf die gleiche Weise wie Theater behandelt, denn die narrativen Momente bildeten den Ausgangspunkt für die Analyse, und den vielfältigen filmischen Gestaltungsweisen wurde eine Rolle zugewiesen, die in einer mechanischen Unterordnung unter die Story bestand. In dem Buch »Film: Der schöpferische Prozeß« unternahm der Autor nun den Versuch, die Besonderheiten der Filmkunst derart darzustellen, daß sowohl die Theatertradition als auch die Neuerungen des Mediums Kino zum Ausdruck kommen.

Um in seiner Darlegung so konkret und anschaulich wie möglich bleiben zu können, nutzt Lawson zunächst zwei Kapitel seines für einen breiten Leserkreis bestimmten Buches zu einer eher filmhistorischen Betrachtung, die zugleich seine ästhetische Sicht exponiert.

Zwei Kapitel, »Sprache« und »Theorie« überschrieben, doch keineswegs so streng theoretisch aufgefaßt, wie dies die Titel nahelegen, gruppieren wichtige Probleme aus der Filmpraxis der neueren Zeit so, daß in dem Schlußkapitel »Struktur« eine gewisse Zusammenfassung jener Momente möglich wird, die die Dramaturgie des Films von der des Theaters abhebt. Dergestalt ist Lawsons Buch als ein Versuch zu sehen, sich einer Wesensbestimmung der Filmkunst aus der Sicht eines Screenwriters oder Dramaturgen zu nähern. Die Überlegungen zum Film der Gegenwart erhalten nicht nur eine historische Dimension, indem ihre Wurzeln bis in die Stummfilmperiode zurückverfolgt werden, sondern es macht den besonderen Wert des Buches aus, daß die Kinematographieentwicklung als Weltprozeß erscheint, in dem der sozialistischen Filmkunst, speziell der sowjetischen, eine wesentliche Bedeutung zukommt. Es heißt in dem Buch programmatisch:

»Ein Film ist so strukturiert, daß er den Anforderungen seines Themas gerecht wird. (...) Die Prinzipien filmischer Form stellen ebenso wenig wie die für die Ausübung anderer Künste geltenden Prinzipien eine Beschränkung des Künstlers dar, sondern sie sind ein Mittel zur Erweiterung des Spielraums und der Ausdrucksmöglichkeit seines Schaffens.

Die Form verdeutlicht das Realitätsbewußtsein des Künstlers. Sieht er lediglich ein Chaos, ignoriert er die um ihn ablaufenden gesellschaftlichen Prozesse, dann wird sein Schaffen notwendigerweise durch sein Unvermögen eingeengt, dem, was er wahrnimmt, Ordnung und Sinn zu geben.«[2]
Betont wird hier die Einheit von Inhalt, Form und sozialer Sicht des Künstlers, und es wird zugleich deutlich gemacht, daß es bei der Analyse darum geht, die ganze Variationsbreite der Phänomene zu berücksichtigen. Um eine objektive Darstellung und Bewertung dieser möglichen Vielfalt ist es dem Autor stets zu tun. Obschon er selbst künstlerische Arbeiten einer bestimmten Richtung hervorgebracht hat, baut er keine Poetik des eigenen Schaffens auf, sondern sucht der Gesamtheit filmkünstlerischer Ausdrucksweisen gerecht zu werden. Was hingegen immer wieder ablesbar wird, das ist Lawsons progressive bürgerlich-demokratische Einstellung gegenüber den gesellschaftlichen Erscheinungen und der Filmkultur. Der schöpferische Prozeß in der Filmgeschichte wird als ein Kampf um humanistische Positionen innerhalb der ganzen Kinokultur wie jedes einzelnen Werkes gesehen.

Was das theoretische Konzept im engeren Sinn anbelangt, das

Lawson im fünften und letzten Kapitel entwickelt, so stützt es sich auf fünf Aspekte der kinematographischen Struktur, die er folgendermaßen umreißt:

»(1) Ein Film ist ein audiovisueller Konflikt;

(2) er verkörpert Raum-Zeit-Beziehungen;

(3) er geht von einer Prämisse aus,

(4) führt über eine Progression

(5) zu einem Höhepunkt oder Handlungsendpunkt.«[3]

Schon in der Einleitung des Buches hatte der Autor festgestellt, daß es fundamentale Unterschiede zwischen Film und Theater gebe: Das Wesen eines Films lasse sich nicht als Ausdruck hergebrachter »dramatischer Gesetze« definieren. Der emotionale Eindruck der Filmhandlung impliziere vielmehr eine neuartige Beziehung zur Wirklichkeit, eine neue Art des Sehens und Fühlens. Man könne zwar dem Konflikt in einem Film von der Exposition bis zum Augenblick äußerster Spannung oder bis zum Höhepunkt folgen, doch gebe es außerdem bedeutsame Momente, die die besondere Qualität kinematischer Erfahrung verdeutlichen: »Chaplin, der in einer Bude in der Arktis seine Schuhe kocht und verspeist, die Handlung auf der Odessaer Treppe in ›Panzerkreuzer Potemkin‹, die alten Autos, die in ›Früchte des Zorns‹ durch die Prärie jagen, der Junge, der in ›Pather Panchali‹ durch das Land zieht, um zum ersten Mal im Leben einen Zug zu sehen. (...) Diese Momente offenbaren das Wesen und die Möglichkeiten des Films als eines Mittels, die Welt um uns zu begreifen und zu deuten.«[4] Im Schlußkapitel unternimmt Lawson dann unter der Überschrift »Struktur« den Versuch einer Charakterisierung wesentlicher Ausdrucksweisen des Films, indem er diese Momente zu dechiffrieren sucht. Bei der Erläuterung des sogenannten audiovisuellen Konflikts beruft er sich auf Eisensteins Überlegungen zum dynamischen Zusammenhang der Filmbilder, gibt diesen aber eine spezifische Interpretation. Als Szenarist nämlich interessiert ihn, wie es geschehen kann, daß etwa die Treppenszene im »Potemkin« einen derart bedeutsamen Eindruck hinterläßt, obwohl sie doch zu der Auseinandersetzung auf dem Schiff, die die exponierte Hauptlinie der Filmgeschichte ausmacht, nur einen Vorgang peripherer Art bildet. Aus der Sicht der Theaterdramaturgie könnte eine solche Seitenlinie der Handlung niemals derart wesentlich werden. Lawson sieht eine Erklärung für dieses Paradox in der spezifischen audiovisuellen Struktur des Films. Film schaffe eine besondere menschliche Erfahrung. Diese hefte sich an die Bilder physischer Realität. Doch der Zuschauer beobachte dabei nicht lediglich ein Hintereinander von Ereignissen, sondern er könne emotional an ihnen teilnehmen.[5] Der Film sorge mit seinen spezifischen Mitteln dafür, daß der Zugriff gegenüber den Ereignissen anders als im Leben sei. An den Vorgängen der Treppenszene z. B. vermöge man als Zuschauer aus ständig wechselnden Perspektiven teilzunehmen. Der ideelle Konflikt, im Theater an einzelne Figuren gebunden, könne damit in vielen Erscheinungen aufgefunden werden. Die audiovisuelle Struktur erlaube und fördere diese Art von Poetisierung und Dynamisierung von Widersprüchen. Der Widerspruch zwischen den sozialen Kontrahenten auf dem Panzerkreuzer »Potemkin« etwa werde vom Zuschauer dann wiedererkannt, wenn die berittenen Zarenknechte die Begrüßung des Schiffes durch die Bevölkerung verhindern. Was Lawson hier für sich entdeckt, ist einerseits ein Verfahren, anhand von Konfliktstrukturen Vorgänge der ästhetischen Verallgemeinerung zu analysieren. Andererseits nutzt er die Methode aber dafür, die Besonderheiten filmischer Gestaltung zu markieren. Daß eine nach der Theatertradition nur als Randszene denkbare Passage zum Höhepunkt eines Films werden könne, hängt für Lawson mit den Formen ästhetischer Verallgemeinerungen von filmischen Bildern, genauer, audiovisuellen Ausdrucksformen in ihrer inneren Widersprüchlichkeit zusammen, die anders als im Theater die Emotionen des Zuschauers evozieren.

Der audiovisuelle Konflikt vollziehe sich innerhalb von Zeit und Raum. Diesem Aspekt widmet Lawson den zweiten Abschnitt seines Schlußkapitels. Auch hier wird Film mit Theater konfrontiert, das anders mit Raum und Zeit umgeht. Lawson vermerkt: Der Film könne in einer erweiterten Zeitstruktur ablaufen, aber er sei nicht in der Hauptsache eine Kunstform der Erinnerung wie der Roman, auch nicht vornehmlich eine Kunstform des Spannenden wie das Theater.

»Im Roman geht es um das <u>Geschehene</u>. Das Theater fragt nach dem, was <u>unmittelbar geschehen wird</u>. Die Leinwand teilt uns mit, daß das, was

gerade geschieht, das Allerwichtigste ist, denn es geschieht nicht isoliert –
es ist ein Teil der Vergangenheit und der Zukunft.
Der Film allein vermag eine Zeitstruktur zu flechten, in der alle Teile
gleichermaßen lebendig sind, indem sie alle unserem Bewußtsein den glei-
chen audiovisuellen Eindruck vermitteln.«[6]

Lawsons große schöpferische Neugier und seine praktische Erfahrung im Umgang mit Filmkompositionen veranlassen ihn, neue
Möglichkeiten für Experimente mit Raum und Zeit genau zu
überdenken und differenziert zu prüfen. Im Zusammenhang mit
dem Film »Letztes Jahr in Marienbad«, von Resnais, für den
Robbe-Grillet das Szenarium schrieb, diskutiert er ausführlich die
Freiheiten und Begrenzungen, die sich für die Raum-Zeit-Struk-
tur ergeben.

Er zitiert das Bekenntnis des Schriftstellers Robbe-Grillet zu
den Kunstauffassungen des Regisseurs Resnais:

»Jeder kennt die geradlinig verlaufenden Plots des altherge-
brachten Kinos, die uns nie ein Kettenglied in der erwartungsge-
mäß eintreffenden Abfolge der Ereignisse vermissen lassen ... In
der Realität ist unser Denken schneller – oder gelegentlich langsamer. Es ist in seiner Art vielgestaltiger, reicher und ungewisser; es
überspringt bestimmte Passagen, es konserviert eine genaue Liste
gewisser ›unwichtiger‹ Details, es wiederholt und verfolgt sie zurück. Und diese mentale Zeit mit ihren Eigenheiten, ihren Lük-
ken, ihren Manien, ihren Grauzonen ist es, die uns interessiert,
denn sie ist das Tempo unserer Gefühle, unseres Lebens.«[7]

Diese Aussagen enthielten nach Lawsons Meinung Widersprüche. Und sein Kommentar: Mit Recht lehne Robbe-Grillet die »absolute Zeitsequenz« und die gradlinig verlaufenden Plots ab, denn
Erinnerungen entsprächen nicht der Wirklichkeit, und zwischen
unserer Wahrnehmung von Zeit und ihrem tatsächlichen Verlauf
bestehe ein kompliziertes Wechselspiel. Doch die »mentale Zeit«,
die von Ursache und Wirkung losgelöst werde, führe keine Existenz außerhalb ihrer selbst. Der Film könne die »gewöhnliche«
Zeit zwar vernichten, habe ihr aber nichts entgegenzusetzen.

»Die offenkundige Tatsache, daß der Mensch sich freier im Raum als in
der Zeit zu bewegen imstande ist, erzeugt ein ganzes Gefühlsspektrum in
bezug auf die Zeit. Sie ist flüchtig und kostbar; sie kann ungewiß sein,

wenn sie durch das Prisma der Erinnerung gebrochen wird, doch ist sie
unerbittlich in ihrem Fortgang und gnadenlos gegenüber unseren Launen
oder Wünschen.«[8]

Lawson urteilt:

> *»Der Film kann sich in der Zeit rückwärts und vorwärts bewegen, aber er*
> *ist keine Zaubermaschine, die die Wege und Stege der Geschichte er-*
> *forscht. Die Ausdehnung in der Zeit – eine der machtvollsten und auch*
> *schwierigsten Formen filmischen Ausdrucks – kann nicht über die Erfor-*
> *dernisse des Themas hinausgehen.«*[9]

Bei aller Aufgeschlossenheit gegenüber Experimenten von
Robbe-Grillet und Resnais mit einem Konzept der »mentalen
Zeit«, die der realen gegenübergestellt wird, kommt er am Ende
doch zu dem Schluß:

> *»Die filmische Zeit ist eine bewußte Organisation realer Zeit. Sie muß auf*
> *den Grundmauern tatsächlicher Chronologie errichtet werden. In einzig-*
> *artiger Weise ist es dem Film gegeben, Zeitbeziehungen zu ergründen;*
> *Komprimierung und Ausdehnung von Zeit sind Aspekte unserer Erfah-*
> *rung. Zeit in ihrer Unmittelbarkeit und Dauer ist die Bedingung unseres*
> *Lebens und unserer Geschichte; sie schreitet fort mit dem Ticken der Se-*
> *kunden und dem majestätischen Gang der Jahrhunderte. Der Film zieht*
> *seine Spannung und Kraft aus dieser Realität. Er kann nicht in einen*
> *zeitlosen Traum fliehen. Die filmische Zeit ist keine ›Uhr ohne Zei-*
> *ger‹.«*[10]

Auch für die Handlung in Zeit und Raum bestünden im Film, so
Lawson, bestimmte Voraussetzungen. Diese seien andere als auf
der Bühne, und das habe zugleich Konsequenzen für die Exposition der Handlung: Die Eröffnung des Films unterscheide sich
sehr deutlich von der Exposition eines Theaterstücks durch ihre
engere und vielseitigere Verbindung mit dem nachfolgenden Gesamtsystem von Ereignissen. Die Anfangssituation auf der Bühne
beinhaltet einen Konflikt, der sich mit zunehmender Intensität zu
einem Abschluß oder zur Lösung des Kampfes hin entwickelt.
Die Einheit der dramatischen Form mache es dabei erforderlich,
daß in der Exposition der Keim des Höhepunkts verborgen sei.

> *»Die Einheit eines Films ist weniger vom direkten Hinstreben auf ein Ziel*

als vielmehr vom Thema abhängig. Die größere Ausgedehntheit und der stärkere Fluß der Filmhandlung als eine Überlegung menschlicher Erfahrung erfordern, daß das Thema und die Voraussetzungen für seine Entwicklung in der Eröffnungsszene umfassend vorgetragen werden.«[11]

Die Filmprämisse sei darum übrigens oft länger und ausführlicher als die Exposition eines Theaterstücks, weil sie eine kompliziertere Aufgabe zu erfüllen habe. Sie gleiche einer dramatischen Exposition in ihrer Einführung von Menschen und ihrer Umgebung, doch lege sie ein viel größeres Gewicht auf die Umgebung, weil das Milieu eine viel dynamischere Rolle in der Entwicklung der Filmhandlung spiele.

»In diesem Sinne weist die Filmeröffnung eine gewisse Ähnlichkeit mit einer Ouvertüre auf; sie ist eine audiovisuelle Darlegung des Hauptthemas und der Nebenthemen und Motive, die in das gesamte Werk gewebt werden. In ihr geht es mehr um Stimmung und Bewegung, um den Zustand der Menschen und ihrer Umgebung als um die Exposition von Charakteren oder des Plots. Die Elemente des Plots und die Entscheidungen der handelnden Personen sollten sich natürlich aus den Zwängen der Umwelt ergeben.«[12]

Die Funktion der Prämisse bestehe darin, die emotionale Stimmung des Films so machtvoll aufzubauen, daß der Zuschauer bereit sei, die Erfahrung der handelnden Personen darin zu teilen und zu verstehen, was sie gegenüber ihrer Umwelt empfinden, was sie ihr gegenüber erreichen können und was nicht.

»Das Wesen des Films als einer Kunstform der Bewegung bringt die Notwendigkeit eines gewissen bildlichen Statements als Einführung in die Handlung hervor.«[13]

Gelungene »bildliche Statements« gingen etwa derart unterschiedlichen Filmen wie »Citizen Kane« und »Ballade vom Soldaten« voraus. In beiden Fällen sei das Schicksal des Individuums in graphischen Filmphrasen an seine Umgebung gebunden. Kanes Tod löse die Flut von Nachrichtenmeldungen aus. In der »Ballade« sei der Abschied der Mutter von ihrem Sohn in der Eröffnung identisch mit der Schlußszene. Die emotionale Stimmung des Abschieds und die Versicherung des Erzählers, daß Aljoscha sterben werde, gäben allem Nachfolgenden ihre Prägung.[14]

Analog dazu sind laut Lawson die Besonderheiten bei der Steigerung der Handlungsintensität des Films gegenüber dem Theater zu sehen. Unter der Überschrift »Progression« untersucht er die spezifischen Chancen der Kinematographie und sucht dabei etwa folgende Beobachtung zu interpretieren:

»Chaplin bemerkt etwas Wertvolles zu seiner Methode: ›Ich bin nicht auf Überraschungen in der allgemeinen Komposition des Films aus, sondern ich zwinge mich dazu, daß meine persönlichen Gesten auf irgendwie überraschende Weise kommen.‹ Mit anderen Worten, er macht das Spannende nicht zum Hauptfaktor in der Struktur des Werkes. Und doch gibt es in seinen Filmen eine Progression zu einem bestimmten Höhepunkt hin.«[15]

Film habe die Möglichkeit, das Spannende (suspense) zu ignorieren. Statt sich auf ein spezifisches, unmittelbar bevorstehendes Ereignis einstellen zu müssen, wie es der »Plot« verlange, brauche er nur auf eine allgemeine Spannung (tension) zu achten, wie sie die Komposition als Ganzes für ihre Realisierung benötige. »In der Szene auf der Treppe von Odessa, im Abschied des Jungen von seiner Mutter in ›Ballade vom Soldaten‹ und in der Art, wie Chaplin in ›Goldrausch‹ die Schuhe verspeist – darin liegt Spannung ohne Suspense. Andererseits ist sehr viel Suspense in der Revolte der Seeleute in ›Panzerkreuzer Potemkin‹ und während des Höhepunkts, als die Männer auf dem Schiff den Kanonendonner erwarten. Alle diese Beispiele zeigen die wechselseitige Durchdringung und die Einheit von Plot und Thema.«[16]

Neuere Beispiele des bürgerlichen Films werden unter diesem Gesichtspunkt begutachtet, und Lawson vermerkt die Zusammenhänge zwischen kompositorischem Aufbau und Thema. Die Charakteristiken für »Hiroshima mon amour« von Resnais, für »L'Avventura« und andere Filme Antonionis sind dabei sehr treffend und originell. Über den Höhepunkt einer dramatischen Handlung heißt es generell:

»Der Höhepunkt beschließt das in einem bestimmten System von Ereignissen <u>Geschehene</u>; er ist auch ein Urteil darüber, <u>warum</u> es geschieht, <u>was</u> es bedeutet und <u>wie</u> es unser Leben und Verhalten beeinflußt. Das <u>Warum</u>, <u>Was</u> und <u>Wie</u> ist in allen Teilen der Story verkörpert; das Ende bezieht sich auf jeden Teil zurück und faßt das Gesamtergebnis zusammen. Da der Höhepunkt der Schlüssel zur Story ist, offenbart er die Absicht des

Schöpfers – oder seine Verwirrung oder fehlende Absicht – am schärf-sten. Die Grenzen des modernen Films treten im Höhepunkt am deut-lichsten zutage.[17]

Der hier gesuchte Zusammenhang zwischen filmischer Struktur und Sicht auf die Welt ist für Lawson nicht zufällig. Hinter seiner Filmtheorie steht eine humanistische Vorstellung vom Leben, derzufolge es der Filmkünstler sich nicht leisten darf, die Pro-zesse in der Gesellschaft als unbeherrschbar für den Menschen zu betrachten. Offene narrative Strukturen sind für Lawson nicht me-chanisch mit einem Nachlassen der organisierenden Kraft der Kunst verbunden, denn er findet sie in Werken Tschechows ebenso wie in denen sozialistischer Kinematographie. Was indes den Film in seinem eigenen gesellschaftlichen Umkreis angeht, so drängt er darauf, daß soziale Vorgänge stets erkennbar gemacht werden. Die Gegenstände, die auf den heutigen Filmemacher warten, wären voller Herausforderung. Dabei sei es nicht unbe-dingt erforderlich, daß sich der Künstler ausschließlich mit der politischen oder ökonomischen Revolution befasse. Seine Interes-sen könnten sich auf jeglichen Aspekt der Realität richten.

»Doch was geboten ist, ist das Vermögen des Künstlers, die Spannungen und Möglichkeiten zu erfassen, die seine handelnden Personen mit ihrer Umwelt verbinden. Er muß die verborgenen Kräfte erahnen, die das Le-ben der Menschen formen; er muß diese Kräfte ans Tageslicht fördern, muß sie vor das Auge der Kamera und vor das Ohr des Mikrophons bringen, so daß der Film mit der Leidenschaft der Menschen angefüllt ist.[18]

Jean Mitry
Phänomenologische Ästhetik und Psychologie des Films

Jean René Goetgheluck, der später den Namen Jean Mitry führte,
wurde 1907 in Soissons geboren. Er studierte theoretische Physik
und Erkenntnistheorie, wandte sich aber dann dem Film zu.
1924 arbeitete er als Regieassistent bei L'Herbier. Seit 1925 wirkte
er in der Kinoklubbewegung mit und wurde Generalsekretär der
»Tribune Libre du Cinéma«. Gemeinsam mit Langlois und Franju
gründete er 1936 die »Cinématheque Française«;
1944 wurde er zum Professor des I.D.H.E.C. ernannt.
Mitry war auch als Szenarist und Schauspieler tätig und führte ab 1949
selbst Regie bei einigen Experimentalfilmen. Dem Verlag
»Éditions Universitaires« stand er als Direktor vor.
Neben monographischen Arbeiten über Ford, Eisenstein, Chaplin, Clair
u. a. schrieb er eine umfassende Geschichte des Films.
Als sein theoretisches Hauptwerk gilt die zweibändige »Estétique
et psychologie du cinéma« (»Ästhetik und Psychologie des Films«,
1963–1965). Er starb 1988 in der Nähe von Paris.

Als in den Jahren 1963 und 1965 die beiden inhaltsreichen Bände Jean Mitrys »Estétique et psychologie du cinéma« herauskamen, war damit eine bestimmte Etappe in der Reflexion über den Film zur Vollendung gebracht worden,[1] und Neues kam in Sicht. Nicht nur, daß das 900seitige Werk, das in der Reihe »Encyclopédie universitaire« von Paris ediert wurde, selbst in wahrstem Sinne enzyklopädisch ist und die wichtigsten Erkenntnisse der progressiven bürgerlichen Filmtheorie fixiert, es markiert auch in methodischer Hinsicht die Scheidelinie innerhalb der wissenschaftlichen Bestrebungen auf diesem Gebiet. Wenn bis dahin in der Filmanalyse eine Kunst der Auslegung ohne Einbeziehung von wissenschaftlichen Modellen als Hilfsmitteln der Informationsgewinnung selbstverständlicher Brauch war, so ließ sich dies seit Mitrys Buch nicht mehr fortschreiben. Die pure Hermeneutik begann vielmehr unversehens in Systemforschung überzugehen, deren wichtigstes Charakteristikum wohl darin besteht, daß neben Subjekt und Objekt der Analyse ein drittes System ins Spiel gebracht wird, das als Instrument des Erkenntniserwerbs dient, eben ein Modell. Bei Mitry geschah dies, indem er alle bisher bekannten wesentlichen Gesichtspunkte der Filmtheorie auf die Problematik bezog, inwiefern Film als Sprache zu betrachten ginge. Die Voraussetzungen für ein derartiges Unternehmen waren die denkbar besten. In jungen Jahren hatte Mitry naturwissenschaftliche und erkenntnistheoretische Studien betrieben, was ihn in die Lage versetzte, die Resultate der modernen Wissenschaftsentwicklung einzuschätzen und souverän für sein Sachgebiet zu nutzen, auch den geistigen Zugang zu Disziplinen wie Psychologie und Linguistik leicht zu finden. Dabei war die Filmpraxis für Mitry eine Sphäre, in der er selbst gewirkt hatte, und dies sowohl in den zwanziger Jahren wie kurz vor Niederschrift des Buches. Er war in der Filmklubbewegung führend tätig gewesen, hatte das Filmarchiv »Cinémathèque Française« mitbegründet und Bücher über zentrale Gestalten der Filmkunst geschrieben. Als Autor einer mehrbändigen Geschichte des Films besaß er profunde Kenntnisse auf kulturhistorischem Gebiet. Außerdem verfügte er als Hochschullehrer über langjährige Erfahrung in wissenschaftlicher Verallgemeinerung und didaktischer Aufbereitung des Stoffgebietes.

Was dieses Buch so besonders wertvoll macht, ist der umfassende Ansatz für eine kunstwissenschaftliche Theorie. Man kann dem Urteil von Christian Metz[2] und Nikolai Chrenow[3] zustimmen, daß das Werk als ein Versuch zu sehen ist, zwei Tendenzen innerhalb des Nachdenkens über den Film zu versöhnen. Die erste Tendenz ist mit den inneren theoretischen Problemen des Films gleichzusetzen, mit denen sich bis dahin nur Filmexperten befaßt hatten. Spezifische Merkmale des Films wurden hier verallgemeinert, künstlerische Gestaltungsweisen beschrieben und Besonderheiten der Ausdrucksweisen einzelner Werke untersucht. Die zweite Tendenz ist an jene gebunden, die »von außen« zum Film kamen und auf ihn die Methoden anderer wissenschaftlicher Disziplinen anzuwenden suchten, indem sie sich vor allem für die psychologische und soziologische Dimension der Kinematographie interessierten. Metz meinte damit besonders die Vertreter der Filmologie.

Wie die filmhistorischen Darstellungen Mitrys, der auch Monographien über Max Linder und Mack Sennett verfaßte, belegen, war der Autor keineswegs ein Verächter des unterhaltungsorientierten Films. Merkwürdig ist dennoch, daß er trotz seiner Versuche, zu einer Synthese bestehender Theorieentwürfe für den Film zu gelangen, die Problematik der Massenkommunikation und Massenkultur außerhalb seiner Betrachtung läßt. Die Bezugnahme auf das riesige Feld von Erscheinungen, das mit der Entwicklung der audiovisuellen Medien weiter und weiter wuchs, unterbleibt. Dergestalt formuliert sein Buch ein reines Kunstkonzept des Films, und obschon es die Psychologie so ernst nimmt, wie dies im Titel angekündigt ist, spielen die sozialpsychologischen Fragen, die durch die Mediennutzung automatisch ins Spiel kommen, darin kaum eine Rolle. Vielleicht hat dies auch damit zu tun, daß Mitry vor allem Studenten der Filmhochschule I.D.H.E.C. unterrichtete, also junge Menschen zum Kunstschaffen befähigen wollte und sich darum dem Film als Kunst besonders verpflichtet fühlte.

Allerdings wird auch eine Interpretation der sozialen Funktion des Films von Mitry kaum vorgenommen. Im zweiten Band des Werkes gibt es ein umfangreiches Kapitel, das die Rolle des Menschen im Universum in Augenschein nimmt, dessen Erkenntnis der Realität dabei einen wichtigen Platz einräumt, auch dem Film eine neue bedeutende Möglichkeit einräumt, sich der Realität zu nähern. Wie aber Dudley Andrew schon treffend, wenngleich unkritisch, vermerkt, ist »die materielle Realität des Films einer Ideal-Wirklichkeit des philosophischen Denkens ausgeliefert, dessen Logik (...) in Mitrys Fall von Bertrand Russell, Edmund Husserl und eine Reihe anderer herkam«.[4] So idealistisch sich das Realitätsverständnis Mitrys hier darstellt, so abstrakt in ihrem Humanismus sind die Kriterien des Autors für die Bestimmung der Funktion der Kunst in der Gesellschaft. Es sind freilich die eines bürgerlichen Liberalen, der ästhetische Werte, wie sie die sozialistische Kunst mit dem Werk Eisensteins u. a. einbrachte, auch hoch anerkannte.

Wenngleich die phänomenologische Sicht den Einblick in wichtige soziale Zusammenhänge von Filmkunst und ihrer Wirkung auf den Zuschauer versperrte, behinderte sie doch zunächst kaum die Anforderung der Beziehung zwischen Kunstwerk und -rezeption im Rahmen allgemein-psychologischer Vorstellungen; und die bedeutsame historische Leitung von Mitrys Betrachtung liegt darum in der Untersuchung dieses Zusammenhanges. Ästhetisches ist für Mitry nicht zu trennen von psychischer Wirkung des Werks auf den Rezipienten. Er folgt dabei Mikel Dufrennes »Phénomenologie de l'expérience esthétique«, aus der er den Gedanken besonders hervorhebt, ästhetisches Objekt zu sein, bedeute nicht, abstrakter Sinn zu sein, sondern eine fühlbare Sache, die sich nicht anders denn über die Perzeption realisiere.[5] Ähnlich wie Münsterberg schon, dessen Filmpsychologie Mitry allerdings seinerzeit noch unbekannt war, veranschlagte er zwischen Werk und dem Rezipienten aktive Beziehungen, Wechselwirkungen. Diese Interaktionen systematisch zu erfassen und zugleich die Gesetze von Komposition und Rezeption zu erhellen, bedeutet ein Problemfeld, das bis heute nicht geklärt, ja kaum richtig in Angriff genommen worden ist und das beim damaligen Materialstand der Wissenschaft nur bedingt zugänglich war. Mitry versuchte eine Bestandsaufnahme aller wesentlichen Erscheinungen der Filmkunst unter diesem Aspekt, und er gruppierte sie auf eine sehr sinnvolle Weise. Er unterschied zwischen elementaren und abgeleiteten Beziehungen, indem er die erstgenannten im Band I seines Werkes unter dem Titel »Die Strukturen« referierte und die letzteren im Band II unter »Die Formen« subsumierte.

Der erste Band der »Ästhetik und Psychologie des Films« beschäftigt sich in diesem Sinne mit all dem, was den gattungsspezifischen Ausdruck des Films mitbestimmt und jeglicher Erscheinung innerhalb der Gegenstandsbereiche der Kunstwissenschaft vom Film eigen ist. Und er sucht die erfaßten Strukturen, d.h. die Elementarbeziehungen, im Rahmen der Kategorien Raum und Zeit hinsichtlich ihrer Dialektik von Bild und Montage zu werten. Der zweite Band nimmt sich speziellen Gestaltungsmitteln, Gestaltungsweisen und dramaturgischen Grundproblemen des filmischen Erzählens an, die auf den Elementarbeziehungen basieren.

Durch die gesamte Darstellung zieht sich dabei, wie schon gesagt, das Problem, wie sich Film auf beiden Ebenen der Strukturierung als Sprache studieren läßt. Die Überlegungen, die Mitry dazu bietet, können auf solche anderer Autoren Bezug nehmen, und sie sind auch später in vieler Hinsicht differenziert und präzisiert worden. In ihrem Grundgehalt haben sie indes keine Widerlegung erfahren, und dies läßt es geraten scheinen, sie hier etwas ausführlicher wiederzugeben und sich bei der Darstellung überhaupt auf sie zu beschränken.

Hatten sich Theoretiker, die seinerzeit die Realitätsnähe des Filmes zum Ausgangspunkt ihrer Betrachtung nahmen – also etwa Kracauer und auch Bazin – auf eine tiefergehende Überlegung zum Problem des Zeichencharakters filmischer Darstellung kaum eingelassen, weil gerade ihr Zugang zum Filmkunstwerk sich besonders gegen eine semiotische Interpretation sperrte, so ging Mitry, wenn er sowohl die Existenzweise des Films als Reproduktion wie auch als Sprache von vornherein anerkannte, kühn auf dieses widersprüchliche Moment zu. Daß auch die Existenzweise des Films als Kunst mit zur Debatte stand, vereinfachte die Problematik keineswegs. Zunächst stand die Frage, inwiefern man den Begriff der Sprache auf den Film überhaupt anwenden dürfe.

»*Es ist offensichtlich, daß das Kino keine Sprache sein kann, wenn man sich an die klassische Definition hält. (…) Denn diese klassische Definition gilt der gesprochenen Sprache; sie ist eine linguistische und keine ›logische‹ Definition.*

Wir wissen, daß das filmische Bild kein Zeichen ›an sich‹ ist. Die Bedeutung, die es haben kann, wechselt je nach der Art, in der es sich darstellt. (…) Es ist klar, daß ein Film etwas ganz anderes ist als ein System von Zeichen und Symbolen. Zumindest zeigt er sich nicht <u>allein</u> als solches. Ein Film, das sind <u>zuerst</u> Bilder und Bilder <u>von einer Sache</u>. Ein System von Bildern, das ein Ereignis oder eine Folge beliebiger Ereignisse zu beschreiben, zu entwickeln, zu erzählen beabsichtigt. Aber diese Bilder fügen sich, entsprechend der gewählten Erzählweise, in ein System von Zeichen und Symbolen; sie werden zu Symbolen oder können es <u>zusätzlich</u> werden. Sie sind nicht ausschließlich Zeichen wie die Worte, sondern zuerst Objekte, konkrete Realität: ein Objekt, das mit einer bestimmten Bedeutung belastet ist (oder belastet wird). Darin ist der Film eine Sprache, er <u>wird</u> in dem Maße Sprache, in dem er <u>zuerst</u> Darstellung ist und mit

Hilfe dieser Darstellung. Er ist, wenn man so will, eine Sprache zweiten Grades. Sie erscheint nicht als abstrakte Form, die durch bestimmte ästhetische Eigenschaften bereichert werden könnte, sondern als diese ästhetische Eigenschaft selbst, durch Eigenheiten der Sprache bereichert; kurz, als ein organisches Ganzes, in dem Kunst und Sprache sich vermischen, und die eine für die andere verantwortlich ist.«[6]

Wie Möller-Naß urteilt, verteidigte Mitry dabei Positionen, »die einerseits der Filmtradition angehören, andererseits aber auch große Affinität zu frühen filmsemiotischen Theorien aufweisen, insbesondere, wenn man an Jakobson (1933) denkt.«[7] Letzterer hatte ja mit Rückgriff auf Augustinus davon gesprochen, »daß neben Zeichen, deren wesentliche Aufgabe darin besteht, etwas zu bedeuten, Dinge existieren, die man in der Rolle von Zeichen verwenden kann.«[8] Die Grundmethode des Films für die Verwandlung von Dingen in Zeichen sei das Pars pro toto. Die bekannte Einstellung, die das Lorgnon des über Bord geworfenen Schiffsarztes aus »Panzerkreuzer Potemkin« zeigt, nutzt Mitry dafür als Demonstrationsbeispiel.

Eine zusammenfassende Aufstellung macht erkennbar, inwieweit für die filmische Darstellung (Image) Gesichtspunkte anwendbar sind, die für die verbale Sprache gelten, und inwieweit nicht.

»1. Reduziert auf das dargestellte Reale, <u>will</u> das Bild nichts sagen. Es zeigt. Der ›Inhalt‹ zeigt sich so, wie er ist. Er ist ohne Zusätze signifikant durch sich selbst.

2. Als Bild indessen symbolisiert, verallgemeinert es und hebt alles konkret Reale in das Abstrakte. Es ›transzendiert‹ und wird das Analogon einer Realität, von der es sich als Erscheinung löst. Folgerichtig wird es zum <u>Zeichen</u> für das, was es zeigt. Man kann also sagen, daß das Zeichen dieser Art (das Bild des Lorgnon) (in Eisensteins »Potemkin«/P. W.) und das Signifikat (das Lorgnon) nur eins sind. Aber nur unter der Bedingung, daß das Wort ›Zeichen‹ in einem psychologischen Sinne, also <u>anders als in dem Sinne, den man ihm im allgemeinen gibt, verstanden wird</u>.

3. Bedingt durch die Existenz der Einstellung, ist jedes Bild ein Ausschnitt aus der objektiven Realität, eine Auswahl, die sich notwendigerweise in diesen Rahmen eingliedert und sich ihm entsprechend unterordnet. Das dargestellte Reale wird, auf diese Art strukturiert, zur

kompositionellen Form, die untersucht werden kann oder nicht. Diese
›Formalisierung‹ kommt einer Transformation gleich. Das Reale ist
transformiert.

4. Bedingt durch die Bewegung, die ihnen aufgezwungen ist, und durch
die Bewegung, die sie selbst wiedergeben, ›lösen‹ sich die Bilder von der
Fläche, auf die sie projiziert sind. Das Dargestellte scheint sich somit in
einem durch die Einstellung begrenzten und jenseits der Leinwand gele-
genen Raum zu ›materialisieren‹. Entsprechend der dimensionalen Gege-
benheit, die gleichzeitig unveränderlich (als Einstellung) und ständig ver-
schieden (als Einstellungsgröße) ist, wird das Reale buchstäblich
›verräumlicht‹.

5. Die Bildeinstellung, die Aufnahmewinkel, die Einstellungsgrößen und
die kompositorischen Formen, die in ihrem Zusammenfluß den Wert der
Darstellung ausmachen, sie sind sozusagen die ›vorgestellte Gegebenheit‹,
dank derer das dargestellte Reale zur ›bildlichen Gegebenheit‹ wird.

6. Das ›Dargestellte‹ existiert nur in einer beliebigen Art der Darstel-
lung. Die Darstellung <u>will</u> also etwas aussagen. Sie sagt etwas aus durch
das, was sie darstellt und durch die Art, in der sie es darstellt. Sie be-
zeichnet. Für sie <u>wird der Signifikant</u> (das Bild des Lorgnon) zum <u>Signi-
fikat</u> (Zusammenbruch des Regimes).

Das Bild bezeichnet also:

<u>symbolisch</u> und plastisch durch die Organisierung seiner eigenen Struk-
turen, die von den Formen des ›Inhaltes‹ in einer bestimmten Einstellung
abhängen,

<u>dialektisch</u> durch Beziehung und Implikation, womit es selbst im Ver-
lauf der Kontinuität zum Zeichen (im linguistischen Wortsinn) wird;

durch den <u>Rhythmus</u>, weil es in dieser Kontinuität den zeitlichen, me-
trischen, lautlichen und anderen Verhältnissen unterworfen ist, die wir
am Ende berücksichtigen müssen.

Infolgedessen bietet das filmische Bild ein Bild der Realität, das, um die-
ser Realität selbst ähnlich zu sein, dennoch mehr als verschieden von ihr
ist. Es handelt sich um eine geistige Transposition, an deren Ende das
<u>Reale, das all seine formalen Erscheinungen bewahrt hat, dennoch trans-
formiert ist.</u> Man kann sagen, daß es im wahrsten Sinne des Wortes
›trans-figuriert‹ ist.« [9]

Nikolai Chrenow, der das Werk Mitrys einer sorgfältigen marxistischen Analyse unterzogen hat, entwickelte dazu eine Reihe von

Thesen, die die wichtigsten Positionen abstecken. Er beginnt dabei mit einer Aussage, die übergreifenden Charakter hat:

»Film ist eine besondere Form der Sprache, die in gewissem Maße an Ideographie erinnert, nur mit dem Unterschied, daß jedem Ideogramm eine bestimmte stabile Bedeutung entspricht und daß im Film die Bedeutung des einzelnen Elements jedesmal vom Kontext bestimmt wird, in dem das Element steht.«[10]

Die Aufstellung Mitrys, die das filmische Bild charakterisieren soll, berührt in etlichen Punkten das Problem des kunstsemantischen Prozesses und zeigt dabei auch, wie hinsichtlich des filmischen Bildes schon auf elementarer Ebene der Kontext für die Bedeutungsbildung wirksam wird. Kontext als Determinante für die Bedeutung des einzelnen Elementes ergibt sich indes nicht allein dadurch, daß die Kamera einen Ausschnitt konkreter Lebensrealität erfaßt und für die Sinngebung dort gezeigte Erscheinungen wirksam werden läßt. Vielmehr ist auch durch den Zusammenhang der gesamten filmischen Erzählung ein Kontext gegeben, der die Bedeutung jedes einzelnen Momentes der Darstellung mitbestimmt. Mit diesem Gesichtspunkt beschäftigt sich vor allem der zweite Band der »Ästhetik und Psychologie des Films«, in dem ein ganzes Kapitel der filmischen Narration gewidmet ist.

Im Hinblick auf das Verständnis des narrativen Zusammenhangs ist dabei die Interpretation wichtig, die Mitry dem Kuleschow-Effekt gibt. Er wendet sich dabei gegen den Irrtum, aneinander montierte filmische Einstellungen wie die, welche das Gesicht des Darstellers Mosshuchin und darauf eine entkleidete Frau auf dem Diwan zeige, seien allein als Zeichen in der Lage, einen Sinn zu schaffen. Die konkrete Erfahrung und die mit ihr verbundenen Emotionen des Zuschauers würden vielmehr den Sinn erzeugen, daß man dem Blick des Mannes sexuelle Wünsche unterlege und als Rezipient die beiden unabhängig voneinander aufgenommenen Einstellungen in einen narrativen Zusammenhang stelle: »Der Kuleschow-Effekt, der die Grundlage der filmischen Sprache bildet, wird nur von dem Moment an wirklich filmisch, wo die Beziehung ›Betrachter–Betrachtetes‹ (und allgemeiner: ›Objekt–Subjekt‹) sich auf eine *konkrete* emotionale Beziehung auswirkt. Die Emotion suggeriert also die Idee, und es ist nicht die Idee, die eine Emotion hervorbringt.«[11]

Ausdrucksformen des Films, wie sie etwa durch Eisenstein verwendet werden, wenn er in »Oktober« Götzenbilder montiert, um einen Sinn zu vermitteln, kann Mitry von dieser Position aus als Irrweg einschätzen. Bemerkenswert ist jedoch dabei, daß ihm die psychologische Interpretation gestattet, zwischen vielen poetisch ausgerichteten Montageweisen, wie sie ebenfalls in »Oktober«, aber auch in Filmen Pudowkins Verwendung finden, sehr wohl zu differenzieren und keineswegs alle überhöhten Ausdrucksweisen abzulehnen. Im Gegenteil, Mitry spricht sich für zahlreiche Anwendungsbeispiele aus, schätzt sie als gelungene Spielarten einer reflektierenden Montage ein. Die Kriterien dafür, ob eine Darstellungsweise für filmisch wirksam erachtet wird oder nicht, leitet er also nicht von äußeren stilistischen Merkmalen ab, sondern aus dem funktionalen Zusammenhang innerhalb des psychischen oder genauer, des kunstsemantischen Prozesses bei der Rezeption.

Für die Ausprägung narrativer Beziehungen, die in engem Zusammenhang mit Montage stehen, sieht Mitry ein weites Feld von Variationsmöglichkeiten, das sowohl geschlossene wie offene Kompositionsformen umfaßt. Unter der Überschrift »Wichtigkeit und Wert des Sujets« bekennt er indes, für wie unabdingbar er die Sinnvermittlung im Kunstprozeß hält. Das Sujet eines Werkes definiert er als dessen »latenten Inhalt«[12]. Und Inhalt ist für Mitry unverzichtbar im Film, ohne ihn verliert Kunst nach seiner Auffassung ihren Wert im Leben des Menschen. So kann er eine L'art pour l'art-Position auch nicht tolerieren. Sie zeuge nur von völligem Unverständnis für die ästhetischen Grundprobleme.[13]

Mitrys Formverständnis ist also zutiefst inhaltsbezogen. Er notiert: »Wenn es tatsächlich die Pflicht eines Kunstwerkes ist, gültige Dinge auszudrücken, besteht das Problem darin, eine notwendige und zugleich ausreichende Form zu schaffen, die der gewählten Idee ihren vollendeten Sinn gibt, indem sie ihr ermöglicht, sich in einer ursprünglichen Bedeutung zu vollenden, indem sie aus einer einfachen Wirkungsmöglichkeit ein real Existierendes schafft.«[14]

Was den Autor dabei interessiert, ist die »forme creatrice«, die schöpferische Form. Er notiert:

»Der ästhetische Fakt ist zuerst einmal Ausdruck, Schöpfung«.[15]

Und schöpferische Form hat immer mit Sinnvermittlung zu tun:

> *All das meinen wir, wenn wir von der ›schöpferischen Form‹ sprechen. Natürlich schafft die Form weder das dargestellte Objekt noch die erzählte Geschichte; sie schafft nicht den Inhalt. Aber sie schafft die Bedeutungen und dadurch bestimmt sie den Sinn dieses Inhalts. Der Wert des Sujets, das heißt dessen, was durch ein Objekt oder durch eine Geschichte mittels einer Form ausgedrückt oder bezeichnet wird, hängt aber völlig von ihr ab.* [16]

Die Bedeutungsbildung für das einzelne Element filmischer Darstellung ergibt sich nach Mitrys Ansicht aus dem Zusammenhang des Ganzen, aus dem Kontext, der durch Montage und Sujet bestimmt wird und im Rahmen der Narration entsteht.

> *Die Erzählweise, die die Ereignisse, einem ganzen Spiel von Artikulationen und Verkettungen folgend, logisch und chronologisch zugleich entwickelt, macht die wörtliche Botschaft des Films aus. Die ›signifikanten Eigenheiten‹ werden dabei (durch die Montage oder eine beliebige Strukturierung) aus denselben Elementen dieser Erzählweise konstruiert, dieselben Bilder sind im ganzen Film beschreibend und symbolisch zugleich.* [17]

Unmittelbar an diese Äußerung schließt sich eine Überlegung an, die zur Linguistik und Zeichentheorie hinführt und sich auf die Terminologie von Hjelmslev und Roland Barthes bezieht. Nikolai Chrenow bringt die komplizierten Probleme, die dabei angesprochen werden, auf die einsichtige These:

> »Die Serie der mit Bedeutung zu versehenden Elemente im Film kann (…) als Serie von Denotaten, die Serie der Bedeutung verleihender Elemente kann als Serie von Konnotaten bezeichnet werden. Die Struktur des Films kann man in die ›Inhaltsebene‹ und in die ›Ausdrucksebene‹ teilen. Oder anders gesagt: die Ereignisse, Dinge und Situationen, aus denen die erste Schicht des Films besteht, erhalten im Verlauf der Handlung Bedeutungen, die sie nicht hatten, das heißt, in ästhetischer Beziehung sind alle Dinge gleichzeitig

> a) sie selbst oder Analogien dessen, was sie darstellen und

> b) Symbole für etwas anderes nach der Logik der Autorenabsicht.« [18]

Mitry schreibt wörtlich:

»Wir glauben also, die Bestimmung des Ausdrucks durch das Erzählte, des Sujets durch die dramatische Handlung bewiesen zu haben.«[19] So ist Jean Mitrys »Ästhetik und Psychologie des Films« als ein großangelegter Versuch zu werten, die Erkenntnisse der progressiven bürgerlichen Filmwissenschaft, wie sie nach den ersten 50 Jahren Existenz dieser Disziplin vorlagen, zusammenzufassen. Aus phänomenologischer Sicht, doch zugleich ausgehend von einem Konzept, das strikt die Inhaltsbezogenheit der Kunstäußerung forderte.

Von seiner Theorie wurden dabei die Phänomene der Filmkunst in ihrer Variationsbreite und Vielfalt erfaßt. Da Mitry sich nicht einer speziellen Programmatik des Kunstschaffens verpflichtet fühlte, sah er das Formengut des Films als prinzipiell gleichberechtigt an und polemisierte gegen gestalterische Lösungen lediglich vom Standpunkt einer Wertung aus, die eine Einheit von Inhalt und Form anstrebte, nie aber, um eine bestimmte Poetik durchzusetzen.

Es gelang ihm auf diese Weise, zentrale Probleme bisheriger filmwissenschaftlicher Überlegungen herauszuarbeiten und sie unter einem übergreifenden Gesichtspunkt zusammenzuführen. Dabei wurden die wichtigsten Fragen von ihm problemgeschichtlich erfaßt; immer wieder finden sich in seinem Buch Exkurse zur Entwicklung theoretischer Auffassungen, die knapp und treffend charakterisiert sind, in der Regel anhand von Zitaten, die jeweils auch den Denkstil der verschiedenen Autoren zum Ausdruck bringen. Zwischen polemisch ausgerichteten Theorieansätzen konnte er dergestalt vermitteln, ohne sie zu verwässern oder ihre Schöpfer zu schulmeistern. Besonders deutlich wird das etwa dort, wo er die Positionen von Eisenstein und Bazin zur Montage bespricht, denen beiden er dank seiner Methode gerecht zu werden vermag.

Das Beispielmaterial aus der Geschichte der Filmkunst macht immer wieder deutlich, wie gründlich sich der Autor mit den Entwicklungsprozessen der internationalen Kinematographie befaßt hat. Allerdings überwiegen die detaillierten Darstellungen zur Stummfilmperiode bzw. dem frühen Tonfilm gegenüber den neueren.

Mitrys theoretischer Ansatz, der sich an das Problem »Film als Sprache« bindet, war hinreichend konstruktiv, um das Material der Abhandlung zusammenführen zu können, und er erwies sich auch für die Zukunft als fruchtbar. Die von ihm benannten Fragen wurden ja später wieder aufgenommen und sind noch heute von Interesse.

Das methodische Prinzip entbehrt dabei nicht einer bemerkenswerten Paradoxie: Einerseits zeigt Mitry die ganze Zeit über, daß es nicht geht, den Film als Sprache zu behandeln, also ihn so zu untersuchen, wie es die Linguistik mit den verbalen Sprachen gewohnt war. Andererseits organisierte er seine 900seitige Abhandlung unter Verwendung von Gesichtspunkten, wie sie das vorgeblich inadäquate Modell nahelegte. So ist man versucht, hier an eine Art rhetorischer Finte zu glauben, gelingt es dem Autor doch, etwas zu verwerten, was er rechteigentlich nicht in Anspruch nehmen kann. Der Widerspruch löst sich auf, wenn man sich vergegenwärtigt, daß Mitry hinter der von der Linguistik okkupierten speziellen Zeichentheorie intuitiv eine allgemeine Zeichentheorie, eine Semiologie suchte. Auch wenn er nur immer wieder die Unterschiede von verbaler und filmischer Sprache beschreiben konnte, also das Fehlen von Analogie bezeugen mußte, ließ sich Erkenntnis auch zielvoll und positiv organisieren, weil die Fragen, die sich an das Objekt Film auf diese Weise stellen ließen, sinnvolle Antworten ermöglichten. Erst in der neueren Zeit haben Versuche, eine allgemeine Zeichentheorie zu schaffen, welche Zeichenprozesse der verbalen und der filmischen Kommunikation als Spezialfälle umschließt, an Boden gewonnen.[20] Nach wie vor sind jedoch wichtige Momente im Konzept Mitrys gegenüber einer solchen Lehre offen. Mitry verfocht Positionen, die seinerzeit die fortgeschrittensten waren. Die vage Vorstellung von einer allgemeinen Zeichentheorie gab ihm zwar kein wirkliches wissenschaftliches Modell in die Hand, wohl aber eine Vorstufe dafür, eine naive Modellvorstellung, die durchaus einen gewissen heuristischen Wert besaß, indem sie eine produktive Denkrichtung vorzeichnen half. Eine Tendenz, nach analogen Momenten zwischen Film- und Verbalsprache zu suchen, etwa im Bereich der Syntaktik, wie Christian Metz dies damals und auch später noch für möglich hielt, lehnte Mitry als Irrweg ab.[21] Seine Überlegungen und Ahnungen, künftige Forschung betreffend, tendieren ähnlich wie die Eisensteins zu einer Aufwertung psychologischer Aspekte, und es geht eigentlich auch ihm um die Wechselbeziehungen von Sinnlichem und Rationalem im Film, um die psychische Aktivierung durch Kunst. Etwa wenn er sich dem Zusammenhang von Film und Rhythmus zuwendet und sich dabei um Analysen zur Musik und zur lyrischen Sprache bemüht.[22] Brian Lewis hat in seiner Dissertation über Mitry unter der Kapitelüberschrift »Poetics or Linguistics? Mitry and Metz« hierzu wichtige Anmerkungen gemacht.[23] Gleichwohl erwies sich der Forschungsansatz von Metz als nicht dazu imstande, den Brückenschlag von der Filmästhetik zur Psychologie auf eine Weise zu vollziehen, die über eine essayistische Kontaktaufnahme der beiden Disziplinen weit hinausgegangen wäre. Auch wenn grundsätzlich bereits durch die Orientierung auf wissenschaftliche Modellvorstellungen – und sei es semiologische – ein Schritt in Richtung moderner Wissenschaftsentwicklung getan war, konnte doch eine systematische Zusammenführung der »Filmtheorie von innen« und der »von außen« damit noch längst nicht erfolgen, wie es auch kaum gelang, Wissen um Zusammenhänge zwischen gestalterischen Lösungen und psychologischen Effekten beim Rezipienten zu vertiefen. Über die Gründe dafür wird man wohl erst befinden können, wenn – etwa auf der Basis eines modernen kognitionspsychologischen Ansatzes – eine Filmpsychologie geschaffen worden ist, die diese Probleme zu lösen vermag. Vermutlich blieb Mitrys filmpsychologischer Ansatz darum relativ folgenlos, weil er es nicht schaffte, informationstheoretische Darstellungsweisen zu nutzen, die seinerzeit in der Psychologie bereits Fuß gefaßt hatten und schnell an Bedeutung gewannen. Kritiker haben Mitry auch vorgeworfen, seine Theorie sei eklektisch, ihre Teilbereiche, etwa die einzelnen Kapitel, seien zu wenig miteinander verbunden bzw. die Meinung des Autors sei hinter den vielen ausführlichen Zitaten oft nicht so recht ablesbar. An diesen Beobachtungen mag auf den ersten Blick vieles einleuchten, die immensen Verdienste von Mitrys Buch sind aber dennoch nicht von der Hand zu weisen. Einige wurden bereits benannt. Was die eklektisch anmutenden Zusammenstellungen unterschiedlicher Autoren-Meinungen zu bestimmten Problemen angeht, so sollte man ihnen nicht anlasten, daß sie es an Kohärenz fehlen lassen, wo diese mit den verfügbaren Mitteln nicht herzustellen war und lediglich hätte hineininterpretiert werden können. Mitrys Kompilationen sind von hohem Wert für die Wissenschaft auch dort, wo sie Kenntnislücken nicht schließen, denn die Art des Autors, die verschiedenen Fakten und Standpunkte zu referieren, wirkt voreiligen Unterstellungen entgegen, wie sie auch nicht den verhängnisvollen Eindruck erzeugt, die Grundfragen der Psychologie des Films seien gelöst, obschon es zwischen Ästhetik und Psychologie bisher kaum zu ernsten Kontakten kam.

Für die Entwicklung der Filmwissenschaft insgesamt dürfte von Belang sein, daß mit Mitrys Hauptwerk auch die Filmtheorie zu einem richtigen Lehrgegenstand gediehen war, der den traditionellen akademischen Forderungen durchaus standhalten konnte. Neue Forschungen zum Film hatten es von da an nicht nur in Frankreich leichter.

Mitrys gewaltige Studie ist dabei von seltener Liebe und Begeisterung für den Gegenstand Film getragen, sowohl was jedes einzelne Werk mit seinen Details künstlerischer Gestaltung wie die Kunstgattung als Ganzes betrifft. Am Ende des Buches finden sich nicht von ungefähr die emphatischen Sätze:

»Wie ein Bildhauer aus dem Ton eine Märchengottheit entstehen läßt, so rekonstruiert der Cineast durch die Bearbeitung der Realität auf seine Art die Welt und läßt sie in neuem, fremdem Licht erscheinen. In dieser Hinsicht ist der Film Enthüllung, Entzifferung, Entdeckung. In dieser Hinsicht ist das Kino die größte aller Künste, denn es ist nicht nur eine Aufführung, eine Schreibweise, die Art, eine Geschichte in mehr oder weniger sinnbeladenen Bildern zu erzählen: es ist eine magische Vision, das intuitive Mit-Schöpfen der Welt und der Dinge, das in ständig neuen Beweisen vorgebracht wird.«[24]

Wie die folgenden Bemerkungen zum Konzept Lukács' zeigen werden, war eine solche Begeisterung keinesfalls so selbstverständlich.

Georg Lukács (II)

Doppelte Mimesis im Grenzbereich
des Angenehmen

»Lukács hat selbst einmal davon gesprochen, daß jeder wesentliche Mensch nur einen Gedanken hat und daß er sich fragt, ob der
Gedanke überhaupt einen Plural haben kann. Eben dieser *eine* Gedanke seines Lebens war der der Möglichkeit der Kultur«,[1] so charakterisiert einer seiner Interpreten treffend die Grundintention
des ungarischen Philosophen und Literaturwissenschaftlers. In
der Tat ist das gewaltige Œuvre von Georg Lukács durch die Kul-
turidee geprägt, und immer wieder artikuliert sie sich in Überlegungen zur Ästhetik, in deren Mittelpunkt das künstlerische
Werk steht. Ágnes Heller, eine enge Mitarbeiterin Lukács', urteilt
über dessen Bemühungen um die Herausarbeitung einer Ästhetik
während der frühen Heidelberger Jahre 1912 bis 1914: »Bereits der
junge Lukács hatte – auch in Heidelberg – die Kantsche Fragestellung umgekehrt, indem er nicht das ästhetische Urteil, sondern das Werk zum Gegenstand seiner Fragestellung machte. ›Es
gibt Kunstwerke – wie sind sie möglich?‹ Dieses Programm war
die Formulierung seines ersten Versuchs zur Schaffung einer
ästhetischen Synthese. Schon hier ist nicht das Schöne und sein
Verhältnis zum Angenehmen die zentrale Frage des Ästhetischen,
sondern die Kunst als *menschliches Produkt*. Daß das Kunstwerk der
einzig mögliche Ausgangspunkt jeder Ästhetik ist, ist bei Lukács
auch seitdem ein Axiom geblieben.«[2] Dies gilt auch für seine umfassendste Abhandlung zu dieser Thematik, »Die Eigenart des
Ästhetischen«, die 1963 erschien und mit Recht als »Summa des
Lebenswerkes«[3] von Georg Lukács angesehen werden kann. Die
Frage, wie Film als Kunst möglich sei und welchen allgemeinen
Wertsetzungen man dabei folgen müsse, hatte den Autor schon in
dem Kinoaufsatz von 1913 interessiert. In der »Eigenart des Ästhetischen«, die dem Film einen eigenen Abschnitt widmet, wird sie

nun nach einem halben Jahrhundert wieder aufgenommen, diesmal im Rahmen des ausgereiftesten Entwurfes einer systematisch
gefaßten Ästhetik, die die marxistisch-leninistische Wissenschaftsentwicklung bis heute hervorgebracht hat. Für die Theorieentwicklung des Films sind die dort vorgetragenen Überlegungen
aus mehreren Gründen von Wert. Zum einen bietet das monu-
mentale Werk die allgemeinen philosophisch-ästhetischen Vorgaben für kunstwissenschaftliches Denken einer bestimmten Periode überhaupt, und zwar in sehr entfalteten Begründungszusammenhängen. Zentrale marxistische Positionen werden dabei
fixiert, doch auch ungelöste Probleme bezeichnet; manche davon
erscheinen aufgrund der klaren gedanklichen Konstruktionen des
Autors auch ohne direkte Benennung als offenkundig. Andererseits lassen die speziell zum Film gemachten Aussagen erkennen,
inwieweit sich die vorhandenen Überlegungen zur Gattungsspezifik mit ihren wichtigsten Differenzierungen in einen widerspruchsfreien Zusammenhang bringen lassen, wobei auch solche
Funktionsweisen des Films nach einer Einordnung in das Gesamtsystem verlangen, die mit der Medienkultur entstanden und bei-
spiellos für die bisherige Kunstentwicklung sind. Daß meine Darstellung schon aufgrund des enormen inneren Beziehungsreich-
tums, den der gewaltige gedankliche Vorwurf birgt, nur
skizzenhaft geraten kann und bruchstückhaft in der Wiedergabe
der wichtigsten dort vorgetragenen Überlegungen bleiben muß,
versteht sich dabei von selbst.

Lukács, der bei aller Kritik an Hegel doch dessen »Ästhetik«
auch für sich in vieler Hinsicht als beispielgebend ansah, hatte für
sein eigenes Alterswerk zu dieser Thematik drei Teile geplant,
von denen lediglich der erste, eben die zweibändige »Eigenart des
Ästhetischen« zur Ausführung gelangte. Der zweite Teil sollte
»Kunstwerk und ästhetisches Verhalten« heißen, der dritte der
»Kunst als gesellschaftlich-geschichtlicher Erscheinung« vorbehal-
ten sein. Dabei stellt der erste Teil durchaus ein in sich abgeschlossenes Ganzes dar, das die wesentlichsten philosophischen
und methodologischen Prinzipien sichtbar werden läßt und auch
zu recht konkreten Aussagen hinsichtlich einzelner Kunstgattungen und ihrer Besonderheiten vordringt, etwa denen des Films.

Ausgangspunkt für die Ästhetik Georg Lukács' ist die Funktion der Widerspiegelung, die Kunst wahrnimmt. Dabei bildete sich dieses Widerspiegelungskonzept innerhalb seiner eigenen theoretischen Anschauungen in einer langjährigen Auseinandersetzung mit idealistischen Auffassungen heraus, die er in seinen Frühschriften noch geteilt hatte und denen er dann ein fundiertes, Geschlossenheit anstrebendes System historisch-materialistischer Überlegungen entgegenstellen konnte. Im Laufe seines Werdegangs als marxistischer Wissenschaftler, der entscheidende geistige Impulse empfing, als er den philosophischen Nachlaß von Marx und Engels aufarbeitete, neigte Lukács jener Richtung ästhetischen Denkens zu, die sich dem gnoseologischen Aspekt der Kunstuntersuchung verbunden fühlte, welcher ihn in die Lage setzen sollte, möglichst tief in das Wesen der spezifisch künstlerischen Widerspiegelungsformen der Realität einzudringen. Denn die Herausarbeitung jener Eigenart des Ästhetischen, die den Titel seines Alterswerks bestimmt, war für ihn etwas entscheidend Wichtiges, Unverzichtbares, weil er sich über die Prozesse der Kunst Einblick in den Gewinn von Selbstbewußtsein der menschlichen Gattung erhoffte, damit in Gesetzmäßigkeiten eines welthistorischen Fortschritts.

Auf der Suche nach einer materialistischen Fundierung der künstlerischen Widerspiegelung trachtete er in seiner Ästhetik danach, dieselbe im Alltag des Menschen zu verankern, ihre spezifische Form von Objektivation gesellschaftlichen Verhaltens zu studieren und bei der Erschließung der Funktionsweise Anschluß an Gesetzmäßigkeiten der Psychophysiologie zu finden. Im Vorwort zur »Eigenart des Ästhetischen« steht: »Das Alltagsverhalten des Menschen ist zugleich Anfang und Endpunkt einer jeden menschlichen Tätigkeit. Das heißt, wenn man sich den Alltag als einen großen Strom vorstellt, so zweigen in höheren Aufnahme- und Reproduktionsformen der Wirklichkeit Wissenschaft und Kunst aus diesem ab, differenzieren sich und bilden sich ihren spezifischen Zielsetzungen entsprechend aus, erreichen ihre reine Form in dieser – aus den Bedürfnissen des gesellschaftlichen Lebens entspringenden – Eigenart, um dann infolge ihrer Wirkungen, ihrer Einwirkungen auf das Leben der Menschen wieder in den Strom des Alltagslebens zu münden. Dieser bereichert sich also andauernd mit den höchsten Ergebnissen des menschlichen Geistes, assimiliert diese in seinen täglichen, praktischen Bedürfnissen, woraus dann wieder, als Fragen und Forderungen, neue Abzweigungen der höheren Objektivationsformen entstehen.«[4] Um dem Selbstbewußtsein der Gattung Mensch dienlich sein zu können, braucht die Kunst den Alltag zwar in vielfacher Hinsicht als Bezugsfeld, muß ihn gleichwohl hinter sich lassen, sich von ihm entfernen. Eine Überwindung des Alltags scheint dabei generell in Richtung einer Desanthropomorphisierung möglich, wie wissenschaftliches Denken sie bewirken kann, doch ebenso auch über eine Anthropomorphisierung, die zum künstlerischen Ausdruck mit seinem spezifischen Subjektbezug hinführt, zur besonderen Nachahmungstätigkeit der Kunst, welche die Abbildung der Wirklichkeit mit einem Gestalten derselben verbindet. Lukács bringt dafür den Begriff der Mimesis in Anwendung, der sich mit dem der Ausdruckshandlung verbindet. Die gegenständliche Struktur des Kunstwerks führt über das mimetische Prinzip zur katharfischen Beeinflussung des Rezipienten, wobei die Katharsis eine Erschütterung des alltäglichen Weltbildes bedeutet, die in eine besser verstandene, richtiger und tiefer erfaßte Wirklichkeit zurückführt. Ziel der Mimesis mit ihren katharfischen Konsequenzen ist dabei, wie gesagt, zum Selbstbewußtsein der Menschheitsentwicklung beizutragen, die natürlich mit einer sozialen Komponente verbunden ist.

Für Lukács haben die ästhetischen Phänomene dabei eine psychologisch relevante Wirkungsweise. Aufbauend auf Überlegungen der Pawlowschen Reflexlehre, die von zwei Signalsystemen ausgeht, vertritt er bei ihrer Analyse die Annahme, daß es gegenüber den von Pawlow unterschiedenen bedingten Reflexen (Signalsystem 1) und Sprache (Signalsystem 2) noch etwas Drittes geben müsse, das zwischen beiden Signalsystemen vermittele bzw. eine funktionelle Synthese herstelle, welche die psychologische Basis für das Ästhetische bilde. Dieses zwischen Signalsystem 1 und 2 eingeschaltete neue System nennt er »Signalsystem 1'«. Ästhetische Mimesis ist ohne das Signalsystem 1' nicht denkbar.

Hier soll auf die Vorzüge und Mängel des von Lukács entwickelten begrifflichen Instrumentariums nicht weiter eingegangen werden, zumal neuere Untersuchungen aus marxistischer Sicht dazu vorliegen.[5] Wichtig dürfte im Zusammenhang mit der Theoriebildung für den Spielfilm sein, daß trotz mancher berechtigter kritischer Einwände gegenüber der Ästhetik und auch speziell dem Film-Abschnitt sowohl die allgemein-ästhetischen Vorgaben als auch die zentralen Aussagen zur Filmkunst noch heute als vielfach zutreffend und konstruktiv für weiterführende Forschungen anzusehen sind. Daß der anspruchsvolle Entwurf dabei freilich dem Leser eine gewisse Anstrengung des Begriffs und eine Transponierung landläufiger Vorstellungen abverlangt, versteht sich zwar eigentlich von selbst, wurde aber bei der bisherigen Rezeption des Textes durch Vertreter der Filmkritik und -wissenschaft nicht selten unterlassen, so daß sich manche Mißverständnisse über den Wert der Ästhetik für die Filmtheorie aufgebaut haben, befördert durch andere leichtfertige Urteile. Zu den letzteren zählt etwa, daß Lukács die Bedeutung des Films ignoriert habe, weil innerhalb seines monumentalen Schrifttums die Überlegungen dazu nur wenige Seiten einnehmen. Überdies sagte man dem Autor nach, daß sich seine geringschätzige Haltung zum Film als Kunst schon dadurch hinreichend zu erkennen gebe, wie er in seinem System den Film einordne, nämlich nach Kunstgewerbe und Garten in unmittelbarer Nachbarschaft der pseudoästhetischen Phänomene, die in den Problemkreis des Angenehmen fallen. Dem erstgenannten Vorwurf, wohl am krassesten Ende der fünfziger Jahre von Umberto Barbaro formuliert,[6] hat Lukács entgegengehalten, daß auch beim enzyklopädischsten aller Schriftsteller die Anzahl der von ihm nicht behandelten Themen immer größer sei als die der behandelten.[7] Und über die merkwürdige Plazierung des Films im System der Kunstphänomene ist zu sagen, daß dadurch die Zunahme der Problematik des Angenehmen innerhalb anzulegenden Wertsetzungen reflektiert wird, was im Verständnis Lukács' nicht anderes bedeutet, als sich den Erscheinungen der Massenkultur zu stellen, ausgehend von einer Kategorie, die bereits eine lange Geschichte hat. Meiner Meinung nach gibt sich der Wert des ästhetisch-philosophischen Fundaments für das Nachdenken über Kultur und Kunst in dem Lukácsschen Buch nicht zuletzt dadurch zu erkennen, daß der bedeutende Philosoph und Kunstexperte seine Augen nicht davor verschloß, in welch hohem Maße populäre Künste und Massenkultur im gesellschaftlichen Leben wirksam wurden und auch die Kinokultur bestimmten. Wenn er den Film direkt neben die Erscheinungsweisen des bloß Angenehmen rückte, dann lag darin ein tiefer Sinn. Keinesfalls ist es aber ein Zeichen von Geringschätzung dem Film gegenüber. Besprochen wird der Film im vierzehnten Kapitel der »Eigenart des Ästhetischen«, das mit Grenzfragen der ästhetischen Mimesis überschrieben ist. In dem Kapitel folgen sechs Abschnitte aufeinander: I. Musik, II. Architektur, III. Kunstgewerbe, IV. Garten, V. Film, VI. Der Problemkreis des Angenehmen. Film gehört damit für Lukács zu jenen Künsten, die einen Sonderfall doppelter Widerspiegelung bilden und damit eine etwas andere Herangehensweise verlangen als etwa Literatur oder Malerei, mit deren Werken er sich vornehmlich auseinandersetzt. Um die Besonderheit der filmischen Widerspiegelung deutlicher herausstellen zu können, vergleicht er den dort vorliegenden »eigenartigen Fall doppelter Widerspiegelung« mit dem der Architektur. Beide Künste scheinen ihm insofern ähnlich, als sie Technik integrieren. Lukács differenziert dann:

»Wenn wir nun auf die technische Seite der doppelten Widerspiegelung in Architektur und Film zurückkommen, so handelt es sich bei jener um die Konstruktion eines realen Gebildes, dessen Realität davon unberührt bleibt, ob eine visuelle Umformung ins Ästhetische stattfindet oder nicht. Erst in der letzteren entsteht das Ästhetische. Die Technik des Films geht dagegen von vornherein auf die Widerspiegelung einer gegebenen Wirklichkeit aus. Ihr Produkt ist immer ein Abbild der Realität, nie diese selbst. Das hat zur Folge, daß in der Architektur die Gedoppeltheit der Widerspiegelung immer aufbewahrt bleibt, auch wenn das visuelle Raumschaffen die ursprüngliche, bloß nützliche Realität noch so sehr in sich aufhebt. Im Film dagegen entsteht beim Prozeß der doppelten Mimesis letzten Endes eine einfache und einheitliche Widerspiegelung der Wirklichkeit, in der die Spuren ihrer Genesis restlos getilgt sind. Dementsprechend ist der Umwandlungsprozeß ins Ästhetische wesentlich anders geartet. Die Fotografie als Ausgangspunkt ist an sich desanthropomorphisierend; erst die Filmtechnik, die ebenfalls eine Widerspiegelung der Wirklichkeit ist, hebt dieses Desanthropomorphisieren auf und nähert das Abgebildete der normalen Sichtbarkeit des Alltags an.«[8]

Der Autor erläutert aber, daß die in Bewegung gebrachte Fotografie, das Laufbild des Films, nicht zwangsläufig schon die künstlerische Widerspiegelung bedeute. Sie gehöre lediglich zu deren Voraussetzungen.

> *Die Verdoppelung der Mimesis, ihre Umleitung ins Ästhetische, erfolgt auf dieser Grundlage; sie wächst jedoch nicht einfach und selbstverständlich aus den technischen Möglichkeiten heraus, sondern muß, dem oft unausgesprochenen sozialen Auftrag folgend, bewußt geschaffen werden. So erst entsteht das homogene Medium, die künstlerische ›Sprache‹ des Films.«* [9]

Zur Erklärung: Durch das »homogene Medium« (in dem etwas sichtbar, hörbar gemacht wird – im Film geschieht beides im Zusammenhang) wird der Mensch in das Kunstwerk eingeführt – als künstlerischer Produzent wie als Rezipient auf der Ebene der Gattung. Sicher kann man sich darüber streiten, ob es generell zutrifft, daß das Laufbild eine Aufhebung der Desanthropomorphisierung bedeutet. Walter Benjamin, auf dessen »Kunstwerk im Zeitalter der technischen Reproduzierbarkeit« Lukács mehrfach in dem Filmabschnitt Bezug nimmt, hatte ja die gesamte Aufnahme- und Reproduktionstechnik, die dem Film zur Verfügung steht, als Voraussetzung für dessen analysierende und damit der Wissenschaft verbundene Leistung angesehen, und in der Tat hat ja der Film »Dinge isoliert und zugleich analysierbar gemacht, die vordem unbemerkt im breiten Strom des Wahrgenommenen mitschwammen«,[10] was sich vor allem darauf zurückführen läßt, daß er durch eine apparatebedingte Umgruppierung des Reizangebots der dargestellten Lebensvorgänge die Invariantenbildung der Wahrnehmung auf spezifische Weise steuern kann.[11] Lukács kommt das Verdienst zu, die relative Autonomie bzw. den Systemcharakter der durch die Aufnahmetechnik vorgenommenen Objektivationsstufe theoretisch abgebildet zu haben, indem er auf die Phase der Desanthropomorphisierung hinwies, die der Film im Kunstprozeß durchschreitet und die am Ende wahrhaftig im ästhetischen Resultat aufgeht, von diesem völlig aufgesogen wird. Semiologische Modelle, wie sie später von Eco u. a. verwendet wurden, haben unterschiedliche Codes herausgearbeitet, etwa einen kinematographischen und filmischen Code,[12] mit deren Hilfe sich manche Unschärfen korrigieren lassen, die der Vorstellung einer doppelten Mimesis bei Lukács noch anhaften.

Mit der dem Film eigentümlichen doppelten Mimesis hängt nach Lukács dessen besonderes Verhältnis zum Authentischen zusammen:

»*Die Photographie ist natürlich eine Widerspiegelung der Wirklichkeit, nicht diese selbst; jedoch weil sie diese in einer – originär desanthropomorphisierenden – Art mechanisch treu abbildet, muß das von ihr so Festgehaltene auch als Mimesis diese Authentizität der Wirklichkeit bewahren. Da nun die ästhetischen Ordnungs- und Organisationsmittel des Films zwar in ihrer Gesamtwirksamkeit in vieler Hinsicht über das Unmittelbar-Alltägliche hinausgehen, jedoch diese – photographische – Abbildung der Wirklichkeit nicht aufheben, sondern bloß in völlig neuartige Zusammenhänge versetzen (so durch Wahl der Momente, durch ihr Aneinanderfügen, durch dessen Tempo und Rhythmus, durch die Art der Verknüpfung etc.), muß diese Authentizität aufbewahrt bleiben, muß sie ein wesentliches Moment des homogenen Mediums in der Filmkunst ausmachen. Die Quelle dieser Authentizität ist aber die Wirklichkeit selbst: Das Photographierte kann nur das objektiv vorhandene, spezifische visuelle Wirklichsein seines jeweiligen Objekts sinnfällig machen; dessen Wirklichkeitsqualität wird aber von der Beschaffenheit des Gegenstands selbst bestimmt.*«[13]

Lukács sieht einen engen Zusammenhang zwischen photographischer Abbildqualität des Films, seiner Übernahme realer Zeitabläufe und seiner Annäherung an den Alltag. Filme könnten im Gegensatz zu Werken anderer visueller Künste Authentizität auch ohne ästhetisch-schöpferische Leistung zustande bringen.

»*Darin drückt sich die tiefe und folgenschwere Affinität zwischen Alltag und Film deutlich aus. Mit dieser Nähe zum Alltag hängt – als Ursache und als Wirkung – aufs allerengste zusammen, daß die visuelle Welt des Films im schroffen Gegensatz zu den anderen Künsten der Sichtbarkeit nicht statisch, nicht stillstehend, sondern permanent bewegt ist.*«[14]

Der Autor bekräftigt:

»*Der Film ist die einzige Kunst, in der Sichtbarkeit und wirklicher Zeitablauf kategoriell zusammenhängen.*«[15]

Die Lebensnähe des filmischen Abbildes habe für Inhalt und Form der Darstellung beträchtliche Konsequenzen:

*»Die gesamte Umwelt des Menschen, die Natur, die Pflanzen- und Tier-
welt, die vom Menschen selbst geschaffene gesellschaftliche Umgebung erscheinen als eine in sich vollendete Wirklichkeit, als eine, die der des
Menschen prinzipiell völlig gleichartig und gleichwertig ist. Dies folgt
notwendig aus der Authentizität der photographisch abgebildeten Welt,
in der alles Aufgenommene notwendig denselben Grad des Wirklichseins
erwecken muß.«* [16]

Er präzisiert dann: Keinen Gegenstand der menschlichen Umwelt, ob er nun der Natur oder der Gesellschaft entstammte, könne
man episch lebendig und evokativ machen, wenn er nicht unmittelbar auf die handelnden Menschen und ihre Lebensproblematik
bezogen werde, weshalb auch im Film eine innere Beziehung zwischen Mensch und Gegenstandswelt vorhanden sei.

*»Das Spezifische daran ist aber, daß beide – wie im Alltagsleben – einen
völlig gleichen Wirklichkeitswert in ihrem Erscheinen besitzen müssen.
Dadurch wird die Wechselbeziehung zwischen dem Menschen und seiner
Umwelt, der menschheitliche Sinn der ästhetischen Mimesis keineswegs
aufgehoben, sie erscheinen bloß den anderen Künsten gegenüber in einem
neuen Aspekt, der wiederum am klarsten als Bestimmung durch Nega-
tion ausgedrückt werden kann: Nicht vom Menschen aus als Zentrum
wird seine Wechselbeziehung zur Welt gestaltet, sondern genauso, wie
diese real zu erscheinen pflegt, wie sie vom Menschen des Alltags wahrgenommen wird: als Wechselbeziehung mehrerer gleich realer Faktoren.«* [17]

Lukács leitet daraus für den Film die Möglichkeit eines neuartigen,
flexibleren Umgangs mit Wesen und Erscheinung der Realität ab:

*»Die Authentizität des Photographiertseins schafft ein homogenes Me-
dium, das die gestaltete ›Welt‹ der des Alltags viel stärker annähert, als
dies in den anderen Künsten möglich und zulässig ist. Darum können im
Film verschiedene Arten der Beziehungen von Wesen und Erscheinung
nebeneinander bestehen und zu einer künstlerisch legitimen Gesamtwirksamkeit gelangen: Für das Alltagsleben ist es ja selbstverständlich, daß
Gegenstände mit einer verschiedenen Struktur in der Beziehung von Erscheinung und Wesen als gleiche Realitäten nebeneinander da sind und
aufeinander wirken. Der Film überträgt diese Eigenart in der Sicht des
Alltagslebens auf das homogene Medium seines Gestaltens und vermag,
da es sich um eine künstlerische Transposition handelt, gerade aus diesen*

Differenzen wichtige Effekte zu entwickeln. (...) Der Film kann also hier zu einer Universalität der abzubildenden Gegenstände gelangen, ohne dazu gezwungen zu sein, durch die Hegemonie besonderer Gesichtspunkte homogenisierende Tendenzen in Anspruch zu nehmen, wie dies z. B. die epische Gestaltung zu tun pflegt.«[18]

Als zentrales Prinzip der Filmwirkung, das mit diesen spezifischen Ausdrucksweisen zusammenhängt, sieht Lukács die Stimmungseinheit an.

»In der Literatur und auch in den bildenden Künsten ist die Stimmung eine der notwendigen Folgen, die sich aus der Gestaltung letzthin menschlicher Konstellationen ergeben. Der mimetische Wirklichkeitscharakter des Films, seine bereits geschilderte Authentizität hat zur Folge, daß jedes Bild, jede Serie von Bildern entweder primär eine bestimmte und starke Stimmungseinheit ausstrahlt oder ästhetisch überhaupt nicht vorhanden ist. Von hier aus wird erst die Auswahl, das Arrangement, die Regisseur und Operateur an den schauspielerischen Leistungen, am jeweiligen Komplex der abgebildeten Gegenstände vollziehen, verständlich: Es kommt auf den auditiv begleiteten, aber vorwiegend visuellen Stimmungswert der Bilder und ihrer Abfolge an.«[19]

Alle technischen Mittel der Filmaufnahme erhielten nach Lukács einen ästhetischen Sinn erst als Ausdrucksmittel der Stimmungseinheit, Hauptvehikel der Rezeptivität sei die Stimmung.

Den anderen Künsten sei gemeinsam, daß die Stimmung nur ein Moment der evokativ ausgelösten Empfindungen und keineswegs das vorherrschende bleibe.

»Im Film dagegen strahlt das Sein der Gegenstände (ihrer notwendig als authentisch erlebten Abbildung) unmittelbar, spontan die Stimmung aus; daß diese Spontaneität als Produkt einer komplizierten, ja raffinierten künstlerischen Zusammenarbeit vielfacher Faktoren entsteht, ändert an ihrer kategoriellen Beschaffenheit, an ihrem Wirklichkeitscharakter nichts.«[20]

Die Stimmung bezeichnet Lukács als die »universelle und herrschende Wirkungskategorie des Films«[21]. Und er unterstreicht, daß das entscheidende Prinzip der Filmkomposition das Festhalten an der Stimmungseinheit sei. Dies schließe die Übergänge von einer Stimmung in die andere ebensowenig aus wie Stimmungs-kontraste, denn Stimmung wird von Lukács in einem sehr universellen Sinn verstanden.

Für die Filmtheorie scheint die Ausarbeitung dieses Prinzips der Stimmungseinheit von nicht unbeträchtlichem Wert. In methodischer Hinsicht führt der Begriff nämlich zu einem funktionalen Verständnis des Films, indem er zur Rezeptionssphäre überleitet, wobei auch Momente der Wahrnehmung, Emotion und Phantasie angesprochen werden, die nach Ansicht von Lew Wygotski kunstpsychologisch relevant sind.[22] Zugleich ist der Begriff aber vor allem dazu geeignet, die drei wohl wichtigsten Aspekte zusammenzuführen, die bis dahin von der Filmtheorie für die Bestimmung der Gattungsspezifik herausgearbeitet wurden: Synkretismus, Wirklichkeitsnähe und Montage. Hinzugefügt werden muß hier freilich, daß Lukács selbst sich lediglich um die Liierung der ersten beiden Gesichtspunkte bemüht hat, während er den der Montage vernachlässigte. Stimmungseinheit läßt sich ja sehr wohl in einen Konnex mit der Auffassung vom modernen Synkretismus des Films bringen, wie Eichenbaum sie vertrat[23] und Eisenstein sie anvisierte, wenn er von emotionaler Rede, innerem Monolog und später von polyphonem Ausdruck sprach.[24] Zoltán Novák hat übrigens in einer faktenreichen Darstellung zur Filmtheorie Lukács' scharfsinnig auf die Ähnlichkeit hingewiesen, die zwischen Eisensteins Verständnis der Dialektik von Sinnlichem und Rationalem und Lukács' Hypothese des »Signalsystems 1'« besteht.[25] In der »Eigenart des Ästhetischen« erscheint auch das Moment der Wirklichkeitsnähe, welches aus der desanthropomorphisierenden Objektivation des photographischen Abbildungsverfahrens stammt, in engstem Bezug zu der angestrebten Stimmungseinheit des Ganzen. Damit sind zugleich die wichtigsten jener Überlegungen mit im Spiel, die Kracauer[26] und Bazin[27] an der Schwelle der sechziger Jahre zur Problematik der besonderen Wirklichkeitsnähe, Authentizität und des dokumentarischen Charakters der filmischen Widerspiegelung einbrachten. Lukács hatte die entsprechenden Beobachtungen bereits in ein differenziertes ästhetisches System integriert, als Kracauer und Bazin sie noch eher im Rahmen einer Poetik für eine bestimmte Richtung des Spielfilmschaffens abhandelten.

Was in der »Eigenart des Ästhetischen« allerdings viel zu kurz kommt, ist der dritte wesentliche Aspekt filmtheoretischer Überlegungen, der der Montage – ein Gesichtspunkt übrigens, der in der gleichen Periode auch von Kracauer und Bazin nicht eben favorisiert worden ist. Dabei hat bereits Eisenstein gezeigt, daß sich die Montage durchaus im Rahmen eines polyphonisch ausgerichteten Wirkungskonzepts systematisch mit der emotionalen Rede der filmkünstlerischen Kommunikation zusammenführen läßt.[28] Lukács indes meidet den Montage-Begriff geradezu. Wenn die Vokabel Montage im Filmabschnitt der Ästhetik auftaucht, so geschieht dies entweder beiläufig in technischem Zusammenhang oder aber mit pejorativem Einschlag. So heißt es etwa: »Wir glauben, daß erst der den Eigenarten des Films angemessene Gebrauch allgemein ästhetischer Kategorien den echt künstlerischen, wahrhaft realistischen Charakter des Films detailliert herausarbeiten und damit seine Theorie und Praxis von einer technizistisch-positivistischen Metaphysik der Montage befreien kann.«[29] Sicher hat der Autor grundsätzlich recht, wenn er eine systematische Neubestimmung des durchaus vieldeutigen Montage-Begriffs verlangt, an den sich nicht nur bedeutsame Erkenntnisse, sondern auch diverse Mißverständnisse binden. Er sieht diese Kategorie als Kritiker von Kunstprozessen aber auch recht voreingenommen. In einem vorausgegangenen Textabschnitt heißt es bezüglich der Montage: »Das Sich-Entfernen vom Niveau des Alltags, das Sich-Erheben über dieses Niveau kann nämlich, wie dies auch oft geschieht, ein bloß formales sein, d.h., die ästhetische Produktivität in der Filmdarstellung benutzt etwa die Montage nicht bloß als technisches Ausdrucksmittel, sondern erhebt sie ästhetisch-weltanschaulich zu einem schöpferisch-organisierenden Prinzip. In solchen Fällen entstehen jene Filme, die den herrschenden Tendenzen der heutigen bürgerlichen Literatur und Kunst weitgehend entsprechen, die deshalb mit ihnen in einem intimen Verhältnis wechselseitiger Beeinflussung stehen können.«[30] Um die merkwürdigen Vorbehalte des Autors gegenüber der Montage zu verstehen, scheint es geraten, sich daran zu erinnern, daß er als Literaturkritiker besonders am Ausgang der dreißiger Jahre scharf gegen Gestaltungsweisen zu Felde zog, die das Montageprinzip für expressionistische oder surrealistische Erzählweisen aufzuwerten trachteten. In seinem bekannten Essay »Es geht um den Realismus« von 1938 polemisierte er, die realistische Kunstauffassung in Schutz nehmend, gegen Ernst Bloch, der seiner Meinung nach einfach und unkritisch die expressionistische und surrealistische Attitüde zur Wirklichkeit in eine farbenreiche Begriffsprache umsetze. »Er ist (...) im Aufzeigen der notwendigen Entwicklung, die über den Expressionismus zum Surrealismus führt, der folgerichtigste aller ›Avantgardisten‹. Er hat auch in dieser Hinsicht das Verdienst, die Montage als notwendige künstlerische Ausdrucksform dieser Entwicklungsstufe erkannt zu haben. (Sein Verdienst wird noch dadurch gesteigert, daß er die Montage nicht nur in der gegenwärtigen Kunst des ›Avantgardismus‹, sondern auch in der bürgerlichen Philosophie unserer Zeit mit großem Scharfsinn nachweist.) Aber gerade dadurch tritt die antirealistische Eingleisigkeit dieser ganzen Entwicklung bei ihm klarer hervor als bei anderen Theoretikern dieser Richtung.«[31] Die Montage ermögliche – so Lukács im gleichen Aufsatz – zwar der Photomontage die Wirkung eines guten Witzes, dies aber aufgrund von eingleisigen Verbindungen, die nie den Anspruch auf Gestaltung der Wirklichkeit, des Zusammenhanges, der Totalität erheben könnten.[32] Was die literaturwissenschaftliche Problematik angeht, so ist sie inzwischen hinreichend von marxistischen Theoretikern untersucht worden, um die Einseitigkeiten und Fehlschlüsse innerhalb der Lukácsschen Argumentation zur Sprache zu bringen.[33] Und es wäre außerdem eine Vereinfachung, dem filmästhetischen Konzept des Lukács der sechziger Jahre die literaturkritischen Prinzipien von 1938 unterstellen zu wollen. Im Film-Abschnitt der Ästhetik finden sich ja auch Bemerkungen wie: »Die ästhetische Bearbeitung der photographischen Teilstücke und ihrer Verknüpfung kann aber auch eine gründliche, eine realistische, auf das Wesen gerichtete sein: das wahrhaft schöpferische Erfassen eines radikal neuen Aspekts der Wirklichkeit, ihre Umformung im echt künstlerischen Sinn.«[34] Die konkreten Überlegungen dazu delegiert Lukács freilich in eine Abhandlung über Filmdramaturgie, die nicht seine Sache sein kann. Aufschlußreich ist, wie Lukács den Kunstwert des Films interpretiert. Es gibt Bemerkungen von ihm, denen zufolge der Film das hohe Gestaltungsniveau großer Literatur erreichen könne, wenn ihm »die organische Einheit der visuellen, auditiven und geistigen Elemente«[35] gelinge. In seiner Ästhetik relativiert der Autor diese Aussage sehr stark, zieht die Möglichkeit des Films, die Höhen der Kunst zu erreichen, generell in Zweifel. Daß der Film mit seinen Objektivationen über das einfache, durchschnittliche Alltagsleben hinausgehen könne, ja zusätzliche Fähigkeiten dabei entwickele, läßt Lukács zunächst gelten.

> *Das bedeutet, daß der Film zugleich die Möglichkeit zu einer echten und großen Volkskunst besitzt, daß er zu einem für große Massen hinreichend verständlichen Ausdruck tiefer und allgemeiner Volksgefühle werden kann. So haben die Filme von Eisenstein und Pudowkin die gewaltigen Ereignisse der Revolution des russischen Volks zu hinreißenden Sinnbildern zentraler Volksfragen in Unterdrückung und Befreiungskampf gesteigert. Und am anderen Pol vermochte Chaplin dem Gefühl der Verlorenheit des Durchschnittsmenschen gegenüber dem Getriebe und der Apparatur des modernen Kapitalismus einen tief humorvollen, umfassenden, vollgültigen Ausdruck zu verleihen.«[36]*

Der Spielraum für Kunstleistung wird dabei vom Autor keineswegs eng gesteckt:

> *Aber auch abgesehen von den eben hervorgehobenen Gipfeln, tauchen immer wieder Versuche auf, die in der dem Film gegebenen extensiven Mannigfaltigkeit einen tieferen Lebensgehalt suchen, die bestrebt sind, in diesem Urwald der vielfältigsten Möglichkeiten menschlich Neues zu entdecken. Für eine solche Suche hat der Film inhaltlich universelle und unerschöpfliche Perspektiven. Gerade die besondere Art seiner bewegten Visualität ist imstande, in ganz einfachen, ganz alltäglichen Lebenstatsachen, an denen man sonst achtlos vorbeigehen würde, eine tiefe Poesie, eine echte Menschlichkeit, eine reiche Skala der Empfindungen von drückender Trauer bis zum erlösenden Lachen zu entdecken (›Fahrraddiebe‹ von De Sica). Die Elastizität des filmischen homogenen Mediums kann einerseits eine von Poesie erfüllte Alltäglichkeit sinnfällig machen, ohne daß der Detailreichtum des Alltagslebens zu einem Naturalismus herabsinken müßte, und andererseits vermag er über die unmittelbar gegebene Alltagswirklichkeit hinauszugehen. Es ist im Film durchaus möglich, nicht bloß die objektiv vorhandene äußere Welt anschaulich zu machen, sondern auch jene wichtigen subjektiven Aspekte, die diese in den handelnden Personen hervorruft.«[37]*

Eine spezifische Chance für den künstlerischen Ausdruck des Films sieht Lukács – wie schon in seinem frühen Kino-Aufsatz – in der Darstellung des Phantastischen:

> *Indem der Film alles glaubhaft machen kann, indem er jedem Gegenstand den gleichen Wirklichkeitscharakter zuspricht, sind in ihm auch der Darstellung des Phantastischen keine Grenzen gesetzt; auch hier können Übergänge in den Alltag und aus dem Alltag stattfinden, auch hier reicht die Gefühlsskala vom beschwingt Spielerischen bis zum atembeklemmend Unheimlichen. Diese schrankenlosen Möglichkeiten machen aus dem Film die populärste Form der Mimesis; diese eröffnen ihm den Weg – freilich bloß als Möglichkeit, die selten verwirklicht wird – zu einer echten und großen Volkskunst.*[38]

Gleichwohl betrachtet Lukács die Möglichkeit des Films, Kunst zu sein und somit eine kathartische Beeinflussung des Rezipienten vorzunehmen, als grundsätzlich limitiert.

> *Doch eben diese unbeschränkte Mannigfaltigkeit, diese lebensnahe Sinnlichkeit, diese extensive Universalität des Films konstituieren zugleich die Grenze seiner Ausdrucksmöglichkeit. Als Kunst der bewegten Visualität, der ein ebenfalls bewegter Komplex des Auditiven beigestellt ist, vermag der Film das höchste geistige Leben des Menschen, das die Literatur durch das ins Dichterische umgossene Wort direkt, was die bildenden Künste und die Musik – in verschiedener Weise – als unbestimmte Gegenständlichkeit indirekt gestalten können, nicht zum Ausdruck zu bringen. Der bewegten Visualität des Films muß das fehlen, was Michelangelo oder Rembrandt durch Bewegung, Mienenspiel, Geste etc. deutlich, bedeutungsschwanger und rätselhaft, >unaussprechlich< (im Goetheschen Sinn) sinnfällig gemacht haben; um gar nicht davon zu reden, was einen – freilich nur einen, wenn auch höchst gewichtigen – Teil des Gehalts der Dichtung ausmacht. Es ist klar, daß dabei die spezifische Lebensnähe des Films die entscheidende Rolle spielt: Indem das Setzen der visuellen Bewegtheit, die Authentizität der gegenständlichen Existenz sämtlicher Gegenstände die in den bildenden Künsten so prägnant hervortretende unbestimmte Gegenständlichkeit minimiert, muß es auch auf jene Gipfel an Geistigkeit verzichten, auf die wir eben hingewiesen haben, die freilich nicht nur die höchsten Spitzen der bildenden Künste charakterisieren, sondern auch eine in ihrer unbestimmten Gegenständlichkeit potentiell immer vorhandene Tendenz bilden.*[39]

Hier wird also aus den besonderen inneren und äußeren Formfaktoren des Films ein grundsätzlicher Mangel künstlerischen Potentials abgeleitet. Es sei außerdem, so Lukács, »die höchste und prägnanteste Form der Synthese, die die große Epik auf diesem Felde der Gegenständlichkeit vollzieht, die Darstellung der Totalität der Objekte, dem Film verschlossen. Hier zeigt sich die praktische Bedeutung jener eben theoretisch dargelegten Grenze der ›Welt‹ des Films: Die Mannigfaltigkeit der Objekte kann nämlich nur durch Akte geistiger Art sich zu einer solchen Totalität abrunden. Die Gegenstände selbst in ihrem unmittelbar-realen Dasein ergeben bloß die konkrete Möglichkeit zu einer wahrhaft epischen Totalität der Objekte.«[40] Die Lebensnähe des Films, die den Menschen im Alltag versinken lasse, hindere den Zuschauer an jenen geistigen Akten, die zur erwünschten Totalität der Objekte führt. In gewisser Weise stehen diese Aussagen zu den anfangs zitierten im Widerspruch, in denen Lukács auf den flexiblen Umgang des Films mit Wesen und Erscheinung aufmerksam machte. Der schwer einsichtige Totalitäts-Begriff des Autors kann hier nicht debattiert werden. Daß Lukács das Marxsche Totalitäts-Verständnis im Zusammenhang mit der künstlerischen Abbildung gelegentlich verbogen habe, ist ihm zu Recht angelastet worden.[41] In seiner »Eigenart des Ästhetischen« nimmt er den Begriff der »Totalität der Objekte« auf, den er bereits früher für epische Werke in Anwendung gebracht hatte. Dabei wäre es auch denkbar gewesen, bezüglich des Films mehr von einer »totalen Bewegung«[42] auszugehen, wie dies Hegel tat, als er auf die Unterschiede zwischen epischen und dramatischen Darstellungsweisen zu sprechen kam. Es gibt freilich eine Briefnotiz von Lukács, in der es heißt, daß man für den Film die »Totalität der Objekte« nicht so recht in Anspruch nehmen könne und die ästhetischen Gesetze, denen dort die Welt der Dinge folgt, noch zu finden seien.[43]

Dafür, daß die »zur typischen Volkskunst prädestinierte Kunstart fast ständig ins bloß Angenehme, ja Kitschige heruntersinkt«[44], macht Lukács neben den inneren Formfaktoren sozialökonomische Gründe geltend, vor allem die Ausbreitung und Verallgemeinerung der kapitalistischen Produktion auf die Lebensbedingungen aller Künste, wobei für den Film diese Bindung besonders stark wirksam werde.[45]

»Daß der Film infolge dieser Abhängigkeit vom Großkapital sich an die ordinärsten, weitverbreiteten Bedürfnisse der Massen anpaßt, ist allgemein bekannt. Die Labilität seines homogenen Mediums, der relativ glatte und mühelose Übergang vom ganzen Menschen des Alltags zum ›Menschen ganz‹ der filmischen Rezeptivität machen die Abbildung einer Welt möglich, die in der unerschöpflichen Mannigfaltigkeit ihrer Erscheinungsweise die partikularsten Bedürfnisse, die Wunschträume der durchschnittlichen (auch unterdurchschnittlichen) Instinkte befriedigt, die ihnen abwechselnd grotesk Lächerliches und erregend Spannendes bieten kann, der das kitschigste Happy-End und der blutdürstigste Sadismus gleicherweise innewohnen können. So entstehen in großen Massen und in vielfachen Variationen – oberflächlich betrachtet – kunstähnliche Gebilde, die ihrem inneren Gehalt nach einfache Fortsetzungen, Erfüllungen, verlogene Steigerungen der Tagträume des Alltagslebens sind.«[46]*

Inwiefern die sozialistischen Verhältnisse hierin eine Änderung zu schaffen vermögen, wird von Lukács nicht diskutiert. Er arbeitet lediglich mit Beispielen, innerhalb derer sich höchster Kunstanspruch mit »einem für große Massen verständlichen Ausdruck«[47] trifft, etwa bei Filmen Eisensteins und Pudowkins.

Es dürften indes bereits die inneren Formbedingungen des Films für den Autor ausschlaggebend gewesen sein, ihn nach Kunstgewerbe und Garten in die unmittelbarste Nähe der pseudoästhetischen Phänomene zu rücken, die in Lukács' System dem Problemkreis des Angenehmen zugerechnet werden. Bei den pseudoästhetischen Erscheinungen handele es sich um solche, die zwar, ästhetisch gesehen, ganz wertlos sein könnten, ohne damit indes ihren für das Leben des einzelnen Menschen oder sogar das ganzer Menschengruppen fördernden Charakter zu verlieren, weshalb sie im Alltagsleben eine beträchtliche Rolle spielten. Derartigen ihrer Erscheinungsform nach kunstähnlichen Objektivationen käme insofern Bedeutsamkeit zu, als sie ins Gebiet der Kunst einzudringen bestrebt seien, indem sie mit den Kunstprozessen in Wechselbeziehung träten.[48] Andererseits überträfen sie in quantitativer Hinsicht die Kunstproduktion um ein vielfaches.[49] In dem Abschnitt »Der Problemkreis des Angenehmen« sucht der Autor nach einer systematischen Fundierung für die pseudoästhetischen Erscheinungen, die er nicht nur auf dem Gebiet des

Films, sondern u.a. auch auf dem der Musik und Literatur respektive Belletristik als Massenphänomen entdeckt hat. Er faßt sie unter der Kategorie des Angenehmen, die seiner Ansicht nach deutlich von der des Ästhetischen unterschieden werden müsse. Bei der Abgrenzung des Angenehmen vom Ästhetischen kann er auf eine philosophiegeschichtliche Tradition zurückgreifen, die, bis in die mittelalterliche Ästhetik reichend, Überlegungen von Kant, Hegel u. a. geltend zu machen sucht. Das Angenehme vermöge keine echte Katharsis auszulösen und entsprechend wenig zur Verwirklichung des gattungsmäßigen Selbstbewußtseins der Menschheit beizutragen. Die Objektivationen, die allein der Zwecksetzung des Angenehmen dienten, verlören ihre Welthaltigkeit und blieben auf dem Niveau der Partikularität stehen.

»Das Angenehme – im weitesten Sinne aufgefaßt – ist eben ein Fixieren des menschlichen Bewußtseins auf einem solchen Niveau der letzthinnigen Zufälligkeit, mag deren unmittelbare Erscheinungsform eine noch so strikte physiologische, psychologische und soziale Zwangsläufigkeit sein. Diese Korrelation von Zufall und Notwendigkeit, von völlig subjektloser Objektivität und bloß subjektiver Reaktion auf sie, die – unmittelbar – rein in der partikularen Individualität verankert scheinen, obwohl sie in der eben angedeuteten notwendig-zufälligen Weise determiniert sind, ist eben das Charakteristische des Alltagslebens im Gegensatz zur ästhetischen Widerspiegelung. Die Paradoxie jener pseudoästhetischen Gebilde auf dem Niveau des Angenehmen besteht gerade darin, daß sie die Widerspiegelungs- und Ausdrucksmittel des Ästhetischen in Bewegung setzen, in ihrem Gebrauch unter Umständen eine beträchtliche Kunstfertigkeit erwerben, jedoch mit all diesem Aufwand das rezeptive Subjekt doch in der Unmittelbarkeit des Alltags festhalten. Wir wissen: auch die echte Kunst kündigt die Unmittelbarkeit des Alltagslebens, aber nur um in ihren Werken eine zweite Unmittelbarkeit, die des gattungsmäßigen Selbstbewußtseins, das nur hier in angemessener Objektivation erscheinen kann, zu gestalten. Wo dagegen die Evokation des Angenehmen das herrschende Prinzip wird, fallen erste und zweite Unmittelbarkeit zusammen, die zweite wird von der ersten aufgesogen, d.h., die formalen Kräfte der künstlerischen Gestaltung werden nur dazu in Bewegung gesetzt, um die Alltagsreaktionen der Menschen in größerer Deutlichkeit, als dies im Leben selbst möglich ist, zu fixieren. Das bedeutet keineswegs unbedingt eine der Photographie ähnliche, rein mechanische Abbildung. Im Gegen-

*teil, gerade hier kann sich die partikulare Subjektivität ebenso energisch
einmischen wie in der echten Kunst die gattungsmäßige: Falsche Gefühle,
Bestrebungen und Wünsche, die an der Notwendigkeit der gesellschaftlichen Entwicklung mit Recht scheitern müssen oder nur durch den Zufall
als Ausnahmen erfüllt werden können, tagtraumartige ›Verschönerun-
gen‹ des Alltags oder Gruseligwerden seiner Schattenseiten etc. pflegen als
Momente der ›Korrektur‹ der unmittelbaren Gegenständlichkeit aufzu-
treten. Aber mit allen diesen Modifikationen bleibt das Widerspiege-
lungsbild auf dem menschlichen Niveau des Alltags stehen, und darin –
nicht infolge primär formaler Kriterien – grenzt sich das Ästhetische vom
Angenehmen in eindeutiger Schärfe ab; und zwar – was für unsere Ge-
samtbetrachtung wichtig ist – ohne seine Bedeutung im Alltagsleben, die,
wie wir gesehen haben, sowohl positiv wie negativ sein kann, zu verlieren, ohne seine Wichtigkeit im Vorher und Nachher des Ästhetischen
selbst zu verleugnen.«*[50]

Hier wurde dieses lange Zitat eingerückt, obschon es sich nicht
ausdrücklich auf den Film bezieht, weil die von Lukács vorgenommene Bestimmung und Bewertung des Angenehmen die bis dahin
wohl differenzierteste Reflexion jener Erscheinungen des kulturellen Lebens, die sich heute als populäre Kunst, Massenkunst
bzw. Massenkultur profiliert haben, in einer marxistischen Ästhetik bedeutete. Der Autor war sich dabei durchaus darüber im klaren, daß die ästhetischen Überlegungen zu diesem Problemkreis
noch in ihren Anfängen steckten. Sein Versuch, an die tradierte
Antinomie vom Ästhetischen und Angenehmen anzuknüpfen, si-
cherte dem Ansatz historische Kontinuität und dem System wesentliche Begründungszusammenhänge. Wichtige Widersprüche
blieben aber offen. Einige davon leuchten in der wohl bedeutsamsten Passage des Filmabschnitts seiner Ästhetik auf, in der sich
eine merkwürdige Ambivalenz des Autors gegenüber dem Film
widerspiegelt. Über die als fundamental angesehene Stimmungseinheit des Films heißt es dort:

*»Ihre Universalität drückt sich wiederum in der ungeheuren Skala aus:
vom klebrigsten Kitsch bis zu den tragischen Höhen einer echten, gesellschaftlich fundierten Menschlichkeit, bis zum bitteren und doch heite-
ren Lächerlichwerden der Lage des Menschen in der heutigen Gesellschaft. Die außerordentliche ideologische Wirksamkeit des Films beruht*

nicht zuletzt darauf, daß die von ihm gestaltete Stimmung alle Fragen der Weltanschauung, alle Stellungnahmen zu den sozialen Ereignissen durchdringt, ja daß diese erst in der Stimmung, durch ihre Vermittlung den Weg zum Herzen des Rezeptiven finden. Gerade diese Untrennbarkeit von Stimmung und ideologischem Gehalt im Erlebnis des Zuschauers macht den Film zur populärsten Kunst unserer Zeit, macht ihn zur wirksamsten Ausdrucksform der allerverschiedensten, der entgegengesetztesten Tendenzen. Dabei gibt die von uns wiederholt geschilderte Authentizität der Abbildung der im Film zur Darstellung gebrachten Ideologie eine besondere Nuance: Die stimmungshaft gruppierten und aneinandergefügten Wirklichkeitsstücke scheinen die Ideologie aus der Sache selbst, aus der Wirklichkeit selbst herauswachsen zu lassen, geben ihr damit eine unmittelbare, oft unbewußt, auf gefühlsmäßigen Umwegen wirkende Durchschlagskraft. Daß also der Film die höchste und reichste Geistigkeit nicht zur Gestaltung bringen kann, ist in dieser Hinsicht für ihn ein eher stärkendes als abschwächendes Moment, da im Rahmen der Gefühlsmäßigkeit, der unmittelbar-sinnlichen Wahrnehmbarkeit jede solche Ideologie oder Tendenz eine sehr prägnant umrissene Physiognomie haben kann. Der Film ist also eines der bezeichnendsten Symptome dafür, was in einem gegebenen Zeitpunkt die großen Volksmassen innerlich bewegt, dafür, wie sie spontan zu den dabei auftauchenden gesellschaftlichen Problemen Stellung nehmen.«[51]

Die Filmtheorie der Gegenwart 1966–1988

Über Methodenpluralismus zur Systemforschung

Zu den Krisenmomenten der Filmwissenschaft

»Eine Anfangsperiode der allgemeinen Reflexion über den Film ist, wie gesagt, zu Ende gegangen, und jede Untersuchung über den Film muß ihre Relevanzprinzipien deutlich wählen. In jener *ersten Phase* bestand das, was man Filmtheorie (oder Theorie des cinéma, ohne Unterschied) genannt hat, gegebenenfalls in einer kontinuierlichen und genauen globalen Perspektive, die das fait filmique oder das fait cinématographique erfaßte; es waren eklektische und synkretische Untersuchungen, die in einigen Fällen sehr erhellend waren und sich auf mehrere Methoden beriefen, ohne eine einzige, gelegentlich ohne es selbst zu wissen, durchgehend zu verwenden. In einer *dritten Phase*, die man eines Tages erwarten kann, müssen diese verschiedenen Methoden wirklich miteinander verknüpft werden (was bedeuten kann, daß sie in ihren heutigen Formen verschwinden); die Filmtheorie wird dann eine wirkliche, nicht synkretische Synthese sein, die dazu in der Lage ist, den Gültigkeitsbereich der verschiedenen Ansätze und ihr jeweiliges Abstraktionsniveau genau anzugeben. Zur Zeit scheinen wir uns am Anfang der *zweiten Phase* zu befinden, die einen provisorischen, aber notwendigen Methodenpluralismus, eine unvermeidliche Aufteilungskur zu definieren vermag. Die Filmpsychologie, die Filmsemiologie usw. hat es gestern nicht gegeben und wird es morgen vielleicht nicht mehr geben, aber heute muß man sie leben lassen, denn die echten Zusammenfassungen werden niemals durch Diktat, sondern allein am Ende von zahlreichen Forschungen verwirklicht.«[1] Diese von Christian Metz, dem bekanntesten Vertreter der in jenen Jahren dominierenden filmtheoretischen Richtung, der Filmsemiotik, 1971 gegebene Beschreibung der Situation in der Theorieentwicklung im Bereich der Filmwissenschaft war in vieler Hinsicht zutreffend und gilt eigentlich auch noch für heute. Tatsache ist, daß eine bestimmte Phase der Filmtheorie, die ich als die der klassischen Filmästhetik bezeichnet habe, Mitte der sechziger Jahre zu einem Abschluß gekommen war und alle etwaigen Versuche, sie zu verlängern oder zu ihr zurückzukehren, keine Chance mehr hatten. Freilich scheint es sinnvoll, innerhalb dieser langen Periode zu differenzieren. Zumindest die Frühzeit der Filmtheorie war in ihrem methodischen Ansatz ebenfalls offen pluralistisch, also dem heutigen gar nicht so unähnlich; die Entwicklungsspirale ist dann – wenn schon auf höherer Ebene – wieder zum gleichen Punkt zurückgekehrt. Auch wird man den Prozessen der Theorieentwicklung vielleicht mehr gerecht, wenn man das synkretische Moment der Kunstuntersuchung, das gerade den Eklektizismus aufhob und nicht zum Tragen kommen ließ, auch in seinen Vorzügen zu werten sucht. Die zwischen den vielfältigsten Gesichtspunkten vermittelnde Hermeneutik, die als Grundverfahren in Erscheinung trat, hatte schon durchaus ihre tiefe innere Berechtigung. Übrigens ließ sie zunächst auch noch Raum für eine dialektische und historisch-materialistische Interpretation von Kunst, sperrte sich also nicht einmal gegen ein marxistisches Herangehen, wie es das Instrumentarium der idealistischen Kunstwissenschaften sonst in der Regel tat. Daß allein auf der Basis von Auslegungskunst später den filmkünstlerischen Prozessen nicht mehr auf eine Weise Rechnung getragen werden konnte, die den gesellschaftlichen Forderungen genügte, ist freilich eine unumstößliche Tatsache. Die Gründe dafür lagen sowohl in der Entwicklung des Gegenstandes als auch den Veränderungen des Erkenntniserwerbs im Rahmen der wissenschaftlich-technischen Revolution.

Zusammen mit dem Fernsehen war der Film zu einem unübersehbaren Faktor im kulturellen Leben geworden, der entsprechend seiner realen Bedeutung für den Verlauf der menschlichen Bewußtseinsprozesse und überhaupt den Alltag breiter Bevölkerungsschichten auf eine systematischere geistige Durchdringung und eine allseitige und differenzierte wissenschaftliche Erforschung drängte. Ohne eine komplexe und interdisziplinär betriebene Untersuchung des gesamten Bereichs der audiovisuellen Medien schien dies kaum möglich. Neben den benachbarten Kunstwissenschaften und der Literaturwissenschaft waren dabei

zumindest Ästhetik, Psychologie, Soziologie, Kultur-, Publizistik-
und Geschichtswissenschaft einzubeziehen, und auch die Zusammenhänge mit den Entwicklungen von Technik, Wirtschaft und
Politik galt es herzustellen, um zuverlässige Aussagen treffen zu
können. Spezielle Forschungsrichtungen mußten sich herausbilden, um Schwerpunkten der Untersuchung Rechnung zu tragen. So
eine Grundlagenforschung, die sich vor allem der Theoriebildung
annahm, und neben der Filmgeschichte hatte sich eine angewandte
Forschung zu etablieren, die sich mit den Entwicklungsproble-
men von Film und Fernsehen in der Gegenwart differenziert auseinandersetzen konnte. Hinzu kamen solche Gebiete wie eine
spezielle Lehrforschung im Rahmen der Ausbildungsstätten für
die Medienberufe sowie eine weit gefächerte angewandte Forschung in einem Sekundärbereich, denn Film und Fernsehen tan-
gierten die verschiedensten Lebenssphären, und Disziplinen wie
Psychologie, Soziologie und Pädagogikwissenschaft hatten
ihrerseits ein nachdrückliches Interesse, Einblick in die medialen
Prozesse zu erhalten. Sie suchten film- und fernsehwissenschaftli-
che Erkenntnisse zu integrieren, um ihren eigenen Gegenständen
besser gerecht werden zu können.

Problematisch für die Entwicklung der Filmwissenschaft und
ihre Theorie war, daß sich mit der Einbeziehung des Fernsehens
in die Untersuchung nicht nur schlechthin eine Erweiterung des
Sichtwinkels auf eine umfangreichere Datenmenge nötig machte,
sondern daß neben Kunstwerken nun auch all jene Phänomene
berücksichtigt werden wollten, aus denen sich das Repertoire der
Television zusammensetzte. Gemeint sind etwa Sendungstypen,
die der Information, der Publizistik, Didaktik oder Unterhaltung
zuzurechnen waren, eine spezifische und durchaus wichtige
Funktion im Rahmen der gesellschaftlichen Kommunikation
wahrnahmen, künstlerischen Kriterien aber nicht oder nur bedingt genügten. Der Theorieansatz hatte sich gegenüber diesen
Medienprodukten zu öffnen, hatte sie gleichberechtigt in die Untersuchung einzubeziehen, ohne dabei die jeweiligen Spezifika zu
nivellieren oder ihnen gegenüber unzutreffende Maßstäbe anzuwenden. Eine theoretische Ausgangsbasis war zu finden, die dem
gesamten Feld von Erscheinungen gerecht werden konnte, kam es
doch nicht nur darauf an, dasselbe in seiner Differenzierung zu

studieren, sondern auch die Wechselbeziehungen zwischen den unterschiedlichen Erscheinungen zu analysieren und nicht zuletzt die durch die Medien geprägte Massenkultur oder Massenkunst, die von den unterschiedlichen Gesellschaftssystemen hervorgebracht wurden, in ihren spezifischen Formen und Funktionsweisen zu begreifen. Die Filmwissenschaft hatte sich dafür in eine Wissenschaft von den audiovisuellen Medien zu wandeln, welche sich der Denkweisen von Massenkommunikationsforschung bzw. kulturwissenschaftlichen oder -anthropologischen Untersuchungen zu bedienen vermochte, die für eine Reflexion über das derart weite Feld geeigneter schienen. Damit veränderten sich freilich die Relevanzprinzipien, Methoden und Paradigmen, und die Theorie hatte ihr gesamtes Profil zu erneuern.

Es ist schwer zu sagen, ob für die Filmwissenschaft jemals eine echte Berechtigung bestanden hat, sich auf einen kohärenten Gegenstand zu beziehen. Nicht ohne Grund war ihr theoretischer Ansatz zu Beginn des Jahrhunderts pluralistisch und überdisziplinär, ging von einem höchst uneinheitlichen Feld zu untersuchender Erscheinungen aus. Die Praxis zeigt indes, daß dann über einen längeren Zeitabschnitt ein Herangehen, das nach dem Muster der traditionellen Kunstwissenschaften verlief, seine Früchte trug. Eine einführende Darstellung in die Resultate filmwissenschaftlicher Arbeit, wie sie hier speziell für das Gebiet der Theoriebildung versucht wurde, konnte es sich darum vielleicht auch leisten, die Entwicklung der Theorie wie die eines Systems, einer in gewissem Grade ganzheitlichen Erscheinung nachzuzeichnen, wobei genaugenommen die Bewegungsrichtung filmtheoretischer Reflexion eigentlich nur anhand von Theorieansätzen unterschiedlicher Autoren illustriert wurde. Für die Periode, die ab Mitte der sechziger Jahre einsetzte, ist ein solches Verfahren aber nun nicht mehr anwendbar.

Dafür gibt es eine Reihe von Gründen, die nicht einmal vollständig benannt werden können.

Zunächst veränderten die medialen Prozesse ihren Charakter. Mit den weltweiten sozialen Umwälzungen und der technisch-wissenschaftlichen Revolution konstituierten sich neue massenkommunikative Beziehungen. Im Zuge einer Internationalisierung und einer regionalen Differenzierung des medialen

Geschehens bildeten sich enorme quantitative und qualitative Verschiebungen im Kommunikationsprofil heraus, die ihre Konsequenzen für wissenschaftliche Reflexion haben müssen, so daß es fragwürdig erscheint, angesichts von unterschiedlichsten geistigen Aktivitäten bei der Aneignung eines Medienalltags, der in den USA ein ganz anderes Gesicht hat als etwa in den Entwicklungsländern Lateinamerikas oder Afrikas oder den sozialistischen Staaten in der Mitte Europas, von einer einheitlichen Wissenschaft oder Theorie zu sprechen. Man sollte ferner wegen der so höchst unterschiedlichen Denktraditionen der verschiedenen Regionen einen solchen Ansatz nicht leichtfertig unterstellen. Zuverlässige Auskünfte über dieses Geschehen finden sich, das kommt noch erschwerend dazu, wenn überhaupt, dann kaum noch in der eigenen disziplinären Fachliteratur an. Der massenkommunikative bzw. kulturwissenschaftliche oder soziologische Ansatz eines wissenschaftlichen Nachdenkens über die medialen Prozesse hat eine unübersehbare Flut von Publikationen hervorgebracht, die ein einzelner längst nicht mehr übersehen kann. Eine konspektive Aneignung wichtiger Positionen dürfte unter diesen Bedingungen nur zu einer Auswahl höchst zufälliger Texte führen.

Und auch was den Weg angeht, einzelne Autoren und ihre Theorien vorzustellen, ergeben sich neue Schwierigkeiten für eine populäre Einführung. Diese liegen einerseits darin, daß mit dem Methodenpluralismus eine hochgradige Spezialisierung eingesetzt hat. Die Kommentierung einzelner Zitate müßte in einer ganz anderen Ausführlichkeit erfolgen als für die vorangegangenen Perioden, sind die Theorien doch in der Regel in sich komplizierter als früher und keineswegs mehr so gemeinverständlich formuliert wie noch vor drei Jahrzehnten. Allein die Erhellung grundsätzlicher Zusammenhänge filmwissenschaftlichen Denkens mit dem anderer Disziplinen ist mit einem beträchtlichen Erklärungsaufwand verbunden, zumal sich die »fremden« Bereiche auch selbst als uneinheitlich erweisen und ihre Darstellung enormen Überblick verlangt.

Um nicht gänzlich vor der Aufgabe kapitulieren zu müssen, auch einen gewissen Einblick in die neueren Theoriebildungsprozesse zu vermitteln, möchte ich zu zwei Arbeitshypothesen greifen, die vielleicht helfen können, in dem unübersehbaren Feld von Erscheinungen und Problemen eine gewisse Orientierung zu gewinnen, insofern dabei Grundtendenzen erkennbar werden, die nach meiner Meinung wirksam sind.

Statt weiterhin eine, wenn auch bescheidene Überblicksdarstellung anhand chrestomativer Textstellen aus dem theoretischen Werk repräsentativer Autoren anzustreben, sollen einige theoretische Überlegungen unter dem Gesichtspunkt betrachtet werden, wie sie sich zu zwei Krisenmomenten verhalten, die sich ab Mitte der sechziger Jahre in der Filmwissenschaft deutlich abzeichneten und innerhalb der bestehenden Denk- und Arbeitsweisen nicht mehr zu beheben waren. In etwas verknappter Form seien diese beiden Bezugspunkte charakterisiert:

Erstens die Krise der Gegenstandsauffassung, die darin bestand, daß die Filmwissenschaft sich als Kunstwissenschaft im traditionellen Sinne verstand, was bedeutete, daß sie sich den Erscheinungen der audiovisuellen Medien und der Massenkultur nicht öffnete und einem veralteten Paradigma der Kunstuntersuchung anhing.

Zweitens die Krise des wissenschaftlichen Instrumentariums, die darin zum Ausdruck kam, daß die Theoriebildung auf der Grundlage eines Systems von Kategorien und Gesetzen fußte sowie Methoden der Analyse in Anspruch nahm, die die gesamte Wissenschaft nicht mehr in die Lage setzte, ihre Erkenntnisse des Gegenstandes weiter zu präzisieren und zu differenzieren.

Hier soll zunächst dieser zweite Aspekt zur Sprache kommen: Er zeigte sich u. a. darin, daß die Untersuchung der Zusammenhänge von Gestaltung und Wirkung konkreter Filme auf allen Ebenen – von Kompositionsmomenten des einzelnen Werkes bis zur Ausprägung ganzer Richtungen künstlerischen Schaffens – sich weder »von innen« her, also aus dem Verständnis dramaturgischer und anderer Wirkungsgesetze heraus in angemessener Weise qualifizieren ließ, noch »von außen« aus dem Blickpunkt von Psychologie, Soziologie oder Kulturwissenschaft in systematischer und differenzierender Weise weitergeführt werden konnte. So stagnierten auch die Bemühungen, eine werkorientierte Wirkungsforschung als filmpsychologisch und filmsoziologisch relevante Disziplin aufzubauen, weil die disziplinären Theorieansätze

nicht kompatibel waren und sich die Problemstellungen der Filmwissenschaft nicht ohne weiteres zwecks gemeinsamer Bearbeitung »nach außen« weitervermitteln ließen. Überhaupt bestanden
nur geringe Voraussetzungen zwischen den unterschiedlichen
Disziplinen, einander zu verstehen, die interessierenden Fragen
von einer Fachsprache in die andere zu übersetzen und sinnvoll
zu kooperieren. Die Gründe dafür lagen nicht nur darin, daß die
Kategorien der Filmwissenschaft sich einzeln und als ganzes System als zu vage, zu inadäquat und damit als zu wenig tauglich
herausstellten, Gesetzesaussagen über künstlerische Gestaltung
unter dem Wirkungsaspekt zu formulieren. Es waren schon die
methodischen Ansätze nicht vorhanden, die Kunstphänomene zuverlässig und unmißverständlich für die fremden Disziplinen zu
beschreiben. In gewisser Weise trat ja die traditionelle Hermeneutik sogar dafür ein, Beschreibung, Interpretation und Bewertung
möglichst eng miteinander zu verbinden und sukzessiv eins aus
dem anderen zu entwickeln, so daß sich in ihrem Rahmen objektivierende Beschreibungsverfahren kaum herausbilden konnten.
Ohne dieselben fiel indes die interdisziplinäre Untersuchung von
Kunst schwer, und eine zuverlässige und am Ende gar experimentelle Verifizierung von Aussagen der Filmwissenschaft zu differenzierteren Wirkungsmomenten schien damit unerreichbar, was
natürlich auch Konsequenzen für die Entwicklung der Filmwissenschaft »nach innen« haben mußte. Kompliziertere Beziehungen zwischen kompositorischer Ausformung und ästhetischer
Funktionsweise konnten einfach nicht theoretisch abgebildet werden. Als Beispiel mag die Darstellungsproblematik filmischer Erzählweisen dienen. Im Rahmen der traditionellen Verfahren fanden im Grunde nur jene Formen von Narration eine
Berücksichtigung, die sich geschlossener, sujethafter Fabelstrukturen bedienten. Denn Aussagen über offenere Kompositions- und
Erzählweisen, über episodischen bzw. sujetlosen dramaturgischen
Aufbau einer Filmhandlung mußten zwangsläufig spekulativ bleiben, wenn sie nicht mindestens durch psychologische Argumente
zur Perzeption und Emotion gestützt wurden. Bei der Anwendung der meisten dramaturgischen Kategorien traten ähnliche
Probleme auf, und sie hatten analoge Konsequenzen, wenn es um
Aussagen zu gesetzmäßigen Wirkungen ging. Man muß hier frei-

lich ergänzen, daß die Filmwissenschaft mit diesen Entwicklungs-problemen keineswegs allein stand, sondern daß in den benach-barten Kunstwissenschaften und der Literaturwissenschaft ähn-lich gravierende Probleme aufkamen, bei einigen mehr, bei anderen weniger deutlich. Das geistige Instrumentarium der Kunstwissenschaften, überhaupt der meisten Humanwissenschaf-ten, trug offenkundig den Anforderungen der Zeit nicht mehr Rechnung.

Dergleichen zu bemerken ist eine Sache, eine andere hingegen, einen Ausweg aus dieser Lage zu finden. Die Lösungsvorschläge für die genannten Probleme kamen, aber sie hatten sehr unter-schiedliche Ansatzpunkte und Orientierungen. Um diese deuten zu können, scheint es sinnvoll, noch einen Blick auf einige allge-meine Erscheinungen in der Wissenschaftsentwicklung jener Jahre zu werfen. Die Bemerkungen dazu können freilich nur höchst kursorisch sein, erfordert doch eine solche Einschätzung umfassende Kenntnisse und Vorarbeiten. Drei Wissenschaftsbe-reiche waren es wohl vor allem, die sich in den sechziger Jahren stürmisch entwickelten und eine neue Basis für das Nachdenken über Kunst und ihre Analyse schufen: Erkenntnistheorie, Kyber-netik und Semiologie. Ihre Fortschritte erfolgten bereits nicht mehr isoliert voneinander, vielmehr traten zwischen ihnen vielge-staltige Wechselbeziehungen auf, die dann auch Konsequenzen für die Weiterentwicklungen der Kunstwissenschaften hatten. Methodologische und methodisch-wissenschaftsorganisatorische Veränderungen, die in den Naturwissenschaften vonstatten gin-gen, wirkten sich außerdem auf die Gesellschaftswissenschaften generell aus.

Anfänge von Systemforschung
Kybernetische und semiologische Modellvorstellungen

Für besonders wichtig und folgenschwer, auch hinsichtlich der Weiterentwicklung von Kunsttheorien, halte ich jenen durch den Biologen Ludwig von Bertalanffy erstmals deutlich bezeichneten »Wandel der Grundkategorien unseres Denkens«[2], der mit der Sy-stemforschung entstand. »In der Tat ist innerhalb von wenigen Jahrzehnten gleich ein ganzes Bündel weitgefächerter und in sich rasch differenzierender Disziplinen ins Leben gerufen worden, die eines gemeinsam haben: Sie unterstellen ihre Untersuchungsobjekte nicht als gegebene Individualgegenstände, sondern erforschen dieselben vielmehr unter der Voraussetzung, Ganzheiten zu sein bzw. Systeme. An solchen versuchen sie, Strukturen sowie Funktionen zu erfassen. Es wurden, um nur einige der neuen Wissenschaften zu nennen, die Kybernetik mit der sie fundierenden Informationstheorie, die Spieltheorie, die Operationsforschung etc. geschaffen, deren Begriffe und Methoden vornehmlich den Inhalt dessen ausmachen, was man mit dem Terminus ›Systemdenken‹ bezeichnet.«[3]

Ein wesentlicher Zug des Systemdenkens in den Gesellschaftswissenschaften besteht m. E. darin, daß die Erkenntnis dort modellgestützt verläuft. Zwischen Subjekt und Objekt der Erkenntnis wird jeweils ein zusätzliches, drittes System eingeschaltet, ein wissenschaftliches Modell, das als Hilfsquelle der Informationsgewinnung dient. Es schafft ein Abbild des Erkenntnisobjektes, das bestimmte analoge Beziehungen hervorhebt und fixiert, dafür von vielen anderen jedoch abstrahiert. Darum sind Modelle niemals mit den Individualgegenständen als identisch zu betrachten, stellen sie doch lediglich eine Approximation an diese dar. Sie können allerdings vermöge jener Einschränkung auf die Wiedergabe bestimmter Beziehungen komplizierte und unzugängliche Objekte im Erkenntnisprozeß zeitweilig vertreten, sehr komplexe Gegenstände also dadurch überschaubar machen, daß sie nur manche Beziehungen hervorkehren und nicht alle. Etwa bestimmte strukturelle und funktionelle Zusammenhänge.

Für die Ästhetik und die Kunstwissenschaften ergaben sich derartige Modellvorstellungen durch den Einfluß der Kybernetik, namentlich, was deren informationstheoretischen und regelungstheoretischen Aspekt anging. So wurden schon seit Ende der fünfziger, vor allem aber mit Beginn der sechziger Jahre von der sogenannten Informationsästhetik Versuche unternommen, wichtige Momente des Kunstprozesses, namentlich solche der Rezeption, mit Hilfe informationstheoretischer Modelle darzustellen. Diese Unternehmungen lenkten die Aufmerksamkeit darauf, daß man das so schwer faßbare innovative Moment in der künstlerischen Kreation und Rezeption über solche Begriffe wie Information und Redundanz möglicherweise einmal exakter beschreiben könnte. Das Kommunikationsschema aus der Nachrichtentechnik schien sich auch für die Darstellung der Kunstrezeption anzubieten; im Kurzspeicher des Gedächtnisses erblickte man einen Kanal von bestimmter Durchlaßkapazität, was Rückschlüsse auf informationelle Optimierung künstlerischer Kompositionen gestattete, damit auf exaktere Kriterien für Kunsterlebnisse hoffen ließ. Max Bense[4], André Abraham Moles[5], Helmar Frank[6] u. a. bemühten sich um Beschreibung, Erklärung und Bewertung von Kunst, indem sie deren Rezeptionsverhalten untersuchten. Aufgrund der z. T. philosophisch-weltanschaulich bedingten Verabsolutierung einzelner Komponenten der künstlerischen Darstellung erwiesen sich besonders die Versuche zur Erklärung und Bewertung als unadäquat und oft auch irreführend. Die marxistische Ästhetik hat sich seinerzeit damit auseinandergesetzt.[7] Bestimmte Hinweise, vor allem solche, die den Zusammenhang von Kunstrezeption und informationstheoretisch modellierbaren psychischen Prozessen betrafen und etwa im Rahmen lernpsychologischer Modelle faßbar waren, wurden jedoch von Ästhetik und Kunstwissenschaften generell beachtet. Ähnlich stand es um Modellvorstellungen, die auf der Annahme von Regelvorgängen im Kunstprozeß fußten. Neben Arbeiten von Moles und Frank sind hier eine Reihe marxistischer Untersuchungen zu nennen, die meist Informations- und Regulierungsaspekt eng miteinander verknüpften, solche von L. Küttner[8], H. Redeker[9], L. Perewersew[10], M. Saparow[11] u. a. Sie hatten den immensen Vorzug, größere funktionale Zusammenhänge innerhalb verzweigter Kunstprozesse, die gleichsam als ein Netz miteinander vermaschter Regelkreise aufgefaßt werden konnten, überschaubarer zu machen und auch die in der Kunst erscheinenden Phänomene der Selbstorganisation und Autonomie in ihrer Verkopplung mit einem weiten gesellschaftlichen Umfeld zu begreifen.

Diese Anstrengungen waren Ende der sechziger Jahre allerdings bereits im Abklingen, vermutlich vor allem darum, weil die komplizierten und komplexen Phänomene der Kunst eine wirkliche Quantifizierung von Informationsprozessen erschwerte, so daß der fundamentale Informationsbegriff nur als komparativer, nicht jedoch schon als quantitativer Begriff verwendet werden konnte. Beschreibungen mit seiner Hilfe, die von einem vagen »mehr« und »weniger« an Information oder Redundanz ausgingen, konnten nur bedingt befriedigen, ließen bestenfalls Gedankenexperimente oder terminologische Neufassung bekannter Sachverhalte zu, aber eben nicht die erhofften exakteren wissenschaftlichen Abbildungen. Lediglich bei der Beschreibung von peripheren Momenten des Kunsterlebnisses konnte man genauer werden, aber das führte dann oft sogar zu fehlerhaften Schlüssen und einseitigen Betrachtungsweisen.

Für die Filmtheorie ergaben sich aus dem Kontakt mit dem kybernetischen Gedankengut zunächst nur geringe Konsequenzen. So experimentierte Umberto Eco (1962) mit informationstheoretisch orientierten Beschreibungsweisen bei der Darstellung offener Filmkompositionen Antonionis[12]; der polnische Filmregisseur Krzysztof Zanussi schrieb 1968 seine Magisterarbeit über die Arbeit des Schauspielers im Lichte der Informationstheorie;[13] auch eigene Versuche des Autors in ähnlicher Richtung liegen vor.[14]

Der Eindruck von Folgenlosigkeit der Berührung von Kybernetik und Filmwissenschaft täuscht indes. Kybernetische Grundgedanken fanden Eingang in die allgemeine Zeichentheorie, die Semiologie, und dann über diese in die Filmwissenschaft. Sie wurden auch durch die speziellen Semiotiken assimiliert, von denen die der verbalen Sprachen die am entwickelteste ist. Kybernetische Begriffe wie System, Code, Information, Regulierung gingen in das geistige Instrumentarium der Semiologie ein, halfen bei der Weiterentwicklung dieser Disziplin entscheidend mit. Für eine marxistische Semiologie, speziell das Verständnis der Funktion und damit des Wesens von Zeichen, dürfte ein Gedanke, den der vielseitige sowjetische Linguist Wjatscheslaw W. Iwanow 1965 von Überlegungen des Psychologen Lew Wygotski ableitete, sehr bedeutsam sein. Es heißt da in einem Aufsatz über Verhaltensregulierung innerhalb der menschlichen Gesellschaft: Zeichen »müßten als Mittel der Regulierung menschlichen Verhaltens angesehen werden. (…) Der Mensch, der sein Verhalten nicht unmittelbar beherrscht, (schafft) Zeichen zum Zwecke einer mittelbaren Regulierung des Verhaltens.«[15] Der Semiose-Begriff von Charles S. Pierce[16], der jener besonderen Form von Aktion oder Einfluß über Zeichenwirkung Rechnung trug, wird in diesem Verständnis regulativer Tätigkeit präzisiert, so daß man ihn auch auf Kunstwirkung leichter beziehen kann.

Kunstwerke, unter ihnen Filme, lassen sich als Mittel zur Regulation von Verhalten des Menschen in der Gesellschaft ansehen, und eine Kunstsemiotik sollte bei dieser elementaren Funktion ansetzen. Denn hierdurch ist noch keine Spezifizierung gegeben, welcher Art die Zeichen, Codes oder Systeme zu sein haben, auf welche Weise sie die genannten Aufgaben wahrnehmen. Auch wird zwischen Anstößen, die mehr im sinnlichen oder mehr im rationalen Bereich liegen, noch nicht unterschieden, was für die Kunstsemiotik von großer Wichtigkeit sein dürfte. In ihrer Anfangsphase hat die Filmsemiotik nämlich gerade das Problem der elementaren Verhaltensregulierung im sinnlichen Bereich der Erkenntnis am wenigsten begriffen. Sie nahm erneut den Gedanken vom Film als Sprache auf, und immer, wenn die entsprechenden Versuche angefochten wurden oder die Autoren ratlos waren, kehrten sie zu einem Axiom zurück, das äußerst problematisch und irreführend war, dem des Verstehens von Film. Film könne – wenn er gelungen sei – verstanden werden, also müsse man analysieren, wie das Verstehen erreicht worden sei, und das ließe sich durch die Erkenntnisse über die verbalsprachliche Kommunikation befördern. Auf diesen Voraussetzungen bauten – ausgesprochen und unausgesprochen – die meisten der frühen filmsemiotischen Überlegungen auf, und bis heute setzt sich diese Tendenz fort, die mehr auf rationales Verstehen orientiert.

Man kann diese Neigung der Filmsemiotik, sich an die Linguistik anzulehnen und aus allgemeinen Gesetzen einer Translinguistik ein Instrumentarium für eigene Zwecke ableiten zu wollen, leicht mitvollziehen, wenn man sich die großen Leistungen vergegenwärtigt, die diese Disziplin gerade in den sechziger Jahren erreicht hatte. In Frankreich, wo für Jahre das Zentrum filmsemiotischer Überlegungen liegen sollte, hatten A. Martinet[17] (1960), E. Benveniste[18] (1966), A. J. Greimas[19] (1966) u. a. ein modernes, der allgemeinen Wissenschaftsentwicklung ebenbürtiges, hochdifferenziertes Instrumentarium erarbeitet. Beschreibungsverfahren und Erklärungsversuche im Bereich der Anthropologie, Soziologie und Psychologie, die von strukturalistischen Prinzipien ausgingen oder durch frühere phänomenologische und positivistische Denkansätze hervorgebracht worden waren, fanden sich mit denen der sogenannten strukturalistischen Translinguistik leicht zusammen und beförderten ein geistiges Klima, das einen analogen Erkenntnisfortschritt in den Kunstwissenschaften wahrscheinlich werden ließ. Vorzugeben, daß man den Verfahren des Anthropologen Claude Lévi-Strauss[20] folge, war auch unter den Ästhetikern seinerzeit Mode geworden. Doch zum Film:

Eine Darstellung, welche der in der Filmwissenschaft der neueren Zeit dominierenden Richtung der Filmsemiotik in Kürze gerecht zu werden vermag, ist schon darum nahezu unmöglich, weil diese Tendenz eine kaum übersehbare Flut von Veröffentlichungen hervorgebracht hat, die auf viele Zeitschriften und Sammelbände der Welt verteilt sind, wobei der Bereich der eigentlichen Filmpublizistik in der Regel verlassen wird. Hinzu kommt, daß die Autoren nicht nur sehr unterschiedliche Standpunkte vertreten, sondern dies mit einer oft stark voneinander abweichenden Interpretation zentraler Begriffe tun und mit ihren Argumenten auch meist in einem unübersichtlichen wissenschaftlichen Meinungsstreit eingebunden sind. Daher soll hier nur auf einige wichtige Tendenzen und Autoren hingewiesen und eine zentrale Problematik der ganzen Richtung im Auge behalten werden, zumal es an Einführungen[21] und differenzierten Übersichten[22] auch in deutscher Sprache nicht fehlt.

Frühe Filmsemiotik
Gianfranco Bettetini, Peter Wollen, Christian Metz

Inwiefern es sinnvoll sei, Film als Sprache bzw. unter zeichentheoretischem Aspekt zu studieren, obschon er eine spezifische und von der verbalen verschiedene Kommunikationsform schaffe, das hatten zu Beginn der sechziger Jahre in Frankreich schon Roland Barthes und Jean Mitry auf ähnliche Weise erwogen, und sie hatten dabei sehr wohl die Vorbehalte zur Geltung gebracht, die Merleau-Ponty und Cohen-Séat sogleich nach Kriegsende aussprachen. 1960 machte Barthes[23] darauf aufmerksam, daß der Film mit heterogenen, polyvalenten und zusammengesetzten Zeichensystemen umgehe, die eine Uneinheitlichkeit im Modus der Bedeutungsübertragung zur Folge hätten, welche sich bis in die einzelne Einstellung auswirke und eine Deskription nach dem Verfahren der Linguistik verhindere. Dennoch blieb der Wunsch nach einer wissenschaftlichen Darstellung, die dem Sprachmodell folgte, erhalten, und sogar die Suche nach abgrenzbaren kleinsten Einheiten, wie die Linguistik sie kennt, wurde lange nicht aufgegeben. Denn es fehlten die übergreifenden Gesichtspunkte einer allgemeinen Zeichentheorie. Christian Metz, der als Begründer der systematischen Filmsemiotik gilt, formulierte bereits 1964, worin das Entwicklungsproblem der neuen Disziplin lag: »*De jure* ist die Linguistik nur ein Gebiet der Semiologie, *de facto* aber baut sich die Semiologie von der Linguistik her auf. Das ist in einer Hinsicht ganz normal: die Semiologie ist im wesentlichen noch zu entwickeln, während die Linguistik schon gut fortgeschritten ist.«[24]

Folgerichtig vollzogen sich auch die semiotischen Überlegungen zum Film in der Nähe der Linguistik, in der man gleichsam, wie Metz es einmal spöttisch nannte, eine alte Dame sah, bei der man sich sicher fühlen könnte, weil ihre Verfahren sich bewährt hätten.[25] Erste Anläufe, semiotische Vorstellungen auf den Film anzuwenden, geschahen etwa gleichzeitig in mehreren europäischen Ländern, und sie suchten in der Linguistik ihr Bezugssystem. Dies aber keineswegs ohne eine grundsätzliche Differenzierung. Der holländische Dozent für Filmkunde Jan-Marie-Lambert Peters skizzierte 1962 ein ganzes System der Filmsprache, das den Unterschied zwischen Verbalsprache und Film davon ableitete, daß »das Wort ein Konzept (eine vom Denken abgeleitete Abstraktion) einer Sache gibt und das Bild ein Perzept (eine von der Wahrnehmung abgeleitete Abstraktion)«.[26] Die erkenntnistheoretischen Probleme seines Entwurfs sind inzwischen benannt worden.[27]

Auf einem Semiotiker-Symposium in Warschau hatte Roman Jakobson, der die Veranstaltung leitete, 1965 geäußert: »Das interessanteste Gebiet für semiotische Forschungen ist die Filmtheorie.«[28] Roland Barthes und Wjatscheslaw Iwanow hatten dann durch ihre Beiträge diese These plausibel gemacht. Dies dürfte den Anstoß dafür gegeben haben, daß sich bereits 1967 eine Reihe polnischer Wissenschaftler zu derartigen Themen äußerten. B. Lewicki[29] arbeitete allgemeine semiologische Probleme des Films heraus, M. Bystrzycka[30] würdigte Eisenstein als Vorläufer der Filmsemantik, B. Mrulik[31] versuchte das Zeichensystem des Films zu charakterisieren und E. Siemińska[32] befaßte sich mit dem sprachwissenschaftlich relevanten Problem von Konnotation und Denotation im Filmwerk.

Eine Entwicklung, die bereits sehr originelle Denkansätze und ausgereifte Publikationen größeren Umfangs hervorbrachte, ging in Italien vonstatten, getragen von G. Dorfles[33] (1962), P.P. Pasolini[34] (1966), G. Bettetini[35] (1968), E. Garroni[36] (1968) und U. Eco[37] (1968). Ein Round-table-Gespräch zur Semiotik des Films gelegentlich einer internationalen Ausstellung des Neuen Films in Pesaro im Jahre 1967 hatte dieser Bewegung zusätzliche Impulse verschafft und auch einen Dialog mit sowjetischen Spezialisten aus der sogenannten Moskau-Tartu-Schule eingeleitet. Bemüht um die Herausarbeitung diskreter Einheiten schlug der Filmregisseur und Literaturwissenschaftler Pier Paolo Pasolini[38] vor, analog zur Verbalsprache für die Sprache des Kinos ebenfalls eine doppelte Gliederung zu akzeptieren. Die kleinsten Einheiten sollten – in Entsprechung zu den Phonemen – im Film »Kineme« genannt werden; jene seien mit den abgebildeten Gegenständen identisch. Eco hat diese Auffassung später zu Recht in mehrfacher Hinsicht kritisiert[39], das Konzept gab jedoch Anstoß für sehr produktive Überlegungen, welche Rolle dem fotografischen Abbild in der Semiose, dem Zeichenprozeß, zukomme. Von Pasolini stammt auch der viel zitierte Satz: »Es gibt kein Wörterbuch der Bilder«[40], der vielen Nichtspezialisten seinerzeit half, Distanz zu vereinfachenden Vorstellungen über den Film als Sprache zu gewinnen.

Gianfranco Bettetini hielt in seinem Buch »Cinema: lingua e scrittura«[41] (»Film: Sprache und Ausdrucksweise«, 1968) die Annahme von abgrenzbaren Einheiten im Film für nicht abwegig, verlegte diese sogenannten »Iconeme« indes auf die Ebene größerer Zusammenhänge der Syntagmen. Bettetinis Ansatz, der auch eine Theorie des Realisationsprozesses beim Film einschloß, hatte den Vorzug, die Zeichenprozesse der Filmkommunikation im Rahmen ihrer Sozialisation zu sehen, und er näherte sich einem Gedanken, den Emilo Garroni in seinem einflußreichen Werk »Semiotica ed estetica« (»Semiotik und Ästhetik«, 1968) deutlich formulierte, dem der Pluricodizität von Sprachen, darunter auch der des Films. Nach Garroni ist der sogenannte kinematographische Code eine Kombination von mehreren Codes.[42] Damit läßt sich u. a. die Komplexität von Beziehungen innerhalb der Filmkomposition verstärkt ins Spiel bringen. Bettetini, der sich an die semiologischen Modelle von Pierce und Morris anlehnte, übernahm vom erstgenannten übrigens eine Auffassung, die der Engländer Peter Wollen dann seinem 1969 erschienenen Buch »Signs and meanings in cinema« (»Zeichen und Bedeutungen im Film«)[43] zugrunde legte. Auf die Heterogenität filmischer Zeichen eingehend, unterschieden Bettetini und Wollen drei Typen von Zeichen, nämlich das Ikon, den Index und das Symbol. Diese sind jeweils durch Ähnlichkeit des Zeichens mit dem Objekt, durch eine ihm inhärente hinweisende Beziehung bzw. durch reine Konvention charakterisiert. Nach Wollen schließen sich Zeichen unterschiedlichen Typs nicht gegenseitig aus, sondern wirken zusammen, überlagern sich. Aus Dominanzverhältnissen unter den verwendeten Zeichentypen lassen sich dann Charakteristika für Grundrichtungen filmischer Gestaltungsweisen gewinnen. Sternbergs Filme mit ihrer Orientierung auf Visuelles, durch Lichtregie Getragenes, rechnet Wollen dem Ikonischen zu, Rossellinis Filme hingegen berücksichtigten seiner Meinung nach eher die Indices, während Filme des frühen Eisenstein vom Symbolischen bestimmt seien.

In den Indices fand sich dabei ein ganzes Spektrum von Möglichkeiten an, Bedeutung aus dem ähnlichen Abbild des Dargestellten zu entwickeln und zu stabilisieren, so daß bis heute dieser »mittlere« Typ von Zeichen von manchen Theoretikern als weiter differenzierungsfähig und die Klassifikation damit als ausbaufähig angesehen wird.

Christian Metz setzte sich in einer Reihe kleinerer Arbeiten, die alsbald in Sammelbänden erschienen und in andere Sprachen übersetzt wurden, mit wichtigen Aspekten einer linguistisch-semiotisch orientierten Filmtheorie auseinander. Wie kein anderer hat Metz inzwischen die Unterschiede zwischen verbaler und filmischer Kommunikation differenziert und von unterschiedlichsten Blickwinkeln aus dargestellt. Obschon er sehr früh einleuchtende Argumente dafür fand, wie unterschiedlich nicht nur filmische Einstellung und Wort, sondern die Gesamtheit von Struktur- und Funktionszusammenhängen bei Verbalsprache und

Film seien, beschäftigte ihn in den sechziger Jahren noch das diskrete Einheiten stiftende Modell von Denotation und Konnotation, welches der Sprachwissenschaftler Hjelmslev für seine Disziplin formuliert hatte. Er verabschiedete sich aber von der Vorstellung, aus der Differenzierung in denotative und konnotative Beziehung für die Filmanalyse einen methodischen Hinweis gewinnen zu können. Denn: »Für das Kino gilt mehr als für alles andere, daß die Konnotation nichts anderes ist als die Form der Denotation, wie ein Ästhetiker des Kinos, nämlich Jean Mitry, einmal bemerkte.«[44]

Mit der aufgegebenen Suche nach diskreten Einheiten im Mikroraum der Komposition war für Metz aber noch nicht automatisch eine solche im Makroraum beendet. Er suchte die Begrenzungen nun gleichsam für ganze Blöcke von Zeichengebilden, die einen relativ geschlossenen inhaltlichen Zusammenhang konstituierten, aber eben auf der Ebene großer Einheiten, sogenannter »großer Syntagmen«.

Nach der Theorie des Linguisten Ferdinand de Saussure, der auch als ein Mitbegründer der allgemeinen Zeichentheorie gilt, kann man innerhalb eines Sprachsystems zwischen syntagmatischen und paradigmatischen Beziehungen unterscheiden. Die paradigmatischen Beziehungen determinieren das Verhältnis der Elemente innerhalb eines Sprachsystems zueinander, die syntagmatischen bestimmen hingegen die Zusammensetzung der Elemente zu komplexen Formen und Sätzen. Das Syntagma, also das Segment eines aus mehreren Teilen gebildeten Diskurses, das eine Bedeutungseinheit darstellt, wurde von Metz zur Grundlage einer Modellierung filmischer Kommunikation genutzt. Die unterschiedlichen Möglichkeiten, derartige Syntagmen zu bilden, lassen sich seiner Auffassung nach auf acht Grundtypen zurückführen, acht sogenannte syntagmatische Typen oder »große Syntagmen«. Diese Typen heißen: 1. autonome Einstellung, 2. paralleles Syntagma, 3. Syntagma der zusammenfassenden Klammerung, 4. deskriptives Syntagma, 5. alternierendes Syntagma, 6. Szene, 7. Sequenz durch Episoden, 8. gewöhnliche Sequenz.

Eine Tabelle[45] veranschaulicht den Zusammenhang dieser Typen:

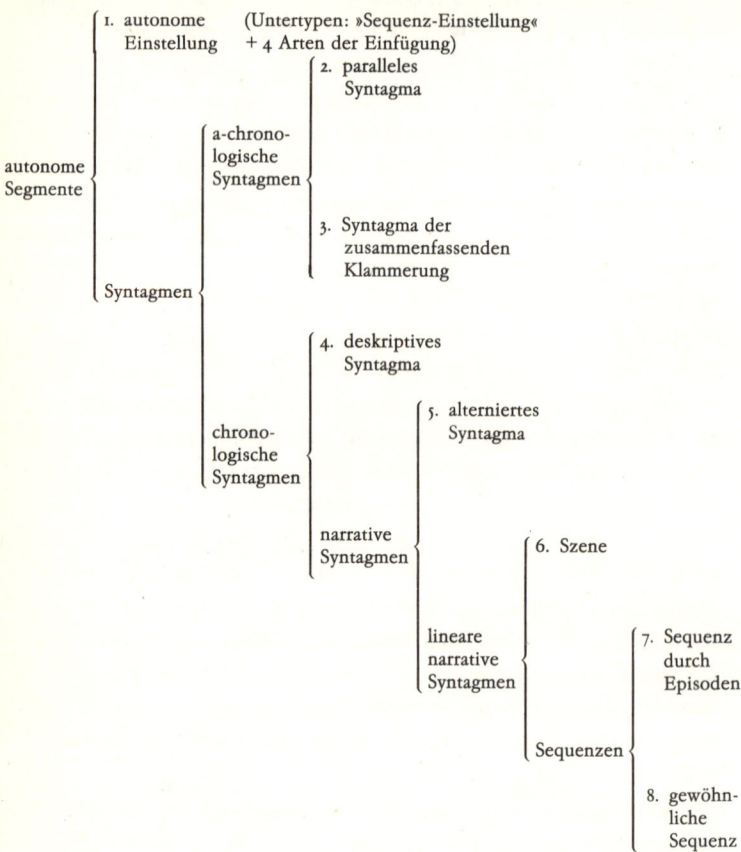

Die Komposition eines Films läßt sich mit Hilfe dieser Typologie in gewissem Grade exakter charakterisiéren. Es gibt in jedem konkreten Film eine unterschiedliche Ausnutzung der syntagmatischen Typen hinsichtlich Häufigkeit, Kombination usw. Für die Bedeutungsanalyse eines Films erwachsen aus dieser Beschreibung freilich kaum direkte und zwingende Hinweise, dafür ist das Modellierungsprinzip zu wenig auf die verhaltensregulierende Funktion des gesamten Kunstwerks bezogen. Ganz unwichtig für die Vermittlung des Inhalts ist es jedoch nicht, ob eine Filmkomposition viele autonome Einstellungen und gewöhnliche Sequen-

zen benutzt oder parallele Syntagmen bzw. solche der zusammenfassenden Klammerung, ob sie also einem mehr linearen Aufbau
oder einem mehr verzweigten und gestaffelten folgt. Dergestalt ist
das System geeignet, die Deskription einzelner Filmwerke zu stützen bzw. zu gliedern, was Metz selbst am Beispiel von Jacques Ro-
ziers »Adieu Philippine« ausführlich demonstrierte.[46] Darüber hinaus – und darin dürfte ihr wesentlichster Wert liegen – vermag
die Typologie die Stilanalyse von Spielfilmen zu fundieren. Freilich hat das zitierte Schema trotz seiner Bekanntheit – es fehlt nahezu in keiner neueren Chrestomatie zur Filmtheorie – eine
Reihe sehr wesentlicher und durchaus berechtigter Anfechtungen
erfahren[47], die seinen theoretischen Wert als begrenzt erscheinen
lassen. Metz selbst hat später festgestellt, daß es sich bei der »Großen Syntagmatik« nur um einen Code unter anderen handele.[48]
Ein wirklich weiter verfolgbarer Theorieansatz ließ sich von dorther jedenfalls kaum konstruieren. In Metz' großer Abhandlung
über Sprache und Film, die 1971 erschien, heißt es am Schluß:
»Eines der Ziele dieses Buchs bestand darin, zu zeigen, daß das Problem der kinematographischen Bedeutung (signification) nicht
angemessen behandelt werden kann, wenn man sich an die Definition der Sprache als einem zur Kommunikation bestimmten System von Zeichen hält. Es stellt sich erst dann in Wirklichkeit,
wenn man auf genauere – ›technischere‹, wie man gelegentlich
sagt – Begriffe zurückgreift, und wenn man es in den allgemeineren Rahmen der gegenwärtigen semiologischen Forschungen zu-
rückstellt.

Das cinéma stellt nicht *ein* System dar, sondern es enthält mehrere. Es scheint keine Zeichen zu besitzen, aber das liegt daran,
daß seine Zeichen sich von denen der verbalen Sprache sehr unterscheiden; außerdem übersteigt das Gebiet der *Bedeutung* (signification) weitgehend das des Zeichens (signe). Es übersteigt
ebenso das der *Kommunikation* im eigentlichen Sinne ...«[49] Metz
erklärt in dem Buch, einen Hinweis Garronis aufnehmend:

»Behaupten, daß ein Filmsystem eine Kombination mehrerer
Codes ist, heißt zugleich einschließen, daß es seinem Wesen nach
aus einer *Verschiebung* (déplacement) besteht. (...) Das, was das System eines Films im eigentlichen Sinne ›macht‹, ist der *Übergang*
von einem Code zum anderen; jeder Film wird mit verschiedenen

Codes konstruiert, und eben durch dieses ›mit‹ wird das Wichtige ausgedrückt.«[50] Im gleichen Zusammenhang spricht der Autor, einen Ausdruck von Julien Greimas aus der Linguistik übernehmend, von Film als »Ort einer *Strukturierungsarbeit*«.[51]

Diese Strukturierungsarbeit als ein dynamischer Vorgang, der sich erst aus dem Zusammenwirken der Codes bei der Formierung einer künstlerischen Botschaft herstellt, konnte freilich mit den von der Filmsemiotik bis dahin erstellbaren Modellen nicht so recht erfaßt werden. Generell waren objekttheoretische Aussagen, also Aussagen zur Struktur von konkreten Filmkunstwerken und ihren Wirkungen oder zur Kinematographie und ihrer Funktion mit Hilfe der filmsemiotischen Erkenntnisse, eher nur mittelbar zu befördern. Bei Metz finden sich im Umfeld der Modelle zahlreiche wichtige Hinweise, sei es zur Frage des Realitätseindrucks[52] im Kino oder zu Kompositionsformen in Fellinis »8 1/2«[53]. Es sind dies aber weniger direkte und zwingende Konsequenzen des skizzierten Modells als vielmehr Interpretationen des Objektes, die aufgrund des neuartigen methodischen Herangehens erleichtert worden sein mögen. Sie erschienen, wenn man so will, eher als Folge eines Sensibilierungs-Trainings, das der Autor durch seine paradigmatische Anstrengung bei der Analyse gewann, denn als zwangsläufiges Resultat dieser Anstrengung selbst.

Die klassische – linguistisch orientierende – Filmsemiotik erwies damit ihren Wert wohl vor allem im metatheoretischen Bereich, also mehr im Reflektieren darüber, wie über den Film nachgedacht werden müsse bzw. wie nicht nachgedacht werden dürfe. Ähnlich wie die Kybernetik erschien dabei aber auch die Semiologie als eine Art Brücke zu den anderen Wissenschaften, als Integrationswissenschaft, die für eine notwendig gewordene systematisch betriebene Forschung zu Film und Kino eine praktische Hilfe und gedankliche Orientierung bieten könnte. Anders läßt sich kaum erklären, daß die Arbeiten des französischen Filmsemiotikers in zwanzig Sprachen übersetzt wurden und bereits 1983 die Sekundärliteratur über Metz mehr als 500 Titel zählte.[54]

Ein möglicher Weg, um differenzierter in die Untersuchung jener Strukturierungsarbeit einsteigen zu können, bestand in der Aufarbeitung der damit verbundenen Probleme der Psychologie. Metz setzte seine Arbeit in der Tat in dieser Grundrichtung fort.

Von Jacques Lacan beeinflußt, nahm er jedoch – wie auch andere französische Autoren, etwa J. L. Baudry[55] und J. P. Oudart[56] – mit Arbeiten wie »Le signifiant immaginaire« (1977) Zuflucht bei der strukturalistischen Psychoanalyse, was, wie mehrere Kritiker bescheinigten[57], keinesfalls aus der Krise herausführen konnte. Umberto Eco, nach einer sinnvollen Weiterführung der Metzschen Theorie befragt, hätte eher ein Engagement im Hinblick auf die Wahrnehmungspsychologie empfohlen.[58]

Allgemeine Zeichentheorie und ikonische Codes
Umberto Eco, Juri Lotman

Von Umberto Eco selbst sind nur wenige Untersuchungen filmtheoretischer bzw. -semiologischer Art vorgelegt worden. 1968 hatte er eine kleinere Arbeit[59] publiziert, in der er vorschlug, beim Film statt einer für die Verbalsprache zutreffenden zweifachen Gliederung eine dreifache anzunehmen, die zur Konsequenz habe, daß aus der Zeichenkombination eine Art »Hypersignifikat« abgeleitet werden könnte, welches eine dritte Ebene bilde, von der aus die Sinn-Einheiten der niedrigeren Ebenen deutbar würden. Die in der Einstellung temporalisierten ikonischen Zeichen, welche die Kinematographie liefert, ließen sich dergestalt mehr in ihrem Zusammenhang, in ihrer Kohärenz sehen. Diesen Gedanken führt der Autor dann nicht weiter. Mit seinen fundamentalen Untersuchungen zu Grundproblemen der allgemeinen Zeichentheorie hat Eco aber eine Reihe von Fragen klären helfen, die für die semiologische Analyse des Films von großem Wert sein dürften. Dazu gehört die Charakterisierung ikonischer Zeichen und Codes. In seiner »Einführung in die Semiotik« schreibt er: »Die Welt der visuellen Kommunikation erinnert uns daran, daß wir auf Grund von *starken* (wie der Sprache) und geradezu *äußerst starken* (wie dem Morsealphabet) und auf Grund von *schwachen Codes* kommunizieren, welche kaum definiert sind, sich ständig verändern und in denen die fakultativen Varianten gegenüber den relevanten Zügen überwiegen.«[60] Er erläuterte: »Andererseits haben wir geklärt, daß es die ikonischen Codifizierungen gibt. Wir stehen folglich der Tatsache gegenüber, daß große Codierungsblöcke existieren, deren Gliederungselemente aber nur schwer unterschieden werden können. (...) Im ikonischen Kontinuum werden nicht ein für allemal direkte und katalogisierbare Einheiten ausgeschnitten, sondern die relevanten Aspekte variieren: Manchmal sind es die konventionell erkennbaren großen Konfigurationen, manchmal auch kleine Liniensegmente.«[61] Die kinomatographischen und filmischen Codes, die in hohem Maße zu den ikonischen rechnen dürften, können danach kaum starke Codes sein, denn nach Eco sind »ikonische Codes, wenn es sie gibt, schwache Codes«.[62] Die Filmsemiotik dürfte von einer Weiterentwicklung der allgemeinen Zeichentheorie gerade auf dem genannten Sektor neue Impulse erwarten. Arbeiten in dieser Richtung gibt es. Einen Ansatz für die Filmsemiotik, der auf eine allgemeine Zeichentheorie ausgerichtet war und zudem die Vorzüge eines marxistischen Grundkonzeptes besaß, gab 1973 Juri Michailowitsch Lotman, Professor für Literaturgeschichte und Theorie an der Universität von Tartu mit »Semiotika kino i problemy kinoestetiki«, das in deutscher Sprache unter dem Titel »Probleme der Kinoästhetik. Einführung in die Semiotik des Films« erschien. Lotman, Verfasser einer Reihe literaturtheoretischer Bücher, die mit kybernetischen und semiologischen Vorstellungen experimentierten, hatte dabei Verfahren und Modellvorstellungen erarbeitet, die es gestatteten, die menschliche Kultur in ihrer Gesamtheit als einen Zeichenprozeß zu begreifen, in dessen typologische und geschichtliche Zusammenhänge er jeweils punktuell und unter Anwendung eines heuristische Verfahren betonenden Denkstils Einblick zu gewinnen suchte. Die eher skizzenhafte Studie zum Film wird in ihrem Wert eigentlich erst dann verständlich, wenn man sich vergegenwärtigt, daß sie in einem Kontext mit kulturtheoretischen und -historischen, ästhetischen, literaturtheoretischen und -geschichtlichen sowie speziell semiologischen Überlegungen steht, der einerseits die Überlegungen zum Kino in umfassendere Begründungszusammenhänge einordnet und sie mit einer historischen Dimension versieht, andererseits auch durch eine Vielzahl von zusätzlichen methodischen Anregungen beiläufige Hinweise auf diese Untersuchungen schafft. Mit Lotmans Gesamtwerk, das auf Erkenntnisse eines ganzen Arbeitskreises, der sogenannten Moskau-Tartu-Schule, Bezug nimmt, liegt also eher ein skizzenhaft und partiell ausgeführter Entwurf für ein sehr umfangreiches und komplexes wissenschaftliches System vor.

Lotman definiert: »Kultur – das ist die Gesamtheit aller nicht vererbten Information zusammen mit den Verfahren ihrer Organisation und Speicherung«[63], und: »Kultur ist also ein Zeichensystem, das auf eine ganz bestimmte Weise organisiert ist. Dabei fungiert gerade das Moment der Organisation – verstanden als Summe von Regeln und Einschränkungen, denen das System unterworfen ist – als das bestimmende Merkmal der Kultur.«[64] Diese – sehr abstrakte – Modellvorstellung gibt dem Autor die Möglichkeit, verschiedene konkrete Erscheinungsweisen der Kultur in ihren funktionalen Beziehungen leichter zu verknüpfen, etwa auch mit den sozialen Momenten, denn, so heißt es: »zugleich ist der Bereich der Kultur ein ständiger Kampfplatz, der Austragungsort von sozialen Konflikten, historischen Zusammenstößen und Klassenkämpfen.«[65]

»Eine Kultur ist somit ein historisch entstandenes Bündel semiotischer Systeme (›Sprachen‹), das zu einem einheitlichen Supersystem (›Supersprache‹) integriert sein kann, das aber auch eine Symbiose selbständiger Systeme darstellen kann. Doch umschließt die Kultur nicht nur eine bestimmte Verbindung semiotischer Systeme, sondern sie umfaßt auch die Gesamtheit der historisch vorfindlichen Mitteilungen in diesen Sprachen (Texten).«[66]

Um die Phänomene der Kultur zu erforschen, bedient Lotman sich der strukturell-semiotischen Methoden der Textanalyse. »Im Gesamtsystem der Kultur erfüllen Texte wenigstens zwei grundlegende Funktionen: adäquate Übermittlung von Bedeutungen und Erzeugung neuer Sinngehalte.«[67] Bei künstlerischen Texten dominiere die letztgenannte Komponente, denn sie seien auf Generierung von Sinn aus und legten damit in gewisser Weise eine eigene Aktivität an den Tag. Kunst läßt sich nach Lotman auch als »eine der verschiedenen Arten modellbildender Tätigkeit«[68] ansehen. Ihre Phänomene darf man als »sekundäre modellbildende Systeme«[69] auffassen, d. h. als solche, denen ein primäres modellbildendes System zugrunde liegt – wie etwa die natürliche Sprache der Literatur –, das aber eine zusätzliche Hyperstruktur ausbildet, welche auf die Resultate der primären Modellierung zurückwirkt, sie modifiziert. Auf der Suche nach den wichtigsten Merkmalen der spezifischen modellbildenden Tätigkeit Kunst kommt Lotman zu der eigenwilligen, aber höchst anregenden These:

»Künstlerische Modelle stellen eine einzigartige Verbindung von wissenschaftlichem Modell und Spielmodell dar, weil sie gleichzeitig den Intellekt *und* das Verhalten organisieren.«[70] Eine genauere Interpretation dieser These macht deutlich, daß damit eine Vielfalt ästhetischer Erkenntnisse auf einen überschaubaren funktionalen Zusammenhang gebracht werden kann, darunter solche, die von der Theorie bisher kaum systematisch zu erfassen waren.

Dieses Modell von Kunstwirkung läßt sich dabei leichter in ein umfassenderes Kulturkonzept einordnen, gleichzeitig legt es klar, daß es sich bei Kunstwerken um Texte handelt, die auf ganz spezifische Art Sinn generieren. Die Arbeitshypothese, welche den spannungsvollen Zusammenhang zwischen so verschiedenen Momenten betont, ist symptomatisch für das Herangehen Lotmans. Seine Modelle suchen den Widerspruch auf, stellen ihn frei, indem sie immer wieder Dichotomien abbilden und sie – nach linguistischer Manier – als Oppositionen hinstellen. Damit schaffen sie einen Freiraum für dialektisches Denken, machen zugleich Entwicklungen leichter analysierbar. Die linguistisch ausgerichtete Filmsemiotik hatte gerade in dieser Hinsicht die Erkenntnis erschwert, zumal sie immer wieder ihre Modelle unterderhand zu Theorien aufwertete und dabei bestimmte Züge jener Hilfsmittel der Informationsgewinnung verabsolutierte, das, was nur Resultat von Approximation war, zum Wesen erklärend.

Auch die kleine Arbeit Lotmans zur Semiotik des Films ist durch die oben benannten methodischen Intentionen geprägt. Sie wollte vor allem auf bestimmte Möglichkeiten wissenschaftlichen Herangehens aufmerksam machen und noch längst keine Monographie oder gar Handbuch sein.

Lotman faßt den Begriff der Sprache sehr weit und diskutiert zu Beginn die Frage, inwiefern Film als Kommunikationssystem Zeichen nutzt. Er verweist dabei auf die Dichotomie von konventionellen und abbildenden, ikonischen Zeichen.

»Die Zeichen lassen sich in zwei Gruppen einteilen: in konventionelle und abbildende. Konventionell sind die Zeichen, bei denen die Beziehung zwischen Ausdruck und Inhalt keine innere

Motivation hat. (...) Das Wort ist der charakteristischste und kulturell wichtigste Typ eines konventionellen Zeichens. Der Begriff des abbildenden oder ikonischen Zeichens impliziert, daß die Bedeutung nur einen, ihr natürlicherweise zugehörigen Ausdruck hat. Der häufigste Fall ist die Zeichnung.«[71]

Für die Entwicklung der menschlichen Kultur sei, so Lotman, offensichtlich die Existenz beider Typen von Zeichensystemen notwendig; der Widerspruch zwischen den beiden Zeichenarten präge sie sogar. Die Bereiche der ikonischen und der konventionellen Zeichen stünden in einer ständigen Wechselwirkung, in einem Prozeß des Überganges ineinander und der Abgrenzung gegeneinander. Besonders deutlich käme dies in der Kunst zum Ausdruck. In der Wechselbeziehung zwischen den beiden Zeichensystemen könne man geradezu eine Tradition des Kinos erblicken. Im Film würden zwei Erzähltendenzen, fußend auf unterschiedlichen Erzähltendenzen, zur Synthese gebracht, nämlich die auf den ikonischen Zeichen basierende darstellende und die auf den konventionellen beruhende sprachliche.

Bei der Analyse der Filmkommunikation geht Lotman davon aus, daß alles, was im Film dem Bereich der Kunst angehöre, Bedeutung habe. Die Untersuchung habe sich immer auf dieses Moment zu beziehen. Dabei sei der semantische Prozeß in der Filmkommunikation zwar als ein spezifischer anzusehen, stehe jedoch nicht isoliert:

»Kinematographische Bedeutung ist eine Bedeutung, die mit den Mitteln der Filmsprache ausgedrückt wird und außerhalb ihrer nicht möglich ist. Die kinematographische Bedeutung entsteht dank einer eigentümlichen, nur der Filmtechnik möglichen Verkettung semiotischer Elemente. Das Kino ist Teil des ideologischen Kampfes, der Kultur seiner Epoche. Durch diese Aspekte hängt es mit zahlreichen, außerhalb des Filmtextes liegenden Aspekten der Realität zusammen, und das ist die Ursache einer ganzen Reihe von Bedeutungen, die für den Historiker wie für den Zeitgenossen wesentlicher sind als die eigentlichen ästhetischen Probleme.«[72] Dem Phänomen der filmischen Einstellung nähert sich Lotman auf ähnlich dialektische Weise, indem er die Einstellung als System mit dem größeren Systemzusammenhang der abzubildenden Welt konfrontiert. Er schreibt:

»Die Welt des Films ist der sichtbaren Gestalt der Wirklichkeit in höchstem Maße nahe. Und die Illusion der Realität ist, wie wir sehen, ihre nicht wegzudenkende Eigenschaft. Aber diese Welt hat ein recht eigentümliches Merkmal: Es handelt sich niemals um die Wiedergabe der ganzen Wirklichkeit, sondern um ein Bruchstück, einen Ausschnitt von der Größe der Leinwand. Die Welt der Objekte ist geteilt in einen sichtbaren und einen unsichtbaren Bereich; und sobald das Auge der Kamera sich auf irgend etwas richtet, erhebt sich die Frage sowohl nach dem, *was* es sieht, als auch nach dem, was für das Objekt *nicht* existiert. Die Frage nach der Struktur der Welt außerhalb der Leinwand ist für den Film von großer Bedeutung. Die Tatsache, daß die Welt auf der Leinwand immer *Teil* einer anderen Welt ist, bestimmt die grundlegenden Eigenschaften des Kinematographen als Kunst.«[73]

Das Spannungsverhältnis zwischen der Struktur außerhalb und innerhalb der Leinwand wird von Lotman dann genutzt, die Eigenheiten der filmischen Einstellung unter verschiedensten Aspekten zu diskutieren. Er weist dabei auch auf den komplexen Zusammenhang zwischen Einstellung und Filmganzem hin.

»Die Einstellung ist Teil des Filmganzen und bewahrt gleichzeitig ihre Selbständigkeit als Träger einer bestimmten Bedeutung. Diese Eigenständigkeit der Einstellung aber, die durch die Gesamtstruktur der kinematographischen Sprache noch bestärkt wird, erzeugt eine Gegenbewegung, die Selbständigkeit der Einstellung zu überwinden, sie in komplexere Bedeutungseinheiten zu integrieren oder sie in bedeutungshaltige Elemente niedrigerer Ebenen zu zerlegen. Die Isolierung der einzelnen Einstellung im zeitlichen Ablauf wird durch die Montage aufgehoben – die Aufeinanderfolge zweier Einstellungen ist nicht die Summe zweier Einstellungen, wie schon die Filmtheoretiker der 20er Jahre bemerkten, sondern ihre Verschmelzung zu einer komplexeren Bedeutungseinheit einer höheren Ebene. (...) So realisiert die Sprache der Kinematographie den Begriff der Einstellung und kämpft zugleich mit ihm, indem sie neue Möglichkeiten künstlerischen Ausdrucks schafft.«[74]

Für Lotman hat die Kinematographie narrativen Charakter. Die kinematographische Sprache organisiere sich als Mechanismus »des Erzählens von Geschichten vermittels der Demonstration beweglicher Bilder.« Die Montage führe dabei zur filmischen Erzählung hin. Bei der Textanalyse, der strukturell-semiotischen Darstellung der Komposition, geht der Autor ebenfalls von einer Dichotomie aus:

»Der kinematographische Text läßt sich gleichermaßen als diskreter, aus Zeichen zusammengesetzter, wie auch als nichtdiskreter Text betrachten, in dem die Bedeutung unmittelbar dem Text zugeschrieben wird.

Bei der Filmmontage lassen sich ebenfalls zwei Arten unterscheiden: der Anschluß einer Einstellung an eine andere und der Anschluß einer Einstellung an sich selbst (mit beliebigen modalen Veränderungen oder ohne sie: die Ablösung kurzer, dynamischer Einstellungen durch eine überlange, bewegungsarme läßt sich – im zweiten Fall – als Ergebnis einer Montage betrachten, bei der eine Einstellung an sich selbst anschließt). Die Montage verschiedener Einstellungen stimuliert die semantische Nahtstelle, macht sie zum wichtigsten Träger von Bedeutungen, die Montage gleichartiger Einstellungen läßt die Nahtstelle unbemerkt, und der semantische Übergang vollzieht sich allmählich.«[75]

Dies korrespondiere mit einem allgemeinen Erzählprinzip, das zwei Erzähltypen kenne. Der eine laufe darauf hinaus, daß die Vereinigung einer Kette verschiedener Elemente bzw. Einstellungen zu einer sinnvollen Abfolge geführt werde. Der zweite Typ bestehe in der Transformation ein und derselben Einstellung. »In dem einen Fall zeigt sich die Tendenz zu einer plötzlichen semantischen *Annäherung*, im anderen zu einer semantischen Mikroanalyse, zur *Zersplitterung*.

Der erste Typus kennzeichnet den ausgesprochenen Montagefilm. Er rückt das Problem der Struktur der Wirklichkeit in den Vordergrund und baut sich als System sprunghafter Übergänge von einem Kompositionsknoten zum nächsten auf.

Der zweite Typ zielt auf die ununterbrochene Erzählung, die den natürlichen Fluß des Lebens imitiert. Im ersten Fall gibt der Regisseur uns die ›Grammatik des Lebens‹ und überläßt es uns selbst, die dazugehörigen Texte zu finden, die sein Modell illustriert. Im zweiten Fall liefert er die Texte und überläßt es uns, die ›grammatische Struktur‹ herauszupräparieren. Aber abgesehen von rein experimentellen Streifen, kann man immer nur von der

Dominanz der einen oder anderen Tendenz reden, da beide Feinde sind, die ohne einander nicht existieren können.«[76] Eine weitere Opposition, die es erleichtert, auch im Bereich der Erzählformen Dialektik aufzuspüren und spannungsvolle Gegensätzlichkeiten herauszuarbeiten, führt zur Unterscheidung zwischen Sujet-Texten und sujetlosen Texten in der Filmkomposition. Lotman gibt folgende Erklärung zu seiner Typologie:

»Alle in der Geschichte der menschlichen Kultur existierenden Texte, künstlerische und nicht-künstlerische, lassen sich in zwei Gruppen einteilen. Die eine antwortet auf die Frage ›Was ist das?‹ (oder: ›Wie ist das gemacht?‹) und die zweite: ›Wie ist das geschehen?‹ (›Auf welche Weise hat sich das ereignet?‹). Die Texte der ersten Kategorie werden wir sujetlose Texte, die der zweiten Sujettexte nennen. Unter diesem Gesichtspunkt weisen die sujetlosen Texte eine gewisse Ordnung, Regelhaftigkeit und Klassifizierung auf. Sie enthüllen die Struktur des Lebens auf einer bestimmten Stufe seiner Organisiertheit. (...) Diese Texte sind ihrem Wesen nach statisch. Wenn sie Bewegungen beschreiben, so handelt es sich um gleichförmige, sich regelmäßig wiederholende und stets sich selbst gleichende Bewegungen.

Sujettexte stellen immer einen ›Vorfall‹, ein Ereignis dar (nicht zufällig leitet sich die Bezeichnung des Sujettextes ›Novella‹ etymologisch vom Wort ›novum‹ ab) – also etwas, was es bisher nicht gab oder was es nicht geben durfte.«[77]

Lotman erklärt die innere Wirkungsweise beider Text-Typen, die sich in filmischen Erzählformen wiederfinden, dann noch genauer. So dürfe ein Sujet in der Kunst nicht lediglich als eine evidente Struktur verstanden werden, die linear sei und graphisch als Bewegungslinie eines Punktes darzustellen gehe, vielmehr erscheine das künstlerische Sujet als ein Geflecht sich überschneidender Linien, die ihre Bedeutung erst im komplexen dynamischen Kontext erhielten. Der Autor definiert: »Das Sujet ist eine Folge von bedeutungstragenden Elementen eines Textes, die seinem klassifikatorischen Aufbau dynamisch entgegengesetzt sind.«[78] So stelle sich etwa den Helden von Sujettexten die Struktur der Welt als ein System von Verboten dar, als Hierarchie von Begrenzungen, deren Übertretung unmöglich ist, so daß ein solcher Versuch berichtenswert sei.

Ob im Konkreten eine sujethafte oder eine sujetlose Komposition besser sei, ließe sich nicht klären, ohne die Zuschauererwartung und andere Momente des kulturellen Umfeldes in die Überlegungen einzubeziehen. »Sujetlosigkeit da, wo die Struktur der Zuschauererwartung eigentlich ein Sujet voraussetzt, bedeutet nicht das Fehlen des Sujets, sondern seine negative Realisierung, eine künstlerisch aktive Spannung zwischen System und Text.«[79] Die Auffassung der künstlerischen Erscheinung als einer von Widersprüchen innerhalb des Textzusammenhanges und solchen zwischen Text und außertextuellen Elementen geprägten schafft Möglichkeiten, eine Differenzierung der Erscheinungen vorzunehmen, letztere in ihrer Entwicklung besser zu begreifen und sie stets in einem größeren Umfeld, einem allgemeineren Zusammenhang zu sehen. Lotmans filmsemiotischer Ansatz ist damit der erste, der ein dynamisches Modell liefert, welches auch unmittelbar an objekttheoretische Überlegungen heranzuführen vermag und dabei Neues provoziert, neue Information über konkrete Prozesse der Filmkunst schafft und nicht nur ein vorgeblich besseres gedankliches Werkzeug liefert. Allerdings hat Lotman in dem Buch diese praktischen Möglichkeiten nur angedeutet und nie soweit ausgeführt, daß dies offenkundig geworden wäre.

Aus Gründen, die schwer zu benennen sind, gewiß aber auch mit der Neuartigkeit des Gesamtkonzepts und der Ausschnitthaftigkeit der Überlegungen zum Film zusammenhängen, ist Lotmans Theorie in den ersten Jahren nach ihrem Erscheinen trotz Übersetzung in andere Sprachen kaum weiterentwickelt worden, obschon sie zumindest zu einer Narrativik des Films, um deren Entwicklung sich die Filmsemiotik damals allerorts bemühte, sehr konstruktive Hinweise enthielt.

Etwa ab Mitte der siebziger Jahre begann augenscheinlich eine neue Entwicklungsetappe der Semiotik des Films. Die klassische, linguistisch orientierte Richtung erwies sich als eine Sackgasse. Dennoch ließ man den Gedanken an semiologische Modellierung nicht ganz fallen. Die Bemühungen verlagerten sich indes auf Arbeitsschwerpunkte so unterschiedlicher Art, daß es zu einer völligen Aufsplitterung der Filmsemiotik in divergierende Tendenzen kam. Die entstandenen Richtungen sind außerordentlich inkommensurabel, so daß die an sich ziemlich nichtssagende Bezeichnung »neue Semiotik«, die recht früh in Erkenntnis dieser Sachlage geprägt wurde,[80] hier beibehalten werden soll, um diese Phase zu kennzeichnen. Gemeinsam dürfte den meisten Arbeiten jenes Feldes von Theoriebestrebungen sein, daß ihre Autoren mit einem geschärften Methodenbewußtsein auf den Plan traten, die klassische Filmsemiotik einer Kritik unterwarfen und mit einem differenzierten, ja, oft bis zur Unverständlichkeit überdifferenzierten Begriffsinstrumentarium den Problemen beizukommen suchten. Obschon es eine Reihe sehr instruktiver Überblicksdarstellungen gibt,[81] fällt die Bewertung des Beitrags, der durch die Vertreter der neuen Semiotik für die Entwicklung der Filmtheorie geleistet wurde, schwer, weil deren Versuche sich vielfach im metatheoretischen Bereich abspielten. Ihre Leistungsfähigkeit bei der Analyse von Gestaltung-Wirkung-Zusammenhängen konkreter Filme wurden selten unter Beweis gestellt. Auch ein wirklicher Dialog mit Vertretern der Praxis fand kaum statt. Abgesehen von Ausnahmefällen wie Pasolini, der selbst theoretische Aufsätze schrieb, oder Godard, dessen Arbeiten sich als Demonstrationsbeispiele für manche zeichentheoretischen Konzepte gut eigneten,[82] konnte sich kaum ein Filmschöpfer durch die Semiotik wirklich angesprochen fühlen, weil die Schaffensprogrammatik sich einfach nicht im Rahmen dieser Denksysteme formulieren ließ. Vielleicht ist die Feststellung nicht so übertrieben, wonach in der Periode des Semiotik-Booms das Band zwischen Praxis und Theorie des Films beinahe zerriß. Jedenfalls scherte sich die Filmpraxis wenig um die neuen Theorien; diese hatten zu ihren konkreten Schaffensproblemen auch noch zu wenig zu sagen. Bevor die modellgestützten Theorien aber weiter besprochen werden sollen, sei diese Praxis noch ein wenig ins Blickfeld gerückt.

Schaffens-Poetiken der Filmemacher und traditionelle Methodik

Die Entwicklung der audiovisuellen Medien und der mit ihnen verknüpften Kunstprozesse verloren in den letzten zwanzig Jahren nicht an Dynamik. Was der Kinofilm beim Publikum an Boden verlor, machte das Fernsehen mühelos wett und okkupierte in erstaunlichem Maße die Freizeit des einzelnen. In den letzten

Jahren bildete zudem die Videotechnik ihre spezifische Kultur heraus und faßte im Alltag der entwickelten Industrieländer Fuß. In den Staaten der »dritten Welt« bahnten sich eigene Entwicklungen der Medienkultur an. Doch auch innerhalb der traditionellen Filmländer vollzog sich der schon in früheren Perioden erkennbare Differenzierungsprozeß auf allen Ebenen weiter. Die Spielräume für Ausdrucksformen und Gestaltungsweisen vergrößerten sich. Offene Kompositionsformen gewannen an Bedeutung, doch auch geschlossene erwiesen sich nicht als überholt. Im Gegenteil, auf der Basis von Stereotypen bildeten sich Ausdrucksweisen einer audiovisuellen Massenkultur oder Massenkunst heraus, die ein traditionelles Dramaturgieverständnis mit dem Formengut populärer Genres verband. Der Trend zur Massenkultur trug nicht nur dazu bei, bisherige Kunstleistungen zu amalgamieren und zu nivellieren, vielmehr konnten auf seiner Grundlage auch Filmwerke entstehen, die höchsten künstlerischen Maßstäben genügten. Vielleicht sind es besonders diese hybriden Kunstleistungen, die dem Kinorepertoire der letzten zwanzig Jahre sein besonderes Gesicht gegeben haben. Auch Mischformen anderer Art gewannen in dieser Periode für das Kino und den Bildschirm an Bedeutung. Gemeint sind etwa Spielfilme, die Einflüsse des Dokumentarfilms bzw. des filmischen Dokumentierens authentischer Lebensprozesse erkennbar werden ließen. Diesen Erscheinungen der konkreten Film- und Fernsehpraxis trugen die Poetiken der Filmemacher wohl noch am ehesten Rechnung bzw. die bewährten essayistischen Aufarbeitungen durch eine theoriebeflissene Kritik. Für eine Objekttheorie des Spielfilms erwies sich damit nach wie vor die Schaffensprogrammatik einzelner Filmkünstler als ein produktiver Ort.

In Ländern wie der Sowjetunion wurde die in den zwanziger Jahren begonnene Traditionslinie theoretisch reflektierender Meister der Regie fortgesetzt. Michail Romm, Sergej Gerassimow, Sergej Jutkewitsch und andere Filmschaffende der älteren Generation wurden hierin abgelöst durch Jüngere wie Andrej Michalkow-Kontschalowski und Andrej Tarkowski. In den westlichen Ländern äußerten sich Regisseure wie Alfred Hitchcock, Pier Paolo Pasolini, François Truffaut, Ingmar Bergman, Alexander Kluge u. a. zu ihrem Metier und trafen dabei ähnlich wertvolle theoretische Aussagen zur Dialektik von Gestaltung und Wirkung des Films, über Prozesse des Schaffens und den Zusammenhang von Filmkultur und Gesellschaft.

Gerassimow etwa war mit großem Erfolg um die Herausarbeitung der Wechselbeziehungen zwischen Gestaltungsmomenten des Films und ethischen Positionen von Künstler und Publikum bemüht und hinterließ ein umfangreiches regiepädagogisches Werk. Jutkewitsch gab differenzierte Hinweise zu Problemen von Inszenierung, Montage und Stil. Romm äußerte sich ebenfalls zu Gestaltungsfragen und Wirkungen auf den unterschiedlichsten Ebenen filmischer Komposition. Bei der Arbeit an »Neun Tage eines Jahres« selbst konfrontiert mit der Auflösung einer kanonischen Filmdramaturgie, machte er dazu treffende Aussagen:

»Mir sind Filme über, deren ganzes Interesse sich darauf konzentriert, *was sein wird* oder *wer schuld hat*. (...) Früher strebte ich furchtlos einem präzis und übersichtlich hergerichteten Sujet-Gebäude zu, in dem alle Glieder abgeschliffen und genau passend sind. (...) Mein Grundsatz war: alles, was keine Beziehung zum Sujet hat, so verführerisch es auch aussieht, ist überflüssig und fliegt raus. Jetzt, wo ich einen Film über Zeitgenossen begonnen habe, müssen ich und mein junger Co-Autor diesen Ausgangspunkt über Bord werfen. Mich hat eine Gier erfaßt nachzudenken, und ich wollte, daß auch die Helden laut nachdenken, daß sie über die Dinge sprechen, die sie bewegen, nicht über die Absichten des Autors. (...)

So beschlossen wir, aus einem Lebensjahr einzelne Tage herauszulösen, die Bindung dieser Tage aneinander abzuschwächen, die Helden für zufällige Handlungen freizumachen, für zufällige Gedankenkollisionen, auch wenn sie nicht unbedingt aus dem Sujet geboren sind, sondern scheinbar völlig außerhalb liegen. Selbstverständlich blieb die Haupttriebfeder erhalten: der Dramatismus der Bestrahlung, das tragische Schicksal des Haupthelden. Aber in allem anderen waren wir bemüht, uns von dem traditionellen Gestrick der Sujet-Situationen zu befreien, von dem oft benutzten und uns beiden gut bekannten professionell-dramaturgischen Instrumentarium ...«[83]

Deutlich wird hier, wie Romm sich darum bemühte, Prinzipien einer Dramaturgie abzubilden, die der aristotelischen widersprach. Andrej Tarkowski suchte in dem Buch »Die versiegelte Zeit« seine Poetik zu artikulieren und orientierte dabei stets auf den Gesamtzusammenhang von künstlerischer Detail-Lösung mit dem Werkganzen, dem Weltbild und der Persönlichkeit seines Schöpfers. Obwohl im filmkünstlerischen Bereich ein ausgeprägter Neuerer, hielt er sich bei seinen theoretischen Reflexionen an die hermeneutische Schule der Tradition, offenbar vor allem darum, um der Gefahr der Verabsolutierung einzelner Kunstprobleme beziehungsweise der formalistischen Behandlung ihrer Teilmomente zu begegnen. So schreibt er bei seinen Überlegungen zur Montage:

»Die gliedernde Anordnung von Einstellungen mit bewußt unterschiedlichem zeitlichem Spannungsdruck darf dem Leben nicht etwa durch willkürliche Vorstellungen entsprechen, sondern muß von innerer Notwendigkeit bestimmt werden, organisch für die Materie des Filmes insgesamt sein. Denn wenn das Organische solcher Übergänge gestört ist, werden die Montageakzente, die der Regisseur ja eigentlich kaschieren wollte, sofort augenfällig. Eine Koordination von zeitlich ungleichen Einstellungen führt unwillkürlich zu einem Rhythmusbruch. Wenn dieser allerdings durch das innere Leben der hierbei koordinierten Einstellungen vorbereitet wurde, dann kann er sich durchaus als unabdingbar für das hier notwendige Rhythmusbild erweisen. Man denke dabei nur an die verschiedenen möglichen Formen zeitlichen Spannungsdrucks. Symbolisch gesprochen, an die Unterschiede von Bach, Fluß, Strom, Wasserfall und Ozean. Deren Koordinierung erbringt ein einmaliges rhythmisches Gemälde, eine vom Zeitempfinden ihres Autors ins Leben gerufene organische Innovation.

Da nun das Zeitempfinden ein Bestandteil der lebendigen Wahrnehmung eines Regisseurs ist und der jeweilige Rhythmusausdruck der montierten Teilstücke den entsprechenden Montageschnitt diktiert, manifestiert sich in der Montage auch die spezifische Handschrift eines Regisseurs. Die Montage bringt das Verhältnis des Regisseurs zu seinem Konzept zum Ausdruck, und durch die Montage wird auch der Weltsicht dieses Regisseurs endgültige Gestalt gegeben. Meiner Meinung nach ist ein Regisseur, der ohne weiteres seine Filme auf verschiedene Arten montieren kann, alles andere als tiefgreifend. Die Montage von Bergman, Bresson, Kurosawa oder Antonioni wird man immer sofort erkennen können. Man wird sie niemals mit irgend jemandem verwechseln. Denn ihr Zeitempfinden, das im Rhythmus zum Ausdruck kommt, ist stets ein und dasselbe.

Die Montagegesetze muß man natürlich genausogut wie alle übrigen Gesetze seines Handwerks beherrschen. Die *schöpferische Arbeit* beginnt aber erst in dem Moment, wo diese Gesetze verletzt und deformiert werden. (...) Bunin, der Tolstoi ganz außerordentlich hoch schätzte, hielt dessen Roman »Anna Karenina« für sehr mißlungen und versuchte ihn bekanntlich erfolglos umzuschreiben. Das ist so wie mit organischen Gebilden: Sie sind, ob sie nun gut oder schlecht sind, lebendige Organismen, deren Leben man nicht stören sollte.

Genauso verhält es sich auch mit der Montage: Es kommt nicht darauf an, diese bloß virtuos zu beherrschen. Man muß vielmehr spüren, daß sie für das Besondere, das man zum Ausdruck bringen möchte, auch tatsächlich organisch notwendig ist, ... vor allem aber muß man wissen, warum man überhaupt zum Kino kam, was man eigentlich sagen und warum man dies ausgerechnet mit der Poetik des Films tun will.«[84]

Mit einfachen Worten sind hier äußerst komplizierte dialektische Sachverhalte auf unverwechselbare Weise dargestellt, gebunden an ein künstlerisch-praktisches Ausdrucks-Konzept.

Dem Regisseur Alfred Hitchcock gelang in dem berühmten Interview, das er Truffaut gab, um seine Arbeitsweise zu erläutern, mit den Überlegungen zum Prinzip des »Suspense« die Formulierung eines fundamentalen Wirkungsgesetzes dramatischer Handlung, das besonders in den Action-Genres des populären Films zur Anwendung kommt. Hitchcock nannte den Suspense »das wirkungsvollste Mittel (...), die Aufmerksamkeit des Zuschauers wachzuhalten,«[85] und er erklärte das Funktionsprinzip mit der Organisation von zwei zusammenhängenden Momenten, der Emotion des Zuschauers und seiner informationellen Vorbereitung, eine emotional geladene Situation in ihren dramatischen Konsequenzen zu beurteilen. »Emotionen (...) sind notwendiger Bestandteil des Suspense. (...) In der klassischen Situation mit der Bombe, die zu einem bestimmten Zeitpunkt explodieren soll, da ist es die Furcht, die Angst um jemand, und die Angst hängt ab von der Intensität, mit der der Zuschauer sich mit der Person identifiziert, die in Gefahr ist.«[86] Hitchcock grenzte den Begriff des Suspense gegen den der Überraschung ab, und er demonstrierte den Unterschied am Beispiel der Bomben-Szene. »Wir reden miteinander, vielleicht ist eine Bombe unter dem Tisch, und wir haben eine ganz gewöhnliche Unterhaltung, nichts besonderes passiert und plötzlich, bumm, eine Explosion. Das Publikum ist überrascht, aber die Szene davor war ganz gewöhnlich, ganz uninteressant. Schauen wir uns jetzt den Suspense an. Die Bombe ist unter dem Tisch, und das Publikum weiß es. Nehmen wir an, weil es gesehen hat, wie der Anarchist sie da hingelegt hat. Das Publikum weiß, daß die Bombe um ein Uhr explodieren wird, und jetzt ist es 12 Uhr 55 – man sieht eine Uhr –. Dieselbe unverfängliche Unterhaltung wird plötzlich interessant, weil das Publikum an der Szene teilnimmt. Es möchte den Leuten auf der Leinwand zurufen: Redet nicht über so banale Dinge, unter dem Tisch ist eine Bombe, und gleich wird sie explodieren! Im ersten Fall hat das Publikum kaum fünfzehn Sekunden Überraschung beim Explodieren der Bombe. Im zweiten Fall bieten wir ihm fünf Minuten Suspense. Daraus folgt, daß das Publikum informiert werden muß, wann immer es möglich ist. Ausgenommen, wenn die Überraschung wirklich dazugehört, wenn das Unerwartete der Lösung das Salz der Anekdote ist.«[87] An einem anderen Beispiel unterstreicht Hitchcock: Die »Konditionierung des Publikums ist die Voraussetzung für jeden Suspense. Ich habe oft bemerkt, daß bestimmte Suspense-Situationen dadurch infrage gestellt werden, daß das Publikum die Situation nicht ganz erfaßt. (…) Und während der Zuschauer versucht, sich die Sache zurechtzulegen, läuft die Szene ab, und alle Emotion ist weg. Man muß ständig verdeutlichen.«[88]

Unter Beibehaltung der tradierten hermeneutischen Verfahren wurden zu vielen theoretischen Gesichtspunkten, speziell solchen der Filmdramaturgie, auch weiterhin noch aussagekräftige Arbeiten publiziert. So in der Sowjetunion etwa zu dramaturgischen Gesichtspunkten wie Fabel, Charakter, Konflikt etc. Um die neuen Entwicklungen zu erfassen, etwa offene Fabelstrukturen, waren zunächst Untersuchungen ausreichend, die diese lediglich beschrieben und eine erste Phänomenologie zusammenstellen halfen. Ein Musterbeispiel dafür ist Viktor Djomins anregendes Buch »Film bes intrigi« (»Film ohne Intrige«, 1966), das dem Aufbau der aristotelischen Fabel bzw. der Handlungsintrige Formen gegenüberstellte, die einer Art »Tropfendramaturgie«, einem »Stationsschema« folgten, also beschreibend vorgingen, dafür mitunter eine Doppelsicht auf die Erscheinungen versuchten etc. Romms eben zitierte Aussage über die Dramaturgie von »Neun Tage eines Jahres« und solche Fellinis zum »Süßen Leben« oder zu »8 1/2« bildeten dabei den Ausgangspunkt für weitere Überlegungen, die freilich schon darum in lockerer Form vorgetragen wurden, weil sich eine systematische, durch psychologische Gesetzesaussagen gestützte Untersuchung der offenen Kompositionsformen beim Materialstand der damaligen Wissenschaftsentwicklung noch nicht ergeben konnte. In den sechziger Jahren wurden von sowjetischen Autoren wie Bleiman, Freilich, Matscheret, Schaternikowa, Sorkaja, Waisfeld u. a. eine lebhafte Debatte[89] über Fabelstrukturen und verwandte dramaturgische Aspekte geführt, die den Praktikern des sozialistischen Films vielfältigste Anregungen gab, in ihren wesentlichen Streitpunkten jedoch mit dem bestehenden Instrumentarium der Filmtheorie nicht so recht zu klären war, weil alle Aussagen über Wirkungsweisen von Erzählformen des Films einer psychologischen Interpretation bedurften, die sich ohne interdisziplinäre Forschung nicht mehr in ausreichendem Maße ergab. In einem solchen Kontext mußten Arbeiten an Bedeutung gewinnen, die sich mehr der psychologischen Komponente des Filmerlebens zuwandten. Etwa »Boshestwo s tremja lizami« »Die Gottheit mit den drei Gesichtern«, 1968) des Bulgaren Nedeltscho Milew, wo versucht wurde, die Ausdrucksmittel des Films von einem Prinzip des sogenannten »psycho-physischen Monologs« her zu analysieren, das dem der »inneren Rede« von Eichenbaum und Eisenstein verwandt war. Semjon Ginsburgs Studien zur Filmtheorie[90] von 1974, die sich bewußt den Wechselbeziehungen von Filmkunstwerk und Rezipient zuwandten, oder Leonid Koslows Skizzen zur Poetik des sowjetischen Films[91] von 1980, die den Rezeptionsaspekt betonten, haben ähnlichen Wert. Hinweise wie der von Boris Mejlach[92], daß Produktions- und Rezeptionsprozesse des Films einer komplexen

Analyse zu folgen hätten, die wiederum sinnvoll in eine interdisziplinäre Untersuchung aller Künste einzubinden sei, zielten in nämlicher Richtung. Die seinerzeit ins Leben gerufene und von ihm geleitete »Kommission zur komplexen Erforschung des künstlerischen Schaffens« initiierte in der Sowjetunion eine Forschungsarbeit, die sich am weitesten dem nähert, was man unter Systemstudium der Kunst verstehen mag. Spezialisten unterschiedlichster Disziplinen nahmen an ihr teil; die Psychologie der Schaffens- und Rezeptionsprozesse in den Künsten ist meist das bestimmende Thema der Sammelbände, die die Kommission jährlich veröffentlicht.

Diese Bestrebungen ergänzten sich mit Untersuchungen zu Fragen des politisch-ideologischen Wirkungsaspektes, wie W. Baskakow, A. Karaganow, A. Karjagin u. a. sie ausarbeiteten, ebenso mit solchen zur Ästhetik und Philosophie, wie M. Kagan und J. Wejzman sie vertraten. Wejzmans Studien zur Philosophie des Films[93] unterzogen wichtige bürgerliche Filmtheorien einer entsprechenden Sichtung wie auch die Beiträge Pudowkins und Eisensteins bzw. den ästhetischen Systematisierungsversuch, in den Georg Lukács auch den Film einschloß.

Diese und andere – der Soziologie gewidmete – Publikationen[94] Wejzmans sind auch insofern für die Theoriebildung von Belang, als die vorgetragenen Überlegungen stets von konkreten künstlerischen Erscheinungen ausgehen und zu diesen zurückkehren, etwa für eine werkorientierte filmsoziologische Untersuchung plädieren.

Anhand von filmwissenschaftlichen Arbeitsresultaten in der DDR sind die allgemeinen Entwicklungstendenzen der Spielfilmtheorie nur bedingt verifizierbar. Neben Artikeln von H. Herlinghaus, R. Jürschik, R. Richter und K. Rülicke-Weiler, die zu dieser Thematik etwas beitrugen, waren es besonders wissenschaftliche Qualifizierungsarbeiten, die sich der Theoriebildung zuwandten. Diese Dissertationen suchten das allgemeine Defizit an filmtheoretischen Erkenntnissen innerhalb der DDR-Publikationen jedenfalls punktuell zu verringern, indem sie sich unterschiedlichen Aspekten zuwandten. Zur intensiven Bearbeitung von gemeinsam für wichtig erkannter Problemstellungen kam es dabei indes kaum; lediglich zur Problematik der Gattungsspezifik gibt es Äußerungen mehrerer Autoren. Auch die theoretischen Bezugssysteme waren verschieden, und methodisch hielt man sich an die traditionelle Hermeneutik. Von Wert waren die Überlegungen dann wohl besonders dort, wo die Autoren nicht im Rahmen der klassischen Filmästhetik blieben, sondern deren Resultate mit Arbeitsergebnissen anderer Disziplinen konfrontierten und damit zu einer Bestandsaufnahme der zu lösenden Probleme beitrugen. Gemeint sind die Abhandlungen zur Farbe und Musik im Film bzw. zur Adaption literarischer Werke oder Wirkung des Wortes, wie sie von H. Mehnert (1968), W. Thiel (1975), V. Grützner (1975), H. Schauer (1965) oder D. Wolf (1974) vorgelegt wurden, auch jene Überlegungen, die mehr Bezug auf allgemeinere ästhetische, philosophische und ideologische Aspekte nahmen wie die von H. J. Rother (1978), M. Gerbing (1964), R. Jürschik (1969).

Andere Arbeiten artikulierten filmtheoretische Erkenntnisse, indem sie Zusammenhänge zur Literatur- oder Filmgeschichte untersuchten – etwa W. Gersch (1963), R. Herlinghaus (1972), E. Richter (1975), O. Bulgakowa (1982) –, bzw. sie lokalisierten ihren eigentlichen Gegenstand mehr in der Soziologie, Psychologie und der Pädagogikwissenschaft – wie D. Wiedemann (1980), R. Schubert (1986) oder J. Bodag (1978), um hier nur einige wichtige zu nennen.

Für eine künftige Entwicklung der Filmforschung, die nicht isoliert vom Erkenntniserwerb der Theaterwissenschaft erfolgen kann, dürfte das von Ernst Schumacher (1978) entworfene Konzept einer Theorie der darstellenden Künste von Wert sein, auf das sich u. a. B-Dissertationen von L. Haucke (1983) und B. Thurm (1985) beziehen. Allerdings wird es darauf ankommen, das für diese Künste invariante Moment so differenziert zu bestimmen, daß statt der physischen Existenz des Darstellers abgeleitete Beziehungen, wie sie sich etwa aus spezifischen Verkopplungen der Mitteilungsarten des Sagens und Zeigens für die ästhetischen Kommunikationsprozesse ergeben, zum Ausgangspunkt weiterführender Überlegung gemacht werden können.

Eine den massenkommunikativen und -kulturellen Prozessen mehr Rechnung tragende Untersuchung des Films wurde in mehreren Arbeiten von L. Bisky, J. Schweinitz, H. J. Stiehler und D. Wiedemann angegangen, was Konsequenzen für den Aufbau eines medialen Ansatzes der Filmtheorie haben dürfte. Übrigens gibt es in den letzten zwanzig Jahren in der DDR auch eine bemerkenswerte Tendenz zu beobachten, spezifische Entwicklungsprozesse der audiovisuellen Medien in den Ländern der »dritten Welt« zu studieren, womit auch für die Theorie ganz neue Gesichtspunkte ins Spiel kommen. Hingewiesen sei auf Dissertationen von L. El-Kadhi (1973), D. Bellmann (1977), A. Mustafa Yousif (1979), A. Al-Dilaimy (1981).

Grundsätzlich haben die in der DDR entwickelten Versuche, zu einem kohärenten, systematisch aufgebauten, in sich widerspruchsfreien und für eine künftige Forschung fruchtbaren Theorieansatz zu kommen, bisher leider zu keinem zufriedenstellenden Resultat geführt. Sammlungen von Studien zu wichtigen Einzelaspekten, wie die von K. Rülicke-Weiler (1987) herausgegebenen, drangen zur Synthese nicht vor.

Übrigens ist auf dem Boden der BRD bisher ebenfalls kein derart tragfähiger Ansatz entstanden. Hinsichtlich der hier diskutierten Problematik, den Zusammenhang von tradiertem Herangehen und Methodenpluralismus betreffend, ist für das Nachdenken über Film und Fernsehen in der BRD sicher von Belang, daß es von einer außerordentlich breit gefächerten populären Literatur mitgetragen wird, auch, daß durch bedeutsame filmhistorische Untersuchungen, wie sie etwa von U. Gregor und E. Patalas zu älteren und ganz neuen Entwicklungen der Filmkunst geleistet wurden, eine Verständigungsgrundlage geschaffen war, wie einzelne Filmwerke und ganze Prozesse innerhalb der Kinematographie zu analysieren sind. Zudem gab es seit Beginn der siebziger Jahre umfassende und differenzierte Studien zur Filmsoziologie, wie sie etwa von D. Prokop verfaßt oder herausgegeben wurden. Ansätze weiterführender Untersuchungen auf dem Gebiet der Grundlagenforschung wurden allerdings weniger an Institutionen geschaffen, die der Ausbildung von Studenten der Filmberufe dienten, als vielmehr in akademischen Bereichen, die sich der Literaturwissenschaft, Philologie, Linguistik, Pädagogik oder Kulturgeschichte verpflichtet fühlten. Entsprechend ausgerichtet waren die Interessen, Kenntnisse und Herangehensweisen der Autoren jener filmwissenschaftlichen Arbeiten, die meist im Zuge eines akademischen Qualifizierungsganges zustande kamen.

Ihr Wert liegt meist darin, daß sie zugleich den Grunderfordernissen zweier oder mehrerer Disziplinen an eine wissenschaftliche Untersuchung genügen. Mit den Jahren haben sich bestimmte Arbeitsschwerpunkte herausgebildet, die bei kontinuierlicher Vertiefung des Wissens zu oft hervorragenden Resultaten hinführten. Hingewiesen sei etwa auf Untersuchungen zur Literaturverfilmung von I. Schneider (1981), M. Reif (1984), zur Analysemethodik von Filmkunstwerken und anderen Medienprodukten im audiovisuellen Bereich durch T. Kuchenbuch (1978), K. Hickethier/J. Paech (1979), W. Faulstich (1980), zur Filmphilologie, betrieben von K. Kanzog (1981), J. Esch-Jakob (1983), K. N. Renner (1983), zur Kulturgeschichte, repräsentiert durch F.-J. Albersmeier (1973), H. Heller (1982), H. H. Diederichs (1983), und zur Filmsemiotik, die besonders durch den Münsteraner Arbeitskreis für Semiotik Profil gewannen.

Neue Semiotik und kombinierte Modellvorstellungen

Ob mit Hilfe der Semiotik ein Durchbruch der Filmtheorie und -wissenschaft zu einer höheren Qualität möglich wird, etwa zu einer komplexen interdisziplinär betriebenen Systemforschung zu gelangen, wie es sie in anderen Wissenschaftsbereichen gibt, ist gegenwärtig noch offen. Erwiesen scheint, daß aufgrund unablässigen Experimentierens verschiedener Semiotikrichtungen mit der Vorstellung von »Filmsprache«, verstanden im Sinne von J. M. Carroll als methodologische Annahme,[95] die Filmkommunikation durchsichtiger geworden ist – auch im Hinblick darauf, wie sie nicht betrachtet werden darf. Ebenso sicher dürfte sein, daß eine Vielzahl von Wegen in Weiterführung dieser Tendenz längst noch nicht ausgeschritten wurde, auch durch die allerneuesten Versuche der neuen Filmsemiotik nicht. Es sind weitere Unternehmungen in jener Richtung mit Aufmerksamkeit zu beobachten, doch auch mit größerer Strenge, weil es eine Anzahl offenkundiger Gefahrenmomente gibt, denen viele Arbeiten zum Schaden der ganzen Wissenschaft anheimfallen. Ich sehe diese Problematik vor allem darin, daß die Näherungslösungen der Modellierungen zu früh als Theorien genommen werden, die schon das Wesen der Filmkunst erklären sollen, wo sie kaum eine Approximation bestimmter Verhaltensweisen der Kunst im Kommunikationsprozeß abzubilden vermögen. Ein anderer Mangel besteht darin, daß in der Semiologie nicht die Brücke zu den anderen Wissenschaften und Erkenntnisbereichen gesehen wird, sondern eine neue Enklave, in der man sich sogar besonders leicht isolieren kann. Viele Vertreter der neuen Semiotik verhalten sich etwa ablehnend gegenüber der filmwissenschaftlichen Tradition und suchen sich von ihr abzugrenzen, als habe sie überhaupt nichts eingebracht, andere wachen darüber, daß die Übergänge zur Psychologie und anderen Disziplinen verriegelt bleiben, maskieren dies mitunter lediglich, indem sie um so engere Beziehungen zur Sprachwissenschaft eingehen. Und vielerorts sucht man die Bewährungsprobe für die gemachten Aussagen nicht in der Analysepraxis der Filmwissenschaft, in der Auseinandersetzung mit den schwierigsten Objekten im Zentrum der Gestaltungsproblematik, solchen, die mit traditionellen Methoden nicht erforschbar sind, sondern gibt sich mit der Darstellung sehr einfacher oder eher peripherer Beziehungen zufrieden bzw. gefällt sich sogar in entfalteten, doch praktisch kaum anwendbaren Differenzierungsleistungen einer Taxonomie. Dabei ist grundsätzlich gegen die Herausbildung einer Fachsprache, die feinste Distinktionen ermöglicht, nichts einzuwenden, doch gilt es hierbei stets bestimmte Relationen zur Verifizierungsfähigkeit der Modelle zu beachten, auch zur Wissenschaftsentwicklung insgesamt, der durch zu exklusiv gestaltete Beiträge nicht gedient ist.

Der Mathematiker und Atomphysiker Erwin Schrödinger hat für sein Fachgebiet treffend formuliert: »Eine theoretische Wissenschaft, die sich nicht dessen bewußt ist, daß die Begriffe, die sie für relevant und wichtig hält, letztlich dazu bestimmt sind, in Begriffe und Worte gefaßt zu werden, die für die Gebildeten verständlich sind und zu einem Bestandteil des allgemeinen Weltbildes werden, (...) wird zwangsläufig von der übrigen Kulturgemeinschaft abgeschnitten sein: auf lange Sicht wird sie verkümmern und erstarren, so lebhaft das esoterische Geschwätz innerhalb ihrer fröhlich isolierten Expertenzirkel auch weitergehen mag.«[96] Für leider nicht wenige neuere theoretische Bemühungen zum Film ist die benannte Gefahr offenkundig.

Innerhalb der neuen Filmsemiotik gibt es eine Reihe von Arbeiten, die sich darum bemühen, umfassendere Zusammenhänge der Semiosis als die durch die linguistisch orientierten Modelle bisher erfaßten in die Untersuchung einzubringen und überhaupt von größeren kohärenzstiftenden Einheiten her an die Analyse heranzugehen. Es sind gewissermaßen übergreifende Systembezüge, die durch jene sicher sehr fruchtbare Grundtendenz der neuen Semiotik mehr zum Tragen gebracht werden. Freilich gestaltet sich die Einarbeitung solcher Struktur- und Funktionszusammenhänge auf höchst unterschiedliche Weise. Übersichten von R. Odin (1977), G. Bentele (1980) und K.-D. Möller (1981) haben bereits für die siebziger Jahre entsprechende Entwicklungen erkennbar machen können. Inzwischen ist eine weitere Ausarbeitung und Differenzierung jenes Grundverständnisses erfolgt. Mehr um Außenstehenden einen allgemeinen Eindruck zu vermitteln als genaue Charakteristiken für die einzelnen Bestrebungen oder gar ein vollständiges Bild der existierenden Aktivitäten geben zu wollen, seien hier neun unterschiedliche Tendenzen benannt, die zu den produktivsten der neuen Filmsemiotik zählen dürften.

Erstens gibt es Versuche, die kritische Auseinandersetzung mit der linguistisch orientierten Filmsemiotik dahingehend weiterzuführen, daß die vorgeschlagenen Modelle korrigiert und vielfältig ausdifferenziert werden, wie dies etwa durch die Arbeiten von K.-D. Möller (Möller-Naß) (1981/86) geschieht, die eine umfassende theoriegeschichtliche Analyse der Auffassungen zur Filmsprache geben und Vorschläge für Handlungsgrammatiken enthalten.

Eine zweite Richtung – vertreten durch H. Siegrist (1986) – setzt auf die Entwicklung einer Textsemantik und untersucht das Ausdruckspotential kinematographischer Formen und Techniken entsprechend diesem Interesse.

Eine dritte bemüht sich um Annäherung an komplexere Zusammenhänge von psychologischer Relevanz, wie sie sich im Umkreis der Psychoanalyse finden. Typisch dafür die Beiträge der Sondernummer »Communications 23« (1975), auch die Versuche von H. J. Wulff (1985/88), einschlägige Filmmotive textsemiotisch zu fassen.

Eine vierte Richtung übernimmt Methoden der strukturalen Analyse aus der Literaturwissenschaft, dabei gelegentlich auch nach Vermittlungen zu anderen Modellverfahren suchend.

W. Wright z. B. analysierte in »Six Guns and Society« (1975) mit Hilfe des Instrumentariums, das der sowjetische Folklorist V. Propp Ende der zwanziger Jahre in seiner »Morphologie des Märchens«[98] entwickelt hatte, Bauformen des amerikanischen Western, dessen Mythenstruktur zudem durch Verfahren eine Abbildung erfuhr, die von Lévi-Strauss stammten. P. Wollen experimentierte in dem Aufsatz »›North By Northwest‹: A Morphological Analysis« (1976/82) ebenfalls mit Propps Begriffsapparat, um die narrativen Beziehungen des Hitchcock-Films einer Beschreibung zu unterziehen.

Eine fünfte Gruppierung orientiert sich auf die textsemiotische Untersuchung des filmischen Diskurses, der gleichsam als Resultat von Arbeit am Text, von prozeßhafter Textorganisation aufgefaßt wird. Vertreter sind M. Marie (1977), R. Odin (1977/79) und A. Gwóźdź (1980/84). Der Letztgenannte arbeitete u. a. Kohärenzregeln heraus, die sich im filmischen Diskurs realisieren, und entwarf eine Typologie von Inkohärenzen filmischer Narration.

Eine sechste Tendenz innerhalb der neuen Filmsemiotik bemühte sich um die Weiterführung der nichtlinguistischen, allgemeinsemiotischen Überlegungen, wie sie u. a. von Pierce, Morris und Eco vorgetragen wurden. Dabei konnten besonders die ikonischen Zeichen und Codes eine stärkere Berücksichtigung erfahren, etwa in Arbeiten von G. Bettetini/F. Casetti (1972), E. Garroni (1973), H. Książek-Konicka (1977/80) und G. Bentele (1978/83/84). Letzterer leistete u. a. unabdingbare Vorarbeiten für die Weiterentwicklung der Filmsemiotik, indem er die genetische Dimension von Zeichenprozessen einer umfassenden Sichtung unterzog, was eine Erforschung der für die Filmkunst relevante Generierung von ikonischen Zeichen und Codes wesentlich erleichtern dürfte.

Die folgenden drei Tendenzen haben eine Gemeinsamkeit, auf Grund derer sie auch als Varianten einer einzigen Hauptrichtung angesehen werden könnten: Sie streben nämlich alle einem Verfahren zu, das Modellvorstellungen unterschiedlicher Art zu kombinieren sucht. Ein solcher Hang zur Modellkombination war in geringerem Maße auch manchen der früher benannten Trends eigen. Dies hängt vermutlich damit zusammen, daß die Notwendigkeit einer Abbildung unterschiedlichster Verhaltensaspekte des Films und damit ein gewisser Methodenpluralismus einerseits als notwendig anerkannt wird, andererseits aber eine Zusammenführung der Erkenntnisse größere Effizienz der Analyse verspricht. Zudem haben die jeweiligen konkreten Modellansätze häufig die Tendenz zu konvergieren. Vielleicht resultieren die gemeinsamen Wesenszüge der verschiedenen Versuche, zu kombinierten Modellen zu gelangen, daraus, daß sowohl ihr Konstruktionsansatz oft von vornherein weit und integrativ gefaßt als auch meist deutlich auf eine praktische Bewährung gegenüber einem konkreten Analyseobjekt ausgerichtet ist. In seinem bedeutsamen Artikel »The Development of a Semiotic of Film«[99] (1969) hatte Sol Worth bereits darauf verwiesen, daß der von ihm unterbreitete kommunikationswissenschaftliche Ansatz dahin führen solle, Erkenntnisse aus Psychologie, Anthropologie, Ästhetik und Linguistik für die Erforschung der Filmkommunikation zu nutzen. Inzwischen sind Forschungsstrategien entstanden, die die Modellkombinationen, welche hier möglich sind – und auch noch zusätzliche andere –, entweder für die Analyse konkreter Filme, die Rekonstruktion historischer Entwicklungen filmtheoretischer Gedankengänge oder den Aufbau integrativer Filmtheorien zu nutzen trachten. Diese drei benannten Spielarten in der Anwendung von Modellkombinationen bezeichnen die Richtungen sieben bis neun des hier skizzierten Spektrums der neuen Filmsemiotik.

Die siebente Tendenz, die Anwendung von Modellkombinationen bei der Analyse konkreter Filme ist die vielleicht am stärksten ausgeprägte und in sich vielgestaltigste, wobei sich die Publikationen dazu wohl besonders im französischen Sprachraum häufen. Schon Mitte der sechziger Jahre hatte Raymond Bellour im Anschluß an Vorstellungen von Metz eine Stilistik des Films[100] auszuarbeiten begonnen, die sich auf eine nuancierte Darstellung konkreter Filmkompositionen orientierte und den zugrundegelegten formalisierten Aspekt der Untersuchung um Erkenntnisse erweiterte, die anderen Wissensbereichen entstammten. Die später in dem Sammelband »L'analyse du film« (1979) zusammengefaßten Arbeiten, die bis zur höchst differenzierten Beschreibung der Mikrostruktur des Films im Rahmen einer sogenannten Segment-Untersuchung vordrangen, faszinieren nicht minder durch die Genauigkeit einzelner Deskriptionsverfahren als durch Wechsel und

Kombination verschiedener Sichten auf den Film. Bellour, der die Ansicht vertrat, daß der Text, wie er im Verständnis der Linguistik verankert ist, im Film etwas Unauffindbares sei,[101] versuchte sich gleichsam von verschiedenen Seiten her der Strukturierungsarbeit im Filmkunstwerk zu nähern. Der Wert seiner eigenen Analysen, doch auch jener von anderen Autoren einer verwandten Denkrichtung, die er in einem Sammelband zum amerikanischen Film edierte,[102] besteht u. a. darin, daß die verschiedenartigsten Modelle und Analysestrategien nicht nur schlechthin gegenüber konkreten Filmbeispielen zur Anwendung gebracht werden, sondern dabei stets neue und vordem in solcher Differenzierung nicht erreichte Aufschlüsse zu Struktur- und Funktionszusammenhängen im Kunstprozeß geben. Im Umkreis von Bellours Versuchen erschienen in Frankreich Buchpublikationen zu Filmanalysen, die, meist von mehreren Autoren bestritten, entweder verschiedenen Gesichtspunkten der Untersuchung an einem einzigen Filmwerk Rechnung trugen, wie dies für »Muriel« durch Bailblé/Marie/Ropars (1974) geschah, oder zur systematischen Ausarbeitung der unterschiedlichen Aspekte gelangten, etwa durch Collet/Marie/Percheron/Simon/Vernet in »Lectures du film« (1977) bzw. durch Aumont/Bergala/Marie/Vernet in »L'estétique du film« (1983). In allerletzter Zeit wurden die Untersuchungsverfahren von Aumont/Marie in »L'analyse des films« (1988) in einer Monographie zusammengestellt, die ihre Kombination nahelegt. Die Potenz einer Methodik, die davon ausgeht, daß man die komplexen Systeme der Filmkunst zugleich durch ganz verschiedene Modelle annähern kann, prinzipiell durch solche der Kybernetik, Semiologie, Psychologie, Soziologie, Kulturwissenschaft, der allgemeinen Narrativik usw., erweist sich immer deutlicher, zumal viele Modellverfahren zu einer Konvergenz gebracht werden können. So ist etwa die Semiose in gewissem Grade auch als kybernetischer Regulierungsvorgang darstellbar. Strukturbildung innerhalb der Komposition eines Films, die durch traditionelle und neuere strukturale Ansätze einer Erzähltheorie erfaßt werden kann, ist ebenfalls aus informationstheoretischer bzw. lernpsychologischer Sicht interpretierbar, so daß man zu einer bewußten Modellkombination kommen kann, die es gestattet, denselben Film oder, wie dies von mir in einer Monographie versucht wurde,[103] das Gestaltungsphänomen der offenen Komposition im Spielfilm differenzierter darzustellen. Dabei hat sich gezeigt, daß nicht nur eine Verkopplung von Modellvorstellungen möglich ist, sondern auch die Einbeziehung der Modellkombinationen in eine hermeneutisch betriebene Untersuchung traditioneller Art. David Bordwell verhandelt in seinem Buch »Narration in the Fictions Film« (1985) das Problem des filmischen Erzählens gleichfalls auf anscheinend herkömmliche Weise, jedoch unter Anwendung modernster semiologischer und psychologischer Erkenntnisse.

Als Beispiel für die achte Richtung, welche Modellkombinationen für die Klärung theoriehistorischer Entwicklungen nutzt und dabei zu spezifischen Aufschlüssen und Impulsen für weitere Theoriebildung kommt, sei das Buch von Wjatscheslaw W. Iwanow »Otscherki po istorii semiotiki w SSSR« (1976) genannt, das in einer leicht veränderten Version in deutscher Sprache unter dem Titel »Einführung in allgemeine Probleme der Semiotik« (1985) erschien. Iwanow, einer der führenden Vertreter der sogenannten Moskau-Tartuer Semiotik-Schule, hatte mit einer Monographie über die Sprache der Hethiter promoviert, Forschungsarbeit auf dem Gebiet der Linguistik, Semiologie, Kunstpsychologie und angewandten Kybernetik geleistet und sehr früh zu übergreifenden Problemstellungen wie der Asymmetrie des Gehirns und der Zeichensysteme publiziert[104] sowie gelegentlich auch Vorschläge unterbreitet, die die Semiotik des Films betrafen.[105] In dem Buch von 1976 (1985) unternahm er eine umfassende Darstellung der filmästhetischen Überlegungen Eisensteins, die im Lichte von modernsten Erkenntnissen der Semiologie, ihrer speziellen Semiotiken, der Kybernetik, Psychologie, Kulturwissenschaft und Anthropologie gesehen werden. Dieses an interdisziplinären Querverbindungen wohl reichste Werk in der filmtheoretischen Literatur überhaupt untersetzt gleichsam die Gedankengänge Eisensteins, auch solche aus unpublizierten Fragmenten entstehender Theorien, durch verschiedenartige Modellvorstellungen der Gegenwart und macht damit erkennbar, wie weit der geniale Filmschöpfer Denkweisen vorgriff, die sich erst heute durchzusetzen beginnen. Komplizierte Phänomene der Kunst, von Eisenstein damals schon gesichtet und analytisch angegangen, werden dabei im Rahmen eines genetisch-historischen Verfahrens weiter aufgeschlossen, womit auch gegenüber den zeitgenössischen Kunsterscheinungen – und zwar den am schwersten zu analysierenden – ein wissenschaftliches Instrumentarium entsteht, das von Iwanow an einzelnen Phänomenen auch unterderhand erprobt wird.

Gegenwärtig erlaubt die Kombination von Modellvorstellungen unterschiedlichster Art trotz vielfacher Konvergenz und Verknüpfungschance einzelner Ansätze noch längst keine in sich geschlossene integrative Theorie. Gleichwohl wird in neueren Theorieentwürfen der Bezug zwischen den Modellierungsebenen mehr oder weniger vorsichtig hergestellt und die Suche nach einem Zusammenhang oft selbst dann nicht fallengelassen, wenn man sich ausdrücklich gegen die aktuelle Möglichkeit eines solchen Systems verwahrt. Der meines Erachtens ausgereifteste Versuch, auf der Basis von Modellkombination einen eigenständigen Theorieansatz zu konstruieren, findet sich in dem Buch von Alicja Helman »Przedmiot i methody filmoznawstwa« (»Gegenstand und Methoden der Filmwissenschaft«, 1985), das darum als Beispiel für eine neunte Richtung dienen kann. Die polnische Autorin, die früher u. a. mit einer Reihe filmsemiotischer Artikel[106] einen wichtigen Beitrag zur Erforschung von Wechselwirkungen verschiedener Codes innerhalb der kinematographischen Kommunikation geleistet hatte, setzt in dem erwähnten Buch die zeichentheoretischen Modelle keineswegs obenan. In einem die eigene Methode reflektierenden Referat[107] unterstreicht sie, der Methodenpluralismus werde von ihr mit der Begründung akzeptiert, daß die Komplexität des Studienobjektes Film sich auch in der Komplexität des Analysesystems widerspiegeln müsse. Ihrer Meinung nach könne gegenwärtig keine Methode für sich genommen den Anspruch erheben, eine umfassende Untersuchung des Gegenstandes zu gewährleisten; manche unter ihnen seien indes dazu imstande, den letzteren unter einem oder auch mehreren Aspekten zu erschließen. Obschon die Autorin sich keiner speziellen Modellierung besonders verpflichtet fühlt, favorisiert sie den generellen Zugang, den die Kulturanthropologie gegenüber den Filmproblemen ermöglicht. Die Filmforschung der Zukunft betrachtet sie als Ort einer integrierenden interdisziplinären Untersuchung, welche zahlreiche voneinander separate Bereiche zusammenzuführen vermag, und plädiert damit für ein sehr großzügig gefaßtes Verständnis von Systemforschung. Im theoretisch-methodischen Konzept von Alicja Helman scheinen die produktivsten Überlegungen der gegenwärtigen filmwissenschaftlichen Bemühungen zusammengefaßt zu sein. Jedenfalls dürfte im Rahmen der skizzierten Programmatik eine fruchtbare Arbeit möglich werden, die – ähnlich vielen Versuchen der anderen acht Richtungen – zur Überwindung der Krise des filmwissenschaftlichen Denkens beitragen könnte.

Paradigmawechsel beim Übergang zur Medienforschung

Konnten die filmtheoretischen Bemühungen, die zur Überwindung der Krise des wissenschaftlichen Instrumentariums beitrugen, hier noch im Rahmen einer konspektiven Darstellung in groben Zügen charakterisiert werden, so ist dies bezüglich des anderen wesentlichen Aspekts grundsätzlichen Umdenkens, der mit der Krise der Gegenstandsauffassung zu tun hat, leider überhaupt nicht möglich.

Der notwendige Übergang von einer Kunstwissenschaft vom Film zu einer umfassenderen Disziplin, die sich der Erforschung der audiovisuellen Medien in ihrer Gesamtheit zuwendet, bedeutet ja, wie schon erwähnt, mehr als die Ausweitung des Sichtwinkels gegenüber einem viel größeren Feld von Erscheinungen, mehr als die schlichte Eingemeindung von Fernsehen, Video und den neuen Medien in den traditionellen Kinobereich. Das so viel umfassendere Feld von Medienprodukten zeigt in qualitativer Hinsicht eine enorme Variationsbreite; neben künstlerischen Phänomenen gehören dazu Erscheinungen, deren Aneignung ganz andere Analysestrategien und Wertungskategorien nötig macht, als die Kunstuntersuchung sie kennt. Und mit der Existenz des vielgestaltigen und umfänglichen Medienrepertoires ergibt sich ein neues Wirkungspotential in bezug auf den Rezipienten. Es zeichnen sich kulturelle Veränderungen fundamentaler Art ab, die eine Folge der massierten Mediennutzung sind und eine adäquate Untersuchung verlangen, welche gleichermaßen auf Produktions- wie Konsumtionssphäre einzugehen hätte. Durch technische, ökonomische und politische Entwicklungen wandelte sich die Lebensweise der Menschen in den hochindustrialisierten Ländern sowohl des kapitalistischen als auch des sozialistischen Systems. Ein höherer materieller Lebensstandard und ein umfassenderes Freizeitbudget, verbunden mit einem starken Zwang zur Reproduktion der Arbeitskraft, schuf für größere Bevölkerungsgruppen die Vorbedingungen für einen Konsum von Medienprodukten, welcher schon aufgrund seiner Quantität Konsequenzen für die Formierung der gesamten Kultur haben mußte, die auch in die Länder der »dritten Welt« hineinwirkt. »Kommunikationsmedien beeinflussen Sinnesreaktionen je nach ihrer Dauer, Intensität und Trennschärfe der Sinneseindrücke«,[108] stellte Marshall McLuhan fest und verwies auf die Langzeitwirkung der audiovisuellen Medien, die dahin führe, daß der Mediengebrauch für sich genommen bereits Wirkungen auf den Menschen zeige. Sein Ausspruch: »Das Medium ist die Botschaft«[109] wurde zu einem geflügelten Wort. Daß die audiovisuellen Medien den Menschen nicht nur in einer die Realität widerspiegelnden, sondern mehr und mehr in einer Realität schaffenden Funktion erscheinen, gilt heute als unumstritten, auch wenn der Charakter dieser »mythenbildenden Institution« noch längst nicht zuverlässig erforscht worden ist. Zweifellos geht auch eine starke Verlagerung der kulturellen Prozesse von einer rational-verbalen in eine bildhaft-darstellende Sphäre vonstatten, eine Umstellung vom »Sagen« zum »Zeigen«, um hier eine Terminologie zu übernehmen, die M. Bierwisch,[110] Wittgenstein folgend, zur Kennzeichnung unterschiedlicher Codierungsarten der jeweils verwendeten Zeichen nutzte.

Der Einfluß der audiovisuellen Medien auf den Alltag und die gesamte Lebensweise der Menschen ist heute ebenso unübersehbar wie der auf ihre Wertbildungsprozesse, die tief hinein in die Persönlichkeitsentwicklung reichen, nicht allein rational faßbare Ideologiemomente und ihre Wirkung betreffen, sondern unbewußte und unterbewußte Komponenten enthalten. Marxistische Theoretiker haben diese Zusammenhänge aus kulturwissenschaftlicher bzw. soziologischer Sicht dargestellt und u. a. darauf hingewiesen, daß scheinbar neutrale, weil inhaltlich belanglose Medienunterhaltung für die Herausbildung von Werten als durchaus relevant anzusehen ist,[111] was etwa zur Folge hat, daß weltweit

eine »Kolonialisierung des Unterbewußtseins«[112] durch die imperialistischen Großmächte, besonders die USA, stattfindet, weil deren massiver Export von Medienprodukten die kulturellen Prozesse mitbestimmt.

Ein Studium der audiovisuellen Medien hätte mindestens die
hier gestreiften Problemfelder zu berücksichtigen, und zwar differenziert und in ihrem wechselseitigen Zusammenhang. Damit erweist sich aber, daß die Anerkennung eines erweiterten Gegen-
standsbereichs auf eine völlige Profilveränderung der bisherigen
Wissenschaft vom Film hinausläuft, denn jener »Normal«-Zustand
wissenschaftlicher Forschung und wissenschaftlicher Kommunikation, in dem ein Komplex miteinander verflochtener methodischer und theoretischer Überzeugungen von der betreffenden
Wissenschaftler-Gemeinschaft als gemeinsame Grundlage akzeptiert wird, so daß man mit T. S. Kuhn von einem Paradigma sprechen kann, muß ja ganz und gar aufgegeben werden. Wenn Kuhn
in seinem Buch »Die Struktur wissenschaftlicher Revolutionen«
davon spricht, daß drei Klassen von Problemen die gesamte Literatur der normalen Wissenschaft ausmachten: Bestimmung bedeutsamer Tatsachen, gegenseitige Anpassung von Fakten und
Theorie, Artikulierung der Theorie,[113] dann macht dies deutlich,
welche Umbrüche zu erwarten sind, wenn man in einer Wissenschaft von den audiovisuellen Medien Erkenntnisse der Kulturanthropologie, Kommunikationswissenschaft, Politik-, Technik- und
Wirtschaftswissenschaft, Soziologie mit denen der Kunstwissenschaft vom Film zusammenführen muß, sind doch schon die Relevanzprinzipien jeweils völlig andere. Zu den Schwierigkeiten bei
der Darstellung des so umfassenden Problemfeldes und der Vielfalt der Umbrüche, die zur Kenntnis genommen werden müssen,
kommt hinzu, daß sich der Anteil der Literatur aus den erwähnten
Wissenschaftsdisziplinen, welcher speziell der Medienproblema-
tik gewidmet ist, zu einer wahren Publikations-Flut entwickelt
hat, die kaum mehr von großen Wissenschaftlerkollektiven zu
überblicken ist, geschweige denn in einer Einführung zu referieren geht.

Um dennoch nicht gänzlich vor den Schwierigkeiten kapitulieren zu müssen und eine Orientierungshilfe im Umgang mit dem
erwähnten Krisenpunkt zu gewinnen, soll die umfassende Frage-

stellung unter einem sehr begrenzten Aspekt gesehen werden, der einerseits im Sinne einer kontinuierlichen Weiterverfolgung traditioneller filmwissenschaftlicher Gedanken liegt, andererseits aber einem Problembewußtsein zuarbeitet, das den Paradigmawechsel befördert. Dieser Ansatzpunkt für die Weiterführung auch speziell filmtheoretischer Überlegungen dürfte in der wissenschaftlichen Darstellung der Erscheinungen und Prozesse der audiovisuellen Massenkultur liegen, die sich mit den Medien entwickelt hat. Diese ist zweifellos uneinheitlich, insofern man schon ganz unterschiedliche geistige Tendenzen bei einer imperialistischen Massenkultur, bei einer auf dem Boden der kapitalistischen Länder sich herausbildenden demokratischen Gegenbewegung, einer aufkommenden sozialistischen Massenkultur und -kunst und schließlich bei diversen Spielarten der genannten Typen in den Ländern der »dritten Welt« nachweisen kann. Sicher haben diese Erscheinungen aber auch Gemeinsamkeiten. Ökonomischer Kostenaufwand drängt in jedem Falle auf ein Massenpublikum, an dessen teils echtem, teils künstlich herbeigeführtem Unterhaltungsbedürfnis sich ein bestimmtes Formengut orientiert, das populäre Gestaltungsweisen bevorzugt. Letzteres hat seine Tradition in der Entstehungsgeschichte der Kinematographie, die ja ein Kind der kapitalistischen Gesellschaftsformation ist und daher bestimmte Züge trägt, die sie schon aufgrund der Internationalisierung des kulturellen Repertoires der Medien nicht ohne weiteres verlieren kann, selbst wenn man sie bekämpfte. Abgesehen von ökonomischen Interessen dürfte bei der Entstehung der massenkulturellen Phänomene auch ein den kulturellen Prozessen seit jeher innewohnendes Differenzierungsprinzip wirksam geworden sein, das von Anbeginn künstlerischer Äußerung dafür sorgte, daß sich deren Produktions- und Rezeptionsweisen voneinander abhoben, wobei neue Codes entstanden, welche die vorhandenen in den seltensten Fällen verdrängten, vielmehr mit ihnen zu koexistieren suchten und auf weitere Integrations- und Differenzierungsprozesse hinwirkten. Auch die populären Künste dürften in einem solchen Vorgang von Arbeitsteilung und Codedifferenzierung entstanden sein, bei dem sowohl Rückgriffe auf nationale Volkskultur möglich waren wie eine Anlehnung an internationale Standardisierungstendenzen im Formenrepertoire der Medien.

In Kino und Fernsehen wurde diese Tendenz zur Massenkultur am deutlichsten über die Herausbildung einer spezifischen Formensprache der sogenannten populären Genres sichtbar, die etwa als Kriminal-, Detektiv-, Abenteuer-, Western- oder Science-fiction-Film, als Film-Musical bzw. als Fernseh-Show, Familien-Serie o. ä. sehr früh ihre Existenzberechtigung in den Programmen behaupteten, Traditionen von sogenannten Trivialformen der Literatur aufnehmend und weiterführend. Diese Medienprodukte hatten insgesamt von Anfang an in quantitativer Hinsicht dominiert. In der Regel erreichten auch ihre erfolgreichsten Titel höhere Besucherzahlen als die besten Beispiele des künstlerischen Films. Die Filmwissenschaft hat sich auf Grund eines eingeengten Blickfeldes, das durch akademische Tradition, eine elitäre Sicht, aber auch methodisches Unvermögen verursacht war, kaum mit diesen Werken beschäftigt, und auch die Filmgeschichtsschreibung hat sie fast durchweg ignoriert oder sie zu einer Randerscheinung der Kunstproduktion erklärt bzw. zu einem Feld mißlungener Anläufe auf die Höhen ästhetischer Ausdrucksweisen. Es strebten diese Filme und Sendungen aber einem gesellschaftlichen Gebrauchswert zu, der von dem der traditionellen Kunstproduktion vorsätzlich abwich und mit dem Begriff Unterhaltung nur undeutlich charakterisiert werden kann. Eine Theorie des Spielfilms muß diese Medienprodukte berücksichtigen und ihnen gerecht zu werden suchen. Sie muß Verfahren zu ihrer Beschreibung, Interpretation und Bewertung entwickeln, die ihren besonderen Gestaltungs- und Wirkungsweisen Rechnung tragen. Umberto Eco hat zweifellos Recht mit seiner Ansicht: »Das Problem ist schlecht gestellt, wenn man fragt: ›Ist es gut oder schlecht, daß es die Massenkultur gibt?‹ Das Problem lautet vielmehr: ›Wie kann man, nachdem die Industriegesellschaft jenes kommunikative Verhältnis, das als Gesamtheit der Massenmedien bekannt ist, unabwendbar gemacht hat, sicherstellen, daß die Massenmedien kulturelle Werte übermitteln?‹«[114] Eine Film- und Fernsehwissenschaft bzw. eine Wissenschaft der Medien muß herausarbeiten, ob und wie dies im einzelnen Werk jeweils geschieht, und ihre Wertungen zu ganzen Entwicklungsprozessen treffen. In den kapitalistischen Ländern hat es Ansätze dazu früh gegeben, umfassende theoretische Publikationen indes ließen lange auf sich warten. Und auch heute sind es besonders beschreibende – meist ebenfalls populär gefaßte – Darstellungen, die von den massenkulturellen Erscheinungen und Prozessen gegeben werden. Eine kulturgeschichtliche Untersuchung von diversen populären Filmgenres haben in der BRD etwa B. Roloff und G. Seeßlen unternommen. Arbeiten wie Ecos eben zitierte »Apokalyptiker und Integrierte. Zur kritischen Kritik der Massenkultur« (1964/78) haben indes strengere wissenschaftliche Kriterien in die Überlegungen zur Massenkultur getragen, und analog zu Bestrebungen in der Literaturwissenschaft kam es auch zu Versuchen, das Unterhaltungsphänomen für die audiovisuellen Medien theoretisch genauer aufzuschließen, etwa durch W. Stephenson, H. Holzer, L. Bosshart und U. Dehm. Ursula Dehms sozialpsychologische Studie zum Fernseherleben unter dem Titel »Fernsehunterhaltung. Zeitvertreib, Flucht oder Zwang« (1984) diskutiert dabei umfassend wichtige neuere Auffassungen von massenmedialer Unterhaltung. In Polen hat ein Arbeitskreis um A. Helman sich um die Klärung dieser Probleme verdient gemacht; es gibt neuere Publikationen dazu von H. Ksiażek-Konicka, A. Cwikiel u. a. Die sowjetische Wissenschaft hat sich der Thematik im Zusammenhang mit der Erforschung der Fernsehkultur zugewandt, zu der W. Sappak, E. Bagirow, A. Wartanow, V. Djomin, A. Lipkow, W. Michalkowitsch Beiträge unterschiedlichster Art leisteten. N. Chrenow hat in einer umfassenden kulturhistorisch orientierten Untersuchung visueller Kommunikationsweisen auch eine Grundlage allgemeiner Art für das Studium der Massenkultur zu schaffen begonnen.[115] Von Filmwissenschaftlern wie R. Jurenjew[116], N. Sorkaja[117] und S. Freilich[118] gibt es Überlegungen zu den »hohen« und »niedrigen« Genres. In der DDR suchen vor allem die faktenreichen und anschaulichen Arbeiten von Michael Hanisch[119] der Problematik der populären Genres Rechnung zu tragen; spezielle theoretische Ansätze sind über ein Frühstadium aber kaum hinausgekommen.[120]

Mit den populären Genres und ihrer Funktionsverlagerung auf Unterhaltungsmomente, welche durch besondere Gestaltungsweisen gefördert werden, mußten spezifische Werkstrukturen entstehen, aber auch Wertungskriterien, die von den tradierten kunstästhetischen abwichen. Das Melodramatische, das Aktionsbetonte und Abenteuerliche, das Utopische, Horror, Sex und diverse

Spielarten des Lächerlichen benötigten ein anderes Wertungsraster als das der klassischen Genres, die sich schon im Theater der Antike herausbildeten. Wodurch konnten jeweils kulturelle Werte übermittelt werden, und was war dabei hinderlich? Die Filmtheorie hatte Wege zu finden, diese Fragen zu klären. Und es standen nicht nur einzelne Werke zur Debatte, sondern stets Prozesse, zwischen deren Komponenten komplizierte Wechselwirkungen möglich waren. Die von Eisler beobachteten Amagalmierungstendenzen konnten eine Nivellierung bestehender Ausdrucksformen zur Folge haben, doch auch Ausprägungen von populären Formen freisetzen, die zugleich höchsten Maßstäben von Kunst – im traditionellsten Verständnis dieses Begriffs – genügten. Große Beispiele aus der Westernproduktion gehören ebenso dazu wie Arbeiten von Tarkowski, Michalkow, Antonioni oder Forman.

Neben Wechselbeziehungen von Filmkunst und Unterhaltung gab es solche zu beobachten, die durch Dokumentar- und Informationsgenres in Kino und Fernsehen eingebracht worden waren. Ein ganzes Feld von Mischformen war von der Film- und Fernsehwissenschaft zu beurteilen, und auch das setzte ein neuartiges methodisches Herangehen voraus. Erste Hypothesen,[121] die Wirkungsweisen des unterhaltungsorientierten Films betreffend, verweisen auf bestimmte Besonderheiten: Filme des genannten Typs streben bei der Rezeption elementare Mechanismen der psychischen Regulation an, suchen psychisches Gleichgewicht und Wohlbefinden beim Zuschauer auf direktestem Wege zu schaffen. Ihre methodische Bewältigung der Realität ist eher instrumentell als konstruktionell; sie arbeiten nach dem Gesetz der Induktion, animieren den Zuschauer zur Nachahmung mitreißender action, statt ihn zur Analyse aufzufordern. Sie setzen die sonst in Kunstprozessen fest eingebundenen Momente des Spiels frei und hypertrophieren sie gern. In ihren Werken beziehen sie sich oft ganz bewußt auf Präinformation ganzer Zuschauergruppen, indem sie Stereotypen verschiedenster Art verwenden. In der Regel sind sie auf Vereinfachung der Emotionalstruktur aus, meiden Wirkungsmomente, die komplizierte Regelvorgänge einschließen; Suspense ist ihr Metier, nicht Katharsis. Und die Problemlösungsprozesse, die sie vorzeichnen, tendieren zu größter Überschaubarkeit und Lösbarkeit; typisch ist das Happy-End. Eine verstärkte

Beeinflussung der Zuschauer im Bereich der unbewußten Erlebnisgehalte ist dennoch vielfach gegeben.

In den unterschiedlichen populären Genres kommen die erwähnten Merkmale verschieden zum Tragen, und es dominieren jeweils bestimmte Wirkungsweisen. Wie dies konkret geschieht, ist längst noch nicht untersucht. Erkennbar wird aber, daß sich mit der Aufwertung des Unterhaltungsmomentes die Gestaltungskriterien verschieben. Statt traditioneller Maßstäbe von künstlerischer Gestaltung und Wirkung sind ganz andere anzusetzen, um den populären Kunstformen gerecht zu werden. Der Kunstbegriff muß entweder stark erweitert, mindestens aber modifiziert werden, oder man ist veranlaßt, ihn überhaupt fallen zu lassen, um von einer Vorstellung kultureller Werte her an die Analyse heranzugehen, die a priori nur allgemeinste ästhetische Funktionen berücksichtigt. Das aber weist auf Paradigmawechsel. Ein ganzes System von formulierten oder stillschweigend zur Geltung gebrachten Bezügen, von Maßstäben und Relevanzprinzipien muß verabschiedet werden zugunsten eines neuen, das noch nicht ausgearbeitet ist.

Um diese Umstellung genauer zu belegen, wären gründliche Analysen von Kulturtheorien und Ästhetiken der Gegenwart notwendig. Diese können hier nicht gegeben werden. Hingewiesen sei lediglich auf einige wichtige Aspekte, unter welchen die Problematik »Kunst und Massenkultur« gesehen werden kann:

Die traditionellen Systeme haben eine Auffassung von Werk und Werkgestalt, die mit ästhetischer Geschlossenheit und einem Sinnverweis der Komposition bzw. des Textes auf sich selbst, auf Interpretationsmöglichkeit des Werkes aus seinem eigenen inneren Zusammenhang verbunden ist; den populären Künsten hingegen scheint es mehr um eine ästhetische Attraktivität zu gehen, die mit außertextualen Momenten korreliert, wobei die Begrenzungen des Werkes gleichsam aufbrechen. Wer unterhalten will, sucht sich zunächst am Umfeld von Reizmitteln und Bewußtseinslagen zu orientieren, und denkt noch längst nicht an die Schaffung einer neuen Kunst-Welt, eines künstlerischen Organismus.

Originalität und Besonderheit waren ein angestrebtes Merkmal für jede Kunstproduktion der Vergangenheit, die populären Künste im Medienbereich hingegen suchen ein Massenpublikum anzusprechen und zu gewinnen, und sie tun dies, indem sie auf Stereotypen der Gestaltung zurückgreifen, den erprobten Ausdrucksweisen vertrauen, Wiederholbarkeit von Wirkungen anstreben, auf keinen Fall die Innovation als das Wesentlichste innerhalb der Kommunikation betrachten. Gegenüber seriellen Verfahrensweisen und Imitationen im Kunsterleben stellen sich dabei andere Kriterien ein. Hermann Broch spricht von einem »Imitationssystem« des Kitsches, bevor er wertet: »Das Kitsch-System verlangt von seinen Anhängern ›Arbeite schön‹, während das System der Kunst das ethische ›Arbeite gut‹ an seine Spitze gestellt hat. Der Kitsch ist das Böse im Wertsystem der Kunst.«[122] Die Massenmedien haben die Toleranzgrenzen gegenüber diesem Bösen gehörig verschoben, denn man geht bewußt auf die Techniken der Redundanzerzeugung zu, die auch der Kitsch benutzt, hat eine eigene Pseudoironie entwickelt, um ihm Rückendeckung zu geben.

Daß Kunstwerke weit über die Zeit hinaus, in der sie hergestellt wurden, noch wirksam sein können und eine Botschaft für künftige Generationen produzieren, ist ein traditionelles Kriterium für ihren Wert. Es ging dabei nicht um einen »Ewigkeitswert«, wie ihn idealistische Kunstkonzepte nahelegten, sondern um eine Funktionsweise, die Lotman etwa mit den Worten umschrieb, Kunstwerke hätten einen Zug an sich, der sie biologischen Systemen ähnlich mache, indem sie die Menge der in ihnen enthaltenen Informationen vergrößern könnten,[123] denn in der Tat gibt es Werke, die auch Jahrhunderte nach ihrer Hervorbringung immer wieder etwas zu sagen haben, was dem Publikum neu ist. Den populären Künsten dürfte danach kaum der Sinn stehen: Sie pretendieren nicht auf einen Gebrauch bis in alle Ewigkeit, suchen nicht nach Wegen, ihren Informationsgehalt regenerierbar zu gestalten, sie wollen eher brandaktuell sein, wirksam für den Tag und für die Stunde.

Im traditionellen Kunstverständnis wird Kunsterleben als die Begegnung der Individualität des Schöpfers mit der des Rezipienten aufgefaßt, des genialen Künstlers mit dem verständnisinnigen feinfühligen Subjekt, dem kongenialen Zuschauer, wenn man so will. Kunstwerke »liefern dem Rezipienten gerade die Information, die er benötigt und die aufzunehmen er in der Lage ist.«[124]

Das Werk scheint mit seiner unverwechselbaren Botschaft geradezu für den einzelnen bestimmt zu sein, bedient dessen geheimste Erwartungen. Wolfgang Heise spricht von dem »eigentümlich personalen Charakter der Kunstform«[125] und zitiert Rilke: »Da ist keine Stelle, die dich nicht sieht.« Ganz anders das Phänomen der Massenkultur. Es wird – besonders im Fernsehen – oft von vornherein als Erzeugnis gemeinschaftlicher Anstrengung vieler deklariert und trägt das Markenzeichen einer Institution, eines Senders, eines Sendeplatzes, einer Serie, die sein Profil mehr bestimmen oder zu bestimmen scheinen als ein Individuum. Das Konfektionierte, Standardisierte wirkt dabei eher als Tugend, wird doch unterstellt, daß hier etwas schon darum viele anzusprechen vermag, weil seine Herstellung ein Agreement von vielen voraussetzte.

Auch zur Problematik der Wertbildung ist das Verhältnis jeweils unterschiedlich. Traditionellerweise hat Kunstleistung mit Wertung von Wertungen zu tun. Sie baut »keine Dingwelt, sondern eine Wertwelt«[126] auf, die aber der Erkenntnisfähigkeit des Menschen nützt und daher ein schwer erklärbares, doch inniges Verhältnis zur Wahrheit oder Wahrhaftigkeit eingeht, in ihren Abbildern auch einen Realitätsbezug sucht. Die populären Künste in den Medien wollen hingegen eher für Unterhaltung und Zerstreuung sorgen, statt sich auf eine wahrhaftige Widerspiegelung der Realität vereidigen zu lassen. »Manche Filme sind ein Stück Leben, meine Filme sind ein Stück Kuchen«,[127] sagte Hitchcock treffend. Ein »wertungsproduzierendes Organ der Gesellschaft« zu sein, das »spezifisch die Produktion und Reproduktion, Kommunikation und Rezeption von Wertungen – unter der Dominanz ästhetischer Wertungen« –[128] beinhaltet, ist hierbei wenig beabsichtigt. Daß damit, wie Bisky zeigt,[129] dennoch Wertvorstellungen weitergegeben und gefestigt werden, steht auf einem anderen Blatt. Allerdings sind dies kaum solche, die zu einem Selbstbewußtsein der Gattung hinführen, eher zu einem mediengeformten Alltagsbewußtsein.

Eine Wissenschaft von Film und Fernsehen, die der Massenkultur bzw. den populären Künsten im Bereich der audiovisuellen Medien gerecht werden will, kann die traditionellen Maßstäbe und Relevanzprinzipien nicht einfach abschaffen und gegen neue austauschen. Vielmehr hat sie davon auszugehen, daß beide nebeneinander gültig sein können, entsprechend der realen kulturellen Entwicklung, die es kaum dazu kommen läßt, daß kulturelle Codes einander verdrängen, sondern eher dafür sorgt, daß sie sich differenzieren und miteinander koexistieren, weil aufgrund einer Art Arbeitsteilung innerhalb der gesellschaftlichen Regulierungsprozesse durch die Medien die Existenzberechtigung für jeden Code gesichert bleibt.

Für die Theorie bedeutet die gleichberechtigte Anerkennung unterschiedlicher Prinzipien eine beträchtliche Umstellung, zumal der hier besprochene Aspekt des Paradigmawechsels nur eine Seite des Umdenkens erfaßt, das im Bereich der Film- und Fernsehwissenschaft nötig wird. Denn was weiter oben unter dem Begriff des Methodenpluralismus subsummiert wurde, ist ja in Wirklichkeit zugleich ein Pluralismus von Sichten und Gegenstandsauffassungen, der eine Zersplitterung des Forschungsobjektes nach sich zieht oder die Anerkennung von dessen Inkohärenz nahelegt.

Zukünftige Wissenschaftsentwicklung und Tradition

Angesichts dieser offenbar objektiv begründeten Tendenz zu einer Separierung der Erkenntnisse und der Auflösung einer gemeinsamen Ausgangsbasis für die Forschung mag einem die Film- und Fernsehwissenschaft samt ihrer Theorie als ein Konglomerat von Erfahrungen und Teilerkenntnissen vorkommen, das zu einem wirklichen Zusammenhang nicht mehr zu finden vermag. Dieser Eindruck ist richtig und falsch zugleich.

In der Tat darf man sich heute nicht der Illusion hingeben, daß sich Erkenntnisse auf verschiedenen filmwissenschaftlichen Teilgebieten, etwa der Filmdramaturgie, Filmpsychologie und Filmsemiotik, ohne weiteres aufeinander beziehen oder zusammenfassen ließen. Dazu sind die entsprechenden Theorie- oder Modellansätze zu wenig kompatibel, und auch die jeweils benutzten Methoden lassen sich nicht einfach ausweiten. Andererseits wäre es aber verfehlt, diese Situation zu verabsolutieren. Über ein halbes Jahrhundert hin hat es durchaus eine in gewissem Grade einheitliche Filmwissenschaft gegeben, und sie hat ihre kohärenten Theorieansätze geschaffen, mit denen gegenüber der Praxis ein steter Zugewinn an Erkenntnis erreicht wurde, wenngleich eben bezogen auf die Kunstprozesse des Films. Diese Tradition ist nicht mehr auszulöschen, und sie hat durchaus eine Kraft, die in die Zukunft hineinwirkt. Wer im Nachdenken über Film und die audiovisuellen Medien Neues herausfinden will, wird von Bekanntem ausgehen müssen. Und bei der Herausarbeitung von Gesetzmäßigkeiten sind stets Bezugssysteme nötig, die u. a. die Relevanz von Aussagen bestimmbar machen. Diese Bezugssysteme lassen sich nicht auf einer tabula rasa finden, sondern müssen aus dem filmwissenschaftlichen Erbe abgeleitet werden, unabhängig davon, wie kritisch man sich zum letzteren verhält. Die Begriffssysteme und Theorien der Vergangenheit sind also samt den überkommenden Gesetzesaussagen automatisch wieder mit im Spiel, und das ist einer der maßgeblichen Gründe dafür, sich mit Theoriegeschichte zu befassen, selbst wenn man zutiefst davon überzeugt sein mag, daß man das bestehende wissenschaftliche Instrumentarium weder akzeptieren noch unkritisch weiterverwenden kann. Auch ein Systemstudium des Films bzw. der audiovisuellen Medien, das Formalisierungen sucht und sich in vieler Hinsicht bewußt von der traditionellen Herangehensweise an den Gegenstand entfernt, ja, seine wesentliche Kraft aus der unerbittlichen Abstraktion von einer Beziehungsvielfalt und mithin aus der Absage an hermeneutische Verfahren ableitet, benötigt paradoxerweise das wissenschaftliche Erbe seiner Disziplin, um funktionsfähig zu sein. Zum einen darum, weil Modelle von Struktur- und Funktionszusammenhängen immer eines Interpretationssystems bedürfen, das es ermöglicht, Objekt und Untersuchungsanordnung in umfassendere Zusammenhänge zu stellen, also die Dialektik, von der man bei der Modellierung zeitweilig unerbittlich absehen muß, auch wieder in die Analyse einzubringen, was eine Rückkopplung mit den historisch gewachsenen Vorstellungen vom Gegenstand nahelegt, die eben über dieses Interpretationssystem vollzogen werden kann. Zum anderen bilden die Theorieansätze des wissenschaftlichen Erbes auch die jeweiligen Bezugssysteme jeder konkreten Modellierung, wie sie im Rahmen des Systemstudiums vollzogen wird. Wo darauf verzichtet wird, den Konnex mit dem überlieferten Wissen zu suchen, bleiben die

Aussagen zum Gegenstand, die man mit Hilfe der oft aufwendigen Modellierungsverfahren erzielt, oft von zu geringer Effizienz. Sie laufen auf Banalitäten hinaus oder berühren nur periphere Gesichtspunkte. So darf also im Grunde genommen nichts, was die bisherige Filmwissenschaft zur Klärung von Teilproblemen zu sagen hatte, einfach ad acta gelegt werden. Jegliches Wissen zur Fabelgestaltung, der Montage, der Gattungsspezifik, den Genreregesetzen spielt für die Systemforschung der Zukunft eine Rolle, insofern diese ihre Relevanzprinzipien, Arbeitshypothesen und Modellvorstellungen davon ableitet. In gewissem Sinne sind daher die kategoriellen Systeme einer Morphologie, Dramaturgie, Gestaltungslehre des Films usw. auch als möglicher Ausgangspunkt für die zu erforschenden ganzheitlichen Zusammenhänge zu sehen, wie die Systemforschung sie zugrunde legt. Wenn man beispielsweise narrative Zusammenhänge im Film semiologisch, psychologisch oder kybernetisch modelliert, wird man die Modellsysteme so aufbauen müssen, daß bestehende Erkenntnis weitgehend darin aufgehoben ist. Was für einzelne Modellansätze gilt, trifft nicht minder für Modellkombinationen zu, wie sie im Rahmen einer neuen Semiotik immer mehr an Bedeutung gewinnen. Kombinierte Modelle, etwa solche, die semiologische und psychologische Gesetzmäßigkeiten abbilden, sollen ja, indem sie Erkenntnisse der unterschiedlichen Bereiche auf das gleiche Objekt beziehen, eine genauere Approximation an das letztere ermöglichen und eine Optimierung des Erkenntnisgewinnes insgesamt bewirken. Um sie jeweils zu etablieren, muß man zunächst dafür sorgen, daß sie jene Beziehungen widerspruchsfrei abbilden, die in den bestehenden Theorien schon zur Darstellung gekommen sind, bevor man sie für die Beschreibung und Erklärung neuer oder bisher schwer faßbarer Phänomene verwenden kann. So kommt es also gleichsam bei der geistigen Unterwanderung des Erbes zu einer Untersetzung bestimmter Teile desselben im Rahmen der formalisierenden Methoden. Indem dies geschieht, wird eine Selektion innerhalb des wissenschaftlichen Erbes vollzogen und eine Tradition herausgearbeitet, auf die man in der Zukunft Bezug nehmen kann. Die in diesem Buch hergestellten Konspekte zur Geschichte der Spielfilmtheorie bedeuten eine Vorauswahl für eine derartige Traditionsbildung. Sie bieten insgesamt keinen zuverlässigen Überblick über das in der Geschichte Vorhandene, denn dafür ist der Zugriff nicht umfassend genug, fehlen doch Hinweise auf Theoriebildungsprozesse der meisten Länder und ganzer Erdteile völlig, und auch wertvolle Arbeiten aus den mehr beachteten Regionen konnten aus diesen oder jenen Gründen nicht zur Sprache gebracht werden. Der bei der Auswahl waltende Subjektivismus läßt sich wohl allein dadurch rechtfertigen, daß die referierten Theorieansätze zu jenem Teil des Erbes gehörten, der produktive Vorgaben für die Überlegungen der Zukunft enthält und mithelfen dürfte, zu einer komplexen und interdisziplinären Erforschung des Films und der audiovisuellen Medien insgesamt zu kommen, welche die dort waltenden Gesetzmäßigkeiten erschließt und neue Systemzusammenhänge herstellt.

Beim Aufbau eines Systemstudiums auf der Basis von Modellkombinationen, die den Gegenstand von unterschiedlichsten Seiten her approximativ erfassen, scheint es produktiv, sich auf die Theorievorgaben Sergej Eisensteins zu besinnen, die intuitiv ein solches Herangehen vorwegnahmen.

Eisensteins Theorieansatz entspricht am meisten der Forderung an eine zukünftige Wissenschaft, ihren Gegenstand umfassend und komplex zu untersuchen und dabei Erkenntnisse anderer Disziplinen einzubeziehen. Die damit verbundenen Analysen schlossen neben dem Werk stets die Sphären des Kunstschaffens und der Rezeption mit ein und bezogen sie aufeinander. Die Entwicklung der Filmkunst erschien dabei im Kontext umfassenderer kultureller und gesamtgesellschaftlicher Prozesse. Wie kein anderer nutzte Eisenstein Arbeitsergebnisse angrenzender Wissenschaftsdisziplinen für die Untersuchung der Kinematographie, und er demonstrierte in zahlreichen Arbeiten, wie verschiedenartig man dabei vorgehen kann. Hermeneutische Verfahren kommen dabei zum Tragen, doch integrierte die Eisensteinsche Filmästhetik bereits sehr früh die von Schklowski, Eichenbaum und Tynjanow entwickelten Modellvorstellungen und schuf ein marxistisches Interpretationssystem für die entsprechenden Formalisierungen. Da seine Schaffenspoetik einem Wirkungskonzept verbunden war, bedeuteten die Rezeptionsprozesse für Eisenstein stets ein wichtiges Bezugsfeld für die Untersuchung, was es heute leicht macht, seine Kunstanalyse mit einem kommunikationswissenschaftlichen Forschungsansatz zusammenzuführen. Sicher hat Eisenstein nie in den Kategorien der Massenkultur gedacht, jedenfalls nicht in denen der spätkapitalistischen, doch ist erstaunlich, wieviel Raum archaische Kunstformen, Folklore und auch manche Phänomene der populären Künste in seinen Überlegungen einnahmen. Daß er über viele Jahre ein Konzept verfolgte, welches um eine aufklärerische bzw. agitatorische Filmkunst bemüht war, zeigt, daß er sich mit seinen Maßstäben nicht allein einer klassischen Kunstästhetik verpflichtet fühlte. Zudem finden sich bei Eisenstein Überlegungen, die den generellen Zugang zum filmtheoretischen Denken betreffen. Neben philosophisch-ästhetischen Axiomen erscheinen da Hinweise auf die Bedeutung eines kulturwissenschaftlichen Ansatzes, der kommunikative Beziehungen und Zeichenprozesse für relevant erklärt. Gegenüber dem klassischen kommunikationswissenschaftlichen Ansatz, der bereits in der Lasswell-Formel »Wer sagt was …?« zu erkennen gibt, daß es ihm ursprünglich um Verbales geht und nicht um eine Mitteilungsart, die mehr auf Zeigen beruht, hatte der Zugang Eisensteins zu den Kommunikationsvorgängen des Films von vornherein den Vorzug, die ikonischen Zeichenprozesse ins Zentrum der Aufmerksamkeit zu stellen. Wichtig ist auch, daß das kulturwissenschaftliche oder -anthropologische Konzept Eisensteins das einer Weltkultur war. Wenn es gegenwärtig also besonders produktiv scheint, in der Art von Alicja Helman von einer Kulturanthropologie aus die anderen Theorie- bzw. Modellansätze in Augenschein zu nehmen oder jedenfalls dem kulturwissenschaftlichen Ansatz einen gewissen Vorrang zu geben, dann lassen sich auch in dieser Hinsicht bei Eisenstein beträchtliche Vorleistungen finden, die es zu studieren gilt. Außerdem hat Eisenstein Anregungen gegeben, wie naturwissenschaftliche Erkenntnisse stärker in die filmwissenschaftlichen Untersuchungen einzubeziehen sind. Auch diese Impulse gewinnen heute an Bedeutung.

Für die Untersuchung der Medienkultur, speziell jener Erscheinungen, die mit der Herausbildung von Stereotypen verschiedenster Art zusammenhängen, welche in der Sphäre der populären Genres eine besonders auffällige Entwicklung genommen haben, sind neuartige Methoden der Analyse nötig, die von der Film-

und Fernsehwissenschaft bisher kaum entwickelt werden konnten. Es kommt u. a. darauf an, ein historisch gewachsenes Formengut zu analysieren, das sich auf den standardisierten Gebrauch bestimmter gestalterischer Mittel und Strukturen gründet, die in vielen Medienprodukten desselben kulturellen Repertoires wiederkehren und jeweils mit normierten Unterprogrammen des psychischen Verhaltens – des Wahrnehmens, Verstehens, der Emotion, der Vorstellung usw. – verbunden sind. Für die Erforschung dieser Zusammenhänge braucht es eine andere Strategie, als sie in einer kunstzentristischen Filmwissenschaft bisher praktiziert wurde, geht es doch hier um Beziehungen, die sich nicht durch Einmaligkeit und Originalität auszeichnen, sondern massenhaft wirksam werden, einen Formenstandard zur Folge haben und normierte Reaktionsweisen beim Rezipienten anstreben. Um sie zu studieren, muß man nicht nur die Abbildfunktion des einzelnen Werkes gegenüber der Realität kennen und Merkmale für dessen originelle und unverwechselbare Gestaltungsweise herausarbeiten, sondern Beziehungen, die für eine Vielzahl von Werken und größere Rezipientengruppen invariant sind; die Merkmale dafür sind eher solche abgeleiteter Art, beruhen sie doch jeweils auf Formeneigenschaften von Pluralitäten. Entsprechend hat sich der Blickwinkel zu weiten und von Zusammenhängen innerhalb des einzelnen Werkes zu solchen innerhalb eines größeren Feldes kultureller Erscheinungen vorzudringen, eines Feldes, das auch Phänomene jenseits der Kunstproduktion einschließt und einer historisch-soziologischen Betrachtung zu unterstellen ist.

In diesem Zusammenhang ist interessant, daß heute innerhalb des naturwissenschaftlichen Denkens Probleme zu lösen sind, die den unseren in vieler Hinsicht ähneln, so daß sich aus ihrer Kenntnis vielleicht methodische Anregungen ergeben könnten. Ilya Prigogine und Isabelle Stengers etwa haben in ihrem bedeutsamen Buch »Dialog mit der Natur« darauf verwiesen, daß die Naturwissenschaften sich mehr auf die sogenannten »sekundären Gesetze« einzustellen hätten, womit eine Unterscheidung aufgegriffen wird, die Arthur Eddington in »The Nature of the Physical World« traf. Die »primären Gesetze« kontrollieren das Verhalten einzelner Teilchen, und die »sekundären Gesetze« sind auf Gesamtheiten von Atomen und Molekülen anzuwenden. Ein hervorragendes Beispiel für ein sekundäres Gesetz ist der zweite Hauptsatz der Thermodynamik, der den Begriff der Entropie einführt. Eddington schreibt: »Vom Standpunkt der Philosophie der Wissenschaft aus muß die mit der Entropie verknüpfte Konzeption meines Erachtens als der große Beitrag des 19. Jahrhunderts zum wissenschaftlichen Denken betrachtet werden. Sie bedeutet eine Abkehr von der Auffassung, daß alles, was die Wissenschaft beachten müsse, durch eine mikroskopische Zerlegung der Objekte entdeckt wird.«[130] Die Autoren setzen diesen Gedanken, dessen Wichtigkeit sie unterstreichen, ihrerseits fort: »Doch seit der Formulierung des zweiten Hauptsatzes der Thermodynamik im 19. Jahrhundert ist die Tendenz zur Erforschung komplexer Systeme weiter fortgeschritten. Heute schließlich können wir in gewisser Vereinfachung sagen, daß unser Interesse sich von der Substanz auf die Beziehungen, auf die Kommunikation, auf die Zeit verlagert.«[131] Konfrontiert man diese Überlegungen mit den Denkweisen, die Kunst- und Kulturwissenschaften traditionellerweise bevorzugen, dann wird man bei aller Unterschiedlichkeit der Verfahren doch leicht die Zielstellung der uns vertrauten Disziplinen in Analogie zu den Entdeckungen der Physik auf der mikroskopischen Ebene sehen; es ging vornehmlich darum, in die »Substanz« des einzelnen Werkes einzudringen, weniger um Beziehungen, die für Gesamtheiten kultureller Erscheinungen geltend zu machen waren, für ganze Felder von Kunstphänomenen. Prigogine und Stengers weisen noch auf einen anderen für uns sehr aufschlußreichen Aspekt der allgemeinen Wissenschaftsentwicklung hin, nämlich, daß sich heute das Interesse der Forschung von den reversiblen Prozessen mehr zu den irreversiblen hinwende, jenen, deren Darstellung mit dem zweiten Hauptsatz der Thermodynamik begonnen habe, welcher den Pfeil der Zeit in die Betrachtung einführte. Auch die kulturellen Prozesse sind nicht reversibel, nicht unabhängig von der Zeit und damit auch nicht umkehrbar, und vielleicht läßt sich von den wissenschaftlichen Strategien der Naturwissenschaften gegenüber den irreversiblen Vorgängen etwas für ihre Erforschung lernen. Physik, Chemie und andere naturwissenschaftliche Disziplinen haben mehr und mehr mit der Untersuchung dynamischer Zustände der Materie zu tun, in denen sich deutlicher die Wechselwirkungen eines Systems mit seiner Umgebung widerspiegeln, was spezifische Strukturtypen hervorbringt, die unter gleichgewichtsfernen Bedingungen aus dissipativen Vorgängen heraus spontan entstehen können und als »dissipative Strukturen« bezeichnet werden. Diese »dissipativen Strukturen«, die von Prigogine und Stengers zu einem Forschungsschwerpunkt der neueren Naturwissenschaften erhoben werden, haben manches mit den Phänomenen der Massenkultur gemeinsam, die gleichfalls aus unübersichtlichen Wechselbeziehungen heraus entstehen, welche sich innerhalb einer Vielfalt kommunikativer Prozesse mit unterschiedlichsten Strukturangeboten ergeben. Die Methoden der Film- und Fernsehwissenschaft müssen sich jedenfalls diesen komplexeren Vorgängen zuwenden und ihnen gegenüber ein ganzheitliches Verständnis durchsetzen, das dem Marxismus von jeher wichtig war und sich auch in anderen gesellschaftswissenschaftlichen Bereichen weiter herausbildet.

Ein anderer wesentlicher Problemkreis, für dessen Klärung Erkenntnisse der Naturwissenschaften für die Film- und Fernsehwissenschaft aufgeschlossen werden müssen, hängt mit dem hohen Anteil visueller Kommunikationsweisen zusammen, die in den audiovisuellen Medien genutzt werden, von der bedeutsamen Rolle der Mitteilungsart des Zeigens, die dort zur Anwendung kommt und vielfach gegenüber der des Sagens dominieren mag. Die Filmtheorie hat sich von Anfang an mit der Frage konfrontiert gesehen, welche Rolle das Zeigen für den Film spielt und wie man es wissenschaftlich darstellen kann. Die Ergebnisse, die dabei erzielt wurden, sind immer noch sehr unbefriedigend. Unter den gegenwärtigen Bedingungen massierter und langzeitiger Einwirkung von Film und Fernsehen auf viele Menschen, die vermutlich zu einer Verlagerung der kulturellen Prozesse von der rational-verbalen in die bildhaft-darstellende Sphäre führt, wird das Fehlen fundierter Kenntnisse auf diesem Gebiet als besonders schmerzhaft empfunden. Gleichwohl macht die allgemeine Wissenschaftsentwicklung Hoffnung auf eine Lösung mancher Probleme in absehbarer Zeit, insofern die Hirnforschung bei ihrem Studium der Reizverarbeitungsprozesse in der linken und rechten Hemisphäre zu wichtigen Fortschritten gelangt ist. Neue Befunde haben ja die älteren Hypothesen bestätigt, wonach die linke dominante Hemisphäre spezialisiert ist auf verbale und analytische Verarbeitung, die rechte hingegen auf nonverbale, was sie effektiver bei der Wahrnehmung visuell-räumlicher Beziehungen und Anordnungen macht.[132] Diese Aussagen, die sowohl den kortikalen wie subkortikalen Bereich betreffen, werden ergänzt durch Hinweise, die sogar auf eine Spezialisierung der Hemisphären auf unterschiedliche Emotionen deuten.[133]

Moderne physiologische Untersuchungsmethoden gewähren heute Einblick in psychische Aktivitäten, die wiederum Rückschlüsse auf die Gesamtheit der kommunikativen Vorgänge zulassen, den Bereich der visuellen Kommunikation und der ikonischen Codierungsweisen eingeschlossen. Das Konzept der Massenkommunikationsforschung hat damit Aussicht auf eine naturwissenschaftliche Neufundierung. Vor allem dürfte jene für die audiovisuellen Medien so bedeutsame Mitteilungsart des Zeigens, welche sowohl in der optischen wie akustischen Sphäre ihre Ausprägung findet, vor einem angemesseneren theoretischen Zugriff stehen.

Ein solcher Auftrieb ist heute wichtig, denn was einmal als harmloses Jahrmarktsspektakel begann und sich alsbald in eine Fabrik für Bilder und Vorstellungen verwandelte, ist inzwischen zu einer gigantischen Industrie geworden, deren Wirken – im Guten wie im Bösen – unabsehbare Folgen für die geistige Entwicklung der Zivilisation zeitigen dürfte und in ihren komplexen Zusammenhängen mit äußerster Wachheit studiert werden will.

Anhang

Siglen für Zeitschriftentitel

BFF   Beiträge zur Film- und Fernsehwissenschaft, Schriftenreihe der Hochschule für Film und Fernsehen der DDR
»Konrad Wolf« (Berlin)

CdC   Cahiers du Cinéma (Paris)

FK   Filmkritik (München)

FWB   Filmwissenschaftliche Beiträge, Schriftenreihe der Hochschule für Film und Fernsehen der DDR (Berlin)

FWM   Filmwissenschaftliche Mitteilungen, herausgegeben vom
Institut für Filmwissenschaft an der Deutschen Hochschule für Filmkunst (Berlin)

IK   Iskusstwo kino (Moskau)

KuLi   Kunst und Literatur, Sowjetwissenschaften (Berlin)

RIF   Revue Internationale de Filmologie (Paris)

Auswahl-Bibliographie zur Theorie des Spielfilms und ihrer Geschichte

Adorno, Theodor W./Eisler, Hanns: Komposition für den Film (1949), hrsg. von Eberhard Klemm, Leipzig/München 1977

Agel, Henri: Esthétique du cinéma, Paris 1957

Albera, François/Kleiman, Naum: Eisenstein. Le mouvement de l'art, Paris 1986

Albersmeier, Franz-Joseph: André Malraux und der Film. Zur Rezeption des Films in Frankreich, Bern/Frankfurt a. M. 1973

Albersmeier, Franz-Joseph: Texte zur Theorie des Films, Stuttgart 1979

Altenloh, Emilie: Zur Soziologie des Kino. Die Kino-Unternehmung und die sozialen Schichten ihrer Besucher, Jena 1914

Andrew, Dudley J.: The Major Film Theories. An Introduction, London/Oxford/New York 1976

Andrew, Dudley J.: Concepts in Film Theory, New York 1984

Aristarco, Guido: Storia delle teoriche del film, Torino 1951; Nuova edizione completarmente riveduta e ampliata, Torino 1963; russ. Ausg.: Istorija teorii kino, Moskwa 1966

Aristarco, Guido: Marx, das Kino und die Kritik des Films (1979). Mit einem Vorwort von Georg Lukács, München/Wien 1981

Arnheim, Rudolf: Film als Kunst, Berlin 1932; dt. Neuausg.: München 1974

Arnheim, Rudolf: Kritiken und Aufsätze zum Film (1927–1965), hrsg. von Helmut H. Diederichs, München 1974

Astruc, Alexandre: Die Geburt einer neuen Avantgarde: Die Kamera als Federhalter (1948). In: Der Film. Manifeste – Gespräche – Dokumente, hrsg. von Theodor Kotulla, Bd. 2, München 1964, S. 111–115

Aumont, Jacques/Bergala, Alain/Marie, Michel/Vernet, Marc: L'Esthétique du film, Paris 1983

Aumont, Jacques/Marie, Michel: L'analyse des films, Paris 1988

Bächlin, Peter: Der Film als Ware, Basel 1945

Bailblé, Claude/Marie, Michel/Ropars, Marie-Claire: Muriel. Histoire d'une recherche, Paris 1974

Balázs, Béla: Der sichtbare Mensch. Die Kultur des Films, Wien/Leipzig 1924

Balázs, Béla: Der Geist des Films, Halle 1930

Balázs, Béla: Der Film. Werden und Wesen einer neuen Kunst, Wien 1949

Balázs, Béla: Schriften zum Film. 3 Bde., hrsg. von H. H. Diederichs/W. Gersch/ M. K. Nagy, Berlin, Bd. 1: 1982, Bd. 2: 1984

Barbaro, Umberto: Film – soggetto e sceneggiatura, Roma 1939

Barthes, Roland: Der dritte Sinn. Aufzeichnung anläßlich der Untersuchung einiger Photogramme von S. M. Eisenstein. In: FK 1974, 11, S. 514–527

Bazin, André: Qu'est-ce que le cinéma? Paris, I.: Ontologie et langage, 1958, II.: Le cinéma et les autres arts, 1959, III.: Cinéma et sociologie, 1961, IV.: Une esthétique de la réalité: le ›néo-réalisme‹, 1962; dt. Ausg.: Was ist Kino? Bausteine zu einer Theorie des Films, Ausgew. u. hrsg. von H. Bitomski/H. Farocki/E. Kaemmerling, Köln 1975

Beilenhoff, Wolfgang (Hrsg.): Poetik des Films. Deutsche Erstausgabe der filmtheoretischen Texte der russischen Formalisten mit einem Nachwort und Anmerkungen, München 1974

Bellour, Raymond: Pour une stylistique du film. In: Revue d'Esthétique (Paris), t. XIX, fasc. 2, avril–juin 1966

Bellour, Raymond: L'analyse du film, Paris 1979

Bellour, Raymond (Ed.): Le cinéma americain. Analyses de films, 2 vol., Paris 1980

Benjamin, Walter: Das Kunstwerk im Zeitalter seiner technischen Reproduzierbarkeit (1936). In: Lesezeichen, Leipzig 1970

Bentele, Günter: Regel und Code in der Filmsemiotik. In: Borbé, Tasso (Hrsg.) Semiotics Unfolding. Proceedings of the Second Congress of the International Association for Semiotic Studies, Vienna, July 1979, Vol. III, Berlin/New York, S. 1569–1577

Bentele, Günter: Filmsemiotik in der Bundesrepublik Deutschland. Entwicklung und gegenwärtige Positionen. In: Zeitschrift für Semiotik (Wiesbaden) 1980, 2, S. 119–138

Bentele, Günter (Hrsg.): Semiotik und Massenmedien, München 1981

Bentele, Günter: Zeichen und Entwicklung – Vorüberlegungen zu einer genetischen Semiotik, Tübingen 1984

Bentele, Günter/Hess-Lüttich, Ernest W. B. (Hrsg.): Zeichengebrauch in Massenmedien. Zum Verhältnis von sprachlicher und nicht-sprachlicher Information in Hörfunk, Film und Fernsehen, Tübingen 1985

Bettetini, Gianfranco: Cinema: lingua e scrittura, Milano 1968; engl. Ausg.: The Language and the Technique of the Film, The Hague/Paris 1973

Bettetini, Gianfranco/Casetti, Francesco: La sémiologie des moyens de communication audio-visuels et le problème de l'analogie. In: Noguez, Dominique (Ed.) Cinéma, théories, lectures, Paris 1973, p. 78–96

Bisky, Lothar: Zur Kritik der bürgerlichen Massenkommunikationsforschung, Berlin 1976

Bitomsky, Hartmut: Die Röte des Rots von Technicolor. Kinorealität und Produktionswirklichkeit, Neuwied/Darmstadt 1972

Bohn, Rainer/Müller, Eggo/Ruppert, Rainer (Hrsg.): Ansichten einer künftigen Medienwissenschaft, Berlin 1986

Bordwell, David: Narration in the Fiction Film, London 1985

Brecht, Bertolt: Der Dreigroschenprozeß (1931). In: Gesammelte Werke in 20 Bdn., Bd. 18, Frankfurt a. M. 1967

Burch, Noel: Praxis du cinéma. Essai, Paris 1969; engl. Ausg.: Theory of Film Practice, New York/Washington 1973

Bystrina, Ivan: Kulturelle und filmische Codes. In: Bentele, Günter (Hrsg.): Semiotik und Massenmedien, München 1981, S. 298–313

Canudo, Ricciotto: L'usine aux images (1907–1923), Genéve 1927; ital. Ausg.: L'officina delle immagini, Roma 1966

Carroll, John M.: Toward a Structural Psychology of Cinema, The Hague/Paris/New York 1980

Carroll, Noel: Philosophical problems of classical Film Theory, Princeton/New Jersey 1988

Chanjutin, J.: Film und Zuschauer im System der Massenmedien. In: KuLi, 1977, S. 424–445

Chiarini, Luigi: Cinque capitoli sul film, Roma 1941

Chrenow, Nikolai: Filmstruktur und Zuschauer. In: FWB, 1976, 2, S. 150–181

Clair, René: Réflexion faite, Paris 1951

Cohen-Séat, Gilbert: Film und Philosophie (1946), Gütersloh 1962

Cohen-Séat, Gilbert: Filmologie et cinéma. In: RIF, 1947, 3/4, pp. 237–298

Cohen-Séat, Gilbert/Fougeyrollas, Pierre: Wirkungen auf den Menschen durch Film und Fernsehen (1961), Köln/Opladen 1966

Collet, Jean/Marie, Michel/Percheron, Daniel/Simon, Jean-Paul/Vernet, Marc: Lectures du film, Paris 1977

Communications 23: Psychanalyse et cinéma, Ed.: Raymond Bellour/Thierry Kuntzel/Christian Metz, Paris 1975

Czeczot-Gawrak, Zbigniew: Zarys dziejów teorii filmu pierwszege pięćdziesięciolecia 1895–1945, Wrocław/Warszawa/Kraków/Gdańsk 1977

Czeczot-Gawrak, Zbigniew: Współczesna francuska teoria filmu, Wrocław/Warszawa/Kraków/Gdańsk/Łódź 1982

Dadek, Walter 1968: Das Filmmedium. Zur Begründung einer Allgemeinen Filmtheorie, München/Basel 1968

Delluc, Louis: Photogénie, Paris 1920

Delluc, Louis: Écrits cinématographiques, 3 t., Ed.: Pierre Lherminier, Paris, t. 1: 1985, t. 2: 1986

Denk, Rudolf (Hrsg.): Arbeitstexte für den Unterricht: Texte zur Poetik des Films, Stuttgart 1978

Diederichs, Helmut H.: Anfänge deutscher Filmkritik (1983), Stuttgart 1986

Djomin, Viktor: Film ohne Intrige. Ausgewählte Abschnitte aus seinem gleichnamigen Buch. In: Aus Theorie und Praxis des Films (Hrsg.: Betriebsakademie des VEB DEFA Studio für Spielfilme Potsdam–Babelsberg) 1975, 6

Dobin, Jefim: Poesie und Prosa im Film. In: KuLi, 1961, 5, S. 537–552, 6, S. 651–665

Drobatschenko, S. W. (Hrsg.): Prawda kino u »kinoprawda«. Po stranizam sarubeshnoi pressy, Moskwa 1967

Dulac, Germaine: Les esthétiques, les entraves, la cinégraphie intégrale. In: L'Art Cinématographique, vol. II, Paris 1927

Dulac, Germaine: Das Wesen des Films: die visuelle Idee (1925). In: Frauen und Film (Frankfurt a. M.) 1984, 37, S. 52–55

Eco, Umberto: Das offene Kunstwerk, Frankfurt a. M. 1973

Eco, Umberto: Einführung in die Semiotik, München 1972

Eichenbaum, Boris: Literatur und Film. In: Aufsätze zur Theorie und Geschichte der Literatur. Frankfurt a. M. 1965, S. 71–78

Ejchenbaum, Boris: Probleme der Filmstilistik (1927). In: Poetik des Films, hrsg. von Wolfgang Beilenhoff, München 1974, S. 12–39

Sergei Eisenstein: Künstler der Revolution. Materialien der Berliner Eisenstein-Konferenz 10. bis 18. April 1959, hrsg. m. Unterstützung v. H. Rodenberg, besorgt von H. Herlinghaus, H. Baumert, R. Georgi, Berlin 1960

Eisenstein, Sergei: Ausgewählte Aufsätze, Berlin 1960

Eisenstein, Sergej M.: Gesammelte Aufsätze I, Zürich o. J.

Eisenstein, Sergej M. (1945): Eine nicht gleichmütige Natur, hrsg. von Rosemarie Heise, Berlin 1980

Eisenstein, Sergej M.: Schriften. 6 Bde., hrsg. von Hans-Joachim Schlegel, München, 1973 ff., bisher erschienen: Bd. 1–4

Ejsenschtejn, Sergej M.: Isbrannye proiswedenija w schesti tomach, Moskwa 1964–1971

Eisenstein, Sergej: Das dynamische Quadrat. Schriften zum Film, übers. und hrsg. von Oksana Bulgakowa und Dietmar Hochmuth, Leipzig 1988

Epstein, Jean: Le Cinématographe vu de l'Etna, Paris 1926

Epstein, Jean: Écrits sur le cinéma, 2 vol., Paris 1974

Esch-Jakob, Juliane: Filmphilologie demonstriert am Beispiel Robert Altmans ›Thieves Like Us‹ (1974) und ausgewählte Gangsterfilme unter Einbeziehung der Umsetzung Roman – Film, (Diss.) Kiel 1983

Faulstich, Werner: Einführung in die Filmanalyse (3. vollst. neu bearb. Aufl.), Tübingen 1980

Freilich, Semjon: Dramaturgie des Films (1961), Berlin 1964

Freilich, Semjon: Die »niederen« und die »hohen« Genres, KuLi, 1972, 6, S. 622–630; 7, S. 736–752

Gad, Urban: Der Film. Seine Mittel – seine Ziele (1919), Berlin 1920

Garroni, Emilio: Langage verbal et éléments non-verbaux dans le message filmico-télévisuel. In: Noguez, Dominique (Ed.): Cinéma, théories, lectures, Paris 1973, pp. 111–127

Gerassimow, Sergej: Probleme der Regie in der heutigen Filmkunst, KuLi, 1977, S. 1316–1338

Gersch, Wolfgang: Film bei Brecht. Brechts praktische und theoretische Auseinandersetzung mit dem Film, Berlin 1975

Ginsburg Semjon: Otscherki teorii kino, Moskwa 1974

Gwóźdź, Andrzej: Zur Inkohärenz des filmischen Diskurses. Textsemiotische Ansätze zum narrativen Film. In: Zeichen und Realität, Akten des 3. Semiotischen Kolloquiums, hrsg. von Klaus Oehler, Hamburg 1981, Bd. 3, Tübingen 1984, S. 843–853

Harms, Rudolf: Philosophie des Films. Seine ästhetischen und metaphysischen Grundlagen (1926), Zürich 1970

Haucke, Lutz: Der Schauspieler im Spielfilm. Ein Diskussionsbeitrag zur Theorie und Geschichte der Schauspielkunst. In: FWB, 1979, 4, S. 30–65

Haucke, Lutz: Zur Historizität und Aktualität einiger Grundfragen der Filmästhetik. In: BFF, 1982, 2, S. 143–167

Haucke, Lutz: Medienästhetik und Mediengeschichte »by« Walter Benjamin. Fragen zu »Das Kunstwerk im Zeitalter seiner technischen Reproduzierbarkeit«. In: BFF, 1986, 2, S. 57–78

Heller, Heinz B.: Literarische Intelligenz und Film. Zu Veränderungen der ästhetischen Theorie und Praxis unter dem Eindruck des Films 1910–1930 in Deutschland (Habil-Schrift), 1982

Helman, Alicja: Co to jest kino?, Warszawa 1978

Helman, Alicja: Przedmiot i metody filmoznawstwa, Lódź 1985

Helman, Alicja: Modern Film Theory in Poland. In: Film Theory, Nr. 14–17, MAkS, Münster 1978, S. 29–58

Herlinghaus, Hermann: Die Ideen der Oktoberrevolution, Brecht, Dudow und Eisenstein, FWM, 1967, 4, S. 1452–1472

Hicketier, Knut/Paech, Joachim (Hrsg.): Modelle der Film- und Fernsehanalyse, Stuttgart 1979

Hickethier, Knut (Hrsg.): Filmgeschichte schreiben. Ansätze, Entwürfe und Methoden, Schriften der GFF 2, Berlin 1989

Ingarden, Roman: Das kinematographische Schauspiel. In: Das literarische Kunstwerk, Halle 1931, S. 333–338

Ingarden, Roman: Der Film (1947). In: Untersuchungen zur Ontologie der Kunst. Musikwerk-Bild-Architektur-Film, Tübingen 1962, S. 319–341

Iros, Ernst: Wesen und Dramaturgie des Films (1938), Zürich 1962

Irzykowski, Karol: Dzeisiąta Muza, zagadnienia estetyczne kina (1924), Warszawa 1960

Ivanov, Viatcheslav: Eisenstein et la linguistique structurale moderne. In: CdC 1970, 220/221, pp. 47–50

Iwanow, Wjatscheslaw W.: Funkzii i Kategorii jasyka kino. In: Trudy po snakowym sistema VII, Utsch. sapiski Tart. Gos. Uniwersiteta, Tartu 1975, S. 171–192

Iwanow, Wjatscheslaw W.: Otscherki po istorii semiotiki w SSSR, Moskwa 1976; dt. Ausg.: Einführung in allgemeine Probleme der Semiotik, Tübingen 1985

Jakobson, Roman: Verfall des Films? (1933). In: Sprache im Technischen Zeitalter (Stuttgart), 1968, 29, S. 185–191

Jampolski, Michail: Tupiki psichoanalititscheskowo strukturalisma. In: IK 1979, 5

Jampolski, M. B./Civjan, Ju. G.: »Kinowedenije«. In: Kino. Enziklopeditscheski slowar, Gl. red.: S. I. Jutkewitsch, Moskwa 1987, S. 179–186

Jurenjew, Rostislaw: Über die Filmkomödie. In: KuLi, 1961, 9, S. 986–1006

Jürschik, Rudolf: Wirklichkeit und Filmkunst (Hrsg.: Parteihochschule »Karl-Marx« beim ZK der SED), Berlin 1970

Jutkewitsch, Sergei: Kontrapunkt der Regie (1960). Mit einer Einführung von Hermann Herlinghaus, Berlin 1965

Kaes, Anton (Hrsg.): Kino-Debatte, Texte zum Verhältnis von Literatur und Film 1909–1929, Tübingen 1978

Kanzog, Klaus (Hrsg.): Erzählstrukturen – Filmstrukturen. Erzählungen Heinrich von Kleists und ihre filmische Realisation, Berlin 1981

Karaganow, Alexander: Die Wirksamkeit der Kunst. In: KuLi, 1981, 4, S. 339–358

Karjagin, Alexander: Die Massenkünste Film und Fernsehen und die ästhetische Erziehung des Volkes. In: KuLi, 1967, 11, S. 1147–1174

Knilli, Friedrich (Hrsg.): Semiotik des Films. Mit Analysen kommerzieller Pornos und revolutionärer Agitationsfilme, München 1971

Knilli, Friedrich (Hrsg.): Zeichensystem Film. Versuche zu einer Semiotik. Sprache im Technischen Zeitalter (Stuttgart), 1968, 27

Kosinzew, Grigori: Die tiefe Leinwand. In: Deutsche Filmkunst. (Berlin), 1959, 7, S. 210–214

Koslow, Leonid: Einige Aspekte der Methodologie in der gegenwärtigen Filmwissenschaft. In: FWB, 1976, 2, S. 7–47

Kotulla, Theodor (Hrsg.): Der Film. Manifeste–Gespräche–Dokumente, Bd. 2, München 1964

Kracauer, Siegfried: Das Ornament der Masse (1921–1931), Frankfurt a. M. 1977

Kracauer, Siegfried: Kino. Essays, Studien, Glossen zum Film (1926–1952), hrsg. von Karsten Witte, Frankfurt a. M. 1974

Kracauer, Siegfried: Theorie des Films. Die Errettung der äußeren Wirklichkeit (1960), hrsg. von Karsten Witte, Frankfurt a. M. 1973

Książek-Konicka, Hanna: O psychologicznych podstawach ikonicznych kodów rozpoznawszych. In: Helman, A./Hopfinger, M./Książek-Konicka, H. (Hrsg.): Z zagadnień semiotyki sztuk masowych, Wrocław/Warszawa/Kraków/Gdańsk 1977

Książek-Konicka, Hanna: Semiotyka i film, Wrocław/Warszawa/Kraków/Gdańsk 1980

Kuchenbuch, Thomas: Filmanalyse: Theorien, Modelle, Kritik, Köln 1978

Kuleschow, Lew W.: Stati. Materialy, Moskwa 1979

Kurtz, Rudolf: Expressionismus und Film (1926), Zürich 1965

Lawson, John Howard: Film: the creative process, New York 1964

Lebel, Jean-Patrick: Cinéma et idéologie, Paris 1971

Lherminier, Pierre (Ed.): L'art du cinéma, Paris 1961

Lindsay, Vachel: The Art of the Moving Picture (1915), New York 1960

Lissa, Zofia: Ästhetik der Filmmusik, Berlin 1965

Lotman, Jurij M.: Probleme der Kinoästhetik. Einführung in die Semiotik des Films (1973), Frankfurt a. M. 1977

Lukács, Georg: Gedanken zu einer Ästhetik des Kinos (1913). In: Schriften zur Literatursoziologie, Ausgew. u. eingeleitet von Peter Christian Ludz, Neuwied/Berlin 1963

Lukács, Georg: Die Eigenart des Ästhetischen, Bd. 2, Berlin/Weimar 1981

Malraux, André: Esquisse d'une psychologie du cinéma (1939). In: Scènes choisies, Paris 1946, pp. 324–339

Marie, Michel: Analyse textuelle. In: Collet, D./Percheron et al. (Eds.): Lectures du film, Paris 1977, pp. 18–28

Martin, Marcel: Le langage cinématographique, Paris 1955

Mast, Gerald/Cohen, Marshall (Ed.): Film Theory and Criticism. Introductory Readings, New York/Oxford 1979

Matscheret, A.: Der dokumentarische Charakter der Filmdarstellung. In: KuLi, 1969, 8, S. 822–842

Matuszewski, Boleslas: La photographie animée, ce qu'elle est, ce qu'elle doit être, Paris 1898

Meilach, Boris: Idee-Film-Wahrnehmung. In: KuLi, 1969, 4, S. 403–417

Merleau-Ponty, Marcel: Das Kino und die neue Psychologie (1945). In: FK, 1969, 11

Metz, Christian: Semiologie des Films (1968), München 1972

Metz, Christian: Sprache und Film (1971), Frankfurt a. M. 1973

Meyerhoff, Horst: Tonfilm und Wirklichkeit, Grundlagen zur Psychologie des Films, Berlin 1949

Michotte van den Berck, A.: Le caractère de »realité« des projections cinématographiques. In: RIF, 1948, 3/4, pp. 249–261

Michotte van den Berck, A.: La participation émotionelle du spectateur à l'écran. Essai d'une théorie. In: RIF, 1953, 13, pp. 87–96

Milew, Nedeltscho: Eisenstein, Bazin und der moderne Film, FWB, 1968, 1, S. 141–167

Milew, Nedeltscho: Boshestwo s tremja lizami, Moskwa 1968

Mitry, Jean: Esthétique et psychologie du cinéma, Paris, t. 1: 1963, t. 2: 1965

Möller, Karl-Dietmar: Syntax und Semantik in der Filmsemiotik. In: Bentele, Günter (Hrsg.): Semiotik und Massenmedien, München 1981, S. 243–297

Möller-Naß, Karl-Dietmar: Filmsprache. Eine kritische Theoriegeschichte, Münster 1986

Monaco, James: Film verstehen (1977), Reinbek 1980

Montagu, Ivor: Film World, Harmondsworth 1964

Morin, Edgar: Der Mensch und das Kino. Eine anthropologische Untersuchung (1956), Stuttgart 1958

Moussinac, Léon: La naissance du cinéma, Paris 1925

Mukařovský, Jan: Zur Ästhetik des Films (1933): In: Poetik des Films, hrsg. von W. Beilenhoff, a. a. O.

Mukařovský, Jan: Die Zeit im Film (1935). In: Poetik des Films, hrsg. von W. Beilenhoff, a. a. O.

Münsterberg, Hugo: Why We Go to the Movies (1915). In: Untersuchungen zur Syntax des Films II, Alternation/Parallelmontage, hrsg. von Elling, Elmar/Möller, Karl-Dietmar, Münster 1985

Münsterberg, Hugo: The Film. A Psychological Study (Originaltitel: The Photoplay: A Psychological Study) (1916). Ed.: Richard Griffith, New York 1970

Noguez, Dominique (Ed.): Cinéma, théories, lectures, Paris 1973

Odin, Roger: Dix années d'analyses textuelles de films. Bibliographie analytique. Préface de Christian Metz, Travaux du Centre de Recherches Linguistiques et Sémiologiques de l'Université de Lyon II, Linguistique et Sémiologie (Lyon), 1977, 3

Oudart, Jean Pierre: La suture. In: CdC, 1969, 211, pp. 36–39; 212, pp. 50–55

Oudart, Jean Pierre: L'effet du réel. In: CdC, 1971, 228; pp. 19–26

Paech, Joachim (Hrsg.): Methodenprobleme der Analyse verfilmter Literatur (1983), 2. überarb. Aufl. Münster 1988

Panofsky, Erwin: Stil und Stoff im Film (1934). In: FK, 1967, 6

Pasolini, Pier Paolo: Die Sprache des Films (1965). In: Semiotik des Films, hrsg. von F. Knilli, a. a. O.

Peters, Jan-Marie-Lambert: Die Struktur der Filmsprache. In: Theorie des Kinos, hrsg. von Karsten Witte, Frankfurt a. M. 1972

Peters, Jan Marie: Pictorial signs and the language of film, Amsterdam 1981

Pinthus, Kurt (Hrsg.): Das Kinobuch (1913/14), Zürich 1963

Piotrovskij, A.: Zur Theorie der Filmgattungen (1927). In: Poetik des Films, hrsg. von W. Beilenhoff, a. a. O, S. 100–118

Prokop, Dieter: Soziologie des Films (1970), erw. Ausg. Frankfurt a. M. 1982

Prokop, Dieter (Hrsg.): Materialien zur Theorie des Films. Ästhetik, Soziologie, Politik, München 1971

Prokop, Dieter: Massenkultur und Spontaneität. Zur veränderten Warenform der Massenkommunikation im Spätkapitalismus. Aufsätze. Frankfurt a. M. 1974

Prokop, Dieter: Medienwirkungen, Frankfurt a. M. 1981

Pudowkin, Wsewolod I.: Filmregie und Filmmanuskript (1926), Berlin 1928

Pudowkin, Wsewolod: Die Zeit in Großaufnahme: Erinnerungen. Aufsätze. Werkstattnotizen. Ausgewählt und kommentiert von Tatjana Sapasnik und Adi Petrowitsch. Mit einem Vorwort von Alexander Karaganow, Berlin 1983

Raslogow, K.: Psychoanalititscheskaja teorija kino wo Franzii. In: Woprosy filosofii (Moskwa), 1985, 5, S. 112–124

Raslogow, K. (Hrsg.): Strojenie filma. Nekotorye problemy analisa proiswedenij ekrana. Sbornik statej, Moskwa 1984

Rehlinger, Bruno: Der Begriff Filmisch, Emsdetten 1938

Reif, Monika: Film und Text. Zum Problem von Wahrnehmung und Vorstellung in Film und Literatur, Tübingen 1984

Renner, Karl Nikolaus: Der Findling. Eine Erzählung von Heinrich von Kleist und ein Film von Georg Moorse. Prinzipien einer adäquaten Wiedergabe narrativer Strukturen, München 1983

Richter, Hans: Filmgegner von heute – Filmfreunde von morgen (1929), (Reprint) Zürich 1968

Richter, Hans: Der Kampf um den Film. Für einen gesellschaftlich verantwortlichen Film (1939), hrsg. von Jürgen Römhild, München/Wien 1976

Richter, Hans: Der politische Film (1944). In: Theorie des Kinos, hrsg. von Karsten Witte, a. a. O., S. 61–78

Romm, Michail: Bemerkungen über die Filmmontage. In: KuLi, 1959, 10, S. 1080–1094; S. 1211–1220

Romm, Michail: Die Dramaturgie des Films und der Aufbau des Szenariums. In: FWB, 1975, 2, S. 81–179

Schklowski, Viktor: Schriften zum Film, Frankfurt a. M. 1966

Schneider, Irmela: Der verwandelte Text. Wege zu einer Theorie der Literaturverfilmung, Tübingen 1981

Schukschin, Wassili: Die Mittel der Literatur und die Mittel des Films (1967). In: KuLi, 1980, 4, S. 370–378

Schumacher, Ernst: Schriften zur darstellenden Kunst, Berlin 1978

Screen-Theory: Zehn Jahre Filmtheorie in England von 1971–1981, hrsg. von Joachim Paech/ Detlef Borchers/Gabi Donnerberg/Inge Hartweg/Eva Hohenberger, Osnabrück 1985

Selesnowa, Tamara: Kinomysl 1920-ch godow, Leningrad 1972

Sève, Lucien: Cinéma et méthode. In: RIF, 1947, 1, 2; 1948, 3/4

Siegrist, Hansmartin: Textsemantik des Spielfilms. Zum Ausdruckspotential der kinematographischen Formen und Techniken (1984), Tübingen 1986

Silbermann, Alphons (Hrsg.): Mediensoziologie, Bd. 1: Film, Wien 1973

Sorkaja, Neja: Folklore und Massenmedien. In: BFF, 1983, 5, S. 81–101

Souriau, Etienne: La structure de l'univers filmique et le vocabulaire de la filmologie. In: RIF, 1951, 7/8, p. 231–240

Spottiswoode, Raymond: A Grammar of the Film. An Analysis of Film Technique. London 1935

Tarkowski, Andrej: Die versiegelte Zeit, Berlin/Frankfurt a. M. 1985

Truffaut, François: Mr. Hitchcock, wie haben Sie das gemacht? (1966), München 1979

Truffaut, François: Die Filme meines Lebens, Aufsätze und Kritiken (1976), München 1979

Tudor, Andrew: Film-Theorien (1973), Frankfurt a. M. 1977

Turowskaja, Maja: Der prosaische und der poetische Film der Gegenwart. In: KuLi, 1962, 12, S. 1273–1294

Tynjanow, Juri N.: Über die Grundlagen des Films (1927). In: Poetik des Films, hrsg. von W. Beilenhoff, a. a. O., S. 40–63

Waisfeld, Ilja: Spielfilm. Einführung in seine Dramaturgie (1961), Berlin 1966

Wallon, Henri: De quelques problèmes psycho-physiologiques que pose le cinéma. In: RIF, 1947, 1, pp. 15–18

Wallon, Henri: L'acte perceptif et le cinéma. In: RIF, 1953, 13, pp. 57–110

Witte, Karsten (Hrsg.): Theorie des Kinos, Frankfurt a. M. 1972

Wollen, Peter: Signs and Meanings in the Cinema, London 1972

Wollen, Peter: »North by Northwest«: a Morphological Analysis. In: Film Form (Newcastle upon Tyne), 1976, 1

Wollen, Peter 1982: Readings and Writings. Semiotic Counter-Strategies, London 1982

Worth, Sol: The Development of a Semiotic of Film. In: Semiotica (The Hague) 1969, S. 282–321

Wright, Will: Six Guns and Society. A Structural Study of the Western, Berkeley/Los Angeles/London 1975

Wulff, Hans J.: Zur Kritik des Bildbegriffes bei Christian Metz. In: Papmaks 7, Münster 1981, S. 9–17

Wulff, Hans Jürgen: Konzeptionen der psychischen Krankheit im Film. Ein Beitrag zur »strukturalen Lerngeschichte«, Münster 1985

Wulff, Hans Jürgen: Auszüge aus einer textsemiotischen Analyse. In: Wege der Filmanalyse, Ingmar Bergman: Das Schweigen, Augenblick, Marburger Hefte zur Medienwissenschaft 6, Marburg 1988, S. 49–67

Wuss, Peter: Die Tiefenstruktur des Filmkunstwerks, Berlin 1986

Zavattini, Cesare: Einige Gedanken zum Film (1953). In: Der Film ..., hrsg. von Theodor Kotulla, a. a. O.

Zurbake, Monika: Filmische Realitätsaneignung. Ein Beitrag zur Filmtheorie mit Analysen von Filmen Viking Eggelings und Hans Richters, Heidelberg 1982

Anmerkungen

Vorbemerkungen

1 Béla Balázs: Der Film. Werden und Wesen einer neuen Kunst, Wien 1961, S. 11f.

2 Béla Balázs: Der sichtbare Mensch oder die Kultur des Films. In: Schriften zum Film (1922–1926), Bd. I, hrsg. von H. H. Diederichs, W. Gersch, M. Nagy, Berlin 1982, S. 48

3 Umberto Eco: Das offene Kunstwerk, Frankfurt a. M. 1977, S. 10

4 Karl Marx/Friedrich Engels: Werke, Bd. 13, Berlin 1961, S. 636

5 Vgl.: Guido Aristarco: Storia delle teoriche del film, Torino 1951

6 Vgl.: Henri Agel: Esthétique du cinéma, Paris 1957

7 Vgl. Andrew Tudor: Theories of Film, London 1974. Dt. Ausg.: Film-Theorien, hrsg. von Hilmar Hoffmann, Walter Schobert, Frankfurt a. M. 1977

8 Vgl.: Zbigniew Czeczot-Gawrak: Z badań nad początkami filmologii, Wrocław/Warszawa/Kraków/Gdánsk 1975; Zarys dziejów teorii filmu pierwszego piećdziesieciolecia 1895–1945, Wrocław/Warszawa/Kraków/Gdańsk 1977; Współczesna francuska teoria filmu, Wrocław/Warszawa/Kraków/Gdańsk/Łódź 1982

9 Vgl.: Alicja Helman: Co to jest kino? Panorama myśli filmowej, Warszawa 1978

10 Vgl.: J. Dudley Andrew: The Major Film Theories. An Introduction, London/Oxford/New York 1976

11 Vgl.: J. Dudley Andrew: Concepts in Film Theory, New York 1984

Die Frühgeschichte filmtheoretischen Denkens
(1895–1920)

1 Zit. nach Hans Traub: Als man anfing zu filmen. Die Erfindung der Kinematographie und ihrer Vorläufer, Berlin 1940, S. 52

2 Vgl.: Rudolf Pabst: Das deutsche Lichtspieltheater in Vergangenheit, Gegenwart und Zukunft, Berlin 1925, S. 34

3 Vgl.: Rachel Low: The History of the British Film, 1906–1914, London 1949, p. 19

4 Ebenda

5 Vgl.: Kino und Proletariat. Die Rote Fahne (Berlin), 11. Juni 1922. In: Film und revolutionäre Arbeiterbewegung in Deutschland 1918–1932, zusammengest. und eingel. von Gertraude Kühn, Karl Tümmler, Walter Wimmer, Bd. 1, Berlin 1975, S. 33

6 Neckarzeitung (Heilbronn), 17. November 1918. Zit. nach Konrad Lange: Das Kino in Gegenwart und Zukunft, Stuttgart 1920, S. 6

7 Hermann Kienzl zit. nach Konrad Lange: Das Kino in Gegenwart und Zukunft, a. a. O., S. 8

8 Hermann Halter: Die Kino-Frage. Ein Wort zur Aufklärung über das heutige Kino-Wesen, Meiringen 1921, S. 13

9 W. Bontsch-Brujewitsch: Aus dem Artikel »Lenin und der Film. Aus eigenen Erinnerungen«. In: ... wichtigste aller Künste. Lenin über den Film. Dokumente und Materialien, hrsg. von Günther Dahlke und Lilli Kaufmann, Berlin 1970, S. 138

10 Wladimir I. Lenin: Aus dem Artikel »Ein wissenschaftliches System zur Schweißauspressung«, Prawda (Moskau) Nr. 60, 13. 3. 1913, ebenda, S. 10

11 A. Lunatscharski: Gespräch mit Lenin über die Filmkunst, ebenda, S. 171

12 Clara Zetkin: Gegen das Kinounwesen. Der Sozialdemokrat (Stuttgart) Nr. 273, 11. 12. 1919, S. 6. In: Beiträge zur Film- und Fernsehwissenschaft, Schriftenreihe der Hochschule für Film und Fernsehen der DDR, 1983, 2, S. 95

13 Konrad Lange: Das Kino in Gegenwart und Zukunft, a. a. O., S. 127

14 Ebenda

15 Ernst Schultze: Der Kinematograph als Bildungsmittel, Halle 1911, S. 38

16 Vgl.: István Nemeskürty: Wort und Bild. Die Geschichte des ungarischen Films, Frankfurt a. M./Budapest 1980, S. 45 f.

17 Vgl.: Ricciotto Canudo: Manifeste des sept arts. In: L'usine aux images, Paris 1927

18 Vgl.: István Nemeskürty, Wort und Bild. Die Geschichte des ungarischen Films, a. a. O., S. 46

19 Zit. nach Ivor Montagu: Film World, Harmondsworth/Baltimore/Ringwood 1964, p. 34

20 Boleslas Matuszewski: La Photographie animée, ce qu'elle est, ce qu'elle doit être. In: La Chronophotographie et ses Applications, Paris 1898, p. 12

21 Vgl.: Heinz B. Heller: Literarische Intelligenz und Film (Habilitationsschrift), Tübingen 1985, S. 40

22 Helmut H. Diederichs: Anfänge deutscher Filmkritik, Stuttgart 1986, S. 132 ff.

23 Herbert Tannenbaum: Kino und Theater, München 1912

24 Vgl.: Herbert Tannenbaum: Probleme des Kinodramas, Bild und Film (Mönchen-Gladbach), 1913/14, 3/4

25 Joseph A. Lux: Das Kinodrama, Bild und Film (Mönchen-Gladbach), 1913/14, 6, S. 123

26 Willi Warstatt: Das künstlerische Problem in der Photographie und in der Kinematographie III, Bild und Film (Mönchen-Gladbach), 1913/14, 8, S. 190

27 Zit. nach István Nemeskürty, Wort und Bild. Die Geschichte des ungarischen Films, a. a. O., S. 46

28 Ebenda

29 Zit. nach István Nemeskürty, ebenda

30 Victor E. Pordes: Das Lichtspiel. Wesen. Dramaturgie. Regie, Wien 1919, S. 31

31 Ebenda, S. 23

32 Ebenda, S. 35

33 Ebenda, S. 36

34 Ebenda, S. 37

35 Vgl.: Hans Richter: Der Spielfilm. Ansätze zu einer Dramaturgie des Films, Berlin 1920

36 Henri Bergson: Schöpferische Entwicklung, Zürich 1970, S. 303

37 Ebenda, S. 304

38 F. T. Marinetti, Bruno Corra, E. Settimelli, Arnaldo Ginna, G. Balla, Remo Chiti: Manifesto della cinematografia futurista. In: L'Italia Futurista, Milano 11. 9. 1916

39 Mario Verdone: Cinema a letteratura del futurismo, Roma 1968, S. 231

Ricciotto Canudo
Manifestation einer Siebenten Kunst

1 Vgl.: Guido Aristarco: Storia delle teoriche del film, Torino 1951, 2. Ausg. 1960; ergänzte und veränderte Ausg. in russ. Sprache: Guido Aristarko: Istorija teorii kino, Moskwa 1966, S. 15; Henri Agel: Esthétique du cinéma, Paris 1957, p. 8

2 Vgl.: Jean Epstein: Le cinématographe vu de l'Etna. In: Écrits sur le cinéma, Paris 1974, t. 1, p. 145

3 Vgl.: Ricciotto Canudo: L'homme. Psychologie musicale des Civilisations, Sansot 1908

4 Ricciotto Canudo: L'Estetica della Settima Arte. In: L'officina delle immagini, Roma 1966, p. 84 (Alle Übersetzungen derselben Publikation nach dem französischen Urtext, der uns in Auszügen vorlag.)

5 Ricciotto Canudo: Il Manifesto delle Sette Arte. In: L'officina delle immagini, a. a. O., p. 68

6 Ebenda, p. 67

7 Ebenda, p. 68

8 Ebenda, p. 66

9 Ricciotto Canudo: L'Estetica delle Settima Arte, a. a. O., p. 84

10 Ricciotto Canudo: Riflessioni sulla Settima Arte. In: L'officina delle immagini, a. a. O., p. 98

11 Ebenda, p. 106f.

12 Ebenda, p. 108

13 Ricciotto Canudo: L'Estetica della Settima Arte, a. a. O., p. 85 f.

14 Ricciotto Canudo: Riflessioni sulla Settima Arte, a. a. O., p. 103

15 Jean Epstein, Le cinématographe vu de l'Etna, a. a. O., p. 145

16 Ebenda, p. 173

17 Ricciotto Canudo: Riflessioni sulla Settima Arte, a. a. O., p. 110 f.

18 Ebenda, p. 103

19 René Jeanne, Charles Ford: Histoire du cinéma, Paris 1947. Zit. nach Guido Aristarko: Istorija teorii kino, a. a. O., S. 20

Kurt Pinthus
Ausdrucksmittel des Kinostücks

1 Kurt Pinthus: Menschheitsdämmerung. Ein Dokument des Expressionismus, Leipzig 1920, Neuausg. Leipzig 1968

2 Vgl.: Das Kinobuch, hrsg. und eingeleitet von Kurt Pinthus, Leipzig 1914, Zürich 1963

3 Zitiert nach: Kurt Pinthus: Das Kinobuch, Frankfurt a. M. 1983, S. 9 f.

4 Ebenda, S. 19

5 Ebenda, S. 21 ff.

6 Ebenda, S. 25

7 Ebenda, S. 25 ff.

8 Vgl. Peter Wuss: Hypothesen zu einigen Wirkungskomponenten des unterhaltungsorientierten Films. Arbeitshefte der Akademie der Künste der DDR. H. 38 (Zur Unterhaltungsfunktion des Films für Kino und Fernsehen), S. 4–13

9 Franz Blei, Kinodramen. Ein Brief. In: Kurt Pinthus: Das Kinobuch, a. a. O., S. 150

Georg Lukács (I)
Frühe Gedanken zu einer Ästhetik des Kinos

1 Georg von Lukács: Gedanken zu einer Ästhetik des Kino. In: Frankfurter Zeitung (Frankfurt a. M.) 10. 9. 1913, 1. Morgenblatt, S. 1; Neuabdruck u. a. in: Schriften zur Literatursoziologie, ausgewählt und eingeleitet von Peter Lutz, Neuwied a. Rh., 2. Aufl. 1962, S. 75–80; Theorie des Kinos, hrsg. von Karsten Witte, Frankfurt a. M., 2. Aufl. 1973, S. 142–148; Kino-Debatte. Texte zum Verhältnis von Literatur und Film 1909–1928, hrsg. von Anton Kaes, Tübingen 1978, S. 112–118

2 Vgl.: Georg Lukács: A modern dráma fejlödésének története, 2 Bde., Budapest 1911

3 Georg Lukács: Heidelberger Philosophie der Kunst, Werke, Bd. 16, Frühe Schriften I, Darmstadt/Neuwied 1974

4 Vgl.: Zoltán Novak: La teoria del cinema nell'opera di Lukács. In: cinema nuovo (Torino) 1988, 266, p. 29

5 Vgl. Ernst Bloch: Die Melodie im Kino oder immanente und transzendente Musik. In: Die Argonauten (Heidelberg), 1914, S. 82–90

6 Georg Lukács: Gedanken zu einer Ästhetik des Kino. In: Schriften zur Literatursoziologie, a. a. O., S. 75

7 Ebenda

8 Ebenda, S. 76 f.

9 Vgl.: Georg Lukács: Die Eigenart des Ästhetischen, Bd. II, Berlin/Weimar 1981,
S. 486

10 Georg Lukács: Gedanken zu einer Ästhetik des Kino. In: Schriften zur Literatursoziologie, a. a. O., S. 77

11 Ebenda, S. 77

12 Ebenda, S. 78

13 Ebenda

14 Ebenda

15 Georg Lukcács: Schriften zur Ideologie und Politik, Neuwied/Berlin 1967, S. 324

16 Vgl.: Georg Lukács: Die Eigenart des Ästhetischen, Bd. II, a. a. O., S. 484

17 Georg Lukács: Gedanken zu einer Ästhetik des Kino. In: Schriften zur Literatursoziologie, a. a. O., S. 79

18 Vgl.: Werner Mittenzwei: Gesichtspunkte. In: Dialog und Kontroverse mit Georg
Lukács, hrsg. von Werner Mittenzwei, Leipzig 1975, S. 12 f.

19 Ebenda, S. 10

Emilie Altenloh
Erste Soziologie des Kinos

1 Emilie Altenloh: Zur Soziologie des Kino. Die Kino-Unternehmung und die sozialen Schichten ihrer Besucher, Jena 1914, S. 1

2 Ebenda

3 Ebenda, S. 23

4 Ebenda

5 Ebenda, S. 24

6 Ebenda, S. 27

7 Ebenda, S. 28

8 Ebenda, S. 29

9 Ebenda, S. 29 f.

10 Ebenda, S. 56

11 Ebenda, S. 58

12 Ebenda

13 Ebenda, S. 75

14 Ebenda, S. 97

15 Ebenda, S. 94 f.

16 Ebenda, S. 95

Vachel Lindsay
Action-Film, intimes
und glanzvolles Lichtspiel als Kunst

1 Vachel Lindsay: The Art of the Moving Picture, New York 1915. Zitiert wird aus der zweiten, durchgesehenen Auflage von 1922 in ihrem Reprint bei Liveright, New York 1970

2 Ebenda, S. 107

3 James Monaco: Film verstehen, Reinbek b. Hamburg 1980, S. 344

4 Vachel Lindsay, The Art of the Moving Picture, a. a. O., S. 107f.

5 Ebenda, S. 108

6 Ebenda

7 Ebenda

8 Ebenda, S. 36 f.

9 Ebenda, S. 39 f.

10 Ebenda, S. 40 f.

11 Ebenda, S. 44

12 Ebenda, S. 47 f.

13 James Monaco, Film verstehen, a. a. O., S. 345

Hugo Münsterberg
Erste Psychologie
und Ästhetik des Films

1 Vgl. u. a.: Hugo Munsterberg: Science and Idealism, Boston 1906; The Problem of Beauty, Philosophical Review, XVIII (March 1909), pp. 121–146; The Eternal Values, Boston 1909

2 Vgl.: Richard Griffith im Vorwort zu: Hugo Munsterberg: The Film. A psychological study, New York 1970, p. VII

3 Vgl. u. a.: Hugo Munsterberg: Psychology and Art, Atlantic Monthly, Now. 1898, pp. 22–32; Hugo Munsterberg: Psychology and Life, Boston 1899; Hugo Munsterberg: Psychology and the Teacher, New York 1909; Hugo Munsterberg: Psychology: General and Applied, New York 1914, Hugo Munsterberg: Psychotherapy, New York 1909

4 Hugo Munsterberg: The Photoplay. A psychological study, New York 1916, vorgelegt in einem – hier zitierten – Neudruck unter dem Titel: The Film: A psychological study, New York 1970, p. 17

5 Ebenda, p. 30

6 Ebenda, p. 74

7 Ebenda, p. 38

8 Ebenda, p. 46

9 Ebenda, p. 74

10 Ebenda, p. 48

11 Hugo Munsterberg: Why We Go to the Movies, Cosmopolitan (New York), Dec. 1915, pp. 22–23; Neuabdruck in: papmaks 13, Münster 1985, S. 31–43

12 Hugo Munsterberg: The Film, a. a. O., p. 73

13 Ebenda

14 Vgl.: J. Dudley Andrew: The Major Film Theories, London/Oxford/New York 1976, p. 16; James Monaco: Film verstehen, Reinbek bei Hamburg 1980, S. 346

15 Hugo Munsterberg: The Film, a. a. O., p. 81

16 Ebenda

17 Ebenda

18 Vgl.: Donald Frederickson: The Aesthetic of Isolation in Film Theory: Hugo Munsterberg, New York 1977

19 Hugo Munsterberg: The Film, a. a. O., p. 94

20 Ebenda, p. 95

21 Ebenda, p. 100

22 Hugo Munsterberg: Why We Go to the Movies, a. a. O., S. 42

Urban Gad
Die Einheit von Bild und Erzählung
aus der Sicht eines Regisseurs

1 Urban Gad: Der Film. Seine Mittel – seine Ziele, Berlin 1920

2 Ebenda, S. 279

3 Ebenda, S. 281

4 Ebenda, S. 33

5 Ebenda, S. 12

6 Ebenda, S. 16

7 Ebenda, S. 25

8 Ebenda, S. 149 f.

9 Ebenda, S. 19

10 Ebenda, S. 275

11 Ebenda, S. 13

12 Ebenda, S. 280

13 Ebenda, S. 275

14 Jerzy Toeplitz: Geschichte des Films, Bd. 1, Berlin 1984, S. 72

Lew W. Kuleschow
Künstlerischer Eindruck
und Montage

1 In: Lew Kuleschow: Iskusstwo kino. Moi opyt, Moskwa 1929, S. 4

2 Vgl. Jewgeni Gromow: Lew Kuleschow. In: Beiträge zur Film- und Fernsehwissenschaft (Berlin), 1986, 4, S. 16

3 Lew W. Kuleschow: Stati. Materialy, Moskwa 1979, S. 49

4 Ebenda, S. 100

5 Ebenda, S. 93

6 Ebenda, S. 99

7 Wsewolod Pudowkin: Die Zeit in Großaufnahme. Erinnerungen, Aufsätze, Werkstattnotizen. Ausgew. und komm. von Tatjana Sapasnik und Adi Petrowitsch. Mit einem Vorwort von Alexander Karaganow, Berlin 1983, S. 354

8 Ebenda, S. 355

9 Zit. nach Jewgeni Gromow: Lew Kuleschow, a. a. O., S. 29

10 W. Pudewkin zit. nach A. Marjamow: Pudewkin Kampf und Vollendung, Berlin 1954, S. 286

11 Zit. ebenda, S. 57

12 Lew Kuleschow: Stati. Materialy, a. a. O., S. 103

13 Vgl.: Jewgeni Gromow: Lew Kuleschow, a. a. O., S. 66

14 Lew Kuleschow: Stati. Materialy, a. a. O., S. 106

15 Ebenda, S. 107

16 Vgl.: Jewgenij Gromow: Lew Kuleschow, a. a. O., S. 31

17 Lew Kuleschow: Stati, Materialy, a. a. O., S. 109

18 Ebenda, S. 103

19 Ebenda, S. 118

20 Ebenda

21 Vgl. bes.: Jewgeni Gromow: Lew Kuleschow, a. a. O.

Louis Delluc
Filmkunst und Photogénie

1 Georges Charensol: 40 ans de cinéma, Paris 1935. Zit. nach Guido Aristarko: Istorija teorii kino, Moskwa 1966, S. 21

2 Victorin Jasset: Etude sur la mise en scène, Ciné-Journal (Paris), 20. X.–25. XI., 1921. Zit. nach G. Aristarko, ebenda

3 Pierre Lherminier: Retour à Delluc, Preface. In: Louis Delluc: Écrits cinématographiques, T. 1, Paris 1985, p. 11

4 Louis Delluc: Les cinéastes. In: Écrits cinématographiques, T. 1, a. a. O., p. 173

5 Louis Delluc: Photogénie. In: Écrits cinématographiques, T. 1, a. a. O., p. 34

6 Ebenda, p. 35

7 Ebenda, p. 36

8 Louis Delluc: Photographie. In: Marcel Lapierre (Ed.): Anthologie du cinéma, Paris 1946, p. 134–136

9 Louis Delluc: Photogénie, a. a. O., p. 34

10 Louis Delluc: Cinema et Cie, Paris 1919. In: Marcel Tariol: Louis Delluc, Paris 1965, p. 93

11 Louis Delluc: Photogénie, a. a. O., p. 70

12 Ebenda, p. 76

13 Ebenda

14 Louis Delluc: Drames du cinéma, Paris 1923. Zit. nach Henri Agel: Esthétique du cinéma, Paris 1957, p. 11
15 Louis Delluc: Les cinéastes, a. a. O., p. 123
16 Ebenda, p. 124
17 Ebenda, p. 132

Die Kunsttheorie des Stummfilms (1921–1930)

1 Carlo Mierendorff: Hätte ich das Kino!, Berlin 1920, S. 8 ff.

2 Vgl.: Bärbel Schrader, Jürgen Schebera: Kunstmetropole Berlin 1918–1933, Berlin/ Weimar 1987, S. 74

3 Vgl.: Bärbel Schrader, Jürgen Schebera: Die »Goldenen« zwanziger Jahre, Leipzig 1987, S. 90

4 Willi Münzenberg: Erobert den Film!, Berlin 1925, S. 8 f.

5 Vgl.: Rudolf Harms: Philosophie des Films. Seine ästhetischen und metaphysischen Grundlagen, Leipzig 1926

6 Vgl.: Walther Pahl: Die psychologischen Wirkungen des Films unter besonderer Berücksichtigung ihrer spezialpsychologischen Bedeutung, Dissertation, Leipzig 1926

7 Walter Bloem d. J.: Seele des Lichtspiels. Ein Bekenntnis zum Film. Leipzig/Zürich 1922, S. 6

8 Konrad Lange: Das Kino in Gegenwart und Zukunft, Stuttgart 1920, S. 22

9 Vgl.: Georg Otto Stindt: Das Lichtspiel als Kunstform, Bremen 1924

10 Vgl.: Rudolf Harms: Philosophie des Films, a. a. O., S. 184

11 Vgl.: Béla Balázs: Der sichtbare Mensch, Wien 1924. In: Béla Balázs: Schriften zum Film (1922–1926), Bd. 1, hrsg. von H. H. Diederichs, W. Gersch, M. Nagy, Berlin 1982

12 Karol Irzykowski: X muza (1924), Warszawa 1960, S. 197

13 Vgl.: Hanns Sachs: Film Psychology. In: Close Up (London), Nov. 1928; Zur Psychologie des Films. In: Psychoanalytische Bewegung (Berlin) 1929, 2

14 Vgl.: Oksana Bulgakowa: Sergej Eisenstein und die deutschen Psychologen, Beiträge zur Film- und Fernsehwissenschaft (Berlin), 1988, 33

Jean Epstein
Auslegung eines modernen Pantheismus

1 Pierre Leprohon: Jean Epstein. L'œuvre écrite. In: Jean Epstein: Écrits sur le cinéma, Paris 1974, tome 1, p. 11

2 Vgl. Jean Epstein: La lyrosophie, ebenda, p. 19

3 Jean Epstein: Le cinématograph vu de l'Etna, ebenda, p. 133

4 Jean Epstein: Écrits sur le cinéma, ebenda, p. 173

5 Ebenda, p. 145

6 Ebenda, p. 66

7 Ebenda, p. 66 f.

8 Ebenda, p. 67

9 Ebenda

10 Ebenda, p. 68

11 Ebenda

12 Ebenda, p. 69

13 Ebenda, p. 13

14 Jean Epstein: Das Kino jenseits von Descartes (Aus: Esprit de cinéma, Paris 1955, p. 26–28). In: Mediensoziologie, hrsg. von Alphons Silbermann, Bd. 1: Film, Düsseldorf/Wien 1973, S. 157

15 Jean Epstein: De quelques conditions de la Photogénie. In: Jean Epstein: Écrits sur le cinéma, a. a. O., p. 137

16 Ebenda, p. 145

17 Ebenda, p. 138

18 Ebenda, p. 138 f.

19 Ebenda, p. 140

20 Ebenda

21 Ebenda, p. 141

22 Ebenda, p. 141 f.

23 Ebenda, p. 146 f.

24 Jean Epstein: Die Logik der Bilder (Aus: Esprit de cinéma, a. a. O., S. 37–41). In: Mediensoziologie, hrsg. von Alphons Silbermann, a. a. O., S. 158 ff.

25 Ebenda, S. 160

Léon Moussinac
Innerer und äußerer Rhythmus des Films

1 Léon Moussinac: La naissance du cinéma, Paris 1925, p. 7

2 Ebenda, p. 24

3 Ebenda

4 Ebenda, p. 75

5 Vgl.: Guido Aristarko: Istorija teorii kino, Moskwa 1966, S. 31

6 In: Le Temps, 4 juin 1919

7 R. Rousille: Au commencement était le rhythme. Zit. nach Léon Moussinac, La naissance du cinéma, a. a. O., p. 77

8 Ebenda

9 Ebenda, p. 80

10 Vgl.: Léon Moussinac: Cinéma expression sociale. In: L'art cinématographie, Paris 1927, t. 4

11 Sergej M. Eisenstein: Yo. Ich selbst. Memoiren, hrsg. von Naum Klejman und Walentina Korschunowa. Einleitung von Sergej Jutkewitsch, Bd. 1, Berlin 1984, S. 403

Germaine Dulac
Filmimpressionismus, Cinéma pur, Integrale Kinomatographie

1 Vgl. Jerzy Toeplitz: Geschichte des Films, Bd. 1, Berlin 1984, S. 259

2 Germaine Dulac: L'essence du cinéma. L'idée visuelle. In: Les cahiers du mois,

Paris 1925, 16/17, Dt.: Das Wesen des Films: die visuelle Idee. In: Frauen und Film (Frankfurt a. M.) 1984, 37, S. 55

3 Germaine Dulac: Les esthétiques. Les entraves. La cinégraphie integrale. In: L'art cinématographique, Vol. II, Paris 1927, p. 49

4 Ebenda, p. 33 f.

5 Ebenda, p. 38 f.

6 Ebenda, p. 39 f.

7 Ebenda, p. 41

8 Ebenda, p. 42

9 Ebenda, p. 43

10 Ebenda

11 Ebenda, p. 45

12 Ebenda, p. 46 f.

13 Ebenda, p. 50

14 Germaine Dulac: Le cinéma d'avant-garde (1932). In: Le Cinéma des Origines à nos jours, Paris o. J., Dt.: Das Kino der Avantgarde. In: Frauen und Film, 1984, 37, s. 56

15 Ebenda

16 Vgl.: Guido Aristarko: Istorija teorii kino, Moskwa 1966, S. 35

17 Vgl.: Henri Agel: Esthétique du cinéma (5. ed.), Paris 1971, p. 13

18 Germaine Dulac: Das Kino der Avantgarde, a. a. O., S. 58

19 Vgl.: Guido Aristarko: Istorija teorii kino, a. a. O., S. 35

20 Germaine Dulac: Das Kino der Avantgarde, a. a. O., S. 56

21 Ebenda, S. 59

22 Ebenda, S. 56

23 Germaine Dulac: Das Wesen des Films: die visuelle Idee, a. a. O., S. 54

24 Vgl.: Germaine Dulac: Il valore edicativo e sociale delle attualità, Rivista Internazionale del Cinema Educatore (Roma), a. VI. 1934, N. 8

Béla Balázs
Der sichtbare Mensch
und seine Ausdrucksbewegung

1 Béla Balázs: Der Film. Werden und Wesen einer neuen Kunst, Wien 1961, S. 7

2 Béla Balázs: Der sichtbare Mensch. In: Béla Balázs: Schriften zum Film, hrsg. von Helmut H. Diederichs, Wolfgang Gersch, Magda Nagy, Bd. 1, Berlin 1962, S. 45

3 Ebenda, S. 47

4 Ebenda, S. 135

5 Béla Balázs: Der Film, a. a. O., S. 8

6 Jerzy Toeplitz: Geschichte des Films, Bd. 1, Berlin 1972, S. 492

7 Robert Musil: Ansätze zu neuer Ästhetik. Bemerkungen über eine Dramaturgie des Films. In: Der Neue Merkur (Stuttgart/Berlin) März 1925, S. 489; zit. v. Helmut H. Diederichs in der Einleitung zu: Béla Balázs: Schriften zum Film, Bd. 1, a. a. O., S. 23

8 Béla Balázs: Der sichtbare Mensch, a. a. O., S. 60

9 Ebenda

10 Ebenda, S. 53 f.

11 Ebenda, S. 127

12 Ebenda, S. 61

13 Ebenda, S. 103

14 Vgl.: E. C. Evans: Physiognomics in the ancient world, Philadelphia 1969

15 Béla Balázs: Der sichtbare Mensch, a. a. O., S. 74

16 Ebenda, S. 63

17 Ebenda, S. 63 f.

18 Ebenda, S. 122

19 Ebenda, S. 67

20 Béla Balázs: Fiziognomia, Tüz, 23. 7. 1923. Deutsch in: Béla Balázs, Schriften zum Film, hrsg. von H. Diederichs, W. Gersch, M. Nagy, Bd. 1, a. a. O., S. 207

21 Béla Balázs: Der sichtbare Mensch, a. a. O., S. 78

22 Ebenda, S. 80

23 Ebenda, S. 82

24 Ebenda, S. 83

25 Ebenda, S. 86

26 Ebenda, S. 88

27 Ebenda, S. 98

28 Ebenda, S. 65

29 Ebenda, S. 100

30 Ebenda, S. 103

31 Ebenda

32 Ebenda, S. 79

33 Ebenda, S. 62

34 Vgl.: Michail Jampolski: Die Geburt einer Filmtheorie aus dem Geist der Physiognomik, Beiträge zur Film und Fernsehwissenschaft (Berlin), 1986, 2, S. 93

35 Ebenda, S. 97

36 Ebenda, S. 98

37 Béla Balázs: Tonfilm Arbeiterbühne (Berlin), Juni 1929. In: Béla Balázs, Schriften zum Film, hrsg. von Helmut H. Diederichs, Wolfgang Gersch, Bd. 2, Berlin 1984, S. 255 f.

38 Béla Balázs: Der Geist des Films. In: Béla Balázs: Schriften zum Film, Bd. 2, Berlin 1984, S. 150 ff.

39 Vgl.: Ebenda, S. 165 und S. 246

40 Vgl.: Béla Balázs: Der Film, a. a. O., S. 236 f.

41 Wolfgang Gersch: Einleitung zu: Béla Balázs: Schriften zum Film, Bd. 2, a. a. O., S. 46 f.

42 Béla Balázs: Der Geist des Films, a. a. O., S. 56

43 Vgl.: Ebenda

44 Ebenda, S. 59

45 Ebenda, S. 60

46 Hartmut Bitomsky: Einleitung zur Makol-Ausgabe von »Der Geist des Films«, Frankfurt a. M. 1972, S. 10

47 Béla Balázs: Kinokritik, Der Tag (Wien), 1. 12. 1922. In: Béla Balázs: Schriften zum Film, Bd. 1, a. a. O., S. 149 ff.

48 Béla Balázs: Der sichtbare Mensch, a. a. O., S. 132

49 Béla Balázs: Der Film, a. a. O., S. 9

Rudolf Kurtz
Darstellung des
expressionistischen Filmstils

1 Wolfgang Spiewok: Stoff und Motiv als stilprägende Faktoren hochmittelalterlicher deutscher Literatur. In: Stil und Gesellschaft, hrsg. von Friedrich Möbius, Dresden 1984, S. 87

2 Aaron Gurjewitsch: Das Weltbild des mittelalterlichen Menschen, Dresden 1978, S. 18

3 Hubert Faensen: Probleme stilgeschichtlicher Grundbegriffe. In: Stil und Gesellschaft, a. a. O., S. 52

4 Ebenda, S. 53

5 Richard Hamann/Jost Hermand: Expressionismus, Berlin 1975, S. 221 f.

6 Rudolf Kurtz: Expressionismus und Film, Berlin 1926; Unveränd. fotomech. Nachdruck, Zürich 1965, S. 61

7 Vgl.: Ebenda

8 Zit. ebenda, S. 14

9 Ebenda, S. 51

10 Ebenda

11 Ebenda

12 Ebenda, S. 52

13 Ebenda, S. 52 f.

14 Ebenda, S. 55

15 Ebenda, S. 61

16 Ebenda, S. 114

17 Ebenda, S. 115

18 Ebenda, S. 65 f.

19 Ebenda, S. 110

20 Ebenda, S. 118 f.

21 Ebenda, S. 119 f.

22 Ebenda, S. 54 f.

23 Hermann Warm, zit. ebenda, S. 123

24 Ebenda

25 Ebenda, S. 59 f.

26 Ebenda, S. 62

27 Ebenda, S. 126

28 Ebenda, S. 130 f.

Sergej M. Eisenstein (I)

Von der Montage
der Attraktionen zum intellektuellen Film

1 Sergej Eisenstein: Ausgewählte Aufsätze. Mit einer Einführung von R. Jurenew, Berlin 1960, S. 7

2 Sergej Eisenstein: Über mich und meine Filme, hrsg. von L. Kaufmann, Berlin 1975, S. 44

3 In: Sergej M. Eisenstein, Schriften, hrsg. von Hans-Joachim Schlegel, Bd. 1, München 1974, S. 13

4 Sergej M. Eisenstein, Schriften, hrsg. von Hans-Joachim Schlegel, Bd. 1, a. a. O., S. 217

5 Ebenda, S. 219 *

6 Sergej Eisenstein: Montage der Filmattraktionen. In: Das dynamische Quadrat. Schriften zum Film, übersetzt und herausgegeben von Oksana Bulgakowa und Dietmar Hochmuth, Leipzig 1988, S. 19

7 Vgl.: W. M. Bechterew: Kollektiwnaja refleksologija, Petrograd 1921, S. 91

8 Vgl.: T. Selesnowa: Kinomysl 1920-ch godow, Leningrad 1972, S. 106 ff.

9 Sergej M. Eisenstein; Schriften, hrsg. von Hans-Joachim Schlegel, Bd. 1, a. a. O., S. 235

10 Ebenda, S. 233

11 Vgl. Jurij Tynjanow: Poetik, Leipzig/Weimar, 1982, S. 7–30

12 Sergej M. Eisenstein; Schriften, hrsg. von Hans-Joachim Schlegel, Bd. 1, a. a. O., S. 232

13 Sergej M. Eisenstein; Schriften, hrsg. von Hans-Joachim Schlegel, Bd. 3, München 1975, S. 184

14 Ebenda, S. 123

15 Ebenda, S. 194

16 Ebenda, S. 197 f.

17 Ebenda, S. 199

18 Vgl.: Bertolt Brecht: Arbeitsjournal 1938–1955, Berlin/Weimar 1977, S. 397

19 Sergej M. Eisenstein; Schriften, hrsg. von Hans-Joachim Schlegel, Bd. 3, a. a. O., S. 197

20 Ebenda, S. 201

21 Ebenda, S. 204

22 Ebenda, S. 205

23 Ebenda, S. 204

24 Ebenda, S. 204 f.

25 Ebenda, S. 208

26 Ebenda, S. 210

27 Ebenda, S. 209

28 Sergej M. Eisenstein: Isbrannye proiswedenija w schesti tomach, t. 2, Moskwa 1964, S. 277

29 Vgl. Sergej M. Eisenstein, Schriften, hrsg. von Hans-Joachim Schlegel, Bd. 4, München/Wien 1984, S. 235

30 Ebenda, S. 234
31 Ebenda, S. 235
32 Ebenda, S. 236
33 Ebenda, S. 236 f.
34 Ebenda, S. 239
35 Ebenda, S. 239 f.
36 Ebenda, S. 250
37 Ebenda, S. 248
38 Ebenda, S. 252 f.
39 Ebenda, S. 240
40 Ebenda, S. 240 f.

Wsewolod I. Pudowkin (I)
Materialistisch-dialektische Grundlegung einer Schaffensästhetik im revolutionären sowjetischen Film

1 Vgl.: Wsewolod Pudowkin: Filmregisseur und Filmmaterial. In: Wsewolod Pudowkin: Die Zeit in Großaufnahme. Erinnerungen, Aufsätze, Werkstattnotizen. Ausgewählt und kommentiert von Tatjana Sapasnik und Adi Petrowitsch, Berlin 1983, S. 225–288
2 Alexander Karaganow: Vorwort zu ebenda, S. 23
3 Wsewolod Pudowkin: Filmregisseur und Filmmaterial, a. a. O., S. 254
4 Ebenda, S. 261
5 Ebenda, S. 231
6 Ebenda, S. 233
7 Ebenda
8 Ebenda, S. 234
9 Ebenda, S. 235
10 Ebenda, S. 238
11 Wsewolod Pudowkin: Filmregie und Filmmanuskript, Berlin 1928, S. 9
12 Ebenda, S. 12
13 Wsewolod Pudowkin: Filmregisseur und Filmmaterial, a. a. O., S. 241 f.
14 Ebenda, S. 263
15 Ebenda, S. 280
16 Ebenda, S. 267
17 Ebenda, S. 274 f.
18 Ebenda, S. 258
19 Vgl.: Ebenda, S. 261
20 Vgl.: Ebenda, S. 248
21 Wsewolod Pudowkin: Die schöpferische Arbeit des Filmregisseurs. In: Wsewolod Pudowkin: Die Zeit in Großaufnahme, a. a. O., S. 295 ff.
22 Ebenda, S. 291
23 Ebenda, S. 304

Boris M. Eichenbaum

Die neue synkretistische Kunst
als Objekt formalisierender Methode:
Versuch einer Filmsyntax

1 Boris M.Eichenbaum: Karamsin. In: Boris M.Eichenbaum: O prose. O poesii, Leningrad 1986, S. 29 sl.

2 Vgl.: Boris Eichenbaum: Shisn uschla w storonu ot formalisma, Literaturny Leningrad, 1. 4. 1936

3 Boris M.Eichenbaum: Probleme der Filmstilistik. In: Poetik des Films. Deutsche Erstausgabe der filmtheoretischen Texte der russischen Formalisten, hrsg. von Wolfgang Beilenhoff, München 1974, S. 15 f.

4 Ebenda, S. 18 f.

5 Vgl.: Boris Eichenbaum: Wnutrennaja retsch kinosritelja, Kino (Moskwa) 1926, 46

6 Boris M.Eichenbaum: Probleme der Filmstilistik, a. a. O., S. 19 f.

7 Ebenda, S. 24

8 Ebenda, S. 26

9 Ebenda, S. 26 f.

10 Ebenda, S. 30

11 Ebenda, S. 31

12 Ebenda, S. 31 f.

13 Ebenda, S. 32

14 Ebenda, S. 33

15 Ebenda

16 Ebenda, S. 35

17 Ebenda, S. 37

Juri N. Tynjanow

Frühe evolutionär-systemologische
Betrachtung der Grundlagen des Films

1 Juri Tynjanow: Das literarische Faktum. In: Juri Tynjanow: Poetik, Leipzig/Weimar 1982, S. 13

2 W. A. Markow: Tynjanow i sowremennaja sistemologija, Tynjanowskij sbornik, Wtorye Tynjanowskie tschtenija, Riga 1986, S. 181

3 Vgl.: Ebenda, S. 181 ff.; W. W. Iwanow: Ob ewoljuzionnom podchode k kulture, Tynjanowskij sbornik, a. a. O., S. 173 ff.

4 Juri Tynjanow: Das literarische Faktum, a. a. O., S. 17

5 Ebenda, S. 30

6 Vgl.: Sergej M.Eisenstein, Schriften, hrsg. von Hans-Joachim Schlegel, Bd. 1, München 1974, S. 232

7 Juri Tynjanow: Über die literarische Evolution. In: Juri Tynjanow: Poetik, a. a. O., S. 34

8 Ebenda, S. 41

9 Ebenda, S. 47 f.

10 Juri N. Tynjanow: Kino – slowo – musika. In: Shisn iskusstwa 1924 (Leningrad), 1, S. 26 (gez. mit Pseudonym Ju. Wan-Wesen). Dt.: Juri N. Tynjanow: Kino – Wort – Musik. In: Die Erweckung des Wortes. Essays der russischen Formalen Schule, hrsg. von Fritz Mierau, Leipzig 1983, S. 384

11 Juri N. Tynjanow: Über die Grundlagen des Films. In: Poetik des Films. Deutsche Erstausgabe der filmtheoretischen Texte der russischen Formalisten mit einem Nachwort und Anmerkungen, hrsg. von Wolfgang Beilenhoff, München 1974, S. 45

12 Ebenda, S. 43

13 Ebenda, S. 43 f.

14 Ebenda, S. 47 f.

15 Ebenda, S. 51 f.

16 Ebenda, S. 52

17 Ebenda, S. 54

18 Ebenda, S. 55

19 Ebenda, S. 52

20 Ebenda, S. 53

21 Ebenda, S. 57 f.

22 Ebenda, S. 59

23 Vgl.: Broder Christiansen: Philosophie der Kunst, Hanau 1909, S. 121; hingewiesen wurde auf den Zusammenhang bereits bei Ronald Levaco: Eikhenbaum, Inner Speech and Film Stilistics, Screen (London) 1974, Vol. 15, 4, p. 47

24 Vgl.: V. Sklovskij: Die Kunst als Verfahren. In: Texte der russischen Formalisten, herausgegeben von Jurij Striedter, Bd. 1, München 1969, S. 1 ff.

Beginn der Tonfilmära (1931–1945)

Systematische Darstellungen des Films als Kunst und seine Einbeziehung in umfassendere gesellschaftliche Zusammenhänge

1 Roman Jakobson: Verfall des Films? (1933). In: Sprache im technischen Zeitalter, Zeichensystem Film, hrsg. von Walter Höllerer, Stuttgart 1968, 27, S. 185

2 L. Bisky/W. Friedrich: Massenkommunikation und Jugend, Berlin 1971, S. 27

3 Ebenda, S. 28

4 Vgl.: Karin Hirdina: Pathos der Sachlichkeit, Berlin 1981, S. 119

5 Bert Brecht: Der Dreigroschenprozeß, Versuche 8–10, Heft 3, Berlin 1931, S. 301 f.

6 Vgl.: Max Horkheimer/Theodor W. Adorno: Dialektik der Aufklärung. Philosophische Fragmente, Amsterdam 1947

7 Lothar Bisky im Nachwort zu: Siegfried Kracauer: Die Angestellten, Leipzig/Weimar 1981, S. 123

8 Theodor W. Adorno/Hanns Eisler: Komposition für den Film, hrsg. von Eberhardt Klemm, Leipzig 1969, S. 31 f.

9 Ebenda, S. 33

10 Jadwiga Bocheńska: Polska myśl filmowa do roku 1930, Wrocław/Warszawa/Kraków/Gdańsk 1974, S. 231 f.

11 André Malraux: Esquisse d'une psychologie du cinéma (1939). In: André Malraux: Scènes choisies, Paris 1946, pp. 324–334

12 Vgl. Franz J. Albersmeier: André Malraux und der Film. Zur Rezeption des Films in Frankreich, Bern/Frankfurt a. M. 1973

13 Bruno Rehlinger: Der Begriff Filmisch, Emsdetten 1938, S. 57 f.; Umberto Barbaro: Film: Soggetto e sceneggiatura, Roma 1939, S. 58

14 Vgl.: Roman Ingarden: Das literarische Kunstwerk, Halle 1931

15 Vgl.: Bolesław Lewicki: Budowa utworu filmowego. In: Życie Sztuki 1935, 2, S. 69–87

16 Umberto Barbaro: Film: Soggetto e sceneggiatura, Roma 1939, S. 58

17 Guido Aristarko: Istorija teorii kino, Moskwa 1966, S. 214

18 Umberto Barbaro, zit. ebenda, S. 215

19 Martin Schlappner: Von Rossellini zu Fellini. Das Menschenbild im italienischen Neo-Realismus, Zürich 1958, S. 30

20 Roman Jakobson: Verfall des Films? a. a. O., S. 185 f.

21 Ebenda, S. 186

22 Ebenda, S. 187

23 J. Mukařovský: Zur Ästhetik des Films. In: Poetik des Films, hrsg. von Wolfgang Beilenhoff, München 1974, S. 124

24 Ebenda, S. 129

25 J. Mukařovský: Die Zeit im Film. In: Poetik des Films, hrsg. von Wolfgang Beilenhoff, a. a. O., S. 136

26 Vgl. bes.: Paul Rotha: Documentary Film, London 1936

27 Vgl. bes.: John Grierson: Grierson on Documentary, London 1946

28 Vgl. bes.: Robert D. Feild: The Art of Walt Disney, New York 1942

Rudolf Arnheim
Materialeigenschaften des Filmbildes
aus der Sicht der Gestaltpsychologie

1 Rudolf Arnheim: Film als Kunst, Berlin 1932

2 Rudolf Arnheim: Vorwort zur deutschen Neuausgabe von: Film als Kunst, München 1974, S. 2

3 Vgl.: Rudolf Arnheim: Experimentell-psychologische Untersuchungen zum Ausdrucksproblem, Dissertation, Berlin 1928. In: Psychologische Forschung, Berlin 1928, 11. Band, 1. u. 2. Heft, S. 2–132

4 Rudolf Arnheim: Film als Kunst, München 1974, Vorwort, S. 2

5 Ebenda, S. 3

6 Ebenda, S. 16

7 Ebenda, S. 17 f.

8 Ebenda, S. 23

9 Die Bemerkung bezieht sich auf eine Szene aus Duponts »Variété«, in der Jannings einen Sträfling spielt, dessen Gesicht man zunächst nicht erkennt, dafür aber die große Nummer auf dem Rücken. Beschrieben ebenda, S. 58

10 Ebenda, S. 65 f.

11 Ebenda, S. 88 f.

12 Ebenda, S. 90

13 Ebenda, S. 97 f.

14 Ebenda, S. 103

15 Ebenda, S. 105

16 Renate Schubert: Psychologische Sichten auf theoretische Arbeiten von Arnheim und Balázs. In: Beiträge zur Film- und Fernsehwissenschaft (Berlin), 1988, 34

17 Vgl.: Rudolf Arnheim: Kritiken und Aufsätze zum Film, hrsg. von Helmut H. Diederichs, München 1977

18 Rudolf Arnheim: Film als Kunst, München 1974, S. 210 ff.

19 Max Wertheimer: Über Gestalttheorie (1924). In: Symposium 1. (Berlin) 1927, S. 43

20 Rudolf Arnheim: Kunst und Sehen, Berlin 1965, S. XV

21 Ebenda, S. XVI

22 Vgl.: J. Dudley Andrew: The Major Film Theories, London/Oxford/New York 1976, p. 38

23 Rudolf Arnheim: Film als Kunst, München 1974, S. 71 f.

24 Ebenda, S. 23

25 Ebenda, S. 4

26 Ebenda, S. 323

27 Ebenda, S. 4 f.

28 Ebenda, S. 56

29 Rudolf Arnheim: Kunst und Sehen, a. a. O., S. 400

30 Rudolf Arnheim: Kunst heute und der Film (1966). In: Rudolf Arnheim: Kritiken und Aufsätze zum Film, hrsg. von Helmut H. Diederichs, München/Wien 1977, S. 57

31 Rudolf Arnheim: Film als Kunst, München 1974, S. 23

32 Vgl.: Werner Mittenzwei: Brecht und die Schicksale der Materialästhetik. In: Dialog 75. Positionen und Tendenzen, Berlin 1975, S. 9–44

33 Manfred Naumann: Blickpunkt Leser, Leipzig 1984, S. 179

34 Rudolf Arnheim: Film als Kunst, München 1974, S. 326

Erwin Panofsky
Kunstwollen im Medium
der bewegten Bilder

1 Erwin Panofsky: On Movies. In: Bulletin of the Department of Art and Archaeology, Princeton University, 1934

2 Vgl.: Bibliographie der Schriften Erwin Panofskys. In: Erwin Panofsky: Aufsätze zu Grundfragen der Kunstwissenschaft, Berlin 1974, S. 1–17

3 Erwin Panofsky: Der Begriff des Kunstwollens, ebenda, S. 40

4 Erwin Panofsky: Stil und Stoff im Film. In: Filmkritik (Frankfurt a. M.), 1967, 6, S. 344

5 Ebenda

6 Erwin Panofsky: Über das Verhältnis der Kunstgeschichte zur Kunsttheorie. In: Erwin Panofsky: Aufsätze zu Grundfragen der Kunstwissenschaft, a. a. O., S. 63

7 Ebenda, S. 68

8 Erwin Panofsky: Stil und Stoff im Film, a. a. O., S. 343

9 Ebenda, S. 345

10 Erwin Panofsky: Über das Verhältnis der Kunstgeschichte zur Kunsttheorie, a. a. O., S. 50

11 Vgl.: Ebenda, S. 51

12 Erwin Panofsky: Stil und Stoff im Film, a. a. O., S. 345 f.

13 Ebenda, S. 347

14 Ebenda, S. 347

15 Ebenda, S. 352

16 Ebenda, S. 354

17 Ebenda, S. 355

Walter Benjamin
Zum Kunstwerk im Zeitalter
seiner technischen Reproduzierbarkeit

1 Walter Benjamin: Das Kunstwerk im Zeitalter seiner technischen Reproduzierbarkeit (Zweite Fassung). In: Walter Benjamin: Allegorien kultureller Erfahrung. Ausgewählte Schriften 1920–1940, hrsg. von Sebastian Kleinschmidt, Leipzig 1984, S. 407–435; Erstveröffentlichung: L'œuvre d'art à l'époque de sa reproduction mécanisée. In: Zeitschrift für Sozialforschung (Paris), 5 (1936) 1, S. 40–66

2 Walter Benjamin: Das Passagen-Werk. In: Walter Benjamin: Gesammelte Schriften, unter Mitwirkung von Theodor W. Adorno und Gershom Scholem, hrsg. von

Rolf Tiedemann und Hermann Schweppenhäuser, Bd. V.1 und V.2, Frankfurt a. M. 1982

3 Vgl.: Walter Benjamin: Über den Begriff der Geschichte. In: Walter Benjamin: Allegorien kultureller Erfahrung, a. a. O., S. 156–169

4 Walter Benjamin: Briefe, hrsg. von Gershom Scholem und Theodor Adorno, Bd. 2, Frankfurt a. M. 1960, S. 690 f. (Brief vom 16. Oktober 1935)

5 Walter Benjamin: Das Kunstwerk im Zeitalter seiner technischen Reproduzierbarkeit, a. a. O., S. 435

6 Ebenda, S. 415

7 Ebenda, S. 407

8 Ebenda, S. 410 f.

9 Ebenda, S. 416

10 Bertolt Brecht: Versuche 8–10, Heft 3, Berlin 1931, S. 301, zit. ebenda, S. 467

11 Ebenda, S. 464 f.

12 Bertolt Brecht: Arbeitsjournal 1938–1955, Berlin/Weimar 1977, S. 11, Eintragung vom 25. 7. 1938

13 Vgl.: J. Bigu: On the biophysical basis of the human »Aura«, The Journal of Research in PSI Phenomena (Kingston, Ontario), 1976, vol. 1, Nr. 2, pp. 8–43

14 Vgl.: Wjatscheslaw W. Iwanow: Rol semiotiki w kibernetitscheskow issledowanii tscheloweka i kollektiwa. In: Logitscheskaja struktura nautschnowo snanija, Moskwa 1965, S. 78

15 Vgl.: Peter Wuss: Die Tiefenstruktur des Filmkunstwerks, Berlin 1986, S. 276–335

16 Walter Benjamin: Das Kunstwerk im Zeitalter seiner technischen Reproduzierbarkeit, a. a. O., S. 427 f.

17 Ebenda, S. 428 f.

18 Ebenda, S. 431

19 Ebenda, S. 426

20 Ebenda, S. 430

21 Ebenda, S. 432 f.

22 Walter Benjamin: Allegorien kultureller Erfahrung, a. a. O., S. 149

23 Lutz Haucke: Medienästhetik und -geschichte »by« Walter Benjamin. In: Beiträge zur Film- und Fernsehwissenschaft (Berlin), 1986, H. 2, S. 60

24 Vgl.: Gerhard Wagner: Die »technische Fragestellung« und die »Politisierung der Kunst«. Walter Benjamins kulturhistorisch-ästhetische Reflexion des Films. In: Beiträge zur Film- und Fernsehwissenschaft (Berlin), 1988, H. 34

25 Walter Benjamin: Gesammelte Schriften. Unter Mitwirkung von Theodor W. Adorno und Gershom Scholem, hrsg. von Rolf Tiedemann und Hermann Schweppenhäuser, Bd. IV. 1.2., Frankfurt a. M., 1983, S. 468

Hans Richter
Avantgarde und soziale Verantwortung
des Films

1 Vgl.: Hans Richter. Einführung von Sir Herbert Read. Autobiographischer Text des Künstlers, Neuchâtel/Schweiz 1965, S. 19

2 Ebenda, S. 29

3 Hans Richter: Filmgegner von heute – Filmfreunde von morgen, Berlin 1929, S. 34 ff.

4 Ebenda, S. 47

5 Ebenda, S. 93 f.

6 Hans Richter: The Film as an Original Art Form, College Art Journal (New York), 1951, Nr. 2. Dt. in: Hans Richter. Einführung von Sir Herbert Read. Autobiographischer Text des Künstlers, a. a. O., S. 46

7 Ebenda, S. 47

8 Ebenda

9 Vgl.: Ewgeni Gromow: Gans Richter, Vorwort zu: Gans Richter: Borba sa film, Moskwa 1981, S. 6

10 Hans Richter: Der Kampf um den Film. Für einen gesellschaftlich verantwortlichen Film, hrsg. von Jürgen Römhild, München/Wien 1976, S. 23

11 Ebenda, S. 25

12 Ebenda, S. 26

13 Ebenda, S. 25 f.

14 Ebenda

15 Ebenda, S. 48 f.

16 Ebenda, S. 49

17 Hans Richter: Film: Gisteren, heden en morgen. Bijdrage tot de Aesthetisk van de Film, Filmliga (Amsterdam) 1935, 7/8, S. 201

18 Ebenda, S. 202

19 Hans Richter: Der Kampf um den Film, a. a. O., S. 85

20 Ebenda, S. 100

21 Ebenda, S. 118

22 Ebenda

23 Ebenda, S. 118 f.

24 Ebenda, S. 120

25 Ebenda, S. 123

26 Ebenda

27 Ebenda, S. 126

28 Hans Richter: Film: Gisteren, heden en morgen, a. a. O., S. 222

29 Vgl.: Ebenda, S. 221

29a Vgl.: Hans Richter: Der Kampf um den Film, a. a. O., S. 126

30 Vgl.: Ebenda, S. 126 f.

31 Zit. in: Hans Richter: Film: Gisteren, heden en morgen, a. a. O., S. 219

32 Ebenda

33 Hans Richter: Der politische Film, Deutsche Blätter (Santiago de Chile) 1944,

Jg. 2, Nr. 1, S. 21–24 und Nr. 2, S. 17–20. Neuabdruck in: Theorie des Kinos, hrsg. von Karsten Witte, Frankfurt a. M. 1973, S. 62f.

34 Ebenda, S. 64

35 Ebenda

36 Ebenda, S. 65

37 Ebenda, S. 66

38 Ebenda, S. 67

39 Ebenda, S. 76

40 Ebenda, S. 78

Raymond Spottiswoode
Grammatik des Films

1 Raymond Spottiswoode: A Grammar of the Film. An Analysis of Film Technique, London 1935, 2. Aufl. 1955

2 Vgl.: Ebenda, London 1955, p. 11

3 Vgl.: Guido Aristarko: Istorija teorii kino, Moskwa 1966, S. 163

4 Vgl.: Boris S. Mejlach: Künstlerisches Schaffen und Rezeptionsprozeß, Berlin/ Weimar 1977, S. 86 ff.

5 Raymond Spottiswoode: A. Grammar of the Film, London 1955, p. 29

6 Vgl.: Karl-Dietmar Möller-Naß: Filmsprache: Eine kritische Theoriegeschichte, Münster 1986

7 Raymond Spottiswoode: A Grammar of the Film, London 1955, p. 12

8 Ebenda, p. 202

9 Ebenda, p. 50

10 Ebenda

11 Ebenda, p. 202

12 Ebenda, p. 50

13 Ebenda, p. 227 f.

14 Ebenda, p. 50

15 Ebenda, p. 206

16 Ebenda, p. 51

Ernst Iros
Dramaturgie des Films
unter dem Primat des Bildes

1 Ernst Iros: Wesen und Dramaturgie des Films, Zürich 1938

2 Ernst Iros: Wesen und Dramaturgie des Films. Neue, vom Verfasser bearbeitete Ausgabe. Mit Ergänzungen und einem Vorwort von Dr. Martin Schlappner, Zürich 1957

3 Vgl.: Johannes Volkelt: System der Ästhetik, Bd. 1–3, München 1905–1924

4 Vgl.: Johannes Volkelt: Das ästhetische Bewußtsein, München 1920, S. 6

5 Ernst Iros: Wesen und Dramaturgie des Films, Zürich 1957, S. 104

6 Ebenda, S. 104f.

7 Ebenda, S. 105f.

8 Ebenda, S. 91

9 Ebenda, S. 92

10 Ebenda, S. 90

11 Ebenda, S. 88f.

12 Sergei Gerassimow: Über den Beruf des Filmregisseurs. In: Fragen der Meister-schaft in der sowjetischen Filmkunst, Berlin 1953, S. 112

13 Vgl.: Semjon Freilich: Dramaturgie des Films, Berlin 1964, S. 112

14 Ernst Iros: Wesen und Dramaturgie des Films, Zürich 1957, S. 62

Wsewolod I. Pudowkin (II)
Montage und Schauspieler
im Tonfilm

1 Sergej M. Eisenstein, Wsewolod I. Pudowkin, Grigorij W. Alexandrow: Manifest zum Tonfilm. In: Texte zur Theorie des Films, hrsg. von Franz-Josef Albers-meier, Stuttgart 1979, S. 43f.

2 Wsewolod Pudowkin: Asynchronität als Prinzip des Tonfilms. In: Wsewolod Pu-dowkin: Die Zeit in Großaufnahme. Erinnerungen, Aufsätze, Werkstattnotizen. Ausgew. und komm. von Tatjana Sapasnik und Adi Petrowitsch. Mit einem Vor-wort von Alexander Karaganow, Berlin 1983, S. 313f.

3 Ebenda, S. 314

4 Ebenda, S. 318

5 Wsewolod Pudowkin: Über die Montage. In: Wsewolod Pudowkin: Die Zeit in Großaufnahme, a. a. O., S. 315f.

6 Ebenda, S. 332

7 Ebenda, S. 336

8 Ebenda, S. 347

9 Ebenda, S. 344

10 Ebenda, S. 345

11 Ebenda

12 Vgl.: Wsewolod Pudowkin: Aktjor w filme, Leningrad 1934

13 Wsewolod Pudowkin: Der Schauspieler im Film. In: Wsewolod Pudowkin: Die Zeit in Großaufnahme, a. a. O., S. 457

14 Vgl.: Wsewolod Pudowkin: Realismus, Naturalismus und das Stanislawski-Sy-stem, ebenda, S. 459–477, und: Die Arbeit des Filmschauspielers und das Stanis-lawski-System, ebenda, S. 478–546

Sergej M. Eisenstein (II)
Innere Rede
und Komposition

1 Naum Klejman: Wstupitelnaja sametka. S.M.Ejsenschtejn. Psichologija iskusstwa. In: Psichologija prozesow chudoshestwennowo twortschestwa, Leningrad, 1980, S.174

2 Sergej Ejsenschtejn: Isbrannye proiswedenija w schesti tomach, t.1, Moskwa 1964, S.552. Übersetzt aus dem französischen Original, zit. von Hans Richter: Film: Gistern, heden en morgen, Filmliga (Amsterdam), 8.Jg., 1935, 7/8, S.220

3 A. Lurija: Osnownye problemy nejrolingwistiki, Moskwa 1975, S.8

4 Ebenda

5 Wjatscheslaw W. Iwanow: Otscherki po istorii semiotiki w SSSR, Moskwa 1976, S.125

6 Boris Eichenbaum: Literatur und Film (1926). In: Boris Eichenbaum: Aufsätze zur Theorie und Geschichte der Literatur, Frankfurt a.M. 1965, S.76

7 Sergej Ejsenschtejn: Isbrannye proiswedenija, t.2, Moskwa 1964, S.79

8 Ebenda, S.97

9 Sergej Eisenstein: Rede auf der Allunionskonferenz sowjetischer Filmschaffender. In: Sergej Eisenstein: Das dynamische Quadrat. Schriften zum Film, übersetzt und hrsg. von Oksana Bulgakowa und Dietmar Hochmuth, Leipzig 1988, S.129f.

10 Ebenda, S.146

11 Vgl.: Wjatscheslaw W. Iwanow, Otscherki po istorii semiotiki w SSSR, a.a.O., S.188

12 Sergej Ejsenschtejn: Isbrannye proiswedenija, t.5, Moskwa 1968, S.175

13 Sergei Eisenstein: Ausgewählte Aufsätze. Mit einer Einführung von R.Jurenew, Berlin 1960, S.228

14 Ebenda, S.325

15 Ebenda

16 Ebenda, S.326

17 Ebenda, S.327

18 Ebenda, S.328

19 Ebenda, S.329f.

20 Ebenda, S.346

21 Ebenda, S.354

22 Ebenda, S.325

23 Ebenda, S.278

24 Ebenda, S.280f.

25 Ebenda, S.285

26 Ebenda, S.301

27 Sergej Eisenstein: Schriften, hrsg. von Hans-Joachim Schlegel, Bd.4, München/ Wien 1984, S.168

28 Sergej Ejsenschtejn: Isbrannye proiswedenija, t.2, a.a.O., S.322

29 Sergej Eisenstein, Schriften, hrsg. von Hans-Joachim Schlegel, Bd. 4, a. a. O.,
   S. 233
30 Vgl.: Sergej Ejsenschtejn, Isbrannye proiswedenija, t. 2, a. a. O., S. 192
31 Vgl.: Semjon Frejlich: Estetika Ejsenschtejna. In: Sergej Ejsenschtejn, Isbrannye
   proiswedenija, t. 3, Moskwa 1964, S. 26
32 Sergej Ejsenschtejn: Isbrannye proiswedenija, t. 2., a. a. O., S. 190

Differenzierung und Abschluß der klassischen Filmästhetik vor dem Hintergrund einer aufkommenden Massenkommunikationsforschung (1946–1965)

1 Grigori Kosinzew: Die tiefe Leinwand, Deutsche Filmkunst (Berlin), 1959, H.7, S.210

2 Ebenda, S.214

3 Peter Bächlin: Der Film als Ware (1945), Frankfurt a.M. 1975, S.13ff.

4 Vgl.: Sergej Eisenstein: Eine nicht gleichmütige Natur, hrsg. von Rosemarie Heise, Berlin 1980

5 Vgl.: Horst Meyerhoff: Tonfilm und Wirklichkeit. Grundlagen einer Psychologie des Films, Berlin 1949

6 Vgl.: Wolfgang Wilhelm: Die Auftriebswirkung des Films (Diss.), Leipzig 1940

7 Vgl.: F.Robbe: Die Einheitlichkeit von Bild und Klang im Tonfilm (Diss.), Hamburg 1940

8 Maurice Merleau-Ponty: Das Kino und die neue Psychologie, Filmkritik (Frankfurt a.M.), 1969, 11, S.701

9 Maurice Merleau-Ponty: Exprimer l'homme par son comportement visible. L'Ecran Francais (Paris), 24.10.1945. In: Pierre Lherminier: L'art du cinéma, Paris 1961, p.141

10 Vgl.: Alicja Helman: The influence of Ingarden's aesthetics on the theory of film. In: Piotr Graff & Sław Krzemień-Ojak (eds.): Roman Ingarden and contemporary Polish aesthetics. Essays. Warszawa 1975, pp.97–107

11 Maurice Merleau-Ponty: Das Kino und die neue Psychologie, a.a.O., S.702

12 Ebenda

13 Vgl.: Gilbert Cohen-Séat: Essais sur les principes d'une philosophie du cinéma, Paris 1946. Dt.: Gilbert Cohen-Séat: Film und Philosophie, Gütersloh 1962

14 Alexandre Astruc: Naissance d'une nouvelle avant-garde: La Caméra-Stylo, L'Ecran Francais (Paris), 30.3.1948, Deutsch in: Der Film. Manifeste, Gespräche, Dokumente, hrsg. von Theodor Kotulla, Bd.2 (Geburt einer neuen Avantgarde: die Kamera als Federhalter), München 1964, S.112

15 Vgl.: Henri Agel: Estétique du cinéma, Paris 1957, pp.106–112

16 Vgl.: Prawda Kino i »kinoprawda«, Prod. red.: S.W.Drobastschenko, Moskwa 1967

17 André Bazin: Qu'est-ce que le cinéma? Vol. I–IV, Paris 1958–1962. Gekürzte deutsche Ausg.: André Bazin: Was ist Kino?, Bausteine zu einer Theorie des Films. Ausgew. u. hrsg. von H.Bitomsky, H.Farocki, E.Kaemmerling, Köln 1975

18 Siegfried Kracauer: The Theory of Film, New York 1960. Deutsch: Siegfried Kracauer: Theorie des Films, Frankfurt a.M. 1985

19 Vgl.: Neja Sorkaja: Portrety, Moskwa 1966

20 Vgl.: Ilja Waisfeld: Masterstwo kinodramaturga, Moskwa 1961. Deutsch: Ilja Waisfeld: Spielfilm. Einführung in seine Dramaturgie, Berlin 1966

21 Vgl.: Semjon Frejlich: Dramaturgija ekrana, Moskwa 1961. Deutsch: Semjon Freilich: Dramaturgie des Films, Berlin 1964

22 Vgl.: Rostislaw Jurenjew: Smeschnoje na ekrane, Moskwa 1964

23 Vgl.: Witali Shdan: Spezifika kinoobrasa, Moskwa 1965

24 Vgl.: Sergej Eisenstein – Künstler der Revolution, Materialien der Berliner Eisenstein-Konferenz 10. bis 18. April 1959, hrsg. von H. Rodenberg, H. Herlinghaus,
H. Baumert, R. Georgi, Berlin 1960

25 Vgl.: Heinz Baumert: Auf dem Wege zur künstlerischen Meisterschaft. Eine Untersuchung von Grundfragen der Filmdramaturgie am Beispiel der literarischen
Grundlage von DEFA-Filmen (Diss.), Jena 1955

26 Konrad Schwalbe: Die Gestalten positiver Helden in der neuen deutschen Filmkunst. Eine Untersuchung der künstlerisch-ideologischen Grundprobleme unter
besonderer Berücksichtigung des Filmszenariums (Diss.), Berlin 1956

27 John H. Lawson: Film – the creative process, New York 1964

28 Roman Ingarden: Le temps, l'espace et le sentiment de réalité. In: Revue Interna-
tionale de Filmologie (Paris), 1947, 2, Deutsch: Der Film. In: Roman Ingarden:
Untersuchungen zur Ontologie der Kunst, Musikwerk – Bild – Architektur – Film,
Tübingen 1962, S. 318–341

29 Vgl.: Lothar Bisky/Walter Friedrich: Massenkommunikation und Jugend, Berlin
1961, S. 25

30 Walter Hagemann: Der Film, Wesen und Gestalt, Heidelberg 1952, S. 11

31 Ebenda, S. 11f.

32 Erich Feldmann: Theorie der Massenmedien, München/Basel 1962, S. 158f.

33 Ebenda, S. 197

34 Ebenda, S. 200

35 Edgar Morin: Der Mensch und das Kino, Stuttgart 1958, S. 228f.

36 Ebenda, S. 237

37 Vgl.: Gilbert Cohen-Séat: Problèmes actuels du cinéma et de l'information visuelle, Paris 1959

38 Vgl.: Edgar Morin: Der Geist der Zeit, Köln/Berlin 1965, S. 11

39 Ebenda, S. 40

Sergej M. Eisenstein (III)
Methode

1 Zit. nach Anmerkungen d. Hrsg. In: Sergej Eisenstein: Das dynamische Quadrat.
Schriften zum Film, übers. und hrsg. von Oksana Bulgakowa und Dietmar Hochmuth, Leipzig 1988, S. 344

2 Sergej Ejsenschtejn: Psichologija iskusstwa. In: Psichologija prozesow chudoshestwennowo twortschestwa, Leningrad 1980, S. 196

3 Zit. nach: Wjatscheslaw Iwanow: Otscherki po istorii semiotiki w SSSR, Moskwa
1976, S. 67

4 Sergei Eisenstein: Ausgewählte Aufsätze. Mit einer Einführung von R. Jurenew,
Berlin 1960, S. 446

5 Ebenda, S. 447

6 Ebenda, S. 453

7 Ebenda, S. 437

8 Ebenda, S. 281

9 Ebenda, S. 301

10 Ebenda, S. 290

11 Ebenda, S. 307

12 Ebenda, S. 306

13 Ebenda, S. 307

14 Vgl.: Sergej Eisenstein: Eine nicht gleichmütige Natur, hrsg. von Rosemarie Heise, Berlin 1980, S. 15

15 Ebenda, S. 82 f.

16 Ebenda, S. 101

17 Ebenda, S. 105

18 Vgl.: Ebenda, S. 190

19 Vgl.: Ebenda, S. 192

20 Sergei Eisenstein: Ausgewählte Aufsätze, a. a. O., S. 408

21 Ebenda, S. 409

22 Ebenda, S. 408 f.

23 Ebenda, S. 416

Cesare Zavattini
Zum Konzept des italienischen Neorealismus

1 Vgl.: Palmiro Togliatti: Sa demokratitscheskoje obnowlenije italianskowo obschtschestwa, sa prodwishenije k sozialismu, Moskwa 1960, S. 37

2 O. Larmin: Was ist denn eigentlich der Stil? Kunst und Literatur (Berlin), 1959, H. 7, S. 655

3 Gotthard Lerchner: Stilistische Texteigenschaften als semantisch/semiotische Merkmale. In: Fragen der semantischen Analyse. Linguistische Studien, Reihe A, Bd. 65, Berlin 1980, S. 145

4 Friedrich Möbius: Stil als Kategorie der Kunsthistoriographie. In: Stil und Gesellschaft. Ein Problemaufriß, hrsg. von F. Möbius, Dresden 1984, S. 24

5 Zit. nach Wladimir Baskakow: Visconti und die Diskussion um den Neorealismus, Beiträge zur Film- und Fernsehwissenschaft (Berlin), 1985, H. 2, S. 106

6 Cesare Zavattini: Einige Gedanken zum Film (1953). In: Der Film. Manifeste. Gespräche. Dokumente, hrsg. von Theodor Kotulla, Bd. 2, München 1964, S. 13 f.

7 Ebenda, S. 22

8 Maurice Scherer und François Truffaut: Gespräch mit Roberto Rossellini. In: Der Film. Manifeste. Gespräche. Dokumente, hrsg. von Theodor Kotulla, Bd. 2, a. a. O., S. 49

9 Ebenda, S. 47

10 Zit. nach: Martin Schlappner: Von Rossellini zu Fellini, Zürich 1958, S. 95

11 Cesare Zavattini: Einige Gedanken zum Film, a. a. O., S. 14

12 Ebenda, S. 15

13 Ebenda, S. 18

14 Ebenda, S. 20

15 Ebenda

16 Ebenda, S. 17

17 Ebenda, S. 21

18 Ebenda, S. 23

19 Ebenda

20 Ebenda

21 Vgl.: André Bazin: Was ist Kino? Bausteine zur Theorie des Films, hrsg. von H. Bitomsky, H. Farucki, E. Kaemmerling, Köln 1975

22 Vgl.: Siegfried Kracauer: Theorie des Films, hrsg. von K. Witte, Frankfurt a. M. 1985

23 Allardyce Nicoll: Film and Theatre, New York 1936, p. 169

24 Zit. nach Maurice Scherer und François Truffaut: Gespräch mit Roberto Rossellini, a. a. O., S. 55 f.

25 Cesare Zavattini: Einige Gedanken zum Film, a. a. O., S. 26

26 André Bazin: Was ist Kino?, a. a. O., S. 135

27 Ebenda, S. 161 f.

28 Cesare Zavattini: Einige Gedanken zum Film, a. a. O., S. 14

29 André Bazin: Was ist Kino?, a. a. O., S. 162

30 Ebenda

31 Zit. nach Martin Schlappner: Von Rossellini zu Fellini, a. a. O., S. 129

32 Cesare Zavattini: Die kubanische Revolution hat meine Kindheitsträume verwirklicht. Filmwissenschaftliche Mitteilungen (Berlin), 1962, 3, S. 484

33 Ebenda, S. 480

Gilbert Cohen-Séat
Filmologie und visuelle Information

1 Vgl.: Mario Roques: Filmologie. In: Revue Internationale de Filmologie (Paris), 1947, 1; Marc Soriano: Etat d'une Science Nouvelle, ebenda; Henri Wallon: Qu'est-ce que la filmologie? In: La Pensée (Paris), 1947, 15 (Déc.)

2 Vgl.: Gilbert Cohen-Séat: Filmologie et Cinéma. In: Revue Internationale de Filmologie (Paris), 1948, 3–4

3 Vgl.: Gilbert Cohen-Séat: Essai sur les principes d'une philosophie du cinéma, Paris 1946, dt.: Film und Philosophie, Gütersloh 1962

4 Vgl.: Ebenda, S. 38

5 Vgl.: Ebenda, S. 39

6 Ebenda, S. 34 f.

7 Ebenda, S. 69

8 Ebenda, S. 70

9 Vgl.: Christian Metz: Semiologie des Films, München 1972, bes. S. 151–237

10 Gilbert Cohen-Séat: Film und Philosophie, a. a. O., S. 13

11 Ebenda, S. 17

12 Vgl.: Gilbert Cohen-Séat: Filmologie et Cinéma. In: Revue Internationale de Filmologie (Paris), 1948, 3–4, p. 237

13 Gilbert Cohen-Séat, Pierre Fougeyrollas: Wirkungen auf den Menschen durch Film und Fernsehen, Köln/Opladen 1966, S. 8

14 Ebenda, S. 15

15 Ebenda, S. 24 f.

16 Ebenda, S. 26

17 Ebenda, S. 27

18 Gilbert Cohen-Séat: Problèmes du cinéma et de l'information visuelle, Paris 1961, p. 25

19 Vgl.: Peter Wuss: Das offene Filmkunstwerk. Dissertation B (Berlin 1980). Abgedruckt in: Aus Theorie und Praxis des Films (Hrsg.: Betriebsakademie des VEB DEFA Studio für Spielfilme), Sonderdruck 1985; Peter Wuss: Die Tiefenstruktur des Filmkunstwerks. Zur Analyse von Spielfilmen mit offener Komposition, Berlin 1986

20 Vgl.: Gilbert Cohen-Séat: Problèmes du cinéma et de l'information visuelle, a. a. O., p. 133

21 Vgl.: Ebenda, p. 138

22 Vgl.: Ebenda, p. 134

23 Gilbert Cohen-Séat, Pierre Fougeyrollas: Wirkungen auf den Menschen durch Film und Fernsehen, a. a. O., S. 17

24 Ebenda, S. 37

25 Vgl.: Ebenda, S. 37

26 Ebenda, S. 29

27 Ebenda, S. 40 f.

28 Gilbert Cohen-Séat: Problèmes du cinéma et de l'information visuelle, a. a. O., p. 110

29 Gilbert Cohen-Séat: Film und Philosophie, a. a. O. S. 74

30 Ebenda, S. 90

31 Ebenda, S. 93

32 Vgl.: Ebenda, S. 113

33 Gilbert Cohen-Séat: Problèmes du cinéma et de l'information visuelle, a. a. O., p. 211

34 Vgl.: Jean Mitry: Esthétique et psychologie du cinéma, Vol. I, Paris 1963, p. 56

35 Vgl.: Andrej Gwóźdź: Zur Inkohärenz des filmischen Diskurses. Textsemiotische Ansätze zum narrativen Film. In: Zeichen und Realität, hrsg. von Klaus Oehler, Bd. 3, Tübingen 1984, S. 843–853

36 Vgl.: Christian Metz: Sprache und Film, Frankfurt a. M. 1973, S. 170 ff.

37 Gilbert Cohen-Séat, Pierre Fougeyrollas: Wirkungen auf den Menschen durch Film und Fernsehen, a. a. O., S. 52

Siegfried Kracauer
Film als Errettung
der äußeren Wirklichkeit

1 Siegfried Kracauer: From Caligari to Hitler. A Psychological History of the German Film, Princeton 1947. Ungekürzte deutschsprach. Ausgabe: Siegfried Kra-

cauer: Von Caligari zu Hitler. Eine psychologische Geschichte des deutschen Films. In: Siegfried Kracauer: Schriften, hrsg. von Karsten Witte, Bd. 2, Frankfurt a. M. 1979

2 Theory of Film. The Redemption of Physical Reality, New York 1960. Dt. Ausg.: Siegfried Kracauer: Theorie des Films. Die Errettung der äußeren Wirklichkeit. In: Siegfried Kracauer Schriften, hrsg. von Karsten Witte, Bd. 3, Frankfurt a. M. 1973

3 Neu abgedr. in: Siegfried Kracauer, Schriften, Bd. 2, a. a. O., S. 397–582

4 Siegfried Kracauer: Soziologie als Wissenschaft. Eine erkenntnistheoretische Untersuchung, Dresden 1922, 2. Aufl. in: Siegfried Kracauer: Schriften, Bd. 1, Frankfurt a. M. 1971

5 Vgl.: Siegfried Kracauer: Georg Simmel. In: Siegfried Kracauer: Das Ornament der Masse. Essays, Frankfurt a. M. 1977

6 Siegfried Kracauer: Die Angestellten. Kulturkritischer Essay, Frankfurt a. M. 1930. In: Siegfried Kracauer: Schriften, Bd. 1, a. a. O.

7 Lothar Bisky: Nachwort zu: Siegfried Kracauer: Die Angestellten, Leipzig/Weimar 1981, S. 115

8 Vgl.: Walter Benjamin: Politisierung der Intelligenz. Zu S. Kracauer: Die Angestellten. In: Walter Benjamin: Lesezeichen, Leipzig 1970, S. 232

9 Vgl.: Siegfried Kracauer: Kult der Zerstreuung. In: Siegfried Kracauer: Das Ornament der Masse, a. a. O., S. 316

10 Siegfried Kracauer: Die kleinen Ladenmädchen gehen ins Kino. In: Das Ornament der Masse, a. a. O., S. 279

11 Siegfried Kracauer: Über die Aufgaben des Filmkritikers. In: Siegfried Kracauer: Kino. Essays, Studien, Glossen zum Film, hrsg. von Karsten Witte, Frankfurt a. M. 1974, S. 9

12 Ebenda, S. 10 f.

13 Siegfried Kracauer: Die kleinen Ladenmädchen gehen ins Kino, a. a. O., S. 279

14 Siegfried Kracauer: Film 1928. In: Das Ornament der Masse, a. a. O., S. 295

15 Ebenda, S. 296

16 Vgl.: Siegfried Kracauer: Geschichte – Vor den letzten Dingen. In: Siegfried Kracauer: Schriften, Bd. 4, a. a. O., 1971, S. 16

17 Siegfried Kracauer: Das Ornament der Masse, a. a. O., S. 50

18 Siegfried Kracauer: Film 1928, a. a. O., S. 300

19 Vgl.: Ebenda, S. 303

20 Vgl.: Siegfried Kracauer: Propaganda and the Nazi War Film, New York 1942. Deutsch: Propaganda und der Nazikriegsfilm. In: Siegfried Kracauer: Schriften, Bd. 2, a. a. O.

21 Vgl.: Siegfried Kracauer: The Conquest of Europa on the Screen. The Nazi Newsreel 1939–1940, New York 1943

22 Vgl.: Siegfried Kracauer, Schriften, Bd. 2, a. a. O., S. 349 ff.

23 Ebenda, S. 342

24 Zit. von Karsten Witte im Nachwort zu Siegfried Kracauer, Schriften, Bd. 2, a. a. O., S. 606 f.

25 Siegfried Kracauer: Schriften, Bd. 2, a. a. O., S. 12

26 Ebenda, S. 14

27 Siegfried Kracauer: Über Erfolgsbücher und ihr Publikum. In: Siegfried Kracauer: Das Ornament der Masse, a. a. O., S. 71

28 Siegfried Kracauer: Schriften, Bd. 2, a. a. O., S. 148

29 Vgl.: R. Jurenew: Ljubow i nenawist Sigfrida Krakauera. In: Siegfried Kracauer: Psichologitscheskaja istorija nemezkowo kino, Moskwa 1977, S. 8

30 Vgl.: Siegfried Kracauer, Schriften, Bd. 2, a. a. O., S. 260

31 Vgl.: Wolfgang Gersch: Film bei Brecht, Berlin 1975, S. 129

32 Vgl.: Siegfried Kracauer, Schriften, Bd. 2, a. a. O., S. 260

33 Siegfried Kracauer: Theorie des Films, a. a. O., S. 11

34 Vgl.: Ebenda, S. 25

35 Ebenda, S. 57

36 Ebenda, S. 67

37 Ebenda, S. 45

38 Ebenda, S. 95

39 Ebenda, S. 98

40 Ebenda, S. 97

41 Ebenda, S. 99

42 Ebenda, S. 100

43 Ebenda, S. 101

44 Ebenda, S. 102

45 Ebenda, S. 103

46 Ebenda, S. 104

47 Ebenda, S. 105

48 Ebenda, S. 109

49 Vgl.: André Bazin: Was ist Kino? Bausteine zu einer Theorie des Films, hrsg. von H. Bitomsky, H. Farocki, E. Kaemmerling, Köln 1975, S. 28

50 Siegfried Kracauer: Theorie des Films, a. a. O., S. 13

51 Vgl. Rudolf Jürschik: Wirklichkeit und Filmkunst, Berlin 1970 sowie Rezension in: Filmwissenschaftliche Mitteilungen (Berlin), 1967, 4, S. 1517–1535

52 Vgl.: Nedeltscho Milew: Boshestwo s tremja lizami, Moskwa 1968

53 Siegfried Kracauer: Theorie des Films, a. a. O., S. 345

54 Ebenda, S. 293

55 Ebenda, S. 216 f.

56 Vgl.: Peter Wuss: Die Tiefenstruktur des Filmkunstwerks, Berlin 1986, bes. S. 276–336

57 Vgl.: Walter Benjamin: Das Kunstwerk im Zeitalter seiner technischen Reproduzierbarkeit. In: Walter Benjamin: Allegorien kultureller Erfahrung, Leipzig 1984, S. 427 f.

58 Siegfried Kracauer: Theorie des Films, a. a. O., S. 389

59 Ebenda, S. 138

60 Vgl.: Peter Wuss: Die Tiefenstruktur des Filmkunstwerks, a. a. O., S. 276–293

61 Siegfried Kracauer, Schriften, Bd. 2, a. a. O., S. 198

André Bazin
Ontologie des Filmbildes
und Evolution der Filmsprache

1 Vgl.: François Truffaut: Il faisait bon vivre, Cahiers du Cinéma (Paris), 1959, Nr. 91

2 Vgl.: André Bazin: Qu'est-ce que le cinéma? Les éditions du cerf, Paris, vol. I–IV, 1958–1962

3 Vgl.: André Bazin: Was ist Kino? Bausteine für eine Theorie des Films. Mit einem Nachwort von Eric Rohmer und einem Vorwort von François Truffaut, hrsg. von H. Bitomsky, H. Farocki, E. Kaemmerling, Köln 1975, S. 162

4 Vgl.: Ebenda, S. 161 f.

5 André Bazin: Was ist Kino?, a. a. O., S. 63 f.

6 Ebenda, S. 48

7 Ebenda, S. 24 f.

8 Vgl.: Ilja Waisfeld: Andre Basen i sowremennoje kinoiskusstwo. In: Andre Basen: Schto takoje kino?, Moskwa 1972, S. 13 ff.

9 André Bazin: Was ist Kino?, a. a. O., S. 86

10 Ebenda, S. 28

11 Ebenda, S. 28 f.

12 Ebenda, S. 29 f.

13 Ebenda, S. 30

14 Ebenda, S. 35 f.

15 Ebenda, S. 36

16 Ebenda, S. 143

17 Ebenda, S. 37

18 Ebenda, S. 40

19 Vgl.: Peter Wuss: Die Tiefenstruktur des Filmkunstwerks, Berlin 1986, S. 382 f.

20 Vgl.: Ebenda, S. 132 f.

21 Vgl.: Ebenda, S. 158 ff.

22 André Bazin: Was ist Kino?, a. a. O., S. 22

23 Adam Schaff: Marx oder Sartre? Berlin 1965, S. 139

24 André Bazin: Was ist Kino?, a. a. O., S. 153 f.

25 Vgl.: André Bazin: Qu'est-ce que le cinéma?, Vol. I, Paris 1958, p. 123

26 Vgl.: Ilja Waisfeld: Andre Basen i sowremennoje kinoiskusstwo, a. a. O., S. 25 ff.; Nedeltscho Milev: Boshestvo s tremja lizami, Moskwa 1968, S. 129 ff.

27 André Bazin: Was ist Kino?, a. a. O., S. 91 f.

28 Ebenda, S. 94 f.

29 Ebenda, S. 95

30 Vgl.: Ilja Waisfeld, Andre Basen i sowremennoje kinoiskusstwo, a. a. O., S. 30 ff.; J. Dudley Andrew: The Major Film Theories, London/Oxford/New York 1976, p. 138

31 Vgl.: André Bazin: Was ist Kino?, a. a. O., S. 142 f.

John Howard Lawson
Zum schöpferischen Prozeß
des Films

1 Vgl.: John Howard Lawson: Film: The Creative Process. The Search for an Audiovisual Language and Structure. (Preface by Jay Leyda), New York 1964, p. XVII
2 Ebenda, p. 290
3 Ebenda, p. 292
4 Ebenda, p. XVIII
5 Vgl.: Ebenda, p. 297
6 Ebenda, p. 310
7 Alain Robbe-Grillet: Last Year at Marienbad, New York 1962, p. 7. Zit. ebenda, p. 312
8 John Howard Lawson: Film: The Creative Process, a. a. O., p. 313
9 Ebenda
10 Ebenda, p. 322
11 Ebenda, p. 323
12 Ebenda, p. 325
13 Ebenda
14 Vgl.: Ebenda, p. 326
15 Ebenda, p. 334
16 Ebenda, p. 338
17 Ebenda, p. 350
18 Ebenda, p. 353

Jean Mitry
Phänomenologische Ästhetik
und Psychologie des Films

1 Vgl.: Christian Metz: Une étape dans la réflexion sur le cinéma, Critique (Paris), 1965, Mars, p. 214
2 Vgl.: Ebenda
3 Vgl.: Nikolai A. Chrenow: Filmstruktur und Zuschauer, Filmwissenschaftliche Beiträge (Berlin), 1976, 2, S. 161
4 J. Dudley Andrew: The Major Film Theories, London/Oxford/New York 1976, p. 214
5 Vgl.: Jean Mitry: Esthétique et psychologie du cinéma, Vol. I, Paris 1963, p. 349
6 Jean Mitry: Esthétique et psychologie du cinéma, Vol. I, a. a. O., p. 53 f.
7 Karl-Dietmar Möller-Naß: Filmsprache. Eine kritische Theoriegeschichte, Münster 1986, S. 159
8 Roman Jakobson: Verfall des Films? In: Sprache im technischen Zeitalter 27, Berlin 1968, S. 186
9 Jean Mitry: Esthétique et psychologie du cinéma, Vol. I, a. a. O., p. 193 f.
10 Nikolai A. Chrenow: Filmstruktur und Zuschauer, a. a. O., S. 162

11 Jean Mitry: Esthétique et psychologie du cinéma, Vol. I, a. a. O., p. 284

12 Jean Mitry: Esthétique et psychologie du cinéma, Vol. II, a. a. O., p. 370

13 Ebenda

14 Ebenda, p. 372

15 Ebenda, p. 372

16 Ebenda, p. 375

17 Ebenda, p. 377

18 Nikolai A. Chrenow: Filmstruktur und Zuschauer, a. a. O., S. 163

19 Jean Mitry: Esthétique et psychologie du cinéma, Vol. II, a. a. O., p. 385

20 Vgl.: Umberto Eco: Einführung in die Semiotik, München 1972; Zeichen. Einführung in einen Begriff und seine Geschichte, Frankfurt a. M. 1977

21 Vgl.: Jean Mitry: Esthétique et psychologie du cinéma, Vol. II, a. a. O., p. 445

22 Vgl.: Jean Mitry: Esthétique et psychologie du cinéma, Vol. I, Paris 1963, p. 287f.

23 Vgl.: Brian Lewis: Jean Mitry and the Aesthetics of the Cinema, Ann Arbor, Michigan 1984

24 Jean Mitry: Esthétique et psychologie du cinéma, Vol. II, a. a. O., p. 454

Georg Lukács (II)
Doppelte Mimesis
im Grenzbereich des Angenehmen

1 Sebastian Kleinschmidt: Vorwort zu Georg Lukács: Über die Vernunft in der Kultur. Ausgewählte Schriften 1909–1969. Mit einem Vorwort und Anmerkungen herausgegeben von Sebastian Kleinschmidt, Leipzig 1985, S. 11

2 Ágnes Heller: Über die Ästhetik von Georg Lukács. In: Studien – Handbuch der ungarischen Wirtschaft, Politik und Kultur, Bd. II, Budapest 1967, S. 78

3 István Hermann: Die Gedankenwelt von Georg Lukács, Budapest 1978, S. 326

4 Georg Lukács: Die Eigenart des Ästhetischen, Bd. I, Weimar/Berlin 1981, S. 7f.

5 Vgl. bes.: Werner Mittenzwei: Gesichtspunkte. In: Dialog und Kontroverse mit Georg Lukács, hrsg. von W. Mittenzwei, Leipzig 1975; Günther K. Lehmann: Nachwort zu Georg Lukács: Die Eigenart des Ästhetischen, Bd. II, Berlin/Weimar 1981; Michael Franz: Auf der Suche nach der Vermittlung. Nachwort zu Georg Lukács: Über die Besonderheit als Kategorie der Ästhetik, Berlin/Weimar 1985

6 Vgl.: Gyögy Lukács e Umberto Barbaro: Diavolo azzuro o diavolo giallo? In: Cinema Nuovo (Roma), 1961, n. 154

7 Ebenda

8 Georg Lukács: Die Eigenart des Ästhetischen, Bd. II, a. a. O., S. 468

9 Ebenda, S. 470

10 Walter Benjamin: Allegorien kultureller Erfahrung. Ausgewählte Schriften 1920–1940, Leipzig 1984, S. 427

11 Vgl.: Peter Wuss: Die Tiefenstruktur des Filmkunstwerks, Berlin 1986, S. 276ff.

12 Vgl.: Umberto Eco: Einführung in die Semiotik, München 1972, S. 250

13 Georg Lukács: Die Eigenart des Ästhetischen, Bd. II, a. a. O., S. 473

14 Ebenda, S. 473

15 Ebenda

16 Ebenda, S. 477

17 Ebenda, S. 478

18 Ebenda, S. 481

19 Ebenda, S. 490

20 Ebenda, S. 424

21 Ebenda

22 Vgl.: Lew S. Wygotski: Psychologie der Kunst, Dresden 1976, S. 228

23 Vgl.: Boris Eichenbaum: Probleme der Filmstilistik. In: Poetik des Films. Deutsche Erstausgabe der filmtheoretischen Texte der russischen Formalisten mit einem Nachwort und Anmerkungen von Wolfgang Beilenhoff (Hrsg.), München 1974, S. 15

24 Vgl.: Sergej Eisenstein: Das dynamische Quadrat. Schriften zum Film, Leipzig 1988, S. 90–153

25 Vgl.: Zoltán Novák: La teoria del cinema nell' opera di Lukács. In: Cinema Nuovo (Roma), 1980, n. 268, p. 32

26 Vgl.: Siegfried Kracauer: Theorie des Films, Frankfurt a. M. 1973, S. 13

27 Vgl.: André Bazin: Was ist Kino? Bausteine zu einer Theorie des Films, hrsg. von H. Bitomsky, H. Farocki, E. Kaemmerling, Köln 1975, S. 28

28 Vgl.: Sergej Eisenstein: Eine nicht gleichmütige Natur, Berlin 1980, S. 99 ff.

29 Georg Lukács: Die Eigenart des Ästhetischen, Bd. II, a. a. O., S. 495

30 Ebenda, S. 494

31 Georg Lukács: Es geht um den Realismus. In: Georg Lukács: Essays über Realismus, Berlin 1948, S. 148

32 Vgl.: Ebenda, S. 149

33 Vgl.: Dialog und Kontroverse mit Georg Lukács, hrsg, von W. Mittenzwei, a. a. O.

34 Georg Lukács: Die Eigenart des Ästhetischen, Bd. II, a. a. O., S. 494

35 Georg Lukács zit. bei Zoltán Novák: La teoria del cinema nell' opera di Lukács. In: Cinema Nuovo (Roma), 1980, n. 267, p. 32

36 Georg Lukács: Die Eigenart des Ästhetischen, Bd. II, a. a. O., S. 482

37 Ebenda, S. 483

38 Ebenda, S. 484

39 Ebenda

40 Ebenda, S. 487

41 Vgl.: Michael Franz: Auf der Suche nach Vermittlung, a. a. O., S. 309

42 Vgl.: Georg Wilhelm Friedrich Hegel: Ästhetik, Bd. II, Berlin/Weimar 1965, S. 521

43 Georg Lukács zit. bei Zoltán Novák: La teoria del cinema nell' opera di Lukács, a. a. O., p. 32

44 Georg Lukács: Die Eigenart des Ästhetischen, Bd. II, a. a. O., S. 499

45 Vgl.: Ebenda, S. 469

46 Ebenda, S. 482

47 Vgl.: Ebenda

48 Vgl.: Ebenda, S. 544

49 Vgl.: Ebenda, S. 535

50 Ebenda, S. 550 f.

51 Ebenda, S. 492 f.

Die Filmtheorie der Gegenwart
Über Methodenpluralismus zur Systemforschung
(1966–1988)

1 Christian Metz: Sprache und Film, Frankfurt a. M. 1973, S. 22

2 Ludwig v. Bertalanffy: General System Theory, New York 1968, p. 5

3 Camilla Warnke: Gesellschaftsdialektik und Systemtheorie der Gesellschaft im Lichte der Kategorien der Erscheinung und des Wesens. In: Marxistische Gesellschaftsdialektik oder »Systemtheorie der Gesellschaft«, Berlin 1977, S. 25

4 Vgl. bes.: Max Bense: Aesthetica I–IV, Stuttgart/Krefeld/Baden-Baden 1954–1960

5 Vgl. bes.: Abraham Moles: Theorie de l'information et perception esthétique, Paris 1958

6 Vgl. bes.: Helmar Frank: Grundlagenprobleme der Informationsästhetik und erste Anwendung auf die mime pure, Dissertation, Stuttgart 1959; Kybernetische Analysen subjektiver Sachverhalte, Quickborn 1964

7 Vgl. bes.: R. Saripow, W. Iwanow, B. Birjukow, S. Plotnikow in: A. Mol' (Moles): Teorija informazii i estetitscheskoje wosprijatije, Moskwa 1966; Ludwig Küttner: Literatur, Kunst und Kybernetik, Kunst und Literatur (Berlin), 1965, H. 12; Horst Redeker: Zur Theorie des Modernismus-Problems, Deutsche Zeitschrift für Philosophie (Berlin), 1966, 11; Horst Redeker: Abbildung und Aktion – Versuch über die Dialektik des Realismus, Halle 1966; A. Pfeiffer: Abbild und Leitbild, Berlin 1973

8 Vgl.: Ludwig Küttner: Literatur, Kunst und Kybernetik, a. a. O.; Ästhetik und Kybernetik I u. II, Wiss. Zeitschrift der Hochschule für Architektur und Bauwesen (Weimar), 1965, 2, 1966, 1

9 Vgl.: Horst Redeker: Abbildung und Aktion, a. a. O.

10 Vgl.: L. Perewersew: Iskusstwo i kibernetika, Moskwa 1966

11 M. Saparow: Tri strukturalisma i struktura proiswedenija iskusstwa, Woprosy literatury (Moskwa), 1967, 1; Teorija informazii i estetiki, Wopr. lit., 1967, 8

12 Vgl.: Umberto Eco: Das offene Kunstwerk, Frankfurt a. M. 1977

13 Vgl.: Krzysztof Zanussi: The actor and information theory, I/II, Young cinema and theatre (Prag), 1973, 4, 1974, 1

14 Vgl.: Peter Wuss: Kybernetik und Filmwissenschaft, Filmwiss. Mitteilungen (Berlin), 1967, H. 4; Über einen Ansatz kybernetischer Kunstanalyse, Filmwiss. Mitteilungen (Berlin), 1968, 1; Problema otschushdenija i sowremennoje kinoiskusstwo (Awtoreferat dissertazii), Moskwa 1968

15 Wjatscheslaw W. Iwanow: Rol semiotiki w kibernetitscheskom issledowanii tscheloweka i kollektiwa. In: Logitscheskaja struktura nautschnowo snanija, Moskwa 1965, S. 78 f.

16 Vgl.: Charles S. Pierce: Schriften, Frankfurt a. M. 1970, Bd. II, S. 482

17 Vgl.: A. Martinet: Eléments de linguistique générale, Paris 1960

18 Vgl.: E. Benveniste: Problèmes de linguistique générale, Paris 1966

19 Vgl.: A. J. Greimas: Sémantique structurale, Paris 1966

20 Vgl. bes.: C. Lévi-Strauss: Anthropologie structurale, Paris 1958; La pensée sauvage, Paris 1962; Mythologiques I–III, Paris 1962–1968

21 Vgl.: James Monaco: Film verstehen, Reinbek b. Hamburg 1980

22 Vgl. bes.: Irmela Schneider: Der verwandelte Text. Wege zu einer Theorie der Literaturverfilmung, Tübingen 1981; Hansmartin Siegrist: Textsemantik des Spielfilms. Zum Ausdruckspotential der kinematographischen Formen und Techniken, Tübingen 1986; Karl-Dietmar Möller-Naß: Filmsprache. Eine kritische Theoriegeschichte, Münster 1986

23 Vgl.: Roland Barthes: Le problème de la signification au cinéma, Revue Internationale de Filmologie (Paris) 1960, 32/33; Les unités traumatiques' au cinéma, Revue Internationale de Filmologie (Paris) 1960, 34

24 Christian Metz: Semiologie des Films, München 1972, S. 89

25 Vgl.: Ebenda, S. 129

26 Jan-Marie-Lambert Peters: Die Struktur der Filmsprache. In: Texte zur Theorie des Films, hrsg. von Franz-Josef Albersmeier, Stuttgart 1979, S. 375 f.

27 Vgl.: Hasko Schneider: Zur Theorie der Filmsprache bei Jan-Marie Peters. In: papmaks 7, Münster 1978

28 Zit. von Bolesław Lewicki: Zagadnienia semiotyki w filmie. In: Zeszyty Naukowe Uniwersytetu Lodzkiego. Nauki Humanistyczno-Spoleczne 50, S. 50

29 Vgl.: Ebenda

30 Vgl.: Maria Bystrzycka: Eisenstein as presecutor of semantics in film art. In: A. Julien Greimas e. a. (Eds.) Sign. Language. Culture, The Hague/Paris 1970

31 Vgl.: Barbara Mrulik: The film as a language. In: A. J. Greimas e. a., Sign. Language-Culture, a. a. O.

32 Vgl.: Ewa Siemińska: Connotation and denotation in a work of film art. In: A. J. Greimas e. a., Sign. Language-Culture, a. a. O.

33 Vgl.: Gillo Dorfles: Simboli, communicacione, consumo, Torino 1962

34 Vgl.: Pier Paolo Pasolini: La lingua scritta dell'azione. In: Nuovi Argomenti, nuova serie 1966, 2; Ketzererfahrungen, Schriften zur Sprache, Literatur und Film, München/Wien 1979

35 Gianfranco Bettetini: Cinema: lingua e scrittura, Milano 1968

36 Emilio Garroni: Semiotica ed estetica, Bari 1968

37 Umberto Eco: Einige Proben: Der Film und das Problem der zeitgenössischen Malerei (1968). In: Texte zur Theorie des Films, hrsg. von Franz-Josef Albersmeier, a. a. O.

38 Vgl.: Pier Paolo Pasolini: La lingua scritta dell'azione, a. a. O.

39 Vgl.: Umberto Eco: Einige Proben: Der Film und das Problem der zeitgenössischen Malerei, a. a. O.

40 Pier Paolo Pasolini: Die Sprache des Films, Film (Velber b. Hannover), 1966, 2, S. 49

41 Gianfranco Bettetini: Cinema: lingua e scrittura, a. a. O. Engl. Ausg.: The Language and the Technique of the Film. The Hague, Paris 1973

42 Vgl.: Emilio Garroni: Semiotica ed estetica, a. a. O., p. 140

43 Vgl.: Peter Wollen: Signs and meanings in cinema, London 1969

44 Christian Metz: Semiologie des Films, a. a. O., S. 164

45 Vgl.: Ebenda, S. 198

46 Vgl.: Ebenda, S. 199 ff.

47 Vgl.: Hansmartin Siegrist: Textsemantik des Spielfilms, a. a. O., S. 31 f.

48 Vgl.: Christian Metz: Essais sur la signification au cinéma, Tome II, 3ᵉ tirage, Paris 1981, p. 200

49 Christian Metz: Sprache und Film, Frankfurt a. M. 1973, S. 312

50 Ebenda, S. 110

51 Ebenda, S. 262

52 Vgl.: Christian Metz: Semiologie des Films, a. a. O., S. 20 ff.

53 Vgl.: Ebenda, S. 289 ff.

54 Vgl.: Hansmartin Siegrist: Textsemantik des Spielfilms, a. a. O., S. 29

55 Vgl.: J. L. Baudry: L'Effect Cinéma, Paris 1978

56 Vgl.: J. P. Oudart: La Suture, Cahiers du Cinéma (Paris), 1969, 211, 212

57 Vgl.: M. Jampolski: Tupiki psichoanalitscheskowo strukturalisma, Iskusstwo kino (Moskwa), 1979, 5; Hansmartin Siegrist: Textsemantik des Spielfilms, a. a. O., S. 74

58 Vgl.: Semiotics & Film: Interview with Umberto Eco by William Luhr. In: Wide Angle (Athens, Ohio) Vol. 1, 1976, 4, p. 68

59 Vgl.: Umberto Eco: Einige Proben: Der Film und das Problem der zeitgenössischen Malerei, a. a. O.

60 Umberto Eco: Einführung in die Semiotik, München 1972, S. 214

61 Ebenda, S. 215 f.

62 Ebenda, S. 217

63 Juri M. Lotman: Kunst als Sprache. Untersuchungen zum Zeichencharakter von Literatur und Kunst, Leipzig 1981, S. 26

64 Ebenda, S. 27

65 Ebenda

66 Ebenda, S. 29

67 Ebenda, S. 12

68 Ebenda, S. 67

69 Ebenda, S. 68

70 Ebenda, S. 88

71 Jurij M. Lotman: Probleme der Kinoästhetik. Einführung in die Semiotik des Films, Frankfurt a. M. 1977, S. 11 f.

72 Ebenda, S. 67

73 Ebenda, S. 40

74 Ebenda, S. 49 f.

75 Ebenda, S. 75

76 Ebenda, S. 100

77 Juri M. Lotman: Kunst als Sprache, a. a. O., S. 205

78 Ebenda, S. 205 f.

79 Ebenda, S. 214

80 Vgl.: Francesco Casetti: »Nuova« semiotica, »nuovo« cinema. In: Ikon (Milano), Tomo 24, 1974, 88/89; Karl-Dietmar Möller: Syntax und Semantik in der Filmsemiotik. In: Semiotik und Massenmedien, hrsg. von Günter Bentele, München 1981

81 Vgl.: Roger Odin: Dix années d'analyses textuelles de films. Bibliographie analytique, Linguistique et Sémiologie. Travaux de Centre de Recherches Linguisti-

que et Sémiologiques de l'Université de Lyon II (Lyon), 1977, 3; G.Bentele: Film-semiotik in der BRD. Entwicklung und gegenwärtige Positionen. In: Zeitschrift für Semiotik (Wiesbaden), 1980, 2

82 Vgl.: Peter Wollen: Sings and meanings in cinema, a.a.O., p.154

83 Michail Romm: Dramaturgija sewodnja. In: Kogda film gotow, Moskwa 1964, S.225f.

84 Andrej Tarkowski: Die versiegelte Zeit, Berlin/Frankfurt a.M. 1985, S.142f.

85 François Truffaut: Mr. Hitchcock, wie haben Sie das gemacht?, München 1973, S.62

86 Ebenda, S.63

87 Ebenda, S.64

88 Ebenda, S.81

89 Vgl. bes.: Sjushet w kino, Moskwa 1965

90 Vgl.: Semjon S. Ginsburg: Otscherki teorii kino, Moskwa 1974

91 Vgl.: Leonid K. Koslow: Isobrashenije i obras, Moskwa 1980

92 Vgl.: Boris S. Mejlach: Künstlerisches Schaffen und Rezeptionsprozeß, Berlin, Weimar 1977

93 Vgl.: Jewgeni M.Wejzman: Otscherki filisofii kino, Moskwa 1982

94 Vgl. bes.: Jewgeni M.Wejzman: Zur Problemstellung der Soziologie in der Film-kunst, Kunst und Literatur (Berlin), 1973; 1; … und die Soziologie!, Kunst und Literatur (Berlin), 1976, 4

95 John M.Carroll: Toward a Structural Psychology of Film, Den Haag 1980, S.33

96 Erwin Schrödinger: Are there Quantum Jumps? In: The British Journal for the Philosophy of Science, Vol.III, p.109

97 Psychoanalyse et cinéma, Communications (Paris), 1975, 23

98 Vladimir Propp: Morphologie des Märchens, Frankfurt a.M. 1975

99 Sol Worth: The Development of a Semiotic of Film. In: Semiotica (The Hague) 1969

100 Vgl.: Raymond Bellour: Pour une stylistique du film. In: Revue d'Esthétique (Paris), t. XIX, fasc. 2, avril–juin 1966

101 Vgl.: Raymond Bellour: Le texte introuvable (1975). In: L'Analyse du Film, Paris 1979

102 Vgl.: Raymond Bellour (Ed.): Le cinéma americain. Analyses de films, Vol.1–2, Paris 1980

103 Vgl.: Peter Wuss: Die Tiefenstruktur des Filmkunstwerks, a.a.O.

104 Vgl.: Vjačeslav V.Ivanov: Gerade und Ungerade. Die Asymmetrie des Gehirns und der Zeichensysteme, Stuttgart 1983

105 Vgl.: V.Ivanov: Eisenstein et la linguistique structurale moderne. In: Cahiers du cinéma (Paris), 1970, 220–221; W.W.Iwanow: Funkzii i kategorii jasyka kino. In: Trudy po snakowym sistemam, VII, Tartu 1975

106 Vgl.: Alicja Helman/Eugeniusz Wilk (Hrsg.): Problemy semiotyczne filmu, Ka-towice 1980; Alicja Helman: Relation of iconic and verbal signs in film. In: G. Bentele/E. Hess-Lüttich (Hrsg.): Zeichengebrauch in Massenmedien, Tübin-gen 1985

107 Alicja Helman: Modern Film Theory in Poland. In: Film Theory, MAkS, Mün-ster 1987, Nr.14–17, S.39ff.

108 Marshall McLuhan: Wohin steuert die Welt? Massenmedien und Gesellschafts-
struktur, Wien/München/Zürich 1978, S. 44

109 Ebenda, S. 47

110 Vgl.: Manfred Bierwisch: Musik und Sprache. Überlegungen zu ihrer Struktur
und Funktionsweise. In: Jahrbuch Peters 1978. Aufsätze zur Musik, hrsg. von
Eberhardt Klemm, Leipzig 1979, S. 58 ff.

111 Vgl.: Lothar Bisky: Massenmedien und kapitalistische Kulturindustrie. Internationale Forschungsergebnisse und Standpunkte. Thematische Information und
Dokumentation, Reihe A, Heft 50 (Hrsg.: Akademie für Gesellschaftswissenschaften b. ZK d. SED), Berlin 1985, S. 36 ff.

112 Wim Wenders, zit. nach: Lothar Bisky: The show must go on, Berlin 1984, S. 22

113 Vgl.: Thomas S. Kuhn: Die Struktur wissenschaftlicher Revolutionen, Frankfurt
a. M. 1973, S. 47

114 Umberto Eco: Apokalyptiker und Integrierte, Frankfurt a. M. 1984, S. 48

115 Vgl.: Nikolaj A. Chrenow: Sozialno-psichologitscheskije aspekty wsaimo-
dejstwija iskusstwa i publiki, Moskwa 1981

116 Vgl.: R. Jurenjew: Über die Filmkomödie, Kunst und Literatur (Berlin), 1961, 9

117 Vgl.: Neja Sorkaja: Folklore und Massenmedien, Beiträge zur Film- und Fernsehwissenschaft (Berlin), 1983, 5

118 Vgl.: S. Freilich: Die »niederen« und die »hohen« Genres in der Filmkunst,
Kunst und Literatur (Berlin), 1972, 7

119 Vgl. bes.: Michael Hanisch: Western. Die Entwicklung eines Filmgenres, Berlin
1984

120 Vgl. bes.: Zur Unterhaltungsfunktion des Films für Kino und Fernsehen. Arbeitshefte der Akademie der Künste der DDR, Berlin 1986, Nr. 38

121 Vgl.: Peter Wuss: Hypothesen zu einigen Wirkungskomponenten des unterhaltungsorientierten Films, ebenda

122 Hermann Broch: Einige Bemerkungen zum Problem des Kitsches. In: Dichten
und Erkennen. Essays, Bd. I, Zürich 1955, S. 307

123 Vgl.: Juri M. Lotman: Kunst als Sprache, Leipzig 1981, S. 87

124 Ebenda

125 Wolfgang Heise: Zur Grundlegung der Realismus-Theorie durch Marx und Engels, II, Weimarer Beiträge (Berlin/Weimar), 1976, 3, S. 132

126 Rita Schober: Zum Problem der literarischen Wertung, Weimarer Beiträge (Ber-
lin/Weimar), 1973, 7, S. 14

127 In: F. Truffaut: Mr. Hitchcock, wie haben Sie das gemacht?, a. a. O., S. 91

128 John Erpenbeck: Kunst und Wertungskommunikation, Deutsche Zeitschrift für
Philosophie (Berlin), 1983, 7, S. 836

129 Vgl.: Lothar Bisky: Zur Kritik der bürgerlichen Massenkommunikationsforschung, Berlin 1976, S. 29

130 Ilya Prigogine, Isabelle Stengers: Dialog mit der Natur. Neue Wege des wissenschaftlichen Denkens, München/Zürich 1981, S. 12

131 Ebenda

132 Vgl. bes.: S. P. Springer, D. Deutsch: Left Brain, Right Brain, San Francisco 1981

133 Vgl.: Bernhard Cevey: Emotion und lateralisierte Aktivierung des Gehirns,
München 1984

Die Übersetzung der fremdsprachigen Zitate ins Deutsche
besorgten:

Heide Brang aus dem Französischen und Italienischen,
Andrzej Gwóźdź aus dem Polnischen,
Petra Lataster-Czisch aus dem Niederländischen,
Manfred Schmitz aus dem Englischen,
Peter Wuss aus dem Russischen.

Herzlich danken möchte ich allen, die mir bei der Arbeit an dieser
Publikation ihre freundliche Unterstützung gewährten:

An erster Stelle Dr. Günther Dahlke, der die Idee
für das Buch-Projekt hatte und als Lektor auf vielfältige Weise
bei seiner Realisierung half. Von größtem Wert war für mich
die konstruktive Kritik meiner Fachkollegen
Dr. Oksana Bulgakowa, Dr. Andrzej Gwóźdź, Dr. sc. Lutz Haucke
und Dr. Jörg Schweinitz, die Entwürfe des Manuskripts lasen.
Mein Dank richtet sich auch an Jürgen Römhild,
der wichtige Hinweise zum Werk Hans Richters gab,
sowie an die Mitarbeiterinnen der Zentralen Filmbibliothek
Berlin der Hochschule für Film und Fernsehen der DDR
»Konrad Wolf« und der Bibliothek der Deutschen Film-
und Fernsehakademie Berlin GmbH in Berlin (West),
die mir bei der oft schwierigen Beschaffung der Fachliteratur
behilflich waren.

Personenregister

Filmtitelregister

Sachregister

Peter Wuss

Die Tiefenstruktur des Filmkunstwerks

Zur Analyse von Spielfilmen
mit offener Komposition

2. Auflage
440 Seiten · 118 Fotos
Paperback · 35,– DM · DDR 26,– DM
ISBN 3-362-00018-5
Bestellangaben: 625 682 9
(Wuss, Tiefenstruktur)

Ich halte dieses Buch für den bisher bedeutsamsten, weil
weitgreifendsten Beitrag der DDR-Filmwissenschaft zu einer
Theorie der Kunstwirkung überhaupt. Wuss unternimmt den
Versuch, jene Wirkungsmomente von Kunst theoretisch zu
modellieren, die sich der wissenschaftlichen Beschreibung bislang
weitgehend entzogen, weil sie nicht auf der Ebene des
Verstehens liegen, sondern auf der Ebene eines eher wertenden,
gefühlsmäßigen Erlebens.
Eva-Maria Scherf in »Weimarer Beiträge«

Henschel Verlag Berlin

Film in der Bundesrepublik Deutschland

Herausgegeben von Heinz Müller
Mit einem Essay von Hans-Günther Pflaum

230 Seiten · 144 Fotos
Zellophanierter Pappband
26,– DM · DDR 17,– DM
ISBN 3-362-00374-5
Bestellangaben: 625 975 5
(Film in der BRD)

144 Szenenfotos aus künstlerisch bemerkenswerten und
kommerziell erfolgreichen Produktionen der bundesdeutschen
Filmlandschaft sowie mehr als 120 informative Personalartikel zu
Regisseuren, Kameraleuten und Schauspielern vermitteln einen
Überblick über die Entwicklung des westdeutschen Films seit
dem »Oberhausener Manifest« (Februar 1962): »Der alte Film ist
tot. Wir glauben an den neuen!«
Die Ansprüche, Hoffnungen und Forderungen der Regisseure
Volker Schlöndorff, Alexander Kluge, Margarethe von Trotta,
Rainer Werner Fassbinder, Werner Herzog, Herbert
Achternbusch, Reinhard Hauff, Wim Wenders und anderer
werden in einem kritisch-analytischen Essay des namhaften
Münchener Filmpublizisten Hans-Günther Pflaum mit großer
Sachkenntnis dargestellt.

Henschel Verlag Berlin